影响力投资2.0：理论、实务与案例

Impact Investing 2.0: Theory, practice and cases

姬晨 朱照南 何莉君 王群 / 著

中国经济出版社
CHINA ECONOMIC PUBLISHING HOUSE

图书在版编目（CIP）数据

影响力投资2.0：理论、实务与案例／姬晨等著
.--北京：中国经济出版社，2022.7（2022.11重印）
ISBN 978-7-5136-6972-6

Ⅰ. ①影… Ⅱ. ①姬… Ⅲ. ①投资-研究 Ⅳ.
①F830.59

中国版本图书馆CIP数据核字（2022）第103663号

责任编辑　邓媛媛
责任印制　马小宾
封面设计　崔庆军

出版发行　中国经济出版社
印 刷 者　北京富泰印刷有限责任公司
经 销 者　各地新华书店
开　　本　710mm×1000mm　1/16
印　　张　15.25
字　　数　200千字
版　　次　2022年7月第1版
印　　次　2022年11月第2次
定　　价　68.00元
广告经营许可证　京西工商广字第8179号

中国经济出版社 **网址** www.economyph.com **社址** 北京市东城区安定门外大街58号 **邮编** 100011
本版图书如存在印装质量问题，请与本社销售中心联系调换（联系电话：010-57512564）

前言

PREFACE

何莉君

影响力投资这一概念近10年来不断被全球投资界、公益界、公共服务界的专业人士所提及，也逐渐在中国得到了日益广泛的传播。当今社会发展日新月异，各种社会问题不仅痼疾沉积，还层出不穷，亟待找到新的、有效的解决方式。影响力投资这一概念可谓众望所归，因为它把商业和公益进行嫁接，在服务公共利益这个大前提下，让投资者实现商业和公益的双重回报。全球气候变暖、新冠肺炎疫情全球大流行，这些全球性危机加强了人类对共同问题的关注，促使“地球村”“全人类同呼吸、共命运”的人类命运共同体的意识不断加强。超级富裕群体在全球化的“危机”面前，也未能“幸免于难”。当全世界因新冠肺炎疫情停摆、隔离时，许多有识之士意识到这次危机叩响了人类对财富及其意义的深度思考：我们如何用手中的财富为社会带来真正意义上的改变？我们如何让财富更有价值？我们如何能让环境变得更好？如何让下一代活在更安全、更健康的世界里？个体、家庭、企业、国家的可持续发展需要在一个健康、安全、平等的大环境中得以维系。传统的主流投资者认为，实现经济回报的最大化才是投资最基础和根本的目的，然而在人类危机面前，投资者纷纷开始关注经济、社会和环境的多重回报，并开始意识到投资不是仅仅以经济利益为目标，还应该考虑经济、社会、环境的平衡发展，这种以价值为核心的投资才是真正必需和基础的，而且长期回报率更高。

对于联合国发布的17个人类可持续发展目标，如果要在2030年实现这些目标，不仅需要数亿美元的资金支持，还需要我们每个人立即采取行动，力所能及地从自身开始，与政府、社区、公益组织一起，共同推进人类的发展。新冠肺炎疫情的暴发也让我们意识到，我们需要在关乎人类生存发展的医疗、健康领域加大投资，因为任何国家在公共健康领域防御能力的薄弱都可能会迅速导致疾病流行，危及全球，带来灾难性的全球危机。这种关乎人类命运存亡的责任已经超出了任何单个政府所能承担的能力，需要我们调动一切可能的力量和资本来共同承担和解决。在疫情蔓延期间，政府调动所有资源，在管控上大有可为，而科研机构的试剂研发，医药公司的疫苗研发，科技公司的监测跟踪，远程会议、远程教育、远程医疗、远程办公等技术使得庞大的社会和生活体系得以运转。新冠肺炎疫情只是一个催化剂，让我们加速看到多种力量和资源参与世界改变的必然性、创新性和可能性。

诚然，影响力投资的兴起早于新冠肺炎疫情暴发，不仅仅是因为气候变化等这些外在客观因素对全球的影响和刺激，还得益于大众对商业向善的意识和渴望，以此弥补商业化、全球化、现代化这些双刃剑给社会造成的负面影响，如环境恶化、食品安全、劳工待遇不平等、都市化过度等问题。近20年来全球范围内还涌现了一批有远见的、成功的商业领袖在公益领域探索和实践。比如比尔·盖茨、皮埃尔·奥米迪亚、马克·艾略特·扎克伯格等人将成功的商业经验带入公益界，不断为公益和商业寻求融合，影响力投资便是其中一种路径。与此同时，在商业创新和社会创新浪潮中，也涌现出一大批优秀的企业和企业家，使得影响力投资更加鲜活、灵动。可想而知，与全球化接轨甚为密切的中国也势必对影响力投资表现出浓厚的兴趣，这与中国社会备受推崇的“义利兼顾”的价值观不谋而合，有着异曲同工之妙。

本书作者（即善与志团队核心成员）对影响力投资推动社会创新的作用一直非常推崇。撰写过数十篇文章介绍影响力投资的概念和实践，在业界广受好评和认可。承蒙北京亿方公益基金会的信任和支持，善与志团队承担了本书的写作任务。同时，特别鸣谢专家组评审成员袁瑞军教授、黄建忠教授、顾远先生、刘小兵博士等的修改意见，使得本书更加严谨和完善，更适合中国实际需求。何莉君女士为本书的出版提供了部分资金支持。过去5~7年中，国内的影响力投资主要集中在概念的介绍与推广上，该类著作大部分也以译著为主，我们称其为影响力投资1.0；而本书旨在成为中国第一部本土原创影响力投资方面的著作，书中对影响力投资进行了全面的介绍，并引入了大量影响力投资者的实操案例，以推动影响力投资在中国的落地与发展，故称作影响力投资2.0。

本书共分为三部分：理论篇、实务篇和案例篇。理论篇重点介绍影响力投资的历史脉络与发展动力、概念辨析，以及基本运作机制。实务篇主要概述了影响力投资实践的现状与挑战、投资主体和工具选择，以及影响力评估。在案例篇中，我们从投资主体和领域角度收集和整理了关于基金会、高净值人群、金融机构和教育领域的影响力投资案例。在结语部分，我们集中讨论了影响力投资在中国的发展机遇、挑战，并给出建议，从国际视野来探讨中国（政府）如何利用影响力投资参与公共治理。

本书以推动影响力投资者在中国实践为主要目标，适合基金会、投资人、政府机构、金融机构等投资主体参阅。本书既有学术著作的严谨性和逻辑性，又适合大众读者阅读，也可作为大专院校相关专业及课程的备选教材。

目　录

CONTENTS

第一篇
理论篇

第二篇
实务篇

第三篇
案例篇

第一篇　理论篇

第一章
影响力投资的历史脉络与发展动力

何莉君　王　群

自2010年以来，“影响力投资”这一概念不断在公共治理、社会企业以及商业与投资界被提起。影响力投资者在追求经济回报的同时，还努力对社会与环境创造积极的可持续的影响。其实，所有的资本都必然带来影响力，其中有好的影响如促进技术的创新或者产品的升级，也有坏的影响如加剧环境恶化或者贫富不均。影响力这个词在英文中是“impact”，其在《牛津英语字典》中字面意思有两层：一是指一种事物/事件的行为对其所接触的另一事物产生冲击力；二是有显著的效应和影响。影响力主要体现了一件事物与另一事物间的因果关系，也就意味着其目标性很强，即意欲通过一件事物给另一件事物带来改变，但同时也可以用来描述可观察和衡量到的一种实际变化。影响力投资更主要是突出投资者用资本在特定领域刻意、主观、积极地带来影响。这些领域一般是传统投资者鲜有触及的市场，比如低收入人群、贫困地区或者利润微薄的领域。以前很少会有投资者把弱势群体的经济发展、生态保护、医疗保健等因素放到经济风险和投资回报中来考虑。如今，这些因素逐渐被纳入影响力投资视角的考虑范畴，用以检验经济发展与投资回报以及可衡量的社会和环境变化的可持续性。

第一节　道德基础与历史脉络

商业可以促进人类进步，商业可以释放人类潜力，商业可以让世界更美好。几个世纪以来，很多人对资本改变社会这一力量深信不疑。著名英国经济学家亚当·斯密（1723—1790年）在其《国富论》中很好地阐释了资本与推进社会进步（即公共利益）的关系。亚当·斯密认为人的本性是利己的，追求个人利益是从事经济活动的唯一动力，而且自由市场是一只“看不见的手”，在促使人们实现个人利益最大化的同时，还会推进公共利益。他认为理性的人出于自利的角度会乐善好施，提出“资本主义和慈善互为依存”。哪里有私人的财产，哪里就有不平等。然而要私人财产合法化，就需要承认不平等，而为了保护私人财产的合法性，资本家需要用慈善来解决财富造成的各种不平等。亚当·斯密因其自由市场经济理论被熟知，常常被人们称为自由市场经济的奠基人，而这个身份掩盖了他作为哲学家的本质。他所著的《道德情操论》提出自由市场可以和人性光辉的一面很好地协作；市场的魔力不在于越贪婪越好，而是设计一套系统可以让贪婪转化成对他人的仁慈。资本主义成功的秘诀在于其一手无情地积累财富，一手慷慨地做慈善。笔者认为，资本积累和慷慨慈善看似矛盾而又融合，这种资本主义运作方式可以看作是西方影响力投资兴起的一个道德哲学根基。

影响力投资概念出现的时间并不长。2007年，洛克菲勒基金会（Rockefeller Foundation）召集金融界和慈善界的领军人物，在意大利的布拉吉奥中心（Bellagio Center）召开会议，探讨如何在全球范围内更好地实现资本在改善社会和环境中的作用。这些与会人士其实正是早期的影响力投资者，他们早已不满足消极避免不利后果，而是努力通过绿色科技、微型金融、信贷创新等手段积极创造社会和环境价值。经过讨论，会议决定用影响力投资来总结和定义这种将经济回报与社会和环境价值并重的投资方式。影响力投资与18世纪的道德投资（Ethical Investing）和20世纪下半叶的社会责任投资（Socially Responsible Investing，SRI）、可持续投资（Sustainable Investing）一脉相承。

一、道德投资

影响力投资源于道德投资。道德投资指以道德、伦理和宗教为指引，包含非经济准则，以避免消极影响为主的投资。道德投资到底能够追溯到什么时候没有定论，上千年前的犹太法律、基督教的《圣经》以及伊斯兰教的《古兰经》都有相关规定，比如《古兰经》禁止贷款人收取利息。这些经文包括不少对金钱的论断，但一般不直接涉及投资，初衷是通过教徒对神的敬畏来协调人与人之间的关系。

道德投资起源于宗教已经成为共识，常被引用的例子包括18世纪中叶的教友派（Quakers）和卫理公会（Methodists）。1758年，美国费城的教友派召开大会，决定教徒不得从事任何与奴隶买卖相关的贸易。两年后，美国卫理公会创始人约翰·卫斯理（John Wesley）发表著名布道《论金钱的使用》（*The Use of Money*），号召教徒赚钱有道，不伤害他人的财产、身体和精神。两个教派在投资方面都避免“邪恶”产业，比如烟酒、武器和赌博[①]。之后200年，这些原则仅限于教徒和宗教组织，并非主流。

二、社会责任投资

社会责任投资避免那些可能对社会和环境造成负面影响的企业和生意，这点几乎和道德投资一样，但审查更加程序化[②]，而非仅靠道德约束。社会责任投资兴起于20世纪60年代，主要和美国当时的政治环境有关。首先，民权运动兴起，以马丁·路德·金为首的非洲裔群体发起一系列经济诉求，比如蒙哥马利巴士抵制运动和面包篮子行动，将矛头指向有种族歧视的公司。

其次，越南战争使社会责任投资受到前所未有的关注。出于对军火和化学品厂商通过战争牟利以及对战争武器，如橙剂（Agent Orange），对环境的严重破坏的愤怒，反战人士、有宗教情怀的投资者、环保主义者纷纷

① Hummels, H., de Leede, M. (2014). The emergence of impact investments: The case of microfinance, in Céline Louche, Tessa Hebb (ed.) Socially Responsible Investment in the 21st Century: Does it Make a Difference for Society? [J] (Critical Studies on Corporate Responsibility, Governance and Sustainability, Volume 7), Emerald Group Publishing Limited, pp. 91-115.

② Deutch Bank. (2012). Corporate Social Responsibility Report [EB/OL]. https://www.db.com/files/documents/csr/reports/deutsche-bank-cr-report-2012.pdf.

开始抵制这些公司的股票，以维护投资的社会价值和正义性。1971年，因此而诞生的第一支社会责任投资基金——派克斯世界平衡基金（Pax World Balanced Fund）就在为这类投资者提供符合其价值的基金①。北美的社会责任投资在这一背景下产生。而后在反战思潮、女权、消费者保护、环境保护运动的此起彼伏中，这种社会责任投资逐渐受到认可。比如第一环球基金（First Spectrum Fund）（1971）和德雷福斯第三世界基金（Dreyfus Third Century Fund）（1972）都是针对公司在环境、民权和消费者权益保护方面开创的社会责任投资基金②。

同一时期，社会责任投资在英国也发展迅速：1974年，英国第一家支持具有社会利益项目的银行——水星公积金（Mercury Provident）成立；1984年，英国首只社会责任投资基金——友人养老准备基金（The Friends Provident Stewardship Fund）成立。随着环保主义西欧传播，1988年英国推出了第一支可持续发展基金——Merlin生态基金③。

三、可持续投资

投资者开始重新思考资本与社会和环境的关系，并将公司治理升级到同样的高度④，在投资时有意向积极的社会和环境价值靠拢。此时的社会责任投资开始看重投资对环境、社会和公司治理⑤（Environment，Social

① Townsend B. (2017). From SRI to ESG: The Origins of Society Responsible and Sustainable Investing [EB/OL]. https://www.bailard.com/wp-content/uploads/2017/06/Socially-Responsible-Investing-History-Bailard-White-Paper-FNL.pdf? pdf=SRI-Investing-History-White-Paper.

② New York Times. (1973). Point of View [EB/OL]. https://www.nytimes.com/1973/02/11/archives/why-good-guy-funds-have-flopped.html.

③ 刘长喜.（2009）. 企业社会责任与可持续发展研究：基于利益相关者和社会契约的视角[M]. 上海：上海财经大学出版社.

④ Hummels, H., de Leede, M. (2014). The emergence of impact investments: The case of microfinance, in Céline Louche, Tessa Hebb (ed.) Socially Responsible Investment in the 21st Century: Does it Make a Difference for Society? [J]. (Critical Studies on Corporate Responsibility, Governance and Sustainability, Volume 7), Emerald Group Publishing Limited, pp. 91-115; Deutch Bank. (2012). Corporate Social Responsibility Report [EB/OL]. https://www.db.com/files/documents/csr/reports/deutsche-bank-cr-report-2012.pdf

⑤ 这里“治理”特指“公司治理”。

and Governance，ESG）的可持续价值，所以，我们将这个阶段的社会责任投资称为可持续投资。ESG 打破了传统企业把追求经济回报和社会公益相分离的局面，这两者的交叉和融合迅速改变了社会责任投资的格局，并催生了当今的影响力投资。

到了 20 世纪 80 年代，社会责任投资逐渐走向标准化，主要以“负面筛选”（Negative Screening）和“避免”（Avoidance）在酒精、烟草、武器、核能源、黄色淫秽和赌博产业的投资。20 世纪 90 年代，社会责任投资进一步将社会和环境因素结合到投资过程中，开始混合采用各种积极和消极指标，投资的社会和环境价值更加受到重视。1990 年多米尼 400 社会指数（Domini 400 Social Index）的发布①（跟踪标普 500 指数企业的社会价值）和 1991 年英国社会投资论坛（UK Social Investment Forum，UKSIF）的成立是社会责任投资发展史上的里程碑②。随后，1999 年发布的道琼斯可持续全球指数（Dow Jones Sustainability Global Index，DJSGI）和 2001 年发布的英国伦敦金融时报指数（FTSE4GOOD World Social Index）标志着社会责任投资在金融业的认可度攀升。亚洲的社会责任投资也在 20 世纪 90 年代末登场，其中以日本最为瞩目。1999 年日本推出了 the Nikko Eco-Fund 绿色环保投资基金，随后的 10 年间，有 34 支社会责任基金成立。截至 2010 年，日本社会责任投资的基金总量达到 54 亿美元。澳大利亚的社会责任投资也迅猛发展，特别以机构投资者为主。截至 2018 年年底，其社会责任基金达到 9800 亿澳元③。近年来，社会责任投资在中国逐渐风生水起：2008 年 5 月，中国第一只社

---

① Townsend B.（2017）. From SRI to ESG：The Origins of Society Responsible and Sustainable Investing［EB/OL］. https：//www. bailard. com/wp-content/uploads/2017/06/Socially-Responsible-Investing-History-Bailard-White-Paper-FNL. pdf? pdf=SRI-Investing-History-White-Paper.

② 刘长喜.（2009）. 企业社会责任与可持续发展研究：基于利益相关者和社会契约的视角［M］. 上海：上海财经大学出版社.

③ RIAA.（2019）. Responsible Investment Benchmark Report 2019 Australia［EB/OL］. https：//responsibleinvestment. org/wp-content/uploads/2019/07/FACT-SHEET-RIAA-RI-Benchmark-Report-Australia-2019-01. pdf.

会责任基金——AEGON-Industrial Fund Management Co.，Ltd 诞生①。中国最大的养老基金（全国社会保障基金）把责任投资纳入四个核心投资原则之一；中国私募基金——青云创投致力于把 ESG 融入整个投资过程中。2016 年 9 月，中国人民银行等七部委印发了《关于构建绿色金融体系的指导意见》，就推动证券市场支持绿色投资提出了明确要求。2018 年 9 月 30 日，中国证监会发布新版《上市公司治理准则》，重点强化上市公司在环境保护、社会责任方面的引领作用。

2004 年，联合国环境规划署金融行动机构（UNEP FI）联合其他机构首次提出环境、社会和公司治理（ESG）概念，并发现这三个因素可以影响股东的长期利益。德意志银行②通过大量实证分析后，研究发现，绝大多数整合了 ESG 的投资项目回报率高于市场平均水平。两年后，联合国发布责任投资原则（Principles for Responsible Investing），力图推广到主流投资机构，使其整合到投资过程。为了争取更多投资机构接受 ESG，PRI 并没有强制投资必须产生积极的社会和环境价值，而是强调 ESG 可以优化投资表现③。这也是为什么不管投资机构是实施消极、积极还是混合的 ESG 原则，它们的投资都属于商业投资，社会和环境价值一般不是投资的目的。

上述回顾说明，影响力投资并不是一步到位。如果追本溯源，社会责任投资、可持续投资和影响力投资都可以将 18 世纪中叶出现的道德投资作为起点。可以说，影响力投资是社会责任投资和可持续投资的升级版。

---

① International Finance Corporation.（2019）. Sustainable Investment in China.

② Deutch Bank.（2012）. Corporate Social Responsibility Report［EB/OL］. https：//www.db.com/files/documents/csr/reports/deutsche-bank-cr-report-2012.pdf.

③ Hummels，H.，de Leede，M.（2014）. The emergence of impact investments：The case of microfinance，in Céline Louche，Tessa Hebb（ed.）Socially Responsible Investment in the 21st Century：Does it Make a Difference for Society?［J］.（Critical Studies on Corporate Responsibility，Governance and Sustainability，Volume 7），Emerald Group Publishing Limited，pp. 91-115.

第二节 影响力投资兴起的背景与动因

一、影响力投资兴起的背景

从上述影响力投资发展的历史脉络来看，其产生和发展有多方面的原因。本节着重从影响力投资所诞生的西方资本主义土壤和体系中，以及公益慈善商业化演进趋势来阐释影响力投资的必要性。

（一）资本主义演进与自我修复

西方自由市场经济学建立在私有财产合法化，以及不平等的合理性之上。19 世纪晚期和 20 世纪初期，工业革命带来的迅速发展使经济的不平等赤裸裸地、青面獠牙地在社会中肆虐。其中一个后果是，1929 年的金融危机、社会动荡，以及资本主义频频受到被颠覆的挑战（如共产主义思潮的兴起）。第二次世界大战后，西方众多精明的资本家认识到他们需要服务社会这个整体而不仅仅是自己等少数人的利益，否则会受到贫苦大众的反对和抵抗。基于这种醒悟，20 世纪五六十年代，美国的商业领袖普遍认为他们对社区发展有很大责任，而不仅仅是为股东服务，企业社会责任（Corporate Social Responsibility，CSR）的概念开始形成并广泛传播。企业的经理们起初称之为“公共服务”“受托人精神”（stewardship/trusteeship），最后这一概念被定格在“企业社会责任”①。CSR 的概念不断在这个时期得到广泛实践，最后被当作一种理论来研究。这个时期的企业家主要着重提高工人工资，使其能体面生活②。因为企业主懂得如果工人收入增加了，则工人更健康，更能高产高效，从而带来经济的增长。

---

① Okapara J.，Idowi S（ed.）.（2013）. Corporate Social Responsibility：Challenges，Opportunities，and Strategies for 21st Century Leaders［M］. New York and London：Springer.

② DiMaggio A.（2019）. Political Power in America：Class Conflict and the Subversion of Democracy［M］. Albany，NY：State University of New York Press.

20 世纪 70 年代，资本主义又逐渐开始抛锚，企业家又重新回到这样的话语体系中："商业就是商业，仅此而已。"这主要是由于芝加哥大学经济学家米尔顿·弗里德曼的企业管理思想的影响。弗里德曼主张企业管理者的天职是为自己的股东提供最大化利润。很多企业家认为企业创造就业是最大的社会贡献，反感自己被"社会责任"一词"绑架"。这种把商业和广大的社会责任抽离的后果是什么呢？血汗工厂、人口贩卖、性别收入差距、同性恋群体、高污染能源，以及一系列其他政策和文化问题。而后，SRI 运动应运而生。

20 世纪 80 年代至今，在全世界范围经济发展、全球一体化、全球竞争白热化的背景下，市场经济创造了一个又一个经济奇迹，但同时也创造了一个几乎失衡的全球经济体系。商业伦理和诚信不断锐减，市场经济既不公平又不包容。一些商业高管和企业家在投资和管理方式方面铤而走险，造成了当今的"残局"。很多人开始对这种发展模式市场经济很担心。前高盛主管 David Blood 说："有人认为经济不平等没什么了不起，但是我不同意。我们正在创造一种只有精英中的精英才能成功的系统，这种系统岌岌可危。如果商业不向善，不惠及普通民众，它将终究失去存在的合法性。"① 全球范围内，各种活动此起彼伏，比如占领华尔街运动、黑人平权运动、同性 LGBTQ 运动、妇女权益游行等。大众要求经济发展用合乎伦理的方式运作，使社会对女性、有色人种和同性人群更包容，使中产阶级更强大，使环境更可持续发展，从而建立一个可持续的全球经济体系。2020 年，美国爆发的乔治·弗洛伊德黑人司法平权运动就是一个鲜活的例子，如果我们不在现在的社会、司法、经济轨道上悬崖勒马，社会终究诉诸极端的方式来寻求改变。幸运的是，由一群企业家、高管、投资商掀起的商业向善运动正在兴起，比如共益企业（B Corporation）、影响力投资联盟。在尚未走出新冠肺炎疫情困境的全球背景下，投资者、消费者开始觉醒，

---

① Freeland C.（2013）. Is Capitalism in Trouble? The Atlantic（December）[EB/OL]. https://www.theatlantic.com/magazine/archive/2013/12/is-capitalism-in-trouble/354683/.

并呼唤伦理的商业和企业。在上述的社会环境与经济底线相结合的产品和服务备受青睐，可持续商业、影响力投资便是其中之一。

真正可持续的商业是什么呢？哈佛大学教授迈克尔·波特（Michael Porter）和马克·克莱美（Mark Cramer）认为，商业真正的可持续是要“创造共享价值”（Create Shared Value）①，要为更多的人创造价值，要考虑其对社区、环境的贡献。

可持续商业不一定能提供解决所有社会问题的“良药”，但是它会逐渐认识到这个大体系中政府的角色和作用，愿意让政府引导和激励商业做正确的事情，比如提高工资待遇、ESG 治理公开化。这种开放的心态同样适用于作为影响力投资重要的参与者——政府。

在全球化的今天，很多问题的解决既不容易又不能在短期内显示效果，尚待我们去探索，抱着开放包容的心态，抱着合作的态度，抱着整体观来寻求共赢和发展。

（二）公益慈善组织和行为的商业化、市场化演进

广义的公益慈善既包括组织化的慈善如非营利组织和基金会，又包括个体的慈善捐助。自 20 世纪 80 年代开始，由于政府财政缩减、追求公共产品和服务的效率和效果，并逐渐将商业化和市场化引入非营利领域，世界范围内非营利组织都倍感压力，因而去寻求多元融资途径、改善效率，以及赢得客户和捐赠人信任。政府购买服务无论在中国还是世界其他国家都如火如荼。大量的原本由社会组织提供或者政府直接提供的公共服务项目——包括教育、文化、医疗卫生，尤其是针对老人、儿童、残疾人、孤儿等特殊群体的服务，通常都是由政府向社会购买服务。社会上提供公共服务的组织既包括非营利组织，也包括营利性公司。这项举措虽然对政府、纳税人和消费者都有好处，但是会给非营利组织带来很大的竞争挑

① Porter M.，Cramer M.（2011）．“Creating Shared Value”，Harvard Business Review［EB/OL］．https：//hbr. org/2011/01/the-big-idea-creating-shared-value.

战，因为非营利组织受融资限制，常常在人才薪资、设施、服务流程的投入上很难与商业机构竞争。在此背景下，一些非营利机构转型成为纯商业机构，一些非营利机构不断加大对服务和产品的投入，还有一些追求社会和经济效益双重底线的社会企业不断产生，并成长壮大。比如，美国非营利机构的主要收入来自市场化的商品营收（Earned Income），约占48%①，而捐赠只占13%，且大多流向宗教组织。中国语境下的非营利组织在飞速发展的市场经济和国家宏观政策中也不断催生了一批活跃的社会企业。这些应公益慈善组织商业化浪潮而生的社会企业型组织也为影响力投资提供了基础。

与此同时，越来越多的捐赠者来自商界精英，并不断把商业创新和高效的思维模式带入公益慈善的捐赠和管理中。他们把捐赠作为投资，并用风险投资战略和工具去管理其慈善“捐赠”，以比尔·盖茨、沃伦·巴菲特为首的商业领袖在慈善界掀起了一股“慈善资本主义”新潮。在该潮流中，成功的企业家们把自己视为社会财富的“管家”，意识到财富和责任成正比，企业家精神和创新能够为棘手的社会问题带来巨大改变，并且认为自己有能力和义务这样做。2010年，比尔·盖茨夫妇和沃伦·巴菲特引领了“慈善誓约”运动，倡议数千名美国富豪做出誓约，承诺捐出他们至少50%的财富给慈善机构。作为该倡议的发起人，巴菲特誓言要把他超过99%的财产在有生之年或是在临危之际捐给慈善机构。他说：“即使我们多花百分之一的钱在自己身上，我们的快乐和幸福并不会因此而增添一分。但是，这剩余的百分之九十九的财富可以给其他人的身心和幸福带来巨大的影响。”② 巴菲特没有把他的财富均分，散发给所需要的人，他看重的依然是资源的最大化地利用，效益的最大化实现，并且这样做的原因是感激和责任，而不是因为对获取财富方式的愧疚而通过捐赠来“赎罪”或者美

① Nonprofit Quarterly.（2020）. The 2020 Map of Nonprofit Economy［EB/OL］. https：//nonprofitquarterly. org/infographics/npqs-illustrated-nonprofit-economy/.

② The Giving Pledge［EB/OL］. https：//givingpledge. org/Pledger. aspx？ id=177.

化自己公司的形象。加入这股慈善商业化浪潮的还有商业向善运动，如企业慈善。很多大企业不局限于捐款带来的良好公共效果，还积极追求把社会效益植入产品和服务以及运营中。在2020年开始的全球新冠病毒抗击中，世界电商巨头亚马逊成立小微企业抗疫基金，用贷款的方式帮助小微企业渡过难关。

公益慈善的商业化和市场化趋势的另一个驱动力来自对公益项目高效的渴求，以及受效益驱动。虽然有时候受赠者表面上需要的是钱，但其实更多的是需要公平就业的机会，因此直接给钱并不能为受赠者的生活带来实质的改变，反而有可能带来恶劣的后果，如懒惰、依赖、酗酒、浪费等恶习。即使受赠者真正需要的是钱，如果赠予的方式不同，也会带来不同的结果。孟加拉国格莱珉银行（Grameen Bank）发给灾民的虽然也是钱，但是是通过小额信贷的方式，让灾民既拿到了临时急钱，又维护了他们的尊严，激发了其努力工作的热情。随着现代化和工业化的进程加速，社会需求变得更加多元、细微、常态和繁多。抗击地震、洪水、干旱等自然灾害只是一种巨型的紧急需求，其他大至国家的"三农"、扶贫、医疗等问题，小至社区的老、弱、病、残的需求，远及他人生存与发展的就业、教育和医疗，近及自身环保与社区发展问题，都无不召唤着公民用各种各样创新的、高效的力所能及的方式，在政策无法惠及的情况下，及时补位参与社会问题的解决。

二、影响力投资兴起的动因

我们认为，影响力投资出现是由于社会和环境问题日益复杂和深化，以及传统观念和方法遭遇瓶颈，无法充分解决这些问题。影响力经济咨询公司（Impact Economy）的创始人马克西米利安·马丁博士①认为，当今世界面临的四大问题是激发影响力投资发展的动因，并从侧面印证影响力投

① Martin, M. (2013). CSR's New Deal: A Blueprint for Your First Hundred Days in the World of Impact Economy (April 1, 2013). Impact Economy Working Paper, Vol. 3 [EB/OL]. http://dx.doi.org/10.2139/ssrn.2259632.

资的巨大潜力。

第一，金字塔底端贫困人口对社会服务的需求大幅增长。

“金字塔底端”的说法出现于20世纪30年代，现在一般指主要存在于发展中国家日收入低于两美元的贫困人口。从20世纪60年代起，世界银行、发达国家及国际慈善组织已经累计投入超过4万亿美元来解决全球贫困人口的健康、教育、住房等问题，然而效果有限，目前全球仍有40亿人处在金字塔底端。密歇根大学商学院教授普拉哈拉德（C. K. Prahalad）指出，其实这部分群体蕴含着巨大的财富，不应该被忽略或轻视。他在2004年出版的《金字塔底端的财富》（*The Fortune at the Bottom of the Pyramid*）一书中号召企业家消除传统偏见，运用新的技术和商业模式来服务金字塔底端市场，在获利的同时，也能提高穷人的生活质量或生产能力，以此达到减缓甚至消除贫困的目的。这个市场之巨大，超乎想象。据美国有线电视新闻网旗下财经网站（CNN Money）估计，这个市场潜在的商机高达5万亿美元。这也是为什么很多投资机构开始关注新兴市场。

在《金字塔底端的财富》中，普拉哈拉德认为，穷人同时也是具有价值意识的消费者。穷人、非营利组织、政府和大企业之间的合作，能够开创世界上最大的、增长最快的市场。简单说，这是一个双赢的游戏：利用商业力量来消除贫困，同时让具有企业家精神的人获得财富。如果公司能够找到效能、价格、销售和产量之间的最佳结合点，贫困地区发展机会的50%~100%都是可以把握的。他举了这样一个例子：GSM手机最初在印度上市时的售价为1000美元。随着手机价格跌至300美元，用户也逐渐增多。印度手机服务商Reliance公司推出季风洪格马（Monsoon Hungama）促销计划，即用户可用10美元购得一部多媒体手机，每月支付9.25美元，并可获得100分钟免费通话时间。这家公司在10天之内就获得100万份订单。

第二，世界各国普遍面临资源紧缺的问题，绿色增长成为潮流。

联合国2015年发布报告，预计全球人口在2050年将达到97亿，这无疑会对各种资源造成巨大压力。普华永道 2011 年撰文指出，如果想把全球年均碳排量降低 5%，则至少需要每年 5000 亿美元的资金，而 2010 年有关清洁能源的投资不足 2500 亿美元。从长远看，对于节能产品和技术的开发，可以有效节省成本和增加就业，比如欧洲各国如果能将目前的能源消耗水平降低 20%，则可以节约 600 亿欧元，创造上百万个工作岗位。我国由于制造业企业众多且技术相对落后，制造等量国内生产总值（GDP）往往要比发达国家消耗更多能源，产生更多污染。虽然我国学者 20 世纪 80 年代末就提出了绿色 GDP 概念，但政府直到 2004 年才予以采纳，却又在 2007 年放弃。"据《第一财经日报》报道，2004 年至 2010 年环境污染损失占 GDP 的比例约 3%；以 2010 年为例，全国环境退化和生态破坏成本合计 15513.8 亿元，约占当年 GDP 的 3.5%。[①] 期间，一些省份在计入资源破坏与环境保护成本之后，绿色 GDP 变成了负增长。[②]" 这种情况也常见于其他发展中国家。

为应对资源和环境问题，2007—2022 年最大的亮点之一是绿色债券（Green Bonds）的出现。据气候债券倡议组织统计，截至 2015 年，全球全年绿色债券发行量已达 420 亿美元。绿色债券作为一种新型金融工具，由欧洲投资银行于 2007 年创新发行，并向 27 个欧盟国家发售。根据国家发改委对绿色债券的定义，绿色债券是指募集资金主要用于支持节能减排技术改造、绿色城镇化、能源清洁高效利用、新能源开发利用、循环经济发展、水资源节约和非常规水资源开发利用、污染防治、生态农林业、节能环保产业、低碳产业、生态文明先行示范实验、低碳试点示范等绿色循环低碳发展项目的企业债券。绿色债券在中国发展迅速。中国人民银行于 2015 年 12 月发布了绿色金融债券有关事宜的公告，正式开启了中国绿色债券市场。2016 年 1 月，浦发银行、兴业银行争相发行了第一期绿色金融债，标志着我国绿色债券市场的正式形成。

---

① http://finance.sina.com.cn/roll/20150429/014522067749.shtml.

② http://finance.sina.com.cn/china/hgjj/20110228/14409444404.shtml.

第三，各国福利政策改革及公共服务供给需要社会参与。

21 世纪初的金融危机及其更广泛时期内的经济发展放缓，让很多国家不得不紧缩政府预算，即使不减少公共产品和服务方面的支出，也往往无法达到社会的实际需求水平。而且，不少社会问题预计将在未来几十年更加严峻。以老龄化为例，自 1950 年以来，全球人均寿命增加了 21 年。美国最大的智库之一战略与国际研究中心（Center for Strategic and International Studies）认为，2007 年，八国集团（Group 8，G8）成员国平均每年向老年人提供的福利约占 GDP 的 12.5%；预计到 2040 年，各国比例至少要增加 30%。政府因其自身特点，政策制定往往需要较长的过程，即使某些试验取得局部效果，在全国范围推广也仍需要时间。为弥补资金和政策不足，一些国家已经开始引入更为活跃的资本和机构到社会福利领域，通过政府购买服务、公私合作（Public-Private Partnership）等方式来缓解政府财政压力。市场手段、社会力量的发展，为各国福利政策改革和公共服务供给创新提供了可行性。

第四，越来越多消费者开始关注健康和可持续的生活方式。

健康和可持续生活方式（Lifestyles of Health and Sustainability）指积极追求更加健康和可持续的生活方式、产品和服务的消费者，同时也指销售这类产品和服务的市场部门。健康和可持续生活方式对于生活方式、产品、服务的选择往往基于其对家庭、环境、社会正义的价值观，乐于购买环保产品、有机食品、公平贸易产品，使用环保的通勤方式等。虽然健康和可持续生活方式体现的是个人价值观，但整合在一起则形成强大的购买力。2006 年，美国的健康和可持续生活方式市场就已经达到 3000 亿美元水平，约占美国消费品市场总额的 30%。目前，在美国、西欧，以及亚洲的新加坡和日本等国都有大量的健康和可持续生活方式消费群体。在过去十几年，新兴市场国家居民财富增加 4 倍以上，正逐步显示出对健康和可持续生活方式产品的关注。2010 年左右，埃森哲（Accenture）在中国、印度、马来西亚等国调研，发现 84%的消费者表示愿意为环保产品支付额外费用，这一比例在美国、日本、法国、德国等发达国家只有 50%。健康和可持续生活方式非常适合作为影响力投资的对象，大量影响力资本都投向了这个领域，产品从食品到服装，十分丰富。其中，最著名的当属美国全食连锁超市（Whole Foods Market）。

上述分析说明，影响力投资有解决多种多样问题的潜力。世界经济发展论坛（2014）和瑞银集团（2016）等一般认为，影响力投资能解决的问题/领域包括农业、教育、能源、环境、金融服务、健康、住房、饮用水。经济合作与发展组织（Organization for Economic Cooperation and Development，OECD）（2015）将影响力投资受益人依据年龄、收入等定义为高危人群（People at Risk）。虽然影响力确实着力解决低收入人群和地区涉及基本生活和发展的领域，但其覆盖的领域不止这些，比如我们上面提到的健康和可持续生活方式产品，受众往往是受过良好教育、收入中等水平以上的人群。

第二章
影响力投资概念辨析

朱照南

第一节　影响力投资的定义

全球影响力投资网络（Global Impact Investing Network，GIIN）认为影响力投资是一种旨在产生积极、可测量的社会与环境影响，同时能够获得财务回报的投资方式①。然而，“影响力投资”这一概念自产生以来一直存在诸多争论，至今在学术界和实务界还没有形成一个统一的定义来界定影响力投资②③。由于尚未形成统一的定义，在实践中对于到底哪些投资属于影响力投资这一核心问题，就缺乏清晰的边界，尤其对于什么是“影响力”更是没有统一的判别依据。一般来说，任何投资都有可能产生积极的社会影响，“影响力”可以指代任何经济回报之外的“积极影响力”，以至于这会使它包含不了什么实质意义。

定义不清晰可能会给整个行业发展带来诸多风险，具体体现在以下三个方面：

---

① GIIN.（2020）. https：//thegiin. org/impact-investing/need-to-know/#what-is-impact-investing.

② Eurosif.（2012）. European SRI study［R］. Brussels：Eurosif.

③ Mendell M. Barbosa E.（2013）Impact investing：A Preliminary Analysis of Emergent Primary and Secondary Exchange Platforms［J］. Journal of Sustainable Finance & Investment，3（2）：111-123.

第一，有可能会损害这一理念和行业实践的可信度[①][②]，最终有可能导致以影响力为名的不当操作[③]。有人批评影响力投资者的倡导者们在故意模糊概念的内涵和范畴，不提供具体的线索和标准来识别哪些"积极影响力"属于这一概念所指称的具体范畴。这也就导致人们很难将"影响力投资"与其他的普通投资区别开来。萨拉蒙（2017）也认为这一术语实际上会暗中把重点落在"投资回报"，而非社会或环境价值的产生。

第二，缺乏清晰的定义可能会阻碍市场的增长和更大范围内对影响力投资的采用（Clark et al.，2012b；Conway et al.，2012）。因为没有清晰的概念，就容易导致主流投资者对其理解产生偏差，而对这一领域缺乏涉足的投资者无法在实践中清晰地定位自己的投资行为、实践路径和绩效目标。此外，没有清晰的概念框架也会导致政府无法为推动建立一个必要的市场生态系统而提供所需的政策[④]。

第三，缺乏清晰的定义也会影响相关学术研究的发展。任何领域的学术研究都是建立在清晰的定义基础之上，我们注意到，当前真正关于影响力投资的纯学术研究非常少，大部分还是实践领域的行业报告。如果没有清晰、一致的定义，那么影响力投资的理念就很难在学术界取得合法性[⑤]，研究人员也无法进行有效的交流和讨论，很难推动该领域的知识生产和知识积累（Höchstädter and Scheck，2015）[⑥]。

---

① Erickson D.（2011）. Advancing Social Impact Investments Through Measurement Conference: Summary and Themes [J]. Community Development Investment Review，7（2）：6-25.

② Rockefeller Foundation. Newsbrief.（2010）. When Is an Investment an Impact Investment? [J]. Retrieved January 20.

③ Harji K.，Jackson E. T.（2012）. Accelerating Impact：Achievements，Challenges and What's Next in Building the Impact Investing Industry [M]. New York，NY：The Rockefeller Foundation：41.

④ Höchstädter A. K.（2015）. Scheck B. What's in a Name：An Analysis of Impact Investing Understandings by Academics and Practitioners [J]. Journal of Business Ethics，132（2）：449-475.

⑤ Short J. C.，Moss T. W.，Lumpkin G. T.（2009）. Research in Social Entrepreneurship：Past Contributions and Future Opportunities [J]. Strategic Entrepreneurship Journal，3（2）：161-194.

⑥ Höchstädter A. K.，Scheck B.（2015）. What's in a Name：An Analysis of Impact Investing Understandings by Academics and Practitioners [J]. Journal of Business Ethics，132（2）：449-475.

由于理论界和实务界都对影响力投资的定义没有形成统一认识，在本书中，我们试图通过呈现不同派别对影响力投资概念的理解和争论，让读者通过了解整个概念图景进而自己去形成理解和判断。尽管存在诸多争议，但是主流实务界和学术界对于影响力投资的概念理解主要集中在四个维度：财务回报、非财务回报、主观意图和可测量的影响力。

一、关于影响力投资的财务回报

影响力投资与慈善捐赠都用来追求积极的社会和环境价值，后者以社会和环境价值为唯一目标，甚至可以说追求影响力的动机更加强烈。两者本质的不同，在于影响力投资有对于财务回报的要求。德国学者霍赫施泰特（Höchstädter）和舍克（Scheck）通读了百余篇行业报告和学术论文，发现影响力投资的回报率相对于市场回报率而言可高可低，也可以持平，存在诸多观点，但绝大多数文献认为应当以至少收回本金作为财务回报最低目标①。我们在本书中也采纳这样的观点。捐赠并不是不能参与影响力投资，但只有捐赠一般不构成影响力投资。比如，悦光公司资金来自多种主体，性质涵盖股权投资和捐赠等。捐赠在影响力投资中的作用，不仅在于增加被投机构的资金，更在于直接或间接降低投资风险，吸引更多投资者，后文几个案例都说明了这一点。对于谋求长期发展的企业来说，捐赠有一定的局限性②。第一，捐赠一般是针对项目，而且很多时候捐赠人期望捐赠主要用于项目执行，留给机构发展的空间有限。第二，捐赠时间跨度一般比较短，通常是3~5年期限。第三，获取捐赠的成本比较高，通常在捐赠额的22%~43%。第四，捐赠数额一般比较小，比较适合作为企业的初始资金，很难单独满足企业规模扩大时期的需求。

---

① Höchstädter A. K.，Scheck B.（2015）. What's in a Name：An Analysis of Impact Investing Understandings by Academics and Practitioners［J］. Journal of Business Ethics，132（2）：449-475.

② Martin M.（2010）. Managing Philanthropy after the Downturn：What is Ahead for Social Investment. In Martin M. & Ernst A.（Eds.），Viewpoint 2010：What is Ahead for Social Investment?［N］.（pp. 10-21）. Geneva：Informed Judgment Partners.

二、关于影响力投资的财务回报与非财务回报的比重

根据霍赫施泰特和舍克的综述，他们发现只有很少的研究认为影响力投资的非财务回报优先级应该高于财务回报。而大部分学者和实务者对这个问题采取了分类讨论的方式，即将影响力投资者分为影响力优先和财务回报优先两类。但是，对于影响力优先的投资者来说，他们也需要设定一个财务回报的底线；同样，财务回报优先的投资者也需要对非财务回报设定底线。关于非财务回报，典型的说法是包括社会与环境影响力，当然也包括诸如文化影响力、治理等。

三、影响力投资关注可测量的影响力

对影响力进行测量是影响力投资区别于其他普遍投资的关键，这是保证投资效果透明和公信力的需要，也是促进影响力投资实践和行业建设的需要。然而，这也是影响力投资相对比较困难的部分，因为影响力不像财务回报那样直观，有些不容易被有效量化，而且由于影响力领域不同，如环保、扶贫、教育等，很难使用同一套标准，往往要依据项目来设计评估指标和标杆。影响力评估比较复杂、成本较高、存在主观性，可以说是影响力投资中比较薄弱的一环，这也是不少商业投资者对影响力投资持怀疑态度的原因之一。目前，影响力评估中，相对比较被认可的框架包括全球影响力投资评级系统（Global Impact Investing Rating System，GIIRS）、影响力报告和投资标准（Impact Reporting and Investment Standards，IRIS）和社会投资回报（Social Return on Investment，SROI）。我们会在后面的章节专门探讨影响力评估，在这里暂不做具体解释。

四、影响力投资需要强调投资者的意图

很多学者和实践者都强调了影响力投资者的主观意图是以社会与环境的积极影响为出发点，这就区别了传统投资以获得最大财务回报为出发

点。影响力投资在发生之前，就已经将改善社会或环境作为投资标准，影响力并非投资的副产品。比如，为盈利而投资研发药品，即使在事实上对社会产生正面影响，也不能称之为影响力投资。斯坦福大学法学院教授保罗·布莱斯特（Paul Brest）和惠普基金会项目官员凯莉·伯恩（Kelly Born）2013年在《斯坦福社会创新评论》发表重要论文，指出这种由企业无意间产生的社会价值并非说明意向性不重要①，在慈善、商业及日常生活中，通常是有意为之更可能产生所要追求的结果。

第二节　影响力投资的相关概念

在影响力投资领域充斥着诸多概念，很多概念之间彼此有联系也有区别，在此，我们对其中一些主要概念及其与影响力投资的关系进行梳理和辨析，尤其是一些与影响力投资存在重叠的概念，如社会影响力投资、可持续和负责任投资（Sustainable and Responsible Investment）、ESG投资、公益创投（Venture Philanthropy，VP）等。

一、社会影响力投资

“影响力投资”这一概念在实践中有被异化和滥用的嫌疑，成为“一盘大杂烩”。所以，一些学者和实务者为了表明自己坚守的“影响力投资”的内涵，往往会在该术语前面增加一个“社区”或者“社会”“社会和环境”“社会目的”等形容词，以强调这些投资是将社会与环境影响和财务回报放到同等甚至更重要的位置。社会影响力投资、社会和环境影响力投资、社会投资、社会目标投资、社会价值投资这些概念在本质上是一致的，只是具体叫法略有不同。在中国语境下，“社会价值投资”这一说法

① Brest P., Born K. (2013). When Can Impact Investing Create Real Impact [J]. Stanford Social Innovation Review, 11 (4): 22-31.

被使用得更多一些。主要是由于“影响力”一词在中文语境中更容易被理解为在社会中的认知度或影响他人的能力，而不是英文语境中强调的最终的社会发展效果，所以一些倡导者使用社会价值投资这一译法，如社会价值投资联盟、中国发展研究基金会等。在这一理解中，“社会”是一个广义的范围，包括人类社会与自然环境的总体系统。

当然，也有些学者和实务工作者①将社会影响力投资看作“影响力投资”的一个下位概念，即影响力投资三种类型中的一种。他们认为影响力投资根据投资对象的类型可以分为三类：清洁技术、小微金融和社会金融或社会企业。也就是说，社会影响力投资更关注那些能够直接产生社会价值（相对于环境影响力而言）的部门和组织。在他们的理解中，“社会”是狭义的社会领域的概念。

一般来说，社会影响力投资这个概念在欧洲使用的频率和范围要高于美国，尤其是在英国。英国一些关于影响力投资的官方文件和报告，一般都倾向于使用“社会影响力投资（Social Impact Investment）”，例如，英国大社会资本（Big Society Capital）的愿景就是帮助发展一个“有活力的、多样化的、充分资本化的可持续社会投资市场”。

二、可持续和负责任投资

我们在前文对影响力投资的历史脉络进行梳理时已经提到影响力投资是企业社会责任投资、可持续投资、ESG 投资的延续与升级，这三者可以统称为可持续和责任投资。但是 SRI 与影响力投资也存在概念重叠和边界模糊。严格意义上讲，传统投资并不考虑投资本身对社会和环境的影响，单纯追求利润最大化。社会责任投资和可持续投资则是将对社会或环境的考虑整合到投资决策中，前者强调遵循法律、减少或避免破坏环境等，目

① Laing N., Long C., Marcandalli A., et al. (2012). The U. K. Social Investment Market: The Current Landscape and a Framework for Investor Decision Making [M]. Boston, MA: Cambridge Associates.

的是保护财务回报；后者采用混合或积极标准，比如公平劳动力，以增强投资表现。在影响力投资里，影响力与财务回报相关，但又独立于财务回报，两者同为投资的目的。总之，SRI 更像一种负担和道德义务，主要是一种被动的避免。而“影响力投资”这一概念更加积极，具有行动导向，不仅是提升公司的 ESG 指标，而且是以长远解决社会问题为目标。此外，也有人指出，SRI 往往投资的是一些大型成熟企业，且多使用债券、基金、股票等方式；而影响力投资更倾向于用私人借贷或股权方式直接支持小企业、初创企业。

三、公益创投（VP）

公益创投（Venture Philanthropy，VP）也与影响力投资存在一定的概念内涵重叠。公益创投主要指对以社会目的为导向的组织进行投资和资助，投资和资助的对象既包括传统的公益慈善组织，也包括非营利性的和营利性的社会企业，这些组织可能永远无法形成可持续的盈利模式，也可能有潜力形成盈利模式，或者已经证明具有可持续的盈利模式。公益创投更加强调的是“为影响力而投资”，其作用更多在于帮助整个影响力投资系统建立基础设施。在中国的语境下，“公益创投”还经常被用于政府资金支持的社会组织培育基金，与“政府购买服务”等概念容易发生混淆。

欧洲公益创投协会（European Venture Philanthropy Association，EVPA）一直是公益创投概念和实践的推动者。EVPA 以光谱的形式将传统慈善与传统投资之间的范畴进行了细分，在这一光谱中主要根据投资者将资金投入的组织的性质进行划分，这种划分可以为厘清传统慈善、公益创投、影响力投资、可持续和负责任投资、ESG 投资、传统商业投资等相关概念提供一个可操作的方法（见图 2-1）。

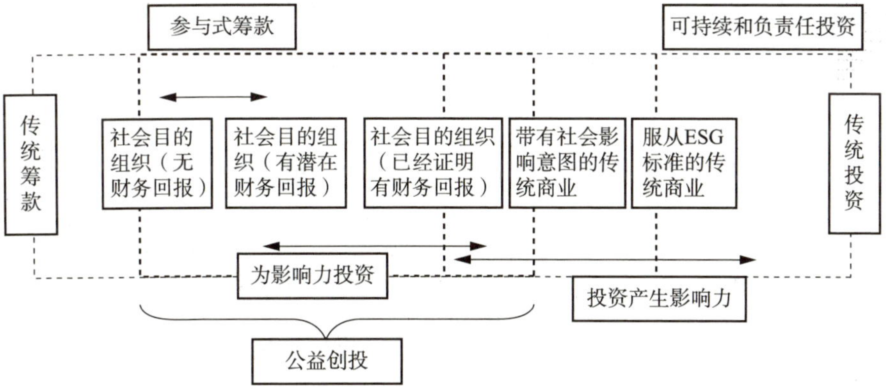

图 2-1　影响力生态谱系图

资料来源：EVPA。

根据 EVPA 光谱，我们看到公益创投主要是指偏向社会目的的投资，而且包括了对无法产生财务回报的社会目的组织的支持。而广义的影响力投资的范畴涵盖了 EVPA 光谱中“为影响力投资”（Investing for Impact）和“投资产生影响力”（Investing with Impact）两个范畴，也就是说，包括了光谱中除传统筹款与传统投资之外的大部分范围。

通过对影响力投资的定义和相关概念的辨析我们发现，影响力投资方式的兴起并非偶然，是世界范围内政府、市场和非营利部门共同探索和创新社会和环境问题解决方法的必然结果。“影响力投资”这一概念的诞生反映出西方资本主义社会试图将商业资本与公益慈善结合起来的努力。这一努力主要包括两个方向：一个是推动传统慈善向商业化、金融化方向发展；另一个是推动商业资本向产生更大社会价值方向发展。因此，对影响力投资这一概念的理解也往往包含着两个方面的内容。但是，我们需要明确，影响力投资的要旨是让资本更好地为社会公益服务，而不是通过利用社会公益为资本服务。我们看到最初推动影响力投资的行动者主要是基金会等公益组织。这反映出影响力投资兴起的根本动力是利用投资来推动复杂的社会、环境问题的解决，这是影响力投资的根本目标，也是我们理解影响力投资这一概念的基础。虽然在实践中会有诸多行为的异化，但是我们始终需要回到本源和初心，否则影响力投资只能沦为又一个商业资本控制社会的手段，也会丧失公众对其真诚的信任。

第三节 影响力投资的实践特点

在厘清影响力投资的定义之后，对于实务工作者而言，更需要关注其在实践中的特点，为投资者开展具体的投资项目提供更加清晰的依据。我们主要从以下五个方面整理影响力投资在实践中的具体特点。

一、影响力投资对象的地域和类型特点

一般来说，影响力投资主要是针对发展中国家或地区，面对金字塔底端的贫困、边缘和弱势群体的投资，如大部分影响力投资项目在非洲、亚洲和南美地区开展。但是，实践中也有很多投资项目是在发达地区开展的，如一些针对发达地区低收入人群的住房项目，针对残疾人或少数族裔的项目，以及一些可以惠及全社会的环境项目。当然，在发展中国家和地区开展的项目更容易通过影响力投资的评估标准，因为这些地区面临更加严重的社会与环境问题，缺乏基础设施和资本等。巴格-莱文和艾默生[①]也指出不是所有在贫困地区或针对贫困人群的风险投资都是影响力投资，其核心在于投资的项目到底是在提升贫困人群消费者的能力还是剥削他们的财富。

二、影响力投资的目标

一般来说，影响力投资会比较聚焦于一些特定行业，直接为金字塔底层人群提供负担得起的产品或服务，如太阳能电灯泡，以及农业、清洁能源、教育、健康医疗、小微金融、住房等。但是，影响力投资也不仅仅局

① Bugg-Levine A. , & Emerson J. （2011）. Impact Investing：Transforming How We Make Money While Making a Difference. Innovations：Technology, Governance ［J］. Globalization, 6（3）, 9-18.

限于这些行业，更广义的影响力投资可以不直接投资于特定行业，而是提供某种技术、工作机会或促进社区发展等。也就是说，影响力投资可以通过多种机制产生社会价值。例如，通过工作整合，即直接雇佣弱势人群，或者为边缘群体提供高质量的工作机会。

鲁兵①将影响力投资基金根据其目标分为两类，即矫正型（Corrective Objectives）和增益型（Additive Objectives）。矫正型基金的目标旨在为传统风险投资忽略或投入不足的地区与人群提供投资基金；而增益型投资基金的目标是进一步促进某一具体社会目标的实现，如消除贫困或减轻环境恶化。当然，实践中有些影响力投资基金也会将两种目标结合起来，如致力于为贫困地区提供环境友好型产品的企业提供投资基金。

三、影响力投资对象的特点

影响力投资的对象主要是指那些社会目的企业或旨在产生社会价值、解决社会问题的项目等。但是在实践中如何识别和界定这些机构和项目尚存在诸多模糊地带。比较严格的影响力投资会对被投机构的组织和财务结构有所限定。例如，需要被投机构有清晰的使命陈述，即表明自己为社会目的组织或社会企业，而且是未上市的私人企业。而有的影响力投资比较宽泛，只需要被投机构能够产生积极的社会和环境影响，对组织类型并未限定，既可以包括商业公司，也可以是非营利机构，或者是某个创新项目等。而英国的大社会资本对社会投资的对象有更加明确的限定，即主要包括社会动机的组织，如慈善机构、社区利益公司（Community Interest Companies，CICs），或者社区利益团体（Community Benefit Societies，CBSs）。一般来说，纯商业机构被排除在外，除非其限定了最高利润率、限制分红或者盈利主要用于再生产而不是分红②。

---

① Rubin J. S.（2009）. Developmental Venture Capital：Conceptualizing the Field［J］. Venture Capital：An International Journal of Entrepreneurial Finance，77（4）：335-360.

② Brown A.，Swersky A.（2012）. The First Billion：A Forecast of Social Investment Demand［M］. London：The Boston Consulting Group，Big Society Capital.

四、影响力投资回报率的特点

影响力投资者对财务回报的要求相当分散，可以低于、等于或高于市场水平，这和大部分文献一致。OECD 认为如果投资者期望投资回报率高于市场水平，那么其投资就不属于影响力投资，只有在投资目标是收回本金或实现不高于市场水平回报率的时候，才是影响力投资。在满足以上要求的情况下，如果实际产生的回报率高于市场水平，该投资仍然为影响力投资。我们认为，在全球范围内来看，这种观点稍显片面。首先，投资者可能对影响力和回报率都有很高的预期，这种情况并非罕见。其次，一些非金融类的影响力投资机构，比如凯洛格基金会（Kellogg Foundation）、安妮·凯西基金会（Annie E. Casey Foundation）都要求具有竞争力的财务回报[①]。每个影响力投资者基于自身特点和使命，对风险的承受力、影响力和财务回报的要求不尽相同，这也就决定了他们对于投资机会的认知和决策。摩根·大通银行[②]使用坐标，形象地将影响力投资策略展现在三维图形上（见图 2-2）。

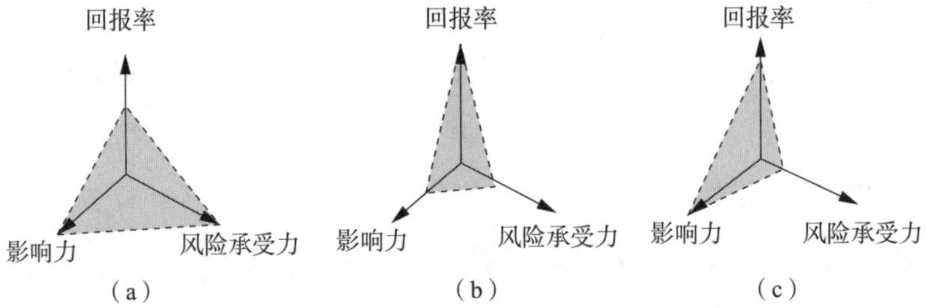

图 2-2　基于影响力、回报率和风险承受力的投资选择

资料来源：J. P. Morgan（2012）。

影响力投资市场为应对和处理全球性的挑战提供了资本，如可持续农

---

① J. P. Morgan.（2010）. Impact Investments：An Emerging Asset Class［J］. Global Research.

② J. P. Morgan.（2012）. A Portfolio Approach to Impact Investment［EB/OL］. https：//www. jpmorganchase. com/corporate/socialfinance/document/121001_ A_ Portfolio_ Approach_ to_ Impact_ Investment. pdf.

业、可再生能源、自然资源保护、小额信贷和可负担的基本服务，如住房、医疗和教育等。影响力投资可以用于新兴市场和成熟市场，投资回报也从低于市场利率到高于市场利率不等，取决于投资者的战略目标。①

图 2-2 中，每条实心坐标线代表影响力投资的一项考虑因素，灰色区域代表可接受或承受的范围。图 2-2（a）表示投资者愿意承担较大财务风险，对影响力的追求超过对财务回报的追求。图 2-2（b）表示投资者选择风险较低且预期回报率较高的投资项目，对影响力的要求较低。图 2-2（c）表示投资者愿意承受中等程度的风险，同时追求较高的影响力和回报率。当然，这三个因素还会有其他多种多样的组合。在实际操作中，投资者可以将每一笔投资的风险、财务回报率和影响力控制在一定范围，或者给予每笔投资更多灵活性，在投资组合整体上加以控制。除此之外，回报率的要求，还可能受到其他因素的影响，如法律和制度环境、投资机构本身对股东的责任和义务、投资额等。

五、影响力投资的资产类别与投资工具的特点

影响力投资财务回报可以通过多种资产类别来实现。资产类别指有类似特征、在市场上表现相似、通常受相同法律法规监管的金融工具。从投资角度看，主要的资产类别包括货币及货币等价物、股权（或称权益，包括股票）、固定收益（一般指债券），以及房地产和商品（黄金、白银、石油等）。除以上传统投资方法外，社会影响力债券（Social Impact Bonds，SIBs）和发展影响力债券（Development Impact Bonds，DIBs）等是影响力投资手段的创新，我们会用一节来详细介绍。Bugg-Levine 和 Emerson（2011）② 更青睐那些旨在直接投资企业或项目的私募股权的风险投资，他们认为因为私募股权的风险投资能够直接推动创新，产生远超出资金投入的社会影响。以上资产类别适用于各种投资当中，其风险、回报以及权益

① GIIN. https：//thegiin. org/impact-investing/need-to-know/#what-is-impact-investing.

② Bugg-Levine A. , & Emerson J. （2011）. Impact Investing：Transforming How We Make Money While Making a Difference. Innovations：Technology，Governance ［J］. Globalization，6（3），9-18.

实现次序都有所区别。当它们被使用在影响力投资当中时，除了作为获得财务回报的方法外，还可以通过各种安排来撬动更多资本跟进。我们会在后文做进一步介绍。

此外，关于影响力投资是否是一种独立的、区别于其他形式的资产类别也存在争议。GIIN 和洛克菲勒基金会等机构倾向于认为影响力投资是一种可替代的资产类别①，他们认为尽管影响力投资可以归入传统的投资类别，如债权、股权、风险投资等（Debt，Equity，Venture Capital），但是其依然有非常清晰、独特的特点。他们认为一种资产类别不能仅仅依据资产的性质，而且还应考虑投资机构如何组织和管理该资产。因此，影响力投资就需要投资者采取不同的投资与风险管理技巧与组织结构，而且需要特殊的评估体系。

① O'Donohoe，N. et al.（2010）. Impact Investments：An Emerging Asset Class，[J]. J. P. Morgan，The Rockefeller Foundation.

第三章
影响力投资的运作机制

姬　晨

第一节　影响力投资的生态系统

影响力投资的本质是向市场回归，并借用市场的手段解决社会问题，因此我们在考虑影响力投资的生态系统时，可以从市场结构的角度去审视。在这个角度下，一种方式是通过追溯资本流动的方向来辨识影响力投资市场中的要素和重要参与方，另一种方式是从供需的角度来辨识市场中的要素和重要参与方。

首先，从资本流动的角度来看，影响力投资市场中主要有五个要素①：

（1）资本的来源。它主要提供投资所需要的资本。

（2）资本的渠道。它用来联结投资者和影响力驱动的组织，主要在投资者无法直接接触到影响力驱动组织时发挥作用。

（3）金融工具。为不同形式的投资提供必要的条件。

（4）影响力驱动的组织。所有具有长远社会目标的组织，包括营利性、非营利性和混合性的组织。

（5）产品或服务购买者。为影响力驱动的组织提供收入来源的群体，可以包括消费者、政府、公司，或基金会。

---

① SIITF（Social Impact Investment Task Force）.（2014）. The Invisible Heart of Markets：Harnessing the Power of Entrepreneurship，Innovation and Capital for Public Good［M］. London：SIITF.

其次，套用主流金融市场的结构范式，影响力投资市场也由相似的三个互相关联的元素组成：供给侧、中介机构、需求侧。

一、供给侧

供给侧一方有大量的资本持有者试图通过他们的资本配置去追求不同配比形式的回报。这些资本持有者包括个人投资者、机构投资者和政府。个人投资者主要有慈善家、社会投资者或责任投资者、商业投资者。机构投资者包括基金会和企业。

慈善捐赠是影响力投资中一项重要的资本来源。仅在英国就有 600 亿~800 亿英镑的捐款款项（Endowment）作为捐赠和投资的资金来源[①]，而在美国这个数字大约可以达到 3240 亿英镑[②]。个人投资者也会间接通过他们纳的税来进行“资本配置”。所有政府的支出在一定程度上有影响力投资的性质，因为政府支出相当于用资金支持了公共品的生产，而这之中有一个类别是直接投向影响力投资的。比如，英国政府从 2001 年到 2011 年已经投入了超过 100 亿英镑[③] 的公共资金在影响力投资市场当中，其支持影响力投资的力度领先于全球其他国家政府。

然而，目前少有研究对影响力投资市场的供给侧进行细分。对这部分资金池进行细分的一种方式是根据资本持有人来进行类别细分，另一种方式是通过资本配置本身所要创造的价值类型进行类别细分。对于资本的持有人，投资者的行为可能如他们在传统资本市场中的表现一样，主要关注效率、风险以及预期回报。或者也有一部分投资者不太关注绝对的资本回报，他们的行为主要受个人价值和个人偏好的驱动，相对来说更感性。而对于创造的价值，影响力投资者可以以财务回报为主导，也可以以社会回报为主导，或者以二者兼顾的混合价值为主导。以上都可以作为对影响力投资市场供给侧进行细分的角度。

①②③ Nicholls A. （2010）.The Institutionalization of Social Investment：The Interplay of Investment Logics and Investor Rationalities［J］. Journal of Social Entrepreneurship，1（1）：70-100.

影响力投资市场供给侧的未来发展也还存在一些挑战，主要包括对投资机会进行更好地细分，开发适合多重社会和经济目标的金融工具，绩效和信息的透明化，更多个性化的投资激励如担保和背书。

二、中介机构

在整个市场结构中，中介机构的作用对于市场繁荣至关重要，它在促进影响力投资市场发育中主要扮演着五大重要角色①：

（1）提供金融资本。

（2）提供获取人才、网络和专业资本的渠道。

（3）提供市场和分销渠道（主要体现在匹配机会上）。

（4）为创新和创业提供支持。

（5）为投资者提供投资监管和绩效信息。

在影响力投资市场中联结供给侧和需求侧的中介机构包括多种类型的私募基金（包括养老金和公益创投基金）、小额贷款机构、信用社、社区发展金融机构、社会股票交易市场（Social Stock Exchanges）和其他具有匹配投资机会功能的平台，另外，也包括一些主流金融市场的机构，比如投资银行及其资产管理经理、保险公司②，一些社会性银行③和大型组织④。除此之外，一些支持性的专业服务机构也出现在整个生态系统当中，比如律师事务所、咨询公司和能力建设组织等。

自2005年以来，还有一系列的专业社会金融组织在领域发展上发挥了巨大的作用，比如社会金融（Social Finance）（英国、美国、以色列）、清晰如此（Clearly So）（英国、印度）、印记资本（Imprint Capital）（美国）、

---

① Shanmugalingam, et al.（2011）. Growing Social Ventures. London：NESTA/Young Foundation.

② 包括美国的Prudential、法国的AXA和瑞士的Zurich保险。

③ 包括荷兰的Triodos，意大利的Banca Prossima、Banca Etica、Extrabanca、Federcasse。这些银行主要提供小额贷款服务，以及为影响力驱动的企业提供资金支持。

④ 如上文提到的，2013年在英国，设立的大社会资本（Big Society Capital）是大型社会金融组织之一。

影响力资产（Impact Assets）（美国）、第三部门（Third Sector）（美国）、法国积极投资公司（Societe d'Investissement France Active）（法国）、社会经济发展研究所（Institut de Développement de l'é conomie Sociale，IDES）、信用合作社（Credit Cooperatif）（法国）和澳大利亚社会风险投资公司（Social Ventures Australia）（澳大利亚）。

在影响力投资市场中，中介机构的发展非常迅速，而且这个板块也在日益扩大。它的主要特点是具有高度的创新性和实验性，而且它的机构遍布全球。然而，目前影响力投资领域中介机构的发展程度还不够成熟，并且远称不上系统化和规范化。其中最主要的缺口是缺乏绩效数据的收集和分析以及成熟发展的二级市场。这两个部分的系统化发展将对整个影响力投资的后续发展至关重要。

三、需求侧

影响力投资市场的需求侧包括多种类型的投资对象，比如社会企业、公益组织、混合性组织、商业机构和与社会创新相关的民间组织①。许多投资对象已经有了很长的历史，比如一些具有宗教性质的慈善机构和互益性组织。尽管寻求影响力投资资本的社会机构数量巨大，但供给侧是整个影响力投资市场结构中发展最不健全的一个领域。许多投资者苦于找不到足够多“可投资”的社会组织，因此实际上存在着过度供给和需求不足的市场不平衡。这里的需求不平衡不是指具有资金需求的组织不足，而是具有资金需求并具有被投资条件的组织严重不足。

制约供给侧获得金融资本的因素主要有以下几点：第一，规模，大多数社会影响力组织由于组织规模小、人员变动大，只具有吸取相对小规模的投资的能力，但这种小规模的投资，其交易成本（transaction cost）却是巨大的。因此投资者需要更有效率地把这些小投资机会组合起来，并为

---

① Nicholls & Murdock.（2011）. Social Innovation ［M］. Basingstoke：Palgrave MacMillan.

这样的组织提供具有风险性和持续性的支持资本。第二，在社会组织的整个生命周期和发展过程中，缺乏适合其各个阶段的金融支持手段，尤其是在适合组织早期发展的捐款和成熟阶段的大额借贷或股权投资之间存在一个断层，被称为中间断层，中间断层一部分是由许多社会企业的结构问题所导致的。社会企业的结构特点是它的利润是受限的，它的利润不能分配给外部投资者，而主要用于为其社会使命再次投资。中间断层产生的另一个原因是缺乏对于社会企业生命周期中期投资的风险及回报的数据。由于没有准确细致地对于风险和回报进行评估和预测的数据，投资者面临的情况是需要在风险高度不确定的条件下做出具有高回报预期的资本配置，他们的通常做法是与其他潜在投资者一起共享他们筛选出来的投资机会。第三，影响力投资领域迫切需要对投资对象进行能力建设，尤其是金融方面知识的支持，以帮助它们更好地理解哪种类型的投资更适合它们的结构特点和使命目标。而能力的提升也可以间接帮助它们更好地达成自己的社会使命，反过来促进它们自身的投资准备（Investment Readiness）程度。

来自英国慈善救助基金会冒险投资资本（Venturesome）的一份报告指出，影响力投资市场的投资对象需要在以下方面获得更好的支持[①]：

（1）更确切地定位它们的金融需求。

（2）明确所有可能的金融工具的机制以及它们的优缺点。

（3）明确适合自己融资需求的不同资本提供者和它们的要求。

（4）具有从多种新的金融资源获得支持的信心，为投资者提供多种风险和回报组合的投资选择。

（5）在它们的审计和投资计划中区分出收入和资本的差别。

（6）了解捐款不是没有成本的（通常捐款的筹资成本要高于股权筹募

---

① Goodall E.，Kingston J. Kingston.（2009）. Access to Capital：A Briefing Paper［M］. London：Venturesome.

成本）。

除此之外，法律和合约方面的进一步完善也很重要，尤其是在影响力投资市场中，需要有相关的合约机制来保护投资对象不会承担使命偏移和被完全接管的风险。这可以降低投资对象对于获得影响力投资所要承担的“社会使命风险”，从而激励它们在捐款之外寻求更多样化的金融支持方式。建立完善成熟的投资渠道仍然是影响力投资市场发展的最大挑战，但同时也是其发展必不可少的条件。

第二节 影响力投资的运作模式

在了解影响力投资模式和工具之前，让我们先厘清影响投资参与者和流程。如上文所述，影响力投资者的出资方，也就是资产持有人，包括高净值人群和财富家族（家族办公室）、基金会、金融机构和政府。这些资产持有人一般从三种途径来参与影响力投资：

（1）直接将资本注入被投企业，比如对一些社会企业进行直接天使投资和支持。

（2）通过资金管理经理（Asset Managers）专业筛选和投资，间接参与影响力投资。比如，购买公司治理（ESG）指数基金。

（3）通过顾问性质的中介机构（Intermediaries）间接参与影响力投资，比如参与托尼克影响力投资网络（Tonnic）、GIIN、开普利亚资本（Capria）、国际伙伴（International Partners）等中间机构投资，经平台的专业指引来选择直接投资，或是通过资产管理经理来和中间机构平台间接参与投资。

无论是个人投资者还是机构投资者，也无论通过上述哪一种途径，影响力投资者一般遵循以下几个运营步骤。

一、战略意图定位

（1）确定价值意图。影响力投资的领域选择普遍参照联合国 17 个可持续发展目标（Sustainable Development Goals，SDGs）。虽然影响力投资领域在不同地区和个人身上体现不同，但国际社会公认的 17 个可持续发展目标可以作为一个全面的参考框架。这些目标提出了全球共同面临的挑战，是实现所有人更美好和更可持续未来的蓝图。这些目标计划在 2023 年前实现并相互关联，几乎覆盖了所有基础民生领域，包括消除贫困、消除饥饿与食品安全、良好的健康、优质教育、性别平等、清洁饮水和卫生设施、清洁能源、经济发展、产业和基础设施创新、减少不平等、建设可持续城市和社区、绿色消费与生产、应对气候变化、海洋保护、生物多样性与森林保护、和平正义，以及促进目标实现的合作伙伴关系建立①。该目标框架已经被很多影响力投资者采用，分布于全球范围内，呼吁各个国家、机构和个人共同采取行动。此外，社会影响力价值主题也可以按照受益主题来划分，比如人本、环境或者技术创新（如网络安全、公民隐私保护、人工智能等）。影响力投资者可以根据联合国框架再具化或者在不同主题和收益人群间进行组合来确定自己认可和适宜的主题。

（2）确定风险和财务回报目标。影响力投资者的风险和财务目标可以不尽相同，确定适合自己目标定位的风险和财务回报目标有助于选择合适的投资工具来参与影响力投资。很多影响力投资的风险系数不一定比传统的投资更高，而其带来的回报也不一定比传统投资更低。比如替代能源投资，其本身能为环境带来很积极的影响，而且是未来朝阳产业，经济回报高，但由于产业较新且规模不大，在融资上比较困难，阻碍了产业发展和规模化。影响力投资者风险和回报光谱图如 3-1 所示。

影响力投资者可以根据自己的个人财务目标来选择风险承担水平和市

---

① 联合国．(2018)．联合国可持续发展目标报告［EB/OL］．https：//news. un. org/zh/story/2018/06/1011382.

场回报水平。风险承担能力强、经济回报预期高的可以选择另类能源或者增长型股权基金，而风险承担能力低、经济回报预期较低的可以选择社区贷款和发展基金方式参与影响力投资。

	债权为基础的影响力投资	股权为基础的影响力投资	另类影响力投资
高于市场回报	绿色债券	价值主题的行业股权基金（如医疗科技行业股权基金）（Thematic sector equity fund）	另类能源、中小企业的融资、影响力增长股权基金
市场回报相当	ESG 企业和政府债券	国际、本土的ESG 股权基金	可持续私募股权、可持续实物资产
低于市场回报	社区贷款、发展基金	负面筛选的股权基金	小额贷款

低风险 ←————→ 高风险

图 3-1　影响力投资者风险和回报光谱图

资料来源：参照 Merrill Lynch。①

二、调拨和启动影响力投资资金

设定好战略意图后，下一步就是从已有的资产中调拨资金到影响力投资。经过机构内部和个人资产审视以后，影响力投资者可以循序渐进地把资产和影响力相结合。既可以分拆部分资产和账户（现金、股票、债券、退休金、信托基金、实物资产等）专门用于影响力投资，也可以结合个人和机构情况将所有资产或特定实体全部用于影响力投资，还可以通过个人和机构服务特色开发特殊的产品和服务线。比如，美国银行在新冠肺炎疫情暴发后，利用投行和金融机构优势发布了新冠肺炎疫情救治相关的社会债券。不仅如此，金砖国家新开发银行、福特基金会也发行了特殊的针对新冠肺炎疫情救治的社会债券。

① Merrill Lynch.（2016）. Impact Investing：The Performance Realities.

三、影响力投资参与平台了解与选择

如前文所述，投资者可以把钱直接进行天使投资，也可以通过资产管理经理购买 ESG 债券和股权，还可以通过第三方资讯平台参与投资。因此，投资者很有必要了解影响力投资的生态链，与行业领导机构以及金融投资顾问建立联系。比较知名的有加速器、孵化器、咨询和智库平台、全球影响力投资网络（比如 GIIN）、可持续和责任投资论坛（Forum for Social and Responsible Investment）、使命投资者交流网络（Mission Investors Exchange）等。这些机构提供各种信息、建议和网络，关于如何进入该领域：和专家合作可以快捷准确地找到合适的投资机会，而且这些专家对这个领域很熟悉、人脉较广，也可以很快地为客户找到期望的项目，还可以帮助评估风险和回报。因为影响力投资的回报不仅是财务的回报，还包括影响力的评估，所以专家可以帮助建立一套评估体系，确保客户和家族办公室等能及时获得投资绩效的回报。随着影响力投资的深入以及新冠肺炎疫情的冲击，很多传统金融机构都深深意识到影响力投资对未来社会的深远意义，并不断推出了影响力投资指南和报告，在传统和主流的金融投资顾问中积极推广 ESG 和影响力投资。GIIN 在 2020 年的影响力投资报告中发现，26%的受调投资者觉得参与影响力投资的障碍是缺乏可参与的影响力投资产品和项目，但并没有很多人发现资产管理经理的知识有所欠缺[①]。这表明，积极参与平台，获得信息和项目可以更好地促进影响力投资；同时，主流金融机构的投资顾问很多具备了影响力投资实践的知识，不失为投资者良好的资源途径。

四、定期评估组合和调整战略

在执行投资战略的时候，投资者应该定期跟踪和监测影响力投资的经济和影响力绩效，回顾成功和失败，从而调整战略。清晰且明确的影响力

---

① GIIN.（2020）. Annual Impact Investor Survey［EB/OL］. https：//thegiin. org/assets/GIIN%20Annual%20Impact%20Investor%20Survey%202020. pdf.

与财务组合目标能够改善评估过程。基于评估过程，投资者可以改善投资战略，更新影响力和组合目标。

第三节　影响力投资的主要工具

由于影响力投资是一个相对庞大的概念，具有不同预期的机构或参与方在实践过程中会据此采用不同的投资模式。关于投资模式选择的动机和标准，原因非常庞杂，存在包括预期回报、法律规范、管理成本等多种层面的考虑。对此本书将在后面的投资主体分类章节中给予详细介绍，本节将主要讨论影响力投资在执行过程中有哪些应用范围较广的具有共性的主要模式。

一、捐款

政府购买、基金会和其他慈善机构捐赠是社会组织的主要资金流来源之一。这些捐款主要用于资助一些特定项目以及作为项目的执行成本，但很少用于资助受助方的能力建设，帮助他们改善绩效或规模化他们的项目。近年来，这种资助类型的有效性和效率受到了越来越多的质疑，因此带来了两个结果：第一，催生了公益创投资本，这类资本通过捐款的方式，通过风险投资的理念去更深入地支持和陪伴组织发展。第二，社会企业或社会创新模型快速发展，这个现象说明社会组织本身开始更加关注创造收入，而非仅仅依赖公益资助。

但是捐款这种资助形式仍然非常重要，尤其是对于无法获得传统金融机构融资的社会目的性组织来说，捐款相当于风险投资中早期的天使投资。同时捐款也有其自身的优势，这种无偿性资助本身对于非营利组织非常重要，这些组织创造收入的能力有限，无法偿付给社会投资者大量的资本回报。而捐款也存在缺点，主要的问题是捐款大多是相对短期的资助并且缺乏灵活性，以及在款项使用方面经常只限定用于项目本身。尤其是当经济不景气时，政府和基金会锁紧其资助预算，非营利组织争取这部分资金的竞争将会变得很激烈。而且，募款对于非营利组织来说成本很高，募款成本占捐款总额的比重很高[①]，另外，项目回报也会产生时间和人力成本。

二、债权

关于借贷，社会组织通常有五种基本选择方式：个人信用借贷、个人银行账户透支、按揭贷款、以市场利率从银行进行商业贷款、从政府或其他社会投资者进行商业或半商业贷款。半商业贷款通常会提供非市场利率、长还款期的贷款，有时会设立免息期，有时会在双方约定的期限内要求只偿还本金[②]。

借贷的好处是，假设投资对象有抵押品或者稳定的现金流，借贷比捐款要更容易获得。同时，债权投资的条款可能会更灵活（比如有短期、中期或长期的选择），而且中间可以进行重新协商。债权投资可以有效地弥合筹资的断层，帮助组织成长和规模化。债务合同相比捐款对于回报的要求更少，可以给予借贷者更多的自主权。但是从另一个角度来看，非营利机构可能比较难获得借贷资金，因为它们需要偿还利息，而且借贷的基本要求是有抵押品，这有可能产生一定的资产风险。

小额贷款的出现是解决没有抵押品的个人和小型组织无法从商业渠道获得资金的一种尝试。小额贷款已经取得了巨大的成功，现已成为社会金融市场下最可持续、制度性比较完备的细分市场。但是在发展中国家，在3650万~4450万家中小型企业中，有70%都需要外部资金，但它们没有渠道获得。这些企业在发展中国家可以创造33%的GDP和45%的就业，如果把非正式的组织也纳入进来，这个数字还会更大。据统计，发展中国家企业无法被满足的借贷需求可以达到2.1万亿~2.5万亿美元，是发展中国家总GDP的14%[③]。

---

①③　Nicholls A., Paton R., Emerson J. (Eds.). (2015). Social Finance [M]. Oxford University Press.

②　Joy I., de Las Casas L., Rickey B. (2011). Understanding the Demand for and Supply of Social Finance: Research to Inform the Big Society Bank [R]. London: New Philanthropy Capital/NESTA.

三、股权

在影响力投资所有投资类型当中，股权投资是最接近主流金融市场股权投资模式的，主要的区别在于对公司的治理规划方面。影响力投资市场中的股权投资有时会在一定程度上限制理事会的自由，以保证社会使命的稳定延续。有时它会对公司盈利规定一个份额，这是要用于社会性投资或者是公司内部资本积累。还有其他很多社会性的限制规定，比如资产锁定（asset lock）或用于防止公司被投资者接管的黄金股（golden share）① 规定。

社会公募股权上市（Alternative Public Offering，APO）可以长期稳定地募集大量资本，而不需要偿付。但是如果上市的话，社会组织必须放弃一部分对组织者的所有权和控制权，这对于社会组织来说要不然就缺乏吸引力（担心使命偏移），要不然就是一些社会组织在具体执行上不可能（法律法规限制）。尽管一些国家（比如英国、巴西、南非、新加坡等）已经有了对于社会性股票市场的一些尝试，但目前国际上还是缺乏功能性完整的真正的社会股票交易市场，因此股权流动性的缺乏是目前影响力投资市场的一个巨大挑战。目前，美国的影响力投资主要以私募债权和私人股权投资为主②，也有研究表明亚洲的情况也与此类似，但是在亚洲，类股权、夹层投资③和担保投资也占有同样重要的地位④。

四、类股权

类股权投资是影响力投资市场发展出的独特的投资类型，它会为投资

① 黄金股是一种能够在特别情况下，投票数多于其他股份的记名股票。

② O'Donohoe N.，Leijonhufvud C.，Saltuk Y.（2010）. Impact Investments：An Emerging Asset Class［M］. New York：J. P. Morgan and Rockefeller Foundation.

③ 夹层投资（Mezzanine investment）是指对企业资本结构中介于股债之间的私募资本进行的投资。“夹层”即指“中间层”，在企业的资本结构中，以偿付次序进行划分，优先债权资本优先级高，视为上层资产；传统股权资本作为劣后级，即底层资产；而夹层资本（Mezzanine capital）则位于二者之间。

④ Impact Investment Shujog.（2011）. Impact Investors in Asia：Characteristics and Preferences for Investing in Social Enterprises in Asia-Pacific［R］. Singapore：Impact Investment Shujog and Asian Development Bank.

者带来类似股权投资的回报，但回报与组织的绩效挂钩。通常的做法是把投资者的回报与被投企业或项目的利润增长挂钩。类股权在实际操作中相当于一种债务合同，因为许多投资对象是传统的公益组织或其他无法（或不愿意）给予投资者股权的机构，也无法给予投资者任何对于组织使命或治理的控制权。但是，这种投资对于投资者来说相对风险要更高，所以被投组织需要给投资者提供可观的回报。在这种情况下，投资者可以拿到与股权投资回报水平相当的回报，但是他们不享有任何股权所赋予的特殊权利。

五、其他新型投资工具

除了以上的常见投资类型，一些专门适用于影响力投资者市场的工具在近年来也开始出现，它们与传统主流投资市场使用的工具有所不同，其中包括：

（1）收益基础融资（Revenue-based Financing）。投资者的未来回报不靠借贷偿还或者由在企业中的所有权决定，而是通过一定的协议，对企业未来的收益享有一定份额的分红。

（2）收益清偿结构（Revenue Redemption Structures）。允许投资者收购股权，但同时允许被投资公司可以用一定份额的未来收益回购股权。

（3）众筹。众筹策略允许潜在投资者将他们不同类型的资产分配给不同类型（包括非营利性和营利性）公司。

（4）直接公募。企业可以在众筹平台上直接筹资。

（5）合作或共有投资（Co-operative and Mutual Investment）。允许企业被员工、消费者或者地方社区共同持有。

（6）员工股票持有计划（Employee Stock Ownership Plan，ESOP）。这是英国的一个案例，公司向自己的员工出售公司股份。

六、结构性金融

在影响力投资市场，不同类型的投资者具有对风险、回报和社会影响力目标的不同预期是很常见的现象。一个政府投资者可能具有强烈的社会影响力目标，同时可以接受较低的回报和较高的风险，或者更长的偿付周期。一个财务回报优先型的投资者可能非常有投资热情，但是不愿意牺牲任何财务回报。而影响力优先（Patient Capital）型的投资者可能会愿意通过牺牲一部分财务回报换取更高的社会回报。结构性金融交易就是专门用来解决需求不一致的问题的，它把不同人的需求平衡合并在一个产品或合同中，也许不能满足所有人的全部需求，但至少是大家都能接受从而交易可以继续的一个水平。这样的交易可以计算出融资及各种不同资本所要产生的总体成本，但是因为这种工具过于个性化，它的成本可能会很高，同时执行效率可能会很低。

贷款和其他信用担保在结构性金融中扮演了比较重要的角色。交易中如果有一个参与方愿意担保交易中所有（或一部分）风险，就可以带来更多其他的投资方，有点类似于传统金融中的基石投资者（cornerstone investors）的角色。通常情况下，政府或大的公益组织具有为一项投资的风险背书的能力，因此才可以撬动更多的资金进入。比如，2011 年英国的一个小型借贷机构公平金融（Fair Finance）从法国兴行银行（Societe Generale）和法国巴黎银行（BNP Paribas）筹集到了 200 万英镑的贷款，其中 75 万英镑由慈善耐心资本做担保，另有 35 万英镑是大社会资本提供的软性贷款。担保和背书在一些社会金融合约中也扮演着重要角色，最典型的例子就是美国的社会影响力债券，其中彭博背书了 70%高盛资本对于 Ryker's Island 这支影响力债券的投资；而在澳大利亚社会影响力债券的案例中，则是新南威尔士政府背书了其第一支社会效益债券部分的投资额。

SIBs 也就是“为成功付费”（Pay for Success），指政府和私营投资者以及慈善机构三者之间的一个契约，这是资产类别清单中没有具体提到的投资资产类别，在本处作为特殊方式示例。社会影响力债券是一种以社会成果为目的的新型融资工具，由政府向私人投资者发行债券，筹得资金用于支付社会公共服务。如果目标实现，政府向投资者返还本金，同时支付一份利润；如果目标没有实现，政府则不做任何返还。尽管叫作债券，但它并不是我们传统意义上所理解的债券。如上文所述，传统债券要求偿还本金，并按固定比例支付利息，而社会影响力债券与项目成果挂钩，就风险而言类似于股权投资，也就是“为成功付费”。社会影响力债券由英国社会金融公司开发，2010 年在彼得伯勒监狱项目中首次实施。社会影响力债券采用的是公私合营的方式，但实际上是由政府、市场和社会三个部门跨界合作完成，它被认为在社会目的完成的情况下，可以实现政府省钱、投资者赚钱的投资实践。社会影响力债券逻辑如图 3-2 所示。

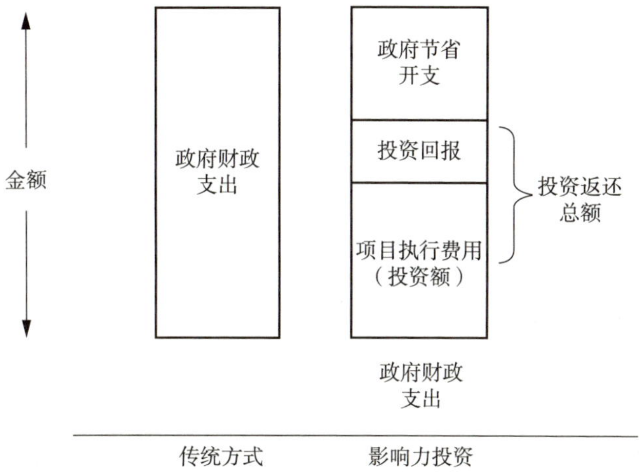

图 3-2 社会影响力债券逻辑

资料来源：NAB Germany（2014），有改动。

从图 3-2 中可以看到，传统模式下，政府出资实施或者购买社会服务，无论实施效果如何都需要支出相对较高的费用。通过影响力投资，政府只需支出部分甚至无须支出项目费用，其余则由投资者购买债券筹集，用于社会服务机构实施项目。如果项目成功执行，则由政府返还投资者本金及相应回报，与传统方式相比可以节省政府财政支出。其具体运作方式如图 3-3 所示。

在社会影响力债券运作中，政府机构、中介机构、投资者和社会服务

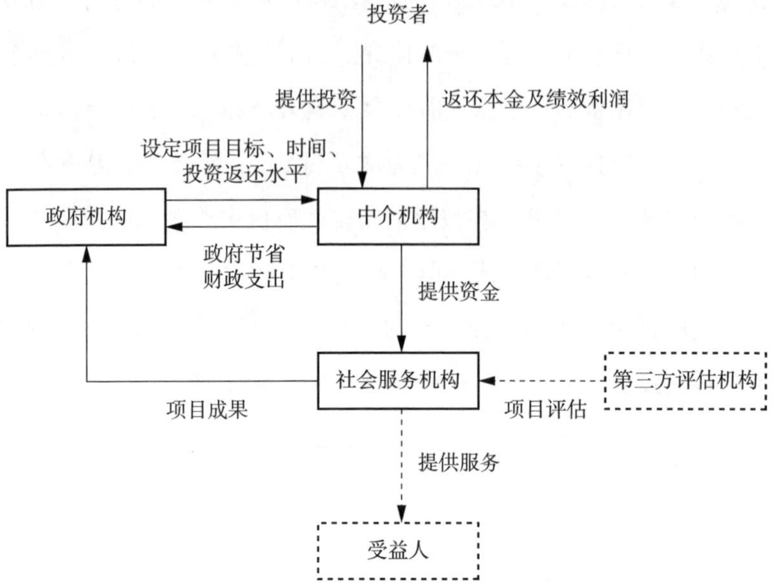

图 3-3　社会影响力债券模式

资料来源：Social Impact Investment Taskforce（2014），NAB Germany（2014）。

机构是四个基本的参与者。政府确定需要解决的社会问题，包括设定项目目标、时间跨度以及投资返还水平标准，委托中介机构运作。中介机构是整个模式的核心，其工作包括开发投资协议、发行债券、寻找潜在投资者和社会服务机构、项目管理等。投资者承担风险，购买债券。社会服务机构一般是已经在相关领域有过成功经验的社会企业或非营利组织，通过竞标或其他方式从中介机构获得资金并执行项目。受益人和评估机构不参与投资，在图 3-3 中用虚线表示。评估机构一般由中介机构指定，作为独立第三方，依据项目影响力目标，对项目成果进行评估。如果最终项目执行成功，中介机构基于绩效向投资者支付本金和附加回报，余额返还政府。以上是社会影响力债券的一般模式，不同国家之间可能会有差异。例如，澳大利亚政府发行的社会影响力债券，即使在投资表现不佳的情况下，政府也会给予投资者一定补偿。

社会影响力债券的优点在于：第一，用“先付费，后服务”的方式打通了投资与社会服务之间的通道，解决了政府财政压力，有利于执行长期项目。第二，在调动市场和非营利部门积极性、加强合作的同时，也分摊和降低了政府购买服务的风险。第三，鼓励社会服务机构提高效率，不断创新。当然，社会影响力债券也有其自身局限性，比如不一定适用于所有社会服务，尤其是那些难以评估、效果与财政支出之间关系较为模糊的领域。

据社会金融统计，截至 2017 年 4 月，全球共计发行了 74 支社会影响力债券，筹集资金共计 2.78 亿美元，绝大部分集中在英国和美国，主要涉及工作能力提升、住房、儿童与家庭福利、教育、健康等领域。另外，还有 70 支以上正在开发当中。目前，英国、加拿大、新加坡和南非等国已经建立社会影响力债券交易市场，逐渐打破了该类债券非公开发行的惯例。

在我国，政协委员、招商银行前行长马蔚华在 2016 年两会期间提议在深圳开展社会影响力债券试点，这可以说是社会影响力债券首次进入国家立法机构的视野。

2016 年年底，山东省沂南县通过城乡建设发展有限公司发行扶贫社会效应债券，委托中国银行间市场交易商协会向中国农业发展银行、青岛银行、齐鲁银行、临商银行、青岛农商行募集人民币共计 5 亿元。募集资金主要投向沂南县扶贫特色产业项目、扶贫就业点、扶贫光伏电站、扶贫公共服务和基础设施配套等“六个一”扶贫工程，预计当地 125 个贫困村 2.2 万人直接受益。这单债务是我国首例扶贫社会效应债券，其收益水平与项目运行的社会绩效挂钩，这点和社会影响力债券一致。不同点在于：第一，发行规模较大，远远高于目前全球每单 376 万美元的平均水平；第二，投资主体都是国有或国家参股银行，在国外一般是独立的非政府机构或个人；第三，社会服务的提供者主要是政府部门，而非以社会企业及其他非营利机构为主。商道纵横创始人郭沛源等认为，沂南县的这单债务虽然具有一定的“中国特色”，但还是应当属于影响力投资，是我国社会治理改革中一项重要的金融产品创新。

最后，发展影响力债券是一种与社会影响力债券相似的融资方式，关键区别在于：对前者而言，发起和买单的主体是双边援助机构、外国援助部门、多边机构、大型基金会、慈善家等，而非政府部门。2014 年 6 月，全球第一支发展影响力债券发行，发起方是英国儿童投资基金会（Children's Investment Fund Foundation）。之后，又有瑞银慈善基金会（UBS Optimus Foundation）通过同样的方式为印度拉贾斯坦邦的“教育女孩儿”（Educate Girls）非营利组织融资。目前，发展影响力债券案例比较少，还处于发展初期阶段①。

第四节　影响力投资的管理流程

首先需要明确的是，并非所有的参与方都会参与到投资管理流程中，供给方可以选择由自己来单独进行直接投资。比如一个私募股权公司可以直接对一家社会企业进行投资，也可以选择和另一家或几家机构合作投资，这两者都属于直接投资的范畴。供给方也可以选择将资本交给作为中介机构的资金管理公司进行投资，而这样的中介机构可以吸纳来自各个渠道的资金，不一定仅限于某一个或某几个资金供给方。投资管理流程在这种情况下主要发生在中介机构的层面，虽然资金供给方在投资决策和投资管理上有一定的权力，但实际的投资执行方是中介机构。所以，下文所要描述的是直接投资流程的发生阶段，它可以出现在某个资金供给方自行进行直接投资的背景下，也可以出现在中介机构都有一定的影响力投资基金进行投资的背景下。虽然参与方有些区别，但大体流程是一致的。以下将统一把投资方称为影响力投资机构。

一、项目搜寻

寻找高品质的项目是影响力投资机构面临的最重要的挑战之一。如前

① SIITF（Social Impact Investment Task Force）（2014）. The Invisible Heart of Markets：Harnessing the Power of Entrepreneurship，Innovation and Capital for Public Good［M］. London：SIITF.

文所述，由于目前影响力投资的需求侧尚处在发展阶段，很多机构不具备被投资的条件，找到合适的投资项目或机构是非常困难的事情。很多情况下，影响力投资机构需要先积极参与建设本土市场。

项目搜寻主要有两种方式：一种是直接识别和接近目标社会组织，这是保障最初交易的较为稳妥的路线。另一种是开放式资助申请，有融资需求的组织可以自行提交相关信息材料，但这可能会带来很大的行政负担，而且不确定性相对较大。另外需要提到的是，近年来由于一些影响力投资领域支持性平台的发展，有了更多为投资者和被投资组织提供配对服务的线上平台，这可能会成为未来项目搜寻的一种有效方式。

除了吸引项目，影响力投资机构还需要清晰定义正在寻找的投资对象的类型、选择标准以及自己所采用的申请流程。以下是一些可以帮助优化项目程的措施，包括：①在开始的时候，通过选择低风险的项目达到快速成功。一些早期的成功案例可以帮助吸引更多的投资基金。一旦有了一个强大的、高品质的投资组合，具有更高水平的社会效益的项目便更有可能被吸引过来。②与其他投资者进行共同投资可以显著提高项目的质量。共同投资者可能是基金会或信托、个人慈善家，或是企业，甚至是政府。如果共同投资者具有更深资历，他们将提供现有的项目源、关系网络和市场知识。③广泛撒网的同时需要明确公布不符合自己投资兴趣的标准。④明确自己的机构定位，并清晰地传达给社会目的型组织，将自己与其他类型的投资者区别开来。⑤选择适合自己机构的营销渠道，比如网站、公开出版物、当前投资对象、之前拒绝的申请人（可以将你的机构推荐给别的具有相似需求的机构）[①]。

在拥有一定量的项目之后，需要通过简单的评测来确定可能的投资对象。例如，聪明人基金（Acumen Fund）在搜寻阶段设置的五个评测标准是：

---

① Chadwick S.（2014）. Getting Started in Venture Philanthropy in Asia：A Practical Guide to Establishing and Operating a Venture Philanthropy or Social Investment Organization［R］. Singapore：Asian Venture Philanthropy Network.

是否与聪明人的使命相吻合、财务可持续性、规模化潜力、社会影响力、管理能力。为了更有效率地筛查出合适的投资机构，如果说在吸引项目的阶段，影响力投资机构需要发出的信号是“什么样的项目我不会投”，那么在简单的评测阶段就需要按照“什么样的项目我要投”的标准来筛查。

二、投资评估

影响力投资机构管理团队和投资对象负责人之间的关系，是投资评估过程中的重要因素，因为管理层的判断在投资决策中有重要影响，该判断也依赖对团队的信任和对投资对象的信赖。在尽职调查过程中透明度和公开性很重要，它们可以让整个投资团队对投资对象有全面的了解，反之亦然。这个阶段的投资评估其实是一个双向的过程，需要影响力投资机构与投资对象二者共同合作，使双方能够看到自己所处的位置，以及如何通过合作增加价值。总体来说，尽职调查是一个由潜在投资者从投资的角度对投资对象的强项和弱项进行详细评估的过程，它也是一种可以用来建立双方良好的信任关系的工具。

投资者在投资评估阶段可以分别进行初步筛选和详细筛选。初步筛选主要用来形成对潜在投资对象的全面了解和整体印象，同时判断其发展阶段、可投资性和使命是否与投资者本身具有战略契合关系。在初步筛选阶段，亚洲公益创投网络（Asian Venture Philanthropy Network，AVPN）推荐了一个两步筛选法，建议影响力投资机构在每个步骤的评估后得出“拒绝”或“继续”的决策。第一步是进行投资者与投资对象之间战略契合的案头调查。需要考虑的因素包括项目主题、地理位置、投资规模、社会相关性或影响力。第二步是与投资对象管理层进行讨论与互动，对其组织和活动、项目、合作伙伴等形成整体印象与看法①。详细筛选也就是尽职调查，主要目的是估计投资的可能性以及为此需要投入的成本。而评测一项

---

① Chadwick S.（2014）Getting Started in Venture Philanthropy in Asia：A Practical Guide to Establishing and Operating a Venture Philanthropy or Social Investment Organization［R］. Singapore：Asian Venture Philanthropy Network.

投资的潜在绩效，最核心的部分是要明确投资对象的社会变革模型，或者说投资对象运作的因果逻辑。明确社会变革模型需要考察变革理论、逻辑模型、系统构建，并且要确保这些都与组织的商业模式有紧密结合，通常需要通过分析验证商业计划书来进行。投资对象的能力也是尽职调查阶段很重要的考察元素，能力的考察可能包括对组织治理、运营策略、收入来源、财务、社会影响力等多方面的考察。考核运营能力有很多现有的工具，比如一些非营利组织、咨询公司等机构开发的组织自测工具，不过大多数投资者更倾向于根据自己的需求来设置自己的考核指标。另一个在尽职调查阶段比较重要的部分是比较不同的投资机会，并最有效地分配有限的投资资金。在这方面主要用到的是一些效益成本分析工具，比如 SROI、成本效益比率（Benefit-cost Ratios）、经济报酬率（Economic Rates of Return，ERR）等。

三、投资管理

投资管理包括单一项目层面的管理和投资组合层面的管理。在单一项目层面的管理上，当投资正式开始时，投资者的角色就要开始转变到支持投资对象的绩效改善上，在这个阶段投资者也会收集一些数据来锚定中期发展进程。这种支持改善的角色包括三个重要功能：①根据既定计划追踪工作是否向正确方向发展；②帮助投资对象建立适合自己的绩效评测和管理系统；③直接从客户和受益方处收集信息，并用来改善管理[①]。而投资管理的关键要素应当包括：界定一致的社会成果和目标，确定双方关系的性质（理想情况下需要达到开放、合作和信任）、双方的权利和义务、会议频率、投资者在治理层面的权力（比如，是否可以任命董事会成员）、能力建设和增值的关键领域、资助计划与关键阶段性里程碑、退出计划。

---

① Ebrahim A.（2019）. Measuring Social Change：Performance and Accountability in a Complex World［M］. Stanford University Press.

其中，投资者在治理层面的权力，也就是是否能够任命成员进入投资对象的董事会，是一些投资者为了达到有效投资管理所倾向于采用的方式。首先任命成员进入董事会（一般只占一个席位）不是为了增强投资者对投资对象的控制权，而更多地是为了加强沟通，更有效率地帮助投资对象提高绩效。大多数欧洲影响力投资机构在它们投资的社会目的性组织中至少有一个董事会席位。最初，确保一个董事会席位是非常困难的，但是这种做法随着其附加值更加明显而变得更容易被接受。有两个关键问题推动着影响力投资机构对董事会席位的偏好：我们能否为董事会提供附加值？我们有没有能力实现目标、附加值？①

投资组合的管理相较于单一投资对象的管理就更加复杂，它需要投资者综合考虑自己的收益风险组合，以及不同机构在不同层面上所产生的社会影响力能否产生聚合作用，以及怎样对它们进行支持可以最大限度地催生聚合作用，从而产生巨大的影响力。在管理投资组合时，需要考虑到以下几个方面：

（1）标志性投资。由于影响力投资仍然是一个新兴领域，选择投资于公认有良好信誉的社会目的型组织是一个在该领域建立信誉，并为未来的投资活动提供杠杆的重要方法。这是新成立的影响力投资机构开始创立可溯投资记录的一个有用策略。

（2）资源整合。目标是在整体上增强影响力投资机构的使命，对单个社会目的型组织而言，这相当于对一笔投资的补充。这种方法为充分利用知识和经验提供了可能，所以应该积极识别这些跨机构的资源整合机会。

（3）资源竞争。不可避免的是，投资组合中的各个组织在投资机构中可能会争夺资源（无论是资金还是其他方面的支持），而良好的关系管理有助于协调这方面的问题。

---

① Chadwick S.（2014）. Getting Started in Venture Philanthropy in Asia：A Practical Guide to Establishing and Operating a Venture Philanthropy or Social Investment Organization ［R］. Singapore：Asian Venture Philanthropy Network.

（4）辅助支持。应鼓励投资组合经理帮助拥有相同客户群或供应商的投资对象互通有无。实现的方式包括与所有投资组合机构召开定期会议，促进它们之间经验交流。

（5）来自投资对象的反馈。除了日常交流，影响力投资机构可以鼓励投资对象给予额外的反馈，这是一种软性的沟通渠道，可以在很大程度上为投资对象提供非财务性支持。

（6）成本效益监测。监测投资机构是否有效地使用其资源是非常重要的，因为投资机构需要将这些信息报告给机构的资助者。对于使用自己的资本进行投资的投资者，收集成本效益的信息对于吸引其他外部的资助者，扩大其资本池也非常重要。

四、退出

投资者和投资对象的合作关系终止，这样的分离叫“退出”。一个主要资助方的突然退出会对社会目的型组织将来的可持续性产生深远的影响，甚至可能使之偏离原先的使命轨迹。因此退出的过程需要被严格地定义、解释和管理。退出的方式会因资助手段和被投资社会目的型组织发展阶段的不同而各异。

退出对成功和不成功的社会目的型组织都具有挑战性。实际上，那些有较大社会影响力和不断发展的社会目的型组织，虽然它们的发展路径稳定，但是这些由捐款支持的组织实际上在发展阶段上不那么成熟，因此在面对退出时，所受到的冲击更大。对于这种组织，考虑它们的财务可持续性时很难参考一个既定的标准，而这也会影响投资机构的退出决策。退出需要考虑的主要原则包括：

（1）为了做出最合适的退出策略，影响力投资机构需要参考准确的社会和财务绩效衡量标准。在任何情况下，退出策略都应当考虑到成功或失败两方面的可能性。

（2）应当在退出的几年前就开始对退出进行准备，与投资对象的领导层对退出进行深入交流，同时帮助他们提高领导力。

（3）影响力投资机构应当在首次投资中就明确退出的实践安排，而且应当在投资初期就确定。但同时，应当给予退出的时间一定的灵活性，因为投资对象的状况会影响退出策略。理想情况下，资金投入应当在临近投资结束时逐渐减少。

另外，需要注意的是，不同的投资手段也对退出策略有不同的影响。此处将主要讨论以捐款方式的投资和其他类型方式投资（如股权、债权等）退出策略的区别。

从捐款形式的投资计划中退出时，必须对财务可持续性采取和其他类型投资不同的方式。原因是投资对象本身也许还不能自己创造收入，仍旧依赖外界的捐赠，因此投资机构在评估投资对象是否已为退出做好准备时，必须同时考虑到投资对象的组织弹性和财务弹性。组织弹性包括管理团队的能力是否准备好进入下一阶段，以及董事会的能力、品牌的影响力和财务状况、筹资能力。财务弹性包括收入来源是否广泛、是否有抗风险的财务表现（财务储备）等。影响力投资机构需要在投资初期就对这些指标具有一定认识，并将它们考虑进自己的退出决策中，同时在退出前更好地帮助投资对象完成能力的提升。帮助的方式可以包括在投资过程中就积极帮助投资对象探索创造收入的可能性，在退出前找到备选的接替投资者或捐赠者。理想的状况是影响力投资机构退出后，马上有公共部门的投资者接替。在一些欧洲国家，公共部门在帮助社会目的型组织规模化到国家甚至是全世界范围起到了重要作用。因此对于某些投资来说，影响力投资机构应该和公共部门多接触，把握好退出和进入的时机。

在其他类型的影响力投资手段中，贷款是在投资风险比较低时采用的一种常见投资模式，它也是一种比较符合常理的预先确定退出时机的方式。它的逻辑比较简单，即投资对象达到相应目标并偿付贷款之后，投资者就自然完成了退出。采用担保、贷款等投资方式的，投资者在退出时还应当确定是否需要投资对象在偿付期满或偿付完成时停止资助，还是一直资助到期满后，如果资助到期满后，还需要确定投资机构的介入和非财务支持何时停止。在采用直接的股权投资或可转债投资时，如果投资机构持有投资对象的股权，需要格外注意退出的时间和方式。为了确定在何时退出，影响力投资机构需要不断监督和评估投资对象为社会使命带来的增值，如果没有达到目标增值则会引发退出。股权投资退出的方式也很复杂，但相比捐款退出，股权投资退出的主要问题不是财务弹性和可持续性，而是投资对象能否完成社会使命从而使投资者可以顺利退出。股权投资退出方式主要包括向另一个影响力投资机构出售股权，管理层回购或将股权移交回投资对象，向投资对象的利益相关方出售或递交股权，投资对象战略性出售或合并，向特定的风险投资机构出售股权。需要注意的是，股权投资退出可能会对投资对象社会使命产生伤害，为了避免风险发生，退出的影响力投资机构需要选出可以帮助投资对象实现社会任务的股权购买者。没有做好保护投资对象社会使命的退出不是成功的退出，因为它最终将导致投资者得到远低于预期的社会回报。另外，如果影响力投资机构没有和投资对象一起向着长远的可持续性目标努力，而仅仅考虑自己在现有投资阶段的回报，它就不应该指望接替的影响力投资者替代它们的工作，或者就以为这是一次成功的退出。影响力投资机构应该帮助投资对象获取更多资源，直到投资者对投资对象产生的附加值接近于零。

第二篇　实务篇

第四章
影响力投资实践的现状与挑战

朱照南

第一节　全球影响力投资概况

一、影响力投资规模

目前，尚没有全球规模的统计数据能精确地描述和估计影响力投资的总规模。我们只能通过一些已有的调查报告来进行推算和估计。

2008年，摩立特研究院（Mointor Institute）的报告指出，在5~10年影响力投资市场的规模可以达到5000亿美元，可以达到当时全球资产规模的1%[①]。2010年，J. P. Morgan和洛克菲勒基金会的报告估计，影响力投资的总资产规模在未来10年内可以达到4000亿~10000亿美元[②]。2013年，Impact Assets出版了一份关于影响力投资基金的报告，其中对位列前50名的影响力投资基金（IA-50）进行统计，其总投资规模超过了108亿美元。[③]

此外，GIIN每年会对全球影响力投资者进行调查，根据历年调查报告

---

① Freireich J. （2009）. Fulton K. Investing for Social & Environmental Impact ［R］. San Francisco, CA: Monitor Institute.

② O'Donohoe N., et al. （2010）. Impact Investments: An Emerging Asset Class. J. P. Morgan, The Rockefeller Foundation and Global Impact Investing Network ［M］. London and New York: J. P. Morgan.

③ Chung A., Emerson J. （2013）. From Grants to Groundbreaking: Unlocking Impact Investments ［J］. Impact Assets Issue Brief No. 10, Washington, D. C.: Impact Assets.

中的数据我们可以看到一个基本的规模和趋势。根据2017年的报告，208位受访者总共掌握着1810亿美元的影响力投资资金，其中三家投入最多的基金占总投资的38%。根据2018年的报告，226位被调查者共管理了2281亿美元的影响力投资资金，而其中最大的两家占总投资的38%，其中位数也达到9200万美元。根据GIIN 2019年发布的历年全球影响力投资调查报告，266位被调查投资者共计投入2390亿美元，而其中80位被调查者连续4年参加了调查。根据他们的回应，2019年这80位投资者共计投入了690亿美元，而4年前只有370亿美元。2020年的报告显示：包括了294位回应者，他们共计掌管了4040亿美元影响力投资资产。

GIIN开发了一套估算全球影响力市场规模的方法[①]，根据他们的估算，截至2019年年底，全球超过1720家组织共计管理了大约7150亿美元的影响力投资资产。[②]

总体来说，我们可以看出全球影响力投资规模呈现出逐年增长的趋势，会有越来越多的投资者和资本进入这一市场。而且，根据投资者的反馈，他们将会持续增加投资的金额和投资的项目数量。尽管2020年新冠肺炎疫情大流行给全球经济和资本市场带来巨大冲击，但是GIIN的调查报告显示57%的影响力投资者依然不会因为疫情改变他们的投资项目，甚至有15%的投资者表示会增加额外的资金投入。

二、影响力投资主要活动

（1）地域。投资者投资的地域和范围非常多元，既包括新兴市场，如非洲、拉丁美洲、亚洲等，也包括成熟市场，如北美洲等。根据2020年GIIN的报告显示，全部被调查者总投资中的55%投资于成熟市场，40%投资到了新兴市场。其中，30%的资产主要投资到美国和加拿大，紧随其后

---

① Abhilash Mudaliar and Hannah Dithrich.（2019）. Sizing the Impact Investing Market［R］. New York：The GIIN，April.

② GIIN（2017－2020）. Annual Impact Investor Survey. Global Impact Investing Network［N］. London and New York：J. P. Morgan.

的是欧洲（除东欧之外地区），占到15%。新兴市场中投资占比较高的是拉丁美洲和加勒比海地区（12%）及撒哈拉以南非洲地区（11%）。从投资者的角度看，所有被调查者中47%的投资者在北美地区开展了投资项目，43%的投资者关注到撒哈拉以南非洲地区，33%的投资者投资了拉丁美洲和加勒比海地区。影响力投资增加比较迅速的地域主要集中在欧洲西部、北部和南部地区，以及东亚、东南亚地区，过去5年这两大地区分别增加了25%和23%。而且超过一半的被调查者计划在未来5年加大对东南亚地区和撒哈拉以南非洲地区的投资。

（2）行业。影响力投资关注的领域非常广泛，根据GIIN发布的历年调查报告，影响力投资市场在细分领域方面具有非常强的多样性。在2018年的报告中，如果按照资产配置规模来看，市场份额占比最大的领域为金融服务领域（19%），能源领域紧随其后（14%），小额信贷、住房、农业也分别占到了9%、8%和6%。2019年，从投资的领域来看，投资者主要致力于投资基础服务，其中能源领域占全部投资资产的15%，小微金融占比13%，其他金融服务占比11%。2020年的报告显示，投资资产占比前三位的投资行业是能源、金融服务和林业，分别占比16%、12%和10%。此外，水源、环境卫生和医疗健康等相关投资领域的增长非常迅速，其中超过一半的投资者表示未来5年要增加在医疗领域和环境卫生领域的投资，可以预计疫情之后这些领域的投资规模会进一步扩大。

（3）工具。据GIIN 2019年的调查报告，对2018年的影响力投资统计发现，其投资类别主要是私募债权和股权。就投资总量的分布来看，私募债权投资占比26%，私募股权投资占比22%。当然，也有越来越多的投资进入公共市场，17%的资金以公募股权的方式进行投资，14%的资金以公募债权的方式投资。GIIN 2020年的报告显示，投资者在2019年的投资资产类别主要为私募债权、公募股权和私募股权工具，分别占到所有投资者管理总资产的21%、19%和17%。从中我们可以看到，整体上影响力投资者主要使用以上三种工具，但是越来越多的投资通过公募股权的方式开展，而且根据GIIN对投资者的调查，公募股权投资的影响力项目单笔资金规模往往较大。

（4）投资回报率。财务牺牲一直以来被看作证明影响力动机的一种方式，但存在一定缺陷，因为目前的实证研究表明，一些影响力投资可以实现财务表现和影响力表现都超越市场水平[①]。2019年GIIN的报告中，超过98%的受访者表示，他们的投资绩效符合或超过了他们对影响力回报的预期，91%的受访者认为财务回报符合或超过预期。2020年的报告中，88%的投资者认为财务回报符合或超出预期，比上一年略有下降，99%的投资者认为影响力回报符合或超过了预期。

（5）影响力评估和管理。影响投资的实践被定义为投资者对积极的、可衡量的社会或环境影响的追求。因此，影响投资者都很关注对社会和环境影响力的评估和管理。在评估工具的选择方面，通常投资者会综合使用定性数据、特定的专门指标等。主要的影响力测量工具包括联合国可持续发展目标（SDGs）、IRIS相关指标、IRIS+其他核心指标等。根据2020年的调查报告，73%的投资者会选择SDGs，46%的选择IRIS，36%的选择I-RIS+其他核心指标。值得注意的是，越来越多的投资者开始关注和评估其投资项目的绩效是否有助于实现SDGs。根据2019年的报告，通常投资者主要关注的与SDGs主题一致的指标包括工作机会和经济增长（73%）、降低贫困（61%）、减少不平等（59%），以及良好的健康和福祉（58%）。2020年的调查报告结果基本与2019年一致。

三、政府政策和政治环境

政府的政策对影响力投资市场的影响非常大。一般来说，政府的支持

① Gray, J., Ashburn, N., Douglas, H., Jeffers, J., Musto, D. K., & Geczy, C. (2015). Great expectations: Mission preservation and financial performance in impact investing [R]. Available at SSRN 2694620.

性政策主要包括以下几个方面：

第一，税收优惠政策。例如，政府对环境保护或绿色能源等特定领域的社会企业和投资提供优惠政策可以激励更多相关类型的社会企业创业，也会创造更多投资机会。

第二，提供信用增级服务。例如，担保，或者政府与投资者联合投资，政府投入先损性资本，以帮助投资者降低投资风险。

第三，为社会企业提供资金支持、能力建设或技术支持等。这样就有利于培育影响力投资市场的需求侧企业的成长和发育，提供更多投资机会。其中，政府购买服务就是一种培育社会企业的重要方式。

影响力投资者认为阻碍影响力投资发展的政策主要包括：对外国投资的限制；政策不一致或不可预测，尤其是与外国直接投资或税收相关的政策；复杂的资本控制，如中国和印度；锁定利率；对信托义务限制进行申请或解释；政治不稳定或腐败；对影响力投资缺乏规制政策；等等①。

不同国家在支持影响力投资方面的政策也存在较大差异，一些国家的友好型政策会吸引更多的投资者进入。目前，英、美等国家对影响力投资的支持型政策体系比较完善，而发展中国家往往还比较滞后。

美国从 1958 年开始至少颁布过 20 余项促进影响力投资落地的法案，涉及社会生活的多个领域②。这些政策大致可以分为三类：在供给侧，为吸引社会投资搭建清晰的政策框架，保障投资有章可循，其中比较有影响的政策包括 1977 年出台的《社区再投资法案》（Community Reinvestment Act，CRA），还有 2016 年通过的国税局影响力投资减税政策；在需求侧，促进社会企业、社会创新项目的发展，为影响力投资培育更多的投资机会，如 2009 年设立的社会创新基金；而在中间的引流环节，主要通过税收

① GIIN.（2020）. Annual Impact investor Survey［EB/OL］. https：//thegiin. org/assets/GIIN%20Annual%20Impact%20Investor%20Survey%202020. pdf

② 蒋巍 . 美国影响力投资政策：跨越半个世纪的演进［EB/OL］. https：//www. tewen. org/article/1120index. htm.

优惠等引导投资者向符合社会和环境价值的领域倾斜，如 1992 年通过的能源法案规定中的可再生能源生产税抵免政策。

2018 年 10 月，美国国会通过一项新法案——《以投资促发展法案》（*Better Utilization of Investments Leading to Development Act*，BUILD），该法案将海外私人投资公司（Overseas Private Investment Corporation，OPIC）和美国国际开发署（U. S. Agency for International Development's，USAID）两个机构合并，成立新的国际发展金融公司（International Development Finance Corporation，IDFC），每年投入 600 亿美元致力于推动美国对外投资，尤其是非洲、亚洲等地区，形成与中国"一带一路"倡议政策相竞争的策略。这一政策会吸引更多影响力投资机构和个人参与其中，与美国政府的国际战略和外交策略形成合力。而中国需要认真对待和研究这一政策的具体实施，思考如何在我们的对外投资过程中加入影响力投资的相关理念和做法，合理配置各项对外投资组合，在话语权和国际影响力上应对美国的竞争。

英国政府一直致力于积极推动影响力投资发展，在影响力投资方面的支持政策也日趋完善。2012 年，英国政府发布了一份名为《发展社会影响力市场：2012 最新进展》的报告，对英国自 2005 年以来的相关政策进行了梳理。其中比较重要的政策包括，2002 年通过的社区投资税收优惠政策（Community Investment Tax Relief Legislation），2011 年通过的影响力投资慈善组织指导意见（Provision of an Impact Investing Guide for Charities in 2011），2014 年通过的社会投资税收优惠（Social Investment Tax Relief），以及《公共服务和社会价值法案》[Public Services（Social Value）Act]，要求地方政府在购买公共服务时需要将社会影响力纳入考量。此外，英国还专门在国际发展办公室（Department for International Development，DFID）设立影响力项目（Impact Program），提供 1 亿英镑的资金用于对撒哈拉以南非洲和南亚地区的影响力投资[①]。而在 2019 年，英国就业和养老部对养老基金出台了一项新的

① Nicholls A.，Paton R.（2015）. Emerson J. Social Finance [M]. Oxford University Press.

规制措施，即将在投资过程中纳入 ESG 指标[①]。

在发展中国家等新兴市场，也有一些国家相继出台一些支持性政策，如巴西清洁发展机制（Clean Development Mechanism）、肯尼亚的小微金融法案（Microfinance Act）、马来西亚的企业社会责任披露规则（Corporate Social Responsibility Disclosure Rule）等。

此外，全球政治经济环境也会对影响力投资的战略和目标产生影响。例如，联合国可持续发展目标（SDGs）就为影响力投资者去宣传和解释他们自身的投资项目提供了非常关键的框架和话语体系，让更多人能够认识到影响力投资的特点和价值。越来越多政治环境或社会、政治议题的出现也会进一步激发影响力投资者参与其中。根据 GIIN 2018 年的报告，一些投资者认为随着政治环境的转变和社会不公平加剧，他们愿意投入更多资金为弱势群体提供支持，如加大对教育的投资等。面对不确定的政治生活环境，投资者愿意为少数族裔或受社会危机冲击最大的群体提供支持。这也是新冠肺炎疫情暴发之后，很多投资者表示会继续甚至增加影响力投资的重要原因。

第二节　影响力投资市场的发展与成熟

我们在前文提到，影响力投资雏形在 20 世纪中后期就已经出现，发展至今已经有五六十年的历史。初期的影响力投资是一种无意识的、独立的、随机的个体行为，零星分散在不同的机构和领域，没有统一的标准和共识，更没有范式的经验和数据可以共享。Freireich 和 Fulton（2009）[②] 借鉴风险投资发展的经验，认为影响力投资的发展需要经历四个非线性的历史阶段，即无序创新、市场建设、收获市场价值以及市场成熟阶段，各阶

① UK Sustainable Investment and Finance Association.（2018）. New Government Regulation Makes Clear Existing Pension Scheme Duty to Consider ESG Factors [J]. News Release, September 11.

② Freireich J., Fulton K.（2009）. Investing for Social & Environmental Impact [R]. San Francisco, CA: Monitor Institute.

段的特点如表 4-1 所示。

表 4-1　影响力投资市场发展阶段

无序创新阶段	市场建设阶段	收获市场价值阶段	市场成熟阶段
由于市场供需和政策变化发生的互无关联、迥然各异的市场活动。 颠覆性的商业模式往往出现在比较成熟的行业。 竞争一般只存在于相对高端的市场层面	市场活动中心开始形成。 市场基础设施开始建立，交易成本降低，大规模活动变为可能	主流投资机构开始介入，市场持续发展且运行良好。 各类机构能够利用已经搭建成型的市场基础设施在各领域进行大规模的活动。 机构专业化加强	市场活动进入相对稳定的状态，发展速度减慢。 一些市场整合有可能发生

21 世纪第一个 10 年末期，我们处于影响力投资市场建设阶段，这一阶段的特点是投资者开始有意识地总结与规范性质和方法相近的投资方式，机构间的学习与合作成为常态，限于机构内部使用的流程和标准逐步被独立第三方的行业标准同化或取代，可以说制度化是这一时期最大的特征。市场的制度化使市场越发规范，基于大型机构和地域的活动中心开始出现，市场的基础设施建设被提上日程。Freireich 和 Fulton（2009）预计影响力投资市场将在 5~10 年后，也就是最早于 2015 年前后，开始收获市场价值。到了收获市场价值阶段，也可以说是市场高速增长阶段，越来越多主流投资机构介入，市场进一步完善，各影响力投资参与主体能力进一步提升，尤其是中介机构进一步专业化，促成更大规模的资金流动。日益加深的制度化使得民间原则和政府政策进一步确立。最后，影响力投资发展到成熟期，最显著的特点就是影响力投资行为、方法和参与主体法治化，信息通畅，投资网络活跃，参与主体间合作频繁。当然，各国影响力投资市场发展是不均衡的[①]。比较了几个主要国家的影响力投资市场建设程度，认为英国和美国已经到了收获市场价值的临界点，澳大利亚、加拿

① Koenig，A.（2014）. Shaping Social Impact Investing Markets：Where are we now and where do we want to go?［J］. Impact Investing Policy：A Snapshot of Global Activity，Impact Investing Policy Collaborative.

大和法国处于市场建设中期，其他国家则要么处于无序创新阶段，要么处于市场建设早期。

基于市场发展理论，市场成熟度从低到高其实是综合了各种内外界因素的市场结构优化过程。在成熟度低的影响力投资市场中，各个参与主体及其之间的关系呈现多元化甚至是缺失，这就造成了资本无法有效流通，投资不尽规范，整个市场效率低下。在成熟的市场里，各影响力投资参与主体角色清晰、关系分明，甚至可以不断吸引其他投资者加入（见图 4-1）。

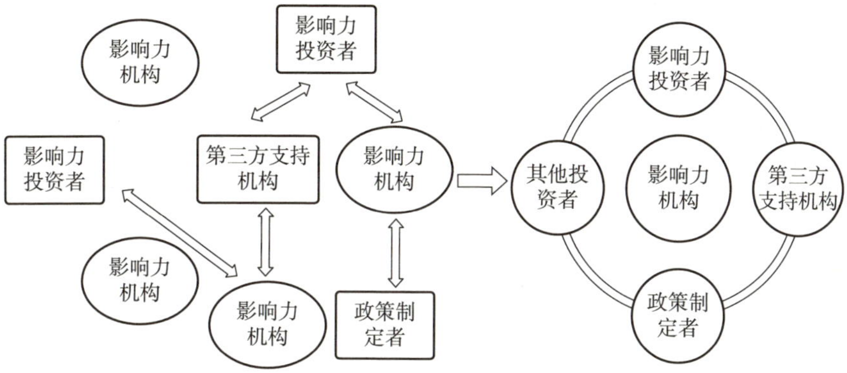

图 4-1　影响力投资市场成熟度

总体来说，超过 69%的投资者认为目前的影响力投资市场在稳步增长和发展，甚至 21%的投资者更加乐观地认为整个市场即将进入快速发展阶段。相比于 2011 年，当时被调查的 75%的投资者认为市场处于起步阶段[①]。投资者认为，在过去近 10 年内（2012—2022 年），影响力投资行业取得了重大的进步，具体来说主要体现在以下几个方面：第一，关于影响力投资市场活动、趋势、表现和实践的相关研究不断增加（42%的受访者认为过去 10 年有了非常重大的进步）；第二，关于影响力评估的管理实践日益精细和复杂（39%的人认为变化非常显著）；第三，具有相关技能的专业人士日益增多（32%的人认为变化非常显著）[②]。

①② GIIN.（2020）. Annual Impact investor Survey［EB/OL］. https：//thegiin. org/assets/GIIN%20Annual%20Impact%20Investor%20Survey%202020. pdf

影响力投资者非常积极地为更广泛的行业建设和行业发展做出贡献。例如，超过80%的受访者表示愿意采纳GIIN 2018年提出的“影响力投资未来发展路线图”中的各种行动建议，为共同致力于行业发展做出贡献。具体的行动包括：分享影响力评估与管理的最佳实践（61%）、支持社会企业发展（52%）、培训影响力投资专业人士（43%）。受访者进一步认为，影响力投资可以推动传统投资实践发生深刻而广泛的变革，最重要的是促使人们对于金融的根本目的进行反思，并推动所有投资将影响力因素纳入新常态。受访者还认为，影响力投资者应该实施促进影响力投资的政策，尤其是增加除了股东之外，其他利益相关者的权益[①]。

第三节　影响力投资市场发展面临的主要挑战

毫无疑问，影响力投资市场在不断地发展和成熟，越来越多的投资者加入了这一潮流。但是，我们依然要保持谨慎的乐观，需要意识到还面临诸多挑战。

一、资本与项目的匹配

根据GIIN 2020年发布的调查报告，大多数投资者认为当前影响力投资市场最大的挑战是资本与项目的匹配问题。因为影响力投资者的背景非常多元，包括基金会、天使投资者、影响力投资基金、发展金融机构（Development Financial Institutions，DFIs）等。不同的投资者对被投企业或项目的要求存在很大差别，对于投资回报率和影响力的要求也不同。社会企业需要在这些不同的投资者之间进行合理的甄别，找到适合自身发展阶段和特点的资本；而投资者也需要找到符合自身投资预期的社会企业。

影响力投资领域一直强调资本的重要性，但是较少关注需求侧。实际

---

① GIIN.（2020）. Annual Impact investor Survey［EB/OL］. https：//thegiin.org/assets/GIIN%20Annual%20Impact%20Investor%20Survey%202020.pdf

上，真正成功的影响力投资项目依然很少，影响力投资基金往往面临着找投资项目难的局面。目前，比较成熟的投资渠道主要在美国、加拿大、南亚等国家和地区，而撒哈拉以南非洲却很少有比较成熟的投资项目。所以，发现和培育适宜进行影响力投资的项目至关重要。英国政府很早就意识到这一问题，因此在 2012 年投入 1000 万英镑设立了一个专门的基金——投资与合约准备基金（Investment and Contract Readiness Fund），用于培育和支持新项目。

二、缺少有效的能力建设和支持

影响力投资项目往往关注那些初创企业，这些企业除了资金需求，更重要的是能力建设方面的支持需求，包括财务管理、组织管理、商业模式、技术支持等方面；而且每个企业发展的阶段不同，也会需要更加个性化的能力建设。影响力投资者在提供能力建设方面面临着诸多挑战，根据 Pineiro 和 Bass（2017）[①] 的总结，主要包括以下几个方面：

第一，缺乏合适的专家顾问。到底什么样的咨询顾问真正能够为企业带来有效的建议？大部分投资者会雇用外部咨询顾问或者自身网络内的专家顾问，但是往往需要较高费用，且其对于一些新兴市场的初创企业面临的实际情况缺乏了解。也有一些投资者开始倾向于在新兴市场内部寻找对当地语言、文化和经济环境熟悉的专家为企业提供咨询，但是在新兴市场中具有这些能力的顾问又非常稀少。因此，需要投资者不断去建构自身的专家网络，提供能够真正满足被投企业需求的能力建设服务。

第二，缺乏可持续的资金支持。很多影响力投资者缺乏可持续的资金并将其用于支持能力建设。大部分的影响力投资者通过捐赠人来获得能力建设资金，如政府、基金会、DFIs 等。这些资金主要以捐款的方式获得，因此就会受到捐赠人的影响。很多时候需要符合捐赠人的意愿和对捐款的

① Pineiro A., Bass R. (2017). Beyond Investment: The Power of Capacity Building Support [R]. GIIN.

管理要求。一些投资者越来越意识到需要扩展资金来源或渠道，例如，可以从管理成本、投资收益中列出一部分能力建设资金，或者可以由被投机构分担一部分成本。

第三，难以评估能力建设的有效性。投资者都认为评估能力建设有效非常重要。但是，在实践中对能力建设有效性的评估主要依据一些完成性指标，缺少对项目团队和被投机构核心能力的有效评估方式。因为很多效果是短期内无法测量的，而且即使最终机构获得成功也很难将其简单地归功于能力建设项目。

第四，较难协调不同利益相关方对能力建设的期待。在能力建设项目中，不同的利益相关方会有不同的期待和对能力建设的理解，资方有自身的诉求，希望达到一定的目的，而如果这个目标和期望并没有真正被投资者或被投机构理解，那么就很难取得真正的效果。当然，资方的很多诉求也可能不符合被投机构真实的需求。因此，如何有效地协调这些不同的期待与需求就非常具有挑战性。

三、对影响力的评估与测量难题

我们在前文中已经提到，影响力投资者与传统投资者的重要区别就在于他们关注和在意投资产生的社会与环境影响力，而对影响力的评估是影响力投资所面临的一个难题。虽然前面我们已经提到了 SROI、IRIS、GIIRS 等影响力评估指标体系，另外还有如英国标准（UK Standards）、X 参与度（EngagedX）等不同的指标体系，但是这些指标体系在实际应用中也依然存在诸多问题。总体来说，影响力评估的一个核心难题是如何既能够保证指标体系对具体投资项目的适用性，同时也能够兼顾差异，具有统一性和可比较性。此外，对影响力的评估过程也需要兼顾数据的丰富性和评估投入的成本。

四、新冠肺炎疫情对影响力投资市场的影响

新冠大流行是 2020 年的重大事件，对全球经济产生了巨大的影响。

GIIN 在 2020 年的年度报告中也加入了部分内容，虽然在调查阶段疫情的影响还未完全显现出来，但是我们可以初步了解新冠肺炎疫情对影响力投资的影响。

有 57%的投资者表示，新冠肺炎疫情不会影响他们在 2020 年的投资计划，而 15%的投资者表示可能会增大其投资规模，另外 20%的投资者表示会减小投资规模。一些投资者希望增加目前投资项目的资金数额，这些投资者投资的领域主要涉及远程医疗、在线学习等。他们认为当前的疫情更加凸显了当前他们投资的项目的价值，尤其是对贫困、弱势群体，人们需要更多基础的医疗和教育服务。

而疫情也给影响力投资带来了一定的障碍，例如，有的投资者表示现金流出现滞后，会影响新的资本投入，因此他们只能尽可能保障现有的投资项目，缺少资金投入新项目。此外，新冠肺炎疫情对项目的实地考察产生了一定的影响。

第五章
影响力投资的主体和工具

何莉君　朱照南　姬　晨

GIIN 把投资者分为五类[①]：发展金融机构（DFIs）、基金会、独立投资者（含个体投资人和家族办公室）、国际发展机构、机构投资者（含银行、财富管理部门、企业、养老基金、保险公司等）。为了结合中国的影响力投资实践，本章以个体与群体把投资者分为两类：个体投资者和机构投资者。个体投资者主要指高净值人群和财富家族，机构投资者主要指家族办公室、基金会、政府和金融机构。本章主要从个体投资者和机构投资者来分别阐述其参与影响力投资的背景、动因和角色。首先分别从个体和机构投资者影响力投资参与的背景（历史与现状）谈起，其次阐述参与动因，最后阐述不同投资主体在影响力投资中扮演的角色。

第一节　高净值人群和财富家族

一、高净值人群和财富家族参与影响力投资的背景

处于世界财富顶层的超高净值人群和财富家族是参与经济和社会发展的重要主体。很多超高净值人群和财富家族已经开始在商业取得巨大成功后投入社会发展，比如比尔·盖茨、沃伦·巴菲特、马克·艾略特扎克伯

① GIIN.（2020）. Navigating Investor Types and Landscapes［EB/OL］. https：//thegiin. org/navigating-investor-types-and-landscapes.

格、安德鲁·卡耐基、洛克菲勒家族、福特家族等，于是有一些人开始探索利用他们取得商业成功的经验和智慧来推动社会公益发展，正在积极通过影响力投资这种既追求商业投资的财务回报又追求社会和环境方面回报的方式参与社会发展。影响力投资的概念是在2007年由洛克菲勒基金会召集的关于在全球范围建立产生社会和环境影响力投资的行业大会上提出的，由此把影响力投资的概念纳入投资圈视野。其实一些高净值人群和财富家族早在20世纪90年代末就已经开始通过自己的家族探索和实践影响力投资，比如位于纽约的由匿名慈善家建立的海伦基金会（H. B. Hellen Foundation）早在1996年就开始进行项目相关性投资（影响力投资的一种），而西雅图的罗素家族积极把家族的投资与社会和环境影响力相结合。

GIIN 2020年影响力投资者的调研发现，由资产管理经理管理的影响力投资中有12%的资金来源于高净值人群和财富家庭[①]。而且这两类人群对影响力投资持更加开放的态度。

不仅如此，预计未来30年间，美国将有590万亿美元的财富实现传承[②]。而超高净值人群中已经着手或者对影响力投资感兴趣的以“80后”的财富青年居多。

高净值人群是很多影响力投资基金经理的主要招募对象。大部分高净值人群参与影响力投资主要通过其独立参与，比如通过家人和朋友的途径，以及理财投资顾问进行参与，而私人银行、投资俱乐部等在吸引客户做影响力投资的比例还很小。

二、高净值人群和财富家族参与影响力投资的动因

高净值人群这个概念一般被金融机构用来指净资产达到一定数额的个

---

① GIIN.（2020）. Annual Impact Investor Survey［EB/OL］. https://thegiin.org/assets/GIIN%20Annual%20Impact%20Investor%20Survey%202020.pdf.

② Havens J. & Schervish P.（2011）A Golden Age of Philanthropy Still Beckons: National Wealth Transfer and Potential for Philanthropy Technical Report［EB/OL］. https://www.bc.edu/content/dam/files/research_ sites/cwp/pdf/A%20Golden%20Age%20of%20Philanthropy%20Still%20Bekons.pdf.

人或者家庭。金融机构不同，其设定的高净值资产标准也不同。最普遍的标准是该个人或者家庭拥有100万美元净资产（不含个人住宅）。

推动财富家族参与影响力投资的一些显著动因有以下几点。

第一，价值驱动。高净值人群和财富家族希望把价值和投资相融合。他们认为财富是实现更高目标的一种工具，其投资的方向反映出他们的社会和环境价值观。他们希望通过影响投资对社会产生积极影响，促进对环境的保护和促进社会公平正义。这种使命驱动是投资者参与影响力投资最主要的原因之一①。

第二，影响力投资可以促进投资绩效长期高效。他们相信投资一个积极应对社会不均或气候变化的领域会使他们的投资比其他投资更能降低风险，促进经济增长。笔者2015年采访罗素家族基金会时，时任执行总裁的理查德·吴（Richard Wu）这样说道：

“任何影响力投资者在投资的时候，既期待商业回报，又期待社会回报，如创造了更多就业机会、为社会和环境带来积极的影响力。投资者的每一笔投资其实都会带来或好或坏的影响。很多投资者只注重财务回报，但是从很多方面而言，我们工作的系统，无论是环境、社会或是金融系统都非常精细和脆弱，需要维持各方面的平衡。一旦失衡，就会破坏整个系统。”

第三，商业手段能够解决特殊的社会和环境问题。他们相信使命驱动的商业和帮助非营利机构促进可持续发展是对公益慈善领域的极大补充。从《财富的福音》（*The Gospel of Wealth*）到《慈善资本主义》（*Philanthrocapitalism*）的作者都谈到成功的商人和企业家对资本主义的高效作用，以及企业家如何可以成为社会财富的管家，证明商人如何通过创新来实现社会的进步。2002年GIIN发布的《影响力投资者报告》通过调研也进一步发现

① GIIN.（2020）. Annual Impact Investor Survey［EB/OL］. https：//thegiin. org/assets/GIIN%20Annual%20Impact%20Investor%20Survey%202020. pdf.

"影响力投资实现自己的公益和社会目标是一种更有效的方式"①。

第四，影响力投资使慈善基金最大限度地让资本产生价值，其投资不仅为慈善捐赠提供活力、帮助社会，还能获得投资回报，甚至可以让影响力投资基金的资金池不断扩大并继续支持公益创投。

第五，影响力投资能够撬动资本市场并带动其他投资，从而创造新型的风险和回报承担，如贷款担保。

上面提到未来30年间巨额的财富将在财富家族中完成代际财富交接，而且年青一代的高净值人群对公益慈善的投入和认可比例非常高。这个人群参与影响力投资的动因有其独特之处。

首先，财富青年，特别是财富家族的二代们拥有强烈的社会使命感，因为他们长期受家族长辈的公益慈善熏陶和家族公益慈善教育。一份对287位财富二代群体的调研报告指出②，约42.5%的受访者表示他们在11~15岁开始参与各项志愿者活动，有51%的人在20岁甚至更早的时候开始用自己的钱向慈善机构捐款，有47.7%的人在21~30岁开始正式参与家族的公益慈善事务。

其次，财富家族的二代在对社会改变的参与上"青出于蓝而胜于蓝"。二代群体做慈善和父辈不尽相同。父辈们的公益慈善参与很多是出于责任、义务、受传统影响以及期望被社会认可，而二代们普遍认为他们的慈善行为不是要让自己显得多高尚，而是要让公益慈善捐赠发挥更大影响力。他们思考的不仅是给予什么，而是如何更好地给予。在公益事务领域，二代们和父辈们虽然都关注教育和扶贫济困，但是比起父辈们，二代们还关注动物保护、环保、公民权利及倡导等事务，而他们的父辈更加关注医疗、宗教信仰、艺术文化和儿童福利等。二代们愿意灵活运用各种策

---

① GIIN. (2020). Annual Impact Investor Survey [EB/OL]. https://thegiin.org/assets/GIIN%20Annual%20Impact%20Investor%20Survey%202020.pdf.

② Johnson. (2013). Next gen donors: Respecting legacy, revolutionizing philanthropy [R]. Center at Grand Valley State University.

略、资产、信息和工具来实现影响力的最大化。他们更加热衷于非传统的方式，比如投资、小额贷款和合作捐赠。

再次，他们坚信商业和投资能够为社会问题的解决带来创新，而且当今的公益参与方式不断革新，财富家族的二代们有很多选择。

最后，财富的接班人对保护祖辈们的家业有强烈的愿望。经历了2008年的金融危机，这一代的财富观总体趋于保守，更倾向于规避风险和保存财富。影响力投资这种既有经济回报又可为社会带来积极效应的投资很受财富二代们的青睐。

尽管高净值人群和千禧一代财富青年对影响力投资感兴趣，多数却尚未与其投资顾问或者理财顾问讨论该话题，但表示如果投资顾问向他们提及该话题，他们会有兴趣参与。这表明服务该人群的投资顾问在该领域可以大有作为。如果投资顾问能够帮助这些投资者提供相关影响力投资的资讯，比如被投项目的财务表现、影响力表现以及推荐合适的基金、项目或者工具，影响力投资领域将会吸引更多年轻的高净值参与者。

目前，为高净值人群提供影响力投资的平台有托尼克（Tonnic）、责任投资原则（Principles for Responsible Investment）、影响力（Impact），以及美国各大主流金融机构、家族办公室和投资公司。

三、个体投资者在影响力投资中扮演的角色

个体投资者有时比机构投资者注入更多使命感、责任感和投入更多精力，虽然一般情况下提供的资金数目不一定有机构投资者那样多，但是他们非常变通、较少机械地遵照案头的投资指南和既定标准。他们在早期的影响力投资项目中往往愿意承担高风险，调用各种资源帮助初创社会企业成功，并打开市场和走向规模化。具体来说，个体投资者可以扮演多重角色：

（1）倡导者。有使命感的投资者可充分调动朋友、家人、同事，将财富和服务社会的使命结合起来，并且通过自身的财富优势率先做起来。比

如，招商银行前行长马蔚华先生一直为影响力投资摇旗呐喊，并通过深圳国际公益学院的平台深入研究和实践影响力投资。在国外，很多影响力投资的网络也是由颇具先见的个体投资者不断倡导和参与而搭建起来的。由此而生的网络通过以友辅仁的方式，使得影响力投资发展壮大，获得政府、主流金融机构的认可。

（2）实践者。个体投资者可以通过其财富或金融顾问购买有 ESG 成分的债券或者股权基金来参与影响力投资，还可以通过私募股权、贷款等方式对致力于社会影响力的企业进行直接投资。

（3）领导者。个体投资者能够充分发挥自主和灵活的优势，发展和支持社会影响力投资的基础设施建设和构建活跃的生态系统，如研究、人才培养、平台搭建等。个体投资者的领导角色还体现在对所参与投资的机构提供专业的管理和技术性支持，使得社会性企业能力得到充分发展。个体投资者在面对变幻莫测的世界挑战时，能够比其他类型投资者更及时地调整和拨付资金来应对。比如，在 2020 年新冠肺炎疫情中，影响力投资者，特别是个体影响力投资者积极购买国家或者金融机构发行的新冠肺炎疫情债券，以及紧急拨付资金支持公共卫生、普惠金融等受新冠肺炎疫情影响的领域①。

第二节　家族办公室

一、家族办公室参与影响力投资的背景和现状

私人家族办公室兴起于 19 世纪末。当时，少数几个聚拢了巨额财富的家族为了顺利实现财富的代际交接而创建了私人家族办公室，并雇用律

① GIIN.（2020）. The Impact Investing Market in the Convid－19 Context：An Overview：Response，Recovery，and Resilience Investment Coalition［EB/OL］. https：//thegiin. org/assets/The%20Impact%20Investing%20Market%20in%20the%20COVID19%20Context_ An%20Overview. pdf.

师、会计和投资专家来运营。比如19世纪30年代，摩根家族创立了摩根之家管理家族财产；1882年，洛克菲勒家族成立家族办公室并延续至今，其成熟的家族服务体系还延伸至服务其他家族。20世纪80年代，随着财富人群的增长，美国的家族办公室数量激增。到了20世纪90年代，家族办公室在美国乃至世界风靡一时，尽管其管理模式和实践都尚未成熟[①]。

家族办公室是高净值人群私人财富管理的顾问公司。和传统的私人财富公司不同，家族办公室为家族提供全系列的财务和投资服务，根据UBS和Campden 2015年家族办公室报告[②]，家族办公室的目标根据重要性排序，家族办公室的主要功能有代际财富管理、财务税收与遗产规划、家族凝聚力、家族教育、公益慈善和一般家庭事务打理。家族办公室的工作还包括非财务服务，如旅游、私人教育和其他家庭事务。每个家族办公室都不尽相同。家族办公室主要功能有代际财富管理、整合财会和遗产、构建家族凝聚力、塑造家族文化和教育、公益慈善管理以及家庭事务管理[③]。家族办公室分两种：单一家族办公室和多个家族管理办公室。单一家族办公室主要服务单个家族，而多个家族管理办公室则服务多个家族。多个家族管理办公室和传统的财富管理公司相似。家庭财产在2000万美元以上的个人或者家庭一般选择多个家族管理办公室，而个人和家庭财产在1亿美元以上的一般选择单一家族办公室。家族办公室一般下设几个实体机构，包括家族基金会、投资管理和商业服务公司等。

根据家族财富联盟（Family Wealth Alliance）的数据，北美的单一家族办公室和多个家族办公室管理着1.6万亿美元的资产[④]。从全球来看，

---

① Warwick-Ching L.（2017）. Family Offices：A History of Stewardship［EB/OL］. https：//www.ft.com/content/403a2cb4-a9cb-11e7-ab66-21cc87a2edde.

②③ UBS and Campden Research.（2015）. The Global Family Office Report.

④ Noble A., Leytes M., deBeer B.（2015）. Impact Investing and the Role of Family offices. Stanford Social Innovation Review［EB/OL］. https：//ssir.org/articles/entry/impact_ investing_ and_ the_ role_ of_ family_ offices.

北美的顶级家族办公室数量最多。全球最大的 50 个家族办公室中，有 39 个在美国[①]。目前，家族办公室参与的社会领域有环保、清洁能源、有机农业、人权、供应链问题、当地社区的投资、有机食品、科技创新等[②]。

二、家族办公室参与影响力投资的动因

家族办公室作为私人财富的管家，对未来财富在全球社会治理中有非常重要的作用。家族办公室是独特的投资者，旗下不仅拥有庞大的资金要管理，还拥有高度的自主权和灵活度做决策，以及帮助客户把财富和价值统一起来。家族办公室是推动资产拥有者影响力投资的主要催化剂。对于家族办公室而言，其主要参与动因包括：

（1）超高净值客户对公民意识、社会责任意识以及认同财富与价值的合同。

（2）影响力投资可以为客户带来良好的财务回报。该回报已经由一些严谨的学术研究机构提供的实证数据所证实。比如，来自德国、美国、英国的学术实证研究报告都指出有 ESG 实践的企业与其良好的财务表现成正比[③④⑤]。此外，以 ESG 为导向的共同基金（Mutual Fund）回报率也和传统的投资基金相当甚至比其更好[⑥]。

---

① Bloomberg LP.（2014）. Bloomberg Brief：Family Office［EB/OL］. http：//www. bloomberg-briefs. com/content/uploads/sites/2/2014/12/FamilyOffice_ December. pdf.

② USSIF. Foundation.（2015）. Family Offices and Investing for Impact［EB/OL］. https：//www. ussif. org/files/Publications/Family_ Offices. pdf.

③ Gunnar Friede，Timo Busch & Alexander Bassen.（2015）. ESG and Financial Performance：Aggregated Evidence from more than 2000 Empirical Studies［EB/OL］. Journal of Sustainable Finance & Investment 5：4，210，DOI：http：//www. tandfonline. com/doi/pdf/10. 1080/20430795. 1118917.

④ Robert Eccles，Ioannis Ioannou，George Serafeim.（2013）. The Impact of a Corporate Culture of Sustainability on Corporate Behavior and Performance［R］. Harvard Business School.

⑤ Arabesque Partners and Oxford University.（2015）. From the Stockholder to the Stakeholder：How Sustainability Can Drive Financial Outperformance［EB/OL］. http：//www. smithschool. ox. ac. uk/library/reports/SSEE_ Arabesque_ Paper_ 16Sept14. pdf.

⑥ Morgan Stanley Institute for Sustainable Investing.（2015）. Sustainable Reality：Understanding the Performance of Sustainable Investment Strategies［EB/OL］. http：//www. morganstanley. com/sustainableinvesting/pdf/sustainable-reality. pdf.

（3）影响力投资咨询机构以及同行的推动。随着影响力投资的兴起，各种支持家族办公室参与影响力投资的网络、会议、平台不断搭建起来。这些平台提供影响力投资的普及教育、案例分析以及知识分享，不断鼓励其他家族办公室积极参与其中。

（4）气候变化、新冠肺炎冠疫情、能源危机以及各种社会运动此起彼伏，这些挑战促使个人和机构投资者寻找可持续发展的商业服务与产品，来赢得长期的高效回报。和其他所有个人和机构一样，家族办公室面临社会共同的挑战，并积极为这些社会和环境问题寻找新的出路。

三、家族办公室在影响力投资中扮演的角色

2013 年《金融时报》的调研指出，英国 17%的家族财富用于影响力投资，在单个家族中这个比例从 1%到 100%不等，然而，依然有很多家族办公室没有听说过影响力投资。这些人群由于缺乏信息资源和实操的知识，没有把影响力投资的具体想法转化成实际的战略。家族办公室可以通过搭建行业网络和平台以及创造独特的影响力投资产品和服务来吸引家族客户。家族办公室可以把影响力投资视为创造多维度财富的一个工具，将财富和价值统一，为家族创造并留下长久的社会遗产。总的来说，家族办公室在引导个体高净值投资中起着教育引导、催化个体投资者，以及提供专业咨询的作用。高净值人群参与影响力投资意愿强烈，但是还需要加强对影响力投资的概念、模式、影响力的界定和评估，项目财务回报变现，以及项目选择和输送途径方面获得很多的支持和鼓励。

关于家族办公室如何协助影响力投资，阿拉贝拉慈善顾问（Arabella Advisors）针对家族办公室参与影响力投资的两个核心问题提出了参考意见。这两个核心问题是：①如何找到合适的影响力投资项目；②如何评估这些项目。目前，完全清晰的影响力投资项目寻找路线图还尚不明晰，但

有一些基本步骤可以参考①。

（1）了解客户期望的影响力并帮助其寻找相关方法。不同程度和不同领域的影响力可选择的投资方式不同。家族办公室顾问倾向于用自己的视角来选择投资机会，如社会责任投资，但是社会责任投资是被动的投资，责任投资并不完全等于影响力投资，而且责任投资并不一定能达到社会影响力的目的。影响力投资强调目的性，特别是对社会和环境的影响。

（2）估测客户的期待。了解到客户期望影响力之后，需要估测客户的参与度。影响力投资一般需要投资者与被投资者建立联系。因此，了解客户是否有意愿和被投资者有互动，以及客户期待何种类型的报告，比如及时新闻简讯，或者是中期报告，或者是结项报告。了解这些细节有助于家族办公室确认其在影响力投资过程中的责任和角色。

（3）了解客户的风险承担限度。既然是投资，就一定有风险。了解客户偏爱哪些行业、哪些议题，以及风险承担的限度，将有助于缩小投资项目的范围，确定潜在的投资机会。

（4）和专家合作。家族办公室和行业第三方机构建立联系，比如GIIN、可持续和责任投资论坛、论坛等。这些机构可针对如何进入该领域提供各种信息、建议和网络。和专家合作可以快捷准确地找到合适的投资机会。而且这些专家对这个领域很熟悉、人脉较广，也可以很快地为客户找到期望的项目。专家还可以帮助评估风险和回报，影响力投资的回报不仅是财务的回报，还包括影响力评估，专家可以帮助建立一套评估体系，确保客户和家族办公室能及时获得投资绩效的回报。

总而言之，家族办公室的职业顾问需要做一系列的事情：评估具体的投资项目、整合影响力投资到已有的组合中、指导项目启动，帮助解决随时可能遇到的问题。

---

① Muller C.（2014）. How Wealth Advisors Can Facilitate Impact Investments［EB/OL］. https：//www.arabellaadvisors.com/2014/07/02/how-wealth-advisors-can-facilitate-impact-investments/.

基于以上高净值个体家族和投资者的动机和角色的讨论，我们来看一下他们在参与影响力投资时有哪些可供选择的工具。

高净值人群参与影响力投资的动机决定了其参与影响力投资的目标、方式和工具。个体投资者和家族办公室有很多共同特征，比如，他们都主要受社会使命驱动，通过个人或家族影响力来倡导和推动社会创新，支持影响力投资的行业建设。他们在工具的选择上也非常相似，虽然不是所有高净值个体投资者都由家族办公室来管理，但是大都可以通过和财富管理机构合作（主要是理财顾问）、影响力投资网络平台和风险投资来实现对影响力投资的参与和实践。不可否认的是，拥有更多财富和资源的财富家族在对工具的选择上会更加丰富和复杂，但是这些工具也几乎适用于情况类似的高净值个体，如高净值企业家人群。

对于一个拥有多种资产配置和多实体（如家族办公室、家族基金会、家族企业等实体）的家族，其用来参与影响力投资的资产可来自应纳税资产（Taxable Asset）、免税资产（Tax-exempt Asset），以及家族企业。

如果个体和家族参与影响力投资的动机是让慈善基金更大限度地创造影响力而非一味地保续基金，那么他们可能会利用其免税资产来参与影响力投资；如果其动机是让资金实现社会、环境、经济的三重底线，那么他们可能还会调用应纳税资产或者本人及家族企业的企业社会责任（Family Business Corporate Social Responsibility）来参与影响力投资。在三种资产所有权的框架下，高净值个体和家族办公室一般有以下三种基本投资策略[①]：

（1）分拆部分资产，专门用于影响力投资。

（2）将影响力投资融入现行的投资战略中。

（3）将所有资产和（或）特定实体全部用于影响力投资。

高净值个体和家族办公室影响力投资的共同基本策略见表5-1。

---

① The ImPact.（2016）. Impact Investing：Frameworks for Families.

表 5-1 高净值个体和家族办公室影响力投资的共同基本策略

	分拆部分资产投资	融入现有投资	全力投注
应纳税资产	通过理财专家和家族办公室分拆一部分资产，专门用于影响力投资。这些资产可以是新调拨的，也可来自已有的拆分资产。家族办公室可能希望独立运营此类资产，个体投资者可以交由理财机构来管理此类资产	个体和家族积极地将影响力投资纳入现行的投资战略与部署中	主动考虑所有可投资资产的社会和环境影响力，旨在通过所有投资创造积极的影响力
免税资产	捐赠：以零散捐赠支持非营利机构或者捐赠者指示基金（DAF）的方式来支持社会型初创企业。 项目相关性投资（PRIs）：家庭基金会或捐赠人建议基金（DAF）拨出部分年度慈善捐款，用于投资非营利性机构，同时这些投资也会产生一些财务回报。 使命相关性投资（MRIs）：家庭基金会或捐赠人建议基金将一部分善款用于与自身慈善使命一致的投资	高净值个体投资者通过参与社会企业项目的慈善基金会（如中国扶贫基金会）、慈善会或者有影响力投资的政府支持项目来让捐赠有所经济回报（如小额贷款、普惠金融、新冠疫苗研发）。 家族基金会或捐赠人建议基金将影响力投资融入捐赠基金的核心投资策略和资产配置中	家庭基金会或捐赠人建议基金把所有慈善资产投入能产生积极社会和环境效应的项目中。 家庭基金会或捐赠人建议基金将投资决策与项目、慈善捐赠战略相结合
企业运营	企业家背景的高净值个体投资者和家族企业开发特殊的产品和服务线，或者在其供应链中部分积极创造社会和环境影响因素	企业家背景的高净值个体投资者和家族企业持续性地改善核心产品、服务以及整个供应链。 企业和家族办公室在核心经营模式中引入可持续管理和治理实践。企业可考虑进行 B Corporation 认证	企业的核心产品和服务产生积极的社会和环境影响力。 在企业运作中全面践行 ESG 的最佳实践。 企业架构不仅体现家族所有权，也体现对利益相关者的使命

资料来源：参考 The ImPact（2016）① 改写。

投资策略的优劣取决于个体投资者和家族的具体情况和实践。影响力投资也一样是实践出真知。家族需要刻意地、认真地对待影响力投资，不断地实践、总结、评估，和改善策略，且时刻寻找革新的机会。

① The ImPact.（2016）. Impact Investing：Frameworks for Families.

第三节 基金会

一、基金会参与影响力投资的背景和现状

基金会是参与影响力投资的重要行动主体，在推动和实践影响力投资的过程中扮演着重要的角色。可以说，没有基金会的参与，影响力投资将失去主要的推动力和基础。

2007 年，洛克菲勒基金会提出影响力投资的资产配置类别。经历 3 年的快速发展，摩根大通联合洛克菲勒基金会于 2010 年正式将影响力投资列为投资市场的一个新兴类别，与贷款、股票等并驾齐驱。影响力投资的增长速度和覆盖面均非常可观。在慈善领域，洛克菲勒基金会、奥米迪亚网络（Omidyar Network）、比尔及梅琳达·盖茨基金会（Bill & Melinda Gates Foundation）、彭博慈善基金会（Bloomberg Philanthropies）、福特基金会等各大跨国基金会都先后踏入这一领域。① 美国的基金会使用投资方式开展慈善项目的历史由来已久，早在 40 多年前就已开始项目相关投资（Program-related Investments，PRIs）。基金会为边缘社区的慈善组织和项目提供股权、信贷和资产方面的支持②。

美国 2008 年金融危机之后，经济形势下滑，很多基金会，尤其是小型基金会认为保值增值是它们开展影响力投资的最重要因素，它们希望基金会的资金能够循环利用，以保住基金会的资金量。

目前，美国基金会影响力投资开展的形式越来越多元，可以通过多种金融机制帮助一些组织和社区获得资产，创造就业，开发公益性产品或服务，建造保障性住房或社区设施，提升公共健康，或者其他社会目的的事

① 深圳国际公益学院．（2017）．影响力投资趋势与挑战［J］．公益金融评论，（1）：4-5.

② Bernholz L.，Richter L.（2009）．Equity Advancing Equity：How Community Philanthropy Can Build Racial and Social Equity Through Mission Investing［R］．San Francisco，CA：Blueprint Research & Design and GPS Capital Partners.

业。像福特基金会这样的机构也在继续使用低息贷款、贷款担保和股权投资的方式帮助一些组织或者为一些具有前沿创新性的机构提供风险投资。2020 年，在席卷全球的新冠肺炎疫情背景下，福特基金会联合其他主要基金会向社会发行债券，为抗击新冠融资和筹资。

美国印第安纳大学礼来家族慈善学院（IU Lilly Family School of Philanthropy）曾经对美国基金会 1990—2010 年的项目相关投资（PRI）[①] 做过相对比较全面的描述性研究，但是尚缺乏对 PRI 之外的使命相关投资（Mission-related Investment，MRI）、公益创投等的系统调研，主要是由于 PRI 在法律上有比较明确清晰的界定，而 MRI 和公益创投比较难以界定和区分。美国高效慈善中心（Center for Effective Philanthropy，CEP）2015 年对 230 家基金会开展问卷调查[②]。宾夕法尼亚大学高影响力慈善中心（Center for High Impact Philanthropy，CFHIP）根据使命投资者交流网络（Mission Investor Exchange）的数据对 29 家基金会开展使命投资的情况进行了描述[③]。根据这些已有的研究报告，我们可以对美国基金会开展影响力投资的现状有一个概览。

第一，总体来看，美国基金会影响力投资的资金总量、开展影响力投资的基金会数量、影响力投资的项目数量和单个项目的平均投资金额都呈现上升的趋势，但是依然十分有限。

由于目前仅有项目相关投资是一种具有法律意义的影响力投资形式，需要在 990 税表上进行披露，而公益创投和使命相关投资尚无明确的统计方法。因此，本文主要对项目相关投资的规模做统计描述。

根据美国国税局的数据，从 1990 年到 2010 年，美国基金会用于 PRI

---

① IU Lilly Family School of Philanthropy.（2013）. Leverage the Power of Foundations：An analysis of Program-related Investment［R］. 该报告数据主要来源于基金会中心网（Foundation Center）。

② The Center for Effective Philanthropy.（2015）. Investing and Social Impact：Practices of Private Foundations.

③ Center for High Impact Philanthropy.（2016）. Program-related Investments［EB/OL］. https://www. impact，2016upenn. edu/program-related-investments/.

的资金总量从1.39亿美元增加到7亿美元。而根据基金会中心网的数据，美国基金会投入PRI的资金量最低为1.06亿美元（1996年），最高为4.23亿美元（2007年）。总体来看，每年基金会用于PRI的资金量占当年总支出的比例在1%左右，最高达到1.4%。而根据CEP的调查，基金会用于投入影响力投资资金规模很小。平均来说，多数基金会只投入2%的限定性捐赠基金（Restricted Endowment）和0.5%的项目资金用于影响力投资。

但是，也可以看到越来越多的基金会投入影响力投资之中。根据礼来家族慈善学院的报告，1990年开展PRI的基金会为57家，而到2004年增长到最高峰137家，随后几年有所回落，但平均来看也维持在100家左右。而根据CEP的调查，有21家（41%）的CEO表示其所在基金会开展了影响力投资，6%表示将来计划开展影响力投资项目，另外33%表示不确定，只有20%的CEO表示他们不会开展影响力投资项目。

而报告中统计，每年开展的PRI的项目数量在1990—2004年基本呈现稳步增长的趋势，从1990年的161个上升到2004年的421个。2004年开始回落，到2008年国际金融危机期间，仅有208个。

每个PRI项目的平均资金量也在不断增加，2000年单个项目的平均投资金额为66万美元，而2009年这一数据为155万美元，增加了一倍多。根据CFHIP的调查数据，2010—2015年，盖茨基金会共投入2亿美元用于开展21项影响力投资。而海伦基金会则投入2600万美元在29个项目中。可以看出，不同的基金会的单体投资规模差异较大。

美国私人基金会在2002年到2013年数量从64845个增长到87142个，捐赠资金从3400亿美元增长到80000亿美元。这些基金会每年需要至少支出其捐赠资金的5%用于公益活动，也就是说，在2013年至少需要支出4000亿美元。从这些数据可以看出，目前美国基金会开展影响力投资（使命相关投资或项目相关投资）的数量和规模都较为充分。目前，在美国开展影响力投资最活跃的主要是独立基金会和家族基金会。

第二，基金会开展影响力投资的领域非常多元，主要投入在低收入群体住房、社区发展、就业和经济发展和教育等领域。根据礼来家族慈善学院报告的数据，PRI 项目投入公共利益、社会服务和教育三个领域的资金占到了全部 PRI 资金的 70%左右（平均每个领域大致超过 20%）。根据 CEP 的调查，在 21 家开展影响力投资的基金会中，其主要投资的领域包括社区发展（46%的基金会涉及）、就业和经济发展（42%的基金会参与）、教育（38%的基金会参与）。

第三，基金会开展影响力投资的工具非常多元，但主要是贷款。根据礼来家族慈善学院报告的分析，2000—2010 年，有超过一半的 PRI 是通过贷款的方式开展的，其次是股权投资。但是，平均每一个贷款的资金量往往会小于其他形式的投资工具，而且中等规模的基金会更愿意使用贷款的方式开展 PRI。除了贷款，基金会也越来越倾向于使用贷款担保（Loan Guarantee）或者贷款基金（Loan Fund）等工具。2007 年，对 52 家基金会使命投资者所做的研究[①]发现，这些基金会进行了 520 项投资，却只有 14%属于股权投资。尽管股权投资占了投资总额的 45%，但其中绝大部分都是房地产投资，即有形资产投资。

第四，基金会的理事会和 CEO 对于开展影响力投资的态度比较复杂。基金会在做出投资决策时是否会更看重与使命和价值的一致性？基金会投资更注重实现公益目标还是更看重财务回报？根据 CEP[②]2015 年的调查发现，只有 8%的 CEO 认为基金会的投资行为与自身的使命价值一致是非常重要的；另外 8%的 CEO 认为，基金会在投资时规避一些违背使命价值的项目是非常重要的。关于公益目标和商业回报哪个更重要的问题，36%的 CEO 认为在投资中，实现公益目标非常重要；而有 86%的 CEO 表示基金会的投资最重要的是实现财务回报。另外，关于基金会的理事会是如何看

① Steven Lawrence.（2011）. Reina Mukai. Key Fact on Mission Investing [M]. NewYork：Foundation Center：3.

② The Center for Effective Philanthropy.（2015）. Investing and Social Impact：Practices of Private Foundations.

待投资及其回报的，CEP 的调查显示，基金会的 CEO 认为 82%的理事更看重基金会投资的财务回报，11%的理事会同时关注财务和社会、环境价值，而只有 7%的理事会更注重社会、环境回报；而且，认为在基金会进行投资决策时，89%的理事会取得一致意见。这些数据基本可以解释为什么基金会投入非常有限的资金用于影响力投资。77%的 CEO 表示，基金会影响力投资的财务回报往往都会低于一般的商业投资回报率。当然，一些影响力投资本身就不被期待有高财务回报率，例如，项目相关投资，根据其定义就是要低于一般的市场投资回报率。此外，一些 CEO 表示，影响力投资对基金会而言还是比较新的投资方式，还没有对基金会产生真正的影响。正如一位 CEO 所说的“影响力投资的理念太新了，我们还在慢慢学习和适应”。当然，通过调查 CEP 也发现一些基金会未来会更多地参与影响力投资的趋势。例如，一位 CEO 表示其基金会已经预留出用于 MRI 和 PRI 的资金，并且理事会也正在考虑下一年用于影响力投资的资金翻倍。

通过对已有调查研究的梳理总结，我们发现，在美国基金会真正开展影响力投资的比例和规模仍然非常有限。对于美国的大多数基金会而言，影响力投资也是一个非常新的理念和做法。不过，研究报告和调查也反映出来一个较为积极的未来趋势：会有越来越多的基金会愿意开展影响力投资，将投资与自身使命、价值更加紧密地结合起来。

从全球范围来看，基金会开展影响力投资情况并不清晰，各个地区对基金会影响力投资的可操作定义并不明确。欧洲公益创投协会（EVPA）2011 年发布的报告显示，50 家接受调查的机构表示共投入 10 亿欧元用于在欧洲开展公益创投。然而，其中 72%主要是以高度参与度的捐赠方式（high-engagement grantmaking）开展；只有 28%是以投资的方式开展，这其中股权和准股权投资占 11%，贷款占 9%，担保占 2%，其他的一些投资形式占到 6%。其他国家和地区的数据没办法获得。EVPA 建立了亚洲公益创投网络（AVPN），该网络表明亚洲地区的公益创投也逐渐兴起。

二、基金会参与影响力投资的动因

基金会作为影响力投资的重要主体，其参与影响力投资实践和推动政策倡导的主要动因是什么？对于基金会而言，影响力投资是一种取代传统慈善捐赠方式的必然趋势还是特定社会、经济环境下的补充手段？哪些因素会影响一家基金会是否开展影响力投资实践？

根据印第安纳大学慈善研究中心关于基金会项目相关投资的研究，基金会参与社会影响力投资的动因各不相同，综合来看，主要的原因包括以下几个方面。

第一，提高公益资金使用效率。与捐款相比，影响力投资的形式可以提高基金会的资金利用效率，循环使用。尤其是在经济环境不景气的社会背景下，基金会更加倾向于使用这一方式开展工作。一般基金会会在三种情形下开展 PRI：①当基金会预期某项目的未来收益可以超过所需费用，并且可以偿还贷款的时候；②当某项目非常有价值，但是不完全符合进行完全捐款资助的时候，可以通过 PRI 的形式覆盖一部分成本；③当某项目具有一定的风险，使用 PRI 可以降低风险（因为可以将一部分责任转移给受资助机构，促使它们把资金当作自己的钱去使用）。

第二，扩大社会影响力。美国越来越多的基金会意识到基金会的公益支出与资产管理之间存在较大的不一致。一般来说，在美国基金会只需要支出一小部分的资产用于公益项目，而将其他大部分用于投资保值增值。因此，越来越多的人开始思考如何让大量的投资资产与使命实现之间产生关系。影响力投资就是可以让这些本金不能使用的捐赠基金（Endowments）发挥更大价值的一种方式。“基金会是否应该超越一个简单的投资公司，让它的资金更多地流向慈善目的？”投资可以从 PRI 这种低于市场回报的方式开始，逐渐扩大到使命相关投资，获得市场回报。

第三，通过捐款以外的方式解决社会问题。PRI 可以让基金会通过捐赠之外的方式来处理和解决社会问题。首先，PRI 能够帮助撬动政府和私人资本共同投资有价值的项目；其次，通过投资一些有潜力的社会创新项目，可以帮助项目实现规模化。例如，帮助经济和社会底层的贫困人口，贫困问题的解决不是边缘性的而是系统性的，以往对于贫困问题的解决效果不佳主要在于未能够系统性、结构性地解决问题。通过 PRI，基金会不再仅仅是捐赠，而是扩大就业、激活经济和技术创新。

第四，通过影响力投资提升受助组织的能力。PRI 的方式可以帮助受助组织提升能力，例如，基金会贷款可以帮助非营利组织提高信用记录，便于组织日后从其他金融机构获得贷款。债务或者股权可以帮助受助组织获得现金流，增加资本，保障可持续发展。此外，管理项目相关投资的过程也可以帮助受助组织提高财务和管理能力。

一些很早就开展 PRI 的基金会表示，它们最初是与社区基金会合作开展 PRI。它们意识到社区基金会需要一种不同于捐赠的资助方式，通过低成本、可控风险的方式支持保障性住房。基金会的负责人表示“PRI 被证明是一种有效地提高受助组织能力的方式，并且可以加强资助人和受助人之间的关系”。

三、基金会在影响力投资中扮演的角色

根据美国影响力投资的经验，慈善家和基金会在推动影响力投资从边缘向主流发展的过程中扮演着独特而重要的角色。本书将介绍慈善家和基金会的四种重要的功能，我们看到，实践中一些走在前列的基金会已经在慢慢承担这四种功能，推动公益慈善行业积极参与影响力投资。

第一，基金会前期资助和能力建设。基金会可以通过为初创期社会企业提供捐赠的方式或为影响力投资产品和基金提供领头资本的方式降低影响力投资的风险，从而为主流投资者的进入奠定基础。一般来说，商业资本并不青睐那些服务贫困落后地区、人群和领域的社会企业，因为这些初创期的社会企业通常致力于探索解决社会和环境问题的新方式，这些新的商业模式往往面临较大的风险，投资回报的不确定性较高。因此，多数社

会企业都面临缺乏资金的困境。而慈善家和基金会是帮助这些社会企业获得资金支持和能力建设的领导者，因为基金会本身就是一种捐赠取向的资助机构，而其捐赠资金如果能够帮助初创期社会企业慢慢规模化，降低商业风险，进而撬动商业投资进入社会企业，将会产生更大的影响力。基金会可以通过公益创投的方式为这些初创社会企业提供非限定性资助和能力建设支持，帮助这些企业获得发展。进而，基金会也可以通过 MRI 或 PRI 的方式继续支持企业实现规模化，慢慢吸引更多商业背景的投资者进入。基金会的前期资助在整个影响力投资谱系中可以作为一种先损性资本，帮助私人投资降低投资风险。

公益慈善在启动影响力投资方面非常重要，但是这种资助也可能扭曲受助企业的真实绩效。例如，公益资助有可能会支持一些在正常市场竞争中本可能会失败的企业。因此，对基金会来说更好的策略是进行行业层面的投资，而不是人为地支持个别企业。

第二，基金会提供信用增级服务。基金会可以通过担保或者分层结构的方式使影响力投资的生态体系减轻风险。基金会首先可以通过提供资金或信用担保的方式帮助社会企业筹集资金，或者通过自身的储备资金、信用等发布债券筹资，然后将资金投入一些社会目的企业或行业，用于实现自身公益使命。

第三，基金会推动基础设施建设。影响力投资行业需要一些基础设施，如数据库、行业网络组织、服务平台等。而基金会往往是建设这些基础设施的主要推动者和支持者。例如，在美国，福特基金会、洛克菲勒基金会是 GIIN 的主要支持者，GIIN 目前已经成为范围最大的影响力投资网络，为投资者、社会企业、中介机构等各个利益相关方提供知识共享、数据共享、社会影响力测量工具（如 IRIS）、培训、研究等各项服务。该网络旨在推动世界范围内影响力投资行业的发展。

第四，尽职调查和信息共享。一些影响力投资主要涉及的是很小的投资项目，这就会导致投资公司尽职调查的成本比例相对较高。基金会往往可以在那些商业资本缺少的领域进行投资并扮演尽职调查者的角色。基金会在获得这些投资对象的信息之后，可以通过已有的行业网络（如 GIIN、ANDE、Tonic 等）分享这些信息，以及一些关键的知识和最佳实践等。这种方式可以加强行业之间的协同合作，并降低整个行业的尽职调查成本和提高影响力投资的成功率。

四、基金会影响力投资的主要模式/工具

从广义上来说，基金会参与影响力投资的模式主要包括三种：公益创投、使命相关投资和项目相关投资。但是，从狭义上来说，严格意义上的影响力投资只包括使命相关投资和项目相关投资。

“公益创投”与“影响力投资”的概念存在诸多重叠和模糊，学者和实践者也并未就这两个概念之间的内涵达成共识，对于到底哪个概念的范围更大依然存在争议。笔者认为，对于基金会而言，“公益创投”更接近于“资助”，而“影响力投资”更加倾向于“投资”。从“公益创投”的概念起源来看，它是一种将经济领域中“风险投资”理念应用到公益领域，以“投资”思维全面支持社会组织的能力发展，提升其社会影响力的新型公益资助方式。

在本书中，笔者认为“公益创投”主要是指基金会通过捐款、培训、贷款等多种工具和方式为初创期社会企业或非营利组织提供前期资金支持和能力建设，帮助创新项目落地和成形。其主要目的是培育和支持创新型组织成长，为后续的影响力投资建立生态系统和培育行动主体。虽然这一模式与严格意义上的影响力投资有一定区别，但是对我国本土基金会目前的发展阶段更具现实参考价值。因此，后文将对其进行详细介绍。

项目相关投资是一种基金会实现自身公益目标的特殊资助方式，其本质上依然属于公益活动，可以计入每年公益支出。基金会在实现社会效益目的同时可以获得一定的、低于一般市场水平的投资回报。其主要目的是慈善性质，即促进基金会免税资质的领域，基金会在开展项目相关投资时

首要考虑社会影响效益，其次才是低于市场均值的经济回报率。

使命相关投资主要是指基金会的投资活动与自身使命相关，有助于未来使命的实现。使命相关投资本质上是一种收益基于风险调整的、市场水平的投资，资金属于基金会的资产类别而不是项目支出，这种方式既能够促进基金会使命实现，同时也能够收回财务成本或有所回报。基金会在开展使命相关投资时，首先要遵守法律关于投资的规定，在此基础上从更加长远的角度平衡自身公益使命的实现。

（一）公益创投的实践流程

在 1997 年 3 月的《哈佛商业评论》上，Christine W. Letts、William P. Ryan 和 Allen S. Grossman 发表了《道德资本：基金会可以向风险投资家学习什么?》一文[①]。在文中，作者指出基金会投入大量的资金用于解决社会问题，但是往往收效甚微，背后一个很重要的原因在于基金会和非营利组织的关系。大多数基金会主要是资助非营利组织开展项目，而缺少组织发展方面的支持，这就导致非营利组织很难可持续发展。于是很多基金会开始向风险投资家学习，探索寻找新的资助方式——公益创投。

与传统公益资助方式相比，公益创投具有以下关键特征：高度参与社会企业或非营利组织的运营；为投资组织提供组织能力建设；提供超过 3~5 年的多年度支持；提供包括战略规划等非财务类的增值服务；帮助投资对象进入资源网络，获取更多技能和资源；为被支持组织提供量身定制的融资机制；重视绩效测量。[②]

正如 Christine W. Letts、William P. Ryan 和 Allen S. Grossman 提到的，非营利组织存在的最终目的是实现项目效果，解决社会问题，但项目的成功需要组织运营的支持，如果基金会的资助能够帮助非营利组织获得组织

---

① Letts C.，Ryan W.，Grossman.（1997）. Virtuous Capital：What Foundations Can Learn from Venture Capitalists?［N］. Harvard Business Review.

② European Venture Philanthropy Association［EB/OL］. http：//www. evpa. eu. com.

层面的成长，就更有可能获得可持续的社会影响①。因此，基金会需要不断反思自己的资助方式是否真正能够帮助非营利组织提升组织能力。基金会开始用“公益创投”的方式支持非营利组织的时候，需要借鉴商业领域的投资策略和经验，同时也需要结合公益领域和公益组织的特点。本节试图梳理和提炼基金会开展公益创投的具体策略和方法。

第一，基金会需要进行系统全面的自我评估，并做好开展公益创投的人才准备。基金会的理事会和高层管理者需要根据自身的使命和战略认真思考是否需要对自身的资助方式进行转变、传统的项目式资助是否满足了基金会的战略实现和使命达成。如果要确定开展公益创投，基金会的管理者和理事会还需要重新评估自身的能力是否能够开展这种以组织为中心的资助方式。很多基金会需要更多具有组织建设和发展方面能力的人员去实现资助战略的转型。基金会需要考虑招募更多具有不同背景的员工，包括商业、组织建设、咨询等。

第二，基金会可以使用渐进式转变的策略，可以考虑尝试先拿出部分公益资金探索新型的资助方式。例如，基金会可以先开展一些长期资助，看其是否能够提升组织能力和改善项目效果（风险投资家对创业企业的投资和支持周期一般为5~7年，基金会可以根据自身情况对标）；基金会还可以降低对项目官员资助的项目数量的要求，给项目官员机会去陪伴那些真正有发展潜力的项目和组织；另外，基金会可以考虑与第三方咨询机构合作，将咨询机构的能力叠加到资助过程中，为受资助组织提供咨询服务等。这几个方式都是基金会在实现资助方式转型的过程中可以逐步探索和尝试的方向。

第三，在基金会内部设立公益创投专项基金，做好“投资组合”管理。与商业风险投资类似，基金会也需要拿出专项资金来进行公益创投，

① Letts C., Ryan W., Grossman. (1997). Virtuous Capital: What Foundations Can Learn from Venture Capitalists? [N]. Harvard Business Review.

并对被资助组织进行长期管理。具体的步骤如下：

（1）确定候选机构的来源范围。基金会可以在原有资助项目的基础上选择比较有发展潜力和创新性的组织，或者通过行业调查、公开招募等方式鼓励符合要求的组织申请公益创投资助，基金会最终确定入围的候选机构名单。

（2）开展尽职调查。基金会要对候选机构进行系统全面的评估，谨慎地做出最终的选择。尽职调查的具体做法：可以请第三方评估咨询机构等介入，或者请相关领域内的权威专家对备选组织的组织战略、项目管理、团队、财务等各个方面进行系统全面的了解，并对所有备选组织进行优先级排名。最终，基金会根据自身的资金状况和战略方向综合考虑，选择进入公益创投组合的机构。

不过，在具体操作过程中，值得基金会思考的是如何确定一个非营利组织具有投资的潜力。非营利组织最终还是以项目为核心，真正能够解决社会问题的项目模式才是其核心的竞争力。而判断一个公益项目的模式是否完善要比商业领域的创业项目更为复杂，如果仅仅以其是否形成了标准化、规范化、制度化的项目执行流程为判断标准，很可能陷入对公益项目模式有效性的肤浅化理解。例如，一些教育类公益项目最终要实现的是人的改变或教育体制的改变，而如果仅仅以其是否形成完善的课程体系、执行体系、管理体系来判断其模式的成熟度可能会偏离其实质，完善的流程并不必然真正实现人的改变的效果，这其中还有非常复杂的专业性问题需要考量。而如果一个公益项目尚未解决其关键的技术性问题，基金会就开始通过风险投资的方式追求项目的规模化和可复制，可能会导致公益目标的偏离，甚至产生对公益资源的浪费或导致其他负面影响。因此，当基金会在学习风险投资的方法开始新的资助模式时，也需要注意公益项目、公益组织本身与商业项目、商业组织的区别，要尊重公益领域本身独特的专业性。

（3）与入选机构建立深度的信任和陪伴关系。在商业投资中，为了能够帮助投资对象获得市场成功和可持续发展，投资者应提供一系列的非资金支持。例如，投资者往往会加入被投资公司的理事会，帮助其确定和调整战略方向。投资者的管理层往往会成为被投资公司的高层管理者的导师或教练，陪伴其成长。而对于基金会来说，它们的大量工作在于前期筛选项目和寻找新的想法。一旦资助确立，基金会就会让自己处于一个监管者的位置去发现组织的不足，而不是作为合作者帮助受资助组织提升管理能力和调整战略。因此，在公益创投的新型资助模式下，基金会需要重新调整自身的定位，要对与非营利组织各项发展相关的议题非常熟悉。基金会对非营利组织管理的复杂性了解得越多就越能更加精准地定位非营利组织的需求，进而提供相应的支持，最终使非营利组织实现项目效果最大化。如果基金会自身的人员数量和能力尚不足以满足这些需求，也可以聘请外部第三方机构对受资助非营利组织进行长期、紧密的跟进。可以说，这是基金会进行“投资组合”管理中最关键的步骤，这种信任和陪伴关系的质量会影响创投的最终效果。

（4）对入选机构进行风险管理。风险投资家一般都能够接受所有的投资对象中只有近 1/5 的可能会最终成功，如果投资的一家公司很多项目都失败就会导致投资者失败，因此投资者为了管理风险往往会开发很多组织能力建设的技术，以使投资对象的能力得以提升，最终提高项目成功的概率。而基金会在进行捐赠资助时往往面对很少的风险，不担心会失去资金，恰恰相反，很多基金会担心钱花不出去（即不能满足法律规定的每年最低的捐赠支出比例）。基金会的资金没有亏损的压力，基金会项目官员的表现和晋升也很少与资助对象的绩效相关，这也导致基金会很少从过往的资助中总结经验教训以提升后续的资助效果。这也是很多基金会的资助最终收效甚微的一个重要原因。而在公益创投模式下，基金会需要深度参与到社会企业的治理和管理过程中，帮助机构预防风险，以及提供与危机应对相关的支持。

第四，效果评估。风险投资者与投资对象的关系往往是基于对投资对象的发展前景进行绩效评价的，包括其现金流、销售、利润、市场份额等能够反映投资对象发展状况和市场情况的指标。具体清晰的目标能帮助双方聚焦关系的重心，不断为实现目标而努力，投资者也特别看重组织长远的发展，也会从多方面评估组织的健康状况。与风险投资者和创业公司类似，基金会与非营利组织也有共同的目标：解决社会问题，满足社会需求，如促进贫困农村社区发展。尽管这些目标很难进行量化，但是基金会和非营利组织往往都会认为这一问题值得关注。在传统的资助方式下，基金会往往更关注具体项目的效率，关心它们一年、两年或三年的资助周期内组织取得的绩效，但是很少支持组织长远的目标。而在公益创投模式下，基金会评估资助效果的标准不再是单个项目的效果，而是关注组织整体发展状况和其解决真实社会问题的专业能力。这就要求非营利组织不再陷入完成短期项目的任务，而是真正探索从根本上解决某一社会问题的系统性方案。

第五，退出机制。风险投资家一般都会预期最终他们会出售持有的被投资机构的股份以退出投资，并结束正式的投资关系，这也会为创业企业注入更多资金促进其继续发展。当然投资机构一般都是在创业公司发展到一定阶段，有比较强大的实力和可以预见的未来时才会退出。在非营利领域没有这样的机制去传递手中的“接力棒”，让非营利组织能够从一个资助方转移到下一个资助方，并获得不同阶段的支持。笔者认为，基金会公益创投模式的退出机制与商业投资存在一定的差别，公益创投领域的退出机制主要是让组织发展起来之后可以找到适合自身的多元化的资金来源或渠道。

目前，在美国已经有越来越多的基金会开始尝试这种风险投资的资助模式。这种模式关注清晰的资助效果和目标，通过紧密的监督和高频率的帮助来管理资助风险，并且提前设计好下一个阶段的资助计划。基金会可以以风险投资模式为起点帮助非营利组织获得组织层面的发展，最终实现项目的成功，产生更大的社会影响力。

中国基金会中最早开始探索公益创投的是南都公益基金会。南都基金会自2007年成立以来，即定位于资助型基金会，通过公益风险投资，构建公益行业的生态环境，搭建合作平台，倡导包括社会企业和影响力投资在内的社会创新[①]。其最近代表性的公益创投项目即以资助公益人才为主的“银杏伙伴成长计划”和以资助公益领域的引领型机构为主的“景行计划”，这两个项目对中国资助型基金会产生了较好的示范效应，随后越来越多的基金会加入公益创投的行列：中华少年儿童慈善救助基金会、深圳壹基金公益基金会、阿拉善SEE基金会、上海联劝公益基金会、浙江敦和慈善基金会、阿里巴巴公益基金会、爱佑慈善基金会、友成企业家扶贫基金会、福建正荣公益基金会、北京险峰公益基金会、北京亿方公益基金会等[②]。它们选择公益领域内较有发展潜力的非营利组织进行非限定性资助，并且辅之以资源拓展、战略指导、组织管理、筹资、传播等非资金支持，一些机构的资助效果也已经初步显现。

（二）项目相关投资的实践

1. 项目相关投资的范围和方式

在项目相关投资（PRI）中，投资获得的受益或资产的升值并不是基金会的主要目的。这在实践中是最难证明的，一些投资不可避免会产生收益，如何证明这些收益不是投资的主要目的呢？如果是低息贷款比较容易证明，但如果是股权投资，基金会的收益并不确定。根据美国国税局的税收条例（The Treasury Regulations），判断是否将投资增值作为主要目标的依据是看普通投资者在获得同等回报的条件下是否愿意开展此项投资。当然也不能简单地依据这一条件去进行判断，也要综合参考一个基金会内部是否设置了投资政策，对于纯商业投资和项目相关投资的回报率和风险有不同的考量。简单依据事后一个投资是否带来了收益不是判断其是否为

①② 徐永光．（2021）．中国基金会公益创投之路［EB/OL］．http：//www. nandufoundation. org/content/5895.

PRI 的依据，而是应该在事前进行确定。

此外，PRI 也要注意不参与政治游说和实现其他政治目的。这主要是指 PRI 不能支持或影响立法，或者支持候选人参与公共部门的竞选。通常能够确保符合该项条件的依据是考察被投资对象的承诺书，即不得利用投资资金实现政治目的。

2012 年 9 月，美国国税局公布了针对私人基金会开展 PRI 的新规定，拓宽了 PRI 的范围。①可以通过多种金融方式开展 PRI，既包括贷款，也包括股权投资，信用增级也可以算作 PRI 的一种方式。②PRI 不再仅仅局限于支持弱势群体和社区，也可以用于促进科技、艺术和环境保护。③PRI 的支持对象不仅仅包括非营利组织，也可以是营利性机构。根据 IRS 的规定，税收条例中有包括 10 项投资非慈善机构的免税条款，其中 9 项均属于 PRI。也就是说，判断一个投资是否属于 PRI 的根本依据不是其是否投资慈善机构，而是该投资是否能够真正满足促进公益目标的实现。具有潜在高利润回报的项目也不一定就被排除在 PRI 之外。

PRI 的工具包括捐赠、股权、次级贷款、优先贷款、现金、担保等多种方式，其中，贷款是常见的 PRI 方式。基金会参与 PRI 的实际例子包括：①为贫困学生提供低息或者无息贷款；②为开发低收入人群住房的非营利机构提供高风险投资；③为经济弱势群体的创业提供低息贷款；④为城市高危边缘区域提供经济发展的投资，如失业人员的培训和住房等；⑤向促进高危社区经济发展的非营利机构投资。

2. 项目相关投资的法律规定

美国联邦税法等相关法律对于基金会开展 PRI 在具体操作过程有相应的规定。通过对这些法律条款的梳理，我们可以对基金会开展 PRI 的具体操作过程有更加深入的了解，也有利于推动我国相关法律法规建议以避免为基金会开展影响力投资带来的障碍。

第一，关于公益支出的比例。美国联邦税法规定，基金会必须每年最少支出其公益资产的5%用于公益慈善目的（低于我国国内对非公募基金会8%的要求）。而根据美国联邦税法第4942条规定，PRI可以计入公益支出，而不是资产之中。也就是说，在计算每年5%的公益支出时，PRI不用纳入公益资产的统计之中。举例来说，如果一个基金会在2010年的资产为100万美元，那么该基金会需要在2011年支出5万美元用于公益目的，而基金会如果在2011年1月进行了一笔5万美元的PRI，那么其就可以满足当年的公益支出要求，而且在计算2012年的公益支出比例时不需要将这5万美元作为资产，这样也就降低了2012年公益支出的要求。但是，如果这5万美元的PRI（如债权形式的投资）10年之后收回，那么就需要再将其作为资产纳入对公益支出比例的计算之中。因此，一个基金会需要仔细地计算自身的资产和用于PRI的资金比例，以符合法律的要求。①

第二，PRI投资净收益的税率。根据美国联邦税法第4940条规定，私人基金会需要缴纳投资收益税，目前这一税率为2%，在特殊情况下为1%。这一规定对PRI收益也适用，与基金会其他投资的税率均一样。

第三，关于支出责任（Expenditure Responsibility）。美国联邦税法第4945条规定，要对私人基金会的“应税支出”进行罚款，其主要的基金会管理者（如果没有特别理由）也会受到相应处罚。关于应税支出的相关规则在PRI上的应用主要包括以下几个方面：

当一个基金会对一个非慈善组织进行捐款或进行PRI时，如一个营利性公司，基金会必须严格履行支出责任，否则就被认为属于“应税支出”。私人基金会有责任付出所有合理的努力并且设立足够的程序①确保捐款仅用于特定的目的；②要求受资助方提供完整的资金使用报告；③向IRS提交完整的、有明细的财务报告。这些监督措施组成了“捐款前调查”协定，包括一些具体的条款，受资助方提交报告，以及捐款或PRI需要向IRS提交990表的内容。

---

① Levitt D. A. (2011). Investing in the Future: Mission-related and Program-related Investments for Private Foundations [J]. Prac. Tax Law. (25): 33.

美国联邦税法中也列举了 PRI 支持非慈善组织需要符合的协议内容。基金会必须收到被资助方的主要负责人签署的承诺书，承诺书需要写明以下内容：①将从基金会获得的所有资金用于特定目的，将不用于此目的的资金归还资助方；②在投资项目执行期间，至少每年向资助方提交一次完整的财务报告和遵照协定完成工作内容的声明；③保存能够提供足够信息的账本和记录材料以供基金会在合适的时间查看；④不会将资金用于认可第 4945 条款禁止的活动（如游说或支持选举等）。

一般来说，一个机构接受基金会的捐款需要单独列支，但是 PRI 不需要单独列支，除非基金会要求必须这么做。

关于信息公开披露，IRS 要求私人基金会在填报 990-PF 税表时公开其税收年度的所有 PRI，出现在 990-PF 税表的 IX-B 这一部分。对非慈善机构的 PRI，基金会需要承担支出责任，这些投资也要在税表中详细披露。对于基金会来说，详细的信息披露是非常重要的，法院往往是根据 990-PF 税表的内容来决定该投资是否属于 PRI 以及是否需要对其征税。

总的来说，PIR 是私人基金会用来实现其使命和公益目标的重要工具。PRI 必须首先服务于公益目的，它更像捐款，可以享受税收方面的优惠。因此，对于私人基金会来说，它们在做出投资选择时需要综合考虑这些复杂的因素。

3. 项目相关投资面临的挑战

在美国越来越多的基金会开始关注和讨论 PRI。但是，据统计，在 2000—2010 年真正使用这一工具的基金会只占全部基金会的不到 1%。到底哪些因素影响了基金会开展 PRI？基金会开展 PRI 面临哪些挑战呢？

第一，缺少合适的投资机会。在公益领域，大部分非营利组织主要依靠捐赠、政府购买等获得资金，缺少可持续造血的能力。因此，除了一些特定类型的非营利组织，一般来说非营利组织更愿意接受捐款而不是贷款。即使是那些能够通过收费和市场化方式运营的非营利组织，大部分营利能力比较有限，很难偿还基金会的贷款。这就对基金会在选择投资对象时提出了较高的要求。到底哪些类型的非营利组织适合项目相关投资的方式呢？一般来说，基金会会首先考虑投资对象的财务能力，机构是否可以偿还贷款。基金会在选择投资对象的时候要找那些愿意接受“投资”而不是“捐款”的机构。另外，这些机构的项目还需要与基金会本身的使命一致，具有社会效益和社会价值。

第二，确定投资是否成功。一般来说，PRI 成功的标准有两个：一是实现投资财务回报；二是产生一定的社会效果和社会影响。财务回报比较容易量化，但是社会影响则难以测量，因为很多社会影响是长期的、潜在的，很难在短时间内显现出来。因此，很难在一个 PRI 的期限内测量出来。尽管一些基金会认为财务回报非常重要，但是很多基金会认为社会效果比投资回报更重要。在实际操作中，有一些基金会认为即使一项投资没有产生积极的财务回报，只要实现了预期的社会回报也是一个成功的 PRI 项目。事实上，大部分基金会更关心社会回报而不是财务回报。也有一些基金会超越了使用财务回报和社会回报指标来评价 PRI 的成功与否，它们认为如果一个 PRI 能够为整个项目相关投资领域带来有益的知识和思考，促进同行学习，也有其重要的价值。另外，如果一个 PRI 项目能够影响其他基金会，也考虑在未来使用这一工具，那么它就是一个成功的标志。

第三，缺少相关信息和人才。很多基金会之所以没有开展 PRI 是因为缺乏相关的系统知识，它们只能向同行和其他同类机构学习，但是事实上这些机构的数量太少，也尚未形成比较系统的知识积累。知识的缺乏就导致它们很难将这一工具付诸实践。对于一个基金会而言，开展 PRI 需要专门的团队进行管理，对 PRI 的管理区别于传统的捐款资助。PRI 的人员需要具备专业的知识，知道何时适合使用这一工具。一些经验丰富的基金会设立了专门的 PRI 部门，而那些经验缺乏的基金会往往将 PRI 交给传统的项目资助部门或投资部门。缺少专门的 PRI 团队和人员也会影响基金会 PRI 的开展。

第四，潜在的交易成本。一些基金会之所以不愿意使用 PRI 的一个考虑是额外的交易成本。除了管理一个 PRI 项目必需的文档工作之外，更难以量化的是时间成本。一般来说，PRI 项目周期特别长，甚至有可能会达到 10 年。这种长周期、低回报的投资模式会令很多基金望而却步。此外，在这样的长投资周期中，宏观经济环境的不确定性和风险会增大，这也令一些基金会很难最终做出投资决定。基金会倾向于在原有的资助对象中选择具有投资潜力的机构，因为长期的合作历史使得基金会更了解机构的财务能力和未来的发展潜力。基金会的资金可以作为其获得更多投资的基础，帮助其撬动更多的其他资金。如果基金会原来没有较好的合作和资助历史，可以选择一些专业的中介型机构，帮助其选择可能的投资对象。

第五，基金会内部各部门的协调。基金会通常被认为是使命导向的组织，然而在基金会内部以使命为主导的项目部门和财务部门之间往往存在很大的隔阂和障碍，项目团队和财务团队缺少沟通机制。在基金会中，即使是那些最积极倡导影响力投资的往往也不会超过总捐赠额的 5%~10%。造成这一结果的一个重要原因就是投资部门和项目团队之间的障碍。

（三）使命相关投资的实践

使命相关投资（MRI）主要是指基金会的投资活动与自身使命相关，有助于未来使命的实现。MRI 作为一种商业性投资必须满足谨慎投资者的标准。与 PRI 不同的是，MRI 并没有专门的法律定义，也没有法律条款界定这一形式①。因此，MRI 需要满足的是法律对于投资的要求和标准，而不需要满足慈善的要求。基金会 MRI 主要方式包括私募股权、公募股权、固定收入、现金和担保等。MRI 的一些实例包括小额信贷、经济适用房开发、公平贸易产品、改善公共服务的产品和技术方面的投资。

MRI 的资金是属于基金会的资产类别，不能计入每年 5%的公益支出

---

① Levitt D. A. (2011) Investing in the Future: Mission-related and Program-related Investments for Private Foundations [J]. Prac. Tax Law, (25): 33.

比例。如前所述，根据美国联邦税法第4940条规定，私人基金会需要缴纳投资收益税，目前这一税率为2%，在特殊情况下为1%。这一规定对PRI和MRI的投资收益均适用，与基金会的其他投资的税率均一样。根据美国联邦税法第4939条规定，私人基金会在一个商业性公司的股份不能超过20%（个别案例可以占到35%），这一规定也同样适用于MRI，这就限制了私人基金会从商业公司获得超过法律规定比例的决策权力和利润收入。美国联邦税法第4944条规定，私人基金会任何被认为是有损其免税目的的投资行为都会受到额外的征税。私人基金会及其主要负责人将会因为不负责任的投资行为受到潜在的税收罚款，MRI必须遵守这一规定。法律（美国联邦税法第4941条）禁止一切形式的内部交易，这一规定统一适用于MRI。

MRI与其他的投资本质上是一样的，不属于公益活动。因此，对于MRI来说就需要满足联邦法律和各州法律关于谨慎投资的相关规定。联邦法律的规定：美国联邦税法第4944条禁止私人基金会进入任何"可能会损害基金会公益性目的的投资"。具体来说，是指基金会的负责人在进行投资的时候没能很好地考虑到基金会公益性业务的短期和长期需求，以至于影响了公益活动的开展。在具体操作过程中，基金会负责人需要考虑到投资的预期回报、风险和物价水平的变化等。此外，也需要将所有的投资组合作为一个整体进行考量。当然，判断一个基金会的投资是否有损于公益性目的不能事后判断，而是要根据做出投资决定的时间和情形进行判断，即使最终投资失败造成了资金损失，只要其在做出投资决定时遵循了谨慎投资的原则即可。通常来说，在美国私人基金会投资无法满足第4944条规定主要是因为它们投资缺少多样化，将大部分资金（超过50%）投入到一个公司。目前，法律还没有明确的界线说明什么程度的多样化是谨慎合理的，需要具体情况具体分析。基本上可以确定的是如果一个基金会将非常小的比例的资金进行了一个较高风险的投资并不必然违反法律规定。

美国的联邦法律和各州法律都允许基金会将投资与公益目的结合起

来，并且在法律上为这一情况做出了特别的规定。当然，基金会在做出投资决定时也需要考虑捐赠人的意愿。如果捐赠人表明了支持 MRI，那么基金会就可以免于州法律的谨慎投资规定，但是基金会依然要受到美国联邦税法第 4944 条的限制。MRI 是一种基础的商业性投资，因此必须满足法律对私人基金会的谨慎投资方面的规定。

第四节　金融机构

一、金融机构参与影响力投资的背景和现状

尽管深度与广度各有不同，但每家银行基本都有一些项目或计划与社会使命相关。在银行家、社会和政府之间经常有这样一种讨论：银行的社会使命究竟是什么？金融危机的爆发让人们认识到，银行在当今的金融系统中既扮演了好的角色，也在某种程度上产生了一些负面作用。因此，银行家自己开始呼唤一种深刻的变革，即证明他们本身在社会中扮演了重要的、正面的角色，并且愿意通过这种变革去弥合银行业与社会之间的嫌隙。这种期待目前正在变得越来越强烈。

当银行继续走传统的老路，做传统的商业业务，创造极大的利润价值，服务高净值人群，投资政府债券，并为其他领域的公司提供金融服务时，它们也面临着承担更多社会使命的压力。而这些压力来自减少和管理风险（政府监管和品牌风险），以及在传统银行范式挑战越来越多的情况下，寻找新的商业机会的需求。

有鉴于此，银行需要打开新的发展路径，而影响力投资就是其中之一。通过影响力投资，商业银行和投资银行可以更多地参与到社会价值创造之中，这些新的路径包括：

（1）设计新的金融产品和服务，专门服务经济风险较大、社会价值较高的组织，比如向社会企业和发展金融机构进行借贷等。

(2) 投资社会使命驱动的投资产品，发展和建设金字塔底层市场。

这些社会参与的新工具不仅为银行的商业活动注入了社会目标，还借助于银行的专业能力创造了传统慈善远不能及的社会影响力机遇。同时，这也将帮助银行在一个非常基础的层面思考它们为什么以及应该如何开展商业业务。影响力投资在当下被认为是一种改变金融与经济和社会进步关系的重要手段。但也有一些人在怀疑它到底能够走多远，因为如果它单纯只是银行为显示其社会责任的一种表演而非以重新定位银行的社会目标为初衷，它注定将只是昙花一现。这种怀疑是非常有道理的，因为银行确实一直在谨慎试水，而没有深度参与。但是，我们也欣喜地看到，在世界范围内，尤其是在欧洲，也有一些顶级银行在进行认真的尝试，这种尝试不仅仅止于企业社会责任和公共关系，而是切实地将社会使命融入核心业务中。

本节将描述和定位银行参与影响力投资的概况，它们在其中扮演的角色，以及为了实现这些角色所采用的路径和手段。以往大家总是认为银行在参与影响力投资中所采用的手段是对其已有企业社会责任和慈善活动上的一种补充。因此，一些企业社会责任部门经常对于用商业的方法孵化和支持一些项目心存疑虑，比如为社会企业开发金融商品和服务，或建立社会投资基金支持社会创业家和企业。但需要强调的是，影响力投资并非传统的企业社会责任和慈善活动，而是填补了企业社会责任和传统慈善活动遗留的空白。另外，一些重要的影响力投资活动是下设在银行的慈善基金会的，这也是基金会开始尝试不同的慈善方式的一个范例。

二、金融机构参与影响力投资的动因和面临的挑战

若要理解银行参与影响力投资的动因和面临的挑战，需要把它们的行为放在一个更广义的社会影响力范围内去看，因为更广义的社会影响力环境创造了更有撬动性和更灵活的条件供它们优化自己的策略。而同时，它也为不同类型的银行提供了更广阔的细分空间，这使得它们从不同的策略

路径进入影响力投资市场。

对于私人银行来说，市场动力是最重要的促使它们进入影响力投资市场的原因，这个市场动力可以强到使私人银行相信参与影响力投资是一个重要的战略，而不仅仅是一个可有可无、锦上添花的企业社会责任行为。而对于所有类型的银行来说，小额信贷在全球市场的成功是它们参与影响力投资的主要动因。小额信贷的成功案例非常清晰、具体地证明了获得财务和社会双重回报是可行的，而且非常切合银行已有的业务（与健康或教育等其他社会领域相比）。对于零售银行和投资银行来说，市场动力对其影响相对较小，个人价值以及银行的社会责任偏好是其进入影响力投资领域的主要影响因素。表 5-2 比较清晰地勾画了不同类型银行的动因分布。

表 5-2　银行参与影响力投资的动因

	客户需求	竞争优势	个人价值	伦理价值	CSR
私人银行	√	√			
投资银行			√	√	
零售银行			√	√	√

然而银行在参与影响力投资的同时也面临各种各样的挑战，这也是时至今日银行对于影响力投资的参与仍不够深入的原因。其面临的挑战一方面来自领域的不成熟：比如缺乏投资机会、缺乏标准化的影响力评估体系、产品的流动性问题、影响力投资的金融支持体系尚不完善。另一方面来自领域的认知现实：比如对于大多数银行来说，影响力投资仍然是一个未知的领域，需要新的技术、知识和经验，同时还需要许多成功的先例。尽管这个概念非常吸引人，实际操作起来却需要非常丰富的跨领域经验以及高层支持，同时它的底线收益也非常难以保证。正是因为困难重重，更多的银行更倾向于采用保守而非创新的战略，因此要真正深入地参与影响力投资，银行需要一种培育长线市场的信念和跨领域实验的勇气，但现在看来这些条件是大多数银行眼下尚不具备的。银行参与影响力投资面临的主要挑战见表 5-3。

表 5-3　银行参与影响力投资面临的主要挑战

	成熟市场	组织认知	收益和优先级
私人银行	√		
投资银行	√	√	√
零售银行	√	√	√

将追求社会效益整合进总体企业战略中的收益也是非常明显的，它包括内部激励和商业获益两个层面。内部激励包括提升员工满足感，尤其是那些为社会企业提供无偿专业服务（Pro-bono）的志愿者和跨部门合作的员工。实际上，银行是在“人才战争”这样大的商业环境和社会语境下参与影响力投资的，它的另一个附属收益则来自美誉度的提升。除此之外，银行还可以得到商业收益，尤其是对于私人银行来说，客户的黏性会因为银行参与影响力投资而得到提升。而参与影响力投资的零售银行和投资银行因为成为影响力领域的先驱者，它们会在市场成长和成熟前提前抢占领域的优势地位。银行参与影响力投资的回报见表 5-4。

表 5-4　银行参与影响力投资的回报

	内部激励	客户黏性	长线商业机会
私人银行		√	√
投资银行	√		√
零售银行	√		√

三、金融机构在影响力投资中扮演的角色

银行是连接各种资本（金融、人力和社会资本）的桥梁，这些资本对于加速影响力投资市场的发展举足轻重。一般情况下，银行可以在以下三个角色中撬动这些资本。

第一，作为影响力投资者。银行可以使用它们自己的资本（来自它们的资产或它们基金会下的慈善资产）来投资社会目的性组织或在自己组织内部创造社会投资商业单元。它们可以通过直接或间接的方式来做，比如自主投资或与其他专家合作。直接投资的好处是它们可以发挥自己金融技

术和知识的优势来支持它们的投资对象，或者在银行已有业务的基础上发展出社会使命导向的内部项目。此外，因为银行在投资中注入的是耐心资本，它们可以进行社会使命驱动的长线投资，运用不同的金融工具，使它们的慈善基金会和商业部门都参与进来。事实上，在欧洲，由于一些银行处在私有化的过程中，已经有一部分的捐赠投入慈善基金会中，这些银行很容易接受并实践影响力投资。

第二，作为领域建设者。资助或带头进行市场建设。银行可以在影响力投资市场建设中起到领导作用，这在一些国家（那些其他利益相关方都不太积极的国家）中尤为重要。银行在这个领域中的兴趣集中在资产管理和专业咨询上。银行同时在政策影响中的作用也越来越大，在与政府部门的合作中，可以非常有效、积极地创造市场影响。尤其是它们还可以运用它们的金融知识及投资眼光向投资者证明影响力投资的市场潜力，教育其他投资者，并帮助其进行金融工具创新，比如开发社会影响力债券或分层融资结构。

第三，作为顾问或中介机构。在资本市场的发展历史上，中介机构的位置一直举足轻重。银行拥有非常庞大的客户资源，如果影响力投资继续蓬勃发展下去，这些银行将是非常重要的潜在中介机构或顾问，它们能帮助影响力投资进入主流投资领域。社会目的性组织出于机构成长需要，对于长线资本有强烈的需求，而投资者对于它们的投资活动也有财务和社会回报的双重需求，这其中的需求裂缝就是中介机构进行资本运作的市场空间。虽然对于影响力投资来说任何机会都有一定程度的风险，但投资者仍然需要去恰当地进行风险、回报和社会效应的组合管理。因此，银行作为活跃的中介机构的角色就变得更加重要：银行如果可以撬动它们客户中的一小部分投资资本和它们所管理的很大一部分慈善资产分配到社会投资领域，那么它们将有巨额的额外资本流入社会领域。

银行是影响力投资生态系统中重要的一部分，它们需要去和其他利益相关方合作以推进这个领域的扩张和进化。毋庸置疑，生态系统的建设需要多个利益相关方共同参与，而它们参与的方式也更多的是协同式、合作式的。欧洲社会影响力加速基金（European Social Impact Accelerator Fund）就是公私合作的一个典型例子。银行需要与公共部门（包括在公共领域中具有带头作用的发展银行）和第三部门合作，以发展社会企业和社会投资领域。而事实也证明，近期世界范围内的大型创新影响力投资项目越来越趋于银行、高净值人群、基金会、第三部门和公共部门的合作。比如纽约的非营利金融咨询（Non-Profit Finance，NFF）基金创立了一个混合基金，为纽约市超过100家的社会服务部门提供投资和顾问服务，这个基金从商业银行和基金会带来了将近5000万美元的贷款，从各类资助方筹到了几百万美元的资助，并从纽约市获得了贷款担保。

第五节　政　府

随着全球经济的增长，新的社会问题依然层出不穷，而且有些问题是各国共同面临的，如收入不平等、教育机会不平等、医疗健康保障、廉租房建设、应对气候变化等。传统的政府公共供给方式和靠强制税收来保证社会福利的供给有时也捉襟见肘，不能有效地满足日益增长的社会需求。另外，全球经济的发展和现代技术的革新让更多的个人和机构有能力、有兴趣、有责任共同承担社会问题。全球的治理呈现出许多新的时代特征，如参与式民主、三部门（政府、社会与商业）的界限模糊、资本的反思与社会责任承担、慈善机构的商业化等。这独特的时代背景和条件需要政府海纳百川，从社会各界广泛吸收知识和人才共同解决社会问题。传统公共部门的伙伴已经逐渐超越慈善组织，进而延伸至私人资本领域去寻找资金和解决方法。影响力投资是当下代表这种时代背景和特色的一种让资本在公益中运转起来的新兴运动。在这个运动中，政府不再守株待兔，而是积极地创造机会引导民间的热情与才智。从全球来看，影响力投资已经显示了其广泛的参与性和有效性。目前，影响力投资风靡全球，已经在养老、健康、廉租房、教育、普惠金融、新能源、可持续农业与发展方面初见成效。政府参与影响力投资的方式包括但不限于“为成功付费”、基于绩效的购买服务、通过贷款或者股权投资融资。

社会影响力投资的概念自提出以来，迅速引起了全球主流投资界、公益界和政府的兴趣，包括 G8 在内的多国政府，以及 OECD 等国际组织的关注，它们积极推行相关政策予以支持。

本节将重点介绍全球范围内政府参与影响力投资的背景和现状、动因、角色以及投资工具的选择。

一、政府参与影响力投资的背景和现状

影响力投资在全球不同国家和地区的政府中得到认可和推动，因为政府意识到社会问题解决的复杂性以及日益紧缩的财政预算，于是积极制定政策引导社会和市场各方参与公共事务的解决。这些政策方式各异，有些是规范层面，有些是金融刺激层面，有些只是象征性的支持层面。虽然各国政府的社会需求不尽相同，但是大都围绕着民生方面的环境、住房、就业、医疗等展开。

首先，全球范围内政府的扮演多元角色，它们既可以作为影响力投资者，又可以作为催化者、支持者、监管者；同时，政府的角色不可替代，它起到的作用是任何个人和机构投资者无法实现的。因此，政府不仅是社会绩效的验收方和购买方，还是整个影响力投资中重要利益的相关方。

其次，全球范围内政府积极寻求与社会和市场各方的协调和融合，不断探索和实践新型的治理模式，如社会影响力债券、为成功付费、购买服务等方式。这些新兴方式并不总是会取得成功，而是在某些社会问题的解决上初见成效，但是依然需要创建一套统一合理的绩效评估体系，从而更好地让社会创新升级和在不同领域、行业之间复制。

最后，我们观察到全球范围内很多政府在积极成立国家级别的工作小组，调研、推动、实践、支持影响力投资生态。

下面我们挑选了一些具有代表性的国家和地区来了解政府参与影响力投资的背景和现状。

（一）美国政府与影响力投资

美国影响力投资的诞生与政府的政策支持和鼓励密不可分。影响力投资的前身可以追溯到以社会发展为导向的投资，如支持发展中国家的发展性投资、支持中小企业的投资，以及支持微型金融、经济适用房建设、普惠金融等的投资。政府参与影响力投资在美国有长达60年的历史①。

早在1950年，美国政府鼓励本土企业在海外投资，并为私营投资者提供政治风险保险。

1958年颁布的《小企业投资法案》鼓励小企业投资公司的成立，并为小企业提供各种方式的借贷和融资②。

1961年，肯尼迪总统创建了美国国际开发署（United States Agency for International Development，USAID），旨在在海外推行美国外交政策，承担非军事性的援助和投资。

1971年，尼克松总统重组美国国际开发署孵化发展性投资基金，并创建了海外私人投资公司（Overseas Private Investment Corporation，OPIC），该公司兼具政府和民间的性质，其目的在于协助美国对发展中国家的私人投资。

1977年，美国《社区再投资法》（*The Community Reinvestment Act*）颁布，要求银行必须满足社区各收入人群的借贷需求，特别是中低收入人群的借贷。该法案可看作鼓励银行实施普惠金融。

1986年，《低收入住房税收抵免条例》对经适房开发进行私募股权投资可获得税收抵免。

---

① U. S. National Advisory Board. （2014）. Private Capital，Public Good：How Smart Federal Policy can Galvanize Impact Investing－and Why It's Urgent.

② Martin W. J.，Moor R. J. M. （1959）. The Small Business Investment Act of 1958. California Law Review，47（1）［EB/OL］. https：//scholarship. law. berkeley. edu/cgi/viewcontent. cgi？article＝3205&context＝californialawreview.

1994 年，美国国会通过了《Riegle 社区发展和管制改善法》（*Riegle Community Development and Regulatory Improvement Act*），旨在促进社区金融机构对社区和本土经济的发展的支持。

2000 年，《新市场税收抵免条例》出台，旨在鼓励私人资本流向衰落的社区，向这类社区的企业或低收入人群提供融资。截至 2016 年，该项目已经成功为 5400 家企业融资，创造了价值 1.78 亿平方英尺的制造、办公和零售空间。联邦政府每 1 美元的支持激活了 8 美元的私人投资①。

2012 年，第一支社会影响力债券发行。

近年来，自洛克菲勒基金会正式把影响力投资的概念提上日程以后，美国政府在影响力投资领域做了一系列努力，如奥巴马政府创建了《国家影响力计划》（National Impact Initiative）、《健康食品融资计划》（Healthy Food Financing Initiative）（为成功付费的实验）和《国家清洁能源孵化计划》（National Incubator Initiative for Clean Energy）。在全球范围内，奥巴马政府创立了影响力投资基金，尝试解决发展中国家的社会问题，特别是助力撒哈拉以南非洲国家。此外，奥巴马政府还出台规定鼓励基金会通过多元的工具和途径实现公益目的，比如参与 PRI 和 MRI。该规定于 2016 年正式生效。拜登政府执政后，加快在新能源领域的投资和支持，应对全球气候变化和因俄乌战争引起的能源供应危机。

（二）英国政府与影响力投资

英国在影响力投资方面的参与和建设在 2000 年后取得飞速发展。其开创的社会影响力债券获得全球广泛关注，成为很多国家效仿的对象。自 2000 年以来，英国政府的影响力投资发展经历了几个关键性的节点。2000 年，英国财政部启动了社会影响力投资特别工作组，旨在理解如何利用创新的方式实现经济和社会回报的双重目标。该特别工作组的成立对英国政

① https：//www. cdfifund. gov/programs - training/Programs/new - markets - tax - credit/Pages/default. aspx.

府和社会参与影响力投资起到了至关重要的作用。2010 年，英国第一只社会影响力债券在英格兰东部的彼得堡（Peterborough）发行。该债券旨在降低短期服刑人员再次犯罪入狱的概率。2012 年，大社会资本成立。该机构是第一所批发式社会投资机构，即联结影响力投资者和创投项目的中间资源聚合平台。其主要功能是推广影响力投资的理念和工具，并协同投资伙伴进行影响力投资。2013 年，时任英国首相的大卫・卡梅隆在 G8 峰会上启动了独立运作的英国社会影响力投资全国顾问委员会，调研和催化全球影响力投资市场。2014 年，社会影响力投资税收减免政策出台①，这是英国政府首次为以社会影响力为主要目标的投资进行的税收减免政策。2015 年，全球影响力投资工作领导小组（Global Impact Investment Taskforce）成立，接替 G8 工作组。该领导小组吸纳了 G7 成员国，以及澳大利亚、巴西、印度、以色列、墨西哥和葡萄牙。同年，第二个英国顾问委员会社会影响力投资实践理事会（UK National Advisory Board on Social Impact Investing and Practitioner's Council）成立，它代表英国在全球的影响力投资领导小组发声。目前，英国国家咨询委员会（UK National Advisory Board）社会影响力投资小组由与影响力投资行业、金融业、商业、公益慈善领域，以及政府机构紧密相连的资深高级领导组成。其任务是把握全球影响力投资行业脉搏，探索有利于促进英国影响力投资行业的关键支点，向政府和其他利益相关方提供建议，代表英国向全球工作领导小组分享英国的经验，以及向英国传达国际优秀实践②。实践理事会（Practitioner's Council）由运营影响力投资的机构执行总监和支持影响力投资发展的行业协会与政府观察员组成。它的角色是向全国顾问委员会提供英国影响力投资的优先发展领域、调研特定的战略领域，并向全国顾问委员会提供自己的知识专长，且就全国顾问委员提出的建议提供行业反馈③。

① https：//www.gov.uk/government/publications/social-investment-tax-relief-factsheet/social-investment-tax-relief.

②③ http：//uknabimpactinvesting.org/history-objectives/.

（三）欧盟与影响力投资

受英国政府对影响力投资支持与发展的系列举措的影响，欧盟于 2011 年启动了社会商业计划（Social Business Initiative）。该计划旨在为社会企业、社会经济与社会创新发展中的关键利益相关方提供短期支持①。欧盟主要通过三个主题框架来支持社会企业的发展：

（1）协助社会企业获得融资。

（2）增加社会创业的可视度。

（3）创造有利于社会企业发展的法治环境。

其中，第一个主题下关于为社会企业提供融资专门提到社会影响力投资的角色，成立欧洲社会创业投资基金、加大力度发展小额贷款、组建欧盟金融工具（EU Financial Instrument），以及社会企业优先投资等政策。

截至 2020 年，欧盟就业与社会创新署做出了投入 9.19 亿欧元的基金计划以支持社会投资的市场发展和资助社会效益优先的公司。虽然公共基金非常重要，但是依然远不能满足社会创新和发展的需要，所以欧盟不断设立项目来吸引私人资金参与社会创新。为了实现欧洲社会创新的可持续发展，欧洲投资银行旗下的欧洲投资基金（European Investment Fund，EIF）于 2013 年启动了社会影响力加速器（Social Impact Accelerator，SIA）项目。该项目是第一个在欧洲范围内致力于解决社会企业融资困难的公私合作项目。社会影响力加速器作为一个资金平台。为欧洲的影响力投资市场注入了活力。截至 2015 年 7 月，该基金已经达到 2.43 亿欧元，吸引了来自私营部门的影响力投资商，如德意志银行、法国合作信贷银行（Credit Cooperative）等，同时吸引了来自其他国家的公共基金，如芬兰国家研发基金（SITRA）、保加利亚发展银行等②。

欧盟还于 2013 年出台了《欧洲社会创新基金条例》（*Regulation on Eu-*

① http：//ec.europa.eu/growth/sectors/social-economy/enterprises_ en.

② http：//www.eif.europa.eu/what_ we_ do/equity/sia/index.htm.

ropean Social Entrepreneurship Fund)。该条例也是为社会创新家创造融资条件，特别是鼓励来自政府和民间的混合投资来支持社会创新。

此外，《欧洲社会创新基金条例》使投资工具获得认证成为可能。欧洲的国家旨在为影响力投资者和被投机构之间（供和需）协调和搭建平台。社会创新基金由低于5000万欧元的封闭性基金组成，该基金的期限是5年，用于投资给影响力可衡量的企业。

然而，欧洲的影响力投资不仅限于欧盟委员会，欧盟成员国各自积极推动影响力投资。其中值得一提的是德国。德国政府通过多种途径促进和参与影响力投资。一是通过国有银行向社会企业投资。比如，德国复兴信贷银行（KFW），是一家国有银行，它在2012—2014年间通过股权投资向11家不同的社会企业投资了约150万欧元①。比如，德国复兴信贷银行旗下的子公司德国投资与开发有限公司和伊佩克斯银行（IPEX）通过支持发展中国家和新兴市场国家的中小企业发展，参与在能源、环保、健康和安全等领域的影响力投资。二是通过德国联邦政府的相关部门向社会企业投资。目前，积极参与影响力投资的部门有德国联邦经济开发与合作部（BMZ）和联邦环保、自然保护、建筑与核安全部（BMUB）。前者在发展中国家实施绿色金融②，为清洁可再生能源、应对气候变化等项目投资；后者在积极推动可再生交通方面进行了大量投资。

（四）中国政府与影响力投资

2004年，党的十六届四中全会提出"社会管理创新"，标志着全能统治型政府治理范式的转变。2007年，党的十七大报告进一步提出要"健全党委领导、政府负责、社会协同、公众参与的社会管理格局"③，要"对社

---

① Bertelsmann Foundation.（2016）. Social Impact Investment in Germany：From Momentum to Implementation.

② Spratt S.，S. Griffith－Jones，Stephany，et al.（2013）. Mobilising Investment for Inclusive Green Growth in Low－Income Countries，Federal Ministry for Economic Cooperation and Development（BMZ），German Government.

③ http：//newspaper. jcrb. com/html/2010-02/02/content_ 36967. htm.

会组织和社会事务进行规范和引导，调整各类社会利益关系，回应社会诉求”，强调党和政府在社会建设中的中心位置，强调政府公共财政的更多投入，发挥各社会组织和公民个人在社会管理上的主体性和政府对社会管理的监督制约作用。影响力投资在中国社会各界获得了广泛关注，特别是在企业各界，比如创思、青云创投、友成企业家扶贫基金会、南都公益基金会、北京乐平公益基金会、岚山基金、LGT 公益创投、盛世投资等[①]。投资的领域包括清洁能源、中小型环境企业、社会企业。在中国影响力投资的火速增长过程中，中国政府的作用和参与度日益显著。比如，2014 年年底，国务院文件中首次提到“公益创投”，并在公共政策层面肯定和明确了公益创投的方向[②]。广东顺德、中山，江苏苏州，上海等省级、市级政府支持创建了社会企业的孵化园区或创新中心，扶持社会企业的发展，鼓励更多的社会资本参与对入驻机构的投资和支持。特别值得一提的是深圳福田对影响力投资的推动和促进。2017 年年底，深圳福田区政府发布了《社会影响力投资专项政策》，系全国首个发布这一政策的地方政府[③]。该报告指明了福田未来 5 年关于影响力投资的方向和目标。具体来说，福田区要在未来 5 年打造成初具规模的社会影响力投资高地，支持设立社会影响力投资引导子基金，对中介代理组织给予落户支持，支持社会企业，支持社会力量在福田建设社会企业产业园区，支持影响力投资相关的学术研究、社会影响力项目试点，以及引进专门从事社会影响力投资的专业人才。

此外，业界有时把政府购买服务的行为也视为政府对影响力投资的参与[④]。北京市政府、广东省政府、上海市民政局等在政府购买服务方面进行了积极的尝试和探索。不仅如此，中国政府在绿色金融的影响力投资方

① http：//newspaper. jcrb. com/html/2010-02/02/content_ 36967. htm.
② http：//www. gov. cn/zhengce/content/2014-12/18/content_ 9306. htm.
③ http：//www. gongyishibao. com/html/yaowen/13185. html.
④ http：//www. cdrf. org. cn/jjh/pdf/huiyibg. pdf.

面有显著的成就。绿色金融，有时也指绿色投资，是指在减少温室气体排放、经济发展、粮食系统保障，以及水、森林、交通和废物管理方面的投资，包括对这些项目的基础设施建设成本和土地购买相关的投资。根据联合国环境规划署关于发展中国家可再生能源融资的报告：中国国家开发银行（China Development Bank，CDB）（以下简称国开行）是世界上绿色项目最大的贷款方之一。单在可再生能源方面，国开行在2012年就投资260亿美元，仅次于德国复兴信贷银行。2012年，国开行对低碳城市、循环经济项目、水域管理、污水处理、环境保护、节能科技创新和可再生能源提供了贷款。与此同时，中国银监会在2012年颁布了绿色信贷指引作为绿色贷款框架，鼓励向创造环境可持续的公司和项目贷款①。2020年新冠肺炎疫情暴发后，中国政府还发行了一万亿抗疫特别国债，支持经济恢复。发债募集的资金将交给地方政府，主要用于医疗卫生等基础设施建设和抗疫相关支出，以及支持中小企业的借贷。购买者既可以是机构投资者也可以是个人投资者。

其他出台政策支持影响力投资的政府还有法国、加拿大、日本、澳大利亚等，这些国家的政策都认可社会多元力量参与社会问题解决的重要性，设立社会创新投资种子基金支持社会企业、社会企业家，推动以绩效为导向的政府购买服务。

二、政府参与影响力投资的动因

第一，使政府的支出实现资金回报和社会影响力齐头并进。影响力投资为政府的资金带来了高效和影响力。传统的政府支持通过行政拨款来资助一些社会问题的解决，但有时候这些资金并没有带来很大的社会效益或者影响力，而政府的资金有限，如果通过拨款资助一些项目，势必会影响其他必要项目的经费支出和拨付。政府的影响力投资可以扩大政府的资金池，使其投资更多更广的项目。

---

① http：//www. xinhuanet. com/herald/2015-11/25/c_ 134853033. htm.

第二，社会创新与多元参与。影响力投资吸引多元的投资者，从天使投资者到金融机构，从财富家族到基金会，人才济济。在这些投资参与者中，蕴含了很多才智和资金。政府作为投资方之一参与影响力投资，可以解决当地在全民获得巨大的社会网络、创新理念和潜在的资金来支持公共服务。下面以美国社会创新基金为例说明这种创新性和多元参与调动能力。

2009 年，美国政府在国家和社区服务总署（Corporation for National and Community Service）下设创建了 5000 万美元的社会创新基金（Social Innovation Fund）。该基金的目的是用 3∶1 的政府和民间资金配比促进在经济发展、医疗保障、青年发展等领域的社会问题的解决。[①] 截至 2017 年，该基金已经投资了 10 亿美元，联邦政府用 3520 万美元的资金撬动了私营部门 7070 万美元对关键社会领域的投资。

社会创新基金邀请资源聚合机构（寻找和资助社会企业的机构）提交申请。通过严格的筛选和激烈的竞争之后，社会创新基金提供 100 万~1000 万美元资金，最多 5 年的资助。该基金做两个关键层面的投资：资助擅长寻找社会项目的中介基金或者资源聚合平台机构；资助那些已经有良好绩效且能够规模化的项目。这种联邦资金有双杠杆作用。当中介机构获得联邦的基金后，需要按照 1∶1 配比寻找非联邦政府的基金；那些获得最后资助的社会服务机构还需要继续找到其他的捐赠或者资助（按照 1∶1 的配比）。这种资金安排结构使 1. 377 亿美元的联邦资金撬动了 3. 500 亿美元的非联邦政府的资金。美国社会创新基金流程如图 5-1 所示。

该基金的另一个特色是，不仅支持社会服务机构和项目，还用来支持影响力标准的制定和评估，提供对这些机构的能力建设。

---

① https：//www. nationalservice. gov/programs/social-innovation-fund.

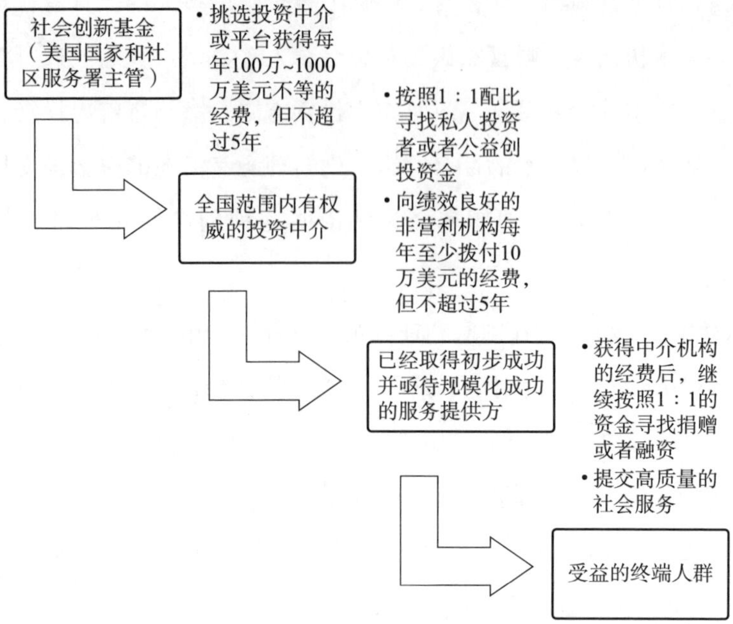

图 5-1　美国社会创新基金流程

三、政府在影响力投资中扮演的角色

政府作为公共服务供给方和购买方，从影响力投资中受益良多，因为影响力投资为公共问题带来了资金和创新。很多人误以为影响力投资的成功主要取决于市场的行为，但是要实现社会效益，这需要慈善家、基金会、资金管理者以及公益慈善组织通过市场以外的努力来实现社区融合、为社区和社会问题发声，而这种参与和融合需要政府推动和促进。影响力投资的社会“影响力”往往与政府政策的引导分不开。政府的特殊地位使其既是市场的参与者，又是市场管理者。设计良好的公共政策可以引导私人资本进入公共领域，从而将资本有效地引向公共资源稀缺的领域。

总的说来，政府可以扮演的角色如下：

第一，协调员。政府的主导作用，哪怕只是轻微的、有针对性的政策举措（通常是重新规划现有预算）都会对市场活动发挥积极作用。政府可以通过引导，与其他社会参与者一起促进资本流动、企业发展。在中短期内，来自政府的影响力投资可以提升市场热情，降低新投资者的投资风险，并建立良好的投资业绩以提升投资者信心。政府可以将影响力投资作为一种工具，以引导资本进入诸如住房或创造就业机会等社会需求领域。来自国际和本地的经验都进一步验证了政府在引导、鼓励市场行为方面的强大影响力。比如，美非发展基金会（U. S. Africa Development Foundation，USADF）促进多达 50 家非洲企业的融资，这些企业包括乡村合作社以及来自“青年非洲领导人倡议”“USADF 和 GE 非洲电网挑战项目”的创业家。澳大利亚联邦社会企业发展和投资基金以及新南威尔士州的社会福利债券也是成功的案例。但需要注意的是，政府及其行动的目的是鼓励私营部门的参与，而不是替代其提供服务，同时政府的相关活动也应以发挥市场的作用为基准。如果政府能通过主导政策走向、长期控制支付流的方式参与到某些经济领域中，那政府的参与将会进一步催化市场，引导更多的社会资本进入这些领域①。

第二，开创者。影响力投资可以在实现公共服务供应的进一步优化、升级方面发挥关键作用。它为委托服务开辟了新的机会，将促进各方以负责任的方式交付成果、开发更多机会，并更准确地理解解决社会最紧迫问题的有效方法。美国政府在影响力投资发展中真正起到了开创者的作用。比如，美国对发展中国家的绿色贷款。美国国际开发署（USAID）发展信贷管理局在 2020 财年启动了 6000 万美元的贷款担保机制，以加大对在发展中国家出售环保家用技术的企业提供贷款。符合此类要求的家用产品包括太阳能灯、干净厨房灶具、滤水器等。对于在非洲、拉丁美洲、南亚和东南亚缺少基础服务的底层家庭来说，这些产品至关重要。

第三，支持者。政府在支持影响力投资的发展上大有可为，以下几个方面可供参考：

（1）授权影响力投资，鼓励参与社会问题的解决。比如，1977 年美国

---

① Michael Traill，（2011）. Social Ventures Australia.

政府的社区再投资法，禁止银行对中低收入区域的歧视，支持弱势群体社区的发展。又如，在美国主要城市政府要求绿色建筑，更多使命相关性投资者和开发商涌入这个领域。政府主要通过规章制度来监管、更正不公平的发展行为。

（2）补贴影响力投资，比如通过税收优惠等方式。1986 年，美国低收入住房税收减免（LIHTC），帮助引进市场的资本用于经适房建设。同样的税后优惠政策被用在清洁能源的开发与使用上。

（3）支持影响力投资的生态建设，比如对社会企业家的支持（影响力投资的下游方）、影响力投资平台和中介的发展、影响力投资基金的启动。国际上的例子举不胜举。美国国际开发署（USAID）和呼应绿色基金（Echoing Green）推动全球发展联盟扶持社会创业家。美国国家和社区服务总署（Corporation for National and Community Service，CNCS）和共益实验室建立公私合作伙伴关系，它们将使用 AmeriCorps 这样的国家服务机构向创业者和小企业主提供支持和培训，这些创业者和小企业主采用了创新和可持续的运营模式拓展经济机会，增加社会资本，建立强大社区。2005 年，英国引入了新的公司实体——社区利益公司（Community Interest Company）。该实体可以是公共或者私营的有限责任公司，允许其发展股票融资。2008 年，美国佛蒙特州通过法案确定了低营利有限责任公司（Low-profit Limited Liability Company，LLLC）这种法人实体。这种实体是非营利和营利公司的一种混合结构，主要允许公司在创造更多社会效益的基础上追求更多的经济回报。这种新的法人实体主要帮助机构克服融资困难，对投资者的回报和投资风险有更多宽容性。在加拿大，曼尼托巴省（Manitoba）颁布了社区经济发展税收抵免方针（Community Enterprise Development Tax Credit）①，新斯科舍省（Nova Scotia）建立了社区经济发展投资

① https：//www. gov. mb. ca/agriculture/rural-communities/economic-development/community-enterprise-development-tax-credit-program. html.

基金（Community Economic-Development Investment Funds）[①] 并颁布了税收公平抵免法案（Equity Tax Credit Act）[②]。

（4）公开信息和设立标准，为投资者提供高质量的公共服务产品。由于市场本质是追求利润最大化，有时并不总是把投资和解决社会问题挂钩，这就需要社会和政府等各方力量来支持、呼吁和推进。政府作为影响力投资的催化剂之一，需要通过政策规制来实现项目透明、服务达标和评估有效，提高各界对影响力投资的意愿，设立标准以吸引有意向的投资者。2019 年，在奥巴马政府时期成立的社会创新和公民参与办事处（Office of Social Innovation and Civic Participation，SICP）就是政府对影响力投资积极进行信息宣传、招商募资做出的有效尝试。在设立标准方面，美国政府做出的主要努力有界定影响力投资内涵和外延、界定中低收入地区、设立对妇女和少数族群支持的标准等[③]。

（5）支持基金会和大学开展影响力投资。美国财政部确定了针对包括基金会与大学在内的使命驱动型的慈善组织的指导方针，此方针将指导这些机构管理 7500 亿美元的养老资产并将之用于 PRI。在这个过程中，财政部和国税局计划明确基金会可以开展的、以慈善为目的的 MRI 类型，但这些投资类型不能违反禁止危害投资的规定。

（6）合作伙伴。美国国际开发署与比尔及梅琳达·盖茨（Bill & Melinda Gates）基金会、勒梅尔森（Lemelson）基金会、美国全国高校发明家和创新者联盟一起合作，扩大 Xcelerator 项目。这是一个培养潜在创新者实践的培训项目，可以帮助创业者成功引进和扩大其创新发展。该项目致力于培养至少 100 位有投资价值的创业家。

---

① https：//nssc. novascotia. ca/corporate-finance/community-economic-development-Investment-funds.

② https：//www. novascotia. ca/finance/en/home/taxation/tax101/personalincometax/equitytaxcredit/default. aspx.

③ https：//shelterforce. org/2014/03/26/the_ role_ of_ government_ in_ impact_ investing/.

政府应该深刻认识到其对影响力投资的巨大作用和支持功能，不断优化政策，通过多样的方式、全局和整合的方式制定政策，促进不同政策之间的连贯性和逻辑性。

四、政府参与影响力投资的工具选择

为应对新冠肺炎疫情带来的经济影响和构建公共卫生应急体系，很多地方政府也陆续发行社会债券（social bonds），比如我国的海南省、湖北省等。据统计，截至2019年，全球范围内社会债券的发行总额达到140亿美元，只占可持续发展债券市场的5%，与占该市场总额80%的绿色债券发行目标有相当大的差距。随着2020年新冠肺炎疫情的暴发，很多世界发展银行和机构（如总部在上海的金砖国家新开发银行）开始发行应对新冠肺炎疫情的社会债券，使得社会债券发行额占可持续发展债券市场的28%，而绿色债券的市场份额降低到50%①。虽然发行社会债券不是政府的专利，企业、开发银行和国家发展性机构都是常见的社会债券发行机构，但是社会债券的发行是政府转移财政债务来实现公共治理目的的一种方式，特别是在备受新冠肺炎疫情冲击的全球经济和财政危机下，显得格外重要。政府可以通过发行新冠肺炎疫情抗击债券来支持医疗服务、医疗设备（如呼吸机）、新冠疫苗研发和药物治疗等，也可以用来支持防疫、减少新冠肺炎疫情所带来的间接危机，比如经济恢复和发展、中小企业薪酬支付等领域。这种社会债券的发行可以向公众清晰地表明政府抗击新冠肺炎的决心，以及指定债券用途，确保资金使用公开、透明，还能够吸引和催生一大批影响力投资者，为更多的投资者提供参与影响力投资和实践的机会。

---

① BNP Paribas.（2020）. Capital Market and Covid-19：Have Social Bonds Come of Age?［EB/OL］. https：//cib. bnpparibas. com/sustain/capital-markets-and-covid-19-have-social-bonds-come-of-age-_ a-3-3503. html.

第六章
影响力评估

姬　晨

评估与价值判断息息相关，人们对于事物的认识既有过程发展中的认知更新，又有对它的盖棺定论，可以说评估存在于生活和生产中的时时刻刻。社会科学对于评估的研究经历了很长一段时间，评估的概念也经历了不同阶段的发展。总体来说，评估是对于事物价值和功能的系统性评断①，它是基于一套标准，通过比对一个项目或政策的结果和目标来进行的对项目或政策价值的系统性评测②。总体来说，评估的发展慢慢趋向制度化。

当今许多关于组织绩效的研究主要根植于大量组织效率的文献中，这类文献对于判断组织绩效采用三种重要指标：结果、过程和结构。结果指标是通过一系列的产出（如产品或服务）数据对结果进行预测的一种测量方法。过程指标更关注组织的行为，比如组织的投入和活动。结构指标则用来评估组织开展工作的能力。组织社会学家认为，在这三种类型的指标中，结果指标虽然可以很好地描述有效性或效率，但在显示操作中也会有很多问题，比如因果关系是否清晰，需要多长时间可以观察到结果，组织之外的环境对结果会有怎样的影响③？

---

① Scriven M. (1967). The Methodology of Evaluation. In. Tyler, Rw, Gagne, Rm, Scriven, M. (Ed.): Perspectives of Curriculum Evaluation [M]. Rand McNally, Chicago.

② Weiss C. H. (1998). Evaluation: Methods for Studying Programs and Policies [M]. Pearson College Division.

③ Scott W. R. (1992). Organizations: Rational, Natural, and Open Systems (3rd ed.) [M]. Englewood Cliffs, NJ: Prentice Hall.

关于组织绩效和有效性的大量文献似乎都指向了一个问题：在判断组织成功与否上似乎很难有一个单一清晰的标准。即使是在营利性企业中，人们普遍认为企业的动机是单一明晰的，我们也很难找到一个评估的万能标准。而且，不仅很难找到评估企业绩效的单一标准，甚至现在在实践中使用的许多指标在有些时候会指向相反的方向[①]。因此，对于组织的评估，一个前提结论是，即使是在目的性单一的领域，在评估绩效的时候也有必要使用多维度的评估方法/指标。

这种挑战在社会领域就显得更为突出。财务指标主要被看作是投入性的而非结果性的，而关于什么是有价值的结果也有非常广泛的定义。一些非营利评级机构的传统做法是把项目—行政成本比例作为机构效率比率，而现在这种做法受到了广泛诟病，因为它过于狭隘。因此，对于评估机构绩效是否应该使用财务指标这个问题，现在也有了比较统一的答案：近年来，大多数机构更加倾向于使用非财务性指标来评估组织绩效。但如何设计出可靠的，且可比较的非财务性指标就成为评估领域目前最重要的挑战之一。而且，由于近年来的趋势是越来越多的人开始将“影响力”看作绩效的最终非财务性指标，那么如何在实践中去测量它，测量影响力是会帮助还是阻碍组织进行绩效管理，又成为新的问题。除此之外，相较于纯粹的营利性企业，社会组织和社会企业都具有所有权不清晰的特点，可能出现的结果是社会企业将要向更多方的资助者（如基金会、私人投资者、政府、个人投资者）报告绩效，同时要面对来自客户、社区、监管者、机构内员工和理事会成员对于绩效的不同期待。

尽管面临各种各样的挑战，对于社会性绩效（social performance）的测量，社会科学领域有非常长的实践历史和非常重要的进步。其中重要的一支是“项目理论”（program theory），通过对项目设计的分析和理解，构建项目过程和结果之间的因果关系，从而确认项目失败或成功的原因。被

① 比如一些会计指标（投资回报、现金流）不一定与市场指标（市场价值、股权回报）挂钩。

广泛使用的逻辑模型（logic model）就是项目理论的一个实际应用。逻辑模型包括几个重要元素：投入、活动、产出、结果。项目理论是目前应用范围最广的影响力评估框架，它的优点是易于为组织提供清晰的变革理论模型，但缺点是它的假设前提是每一个逻辑链条元素存在应然的因果关系，而忽略了达成这个因果关系所需要的条件。在此基础上，实现理论（implementation theory）补足了这一缺点，亦即强调项目理论的链条只是设想，产出和结果不是由活动直接带来的，它可能达成期望中的结果（desired outcome），也可能达成期望之外的结果（undesired outcome）。实现理论强调若要达成期望中的结果，必须加入关于项目实际履行过程中所要附加的执行条件。比如，教育项目中的课程提供是项目的活动，预期产出是学生出席数量，预期结果是学生对于某方面知识的认知得到提升。项目理论认为只要提供课程这个活动，就会产生学生出席和学生认知提升。而实现理论认为，学生出席这个产出必须由项目员工监督学生并进行考勤记录这些具体实施措施来促进实现，而学生认知的提升必须由维护良好的课堂讨论氛围以及促进学生反思性学习这些具体实施措施来实现，否则结果将不成立。

影响力是近年来提出的、被广泛使用的概念，它的流行得益于“影响力慈善”“影响力投资”等新兴概念的提出，但实际上这个术语的概念范围并没有被明确定义过。在国际发展领域和评估领域，“影响力”这个词通常被解释为“由某项特定活动或一系列特定活动所带来的，对于人们生活重要的，持久的变化”①，或者“由于解决产生某个社会问题的根本原因而带来的结果”②。这些概念共同的特点都是对于因果性的强调，也就是说，仅仅测量某个干预发生之后产生的结果是不够的，还要去测量该结果

① Roche C.（1999）Impact Assessment for Development Agencies：Learning to Value Change［M］. Oxford：Oxfam GB.

② Crutchfield L.，Grant H. M.（2008）. Sustaining Impact：The Jossey-Bass Reader on Nonprofit and Public Leadership［R］. San Francisco，CA. Jossey-Bass.

是不是由这个干预本身带来的。因此，影响力其实是干预所产生的“差别影响”，它可以是短期或长期的，可能出现在个体身上，也可能出现在社区或社会这个层级上。然而许多概念将影响力仅仅界定为长期的社会影响，比如许多对逻辑模型的解读认为影响力是发生在组织、社区和系统里的长期的影响。因此，在实际使用中，我们需要根据组织本身的影响力特性（比如短期还是长期，个体还是社会影响力）来选择相应的测量标准。

第一节　影响力评估现状

2017 年，GIIN 发布了第一个全面关于影响力投资产业中影响力评估和管理（Impact Measurement and Management，IMM）现状的调查报告。报告指出影响力投资一个很鲜明的特点是它对评估以及影响力管理的重视。不同于以往我们所熟悉的评估（Evaluation），影响力评估（Impact Assessment）是一个长线过程，投资者不仅可以在评估的过程中获得其投资对于弱势群体和环境产生效应的相关信息，同时也可通过评估过程中所设定的目标改善投资管理。在很长一段时间内，影响力投资产业不断在 IMM 中注入资源，并在领域发展过程中深化它的相关实践。GIIN 的最新调查报告展示了数据评估管理的多种方式、面临的困境，并提及了需要改善的一些领域，以此敦促影响力投资者深化他们的变革行为，提升其创造积极的社会和环境价值的能力。

这项调查涵盖了来自多种类别的机构，以及使用不同投资策略的受众。其中，大多数受访者为基金经理，此外，还有来自银行、基金会、发展金融机构、家族办公室的投资经理。这些受访者主要使用的投资策略为私募债权和私募股权，其投资大多数聚焦在初创市场，只有少部分活跃于成熟市场。目前，影响力投资市场评估现状主要有以下特点。

一、影响力投资者倾向于创造多种类型的影响力

受访者表示他们所关注的影响力议题主要与 SDGs 相吻合。大部分投

资者不止关注一种影响力议题，投资者关注的议题平均数为 4 个。样本中接近 24%的资产被配置到了“工作机会和经济增长”这一领域，16%进入了“气候变化”领域，11%进入了“可持续城市和社区”领域①。

影响力投资者倾向于通过投资提升不同人群的受益水平。绝大多数投资者通过社会经济地位来定位他们的受益者。超过一半的投资者将受益人定位为妇女和女童，接近一半的投资者关注失业人群。通常情况下，投资对象的供应链上有一系列利益相关方，而投资者则通过他们的投资对象触及受益群体。超过 90%的受访者将投资对象的客户或消费者定义为他们的受益群体，75%关注投资对象的雇员，45%关注投资对象的供应方。

影响力投资者出于多种原因测量和管理影响力，其中最重要的几个动机是更好地理解他们的影响力，向主要利益相关方报告成果，以及管理和提升他们的影响力。

二、影响力投资者有意识地去积极理解和管理他们的影响力

投资者理解影响力的途径可以通过他们测评影响力的不同视角来体现。绝大多数受访者（91%）测评投资的产出（outputs）——组织活动的直接产品，以及结果（outcomes）——组织活动和产出所造成的变化。大概有 40%的受访者同时测评影响力的广度（影响力所覆盖的人群或生态系统）、附加价值（如果没有投资就不会出现的积极影响力），或影响力的深度（影响力对于受益人群的重要程度）。

影响力投资者运用多种工具和指标来进行影响力评估和管理，最常用的评估体系是 IRIS（62%）。其他被使用的评估标准还包括 SDGs（42%）、B 型分析指标（41%），以及责任投资原则（26%）。受访者还提到选择合适的评估体系非常困难，尤其是当检视投资组合的整体影响力，需要跨越不同的领域和影响力议题时。因此，投资者在做投资组合的影响力评估时会适当使用定制化策略，比如，有时会在整个投资组合中设定评估标准，

① GIIN.（2017）. Getting Started with Impact Measurement and Management.

有时会对每一个投资交易使用特定的评估标准。通常的做法是两种策略兼而有之。

三、影响力投资者将影响力评估和管理嵌入他们的核心活动中

59%的影响力投资者将评估他们在社会和环境方面的影响力进步程度作为目标。其中，大部分提到他们的员工会内发性地去达成这些目标，还有一些投资者提到他们的投资对象也是如此。一些投资者会将影响力目标的达成考虑进员工的绩效评估中，或将员工的财务报酬与影响力指标联结在一起。而为了激励投资对象，一些投资者将影响力目标的达成作为追加投资、获得原始投资或者获得信贷契约的先决条件。

所有受访者都会向他们的内部和外部利益相关方通报影响力指标。69%向他们的捐赠人或投资方报告，56%将他们的影响力绩效结果纳入标准财报中。除此之外，超过40%的受访者会专门为管理层和员工总结影响力报告，或公开发布影响力报告并分享影响力绩效指标。

IMM对于员工管理和影响力投资组织管理也非常重要。通常情况下，IMM是投资团队重要的责任，通常由专门的IMM员工和整个投资团队共同完成。

四、影响力投资领域在IMM方面已经取得重要进步，但挑战仍然存在

有1/4的受访者表示在2013—2016年影响力投资领域在理解IMM实践和报告、完善IMM工具和框架，以及定位ESG（环境、社会和管理指标）风险方面已经取得了重要的进步。然而，诸如达成IMM的方式方法仍然过于碎片化，影响力管理和财务管理决策的整合，以及影响力绩效的透明度等挑战仍然存在。

除了大环境中的困难，影响力投资者还面临在机构内部执行IMM的很多困难。IMM的大部分层面，比如选取评估标准和目标、在决策中使用影响力数据、联结投资者和投资对象的预期等，并不存在过多挑战。但有两

个方面的困难格外突出：一是收集高质量数据的困难；二是在投资组合当中聚合、分析、解读数据的困难。总体来看，IMM 的主要挑战存在于测评方面，而不是管理层面。

影响力投资者也表达了他们对于提升 IMM 实践以及应对相关挑战的一些洞见。其中，影响力数据的透明度在提升 IMM 管理实践中非常重要。另外，有超过半数的投资者提出以影响力作为基准的投资通识准则，在决策中将影响力数据与财务风险回报数据置于同等地位，发展影响力对标标准，将影响力数据整合进入财务审计标准和报告等议题也非常重要。

第二节　影响力评估的两大动因

在社会领域实践中，慈善基金会和影响力投资者对逻辑模型和结果管理（outcome management）的使用非常广泛。这主要来源于社会领域对“聪明慈善”（smart philanthropy）或“有效慈善”（effective philanthropy）的追求，而这种青睐主要源于资助方对于如何有效地配置资金的关注。不仅是私人领域中的资方，政府在分配采购资金时也很看重机构的绩效表现，或者是某一种社会干预可能产生的净影响力。其中一个比较典型的例子是“社会影响力债券”，或称“为成功付费”，它通过对社会影响力的精准测算来达到节省政府预算、转移政府社会支出风险的目的。它的特点是需要执行机构对社会干预的净影响力有非常精准的测量，这种精准主要体现在社会影响力和社会干预之间需要存在强因果关系。在这样的语境下，绝大多数为成功付费项目采用的测量方法是随机对照试验（Random Controlled Trial，RCT）或准实验设计（Quasi-experimental Design）①。这两种方法的特点是通过对照组和控制组的方式模拟出完全没有干扰因素的环

① Walsh K.，TeKolste R.，Holston B.，et al.（2016）. An Introduction to Evaluation Designs in Pay for Success Projects. Washington，DC：Urban Institute［EB/OL］. http：//pfs. urban. org/library/content/introductionevaluation-designs-pay-success-projects.

境，从而得出具有强因果性的影响力结果。这样测量出来的数据几乎可以完全说明某一项社会干预所产生的净社会影响力，但缺点是它成本很高且对环境有比较严苛的要求。

绩效评估在国际发展领域也有相当长的实践历史，这个领域中的绩效评估主要有两个分支：影响力评估（Impact Evaluation，IE）和监测评估（Monitoring and Evaluation，M&E）。前者主要是评测最终的结果和影响力，而后者通过追踪项目的过程实时为项目运行提供纠错依据。从 20 世纪 50 年代开始，国际发展领域就出现了以 IE 和 M&E 为基准的多种测评方法，但在过去的 40 年间，逻辑模型（logic models）却是经久不衰①，这部分得益于国际发展组织领域专家的推广。从 20 世纪 90 年代中期开始，美国许多大型非营利组织和支持性公益组织也开始对逻辑模型进行大规模推广，其中比较有名的是联合之路（United Way）。联合之路使用逻辑模型进行评估的目的有两个：一是去看项目是否对民生产生了影响；二是去帮助项目改进自己的服务。在之后的几十年中，城市研究中心（Urban Institute）也一直致力于开发通用的评估模型，以及为不同类别的非营利组织提供不同的评估指标。

社会企业一直被看作有社会和商业双重目标的组织。目前，商业绩效的评估相对来说更直观，也更能为大家所理解，但是社会评估的指标还是相对模糊。而社会绩效评估行为在哪种情况下更容易为社会企业所接受呢？是在有外部压力的情况下，比如出于向出资方和合作者证明合法性的需要，还是与第三部门领域中日益增长的对社会绩效的理性认识有关？

在过去几十年中，在管理和社会科学研究中，开发新的评估社会组织绩效的工具和框架方法有非常大的进步。其中，很多都是管理咨询顾问、基金会、业界组织以及智库组织的工作成果，学界在这方面的关注和分析批评也开始增多。一些方法包括平衡计分卡（balanced scorecard），这曾经

---

① Roche C.（1999）. Impact Assessment for Development Agencies：Learning to Value Change［M］. Oxford：Oxfam GB.

是帮助企业评估它们的非财务绩效的方法，但是现在也被用在了非营利和社会企业领域。同样地，社会投资回报（Social Return on Investment，SROI）最初是由罗伯特企业发展基金（Roberts Enterprise Development Fund）开发的，现在已经在社会企业中被广泛使用，并出现在很多学术研究中。全球影响力评估网络为影响力投资圈开发的 IRIS，被广泛地用在对出资者的报告中。还有 B 型实验室的 GIIRS，后来被融入 B 影响力评估（B Impact Assessment）工具中。

由此可见，社会领域对于社会项目的评估主要有两大动因：一种是向外部利益相关方证明合法性和责信，另一种是出于改善管理的需要。可以将这两种不同类型称为“为了证明而评估”（measuring to prove）和“为了进步而评估”（measuring to improve）。前者是外部因素驱动的，而后者是社会领域中发生的市场化和理性化的新态势导致的内因驱动。

一、为了证明而评估

社会企业因为其特殊的双重使命特点，受到两种不同的制度逻辑影响：社会逻辑指导着它们的使命相关性活动，商业逻辑要求它们获取足够的利润来支持其运作。社会企业这种双重逻辑不仅要求它们对其非营利和营利的活动内容都要保持评估和责信，同时也受到来自两个领域的双重质疑。

而绩效评估虽然从理论上来说是可以提升社会企业的绩效和管理的，但在实践中却常常只充当一个符号化角色。许多社会企业进行社会绩效评估，仅仅是出于它们投资者的要求，并不是它们的主动行为。这种“自上而下”模式主要是建立在这样的前提假设下：它可以提升责信和透明度，从而提供更好的绩效合法性。而我们更期待的也许是一种“自下而上”的行为，即通过评估来更好地让利益相关方参与到管理中。

外部因素影响组织评估活动的机制已经被组织理论和资源依赖理论大量解释过。一方面，组织可能面临它们所依赖的其他组织的正式或非正式的压力；另一方面，组织会出于从特定类型的出资人中吸引更多资源的目的来投其所好。此外，一些孵化或加速类型的项目可能也会对组织产生来自同辈的影响。

二、为了进步而评估

这种动力来自组织的理性化选择，它不仅源于一些外部资源的影响，更重要的是来源于领域内的专业化趋势。比如，组织的理事会和员工可能会成为影响管理者使用结果导向的评估模型的关键人物。这种动因主要是出于理解组织的运作，即它要求回答这样的问题：社会企业的这些活动是否为组织带来了积极的变化？这个动因更多的是把焦点放在了组织的管理和长远发展层面。

这两种不同动因的出现，如同社会企业的双重使命造成的制度逻辑冲突一样，它们也会在社会企业选择评估策略时产生推拉和摩擦，而如何从管理操作层面解决这一问题也是非常值得关注的。

第三节　影响力评估的难点和面临的挑战

正因为有不同的评估动因和评估手段，许多影响力投资的倡导者认为，发展一种具有统合效应的影响力评估模型，可以让投资者快速地综览整个市场，并可以方便地将社会回报考虑进他们的投资策略当中。他们认为，根据行为经济学的预测和传统商业市场的经验，如果有合适的价值衡量工具服务市场，将促使更多的投资者有信心进入这个领域。

影响力投资领域在建立标准化评估体系上已经进行了一些努力，比如 Acumen 就和 GIIN、洛克菲勒基金会以及 B 实验室共同研发出 IRIS 体系。IRIS 提供标准化的模型和分类，使得任何一种类型的投资者都可以选择使用。但是在影响力投资评估方面经常被诟病的一点是，影响力投资者通常只选用与财务和运营相关的评估框架，不愿意投入更多资源去追踪社会效应。一定程度上，这个问题的产生一部分是因为评估的成本高昂，另一部分原因是无论是新兴市场投资还是传统的国际发展项目评估的工具都不适用于对早期社会企业进行评估。标准的商业框架（消费者数量、市场渗透率、利润总额等）反映的是公司的财务表现，基本无法体现社会价值。M&E 广泛用于国际援助机构中，需要多年的数据追踪和大量的数据积累，并且只适用于具有持续评估能力的发展状况良好的组织。而通常被很多专家奉为圭臬的随机对照试验（Random Controlled Trial，RCT）方法可以提供丰富和有价值的数据，但是成本很高并且对环境有较高要求。

而评估的难题其实与责信息息相关。社会企业大部分时间会习惯于通过评估来满足它们的上行责信（upward accountability）：它们通过收集数据去满足投资者的要求，相应地，设置这些要求是投资者对它们有限合伙人（limited partners）的一种回应。然而在这些责信链条中，经常为人们所忽视的是下行责信（downward accountability）：通过收集和使用数据去改善它们服务人群的生计水平。

那么对于影响力投资机构来说，它们也面临相似的困境。作为联系投资者与社会企业的中介机构（intermediaries），它们需要对有限合伙人负责，定期披露投资的社会企业的绩效表现。然而在评估社会影响力时，因为它的复杂性以及需要长期追踪等特点，任何收集数据的要求都会对社会企业造成一定程度的负担，甚至有可能反过来影响其绩效。此外，因为有的影响力投资者属于战略慈善（strategic philanthropy）家类型，他们对于社会影响力的数据会更加重视，并且除了要求个体企业的绩效表现数据之外，还会关心相关领域的集合式影响力（collective impact）情况。John Kania 和 Mark Kramer 在 2011 年提出的“集合式影响力”的理念现在已经深深植入许多影响力投资机构的思想中。它要求所有的参与者对于变革有相同的理解和一致的行动，要求持续性地收集数据和评估结果，要求参与者不断进行互动，同时要求有支持性的机构来辅助机构间的参与和互动。

对于目前影响力投资领域的评估困境，已有的实践回应了三种解决方案：第一是标准化的评估体系，如影响力报告和投资标准（IRIS）和全球影响力投资报告评级系统（GIIRS）。这种解决方案希望通过建立标准化的评估体系，增强市场的透明度，转移机构本身的交易成本，从而在一定程度上降低评估成本，更多地披露信息，增强参与者的评估意愿。第二是引入更多专业化的第三方评估机构。这种解决方案一部分是出于降低交易成本的动机，一部分是为了增强上行责信。第三是研发更简单和低成本的评估工具，降低在收集数据过程中对社会企业造成的负担。Acumen 推行使用的精益数据（lean data）就是这样的工具之一。

除了效果以及成本效益分析层面上的挑战，始终围绕影响力评估的争论还有两方面：一方面是社会回报与财务回报的平衡；另一方面是关于社会价值的定义。不同于传统市场的单一底线，影响力投资需要维持社会和财务的双重底线原则，那么就势必需要衡量在何种程度上投资表现不会突破底线。另外，投资者对于社会和财务回报的期待和目标也各有不同。对于财务优先的投资者来说，他们追求等同于市场回报率的财务回报，兼有一定程度的社会回报。对于影响力优先的投资者来说，社会或环境的影响力永远是第一位的，他们只需要获得财务底线水平的回报，甚至是远低于市场回报率的回报。一些投资者会追求财务和社会的双重高回报，还有一部分投资者对财务和社会回报要求都比较低。

投资者对于财务和回报期待的多样性反映了影响力投资领域参与者谱系的广度，这也更加大了他们在同一个市场活动的难度。他们不仅包括恪守 ESG 指标①，以期获得长期高财务回报的责任投资者，也包括希望通过市场手段表达他们的道德价值，同时不损失经济利益的社会责任投资参与者。具有进行使命相关性投资的很长的经验历史的公益基金会，以及要求低于市场回报率的社区投资者也都是这个领域中的活跃参与者。也正是基

① ESG 指标指环境、社会和治理数据。ESG 是 Environment（环境）、Social（社会）和 Governance（治理）的缩写。ESG 是一种投资理念，是衡量企业可持续经营能力的一种指标，属于广义可持续投资的一种。

于此，一个单一的、统合的价值衡量标准是不可能存在的，因为社会和财务回报的平衡点无法统一。

而对于影响力优先投资者来说，尽管他们也很希望将社会影响力的衡量整合进主流投资的模型当中，但他们最终发现金钱这个维度无法成为社会影响力衡量的单一标准，也就是说，将社会影响力的价值货币化是不合理的[①]。对于普惠商业（inclusive business）的投资者来说，将社会效益货币化并计算进它们的双重底线当中是可行的，因为在大多数情况下，这些商业模式的很多社会效益呈现在经济发展这个维度上，比如创造就业、增加产能、提升员工工资等。一些企业的产品或服务还可以节省消费者的时间和金钱，这些都有可能被计入社会效益当中。然而，这种将社会价值货币化的评估方式并没有被广泛应用到影响力投资的新兴市场当中。对于这个领域的参与者来说，之所以不选择货币化社会价值主要是出于一部分核心资源供给者的要求，也就是影响力优先型投资者，他们希望“明确划分财务回报和社会影响力”[②]。

对于社会价值的多重定义也存在较大争议。虽然社会公义（social good）常作为一个普世的和无争议的概念出现在社会讨论当中，但深入剖析内在时，其中包含了非常广泛的和多层次的含义。这些多层次的含义又常因为不同参与者的视角不同，而被赋予不同的价值优先顺序。这种现象在影响力投资领域要更突出一些，因为这个领域中参与者的多样性以及跨界合作的特性加深了社会价值定义的复杂性。影响力投资市场，是“一个通过产品和服务创造有价值的产出”的市场，而这种“有价值的产出”是“被主观定义”的[③]。

影响力投资领域长期存在两种对社会价值的认知，即公司可以通过带

---

① Barman E.（2016）. Caring Capitalism［M］. Cambridge University Press.

② Rockefeller Philanthropy Advisors.（2010）. Solutions for Impact Investors：From Strategy to Implementation［R］. New York：Rockefeller Philanthropy Advisors.

③ Bouri，Amit.（2011）. How Standards Emerge：The Role of Investor Leadership in Realizing the Potential of IRIS［J］. Innovations Journal September：145-159.

有社会性的生产过程实施（如提供更好的员工权利或更好的工作环境）来解决社会不平等问题，也可以通过生产和销售带有社会性的产品（如清洁水源、住房或教育）来解决社会问题。第一种类型的影响力投资强调公司通过它们的生产过程来创造社会价值：通过具有盈利能力的商业模型，企业从各个层面提升了社会福利，比如改变了公司的资源方、雇员以及它们价值链上其他活动者的生存状态。第二种类型的影响力投资强调的社会价值主要通过公司生产的可解决社会问题的产品来实现。这些产品或此前从未在市场上出现，或未被提供给金字塔底层的人群。这两种关于社会价值的认知矛盾成为发展影响力投资市场社会价值测评体系的一个重要障碍。理论上，如果市场活动者对于社会价值有统一的理解，他们就可以以相同的标准对这些企业或产品进行比较。但事实上，发展一个统一的价值评估体系对于影响力投资市场是没有实际意义的，因为每个投资者都会根据其所理解的社会价值含义来为其投资决策提供参考。

“社会回报与财务回报不同，一个投资者也许在具有相同财务回报水平的两笔投资中保持中立态度，但并不意味着，当他面对一笔创造 100 万美元的回报，同时减少碳排放的投资，和另一笔同样创造 100 万美元回报但同时改善非洲贫困农民的收入水平时，他的态度同样是中立的。我们不可能对两个完全不同的社会价值议题做出比较”①。

总的来看，对任何与社会价值相关的项目进行评估，需要首先明确三个问题：第一，要测量什么？简要来说，几乎所有项目都应该测量结果指标（outcome），但是是要测量短期结果，还是长期结果，项目干预与结果之间是否有强因果关系，是否有集合影响力，应视组织的领域和类型而定。第二，为谁评估？任何组织都有自己的利益相关方，其中非常艰难的一个问题是组织是更应该向上对自己的资方负责，还是更应该向下向自己的客户负责。因此组织需要在评估前通过确定负责的对象而确定相应的评

① Credit Suisse.（2012）. Investing For Impact：How Social Enterprise Is Redefining the Meaning of Return［R］. Cologne：Credit Suisse and Schwab Foundation.

估模型。第三，如何设计和构建评估体系？这要结合组织类型、组织的影响力目标、组织的评估能力等因素来确定。

尤其要强调的是，不论如何回答上述三个问题，资方在其中的作用都是非常重要的。比如，资方需要促进被投资机构更好地履行对客户的下行责信，从而减轻被投资机构由于要履行上行责信而承受的评估负担。另外，在设计和构建评估体系的层面，资方可以在其中投入智力成本、社会资本等帮助被投资方。影响力投资领域在这几个层面都有着很好的表现，其主要原因是影响力投资者与被投资机构有着更紧密的共生成长关系，因此影响力投资者更看重自己在项目培育和陪伴中的作用。

第四节　影响力评估的方法和工具

基于以上困难，目前影响力投资市场对于评估问题的解决方法是，不去创造一个单一的评估模型，而是发展一套可以为不同的市场参与者，根据他们的不同价值理解进行量体定制的可通约、可排序的评估模型。现行的比较同性的评估工具主要有三种：影响力报告和投资标准、全球影响力投资报告评级系统和影响力基准（Impact Base）。

一、联合国可持续发展目标（SDGs）

SDGs 是以“为人类构建一个更好更可持续的未来”为目标来设计的一组全球目标。它在 2015 年由联合国设立，预计在 2030 年达到设定目标。SDGs 也是联合国 2030 年目标规划的一部分。这组目标有 17 个，分别为：无贫穷；零饥饿；良好健康与福祉；优质教育；性别平等；清洁饮水和卫生设施；经济适用的清洁能源；体面工作和经济增长；产业、创新和基础设施；减少不平等；可持续城市和社区；负责任消费和生产；气候行动；水下生物；陆地生物；和平、正义与强大机构；促进目标实现的伙伴关系。

SDGs 于 2016 年 1 月生效，它们将指导未来 15 年联合国开发计划署的政策制定和资金使用。作为联合国居于领导地位的发展机构，开发计划署在协助 170 个国家和地区落实这些目标中发挥着不可取代的作用。

值得注意的是，根据 2017 年和 2019 年 GIIN 的调查对比，SDGs 是在两年间被采用增长率最快的指标（从 2017 年的 43% 增长到 2019 年的 80%）。部分原因很可能是影响力投资领域的目标地域大多在发展中国家，而 SDGs 指标第一非常适合标的国际发展社区，第二本身由联合国开发计划署牵头在多个国家进行落地支持，因此使用 SDGs 本身非常容易与其他宏观层面的影响力结合起来。

二、影响力报告和投资标准（IRIS）

IRIS 是由 GIIN、洛克菲勒基金会、聪明人基金和 B 型实验室一同于 2008 年开发的。IRIS 是一个可供公司披露它们绩效信息的标准化信息披露系统。IRIS 使用了一套可测量公司财务、社会和环境绩效信息的超过 400 种评估模型的影响力投资“通行语言”。每一个模型都包含对专用术语的精准解释和一个固定的指标。这些关于公司绩效的表述包括机构简介、产品简介、财务绩效、管理影响力（比如，一个公司的企业社会责任项目的信息对于股东产生的影响）和社会影响力。拿“入学率”举例，IRIS 对它的定义是“在信息披露期截止时，全日制和半日制学生的入学人数，其中学生的数目与其所选的课程数目无关”。

IRIS 是 GIIN 免费提供的一项公共福利产品，旨在帮助价值投资者和企业家解决影响力投资市场中相同的价值目标，定义和测量方式却不同的问题[①]。作为一个标准化信息披露系统，IRIS 的开发者希望它可以在影响力投资市场中扮演如美国通用会计准则（Generally Accepted Accounting Principle，GAAP）或国际财务报告准则（International Financial Reporting-

① Jackson E. T.（2013）. Evaluating Social Impact Bonds：Questions，Challenges，Innovations，and Possibilities in Measuring Outcomes in Impact Investing［J］. Community Development，44（5）：608-616.

Standards，IFRS）在主流投资市场中的角色[①]。目前，影响力投资市场发展的重要障碍在于缺乏透明度、美誉度，以及组织和投资者在定义、测评和追踪其绩效层面上难以保持连贯一致，而 IRIS 的诞生恰恰是为了解决这些问题。

为了开发 IRIS 体系，研究者整合了领域中已经存在的一些报告标准，比如来自小额信贷机构和中小企业的一些标准。“开发这些标准的一个重要元素是集合影响力投资领域里比较突出的一些细分领域（比如社区发展、国际发展、环境投资等）的领导者。这些领导者可以从已有的实践中总结归纳出基于各个细分领域的通识。”[②] 比如在小额信贷的例子里，IRIS 参考了小额信贷信息交流平台关于社会影响力测评和数据分享的已有经验。而在那些没有报告标准的领域，IRIS 的工作人员则与该领域中的专家一起制定相关指标[③]。

使用 IRIS 的公司每年都应报告它们的绩效信息并将数据提交给 GIIN。GIIN 则将这些报告收集起来，并与数据信息相整合，生成整个市场的绩效信息，提供基于产业领域或地区的数据参考。“IRIS 还会专门整合社会绩效数据，发布对标报告，方便影响力投资者将他们的投资项目与其同行作对比。”[④]

IRIS 对于在新兴市场中解决社会问题的影响力投资者具有重大意义。通过整合来自不同维度的影响力和绩效信息，IRIS 允许关于“投资回报”多元解释的存在。IRIS 让影响力投资谱系上不同位置的，拥有不同价值目标的投资者得以使用这些数据对他们的投资进行比较。IRIS 的在线说明指出：“没有一种对所有人都适用的模型；这是为什么 IRIS 被设计成为一个

---

① Bouri A.（2011）. How Standards Emerge：The Role of Investor Leadership in Realizing the Potential of IRIS［J］. Innovations：Technology，Governance，Globalization，6（3）：117-131.

② Bugg-Levine A.，Goldstein J.（2009）. Impact Investing：Harnessing Capital Markets to Solve Problems at Scale［J］. Community Development Investment Review，35（2）：30-41.

③ Kanani，Rahim.（2011）. The Global Impact Investing Network（GIIN）：An Interview with CEO［J］. Luther Ragin，Jr. Forbes October 30.

④ Rockefeller Philanthropy（2010）. Advisors. Solutions for Impact Investors：From Strategy to Implementation［R］. New York：Rockefeller Philanthropy Advisors.

分类体系，你可以在里面寻找对于你自己工作最适合的模型……IRIS 对于在全球、在不同领域都有业务的，具有不同社会和环境影响力目标的影响力投资者，是一个有用的资源。”①

但是 IRIS 也承认，这个工具也受限于投资者的个人偏好。作为一个测评工具，IRIS 没有完全去实现其通约性②，也就是说，它并没有试图就一个具体的价值标准来对投资机会做评估和排序。投资者们“不仅需要知道每个人都对关于碳排放的计量方式或‘低收入’这个词的定义具有相同理解，还需要知道这些报告标准如何跨公司对标，以及如何跨高、中、低的影响力投资进行对标”③。为了帮助投资者比较和评估投资机会，影响力投资市场倡导者开发了多种测评工具去实现这个目标。

三、全球影响力投资评级系统（GIIRS）

GIIRS 是由 B 型实验室和 GIIN 于 2009 年联合发起的项目。GIIRS 是一个对具有双重底线使命的公司或投资基金会的社会和环境影响力（不涉及财务绩效）进行评级的独立第三方。GIIRS 的评级本意是仿照晨星评级（Morningstar's investment rankings）或标准普尔评级（S&P credit risk ratings）。B 型实验室进行了一项基于公司生产过程（使用了 IRIS 的相关定义和指标）的详尽调查，根据反馈数据，GIIRS 发布了一个总评级分值（满分 200 分），评级主要依据公司或投资基金在提供多维的积极社会和环境价值上的程度来决定，同时也根据公司或基金的地域、规模和领域做适度调整。这些分值可以供公司和基金在寻找投资机会时使用。

这个评级系统内在的社会福利定义反映了 GIIRS 的工作者试图整合领域中存在的关于社会价值广泛定义的努力。一方面，GIIRS 肯定了企业社

---

① IRIS.（2015）. Welcome to IRIS［EB/OL］. https：//iris. thegiin. org/guide/getting-started-guide.

② Espeland W. N.，Stevens，M. L.（2008）. A Sociology of Quantification［J］. European Journal of Sociology/Archives Européennes de Sociologie，49（3）：401-436.

③ Krogh M.（2015）. Channeling Investment for Impact［R］. Wayne，PA：B-Lab.

会责任和责任投资领域的一些社会价值实践，比如对公司把利益相关方纳入自己的责任体系，更多地关注公司治理、员工福祉、社区和环境贡献等行为给予积极的评价。比如，在对员工福祉的关注层面，GIIRS 对考虑到“津贴和工资、员工福利、培训和教育、员工产权、工资灵活度/企业文化、人权和劳工政策、管理和员工交流，以及健康和安全”的实践行为给予奖励分数。

另一方面，GIIRS 主要将“有意识的商业模型”纳入奖励范畴，即该商业模型是被设计来提升弱势利益相关方的财富量和议价能力的（如中小企业）。它更关注这个商业模型的初始动机而非它的事实绩效。基于这个考虑，GIIRS 将治理、员工、社区或环境等维度作为评价公司或投资方对其利益相关方社会影响的标准。作为一种社会价值的测评方式，GIIRS 将对于包容性市场的关注纳入以利益相关方为中心的社会价值评价标准中，因此这个评级系统的评估方式是基于一种单向的价值评定。

四、影响力基准（Impact Base）

Impact Base 由印记资本顾问（Imprint Capital Advisors）和 RSF 社会金融（RSF Social Finance）于 2009 年发起，后由 GIIN 于 2010 年接手。Impact Base 是一个在线搜索平台，它为影响力投资者根据他们自己的选择标准筛选和评估投资机会提供帮助。包括基金和公司在内的服务提供商每年都会为 GIIN 提供一份包括综述（基金经理的跟踪记录、筹资状态、地理位置和目前投资者）、财务模块（详尽的基金财务战略信息：目标回报率、资产类别和投资规模）和影响力模块（基金的影响力战略：影响力目标和社会及环境影响力测量指标）等内容的年报。投资者因此可以通过 Impact Base 上的数据来比较和筛选他们的投资目标。他们可以通过各种搜索途径来获取信息，比如通过财务绩效信息和社会/环境议题（Impact Base 有根据“影响力主题”和“地域分布”进行分类的数据列表）。比如，如果一个投资者对于非洲的清洁能源企业感兴趣，他可以只选择具有这个使命、地域分布在此领域的投资机会。设定好这个搜索标准之后，Impact Base 会提供所有符合这些要求的公司或基金的数据综述。与 IRIS 和 GIIRS 一样，Impact Base 也是模仿了主流投资领域的做法，它为影响力投资者提供的数据与投资搜索公司为传统投资者提供的数据形式无异。Impact Base 的服务就如同摩根大通和德意志银行一直以来为主流投资者提供的服务，提供为他们的投资决策服务的信息。

不同于 GIIRS 这种仅仅基于公司在其生产过程中对利益相关方产生的积极社会价值所进行的评级系统，Impact Base 对于社会价值的估算可建立在多种价值表的基础上，满足了领域参与者对于社会价值的主观要求和多元性。尤其是它的主要设计诉求就是解决市场价值通约性的问题，不仅需要解决财务回报和社会回报的平衡问题，还要解决社会价值的多重解释的问题。为了实现这个目标，网站根据 IRIS 的分类指标列出了关于社会回报定义的分类列表，其中包括企业产品、包容性商业模型和对利益相关方的影响，并向投资者们征集他们对于每种社会回报分类的理解和选择。明确了自己的偏好之后，投资者将会被网站引流到与他们自己选择的社会价值定义相符的影响力投资标的页面，并获得相关社会绩效数据。比如，一个关注妇女赋权的影响力投资者，可以获得 IRIS 对于这类组织的标准化社会价值测评数据，继而可以在这些基金之间就绩效信息进行比较。同样地，一个关注低成本医疗的影响力投资者也可以通过 Impact Base 就这个议题进行搜索，然后获得相关基金和公司的比较信息。因为 Impat Base 会给出所有投资者关心的相关数据，所以投资者可以根据自己的偏好去调整社会影响力绩效和财务绩效比重，设定符合自己目标的评估和评级方式。

但同时，影响力投资倡导者也面临着挑战。他们本来是希望发展一个社会企业市场，相信投资的方式可以创造财务和社会双重回报。最开始，倡导者们试图去模仿主流金融市场的结构，以期扩大投资者资金池。在解决价值评估问题上，他们设想可以发展一个标准化的评估模型，可以供所有类型的投资者使用，但是投资者的多种多样的偏好改变了这个初衷。认识到这个现状之后，倡导者们不再试图解决所谓“价值评估的问题”，因为投资者们对于财务回报和社会回报不同比例的要求，以及他们对社会价值概念的不同认识，决定了这个“问题”无法使用单一的手段解决。根据主流投资市场的经验，影响力投资倡导者们将传统资本市场上的一些评估工具做出适度调整，搬到这个新的市场来。由 IRIS、GIIRS 和 Impact Base 组成的新型评估体系将会给所有投资者提供标准化的、可比较的数据，使它们得以对相关投资机会进行评估。

五、社会投资回报（SROI）

SROI 是一个工具框架，从社会会计（Social Accounting）和成本—效益分析发展而来，从更宽广的概念来衡量与核算价值，旨在将社会、环境和经济成本与收益进行整合，来减少诸如不平等和环境退化等问题，从而提升社会整体福利。SROI 用来衡量改变的方法与利益相关方密切相关。它通过测量社会、环境和经济成果并用货币价值将成果呈现，从而告诉我们改变是如何发生的。例如，如果社会投资回报率为3∶1，即表明 1 元钱的投资可产生 3 元钱的社会价值。这种呈现方式并不意味着在理念上将社会价值货币化，而是将投入和回报用一个统一的量化单位来表示的客观结果——因为前提是投入、是金钱，而金钱的价值只能用货币面值来衡量。

SROI 分析可采取多种形式，既可以分析整个机构产生的社会价值，也可以只聚焦于机构工作的某一特定方面。SROI 的应用有 7 项原则，分别是：利益相关方参与、理解发生了何种变化、仅纳入重要信息、为关键成果定价、不过分夸大成果、保持透明公开、审核成果。其中，重要性原则是会计学中的术语，只有可能影响利益相关方做出决定的信息才是重要的。

第五节　影响力评估的实践流程

影响力评估是影响力投资组合管理中的重要一环，很多投资者会选择使用自己的评估方式。这种评估方式相较单纯地汇报产出数字，对于及时发现问题、总结经验并在投资管理中做出相应举措，更有价值。对于很多投资者来说，影响力目标是各领域、地区的投资组合中的主线，但同时投资组合的多样性也为选择影响力评估方法带来了挑战。因此，寻找评估方法的过程也通常是动态的，在经验和数据的基础上不断完善。从影响力投资领域的实践中可以总结出：①不同的投资决策阶段需要使用不同的评测工具；②投资者的评测方式越来越倾向于从客户体验上收集数据，这些数据同时也可以帮助他们的投资对象改善自己的管理；③目前，对于影响力投资者最大的挑战是，如何在投资组合层面上进行评测，而不仅只关心某一项单个投资的影响力绩效。

不同于项目委托，投资天生的特征就是很强的参与性以及对有效性的要求。因此，影响力投资评估的根本目的不在于通过评估报告来完成责信层面上的使命，而是出于改善投资管理的诉求。通过有效的评估，投资者可以检视他们投资目标的达成情况，并通过这些数据来调整管理策略，甚至预测市场和资金走向。因此，通过检视投资流程，可以看到影响力评估在投资不同阶段都可以发挥作用。

从整体的评测流程上来看，影响力评估大体可以分为四大块：搜寻、尽职调查、改善、后期评估。搜寻主要指通过简要的评测来确定可能的投资对象，比如影响力投资者在投资机会的筛查阶段需要建立一定的评测标准来确定投资对象；比如聪明人基金在搜寻阶段设置的五个评测标准是：与聪明人基金的使命相吻合、财务可持续性、规模化潜力、社会影响力、管理能力。

尽职调查的主要目的则是去评测绩效潜力，也就是去估计投资成功的可能性以及为此需要投入的成本。而评测一项投资的潜在绩效，最核心的部分是要明确投资对象的社会变革模型（model of social change），或者是说投资对象运作的因果逻辑（cause-effect hypotheses）。明确社会变革模型需要考察变革理论、逻辑模型、系统构建，并且要确保这些都与组织的商业模式有紧密结合。投资对象的能力也是尽职调查阶段很重要的考核对象。考核运营能力也有很多已有的工具，比如一些由非营利组织、咨询公司等机构开发的组织自测工具，也有一些针对政策倡导类型组织的评测指标。另一个在尽职调查阶段比较重要的部分是如何比较不同的投资机会，并最有效地分配有限的投资资金。在这方面主要用到的是一些效益成本分析的工具，比如社会投资回报（SROI）、成本效益比率（benefit-cost ratios）、经济报酬率（Economic Rates of Return，ERR）等。

当投资正式开始，投资者的评测角色就会开始转变到支持投资对象绩效改善上，在这个阶段投资者也会收集一些数据来锚定中期发展进程。这种支持改善的角色包括三个重要功能：①根据既定计划追踪工作是否在正确方向上发展；②帮助投资对象建立适合自己的绩效评测和管理系统；③直接从客户和受益方收集信息，并用来改善管理。

最后，在投资的终期阶段，评测重点将从绩效表现转移到结果评估，但两者之间的界限不是绝对清晰的，偶尔会有重叠。这个阶段的后期评估需要回答两个问题：项目是否达到预定的目标、项目干预本身对于已有成果到底起到了多少作用。对这两个问题的回答将直接关系到投资者追加投资或退出投资的决策，同时也会为未来投资提供信息。回答第一个问题需要在一段固定时间内收集累积性的绩效数据，这种评估方式被称为总结性评估（summative evaluation）。比如，收集多年间农民收入增量数据或长期失业率数据。回答第二个问题更加复杂一些，它实际上是将现有数据与没有项目干预情况下的数据进行比较，得到差值，从而确定项目干预本身的作用。目前主要有两类方式来进行这种测量：一类是归因方法（Attribution-based methods），另一类是贡献方法（Contribution-based methods）。归因方法通过严格排除内生性的因果分析来确定某项干预产生的影响，它主要依赖严格的统计方法，随机对照试验（RCT）就是归因方法中的一种。而贡献方法是采用多渠道的证据信息来排除对于项目干预影响可能的其他解释，从而支持项目干预本身的作用。贡献方法的思路更加适用于社会语境比较复杂、因果逻辑不是非常清晰的项目。

以上为影响力评估实践的逻辑和程序基础，下文将详细介绍在具体的评估实践中应该分为哪些步骤（见图 6-1），每个步骤有哪些需要注意的重要问题。

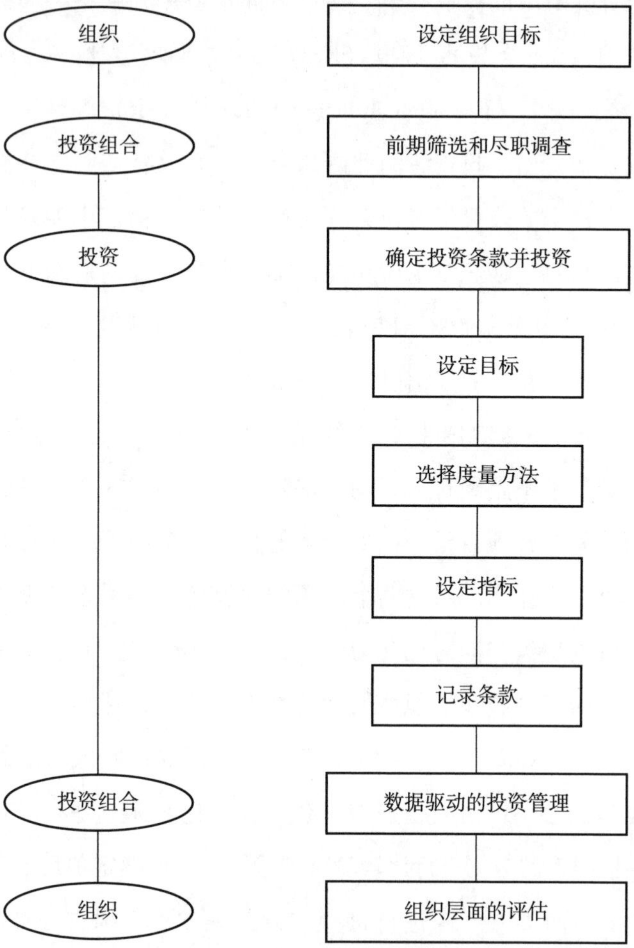

图 6-1　影响力投资评估流程

一、设定组织目标

目标设定不仅是为了明确自己的目的，也有助于决策制定，比如何时开展投资活动，使得利益相关方可以随时把控过程。度量方式的选择对于决定收集何种数据非常重要，它直接关系到数据的审视、分析和使用方式。一个清晰的投资理论是战略规划和投资决策的基础，它为尽职调查提供了指导，也成为整个投资周期中的评估对照点。而有效的影响力模型则勾勒了整个影响力评估过程中的方法论，它提供了度量方式和逻辑框架，描述了它如何应用于投资组合中，同时兼顾了各利益相关方的需求。

（一）目标设定：将影响力理论作为筛选机会的工具

影响力投资者通过投资创造积极的社会、环境变化。许多投资者需要具体明确的“影响力理论”或“变革理论”来支持他们的投资行为。一些投资者在他们的投资组合中使用单一的影响力理论，也有一些在不同的投资组合中使用不同的理论。大多数情况下，影响力理论都是为投资组合的使命驱动而服务。

（1）选择一个影响力投资理论或价值创造理论，保证它所引出的投资方式对于战略、资源以及你想要创造的影响力来说是合适的。

（2）明确主要利益相关方以及权责。

（3）确定投资活动对于环境或社会产生的积极或消极效应。

（4）决定什么样的变化可以被纳入材料中，并公开给主要利益相关方。

（5）确定投资中的社会/环境和财务绩效目标；确保这些目标与利益相关方，以及投资对象的商业及管理模型一致。

（6）具体描述能否在生态系统和企业层面达成一致目标。

（7）与利益相关方一同发掘在实现上述目标的过程中有哪些风险，尤其是那些可能影响到对投资对象资金分配的风险，与利益相关方一同探讨如何规避风险。

设定目标时需明确的问题：

（1）这个影响力理论是否清晰？目标是否既符合我们期待又是可达成的？达成它们的战略是否可行？

（2）这个投资理论是否为创造和测量影响力提供了一个完整清晰的

计划?

（3）这个目标是针对单个投资对象的还是针对整个生态系统中多个组织及投资者的?

（4）是否有类似实践或证据支持所选取的影响力理论?

（5）主要利益相关方是否进入了目标设定过程中?投资对象的运营、商业模型和能力是否已被考虑在其中?

（二）将变革理论和相关的度量方法联系起来

当变革理论与具体的投资产出联系起来的时候，这个变革理论才是最有用的。不论是在明确变革理论时还是在考虑投资机会时，许多投资者都将这个联系放在首要位置考虑。

（1）评测投资对象商业模型的基线影响力。

（2）选择一个影响力评测的逻辑模型，该模型应建立在目标之上，评测积极和消极的影响力，同时提供扎实的分析。

（3）使用可以被广泛理解的度量方式，在合适的情况下关注那些允许在同类相似投资活动中可以进行比较的度量方式。

（4）选择与投资者目标和投资对象商业模型相符的度量方式，确保利益相关方对其表示认同。

选择度量方式时需明确的问题：

（1）这个模型是否充分考虑了目标结果最好由单笔投资、投资组合，还是与其他机构及投资者的合作实现?

（2）投资对象的需求是否在选择度量方式时被充分考虑?

（3）评测模型和度量方式是否与投资者/投资对象的能力相符?

（4）这个模型的使用是否会促进学习和决策制定?如果不会，有什么应该改变的?

（5）已被熟知的影响力体系（如IRIS）和模型（如GIIRS）是否被有效考虑?

（6）这个模型是否适当考虑了贡献、归因和额外性？

（7）利益相关方是否持续对此进行反馈？投资对象是否有具体的提供反馈的方法？

二、前期筛选和尽职调查

（一）评估管理对于影响力和商业模式的影响程度

由于影响力投资者会平衡社会回报和财务回报这两个目标，那么这种平衡视角对于看待投资对象管理这个问题也非常重要，尤其是当社会回报和财务回报目标出现冲突的时候。

（二）使用记分卡来评估机会

一些投资者会使用记分卡来量化对于机会的评估结果。这种记分卡可以是完全针对影响力目标的，也可以将影响力与财务目标都考虑进去。在 J. P. Morgan 自己的交易评估中会使用记分卡来同时评估基金经理和标的公司。评估中需要考虑的大致因素为：在标的公司层面有目标人群、生活改善情况、可规模化和复制的商业模式；在基金经理层面有对于追求影响力的投入度，设置并达到影响力目标，保证在环境、社会和管理方面的底线标准。通过对这些标准进行打分（0~5），可得出一个六边形的蛛网图，在蛛网图上可以对投前投后状态进行可视化比对。

（三）在评估潜在回报时也要评估影响力风险

影响力风险，即投资没有达到预期影响力目标或投资导致负影响力的风险概率。投资者也会评估影响力风险，一些投资者使用尽职调查报告来确认实现影响力的风险，并对不同影响力风险的概率进行排序，从而获得影响力风险分数。

三、确定投资条款并投资

（一）确保商业相关性：准备从影响力数据中获取信息并使用

大多数投资者认同最成功的影响力评估应该围绕与商业成功相关的影

响力目标。产出的数据信息不仅对于商业运作非常有用，也越来越被投资对象所依赖，因为它的作用不仅仅是用来对投资者进行汇报。投资者也可以把影响力数据作为管理工具，并在此过程中获得公司管理的有益洞见。

（二）考虑什么在投资对象的控制之内，而什么不在控制之内

一些投资者强调评估应该主要关注投资对象的产出或成果，也就是说，投资者应该要求投资对象监控他们工作中的即时产出，但要求投资对象去评测不相关的信息时应该谨慎。

（三）标准化核心度量方法，同时注重细节

许多投资者表示在他们的投资中至少有几个标准度量方法是他们用在所有投资交易中的。然而那些可以跨地域、或跨行业的度量方法通常是比较一般的方法，这并不是说它们的价值低，而恰恰说明了为什么投资者会在投资组合中使用它们，同时在个别交易或行业中添加一些有针对性的度量方法作为补充。

（四）设定指标以标定绩效

选择好度量方法后，一些投资者和投资对象会接着设定数字化的指标。比如，投资者设定的目标为获得100万个低收入消费者或种植1000棵本土品种的树。这些数字化的指标在将来可以被用作评定产出是否达标的标准。

（五）记录影响力评估条款和数据汇报

一些投资者倾向于不将影响力目标以法律文件的形式记录下来，从而为投资对象留出更多的灵活空间，而另一些会使用法律文件。一些人会在与投资对象的单边保证函中确认目标成果，而另一些会在投资文件中起草相关契约，直接说明影响力目标。投资者可能还会要求投资对象签署联合国普惠金融投资者准则或接受全球影响力评估体系的评级，通过第三方工具来确保投资对象的投入度。总的来说，数据的收集和保管对于减轻数据报告所带来的负担，以及对于建立一个书面的可审计的文件非常重要，它

还保证了数据的完整性。而数据的验证则为数据质量提供了保证，让回顾数据收集过程、检查其中所涉及的计算成为可能。

（1）有规律地进行数据汇报。

（2）对于实现目标的进展、结果和学习成果汇报应该保持透明并均衡；积极和消极结果都应该汇报。

（3）选择一个被广泛接受的框架和模板来做数据汇报。

（4）引用相关的度量方法、框架和方法论。

数据汇报中应注意的问题：

（1）影响力报告中是否提供了足够的资料和可靠的、可比较的数据？

（2）为了保证重要性：影响力资本的使用在汇报中是否与投资理论一致？度量方式是否有效跟踪了投资绩效，从而完成了比较和决策？

（3）为了保证可靠性：数据是否可考？数据能否被正确地收集和使用？

四、数据驱动的投资管理

（一）与投资对象分享学习成果，而不只是收集数据

许多投资者在选择度量方法的阶段就与投资对象一起参与，不仅如此，他们还会让投资对象接触到评估结果，在投资过程中激励投资对象并让他们认识到全面、有效的数据收集的价值。

（1）将影响力模型整合进核心投资决策过程中（比如整合进已有的绩效评估和高管会议议程中）。

（2）明确影响力模型和管理决策的关系，推动数据驱动的决策机制。

（3）通过影响力评估和数据收集，汇报持续的投资管理和决策。

（4）适时回顾和调整目标。

数据驱动的投资管理需要注意的问题：

（1）明确和进行投资组合/交易/投资决策时：

考虑数据、反馈或在当下投资周期中学到的经验是否为投资战略或投

资组合管理变革提供了证据？如果是，应该具体采取什么行动？

在内部和外部环境中，什么样的变革可能影响决策？

（2）明确影响力评估和汇报决策变革时：

是否有持续的利益相关方反馈评估？投资对象对于提供投入去改善投资对象的绩效是否已有成熟的方法？

是否要改变现有的影响力评估模式？如果是，应该采取怎样相应的变革？

（二）对于不良绩效的反应

在出现不良的影响力表现时，投资者会通过谈话来探索其原因并将获得的经验应用到当下的投资管理中。影响力数据可以促进这个探索原因的过程，也可以揭示财务绩效中的风险。理想情况下，一个影响力评估结果可以预测未来的资金流动方向和市场参与战略。投资者希望这样使用他们的分析结果，尽管他们中的许多人还没有这样使用，主要原因是他们的投资组合还处于早期阶段，信息尚不完善。

五、组织层面的评估

投资者报告什么以及怎样报告通常取决于他们为什么报告。管理私人资产的投资者对于他们的报告会更审慎，而对于代管客户资金的投资者来说，则需要同时考虑他们投资者的利益。一些投资者可能按每个月或每个季度收集数据，大部分投资者每年进行一次投资影响力报告。

（1）使用组织层面的系统性方法来进行分析，定性和定量的分析方法都应包括。

（2）确保分析是被设计来服务决策制定的。

（3）数据分析是用来评估项目过程对于投资目标的实现程度的，包括投资的贡献水平或者其贡献增值。

（4）将数据与一个基线水平或相似对象进行比较。

分析数据时应注意的问题：

（1）数据分析的结果是否可支持初始的投资理论和规划？

（2）数据是否在产出、成果和影响力等方面提供了证据？在三者中是否可以产生令人信服的联结？

（3）投资对象是否达到了预期目标？投资组合是否达到了预期目标？合作投资是否达到了预期目标？

（4）投资对象或投资组合的表现是否与其他相似投资进行了比较？一个投资组合/投资的影响力表现的最根本原因是否得到了充分体现？

（5）数据分析的过程是否透明？投资对象是否知道他们的工作将会如何被分析，这个分析对他们有怎样的作用？

（一）归因

从投资者的层面看影响力，一些投资者会计算他们的资金投入在多大比例上促进了投资对象的影响力。对于这样的计算方式业界有不同观点：一些人专注于检视他们是否做出了贡献而不去计算其贡献大小，另一些人计算投入资金的比例并按比例重新计算其影响力。

（二）额外性

在社会科学中，“额外性”被用来表示一个行为介入所带来的后果，如果没有该行为的介入则不会产生。一些比较激进的影响力评估会分析一项介入性行为是否会带来额外性产出，然而我们也发现在投资或投资者层面上对于额外性评估的价值有不同看法。许多投资者不评估额外性，一些是因为费用，而另一些是因为对这种评估的价值持怀疑态度。还有许多投资者做额外性的评估，是为了知道他们的资金不管在数量上还是质量上都被有效使用了。

（三）思考是否以及如何评估投资组合中产生的聚合效应

只有很少一部分投资者在报告数字之外还有一套系统来评估投资组合中间的聚合性影响力。其他人则是没有看到这种影响力数据可以带来多少价值，从而选择不去做相关分析。

案例

通过使用影响力雷达图（IMPACT Rader），桥资本（Bridges Veneures）在投前和投中阶段对它的每一笔投资基于影响力回报和影响力风险进行了评估。这个持续性的分析，通过一个标准的方法论来实现，让它们的团队得以评估一个投资是否具有它所预期的积极影响力和消极影响力。影响力雷达图用在综合评判投资产生的影响力时包含四个维度的准则：目标结果（Target Outcomes）、增值贡献（Additionality）、ESG因素和价值组合（Alignment）。在每个准则上都同时对风险和回报两个条目进行评分。在投资前，雷达图可以简要概括所投资项目的特点，提供讨论的基础；在投资后，它可以作为一个投资项目的管理工具，以便持续追踪每个投资的影响力风险和回报状况。为了方便通过雷达图追踪投资项目的效益，桥资本还与每个被投资者共同确定最合适的关键绩效指标（KPI），并记录在影响力记分卡上（Impact Scorecard）。

- 目标结果：明确目标的责任主体及其需求，改进面临的阻碍和目前的应对措施。由上述分析做出理论改进流程图，在此基础上展开得到投资项目实际的操作过程，从而得到潜在的收益回报，得知可能面临的风险。
- ESG因素：识别除了预期结果外，项目可能产生的积极或消极的社会影响——环境、社会、政府（ESG）因素，以理解项目的整体（净）效益。
- 增值贡献：明确由桥资本带来的积极影响，排除没有资本投入时就能够实现的目标结果，或是被投资者通过其他方式能够创造的更高质高产的结果。
- 价值组合：划分投资项目产生的社会影响力与财务回报之间的不同组合模式。

将上述四个维度综合在一起衡量即为该投资项目的影响力评估概况。

通过投资管理中的数据做出的影响力评估可以在很大程度上创造市场价值，影响力评估并不是单纯地汇报数字。在看到影响力评估的价值后，投资对象会越来越重视评估，这一点已经被多次证明非常重要，而且也会在长期的评估中非常重要。除了许多行业报告和文献可以帮助投资者发展他们自己的评估模型之外，还有许多机构和工具可以帮助和促进知识的分享，并协助评估。更重要的一点是，影响力和成果归根结底是一个关于经验的反馈。经验可以通过模型和数据来呈现，但模型和数据终究只是一个代表物。对于影响力的质性理解始终将会是投资者看重的一点。同样，财务模型反映了公司的状态，影响力模型可以反映产出的状态。但是审慎的投资者也会听取投资对象管理团队对于商业机会和挑战的汇报，同时他们也会更多在质性而不是量化的角度来考虑影响力的达成以及面临的挑战。

影响力评估还是一个需要完全对自己的机构进行量身定制的实践，不同行业、不同规模、不同理念的投资机构和投资对象都可能采用不同的评估方法。以文中提到的桥资本为例，它的三支影响力投资基金分别聚焦于快速增长行业、地产业及社会企业领域，主要采用主题投资模式（Thematic Investing），即追求社会效益的同时产生不低于市场收益率的财务回报，与多数影响力投资有明显的区分。这样的特点决定了它的投资过程的持续性和完整性，需要采用极其清晰的影响力评价标准（影响力雷达图）和开放合作的态度。而社会效益债券，由于是政府发起的，使用金融工具撬动社会资本的公私合作项目，对于投资表现的数据透明度和可靠性要求非常高，因此它使用的是非常量化的估值模型和影响力评估模型，并引入了第三方评估机构进行审计。然而也有大量的投资机构是类似于 I&P 这样比较典型的影响力投资机构，它们对于影响力评估的需求主要来自它们为投资管理提供的改善作用，因此在它们的评估过程中，需要大量的投资对象和利益相关方的参与，各方共同促进投资的良性发展。

此外，我们也应当关注的是，影响力的评估不仅仅是针对一个单一的投资或投资组合，它还有可能将与其他机构一起投资的项目（比如跟投项目）囊括进来。它带来的启发是投资者不应仅仅关注自己投资的表现力，还应该关注整个生态系统的建设。如何通过与政府的良好合作关系和合作模式为基金的持续运转及环境塑造带来巨大影响，如何积极关注领域相关的政策制度，如何主动形成与政府的合作关系以及参与到与政策制定者的对话中去，这些都值得思考和学习。

03

第三篇　案例篇

第七章
基金会影响力投资案例

朱照南

【案例一】凯洛格基金会的使命驱动投资战略[①]

2007年，总部位于密歇根州巴特尔克里克的凯洛格基金会（W. K. Kellogg Foundation，WKKF）设立了使命驱动投资基金（Misson Driven Investments，MDI），并且承诺直接投资营利性社会企业。可以说，凯洛格基金会是美国基金会开展影响力投资的先驱代表，该基金会将所持捐赠资金和机构使命目标完美结合，并取得巨大成功。

一、凯洛格使命驱动投资基金的起源

凯洛格基金会设立使命驱动基金离不开两个关键人物的推动。第一位是Luther Ragin，他曾是F. B. Heron Foundation的副总裁和GIIN的首席执行官。在他的推动下，凯洛格基金会逐渐认识到在某种程度上投资可以成为传统资助方式的有效补充，于是开始有意地调整其投资和慈善活动，这一转变对凯洛格基金会的长远发展非常关键。随后，2005年，Sterling Speirn担任基金会首席执行官，也为基金会带来了先进的理念。他曾经在半岛社

---

① 原文：Impact Investing 2.0.（2016）. Case Study：The W. K. Kellogg Foundation Mission Driven Investments（MDI）。编译志愿者魏斯羽，策划编辑朱照南，首次刊登于《善与志案例》2016年总第4期。本文在此基础上进行了补充和改编。

区基金会（Peninsula Community Foundation）任职期间积极推动公益创投，帮助基金会使用风险投资工具资助营利性或非营利性的社会企业。在这些领导人的推动下，基金会的理事会和委托人也逐渐达成共识，开始思考如何能更有效地实现其推动儿童全面发展的使命和目标。

后来，基金会的设计与创新部门负责人 Tom Reis 提出使命相关投资（MRI）可以成为基金会未来的重要发展方向，帮助基金会实现使命目标和财务目标的平衡。Speirn 和理事会成员都支持了这一建议，并为进一步的研究开了绿灯。Reis 随后聘用了一个外部的财务咨询专家 John Goldstein 帮助其进一步完善这一理念。2007 年 5 月，这些来自非洲和美国的项目团队人员提出“边做边学”的策略，投身于使命投资的实践之中。捐赠人和理事会再一次给予了支持，但是注意到“使命相关”似乎并无法完全准确地描述这种方式的内在本质，认为用“使命驱动投资”更加合适，于是 MDI 就正式设立了。

二、MDI 基金运作机制

凯洛格基金会为 MDI 的顺利开展进行了一系列的制度设计和改革，从管理体系、财务归属、内部部门管理、外部咨询等各个方面为 MDI 开了绿灯，形成了其独特的运作机制，也确保了这一创新最终能够成功落地。

（一）MDI 的三层管理体系

MDI 的制度设计主要包括三层管理体系：投资管理团队（Portfolio Management Team，PMT）负责寻找和审查投资项目；投资委员会（Investment Committee）负责投资项目的最终审批和监督；理事会财务委员会（Board Finance Committee）负责高级监管。

（二）MDI 的资金纳入捐赠资金池

凯洛格基金会的全部资产分为两个资金池：信托资金池（80 亿美元）和基础捐赠资金池（3 亿美元）。信托资金池有一个独立的团队管理，包括 2 名基金会托管人、主席和 CEO，以及 2 名外部人员；基础捐赠的资金主要用于开展公益捐赠，由10名理事会成员进行管理。使命驱动投资（共计1亿美元）被放在基础捐赠资金池，而不是信托资金池内，这就使得MDI在基础捐赠资金内部获得了非常重要的地位和优先权。这也使得一些非常规的投资（获得的不是财务的回报，而是社会影响力回报）可以在这一项目下获得有效的管理。

（三）MDI内部管理的调整

MDI基金自设立至2013年经历了一个较大的转变和演化过程，MDI逐渐吸纳更多商业领域的经验，其内部管理结构和人员也相应地经历了同样的转变。

一方面，基金会开始雇用更多有金融投资背景的人加入MDI的管理和运作，例如，2011年基金会聘任了John Duong，他曾在J. P. 摩根做投资银行家，在美林证券（Merrill Lynch）、花旗银行（Citigroup）和巴克莱资本（Barclays Capital）做财务和金融战略顾问，这些银行、证券等领域的财务金融经验被注入MDI，帮助MDI在投资方面更加专业。2012年，MDI基金成为基金会投资部门的一部分，受凯洛格基金会的副主席和主要投资官员Joel Wittenberg的领导。

另一方面，凯洛格基金会也非常注重投资部门和项目部门人员之间的沟通和相互理解，将这两个部门的边界打通。正如Wittenberg强调的，MDI基金逐渐发展成为一个“多语言”的组织结构。在MDI设立之初，内部更多用来自项目领域和项目官员的“语言”进行沟通，而现在基金开始允许越来越多来自投资官员的“语言”，同时也保持对基金会使命的坚守。

（四）外部专业支持

凯洛格基金会对内部结构的调整为MDI项目奠定了组织结构的基础，也确定了发展的方向，而和外部专业咨询机构印记资本（Imprint Capital）的合作关系则是其发展的重要外在原因。印记资本[①]是一家位于旧金山的，

① 该公司已经于2015年7月被高盛集团收购。

为基金会、财富家族和金融机构提供影响力投资咨询的专业机构。印记资本帮助 MDI 设计和完善了项目机制，该机构的专家对财务的敏感度、对影响力投资的深刻见解、在该领域的相关专业知识以及为基金会提供相当大的灵活性的“自由时间”都帮助 MDI 实现了更加专业化的运作。

三、MDI 的投资策略

（一）直接投资

与一些传统的投资观念认为直接投资会限制交易的流动不同，Reis 认为凯洛格基金会就是要发掘大量的、未开发的投资机会，尤其是那些可靠的社会创业者。“总有一些传统的投资者忽视的领域和创业机构，我认为通常的投资只是隔靴搔痒，并未深入。如果你真的希望同时获得社会影响和财务回报，就需要找到那些创造性地解决社会问题的人，并且资助他们。”

凯洛格基金会的直接投资在于支持弱势儿童“全面发展”这一目标，它的关键项目和使命重点是：教育和学习；食品、健康和福祉；家庭经济安全；社区和公民参与；种族平等。据统计，凯洛格基金会通过 MDI 对社会企业的直接投资占其对美国地区总投资的 28%，共计 1490 万美元，共有 6 家社会企业①接受了其直接投资，其中有 2 家的投资资金已经退出。

（二）从随机投资到计划投资

MDI 团队最早的两笔投资阿克拉教育中心（Acelero）和南方社区银行公司（Southern Bancorp），来自基金会的原有资助网络。在早年，利用凯洛格基金会已建立的关系是寻找投资机会的一个重要来源，但是 WKKF 发

① Acelero：提供学前教育和托管服务给有资格获得联邦政府启蒙计划（Head Start）基金和国家儿童托管服务的低收入儿童和护理者。Happy Family（已退出）：“母亲所有，母亲运营”的有机食品制造者。Revolution Foods：在联邦政府资助全球学校午餐计划帮助下，提供营养和膳食给弱势儿童。Seechange Health：一家创新的医疗保险公司，通过财务激励，鼓励使用者坚持健康行为。Southern Bancorp：在美国密西西比河三角洲地区最大的农村发展银行。Wireless Generation（已退出）：一家教育科技公司，提供工具以分析学生数据，并根据学习需要提供课程。

现并不能只依靠基金会网络找到投资机会，而是需要逐渐形成自己的投资策略，这需要一个更加确定和系统的市场分析。

印记资本帮助 MDI 启动了深入的市场调研以寻找可能的投资机会。最初是由教育领域开始，调研了 580 家教育和学习相关的企业，100 家潜在的投资伙伴和中介公司，以及 7 个相关的子领域。团队发现了最值得投资的 31 个企业，然后，最终确定无线一代教育科技公司（Wireless Gerneration）成为 MDI 的第一个投资对象。这一调研和筛选的过程成为 MDI 项目的核心。MDI 直接投资的对象往往也以获得市场比例的回报为目标。印记资本的 Goldstein 说："我们开始更加积极地寻找可以吸引顶级投资资本的公司，与更加成熟的投资者合作。"

（三）战略投资者：竞争优势

WKKF 的投资过程和大多数传统的私募股权基金是一样的，每一个投资都是通过 MDI 和印记资本的员工认真审查，经过协商提交给投资委员会进行最终审批。但是 WKKF 的不同之处在于，它是一个战略投资者。基金会并不追求资本的快速退出，对于被投资机构来说，他们是在与一个大型的、具有良好组织和使命导向的基金会共同工作。最终，WKKF 为很多优秀的团队提供了担保和支持。

对一些相对成熟的领域和企业来说，MDI 的投资只是提供了一种更加灵活的资金渠道，但是对于一些传统投资者缺乏知识和热情的领域，如食品、医疗和教育等，MDI 则在做铺路的工作。

尽管 MDI 的投资过程需要大量尽职调查，但是其投资成本被严格控制。MDI 每年投资成本总计大约为 90 万美元，相对于其管理的 1 亿美元资产，这一成本非常低。当然，这依然比传统的基金会捐赠资金的管理成本要高。

四、MDI 的投资结果

MDI 基金拥有多元化的投资战略和长期目标，同时，WKKF 强调整体项目的财务业绩。MDI 投资的机构中有两个已经退出，且都获得了较高的投资回报率。

2012 年，根据最新的社会影响力数据，MDI 项目支持了共计 71000 名弱势儿童，直接投资服务的数量达到 75%（共计 53339 名儿童）。在 MDI 总的投资组合层面，WKKF 在区域、使命领域和目标人群之间取得了均衡，尤其是其在密歇根、墨西哥、密西西比河、新奥尔良市的投资已经达到了预期投资的 50%。

Happy Family 是一个位于纽约的，“母亲所有，母亲运营”的有机食品制造商，该企业的服务对象是青少年。对 WKKF 来说，两个因素吸引了其投资兴趣：一是 Happy Family 已经获得了加州政府的批准，其生产的产品可以在政府开展的妇女、婴儿和儿童特别营养补充计划下得到购买。二是 Happy Family 的创始人、首席执行官 Visra，以及首席运营官、创始人合作者 Jessica Rolph 是 WKKF 母乳喂养项目（凯洛格的优先项目）的主要支持者。

快乐之家（Happy Family）的使命是促进消费者食用有机食品以及促进婴儿食品行业的改革，并且在 2011 年成为一个共益企业（B Corporation）。因此，基于相同的使命，该企业非常乐于与凯洛格基金会合作。

Happy Family 的创始人 Visram 曾说道：“我从来没有想到一个并非在初创期支持我们的投资者依然能够有如此纯粹的使命。我非常高兴凯洛格基金会能够在我们增长阶段进行投资。我希望看到社会责任投资者能够通过投资获得回报，因为这将意味着越来越多的社会资本会效仿。”

WKKF 投资 460 万美元，其中包括 300 万美元的贷款、160 万美元的普通股，这使得 WKKF 获得了观察董事的位置和所有权。2013 年 4 月，应 Happy Family 的请求，WKKF 将其贷款额度提升至 375 万美元。最终，于 2013 年 5 月，Happy Family 被法国达能集团（Danone Group）收购。

五、结论和前景

综合来看，凯洛格基金会的使命驱动型投资主要为我们提供了以下启示：

三个重要因素有助于 MDI 项目的成功：①领导的支持和管理结构确保 MDI 团队能够有明确的方向和充足的运营资源；②内部经验丰富的团队及其与印记资本的深远关系，尤其是在由印记资本主导的调研目标领域寻找投资机构；③WKKF 的直接投资策略确保基金会实现社会影响力和财务回报目标达到一致，尽管直接投资需要内部达成一致，且面临巨大风险，但是 MDI 依然通过基金会的品牌和资源获得了投资机会。

截至 2014 年 3 月，MDI 基金已在 WKKF 投资部下运作两年，这种制度的好处和未来的计划也日益成为焦点。尽管面临很多障碍，但也存在很多机遇，影响力投资模式正在兴起。MDI 基金已经成为凯洛格基金会繁荣发展的关键。目前，MDI 的目标是确保能够将凯洛格基金会全部的捐赠资金通过 MDI 项目获得有效增值。尽管目前基金会的主要活动还是捐款，但是基金会认为综合使用包括使命驱动投资、项目相关投资和捐款等方式会产生更大的影响力。

【案例二】中国基金会的影响力投资实践：以北京亿方公益亿方基金会为例

基金会作为一种财团性法人，其本质上更像“慈善银行”，应该非常注重对财产的运作和保值增值，欧美国家的大多数基金会也会将大部分资产用于投资理财，实现资产的可持续增长。很多欧美大型基金会单靠投资理财的收入就可以支持其公益项目的运作。而目前中国基金会的资金收入主要来自捐赠收入，投资的规模和收益都非常有限。截至 2019 年 12 月 31 日，我国共有基金会 7580 个[①]。根据《中国基金会发展报告（2015—

---

① 杨团，朱建刚.（2020）. 慈善蓝皮书：中国慈善发展报告（2020）［M］. 北京：社会科学文献出版社.

2016）》[①] 对基金会的资产进行分类统计的数据，全国基金会的流动资产共860亿元，占资产总额的75.47%；全国基金会长期投资金额共有236.47亿元的规模，占基金会资产总额的20.73%。从这一结构比例中，我们可以看到我国基金会大部分资产为流动资产，只有1/5左右用于长期投资。而且，根据《中国基金会发展报告（2015—2016）》统计，2014年全国基金会的投资收入仅占全部收入的4.2%。这种状况一方面是受体制和政策限制的影响，另一方面也反映出我国基金会整体对资金的运作、保值增值的意识和能力不足。因此，这种状况也会对我国基金会开展影响力投资产生一定的限制。

近些年，中国的基金会对公益创投和影响力投资越发关注，也有一些基金会开始了公益影响力投资的实践探索，其中以南都公益基金会、中国扶贫基金会、北京亿方公益基金会、北京乐平公益基金会、友成企业家扶贫基金会等为代表，它们在建设行业平台探索本土影响力投资模式推动政府参与开展国际合作等方面做出了开拓性的贡献。接下来，将以北京亿方公益基金会（以下简称亿方基金会）为例，呈现中国基金会在影响力投资生态系统中的作用、投资模式、运作机制，以及中国基金会影响力投资面临的挑战与未来趋势。

一、基金会在影响力投资生态系统中的作用

在本书第五章中我们已经对基金会在影响力投资中的角色和作用进行了梳理，主要包括前期资助和能力建设，提供信用增级服务，推动基础设施建设，以及开展尽职调查和信息共享。这些主要功能主要是基于对欧美等影响力投资生态系统相对完善的地区进行的总结，那么，在目前中国影响力投资生态系统尚未建立的阶段，中国基金会的主要作用和推动影响力投资的具体方式是怎样的呢？我们通过调研访谈和对已有研究的梳理，发

① 中国基金会发展报告课题组.（2016）. 中国基金会发展报告（2015—2016）[M]. 北京：社会科学文献出版社.

现当前国内比较活跃的、积极推动社会企业和影响力投资发展的基金会主要在三个方面在进行实践探索：建设行业平台、推动政府参与和探索本土投资模式。亿方基金会在几个方面均有涉及，接下来我们将具体进行呈现和分析。

（一）建设行业平台

目前，中国推动建设的社会企业与影响力投资的行业性平台主要包括：中国社会企业与影响力投资论坛、社会价值投资联盟和中国社会企业服务平台。亿方基金会是推动中国社会企业服务平台[①]的主要支持方。该平台主要为全行业的社会企业家、公益组织、学者和各地政府等提供认证、评估、政策数据、培训、研究等多方位服务。依托该平台，亿方基金会参与推动以成都市为代表的地方政府开展的社会企业认证工作。这一平台可以产生多方面的作用：首先，希望获得认证的社会企业可以通过平台进行申报；其次，政府可以方便地使用这一平台进行社会企业认证管理；最后，平台收集的社会企业信息也可以产生大量的基础信息和数据，供学者进行研究使用。截止到2020年，该平台已经连续开展认证工作5年，认证社会企业283家，覆盖全国25个省（市、自治区），涉及15个行业领域。推动社会企业认证工作可以在需求侧加强影响力投资生态系统的基础设施建设，为影响力投资机构提供更多可能的投资机会。

（二）推动政府参与

影响力投资的发展在各个国家呈现出了不同的模式。一般来说，美国主要是市场和资本力量强大，比较鲜明的特点是资本力量推动行业发展；而中国则是政府力量会影响社会经济的各个方面，如果缺失政府力量的参与则很难真正形成生态。目前，在全国宏观政策上，虽然尚未有专门针对社会企业和影响力投资的相关政策，但是大的趋势是鼓励放开公共服务市场、加强供给侧结构性改革、扩大政府购买社会服务等。而在地方上，多

① http：www. socialenterprisechina. com.

个地方政府已经相继出台了一些支持社会企业和影响力投资的相关政策。例如，佛山市顺德区2014年出台《顺德社会企业培育孵化支援计划》，最早开展社会企业认证工作；深圳市福田区政府于2017年出台了《福田区关于打造社会影响力投资高地的意见》，于2018年出台了《关于打造社会影响力投资高地的扶持办法》；2018年，成都市出台了《关于培育社会企业促进社区发展治理的意见》和《关于发挥工商行政管理职能培育社会企业发展的实施意见》，首创了“社会企业”这一注册类别。在推动政府参与的过程中，亿方基金会采取了自上而下和自下而上等多种策略：“我们力图建立一个全国性的社会企业标准，最好是通过一个全国性的机构，但是不太理想，因此我们就开始尝试推动团体标准和地方标准。”在推动成都市政府参与的过程中，亿方基金会主要通过社会企业认证这一具体行动切入，帮助政府提供可操作的工具平台和技术支持，然后促使政府提供更多资金、资源支持。“成都将于2020年继续推动社区类社会企业和物业类社会企业的大力发展，预计成都2020年还将制定出社会企业地方标准，推动全国性社会企业标准的形成。[①] 此外，我们还在尝试推动成都政府成立中国社会企业产品成都交易会（社企成交会），作为长期城市战略定位。像北京以政治为中心、深圳以经济为中心、上海以金融为中心，希望未来形成成都以社会为中心的格局。”

（三）探索本土投资模式

我们在本书第五章对美国基金会开展影响力投资的三种主要模式（公益创投、项目相关投资、使命相关投资）进行了梳理。但是，中国本土的政策环境与行业现状同美国存在较大差异，基金会在进行影响力投资实践时需要结合本土情况进行探索和尝试。虽然公益创投这一模式不属于严格意义上的投资，但是更符合我国社会企业和社会服务组织当前发展阶段的需求，前文中我们已经简单介绍了，目前，国内越来越多的基金会开始实

① 说明：此文摘录于网络，2020-08-21. 亿方基金会秘书长李北伟访谈．

践这一方式。中国社会企业与影响力投资论坛的《中国社会企业与社会投资行业扫描调研报告 2019》访谈了 19 家基金会，报告显示“受访基金会的社会投资方式包括基金会开展过公益创投类资助和影响力投资两类①”；“在被调查的基金会中，有 12 家基金会开展过影响力投资，其中有 10 家使用过股权投资，有 3 家采用过贷款的方式，还有 1 家使用过提供固定资产的方式进行投资”②。在基金会具体投资实践中，目前③由于国内在基金会投资相关的法律和政策方面尚不完善，因此，需要基金会通过各种变通的方式去实现最终的投资目标。

1. 基金会通过贷款方式开展影响力投资

中国基金会中并不乏使用贷款方式开展项目、支持受助对象的先例，包括支持青年人创业就业的贷款项目，也包括支持社会企业创新发展的无息贷款项目等。但是，中国基金会目前在国内直接使用贷款方式开展的项目面临诸多挑战。其中，最重要的来自法律方面的挑战就是基金会不能直接贷款给商业注册的公司④。这就限制了基金会为一些商业注册的社会企业提供无息或低息贷款。目前国内的基金会一般会通过与公司签订捐赠合同的方式开展项目，但是这又存在较大的风险。

2. 基金会通过股权投资方式开展影响力投资

《基金会管理条例》《中华人民共和国慈善法》《慈善组织保值增值投资活动管理暂行办法》等法律法规并未对基金会直接进行股权投资有任何限制⑤。但是，在实际操作层面，主要是在基金会年检和评估过程中，财务审计方会对基金会投资企业的行为产生质疑，并且一旦投资出现亏损需

---

①② 南都基金会.（2019）. 中国社会企业与社会投资行业扫描——调研报告 2019［R］. 中国社会企业与影响力投资论坛.

③ 说明：此书写于 2021 年，文中“目前”指“2021 年”时间点。

④《慈善组织保值增值投资活动管理暂行办法》第七条规定：“慈善组织不得以投资名义向个人、企业提供借款。”

⑤《慈善组织保值增值投资活动管理暂行办法》规定：“慈善组织直接进行股权投资的，被投资方的经营范围应当与慈善组织的宗旨和业务范围相关。”这一规定就限制了慈善组织股权投资的性质必须属于项目相关投资和使命相关投资。

要在财务中将亏损列入管理费用，这就可能会增加基金会管理费用的比例。为了能够更加符合法律的规定，目前国内一些基金会通过成立投资公司的方式开展影响力投资。基金会通过投资公司去投资多家社会企业，这样就把影响力投资与基金会的公益项目相对隔离，操作起来更为便利。基金会就可以将资产中的一部分通过投资公司的运作支持到自身使命相关领域的社会企业，还可以获得一定的投资回报。

亿方基金会就是较早通过投资公司的方式来开展影响力投资的。“我们用另外一个公司来投资社会企业，然后这家公司把对社企投资的股权全部捐赠给亿方基金会，所以基金会收到的是股权捐赠，若股权有所变动，也不影响合法合规性。这是我们的一个探索，相当于一个投资公司投资了一个项目公司，然后由项目公司投到标的公司，标的公司和项目公司全是纯商业的逻辑进行合作和管理，项目公司再把股权捐赠给基金会。”[①] 具体的投资模式如图 7-1 所示。

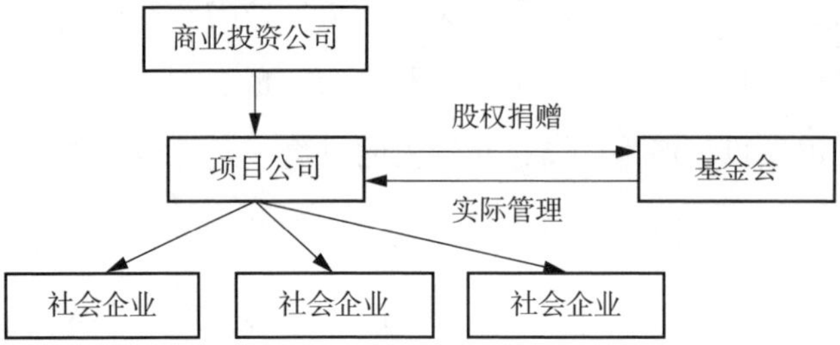

图 7-1　亿方基金会影响力投资模式

亿方基金会的这一模式保证了基金会符合法律和审计的相关要求；同时，影响力投资的资金是独立于基金会的公益资金之外的，故可以比较灵活地开展投资项目。此外，因为投资公司将全部股权捐赠给基金会，基金会控股也可以保障投资项目的公益性。亿方基金会目前已经通过这一投资模式投资了两家社会企业，分别是成都朗力养老产业发展有限公司（以下

① 亿方基金会秘书长李北伟访谈，2020-08-21.

简称朗力养老）和北京同心互惠企业管理咨询有限公司（以下简称同心互惠）。北京乐平公益基金会也通过基金会控股的北京富平创业投资有限责任公司对一些社会企业进行投资，而这些社会企业是其早期资助的公益项目慢慢发展和转制而来的。例如，2009 年，山西永济小额贷款项目转制，注册成立永济市富平小额贷款有限责任公司；2011 年，富平—小橡树儿童早期教育项目注册为北京谷雨千千树教育咨询有限责任公司；2013 年，富平—大地生态信任农业项目注册为北京富平创源农业科技发展有限责任公司。北京乐平公益基金会的投资模式更像是“养成系”，即从公益项目到组织培育，再到股权投资，将公益资助—公益创投—影响力投资这一链条打通，形成了一个“基金会+投资公司+社会企业”的系统。而亿方基金会的模式更接近于商业投资的方式，在开放的市场中寻找符合预期的被投机构，进行尽职调查，确定合适的社会企业进行投资，然后进行规范的投后管理。我们将在后面具体展开其投资管理的过程。

3. 基金会通过专业投资基金开展影响力投资

为了能够更加广泛地开展和参与影响力投资，个别引领型基金会也开始尝试设立专门的影响力投资（社会创新投资）基金的方式对各个领域具有潜力的社会企业进行直接投资。例如，为促进国内影响力投资事业发展，南都公益基金会将作为投资者出资 5000 万元参与禹闳资本新设立的影响力投资专项基金“禹禾基金”，致力于推动国内社会企业的发展，因此基金会就可以通过专业的投资基金去筛选和投资社会企业，可以更加专业化地运作。

4. 以“公益资本+商业资本”模式开展影响力投资

此外，也有基金会通过投资和吸引商业资本的方式来兴办幼儿园、养老机构、医院等社会服务类机构（之前都是以民办非企业单位的形式注册），基金会的参与和推动实现了公益资本+商业资本的有效结合，将会成为未来我国社会服务类机构的一个重要发展模式。例如，北京首家中医特色儿童专科医院——北京惠民中医儿童医院就是由北京市惠民医药卫生事业发展基金会推动成立的，随后该医院又获得首都医疗集团投资，开创了“由社会公益组织吸收商业资本举办医疗机构”和“创办首家中医儿科专科医院”的先河。

我们看到，中国基金会作为推动和探索本土影响力投资模式的开拓者，在开展影响力投资的层次和方式上正在日益多元化。虽然影响力投资依然是非常前沿和极少基金会真正参与的活动，但是我们相信随着基金会的资产规模日益扩大，基金会对社会创新和社会变革的引领性要求日益提高，将会有越来越多的基金会通过影响力投资的方式撬动更多社会资本，推动中国社会问题的系统解决。

二、亿方基金会开展影响力投资的运作机制

亿方基金会投资社会企业的目标是做出成功案例，使之产生行业示范和政策倡导作用，树立一种公益创新模式和新型企业文化，而不是追求投资社会企业的数量规模和短期回报。截止到2020年，亿方基金会只投资了2家社会企业，即从事适老化改造的朗力养老和从事二手衣物回收的同心互惠。在对两家社会企业的投资过程中，亿方基金会积累了较为丰富的经验，为其他基金会开展影响力投资提供了参考借鉴。

（一）投资对象选择

亿方基金会瞄准的社会企业不限行业，多为已有一定规模的商业模式。“我们以股权的方式投资早期企业，不限行业，大致的企业阶段在有产品或服务收入、商业模式经过检验、已经跨过0到1阶段，蓄力于1到10阶段。”[①]

亿方基金会选择投资对象时主要关注三个方面：

第一，项目和企业自身需要具有一定的公益性。具体来说，经营企业

① 亿方基金会秘书长李北伟访谈，2020-08-17.

的目的是解决当前具有一定紧迫性的社会问题，而且是在商业领域很难得到有效解决的社会问题；项目满足的是某个群体的真实需求，且最终受益人群达到一定的规模；企业具有社会使命，支持公益事业，愿意拿出企业利润的20%用于公益捐赠。

第二，企业的商业模式具有创新性。社会企业的商业模式需要兼顾传统企业和传统公益组织的特质，但是又不同于二者，它是社会企业最具创新性的核心竞争力。基金会和投资者也需要加强对这些创新模式的理解才能够真正选择出具有潜力的好项目。

第三，关注创始人的初心与能力。亿方基金会在选择项目时对于创始团队的公益初心非常看重，只有纯正的公益初心才能确保项目在发展过程中不会发生使命偏移。在此基础上，团队需要具备一定的商业基础和经验，确保企业持续经营。此外，团队成员，尤其是创始人的人格特质、激情等也是值得关注和考察的内容。

根据上述选择投资对象的标准，亿方基金会在投资之初收到了20余个项目申请。经过一系列筛选，该基金会初步选出了6家社会企业；进一步了解后，发现其中有几家企业已经发展得规模化程度较高，估值甚至达到上亿元人民币，考虑到这样的企业已经不缺乏资本的支持，就没有选择。最终，亿方基金会聚焦于朗力养老和同心互惠。

（二）投后管理

在投资两家社会企业后，亿方基金会根据企业的不同发展阶段和具体需求开展了有针对性的投后管理。朗力养老的创始团队具有较强的商业背景，企业管理相对比较规范，因此亿方基金会对于朗力养老的投后管理主要集中在战略发展和资源对接方面。具体包括：定期参与董事会；与管理团队共同探讨企业发展策略和路径；协助朗力养老开展新一轮融资计划，对接潜在投资方；提供商业和公益领域的资源对接，协助企业创新发展。同心互惠的创始人团队有天然的公益背景和激情，但是缺乏相对成熟的企业管理和商业运营经验，因此亿方基金会对支持其企业管理投入的精力更多一些，不仅关注企业战略发展，而且深入企业具体的运营之中，包括财务规范、IT 支持、流程内控、法律规范、人力资源管理、品牌等各个方面的支持，投入了大量的资源与精力。“我们是很细的投后服务，投入大量的工作参与到所有内控流程、财务系统、IT 系统的搭建，帮助企业招聘总经理、财务和品牌负责人等，同心互惠像还在成长的孩子一样，我们协助其从基础完善所有环节。”①

（三）绩效评估

亿方基金会采取二元法衡量投资的社会企业绩效。从社会属性方面，主要关注所投社会企业的社会效应；从企业发展和商业模式的角度看，主要关注其成长速度、增长规模和财务状况。

亿方基金会认为由于在项目筛选阶段已经对其公益性、社会属性进行了深度考察，而且已经在投资协议中约束了企业利润 20%用于公益捐赠，因此在日常评估的过程中基金会重点还是关注企业的商业指标，而不是对目前尚很难量化的社会效应指标进行评价。“要是看一个普通企业的成长是很容易的，就看其业务收入是否在增加、成本是否合理、现金流和财务报表等财务指标，同时看其商业模式的创新性、企业成长速度、新业务拓展情况等来做商业判断。日常的业绩评估，主要看企业是否做得好。”②

总体来看，目前两家社会企业都取得了不错的成绩，朗力养老和同心互惠都被评为金牌社会企业，作为经典案例入选中国人民大学出版的《社会企业家精神》一书，并经常被行业会议和地方政府邀请分享经验，参与多地社会企业有关发展政策的制定和评审等，成绩显著。与此同时，两家企业也受到了投资界的认可，都完成了第二轮融资，估值都有显著提升。但是从产品和服务市场规模的角度看，二者还有很大的发展潜力，目前都是规模尚小。此外，两家企业也都或多或少受到疫情影响，在 2020 年的日

①② 亿方基金会秘书长李北伟访谈，2020-08-21.

常经营中遇到了较大挑战。

（四）退出机制

由于中国的社会企业发展处于初级阶段，目前基金会开展的影响力投资项目多数也才刚刚起步，所以亿方基金会尚没有完成退出的投资项目。亿方基金会目前对被投企业没有预期回报，因此退出机制相对灵活。但是，基金会对被投企业的未来前景十分看好，希望将来这些被投企业能够规模壮大，完成上市。“我们看重前景，认为这些社会企业是有可能发展壮大的，其实这两家社会企业都是各自所在行业的龙头，同心互惠对标的是美国的好意慈善超市（Good Will），朗力养老是在整个适老化改造行业里的领先者，都是金牌社会企业。”①

三、中国基金会开展影响力投资的机遇与建议

中国经济的快速发展催生了大量的企业和企业家，越来越多的企业家投身公益领域，关心重大社会议题，社会创业的热潮日益升温。各行各业的精英企业家也开始探索实现从以谋利为主的企业经营模式向成就“伟大企业”的模式转型，而他们的转型路径就是担当社会重大议题，助推中国新时代的新商业文明建设。这种新商业文明的精神内核来自中国传统文化中的“君子爱财，取之有道”的精神，这种精神也逐渐推动着越来越多的企业向实现“义利并举”的战略转型，而在这一过程中我们可以看到商业与公益之间的边界日益模糊，具有传统文化精神和信仰内核的商业企业将会引领未来伟大企业的发展路径。在这样的时代大背景下，中国必将涌现出大量社会企业，尤其是在养老、医疗、教育、社区服务等关系社会民生和公众公共服务需求的领域。这些社会企业的涌现和初期发展需要基金会的支持。这是中国基金会开展影响力投资的时代机遇。

此外，中国的社会主义制度和历史经验为社会企业和影响力投资的发

① 亿方基金会秘书长李北伟访谈，2020-08-21.

展提供了制度保障和思想基础。从历史经验来看，中国在改革开放之前是以“企业办社会”的方式运行，大量国有企业承担了诸多社会功能，从幼儿园到食堂，到电影院，到医院，到养老院，几乎涵盖人的一生，这种简单的公有制和国有化导致了经济效率低下，也无法提升社会化效益。但是这一基因在当代社会可以与市场化运作机制相结合，创造出具有中国特色社会主义的企业形态，真正实现经济效益和社会效益的兼顾。从现实情况来看，中国本身也已经存在超过几十万“民办非企业单位”，这些机构在性质上大部分属于社会企业，只要有适当的政策引导、合理的制度设计，就可以将其改制成社会企业，在中国经济成分中创造新的组织形式，同时对接国际话语体系，提升中国国际影响力和话语权。

但是，我们也需要看到对于基金会开展影响力投资也存在一些质疑和争议。第一，一些学者认为影响力投资是资本主义的产物，其背后的利益诉求是精英集团、资本集团在扩大自己的势力范围和影响力，会导致公益慈善的寡头化；第二，虽然社会企业试图整合公益与商业，但是社会企业由于接受影响力投资，其组织架构和管理风格会受到资本运作方式的影响，比较倾向于企业流程化生产、科层制、量化管理的特征，社会企业最终还是偏向企业的运作方式，更多关注商品生产，而这样就可能会忽视传统公益组织人文化服务的特质，注重受益人的需求和感受，促进人的发展和改变。

这些质疑的声音也可以帮助基金会在进行影响力投资时做出更多的思考，加强对自身角色定位和社会影响的认知。具体来说，需要在以下几个方面提升自身的认知和能力。

第一，基金会需要思考自身角色定位，与政府、商业机构之间进行良好的分工与合作。基金会作为政府与商业投资机构中间的重要环节，需要推动影响力投资行业的平台建设、基础设施建设，例如，推动建设和完善更多行业标准、数据库、资源库、基础研究、政策倡导、人才培养等，推动整个行业生态有序发展。基金会是构建这一良性社会企业与影响力投资生态系统的关键角色。政府是开展公益创投的重要力量，中国政府目前每年的政府购买服务项目也催生了大量社会服务类、社区服务类的组织，很多组织具有商业化运营的潜力。基金会在推动政府出台更多支持社会企业和影响力投资政策的同时，可以在政府公益创投、政府购买服务项目基础上去推动影响力投资的发展，在政府培育的项目中发掘具有潜力的社会企业，并为后续规模化和引入更多商业投资奠定基础。

第二，基金会在开展影响力投资过程中需要对整个公益生态格局有所了解，推动公益行业良性发展。陶传进等①对中国公共服务项目依照其提供中的技术含量划分为五个层级，包括基础慈善、流程化公共服务、社会服务、公共治理和社会系统变革。在此分类基础上，基金会需要思考支持社会企业发展的定位应该落在哪个层级，由于每一个层级存在不同特性和需要不同的专业技术，在支持不同层级的社会企业时，需要考虑是否符合自身能力特长；同时，尊重和了解公益组织自身不可替代的技术特长，避免在资助过程中对公益项目或公益组织造成异化，破坏其内在的生长规律。

第三，基金会需要提升影响力投资管理的能力并和同行交流。通过亿方基金会的案例我们看到当前中国基金会开展影响力投资的实践依然处于探索阶段，虽然投资的数量不多，但是已经开始逐渐形成一定的投资模式。但是由于政策和法律方面的限制，基金会需要采取多种曲线策略开展影响力投资实践，缺乏直接、顺畅的内部管理机制开展项目相关投资或使命相关投资。基金会之间还需要加强交流，一些走在探索前沿的基金会应加强经验分享，推动行业实践知识的积累。

---

① 陶传进，朱照南，刘程程，等．（2020）．公益项目模式：理论框架及其应用［M］．北京：社会科学文献出版社．

第八章
家族与高净值个体的投资案例

何莉君

【案例一】罗素家族参与影响力投资

罗素家族主要是以乔治·罗素为首的家族。乔治·罗素是美国养老金投资元老。1999 年，他把公司卖给了西北共同保险公司（Northwestern Mutual Life），随后公司更名为罗素投资集团。该家族目前有三代。公司卖出的钱有一部分拿来成立了家族基金会，一部分作家族办公室，也就是前面提到的门道集团（Threshold Group）。乔治·罗素的企业是一个非常成功的金融服务公司，其创建了测量股票价值的世界著名的股票指数——罗素指数（Russell Index）。当他们在 1999 年至 2000 年间卖掉这一业务时，他们有机会和资源来创建家族慈善基金会。罗素家族的女儿莎拉·卡瓦诺是基金会的第一任首席执行官，她帮助建构了基金会价值观以及工作使命。2018 年，该基金会的总资产约有 1.4 亿美元。从宗旨上来说，罗素家族基金会致力于促进家族以及社区的进步。罗素家族多代人都生活在普吉特海湾地区（Puget Sound Region），因此他们很感激这个社区对于家族成功的贡献，并想回报这个社区，这就是为什么他们创立这个基金会，并把总部设立于吉格港（Gig Harbor）。吉格港是塔科马区外的一个小渔村，距离西雅图南部有一个小时的车程。普吉特海湾地区是基金会最初的重点工作领域，基金会致力于保护这里的美丽环境。罗素家族非常欣赏这一地区的美丽环境、优美的水域和土地。当罗素家族考虑基金会的工作方向时，他们感受到了这片土地、社区以及当地人民的召唤。

基金会有特定的几个资助领域，其中，环境是一个关注重点。该基金会特别关心普吉特海湾的水域保护。普吉特湾是一个大的水域，也在很多方面滋养了西雅图以及周围地区。另外，基金会也关注领导力项目，并创建了一个项目叫“Jane’s Fellowship Program”（简-奖学金项目）。这个项目以罗素家族已逝的女主人简·罗素（Jane Russell）命名。为了纪念她，基金会创建了这个领导力培训项目，从而帮助当地的基层领导人提供更多的培训，获得更多的支持。此外，基金会多年来还关注全球和平。家族的族长乔治·罗素（George Russell），作为一个全球性的商人，他始终关心、促进世界和平和解决他在世界各地开展业务时遇到的不平等状况。因此，多年来他一直支持促进亚洲和东欧的和平事业。同时，他也将继续支持塔科马的皮尔斯郡的社区发展。

罗素家族参与影响力投资的动因是什么呢？该基金会执行主任在笔者的采访中这样说道：“对于任何投资者来说，当你投资一个商业机会，如果你相信投资有影响力，你知道有些是财务回报，有些是社会回报，像是创造的就业机会或是对社区环境的影响。每个投资都有影响，我们往往只注重财务回报。从很多方面而言，我们工作的系统，无论是环境、社会还是金融系统都非常精细和脆弱，需要维持各方面的平衡。一旦系统失衡，就会破坏整个系统。当我们过于关注财务回报时，可能会产生不良的环境影响或者可能会伤害员工或社区的利益。事实上，这些财务回报会引起系统不平衡，它们将会以某种形式反过来危害系统。所以影响力投资的概念是要将财务回报与积极的社会和环境影响相协调，这有利于促进系统平衡和可持续发展，它使得系统能够自我修复，持续发展。”

笔者还采访到罗素家族的第三代成员扎克·罗素（Zac Russell），了解该家族以及像他一样的财富青年一代参与影响力投资的动因。扎克（Zac）同时也是全球财富青年组织 Nexus 的顾问。他和这些财富家族的继承人都认为祖辈父辈留下的大笔遗产以前要么是继续投资，要么是捐给慈善组织，但他们要在商业和公益之间找到平衡，既要实现投资的财务盈利和可持续，又要造福社会。像Zac这种继承巨额财富的青年一代，他们感觉到巨额财富带来的责任。虽然圈子里很多20多岁的同龄人满世界游玩，但是Zac决定把他的时间花在二代慈善和参加各种影响力投资峰会上，并大力推荐家族慈善，特别是影响力投资。

罗素家族是在什么样的背景下开始影响力投资的呢？正如本章所提到的，和家族密切工作的人起到了非常重要的作用。对罗素家族而言，该家族基金会的前执行主任理查德·吴是推动罗素家族参与影响力投资的重要人物。在加入罗素家族基金会之前，他在总部位于旧金山的李维·斯特劳斯公司担任企业社会总监，深刻领悟到企业责任意识，并把该责任意识带到他现在就职的罗素基金会。他认为罗素家族的慈善投资也需要把环境和社会影响考虑其中，尽管投资者不亲自运营公司。投资者投资的对象和领域对市场甚至对世界都很有影响。基于这种思想，理查德向罗素家族提议让基金会的投资基金部分也造福社会。理查德本人不是金融背景出身，但是他出色的沟通能力让罗素家族认真地考虑影响力投资选项。正好罗素家族和基金会的理事们是一群乐于学习新知的人，愿意开启他们对影响力投资的学习之旅。有了影响力投资的意愿，罗素家族首先邀请专家来系统介绍影响力投资。第一位来家族做相关介绍的专家是道格·鲍尔（Doug Bauer），时任洛克菲勒慈善顾问的高级副总裁。道格的专长是使命相关性投资，这极大地引起了罗素家族成员和理事的兴趣和好奇。

罗素家族决定正式参与影响力投资后，便利用家族旗下的投资和理财顾问公司着手影响力投资学习和实践。该理财顾问公司也就是上文提到的Threshold Group。由于10年前影响力投资刚刚起步，为了更好地服务家族开展影响力投资义务，该理财顾问公司专门雇用了有影响力投资操作经验的人才。家族的影响力投资主要和旗下的投资和理财顾问衔接合作，家族基金会的重心是传统的慈善捐款，没有增加额外的人员和部门。但是家族基金会的理事成立了影响力投资委员会，该委员会由家族旗下的投资理财顾问公司的 2 名人员和基金会几个项目官员组成。基金会的影响力投资项目由该小组来审阅。

罗素家族参与影响力投资的最大阻力和挑战是什么？

家族遇到的最大挑战就是要弄清追求社会影响力是否会影响资产的财务回报。财务回报的评估可以是直接明了的定量评估，但是社会影响力的评估比较难量化。幸运的是，理事会对影响力投资非常支持，而且愿意调拨经费来试水。目前，罗素家族基金会投资组合中有一半是用于使命相关性投资的。

家族基金会面临的第二个挑战是如何找到合适的投资项目。任何组织要做自己专长以外的事都会面临人才和运营的挑战。其实投资公司也一样，因为它们对社会领域的影响力也不太了解，也需要引进人才和探索运营模式来开展影响力投资。正因为各方优势不同，所以需要优势互补。罗素家族基金会和其他几个基金会共同资助，发起了一个以专门帮助太平洋西北地区各影响力投资者寻找合适的影响力项目和做尽职调查的基金。

罗素家族基金会的影响力投资是否会对传统的捐款部门有冲突和影响？总的来说，罗素家族找到了财务回报和社会影响力之间的平衡。对于那些财务回报低的项目，社会价值回报可以补偿财务回报。举例来说，2014 年，基金会觉得应该对应对气候变化做点什么，家族理事们审视了基金会的投资组合，决定由对燃料的投资转为对可持续再生的森林资源保护，结构财务回报也非常令人满意。罗素家族基金会还加入了撤资—投资慈善（Divest-Invest Philanthropy）全球计划，该计划有 14 个国家的 125 个基金会参与，资产达到 100 亿美元。

罗素家族参与影响力投资的关键人物有谁？该家族的第三代成员如扎克及他的表兄弟非常支持和投入影响力投资，他们参加了各种影响力投资会议，和其他参与影响力投资的基金会和投资公司进行了交流。他们对影响力投资的实践是边学习边创新，而且也做行业里的倡导者。家族成员的热情参与、好奇与好学的态度是家族成功参与影响力的关键。

总之，罗素家族要参与影响力投资，首先需要改变对投资的范式思考。影响力投资打破了传统投资这种竞争性和私利性的范式，转到合作、共享、共赢的范式。其次要有风险意识，对不确定有较高的容忍度。虽然资本市场追求的是效率，但是推动社会变革，尤其是在资本市场推动社会变革需要耐心和时间。对家族来说，最后起关键作用的还是家族的价值观和改变社会的热忱与使命感。

【案例二】高净值个体参与影响力投资的两种视角

一、理财顾问视角的影响力投资应用①

（一）客户背景

某世界知名理财顾问和财富管理机构有一名超高净值客户皮特，55岁，已婚有两孩（分别为10岁和16岁），家庭投资资产约为1000万美元。皮特向该理财机构表示自己和家人很重视公益，两个小孩都在学校积极参加慈善活动，他和妻子常常做志愿者。妻子很关心妇女权益和女童教育，他很关心环保。

（二）投资目标

（1）投资那些积极承担环境责任的基金组合。

（2）投资那些能够反映承担社会责任的公司或基金。

（3）投资那些支持妇女和女童教育的公司或基金。

（三）资产配置

（1）投资收益符合市场标准回报率且不影响现有正常标准。

---

① 本案例使用虚构客户信息来阐释理财顾问视角下的影响力投资应用。案例中尽量不使用某个具体基金名字或者公司名字，以避商业广告之嫌。

（2）有较好的现金流。

（3）较安全且本金能得到保障。

（4）最好能对社会有益。

（四）组合推荐

（1）美国本土股权基金。投资部分资金到一些把公司在人权、森林保护、社区贡献等纳入考核指标的基金或者上市公司。

（2）绿色债券。将部分资金购买世界银行债券担保的绿色债券。

（3）私募股权。将部分资金购买支持女性的基金。

（4）固定收入。购买融入 ESG 因素的市政债券。

二、超高净值人群直接参与影响力投资视角（综合案例）

（一）吉姆·索伦森影响力投资案例研究①

吉姆·索伦森（Jim Sorenson）是一位成功的企业家、管理者、投资者和慈善家。他是影响力投资的开拓者，并在全球影响力投资领域的构建中发挥着领导性作用。

得益于早期的商业经历，吉姆发现企业可以通过创新来大规模地解决社会问题。吉姆的大部分影响力投资都是使用个人基金会的捐赠资金来进行项目相关性投资的。此类投资着眼于为弱势和贫困群体服务的社会企业，致力于解决这些企业在初创期的融资困难问题，以提高企业的大规模商业运营能力。此外，他还从基金会的捐赠基金中拨款进行使命相关性投资。

目前，吉姆的影响力投资重心可以分为三部分：①投资缺乏商业资本的初创企业；②投资创新性的金融产品，引导更多的资本投资可规模化的社会创新；③随着影响力投资市场的进一步发展，建立充满活力的影响力投资生态系统。

---

① 该案例系改编。其英文出自 The ImPact Jim Sorenson：A Case Study in Impact Investing. 2017. 感谢善与志志愿者翁丹群女士的翻译协助。

1. 影响力投资的基础：来自家庭的影响以及商业投资经验

从父母身上，吉姆学会了如何运营企业并用商业行善。吉姆的父亲詹姆斯·莱沃伊（James Levoy）擅长跨行业寻找投资机会，进行价值投资。吉姆的母亲贝弗利（Beverly）勤劳善良并乐于助人。良好的家庭教育奠定了吉姆进行影响力投资的基础，即通过可规模化的市场化手段帮助那些需要帮助的人。

秉着创新的精神，吉姆带领公司积极地在新的市场领域寻求投资机会，并且在传统的非商业领域发现商业机会。1984 年，詹姆斯·莱沃伊收购了犹他州一家生物医学实验室并将其转化为营利性的研究机构，该机构主要进行医疗器械测试和化学分析，吉姆也于当年出任该机构的首席执行官。随着环境检测服务需求的增加，该机构的业务与净利润逐年增长。到 2008 年，在吉姆的引领下，该公司的价值自 1984 年收购以来上涨了 6 倍。

1986 年，吉姆投资了一种特定的研究视频压缩技术的项目，此技术能够在低带宽上传输视频文件。随着聋哑人通信需求的增加，吉姆和他的妻弟乔·霍德森（Joe Hodson）看到了这一技术的应用前景，他们将这一技术重新定位，以帮助聋哑人通过互联网实时地以视觉语言进行通信，这项服务后来被称为可视手语中转服务（Video Relay Service，VRS）。由于联邦通信委员会对 VRS 开发提供了经济激励，吉姆的公司能够在 2003 年免费向聋哑人提供 VRS。2005 年，吉姆将 VRS 技术从母公司脱离，单独成立索伦森通信公司（Sorensons Communications）。2003—2005 年，索伦森通信公司的市场份额接近 70%，不仅创造了不俗的利润，还改善了数百万聋哑人的生活。

吉姆在索伦森通信的经验表明，投资弱势群体的市场不仅具有巨大的利润前景，还有可能扩大影响力。

2. 小额信贷：促进社会问题解决方案的规模化

2000 年，吉姆坚定了商业行善的信念，并开始思考如何通过商业模式来改善世界上贫苦人民的生活。吉姆很早就看好小额信贷，认为这是一种“授人以渔”的方式。吉姆捐款给 Unitus 平权基金，并支持他们为其资助的小额信贷机构提供财务、法律、技术和业务等方面的支持。

Unitus 的成员看到他们资助的许多小额信贷机构拥有强大的业务模式，创造了优秀的业绩，并具有创造可观现金流的能力。这些因素表明，如果这些小额信贷机构重组为营利性实体，它们有能力吸引商业资本，通过私人资本，这些小额信贷机构的规模可以进一步增长，从而满足全球贫困和中产阶级人群对金融服务的巨大需求。

因此，Unitus 组建了 Unitus 平权基金（Unitus Equity Fund，UEF），帮助一些小额信贷机构转型为营利性机构，以吸引私人融资。UEF 在新的营利微型金融机构中占有少数股权，并为它们提供法律、会计和监管方面的帮助。UEF 最终帮助扩大了小额信贷机构的规模，并向其投资者提供具有商业价值的财务回报。对于吉姆来说，UEF 在财务和影响力方面的卓越表现证明了影响力投资在创造社会和经济价值方面的巨大潜力。

（1）投资重心之一：以投资来填补先锋断层。

当吉姆开始影响力投资时，他发现那些通过产品或服务来改善弱势群体生活的企业往往难以吸引早期投资。由于无法获得投资，这些企业无法实现商业可行性，这种情形也就是所谓的“先锋断层”（Pioneer Gap）①。但恰恰是在这先锋断层中，吉姆看到了机会。吉姆发现，掉落于先锋断层中的某些企业具有创造商业和社会、环境价值的巨大潜力，这些企业需要的是恰当的资本，这种资本能够耐心地承担企业在早期市场发展阶段所固有的风险。吉姆认为项目性投资可能是填补新兴的高影响力企业融资断层的正确工具。

2012 年，吉姆开始对企业进行 PRI，这些企业的产品和服务都服务于弱势群体，并都具备了能够大规模服务目标群体的商业模式。例如，吉姆

① Ditcher, et al. (2013). Closing the Pioneer Gap [EB/OL]. https: //ssir. org/articles/entry/closing_ the_ pioneer_ gap.

成功地对辛巴网络（Simpa Networks）和蔻比亚农业化工集团（Copia）进行了早期投资，成功融资后，这两家公司产生的影响力都与其业务增长成正比。吉姆逐渐领悟到影响力企业必须对客户有深入的了解，并对如何通过公司产品或服务解决客户的问题有明确的、现实的愿景。

（2）投资重心之二：利用创新型和协同型的金融产品进行投资。

除了填补先锋断层之外，吉姆的影响力投资策略的第二个重心是利用创新型或协同型的融资产品进行PRI，从而为解决社会问题的项目或企业带来更大的资本助力。“为成功付费”项目，又称为社会影响力债券。这种创新型融资产品旨在引导私人资本资助社会创新。在“为成功付费”项目中，私人投资者提供前期资金，为专门的服务提供商（通常是非营利组织）实施积极的社会干预提供资金。如果在既定时间段内，干预措施取得成功（由第三方人员评估），参与项目的政府机构将向私人资助者支付固定额度的投资回报。

2013年，吉姆对纽约州的“为成功付费”项目通过PRI投资了50万美元，该项目旨在降低入狱人员在出狱后重返监狱的概率。2021年是该计划四年实施阶段的最后一年，在本阶段结束后，第三方人员将测评项目成果，如果项目成功的话，吉姆和其他投资者将获得一定的财务回报。

（3）投资重心之三：建立充满活力的投资生态系统。

吉姆认识到要建立一个强大的影响力投资市场，需要一个健康的生态系统提供支持。就像传统投资者一样，影响力投资者也依赖研究人员、顾问、财富管理人员、企业家、行业专家和其他人的工作，以便做出成熟、成功的投资决定。在这个生态系统的建立中，吉姆发挥了领导者的作用。

2013年，吉姆向犹他州大学索伦森影响力中心捐款，以促进中心的正式化运营，提高中心的项目执行能力，并投资扩建了影响力中心。吉姆为索伦森影响力中心提供资金的目的之一是培养下一代影响力投资的专业人士，因为他发现那些获得早期实用投资经验的学生往往会走上同时从事传统金融和影响力投资的职业道路。

3. 从实践中学习：建立全面的 PRI 战略

吉姆和他的团队制定了 PRI 战略，该战略包含以下五个阶段。

第一阶段：初步筛选。

在对投资项目进行初步筛选时，吉姆的团队会提出两个基本问题：这个项目是否符合 IRS 对 PRI 的要求？这笔投资是否会为改善弱势群体生活的企业提供资金？如果一个投资项目基本满足这两个条件，就会进入第二阶段。

第二阶段：深入了解 IRS 法规。

在这一阶段，吉姆的团队密切关注 PRI 的三项法律要求：①实现基金会的使命；②财务回报不是其主要投资驱动力；③不能用于资助政治或游说工作。PRI 团队将审查投资机会，并需要全面说明这一特定的投资机会如何满足每个要求。如果项目通过此阶段的要求，将会进入尽职调查阶段。

第三阶段：尽职调查。

吉姆和他的团队为 PRI 设立了两个尽职调查步骤：首先，索伦森影响力中心的员工将评估投资项目的风险，以及在实现其财务或影响力目标过程中可能出现的潜在问题。如果该投资机会成功通过这一步骤，则进入下一步更严格的分析调查步骤。其次，这一步骤中的分析类似于大多数常规投资的尽职调查流程。影响力中心的员工通过不同的经济情景模拟投资环境，进行强大的市场调查，并对公司的业务模式和管理团队进行广泛分析。索伦森影响力中心会为每个投资机会编制研究报告，并将其发送给投资委员会审查。如果投资委员会批准该项投资，该投资将进入下一个阶段。

第四阶段：法律条款。

基金会的法律团队将撰写投资项目的最终条款，基金会将启动投资。

第五阶段：监测、指导和支持。

吉姆的团队正在为吉姆以及影响力中心的学生建立一个系统的项目管理过程，方便他们为 PRI 投资对象提供支持和资源。

其他的家族办公室可以考虑将 PRI 作为开启影响力投资的探路石，同时 PRI 也是一个学习自身和其他基金会经验的机会。正如吉姆的经历所展现的那样，先对那些过去有传统投资经验的市场或行业进行影响力投资，这样可以让家族办公室有机会从一个熟悉的地方开始学习。此外，从其他已经开始投资 PRI 的基金会身上，新的影响力投资者可以了解 PRI 投资的操作复杂性。通过边投资边学习，家族办公室可以学到在其他地方无法获得的知识。吉姆的经验表明，制定影响力投资策略是一个渐进的过程。家族办公室获得新的经验后，会进一步改进流程。

4. 展望未来

吉姆继续寻求有发展前景的行善机会。他希望他能够在职业生涯的早期阶段就学到影响力投资理念。除了 PRI 战略，吉姆正在寻找机会以利用剩余的资本来产生财务、社会和环境回报。在某种程度上，他希望投资能获得经过风险调适后的与市场回报率一致的财务回报，这突出表明了在这个领域，他需要更多有能力的代理机构。

吉姆认为，值得投入更多时间和精力的工作是建立这样的代理机构，以简化资产所有者寻找影响力投资的过程。正如吉姆看到的那样，影响力投资行业急需具有优异业绩表现的代理机构。吉姆致力于利用他的部分资本、教导以及业务知识的传授来培养这样的代理机构，从而扩大影响力投资市场的规模。在吉姆看来，传统财务顾问和大型金融机构越来越需要掌握影响力投资能力，他们需要现在就开始制定策略来实现这一目标。

（二）关键经验

吉姆·索伦森的经历为其他对影响力投资感兴趣的家庭提供了以下几点经验：

（1）基于过去的经验。家族办公室可在已有传统投资经验的市场或行业进行影响力投资，这有利于他们快速上手。正如吉姆那样，在刚开始的时候，他运用了与寻找传统投资机会相同的方法进行影响力投资，所以对影响力投资感兴趣的家庭无须从新的领域开始。

（2）从大处着眼。我们的社区和地球面临诸多挑战，这些挑战的规模和范围超过了致力于解决这些问题的慈善资本的能力。但企业在这方面有可能产生巨大的影响力，除了财务价值，那些致力于解决诸如气候变化、经济适用住房或医疗保健等问题的企业，有可能通过可持续且大规模的商业模式产生巨大的影响力。索伦森通信、Unitus 平权基金以及后来的 Copia 和 Simpa Networks 的成功都表明，家族办公室也可以在影响力方面高瞻远瞩，发挥作用。

（3）关注断层。影响力投资者可以为缺乏常规融资渠道的高影响力企业提供其初期必要的资本。吉姆的 PRI 投资组合都是这一类型的企业，如果没有吉姆的注资，这些企业无法成长。家族基金会可以使用 PRI 提供资本，而且就家族的投资组合而言，PRI 具有较低的财务风险。

（4）审慎进行影响力投资。在考虑影响力投资时，影响力投资者不能牺牲投资分析的严谨性。投资者应仔细评估企业的管理团队、产品质量、市场定位，特别要注意公司预期的影响力是否会随着业务的成长而扩大。如果投资对象是那些为贫困和边缘化社区提供服务的企业，投资者应该审查未来投资对象是否有能力以较低的价格向目标市场提供产品或服务并因此获利，不具备这种能力的投资对象有可能会使企业的财务表现脱离他们计划创造的影响力。

（5）创新。创新和协同型的金融产品可以为高影响力的项目和业务带来更大的、未开发的资本。例如，吉姆在纽约州投资的“为成功付费”项目，以及其他的分层投资架构，这些产品大大催化了投资规模，这样的规模是个体投资者可以提供的资本的数倍。这些项目可能会成为解决国家和地方政府密切关心的问题的强大工具，解决这些问题往往需要耗费巨大成本。

（6）建立良好的支持体系。进一步促进影响力行业的发展有利于降低家族办公室进入影响力投资的门槛。通过索伦森影响力中心，吉姆致力于打造影响力生态系统的基础设施。在帮助新基金启动影响力投资的过程中，有能力、有经验的代理机构发挥着关键作用。支持这些代理机构发展的投资者可以通过与其他家族的经验交流来扩大实际影响力。

第九章

私募股权和风险投资机构参与影响力投资的案例

姬　晨

私募股权公司参与影响力投资的三大主要动因分别是利他主义、员工动员和发展，以及公众和投资者的眼光。首先，许多公司和个人认为他们需要回馈他们的社区。财务支持和物料捐赠可以成为他们的选择。其次，与社会目的性企业一起工作有助于员工发展判断性、顺应力和社会技能。最后一个促使它们参与公益创投的动机是客户和投资者在挑选服务方时越来越多地将社会和环境议题考虑进来，而参与影响力投资活动能为私募股权公司打造出积极的社会活动家的形象。除了这些比较通用的原因之外，许多公司参与影响力投资还因为它们认为这是一种有效率地创造巨大社会影响力的方式。

一、私募股权和风险投资基金参与影响力投资可采用的进入模式

（一）直接投资社会目的性组织

这种参与方式的特点包括高度的组织介入、量体金融模式的运用、长期支持、非财务性支持、组织能力建设和绩效评估。这个模式可以是长期合作，也可以是一次性合作，完全取决于公司的战略以及被支持社会目的性组织的需求。与传统捐赠不同的是，许多公司会捐赠给本地公益组织，但是它们很少会与被捐赠组织展开紧密的工作关系。

案 例

3i

3i是一个在12个国家拥有超过400名员工的国际投资者，它有超过60年的业界经验，管理着130亿英镑的资产。3i同时也是拥有企业社会责任项目以及多个公益项目的活跃企业公民。3i支持的公益组织之一是企业教育基金（Enterprise Education Trust，EET），这个项目主要关注于提升青年人的商业知识。3i不仅促成了项目创业的产生，还为其提供了超过30年的资金支持。同时，3i也是桥资本欧洲公益创投协会（EVPA）和亚洲公益创投网络（AVPN）的创始投资者。

作为公开上市的公司，3i对于公益支持的规模一向比较审慎。它不能像其他私募股权公司一样成立基金会或捐赠一部分收入，但是它将这种限制化为其制定参与影响力投资和公益事业的战略。3i选择支持离它办公室比较近的社区内的社会目的性组织，使它的技能支持或工作空间的捐赠更加方便。3i还利用自己的网络为公益组织寻求筹资机会。3i为绝大多数自己的公益伙伴提供营销支持，为它们打开宣传网络，帮它们吸引更多捐赠人和商业公司的无偿服务。除此之外，3i也会支持一些财务回报优先的社会投资基金，比如桥资本。3i的理念是选择具有优秀商业模式的有才能的团队并支持它们。

对于那些想要进入影响力投资领域的私募股权和风险投资基金公司，直接与社会目的性组织合作是建立它们与其社区联结的一种有效方式，这种方式尤其适用于那些希望更多通过自己的智力资本和社会资本，而非财务资本去撬动组织发展的投资者，比如受到诸多限制的上市公司。这种模式需要在公司下设立一些专门的组织和部门，并由高级管理团队支持，才能确保它的成功。

（二）直接投资或共同投资一家影响力投资中介机构

投资影响力投资中介机构，如公益创投组织，要求投资者投入专业的服务和可能的资金支持，帮助这些中介机构完成它们的业务操作。这种投资关系在业界是广泛存在的，因为公益创投组织有时也需要仰仗作为合作伙伴的私募股权公司来完成尽职调查，对投资公司进行战略咨询等工作。

为了正规化公司的公益活动，建立基金会并将公司的部分收益投放到基金会中是很多公司希望选择的方式。基金会可以去投资公益创投组织，或者与公益创投组织一起去投资社会目的性组织。这种方式让私募公司与它们资助的项目联结更加紧密，并给予它们参与投资过程的机会，同时又可以将尽职调查和行政事务等繁杂的工作外包给公益创投组织。许多私募公司都选择成立这样的基金会，比如安佰深基金会（Apax）、道蒂·汉森私募股权（Doughty Hanson & Co.）、塔布鲁克基金会（TowerBrook）、泰丰信托（Terra Firma）和辛文基金会（Cinven）。

此外，私募公司还普遍认为通过财务资助支持公益创投组织是一种与它们的理念和兴趣相吻合的运作方式。下文将会先使用两个私募公司Natixis私募股权和CVC资本合伙公司（Capital Partners），以及它们投资的公益创投组织飞基金（PhiTrust）和动力基金（Impetus Trust）的案例来说明私募公司如何直接投资一家公益创投组织。接着，通过塔布鲁克基金会（TowerBrook）和私募股权基金会（Private Equity Foundation，PEF）的例子说明如何投资公益创投组织。最后，以NESsT的案例说明公益创投组织本身也可以以私募公司的形式存在。

1. 直接投资公益创投组织

案例

Natixis私募股权（NPE）

Natixis私募股权是一家专注于法国市场的国际私募股权公司，在世界各地都有稳定的业务。在参与影响力投资之前，在2007年，Natixis首先做了一次对影响力投资的调查，进行初步的学习，因为这个概念当时在法国还相当新。在这个过程中，Natixis了解到了PhiTrust（一家将私募股权投资应用到公益领域的公益创投机构）。PhiTrust是法国唯一严格按照社会性目的挑选投资目标的公益创投机构。Natixis决定成为它的第一个机构投资者，并投入了50万欧元，这对于吸引其他投资者关注这个崭新的概念至关重要。目前Natixis是PhiTrust的股东、董事会成员以及投资委员会成员，在尽职调查和法律咨询方面都有介入。Natixis通过支持PhiTrust和EVPA，已经成为促进影响力投资领域发展的中坚力量。

Natixis在这个过程中曾经历巨大的战略变革，但始终将支持影响力投资作为其未来发展目标的重中之重。在考虑成立自己的公益创投机构之前，它将现在对公益创投的支持视作自己学习的过程。未来它可能会在发展影响力投资业务方面制订计划，但目前它对PhiTrust的支持已经基本实现了自己的目标，它还会继续为领域的发展做贡献。Natixis还考虑到签署责任投资原则，将影响力投资的目标与其商业活动更好地结合起来。

案例

飞基金（PhiTrust）

PhiTrust总部位于法国，它可以给投资者提供非营利性和营利性的私人业务。PhiTrust鼓励上市公司更多地承担社会和环境责任。PhiTrust的资产管理部门为股东管理着5000万欧元的资金，并通过四个子基金去运作环境和社会项目。资产管理部门同时也与一些上市公司合作，如酸奶制造商达能和工业集团施耐德电气，鼓励它们发展社会企业。

在影响力投资方面，PhiTrust创建了社会投资基金PhiTrust Partenaires（飞基金合伙公司）和PhiTrust基金会。PhiTrust基金会此前每年都向法兰西学院捐赠50万~80万欧元。而PhiTrust Partenaires则筹集了800万欧元支持公益组织和社会企业。PhiTrust 的总裁 Olivier de Guerre 表示，以前他们的公益创投活动对投资者的吸引力要比他们的传统资产管理部门弱，但近 5 年来投资者对公益越来越感兴趣，他们参与公益的方式主要是先赚钱，再捐赠。在欧洲对于公益创投的讨论和实践都比较少，PhiTrust Partenaires 获得发展需要的时间比预想的要长。其中一个问题是，家族办公室和银行长期以来充当投资者的顾问，但是他们中大部分不太了解公益创投并对此表现得很审慎。因此，他们宁愿直接捐赠 10 万欧元，而不是选择投资 500 万欧元或 1000 万欧元给一个可以给予财务回报的公益创投基金。但是 de Guerre 也提到，不同于最初的抗拒，现在投资者对于投资社会项目的公益创投兴趣越来越高，这种变化也体现在项目本身上。最开始，被投资的社会企业都很担心投资基金将会攫取权力并改变它们的目标，变得以逐利为目标。而经过 5 年的发展，他们意识到投资基金不是所谓的逐利者，这也主要是因为有更多理解公益创投理念的年轻实践者开始进入这个领域。

PhiTrust 以其对项目管理的高参与度而闻名，PhiTrust 投资委员会成员的经验水平和投资方式足以覆盖不同类型社会企业的需求。PhiTrust 认为，规模化地区性项目，吸引主流市场客户，设计未来社区影响战略和评估国际扩张发展战略，都是决定项目持续和成功的关键问题。截止到 2014 年年末，PhiTrust 已经投资了 17 个影响力投资项目，这些项目覆盖了全球超过 45 个国家。

案例

CAC 资本合伙公司（CVC Capital Partners）

CVC Capital Partners 成立于 1981 年，是一个国际性的私募股权公司，在欧洲、亚洲和美国管理着 135 亿欧元的投资资本。公司对公益事业有非常强的参与愿望，公益预算是由员工和董事会联合决定的，目前公司已经支持了两家公益创投机构，并希望之后成立自己的基金会。

通过自己的公共关系，CVC Capital Partners 接触到公益创投机构 Impetus Trust，学习了一些影响力投资的方法论。CVC 迅速学习了 Impetus 的尽职调查、商业模型评估、咨询和财务支持的方法，将它们应用到对公益组织的支持上，并按照预先确定的关键绩效指标发放资金。在决定支持公益创投组织之前，公司在考察 Impetus 时是将其看作一个投资组合公司来进行评估的。它们考察了 Impetus 的公益产出，并向它们的被投资方管理层询问了关于 Impetus 的管理工作和参与度问题。因为对 Impetus 在公益上的专业度以及它们的业绩记录和管理成果非常满意，公司开始与 Impetus 建立合作关系，为它们的投资组合公益机构提供财务和非财务的支持。CVC 承诺在两年内会提供超过 60 万美元的支持，此外，CVC 的专业人员也加入了 Impetus 的审计和预算委员会，并对它们的投资评估过程做出支持。

虽然公司已经决定要筹划自己的公益支持项目，但它们还是在通过各种方式支持 Impetus 的工作。它们通过一个员工的 1∶2 配捐体系鼓励更多的个人捐赠，还通过一个在乞力马扎罗山开展的慈善之旅活动筹集了 74 万英镑。它们认为公益参与的最重要的两个资源是：来自上层的支持和员工的参与热情。在 CVC 的案例中，带头倡议的是公司的领导者，他们能够协调整个公司的力量，确保对公益项目稳定的支持。而在个体层面，公司也通过配捐项目激发员工的捐赠热情，并让他们更有深入参与的愿望。

案例

动力基金（Impetus Trust）

Impetus Trust 成立于 2002 年，是欧洲公益创投机构的先驱。Impetus 参与影响力投资的方式包括提供战略资金和专业知识组合，帮助公益组织快速有效地发展。Impetus 通过支持和发展专注于帮助其受益者摆脱弱势生活恶性循环的公益组织和社会企业，并希望以此打破这些组织发展不利的局面。

Impetus 在挑选投资机构时有非常严苛的标准。仅在 2011 年，它们的资助比例是从 1000 个申请方案中选择了 19 笔投资。Impetus 要求每月和每季度都对项目的社会影响力进行跟踪报告。总体上看，Impetus 支持的组织达到了平均每年 31%的收入增长，是公益领域平均水平的 8 倍。它们项目所覆盖的受益人数也以每年 40%的水平增长，仅在 2010 年就覆盖了 25 万受益人。

支持 Impetus 工作的方式有很多种，包括捐款、专业性的志愿服务、将 Impetus 的工作介绍给感兴趣的慈善家以及参与 Impetus 的赞助活动。在专业性志愿服务方面，Impetus 提供给私募公司和咨询公司一个关系网，通过这个网络，它们可以开展自己的无偿专业公益支持项目。对于许多公司来说，拥有一个无偿专业公益支持工作的“渠道管理”（pipeline management）非常重要，由此它们可以判断自己项目的进入时机，并平衡公益组织的需求和自己公司的能力。

2. 与公益创投组织一起投资社会目的性组织

案 例

塔布鲁克基金会（TowerBrook）与私募股权基金会的共同投资

TowerBrook Capital Partners 是一家管理着 50 亿美元的国际性私募股权公司。TowerBrook 在 2006 年成立了 TowerBrook 基金会，该基金会可以以更正规的方式提供财务和智力资本。TowerBrook 与 PEF 在一些特定的议题上开展了广泛合作。基金会有三个目标：回馈社区、发展公司文化、与管理合作伙伴和投资组合公司建立关系。

对于 TowerBrook 基金会来说，与私募股权基金会合作投资是实现它们目标的理想方式。通过这个合作，TowerBrook 可以专注于提供企业所需的财务和智力支持，而同时 PEF 执行尽职调查、寻找适合的合作伙伴、与社会目的性组织在投资过程中紧密合作等工作，发挥它们在社会领域方面的专长。

TowerBrook 的影响力投资业务与其常规业务之间几乎没有交叉。它们的考虑是，如果自己去做投资，需要花费很多时间和研究经历去寻找好的投资机会，并确保这个商业计划可行。而 TowerBrook 选择通过共同投资的方式把这些工作外包给 PEF，这个战略的优点是 PEF 已经拥有非常完备的架构和专业的工作能力，因此与它们合作进行投资可以确保自己投入的资金可以有效地得到执行，这个方式远比自己花费时间去试错要强。

3. 以私募股权公司为主体的公益创投机构

案 例

耐斯特投资组合（NESsT Portfolio）和私募股权股份项目（Private Equity Shares）

NESsT 是一家国际性的公益创投组织，提供团队培训和一对一辅导形式的能力建设服务；同时，也向欧洲和拉丁美洲的社会目的性组织提供贷款、捐款和股权融资方式的财务支持。NESsT 的使命是投资在新兴市场国际解决重要社会问题的具有可持续性的社会企业。自 2001 年成立，它已经与 2600 余家社会企业开展了合作，提供了超过 400 万美元的财务支持。作为一个公益创投组织，NESsT 还为社会企业提供了实用的工具和资源，为全球在可持续发展和社会企业发展这个议题上有需求的客户提供战略咨询。除此之外，NESsT 还为整个私募股权圈开辟了一条有效参与公益事业的路径。Private Equity Shares 就是这样一个项目，通过这个项目，私募股权公司可以为它看中的具有高社会影响力的投资组合公司提供财务和智力支持。在欧洲，目前已有 50 余家私募股权基金和咨询公司投入了 100 多万美元进入这个项目，并与 200 余个私募从业者及社会目的性组织展开了合作。

总的来看，对于那些希望参与公益事业的私募股权公司，投资资金和人力资本给一个公益创投组织可以保证资源的有效利用，还可以减少交易成本。很多公益创投组织都与一些专业服务公司有紧密合作，并鼓励这些公司更深入地参与。NESsT 就发展出了一个支持私募股权公司参与影响力投资的独特渠道。Natixis Private Euity 则对 PhiTrust 等公益创投组织提供了重要支持，帮助这个领域成长。对于不考虑成立自己的运作组织，而又想要支持影响力投资的私募公司，这条路径是比较合适的选择。

对于 CVC 来说，与 Impetus 的合作让它接触到影响力投资这个概念，并帮助它了解到公益创投组织如何参与其投资组合公司的工作。目前，CVC 已经准备制度化已有的公益项目，成立一个自己的基金会，并发展一个更成熟的公益无偿服务支持项目。成立基金会是把捐赠内化进公司文化中的一个有效方式，一些公司非常认同成立基金会可以在公司内部创造更常规化的公益氛围，从而团结员工。TowerBrook 基金会与 PEF 合作投资的方式就是这样一个例子。

（三）成立或合作成立一家单独的影响力投资中介机构/公益创投机构

如果想要更加深入地参与公益事业，私募股权公司也可以考虑成立自己的公益创投机构或者与其他机构合作成立。合作成立是一个更好地利用各方优势和资源、创造更大规模产出的方式。PEF 就是一家由 NESsT 和多个私募股权公司共同参与的公益创投机构。西班牙的投资工业（Investindustrial）、英国的璞米和 IK 投资伙伴（Permira and IK Investment Partners）和挪威的佛德（Ferd）都是私募公司成立的公益创投组织。其他例子还包括一些关注社会使命的风险基金，如英国的桥资本、法国的城市商业天使（Business Angels des Cites，BAC）和公民资本（Citizen Capital）、德国的邦资本（BonVenture）、意大利的超越资本（Oltre Venture）和荷兰的诺佰基金会（Noaber Foundation）则是以公益基金会为载体的社会风险基金，其实质是使用公益创投的手段达成社会使命。

1. 成立一家单独的公益创投组织

案例

投资工业（Investindustrial）成立的公益创投组织：Invest 4 Children（I4C）

Investindustrial 是位于欧洲的私募股权公司，管理着 20 亿欧元的资产。公司在 2000 年成立了自己的企业基金会——Invest 4 Children（I4C）。I4C 是一个参与度很高的公益创投组织，它不仅仅提供财务支持，其使命是帮助有缺陷的儿童和青年获得更高质量的生活。通过成立这家基金会，Investindustrial 正规化了自己的公益活动。Investindustrial 的资源通过 I4C 专门投放到对公司最有意义的一个社会领域。除了捐赠资金外，基金会还将持续得到公司净利润的 1%和其他筹款所得。

I4C 的各个项目都非常关注社会影响力和财务可持续性。I4C 的做法在很多层面上都很符合公益创投组织的方法论，比如多年的支持、季度性的社会影响力报告和非财务性支持，另外，还在营销、筹款和开发金融工具等多个层面上支持社会企业。大多数情况下，I4C 都是通过提供资金来支持其他项目发展，偶尔也会开发自己的项目。通过与西班牙大型储蓄银行 Caja Navarra 合作，I4C 开发了一个新的金融产品，主要作为一个储蓄计划出售给唐氏综合征患者。I4C 还支持了许多其他项目，其中之一是鼓励公司雇用唐氏综合征患者。这个项目旨在为雇用双方提供高社会回报，唐氏综合征患者可以通过该项目获得财务独立，改善生活状况，而雇用公司也表示唐氏综合征患者的加入大大改善了工作环境，员工士气得到鼓舞。

2. 共同成立公益创投组织

案例

Permira 与公益伙伴 CAN 共同成立公益创投组织突破公益创投（Breakthrough）

Permira 于 1985 年成立，是一家拥有 30 多家合作伙伴的国际私募股权公司。长期可持续性是它在传统投资的ESG层面上关注的核心。尽管公司内部本来已经有长期的公益行为，Permira仍然决定以机构的身份更加正式地参与公益事业。因此，Permira的管理合伙人与一家领先的社会企业支持机构CAN联合创立了Breakthrough，为社会领域的组织提供商业支持、资金和场地支持。

作为内阁办公室专门负责社会企业咨询的战略合作伙伴，CAN在领域内的专业能力、影响力和渠道为Permira的商业经验做了必要补充。来自CAN和Permira的员工为社会企业提供了持续不断的商业支持。而Breakthrough作为一个基金，则在CAN和Permira咨询委员会考察和决策完毕之后为选中的社会企业提供资金支持。Permira的员工每周都会参与被投社会企业的工作，CAN主要负责尽职调查、社会影响力测评、投资报告和发展更多企业合伙人等工作。

Breakthrough，CAN和Permira在做出投资决策之前会先支持社会企业的发展，从而可以制定相应的投资策略，制订增长计划。在社会企业某一领域具有特定兴趣或知识的Permira员工会志愿提供长期的咨询和智力支持。例如，Breakthrough在协助Speaking Up完成它和Advocacy Partners的并购计划时，帮助它执行了尽职调查，完成了包括金融、法务和沟通等大部分的合并任务。并购在社会领域很少见，主要是因为非营利组织的CEO大多没有什么动力。但是Advocacy Partners的CEO认为，将两个强大的行业领先组织聚集在一起并分享专业知识，可以发挥更大的积极作用。

在第一支基金Breakthrough Ⅰ成功之后，CAN和Permira又与SVG Capital联合成立了第二支基金Breakthrough Ⅱ。它们很快意识到由于CAN和Permira的资源有限，为了增强项目的影响力它们需要设法找到其他商业合作伙伴加入。在基金发布之后，由于Breakthrough与CAN和Permira的联系太紧密，很难吸引到其他公司。因此，Permira启动了另一项计划——社会商业信托（Social Business Trust），而CAN仍然保留其在Breakthrough的工作。Breakthrough继续执行它的影响力投资计划，CAN则负责资助所有管理成本，并从新的合作伙伴那里争取配套资金。

案例

Permira 与商业领域合作伙伴共同成立 Social Business Trust

有了 Breakthrough 的经验，Permira 又在 2010 年合作成立了 Social Business Trust。这个基金是与 5 家合作伙伴一起发起成立的，每个合作伙伴都投入了资金和多元的商业经验，它们包括贝恩公司、Clifford Chanse、瑞士信贷、安永和汤森路透。这个新的公益创投组织聚集了商业各领域的高级人才，为投资组合公司提供商业规模化所必需的资金和商业经验。这个基金是以一个独立的公益组织形态（而非合资企业）存在，是一个新的探索。

二、私募股权公司成立公益创投组织时可考虑的基金结构

（一）成立一支具有社会使命的风险基金

英国的桥资本、法国的 Business Angels des Cites（BAC）和 Citizen Capital 是典型的具有社会使命的风险基金。BAC 由一些主要关注在法国贫困地区创造就业机会的公司联合创立。Citizen Capital 是为偏远地区融资渠道有限的小企业提供金融服务的社会风险投资基金。

案例

桥资本

桥资本有三种类型的基金，总额超过 1500 万英镑，它们分别是桥基金 I&II、桥可持续贫困基金和桥社会创业家基金。2002 年，由安佰深伙伴（Apax Partners）、3i、道蒂·汉森（Doughty Hanson）和汤姆·辛格（Tom Singh）成立。目前，公司董事占多数股权，桥公益信托少量持股。最初的创始人依然通过董事会和投资委员会继续支持公司，提供战略支持和无偿

公益服务。基金拥有自己的独立团队，每个团队都有自己独特的技术背景。比如，可持续贫困基金团队有非常丰富的资产管理背景。基金团队网罗了众多具有商业发展背景、公司财务或投资背景的人才。社会创业家基金团队的领导是有20多年私募股权投资经验，管理过两个公司的地区办公室，主导公司的医疗投资团队的是 Antony Ross。桥资本的理念是希望团队成员都具有使用投资来改变社会的愿景。

（二）风险投资基金和公益创投基金会的混合模式

当一个公益创投组织主要的工作内容是向社会目的性组织提供捐赠，也就是捐款，那么它应该考虑成立一个基金会。但当这个公益创投组织希望主要是用“社会投资”的方式（包括一系列金融工具）来投资社会目的性组织，它通常会选择成立一支基金。一些公益创投组织则选择一种混合模式，既包括基金，也包括基金会。采用这种混合模式的例子包括荷兰的诺佰基金会（Noaber）、德国的邦资本（BonVenture）和意大利的超越资本（Oltre Venture）。

案例

Noaber 基金会

Noaber 基金会成立于2000年，是一个二元结构的公益创投机构，采用这种结构主要是为了实现从捐款到股权投资各种金融工具都可以使用的目的。基金会是由软件公司 Baan Company 的创始人 Paul Baan 创立的，基金会建立之初就秉承用商业的方式做公益的思路。Noaber 基金会由 Noaber 公益和 Noaber 资本两部分组成。Noaber 公益使用纯粹的非营利模式，只要求社会回报，而 Noaber 资本包括乔治大道有限责任公司（George Avenue LLP）和霍赫斯特投资有限公司（Höchst Investments Ltd）两个子公司。George Avenue LLP 是追求社会和财务双重回报（社会影响力优先）的社会资本基金（social venturing fund），Höchst Investments Ltd 则是追求财务回报

（财务优先）的风险投资基金。这种模式总的来说是基金会选择把捐赠基金投入风险投资和社会投资上。集团主要的投资领域在健康、科技、教育和社区。在集团投资各个谱系阶段都有具有共性的投资领域，事实上允许了 Noaber 基金会在投资组合中间找到的整合路径。

Noaber 基金会这种独特的模式允许集团同时为身处不同发展阶段的社会企业和非营利组织提供定制化支持。在某些案例中，是 Noaber 独具慧眼地发现了某些市场机会，而这是当时一些组织没有考虑到的，通过 Noaber 的支持，这些组织得以将它们业务的一部分商业化，从而提升了自身的可持续性。然而，基金会也注意到了在社会使命驱动和商业营利驱动的投资对象之间工作，工作方式会由于不同的动机和工作流程产生冲突。最后，Noaber 基金会决定解散其营利投资的团队，不再向 Höchst Investments Ltd 子公司投入资金。而对于集团下的私募股权和风险投资公司，基金会的资本结构其实提供了一个有趣的公司结构模型，成功地在集团内部将公益创投和风险投资两部分业务区隔开来。

社会资本基金包含两种类型的公司：一种是基因中具有社会影响力，但是无法发展壮大成一个足以吸引主流投资的公司，在发展的各个阶段中都依靠影响力投资者的支持。另一种是在当下由于风险回报比太高、缺少证据支持和完善团队等原因，不为风险投资资本所关注的新的创想，但最终有可能成长为创造巨大商业价值的公司。Noaber 基金会认为它可以鼓励第二种公司在数年发展之后从社会资本基金转移到风险投资基金中去。但实际上，实现这种想法有很多困难：①Noaber基金会发现保证它们的社会资本始终关注社会使命非常必要，实现这一点需要将对投资者的财务回报和项目所实现的社会影响力都嵌入薪酬体系中。如果公司没有实现影响力目标，那么就不能对股东进行分红。这一点也同样适用于包括管理在内的其他激励体系。只有有了这种严格的规定，以影响力优先为自己初衷的机构才能够始终保持在既定道路上，避免使命偏移。而如果要改变规定，则需要修改股东协议。②一旦机构决定其主要的关注目标是在社会资本上，它就需要将大部分资本都倾注到社会投资而不是商业投资中。

成立或联合成立一个新的公益创投组织是一个目标宏大的参与影响力投资企业的方式，对资源匮乏的社会领域大有裨益。公益创投组织在帮助社会企业规模化、改善它们的管理方面体现了独特的价值。但是在这种方式下，来自私募股权领域的个人和公司创立公益创投组织，这两者之间是有共性也有不同之处的。从前面的案例中可以看出，成立一个新的组织是一项非常复杂的任务，尤其是当这个组织存在于公司的大框架下的时候有许多需要注意的事项。尽管来自私募股权领域的很多技术方法对于社会目的性组织有极大的价值，但不同的动机、投资流程和激励机制都使在公司的大框架下区分出公益创投部门的社会使命难上加难。

结语

中国影响力投资的发展机遇、挑战和对中国政府推广影响力投资的建议

何莉君

竭泽而渔、片面追求短期经济利益的模式已逐渐被时代和主流投资者遗弃，取而代之的是追求长远、可持续、共赢的发展。近年来，追求可持续发展金融/ESG/影响力投资概念开始为国内资本市场、基金会、地方政府所接受。2020 年的新冠肺炎疫情加速了国内 ESG 投资发展，公募基金、券商资管机构等均在积极布局，而国内部分基金会、影响力投资论坛、政府在对影响力投资概念的理解和尝试中已经取得了阶段性的成果。由于本书前文在中国政府参与影响力投资概况中已经有所提及，本部分着重对国内的基金会和金融券商机构作为投资者在影响力投资领域的发展与实践进行简述，然后提出中国影响力投资发展的机遇、挑战和对政府发展影响力投资的建议。

中国的基金会在近 10 年发展迅猛，数量和规模都有了快速增长，而且是公益领域实践影响力投资的先锋之一。但是大部分依然属于运作型基金会，其大部分资产属于流动资产，长期投资比例偏低，而且基金会对资金的运作、保值增值的意识能力较弱，这些基本特征和状况对基金会参与影响力投资造成了一定的限制。但是我们也可看到从运作型到资助型，再到用资本推动整个行业变革这个渐进、发展的脉络。在南都公益基金会等领衔的公益创投的基础上，越来越多的基金会开始尝试用资助以外的方式来

支持公益慈善组织。基金会在影响力投资方面的实践主要是通过贷款方式开展项目（如南都公益基金会无息贷款项目、中国扶贫基金会、友成企业家扶贫基金会）、直接投资社会企业和社会服务机构（如北京乐平公益基金会）、支持影响力投资生态和平台建设（如亿方基金会）和设立影响力投资专项基金（如南都与禹闳资本设立的“禹禾基金”、乐平 SVP 中国社会创新投资基金等）。这些基金会的创始人和管理人大都有商业管理或者投资背景，深谙商业运作模式，同时对社会事务非常了解，还拥有丰富的公益项目运作和资助经验。这种“混合”人才结构和经验与知识，使得他们与影响力投资容易不谋而合。尽管目前这种基金会处于探索阶段，但是它们支持过的很多项目已经在公益影响力投资界取得了瞩目的成绩，比如乐平旗下的富平学校、山西永济小额信贷、中国扶贫基金会的中和农信、南都支持的蚂蚁工坊、新经济中国（New Ventures China）支持环保型中小企业的“中国影响力基金”等。中国基金会开展影响力投资的层次和方式正在日益多元，虽然基金会影响力投资依然是非常前沿和极少基金会真正参与的活动，但是我们相信随着基金会的资产规模日益扩大，基金会对社会创新和社会变革的引领性要求日益提高，将会有越来越多的基金会通过影响力投资的方式撬动更多社会资本，推动中国社会问题的系统解决。

从资本和金融市场来看，专门的影响力投资基金近几年来在中国应运而生，比如 LGT 公益创投、岚山资本、创思（Transit）、Advantage Ventures。这些基金拥有传统基金的人才和经验，但是规模相对较小、成立时间较短，更多还处于摸索阶段。券商银行系统也开始逐渐认识到社会和环境为经济发展带来的附加值，并从此类产品开发中塑造品牌形象、吸引客户和提升竞争力。兴业银行、浦发银行主打绿色金融产品，提供绿色金融贷款和提供绿色理财产品（比如兴业银行向其私人银行客户推出的“兴银 ESG”美丽中国）。不仅如此，券商金融机构于 2008 年国内首支社会责任基金——兴全社会责任混合基金成立后，2011 年兴证全球基金（原兴全基金）成立了国内首只绿色投资主体基金——兴全绿色混合。在 2020 年新冠肺炎疫情冲击下，全球范围投资者对社会责任投资、ESG 投资反应积极，中国也不例外。2020 年，MSCI 中国 A 股 ESGETF 上市。投资者可以通过该 ETF 在港股便捷地投资众多 ESG 表现良好的 A 股公司，获得稳健的投资回报。

不仅如此，推动中国影响力投资的平台和生态系统设施建设也逐渐推出，比如中国社会企业与影响力投资论坛 2020 年推出中国影响力投资网络（CIIN），旨在搭建类似 GIIN 的本土影响力投资平台。该论坛过去 5 年间已储备了大量的影响力投资和向善商业的数据，开展了关于社会创新的论坛。该平台也聚合各方影响力投资者，如私募基金、银行、家族办公室、基金会、发展金融机构和高净值个人等个人和机构投资者。此外，社会企业的孵化和赋能得到省（自治区、直辖市）、政府的支持，比如广东顺德、中山，江苏苏州，上海等地支持成立的社会创新中心。在这个生态链条发展中，还涌现出一些社会企业咨询中介（如深德咨询）、评估机构、社会企业培训和支持机构等。

我们看到，10 余年来，影响力投资从概念到实践再到生态系统建设各方面都已萌芽、开花，下一个阶段是影响力投资在中国更多普及、深化、传播、标准化的阶段。特别是在后疫情时代，中国政府和社会都面临着很多挑战和机遇，为中国影响力投资者开辟了更大的格局和可能性。

一、影响力投资在中国发展的机遇

中国影响力投资的发展机遇主要包括以下几个方面。

第一，每一项社会公益事业都可以开发出影响力投资的机会。几乎每一项用于传统投资组合的都可以产生相当的影响力。影响力投资蕴含丰富商机，尤其是环境保护、新能源、新材料、扶贫、养老、公共健康、教育科技等领域是眼前的刚需。后疫情时代，人们对环境和动物保护的意识、对公共健康与国家经济发展的重要性，以及科技在人们生活、学习、工作中的作用已经深信不疑，影响力投资者在这些领域、在国内和全球平台上大有可为。而且，这些产业关注的是人与社会、自然和谐相处，关乎中国在公共事务治理中的创新和国家的全球竞争力，受到国家的政策支持，这就决定了其前景的开阔性。

第二，房产、微金融、能源、农业、母婴健康、基础教育和金融服务是影响力投资的最大板块。2016 年 J. P. Morgan & GINN 投资者报告①指出食品和农业是未来预投领域，预计这些行业的市场潜力巨大。未来 10 年的利润在 1830 亿美元和 6670 亿美元。目前，我国的民办医院、学校、养老机构等正处于蓬勃发展的阶段，社会资本大量进入这些领域，但是如果能够保证这些民办社会服务机构既给投资者带来一定收益，又能保持其服务民生的核心本质，基金会参与投资此类机构不失为一条可供选择的路径。基金会的参与和控股或参股能够很好地保障这些机构的公益性特质。

第三，越来越多的机构、高净值个人和财富家族对影响力投资持积极的态度，而且千禧一代也充分认识到影响力投资是一种鲜有争议、受到家族支持、传承家族核心价值和文化的新型公益参与方式。资管机构、券商、银行、家族办公室在该领域如果能开发更多优质的、有竞争力的产品，提供相关的支持服务，将极大地促进影响力投资从边缘到主流的迈进。

第四，金字塔底端人口有巨大的市场发展潜力。这些人群由于传统政府、市场和公益的失灵，其需求不能极大被满足。但是有研究②发现，这类人群常常把资金用于购买经适产品来继续增收，提高收入的可持续性。影响力投资可以很好地弥补三方失灵。

二、影响力投资在中国发展面临的挑战

虽然影响力投资的呼声很高，前景也很被看好，但是依然面临外部环

① J. P. Morgan and GIIN. 2016 Annual Impact Investor Survey [EB/OL]. https://www. jpmorganchase. com/corporate/Corporate-Responsibility/document/impact-investor-survey-2016. pdf, 2016.

② Collins, et al. (2009). Portfolio of the Poor [M]. D. Princeton University Press.

境和行业内部的诸多挑战。

（1）概念的模糊性。《哈佛商业评论》指出，对影响力投资的实际概念还未达成一致。目前，影响力投资可以指通过多种方式在任何国家和地区对任何领域的投资，如果照这样都归到影响力投资，会增加评估和比较影响力的难度。由于影响力投资的概念界限模糊，很多投资机构和基金管理很难准确地汇报影响力投资的具体资产，而且在信息和标准披露上存在灰色地带。

（2）文化阻力。Vilas Dhar 和 Julia Fethersto 分别是下一英里项目（Next Mile Project）的创始人和波士顿咨询公司迪拜办事处的公共部门创新专家，他们认为影响力投资资本量贫乏的深层原因是文化阻力。传统投资者的冷漠来源于他们对新式、有风险的投资结构保持谨慎和对用利润换取社会回报的怀疑，甚至对有任何“公益”内涵的投资感到紧张和害怕，他们的这种态度和不作为使影响力投资规模化前景变得不明朗。更何况，影响力投资是一个舶来品，需要在保持本土化和国际接轨之间有较好的度，否则抵触可能大于接受，从而很难实现更多的突破。

（3）外部法律的不健全和不认可对商业营收和影响力效果的实现产生影响。中国社会企业的认可与认证在中国开始起步，但是这些认证体系还有待完善和进一步深化，而且最终需要获得政府的法律认可和税收优惠。目前来看，影响力投资直接支持的社会企业没有在大范围内实现统一的法律地位认可。社会企业一般以公司或者慈善机构的性质存在，而这两者都无法完美对接机构在商业和公益上的二重性。在美国虽然有一些允许灵活盈利模式的社会企业法律（比如 L3Cs、B Corporation），英国有社区利益公司（Community Interest Company，CIC），但是依然不是主流。这种法律地位的认可和缺失在中国依然存在，会在融资、筹款，以及影响力界定和公信力维持上带来挑战。

（4）缺乏经验和人才。影响力投资可能会让人敬而远之，因为它需要融合财务管理和决策能力与对公益事务的熟练知识，这两者能力的融合一般比较少见。很多金融顾问虽然有投资经验，但是对社会和环境方面的项目缺少经验，很多慈善顾问也缺乏金融投资的经验。既懂金融又懂公益的人才凤毛麟角。

（5）风险和回报的挑战。投资有风险，一些低收入人群或者新兴市场基础设施不健全，服务投递成本很高，初期投入成本和回报可能会不成正比。

（6）资金与项目的匹配难。由于该产业刚刚兴起，缺乏成熟的供应市场，影响力投资者会比较难找到符合影响力投资条件的项目。根据GIIN 2020年度发布的调查报告，大多数投资者认为当前影响力投资市场面临的最大挑战是资本与项目的匹配问题。因为影响力投资者的背景非常多元化，包括基金会、天使投资者、影响力投资基金等，不同的投资者对被投企业或项目的要求存在很大差异，对于投资回报率和影响力的要求也不一样，社会企业需要在这些不同的投资者之间进行合理的甄别，找到适合自身发展阶段和特点的资本；而投资者也需要找到符合自身投资预期的社会企业。影响力投资领域一直强调资本的重要性，但是较少关注需求侧。实际上，真正成功的影响力投资项目依然很少，影响力投资基金往往面临着找投资项目难的局面。目前，比较成熟的投资渠道主要在美国、加拿大、南亚等国家和地区，而撒哈拉以南非洲却很少有比较成熟的投资项目。所以，发现和培育适宜进行影响力投资的项目至关重要。

（7）缺乏足够的测评、基线标准和影响力评估。从ESG证券指标到项目的评估都充满挑战。目前，中国想要获得A股上市公司ESG数据不容易，单独发布社会责任报告的上市公司约占26%。当前各基金公司的ESG评价体系不一致，多数基金公司以自家研发的指数作为业绩基准。三个一级指标以后没有统一标准，各个评估体系也不一样。在社会企业和项目选择上，目前有本土社会企业认证、国际共益企业（B Corporation）认证，以及引进的一系列标准化体系来评测各区域和各行业投资（如SROI、

IRIS、GIIRS)。尽管如此，还需要有一套普遍适用、简单易用、成本低廉而且不失偏颇的体系和工具。很多投资者着眼于投资机会和项目，而较少关注影响力投资必要的产品研发、数据跟踪和分析。如果影响力投资要在本土甚至全球推动，适合本国国情和行业行情的绩效评估与数据建设尤为重要，然而这种投入依然很少见。

(8) 缺乏合适的退出机制。中国影响力投资市场尚待完善，不能提供可靠的选择供投资者及时退出①。

(9) 项目交易额很小。虽然很多高净值人群和财富家族声称自己对影响力投资感兴趣而且在积极参与影响力投资，但是笔者在调研中发现，有些项目交易额非常小，是其投资者整个投资组合中微不足道的一笔资金，而且有些并未持续在做。

三、对中国政府发展影响力投资的建议

影响力投资在未来中国可持续的经济发展中有巨大的潜力，可以在很多中国亟待解决的社会问题中发挥巨大作用。“医疗、教育、卫生、社区、环境等公共问题出现后，用传统的政府办事业单位、企业办商业等手段都不能实现完全应对。”② 同时，中国的社会和商业界对资本向善、商业向善有很高的呼声。虽然中国已有投资者在清洁能源、小额贷款等领域进行投资，还有些潜在的领域如教育（早教)、社区投资、中小企业支持、发展中国家投资、医疗卫生、养老等，中国也有机会在发展中国家（特别是“一带一路”沿线）和非洲等发展中国家做影响力投资，但仅有外交慈善援助还不够，还需要引进影响力投资。

本部分将着重从政府如何在政策上推动影响力投资生态建设方面来展开讨论。这些政策不能覆盖所有必要的因素，主要集中在政府制定规则、提供支持性的环境、扫除影响力投资发展的障碍等方面。

---

① Brest P., Born K. (2013). When Can Impact Investing Create Real Impact? [J]. Stanford Social Innovation Review.

② https://www.britishcouncil.cn/programmes/society/news/se-new-trend.

根据资产的来源方，影响力投资者一般包含基金会、政府、高净值人群、保险公司、银行、零散的投资者等。资本的平台和中介一般是指联结资本提供方和资本需求方的桥梁，有时是一些融资机构（为社会性项目筹资，或者帮助投资者寻找合适的社会性项目），有时是投资顾问、银行或者基金。资本的需求和终端方一般是具有盈利模式的营利或者非营利的社会企业，以及共益企业和承接政府公共服务的非营利机构。还有一个关键方是行业的构建者，他们的作用集中在行业的信息收集与分析（如 GIIN、CIIN）、传播新的理念和技巧、提供行业的能力建设（比如如何评估影响力）、向大众推广影响力投资和向政府献策（如研究机构和联盟机构）以及构建和支持领导力等方面。

具体说来，政府可以在以下领域有所作为。

1. 扩大和激励影响力投资的资金上游方的发展

战略一：破除监管障碍，解放更多的民间影响力投资。创新且以影响力为先的商业需要投资，但是某些法律阻碍了更多私人资本的参与。比如，政府能更加清晰地规定基金会可以参与营利性公司的投资（诸如 PRI 或者 MRI）。

战略二：提供催化资金来吸引更多的私人资本和政府资金一起来解决社会问题（参见美国的社会创新基金）。在国家的宏观政策下，从清洁能源、扶贫、“三农”发展、住房建设、教育改革、中小企业发展、医疗和就业，到“一带一路”倡议中帮助发展中国家基础设施建设等，都可以尝试用影响力投资基金来催化和吸引各方的资本。

战略三：不断开发和创建新的金融产品，如影响力债券、环保债券、新冠疫情应对债券。

战略四：调动部分养老金支持影响力投资。

战略五：提供特殊税收减免，鼓励创投社区发展、“三农”、普惠金融、清洁能源等领域的影响力投资，如美国的社区发展金融机构基金鼓励私人资本投资经济低迷的地区/社区。政府为投资到指定社区的资本提供税收减免和优惠。目前，中国也有在扶贫和绿色金融领域提供税收减免和优惠支持，这些项目需要再扩大和在各级政府复制。

2. 创建和增强影响力投资下游方

战略一：出台支持性政策发展社会企业、共益企业。社会企业的概念自2005年被引入中国以来，历时13年的时间已经逐步深入中国的公益界和政府。社会企业在中国发展势头正劲，北京大学政府管理学院副教授、北京大学公民社会研究中心执行主任袁瑞军认为，可以把2015年看作社会企业元年[①]。虽然社会企业家技能培训、社会企业的学术研究、社会企业的实践报告不断涌现，而且也有公司和非营利机构获得社会企业、共益企业的认证，但是数量依然屈指可数。政府还需要在引进投资、提升全社会对社会创新和社会企业的认知、创建法律认可的社会企业和共益企业，以及帮助社会企业融入主流商业环境方面加大政策投入[②]。

战略二：提供资金支持社会企业的能力发展，如支持孵化器。

战略三：扩大政府购买服务范围和机构，并对优秀的机构和项目进行重点扶持，推荐给其他影响力投资者。

3. 认可与发展中间平台和行业构建者

战略一：大力满足影响力投资者对信息的披露和透明化需求。这将为行业信息收集机构提供机会和便利，同时，确保影响力投资者受到的优惠是名正言顺的。评估影响力对影响力投资领域的发展至关重要。政府应该支持和加速私营部门标准化，同时促进大数据建设和获得。比如，发展金融机构应该互相协调创建平台，允许数据共享和尽职调查。

战略二：标准化评估标准。随着行业关于社会企业、共益企业的评估等多种社会影响力评估方式的出现，政府需要提供标准化评估，为行业更

---

① https：//www. britishcouncil. cn/programmes/society/news/se-new-trend.

② 社会创新与我——星展基金会大中华区社会企业调研报告 . 2017：02.

多的投资者提供参考。

战略三：发展和支持中介机构，特别是能够掌握和汇集很多社会性项目的影响力投资项目的“批发商”。比如，美国的 GIIN 在整个行业的倡导、规范、能力建设、信息整合、行业网络和领导等方面起到了巨大的作用。中国非常需要这样的中介机构，助力影响力投资在中国的发展。

战略四：支持管理社会影响力和经济效益的平台建设和创新。影响力投资不仅要保证影响力的实现，还需要保证经济回报，这样才能真正可持续地发展该行业。因此，行业的构建者还需要为投资者提供各种支持、控制资金风险、增强信息的披露和反馈力度，以及资金的有效退出机制。这样做也可以帮助行业改善商业策略、实现创新①。美国的新慈善资本和 KL Felicitas 基金会开发“影响力风险分类”工具，旨在帮助评估和比较基金经理以及跨行业和投资策略的影响力评估工具。

战略五：利用政府强大的号召力和行业构建者一起在各级政府宣传和推广影响力投资的概念、典范案例。一项成功的影响力投资政策不仅会直接刺激投资者和投资量，还包括能使之维系的组织形式和网络。影响力投资政策的有效制定和执行需要政府和各部门以及各个行业间实现对接、协调，使各个政策目标一致，信息和标准共享。通过这些理念的宣传、信息的共享，可以减少对低效和无效的项目补贴，并且在已有的现实和项目基础上产生更多可被纳入影响力投资范畴的项目。

影响力投资正在全球欣欣向荣、蓬勃发展。各国都启动了专门的影响力投资全国顾问委员会，研究和探索影响力投资在本国的可行性。各国政府的政策在支持影响力投资上形态各异、领域多样，但从根本上来说是调动政府对市场的调节和塑造能力来促进影响力投资，并且做出和传统投资不一样的支持对策与力度。与此同时，政府需要加大影响力投资对传统投资者的吸引力，着眼构建支持性机构的培育，以及通过信息公开、多方协

① Thornley B., Locas B. (2018). Best Practices in Impact Management Begin to Take hold [R]. Stanford Social Innovation Review.

同协调、设立清晰标准选拔和评估等措施提高公共补贴的效度。中国需要抓住机遇，吸收国外的经验，同时开创具有中国特色的影响力投资实践。致力于构建影响力投资的生态体系，不仅要从宏观上推动其发展，还需要全方位地支持和构建影响力投资的体系和架构，使其实现有机、有序、动态的发展。

参考文献

[1] Abhilash Mudaliar and Hannah Dithrich. (2019). Sizing the Impact Investing Market [R]. New York: The GIIN, April

[2] Arabesque Partners and Oxford University. (2015). From the Stockholder to the Stakeholder: How Sustainability Can Drive Financial Outperformance. Available [EB/OL]. http://www.smithschool.ox.ac.uk/library/reports/SSEE_ Arabesque_ Paper_ 16Sept14.pdf.

[3] Barman, E. (2016). Caring Capitalism [M]. Cambridge University Press.

[4] Bernholz, L., & Richter, L. (2009). Equity advancing equity: How Community Philanthropy Can Build Racial and Social Equity Through Mission Investing [R]. San Francisco, CA: Blueprint Research & Design and GPS Capital Partners.

[5] Bertelsmann Foundation. (2016). Social Impact Investment in Germany: From Momentum to Implementation.

[6] Bloomberg LP. (2014). Bloomberg Brief: Family Office [EB/OL]. http://www.bloombergbriefs.com/content/uploads/sites/2/2014/12/Family Office_ December.pdf.

[7] BNP Paribas. (2020). Capital Market and Covid-19: Have Social Bonds Come of Age? [EB/OL]. https://cib.bnpparibas.com/sustain/capital-markets-and-covid-19-have-social-bonds-come-of-age-_ a-3-3503.html

[8] Bouri, A. (2011). How standards emerge: The role of investor lead-

ership in realizing the potential of IRIS [J]. Innovations: Technology, Governance, Globalization, 6 (3), 117-131.

[9] Brest, P., & Born, K. (2013). When Can Impact Investing Create Real Impact [J]. Stanford Social Innovation Review, 11 (4), 22-31.

[10] Brown, A., &Swersky, A. (2012). The First Billion: A Forecast of Social Investment Demand [M]. London: The Boston Consulting Group, Big Society Capital.

[11] Bugg-Levine A., & Emerson J. (2011). Impact Investing: Transforming How We Make Money While Making a Difference. Innovations: Technology, Governance [J]. Globalization, 6 (3), 9-18.

[12] Bugg-Levine, A., & Goldstein, J. (2009). Impact investing: Harnessing capital markets to solve problems at scale [J]. Community Development Investment Review, (2), 30-41. p. 35

[13] Center for High Impact Philanthropy. (2016). Program-Related Investments [EB/OL]. https://www.impact.upenn.edu/program-related-investments/

[14] Chadwick, S. (2014), Getting Started in Venture Philanthropy in Asia: A Practical Guide to Establishing and Operating a Venture Philanthropy or Social Investment Organization [R]. Singapore: Asian Venture Philanthropy Network.

[15] Chung, A., & Emerson, J. (2013). From Grants to Ground breaking: unlocking impact investments. ImpactAssets Issue [R]. Brief No. 10, Washington, D. C.: ImpactAssets.

[16] Credit Suisse. (2012). Investing For Impact: How Social Enterprise Is Redefining the Meaning of Return [R]. Cologne: Credit Suisse and Schwab Foundation.

[17] Crutchfield, L., & Grant, H. M. (2008). Sustaining impact: The

Jossey-Bass reader on nonprofit and public leadership [R]. San Francisco, CA. Jossey-Bass.

[18] Deutch Bank. (2012). Corporate Social Responsibility Report [EB/OL]. https: //www. db. com/files/documents/csr/reports/deutsche-bank-cr-report-2012. pdf.

[19] DiMaggio, A. (2019). Political Power in America: Class conflict and the subversion of democracy [M]. Albany, NY: State University of New York Press.

[20] Ebrahim, A. (2019). Measuring Social Change: Performance and Accountability in a Complex World [M]. Stanford University Press.

[21] Eccles. R., Loannou L, & Serafeim, G. (2013). The Impact of a Corporate Culture of Sustainability on Corporate Behavior and Performance [R]. Harvard Business School.

[22] Erickson, D. (2011). Advancing Social Impact Investments Through Measurement Conference: Summary and themes [J]. Community Development Investment Review, 7 (2), 6-25.

[23] Eurosif. (2012). European SRI study [R]. Brussels: Eurosif.

[24] Espeland, W. N., & Stevens, M. L. (2008). A sociology of quantification [J]. European Journal of Sociology/Archives Européennes de Sociologie, 49 (3), 401-436.

[25] Freeland C. (2013). Is Capitalism in Trouble? The Atlantic (December) [EB/OL]. https: //www. theatlantic. com/magazine/archive/2013/12/is-capitalism-in-trouble/354683/

[26] Freireich, J. and Fulton, K. (2009). Investing for Social & Environmental Impact [R]. Monitor Institute, San Francisco, CA: Monitor Institute.

[27] Friede, G., Busch, T. & Bassen, A. (2015). ESG and financial performance: aggregated evidence from more than 2000 empirical studies [J].

Journal of Sustainable Finance & Investment 5: 4, 210, DOI: http: //www. tandfonline. com/doi/pdf/10. 1080/20430795. 2015. 1118917.

[28] Gray, J., Ashburn, N., Douglas, H., Jeffers, J., Musto, D. K., &Geczy, C. (2015). Great expectations: Mission preservation and financial performance in impact investing [R]. Available at SSRN 2694620.

[29] GIIN. (2017). Getting Started with Impact Measurement and Management. Global Impact Investing Network [N]. London and New York: J. P. Morgan.

[30] GIIN (2017-2020). Annual Impact Investor Survey. Global Impact Investing Network [N]. London and New York: J. P. Morgan.

[31] GIIN. (2020). Navigating Investor Types and Landscapes [EB/OL]. https: //thegiin. org/navigating-investor-types-and-landscapes

[32] GIIN. (2020). Annual Impact investor Survey [EB/OL]. https: //thegiin. org/assets/GIIN%20Annual%20Impact%20Investor%20Survey%202020. pdf

[33] GIIN. (2020). The Impact investing market in the Convid-19 context: An overview: Response, Recovery, and Resilience Investment Coalition [EB/OL]. https: //thegiin. org/assets/The%20Impact%20Investing%20Market%20in%20the%20COVID19%20Context_ An%20Overview. pdf

[34] Goodall, E., Kingston, J. Kingston. (2009). Access to Capital: A Briefing Paper [M]. London: Venturesome.

[35] Gunnar Friede, Timo Busch & Alexander Bassen. (2015). ESG and Financial Performance: Aggregated Evidence from more than 2000 Empirical Studies [EB/OL]. Journal of Sustainable Finance & Investment 5: 4, 210, DOI: http: //www. tandfonline. com/doi/pdf/10. 1080/20430795. 1118917.

[36] Harji, K., Jackson, E. T. (2012). Accelerating Impact: Achievements, Challenges and What´s Next in Building the Impact Investing Industry [M]. New York, NY: The Rockefeller Foundation.

[37] Havens, J. &Schervish, P. (2011). A golden age of philanthropy

still beckons: National wealth transfer and potential for philanthropy technical report [EB/OL]. https://www.bc.edu/content/dam/files/research_ sites/cwp/pdf/A%20Golden%20Age%20of%20Philanthropy%20Still%20Bekons.pdf

[38] Höchstädter, A.K., & Scheck, B. (2015). What's in a Name: An Analysis of Impact Investing Understandings by Academics and Practitioners [J]. Journal of Business Ethics, 132 (2): 449-475.

[39] Hummels, H., de Leede, M. (2014). The emergence of impact investments: The case of microfinance, in Céline Louche, Tessa Hebb (ed.) Socially Responsible Investment in the 21st Century: Does it Make a Difference for Society? [J]. (Critical Studies on Corporate Responsibility, Governance and Sustainability, Volume 7), Emerald Group Publishing Limited, pp. 91-115.

[40] Impact Investment Shujog. (2011). Impact Investors in Asia: Charac teristics and Preferences for Investing in Social Enterprises in Asia-Pacific [R]. Singapore: Impact Investment Shujog and Asian Development Bank.

[41] International Finance Corporation. (2019). Sustainable Investment in China.

[42] IU Lilly Family School of Philanthropy. (2013). Leverage the Power of Foundations: An analysis of Program-related Investment [R]. 该报告数据主要来源于基金会中心网（Foundation Center）。

[43] Jackson, E.T. (2013). Evaluating social impact bonds: questions, challenges, innovations, and possibilities in measuring outcomes in impact investing [J]. Community Development, 44 (5), 608-616.

[44] Johnson. (2013).Next gen donors: Respecting legacy, revolutionizing philanthropy [R]. Center at Grand Valley State University.

[45] Joy, I., de Las Casas, L., and Rickey, B. (2011). Understanding the Demand for and Supply of Social Finance: Research to Inform the Big Society Bank [R]. London: New Philanthropy Capital/NESTA.

[46] J. P. Morgan. (2010). Impact Investments: An Emerging Asset Class [R]. Global Research.

[47] J. P. Morgan. (2012). A Portfolio Approach to Impact Investment [EB/OL]. https://www.jpmorganchase.com/corporate/socialfinance/document/121001_ A_ Portfolio_ Approach_ to_ Impact_ Investment.pdf.

[48] Kanani, Rahim. (2011). "The Global Impact Investing Network (GIIN): An Interview with CEO Luther Ragin, Jr." [J]. Forbes October 30.

[49] Koenig, A. (2014). Shaping Social Impact Investing Markets: Where are we now and where do we want to go? Impact Investing Policy in 2014: A Snapshot of Global Activity [J]. Impact Investing Policy Collaborative.

[50] Krogh, M. (2015). Channeling Investment for Impact [R]. Wayne, PA: B-Lab

[51] Laing, N., Long, C., Marcandalli, A., et al. (2012). The U. K. Social Investment Market: The Current Landscape and a Framework for Investor Decision Making [M]. Boston, MA: Cambridge Associates.

[52] Lawrence, S., & Mukai, R. (2011). Key facts on mission investing [R]. Foundation Center.

[53] Letts, C., Ryan, W. and Grossman. (1997). Virtuous Capital: What Foundations Can Learn from Venture Capitalists [N]. Harvard Business Review.

[54] Levitt, D. A. (2011). Investing in The Future: Mission-related and Program-related Investments for Private Foundations [J]. Prac. Tax Law., 25, 33.

[55] Martin, M. (2010). Managing philanthropy after the downturn: What is Ahead for Social Investment. In M. Martin & A. Ernst (Eds.), Viewpoint 2010: What is Ahead for Social Investment? [N]. (pp. 10-21). Geneva: Informed Judgment Partners

[56] Martin, M. (2013). CSR's New Deal: A Blueprint for Your First Hundred Days in the World of Impact Economy (April 1). Impact Economy Working Paper, Vol. 3 [EB/OL]. http://dx. doi. org/10. 2139/ssrn. 2259632.

[57] Martin, W. J. & Moor, R. J. M . (1959). The Small Business Investment Act of 1958 [J]. California Law Review, 47 (1).

[58] Mendell, M. , & Barbosa, E. (2013). Impact investing: a preliminary analysis of emergent primary and secondary exchange platforms [J]. Journal of Sustainable Finance & Investment, 3 (2), 111-123.

[59] Merrill Lynch. (2016). Impact investing: The Performance Realities.

[60] Morgan Stanley Institute for SustainableInvesting. (2015). Sustainable Reality: Understanding the Performance of Sustainable Investment Strategies [EB/OL]. http://www. morganstanley. com/sustainableinvesting/pdf/sustainable-reality. pdf.

[61] Mudaliar, A. , & Dithrich, H. (2019). Sizing the impact investing market [J]. New York: The GIIN, April.

[62] Muller, C. (2014). How Wealth Advisors Can Facilitate Impact Investments [EB/OL]. https://www. arabellaadvisors. com/2014/07/02/how-wealth-advisors-can-facilitate-impact-investments/

[63] New York Times. (1973). Point of View [EB/OL]. https://www. nytimes. com/1973/02/11/archives/why-good-guy-funds-have-flopped. html

[64] Nicholls, A. (2010). The Institutionalization of Social Investment: The Interplay of Investment Logics and Investor Rationalities [J]. Journal of Social Entrepreneurship, 1 (1): 70-100.

[65] Nicholls, A. , & Murdock, A. (Eds.). (2011). Social innovation: Blurring boundaries to reconfigure markets [N]. Springer.

[66] Nicholls, A. , Paton, R. , & Emerson, J. (2015). Social Finance

[M]. Oxford University Press.

[67] Nicholls, A., Paton, R., & Emerson, J. (Eds.). (2015). Social finance [M]. Oxford University Press.

[68] Nicholls, A., Paton, R., & Emerson, J. (Eds.). (2015). Social finance. Oxford University Press.

[69] Noble. A.; Leytes, M., and deBeer, B. (2015). Impact investing and the role of family offices. Stanford Social Innovation Review [EB/OL]. https://ssir.org/articles/entry/impact_ investing_ and_ the_ role_ of_ family _ offices

[70] Nonprofit Quarterly. (2020). The 2020 Map of Nonprofit Economy [EB/OL]. https://nonprofitquarterly.org/infographics/npqs-illustrated-nonprofit-economy/

[71] O'Donohoe, N. et al. (2010). Impact Investments: An Emerging Asset Class [J]. J. P. Morgan, The Rockefeller Foundation.

[72] O'Donohoe, N., Leijonhufvud, C., and Saltuk, Y. (2010). Impact Investments: An Emerging Asset Class [M]. New York: J. P. Morgan and Rockefeller Foundation.

[73] Okapara, J. & Idowi, S (ed.). (2013) Corporate Social Responsibility: Challenges, Opportunities, and Strategies for 21st Century Leaders [M]. New York and London: Springer

[74] Pineiro, A., Bass, R. (2017). Beyond Investment: The Power of Capacity Building Support [R]. GIIN.

[75] Porter. m. & Cramer, M. (2011). "Creating shared value", Harvard Business Review [EB/OL]. https://hbr.org/2011/01/the-big-idea-creating-shared-value

[76] RIAA. (2019). Responsible Investment Benchmark Report 2019 Australia [EB/OL]. https://responsibleinvestment.org/wp-content/uploads/

2019/07/FACT-SHEET-RIAA-RI-Benchmark-Report-Australia-2019-1. pdf

[77] Robert Eccles, Ioannis Ioannou, George Serafeim. (2013). The Impact of a Corporate Culture of Sustainability on Corporate Behavior and Performance [R]. Harvard Business School.

[78] Roche, C. (1999). Impact Assessment for Development Agencies: Learning to Value Change [M]. Oxford: Oxfam GB.

[79] Rockefeller Foundation. News Brief (2010). When is an Investment an Impact Investment? [J]. Retrieved January 20.

[80] Rockefeller Philanthropy Advisors. (2010). Solutions for Impact Investors: From Strategy to Implementation [R]. New York: Rockefeller Philanthropy Advisors.

[81] Rubin, J. S. (2009). Developmental Venture Capital: Conceptualizing the Field [J]. Venture Capital: An International Journal of Entrepreneurial Finance, 77 (4), 335-360.

[82] Scott, W. R. (1992). Organizations: Rational, Natural, and Open Systems (3rd ed.) [M]. Englewood Cliffs, NJ: Prentice Hall.

[83] Scriven, M. (1967). The Methodology of Evaluation [M]. In. Tyler, Rw, Gagne, Rm, Scriven, M. (Ed.): Perspectives of Curriculum Evaluation, Rand McNally, Chicago.

[84] Shanmugalingam et al., (2011). Growing Social Ventures [M]. London: NESTA/Young Foundation.

[85] Short, J. C,, Moss, T. W., & Lumpkin, G. T. (2009). Research in Social Entrepreneurship: Past contributions and futureopportu nities [J]. Strategic Entrepreneurship Journal, 3 (2), 161-194

[86] SIITF (Social Impact Investment Task Force). (2014). The Invisible Heart of Markets: Harnessing the Power of Entrepreneurship, Innovation and Capital for Public Good [M]. London: SIITF.

[87] Spratt, S., S. Griffith - Jones, Stephany and J. Atonio Ocampo. (2013). Mobilizing Investment for Inclusive Green Growth in Low-Income Countries, Federal Ministry for Economic Cooperation and Development (BMZ), German Government

[88] Steven Lawrence. (2011). Reina Mukai. Key Fact on Mission Investing [M]. NewYork: Foundation Center: 3.

[89] The Center for Effective Philanthropy. (2015). Investing and Social Impact: Practices of Private Foundations.

[90] The Giving Pledge [EB/OL]. https://givingpledge.org/Pledger.aspx?id=177

[91] Townsend, B. (2017). From SRI to ESG: The Origins of Society Responsible and Sustainable investing [EB/OL]. https://www.bailard.com/wp-content/uploads/2017/06/Socially-Responsible-Investing-History-Bailard-White-Paper-FNL.pdf?pdf=SRI-Investing-History-White-Paper

[92] Traill. M. (2011). Social Ventures Australia

[93] UBS and Campden Research. (2015). The Global Family Office Report.

[94] UK Sustainable Investment and Finance Association. (2018). "New Government Regulation Makes Clear Existing Pension Scheme Duty to Consider ESG Factors" [J]. News Release, September 11.

[95] U.S. National Advisory Board. (2014). Private Capital, Public Good: How Smart Federal Policy Can Galvanize Impact Investing- and Why It's Urgent.

[96] USSIF. Foundation. (2015). Family Offices and Investing for Impact [EB/OL]. https://www.ussif.org/files/Publications/Family_Offices.pdf.

[97] Walsh, K., TeKolste, R., Holston, B., Roman J. K. (2016).An

Introduction to Evaluation Designs in Pay for Success Projects. Washington, DC: Urban Institute [EB/OL]. http://pfs. urban. org/library/content/introductio-nevaluation-designs-pay-success-projects.

[98] Warwick-Ching, L. (2017). Family Offices: A History of Stewardship [EB/OL]. https://www. ft. com/content/403a2cb4-a9cb-11e7-ab66-21cc87a2edde

[99] Weiss, C. H. (1998). Evaluation: Methods for studying programs and policies [M]. Pearson College Division.

[100] Worthstone (2013). The Role of Tax Incentives in Encouraging Social Investment [R]. London: City of London and big Society Capital.

[101] 联合国.(2018). 联合国可持续发展目标报告 [EB/OL]. https://news. un. org/zh/story/2018/06/1011382

[102] 刘长喜.(2009). 企业社会责任与可持续发展研究——机遇利益相关者和社会契约的视角 [M]. 上海财经大学出版社.

[103] 蒋巍. 美国影响力投资政策:跨越半个世纪的演进 [EB/OL]. https://www. tewen. org/article/1120index. htm.

[104] 深圳国际公益学院.(2017). 影响力投资趋势与挑战 [J]. 公益金融评论,(1).

[105] 杨团,朱建刚.(2020). 慈善蓝皮书:中国慈善发展报告(2020)[M]. 社科文献出版社.

[106] 中国基金会发展报告课题组.(2016). 中国基金会发展报告(2015-2016)[M]. 社科文献出版社.

[107] 南都基金会.(2019). 中国社会企业与社会投资行业扫描——调研报告 2019 [R]. 中国社会企业与影响力投资论坛.

全书缩略词汇总

A

亚洲公益创投网络（AVPN，Asian Venture Philanthropy Network）

C

有效慈善中心（CEP，Center for Effective Philanthropy）

高影响力慈善中心（CFHIP，Center for High Impact Philanthropy）

社区利益公司（CIC，Community Interest Company）

社区服务总署（CNCS，Corporation for National and Community Service）

社区再投资法案（CRA，Community Reinvestment Act）

社会企业责任（CSR，Corporate Social Responsibility）

D

发展金融机构（DFI，Development Finance Institution）

国际发展办公室（DFID，Department for International Development）

道琼斯可持续全球指数（DJSGI，Dow Jones Sustainability Global Index）

E

欧洲投资基金（EIFE，European Investment Fund）

欧洲公益创投联盟（EVPA，European Venture Philanthropy Association）

经济报酬率（ERR，Economic Rates of Return）

公司治理（ESG，Environment Social and Governance）

员工股票持有计划（ESOP，Employee Stock Ownership Plan）

企业教育基金（ETT，Enterprise Education Trust）

G

全球影响力投资网络（GIIN ，Global Impact Investing Network）

全球影响力投资评级系统（GIIRS，Global Impact Investing Rating System）

通用会计准则（GAAP，Generally Accepted Accounting Principle）

I

影响力报告和投资标准（IRIS，Impact Reporting and Investment Standard）

社会经济发展研究所（IDES，Institut de Développement de l'économie Sociale）

国际发展金融公司（IDFC，International Development Finance Corporation）

影响力评估和管理（IMM，Impact Measurement and Management）

影响力评估（IE，Impact Evaluation）

国际财务报告准则（IFRS，International Financial ReportingStandards）

K

关键绩效指标（KPI，Key Performance Indicator）

L

低营利有限责任公司（LLC，Low-profit Liability Company）

M

监测评估（M&E，Monitoring and Evaluation）

使命驱动投资基金（MDI，Misson Driven Investment）

使命相关投资（MRI，Mission-related Investment）

N

非营利金融咨询（NFF，Non-Profit Finance）

O

海外私人投资公司（OPIC，Overseas Private Investment Corporation）

P

私募股权基金会（PEF，Private Equity Foundation）

投资管理团队（PMT，Portfolio Management Team）

项目相关投资（PRI，Program-related Investment）

R

随机对照试验（RCT ，Random Controlled Trial）

S

可持续发展目标（SDG ，Sustainable Development Goal）

社会影响力加速器（SIA，Social Impact Accelerator）

社会影响力债券（SIB，Social Impact Bond）

社会责任投资（SRI，Socially Responsible Investing）

社会投资回报（SROI，Social Return on Investment）

T

英国社会投资论坛（UKSIF，UK Social Investment Forum）

U

美非发展基金会（USADF，US Africa Development Foundation）

Unitus 平权基金（UEF，Unitus Equity Fund）

V

公益创投（VP，Venture Philanthropy）

美国国际开发署（VSAID，United States Agency for International Development）

可视手语中转服务（VRS，Video Relay Service）

W

凯洛格基金会（WKKF，W. K. Kellogg Foundation）

索 引

T

X

Y

Z

游资操盘

手法与实录

麻道明◎著

中国经济出版社
CHINA ECONOMIC PUBLISHING HOUSE
北 京

图书在版编目（CIP）数据

游资操盘手法与实录／麻道明著．
—北京：中国经济出版社，2018.8（2025.9重印）
ISBN 978－7－5136－5210－0

Ⅰ.①游… Ⅱ.①麻… Ⅲ.①股票投资—基本知识 Ⅳ.①F830.91

中国版本图书馆 CIP 数据核字（2018）第 105336 号

责任编辑　叶亲忠
责任印制　李　伟
封面设计　久品轩

出版发行　中国经济出版社
印 刷 者　北京艾普海德印刷有限公司
经 销 者　各地新华书店
开　　本　710mm×1000mm　1/16
印　　张　19.75
字　　数　320千字
版　　次　2018年8月第1版
印　　次　2025年9月第11次
定　　价　58.00元
广告经营许可证　京西工商广字第8179号

中国经济出版社 **网址** www.economyph.com **社址** 北京市东城区安定门外大街58号 **邮编** 100011
本版图书如存在印装质量问题，请与本社销售中心联系调换（联系电话：010－57512564）

前言

PREFACE

中国股市，开天辟地近三十载；追涨杀跌，血雨腥风俨然江湖。

机构主力，翻云覆雨盆满钵满；游资散户，割肉厮杀体无完肤。

股市就是江湖：贪婪恐惧，尽显人性百态；门派林立，各有成名绝技；云诡波谲，变换城头王旗；潮起潮落，淘尽世间英雄。身为江湖儿女，莫怪江湖无情，这是一场智慧与资本的博弈。若不想以血肉之躯为庄家祭刀，唯有苦练内功、掌握防身制胜之术，方能笑傲江湖。

在近几年A股市场中，游资行为越来越受到市场的广泛关注，一旦有游资介入的个股，短期股价均出现大幅波动。游资对于多数散户来说既爱又恨，爱它是因为通过疯狂的拉升而使跟风者快速获利，恨它是因为急拉狂跌而容易让散户深套其中。其实，游资就是短线主力，手法复杂多变，盘面扑朔迷离，走势毫无章法。所以作为广大散户朋友，想要发现游资行踪，跟随游资进出，达到与游资共舞，必须具备扎实的技术分析功底、丰富的实盘经验、良好的心理素质，否则很难达到预期的效果，甚至适得其反，遭到游资的吞噬。

当然，游资操盘不同于一般庄家行为，除了具有“凶狠猛”和“短平快”的特点外，它们的选股思路、热点挖掘和操盘手法大大超出了人们的想象。为了使大家全面掌握游资的运行规律和操盘手法，本书将市场各路游资大军征战股市江湖的独门秘籍予以全面解析，旨在为散户提供一些有益的帮助和启示。全书共有七章，对游资独特的建仓、洗盘、拉升、出货方式以及盘面特征、分时走势、量价关系等进行了详尽的剖析，并对“敢死队”“温州帮”“妖股”的操盘秘籍进行全面曝光，本书内容对发现和跟踪游资具有十分重要的指导意义。

麻道明

2018年5月中国·楠溪江畔

目录

CONTENTS

第一章 A股游资大军

第一节 游资概况

一、什么是游资

游资又称热钱（Hot Money），或叫投机性短期资金，其目的在于用尽量短的时间以钱生钱，只为追求高回报而在市场上迅速流动的短期投机性资金。

股市中的游资以吃庄为生，主要是利用资金灵活的特点，用资金短期影响股价以期达到破坏庄家原有的操盘计划，迫使庄家妥协在相对高位承接筹码的目的，而庄家往往都会默认不作过多的反抗，否则与游资硬拼，一旦失守或者市场出现不利于自己的变化，则会对做盘计划带来极大影响。所以，游资狙击的个股大多是庄家吸筹接近尾声或者庄家没有控筹的股票。

游资的组成主要是民间非正式的，存在的形式主要是私下合作。比如，几个大户联合起来有目的、有计划地对个股进行价格影响。有些集中在营业部或者分散在一般小散户中，通过一些较为现代的联络手段进行协同有规则地买卖操作。集中营业部操作主要考虑到资金大，容易被监管部门察觉，依托营业部就有了靠山，做事自然顺利。很多游资的交易手法是违反证券法其中“恶意操控股价”这一条款的，近年来也有不少游资被查处，但寄生于营业部还是有一定的隐蔽性。一般的中小型游资每年的交易额都在数十亿以上，营业部收取的佣金是极为丰厚的。

另一种游资形式，主要由一些中小散户组成，比如当下流行的流动资本联盟、游资帮派等团体，就属于此列。团体内部有一股相对较大的资金，引导团体内其他相对较为分散的资金进行操作，这种形式近年来越来越流行。

自股市诞生以来，中小散户一直扮演着小绵羊的角色，管理层虽有保护中小投资者利益之心，但散户的投资环境始终没有改变过，能够单打独斗盈利的小散户凤毛麟角，这也是类似流动资本联盟、游资帮派等团体异军突起的原因所在，毕竟团体与个人的力量相比，对于股价的影响是显而易见的。

可见，A 股市场上的游资组成异常复杂，主要包括这几个部分：过江龙资金（俗称国际热钱）、民间私募资金、国有大型企业集团资金以及其他具有复杂背景并举足轻重的特种资金。

这支力量究竟有多大呢？目前还没有具体的统计数据，根据各大游资营业部的表现，江浙一带的最大游资群其规模不低于 200 亿元，全国来说保守估计起码有千亿之巨。如果认为一千亿相对于大盘万亿总量不过是弱旅一支，不足为道，那就错了。应该这样看待游资的力量，那就是每天的成交量，因为游资天生好斗，其活动频率和煽动的换手率，比起基金和散户要高得多，其成交量或能五分于天下，可见其力量是十分巨大的。更重要的是，游资对市场的理解，与散户相比要清澈透明得多。

二、游资的发展历程

A 股的游资几乎伴随着股市的诞生而形成，现在看到的游资形态，其实是游资的 3.0 时代。早期市场体制并不完善，基本属于资金推动的草莽行情。短线游资四处出击，炒作俯拾皆是，左右逢源，几乎到了“无股不庄”的地步，尤其是以德隆系、中科系等为代表的长庄，成了一个时期的神话。

2001 年末，熊市开始，市场环境恶化。资金形态和操作手法都发生了大洗牌，大量坐庄资金链的断裂，被迫出局或者转作真正的游击战，从基金手中虎口夺食。后来基金又夺回主导权，价值投资开始成为市场主导理念。于是，游资开始缩小作战区域，在超跌股、ST 股、低价股、题材股方面建立了根据地，初步形成了与基金对立互补的格局。

但是 2004 年以后，市场格局又发生了较大的变化。经过九死一生之后，残余的游资精英，改变了单纯靠资金单打独斗的传统模式，而是紧跟市场理念的发展，具有一定预见性和市场洞察力，其操作具有较高水准。游资敢于对基金叫板，在“9·14”行情中基金还在犹豫和观望的时候，游资却大举入场建仓，使得成交量迅速放大，在 5 天时间里推动沪指上涨 200 点，充分展现了游资的实力和凶悍的操盘手法。在“股改”行情中，也是游资先声夺人，以及 2015 年的“国家牛市”行情中，市场游资各显神通，威力大增。

在“股灾”之后的最近两年时间里，市场处于盘整期，正是游资大肆炒作的时期。在这一时期基金与游资平分秋色，基金主攻蓝筹股和白马股，游资在调整期主打题材股，在敏感期主动出击。游资轮番登台，市场诞生了许多“妖股”。当然，由于游资过于猖獗，也埋下诸多祸根，屡有游资遭到管理层查处。

目前震动江湖的游资，主要分布在北京、上海、江浙以及珠三角等经济发达地区。各路游资，风格各异，其中最凶猛的是被称之为“涨停敢死队”和“温州帮”，如今他们已经发展成若干分支之帮。

在传统的江湖体系中，老牌游资营业部出尽风头，大有衰落之虞，已经出现许多游资新面孔，江湖地位大有取而代之的势头。不过总体而言，江浙游资由于老辣强悍，品牌效应轰动全国，不少资金唯马首是瞻，慕名而往，这也促使了由单兵作战向游资集团化作战的转变。

三、游资的基本特征

在近几年的A股市场中，最活跃的主力就是短线游资了。游资来得快，走得更快。经常做一日行情，今天大量吃货，明日全部清仓。也经常对某些个股集中炒作一下，如果大盘强势，一批个股可能连续出现涨停。要是利空出现，或市场行情欠佳，游资总会在第一时间全部空仓。

游资大多在股市大跌或调整时出手，特别是股市相对低位时更加火爆。一般只要短线不会出现暴跌，只要连续下跌两天，也有只跌一天，游资就会大量出现，他们对股市短线看法比较清楚。

中国股市长线看涨，但短线波动大，为游资提供了生存之地。游资操作的个股多数在20元左右，流通市值大约在100亿元左右。游资偏爱题材，只要有可炒作的题材，就在第一时间大幅拉高，散户要买只有追高，这样的股一般第二天就是头，很多时候第二天还低开，游资就出货了，每次游资虽然赚得不多，但游资本身安全，赚得次数多。小盘股游资不玩，因为买货不方便，出货也不容易；大盘股一般也不会玩，大盘股需要更多资金才可拉动。

市场游资主要有以下基本特征：

1. 高收益性与高风险性

追求高收益是游资的最终目的，当然高收益往往伴随着高风险，因而游资赚取的是高风险利润，这也使其具备承担高风险的意识和能力。可能在这只股票赚钱而在那只股票亏钱，由于我国体制的原因所致，目前绝大多数游资是获利甚至是获大利的。

2. 高信息化与敏感性

游资（热钱）是信息化时代的宠儿，对一国、一地区或世界经济金融现状和趋势，对各个金融市场汇差、利差和各种价格差，对有关国家经济政策等高度敏感，并能迅速做出反应。

3. 高流动性与短期性

基于高信息化与高敏感性，有钱可赚他们便迅速进入，风险加大则瞬间逃离。表现出极大的短期性甚至超短期性，在一天或几天内快速进出。

4. 高虚拟性与投机性

说热钱是一种投资资金，主要指它们投资于全球的有价证券市场和货币市场，以便从证券和货币的价格波动中取得利润，即“以钱生钱”，对金融市场有一定的润滑作用。如果金融市场没有热钱这类风险偏好者，风险厌恶者就不可能转移风险。但热钱的投资既不创造就业，也不提供服务，具有极大的虚拟性、投机性和破坏性。

跟游资走，做超短线，一般三天左右为一个周期，在大盘大跌时就是游资的买点，大盘涨时就是游资的卖点。大盘连跌两天，一般只要不是下跌通道，发现中价股出现异动，就可以大胆跟进。

由于游资走得快，散户必须要比游资更快。游资在大盘无大风险的时候，操作时间相对长一些，散户也可以跟着做一波。大盘在高位时，游资也会出击，但游资做的时间较短，可能只有一两天时间，散户要快进快出，不然大盘再次下跌时，会让你的损失增大。游资不是每次都成功的，散户也是，时间到了，赚不到钱亏了也要走。

四、游资的游击战术

江湖人马，风格各异，概而言之，其游牧性格是共同的，这也决定了它们的游击战策略。游资的游击战，通常有如下几类：

（1）助涨。借力发力，在涨势中从庄家口中夺肉，是游资屡试不爽的惯用手法。利用一些股票走势形态较好，温和放量、小阴小阳线上行过程中，抢在庄家拉升之前介入，利用很少的资金四两拨千斤，将股票封住涨停板。

（2）逆向操作。游资的最大特点就是以最出人意料的角度取得最大的攻击效果。其一是博超跌反弹，捡廉价筹码；其二是对主流以外的个股出击。比如不被市场看好的、筹码分散的冷门股，正是游资青睐的品种。

（3）打新。新事物定位总是要在历练中形成，但凡新股、次新股，皆为大资金所关注。近年来游资打新愈加逞强，资金轮番轰炸，表演眼花缭乱。

（4）停板。不是涨停板，就是跌停板，无论是哪个板，都可能成为吃货或者出货的大好平台，急拉猛跌，不用赘述。

（5）信息战。知己知彼，百战不殆。游资对内幕消息的捕捉不遗余力，许多江浙私募都有专门的信息部。据业内人士透露，券商为了挽留大资金，常常成为连接上市公司与游资的桥梁。

（6）使诈。兵不厌诈，任何题材股都能泛起波澜，游资最擅长使用的必杀技之一，就是借着朦胧题材拔腿就拉。

（7）盲点套利。以市场忽略的题材突击，如复牌、摘帽、送配等进行疯狂表演，盆满钵满后离场，套住了不少过客。

（8）精准出击。没有把握的仗，游资基本不打。这与大众印象远远不同，游资有非常缜密的研究，对消息、题材和基本面进行充分的研究，在那些轻便又安全的个股寻找爆破点。

（9）速战速决。兵贵神速，游资不具备长期坐庄的能力，所谓“崇尚价值投资，擅长超级短线”，动荡市中两天一个来回，即便是亏损也要坚决割肉出局。

（10）金蝉脱壳。诱多出货，利好消息一公布就“见光死”。

（11）声东击西。当市场充斥着各类古怪的题材之时，游资基本上在扰乱视听，若这些题材均有诱多嫌疑，则市场变盘在即。

（12）联合作战。单兵作战，力有不逮。江浙资金经常能遥控指挥千里之外的北、上、广、深的资金，大兵团作战。

（13）趁火打劫。游资本性是逐利，没有太多的道德可言。水灾、地震等自然灾害，举国悲痛，游资却闻风出动，重建概念大行其道，不无丑恶，难以苛责。

（14）背靠大山。游资通常还与上市公司关联，里通外合，共同坐庄。隆平高科、冠农股份、复旦复华，无一不用强大得令人生畏的股东进行掠财。

（15）止损。游资不是基金，没有老鼠仓，花的多是自家钱。留得青山在，就是有柴烧。

五、游资和庄家的区别

庄家是近几年出现在市场的比较具有中国特色的名词，如果跟对庄家则可获得超常利润，但正确判断庄家意图相当困难，被套牢者数不胜数。

股价持续上涨自然是大家希望的，但股价拉升是游资行为还是庄家发动的，却关系到个股的后期走势，也在相当程度上决定了后期上升的空间，因此分辨和理解这两类资金的操作思维，对大家实盘操作来说是十分重要的。两者主要区别如下：

1. 运作时间长短不同

庄家参与个股的理由，一般是公司基本面出现改善，并最终通过业绩的提升来得到验证。由于庄家在市场尚未知晓之前就已提前介入，所以花费的时间就比较长，一般长达数月甚至更长。

游资没有长期持有筹码的习惯，所以喜欢短线炒作，而市场题材性的炒作正好符合这类资金的要求。由于市场题材变化很快，所以游资炒作的时间也很短，一般不会超过一周，更有短至一两天的，上午建完仓以后就快速推升股价，第二个交易日全部出货，完成一次短炒。

2. 启动方式不同

虽然都是加速上涨或涨停，但是短线游资由于没有经历建仓过程，所以有明显的抢筹动作，开盘后没几分钟就快速封住涨停。有的游资更是直接开盘就涨停封盘吃货。

而长线庄家大多是先拉高一波，在高位横盘一段时间，然后再慢慢地推到涨停。找一个合适的时机，合适的点位，用最小的代价把股价拉上去，是庄家的惯用操盘手法。

3. 成交量大小不同

由于游资炒作的时间非常短，在抢筹之前往往没有建仓环节，成交量相对之前会出现明显放大。游资来去匆匆，抢筹出货都容易用极端手法，所以游资操作过的股票，容易出现天量、巨量，一天换手率往往可以达到 20% 甚至更多。一旦后面成交量出现大幅萎缩，就说明游资主力没钱了，或者玩击鼓传花游戏的时候，当后面资金跟不上时，那股价很快会掉头下来，萎靡不振。所以，快涨快跌，成交量大幅变化的个股，大多是游资操作的股票。

庄家运作个股时，有建仓、拉升和出货三个最基本阶段，在拉升时的成交量肯定比平常要大，但是不会大得离谱，大多是温和放量态势，再大也不会整体大于过去一年的峰值。中长线庄股，无论涨多高，只要成交量不连续异常放大，说明庄家仍在其中，随时有反攻的可能。

4. 洗盘风格不同

在股价拉升后，中间常常会出现洗盘走势，一为洗掉获利浮筹，二为洗掉上方筹码，三为拉高市场持仓成本。

游资操作的股票，洗盘多半在盘中就完成，或者用2～3天完成。这里有一个很重要的区别点就是短线游资炒作的股票，中间喜欢用大阴线巨量洗盘，甚至出现间隔性的大阴线洗盘2～3次，比如涨停后放量大阴线。游资炒作的股票，洗盘主要目的是为了吃更多的货，便于做后期的拉升。

中长线庄家资金运作的股票，在拉升途中的洗盘虽然会有阴线，但往往阴线不会特别大，或者只会有一次高开造成的阴线，连续的或者间隔的放量大阴线不会经常出现。庄家坐庄的股票本来筹码就很稳定，洗盘只是不断抬高市场平均成本，为最后的出局做准备，而不是为了吃更多的货。

5. 股价涨幅不同

庄家介入的个股盈利目标至少在50%以上，因为在运作过程中投入成本较高，因此股价总体超过一倍或几倍，但这样的升幅需要几个月甚至更长时间来完成，而每一个时间段内的涨幅不会很大，一般来说超过30%～50%就会面临调整。

游资操作的时间很短，市场适应时间也不长，比如游资将一些个股连续推至涨停，这样几个交易日股价的涨幅就会很大，使得市场很难接受被推高的股价，在此情况下市场买单将难以为继，游资也会面临难以退出的尴尬。所以游资决不会将股价推得很高，一般情况下连续上涨超过30%就基本达到目的，决不会像庄家那样经过调整后再来一波行情。

这里有两种情况需要说明：一种是经过基本面重大变化以后股价飙升，这种情况不一定是游资在参与，往往是股价的重新定位；另一种是有些题材股也会反复上涨，但这并不一定是同一拨游资干的。通常是前面的游资炒完后走人，之后市场重新炒作该题材，于是新的一拨游资再进入，这是两拨不同的游资行为。

6. 护盘强弱不同

庄家在运作过程中，非常在乎股价的走势，因此经常出手护盘。其目的是通过时间的延续，让市场接受上涨后的股价，而游资操作的时间很短，实际上也不需要护盘时间，一旦市场买单跟不上，游资就会撤退，所以不需要护盘，也没有能力护盘。

7. 分时走势不同

庄家在拉升股票时，分时走势往往是N字波拉升，然后震荡调整，收盘是大阳线，而且经常不让股票涨停板。游资拉升的分时走势往往是低位震荡小幅盘上，然后突然迅雷不及掩耳之势，接近90度直线拉升至涨停板。

8. 盘口买卖单不同

庄家在拉升股价时，很少用连续的大单向上扫货，这是因为庄家已经不需要抢筹。只是在关键的价位用大单向上攻击，起到四两拨千斤的作用。游资的买单往往是连续的多位数大单蜂拥而上直到涨停，这是因为游资没有建仓的过程，需要快速抢筹，甚至涨停板上吃货。

显然，如果只是中线操作，那么跟随庄家会更安全一些。如果喜欢做短线，那么跟随游资搏一把也未尝不可，只是要求快进快出，一旦游资撤离应及时退出，因为游资参与的题材股都是没有估值优势的，一旦题材不再是市场热点，将面临比市场更大的下跌风险。

值得注意的是：大多数庄家控盘的股票，游资一般不敢参与。庄家介入较深的股票，游资一旦发动上涨行情，庄家往往是在涨停板位置大肆砸盘出货，又在第2天大幅低开，将短线游资套牢，或者是第2天冲高回落，让游资无利可图。在实盘中，一些游资就被庄家闷着打，特别是一些公募基金和机构重仓的个股，往往看到游资进来抢筹的时候，龙虎榜上总有机构出货的席位。

第二节　股市游资帮派

有人的地方就有江湖，有江湖就有帮派。股市中的帮派其实就是主力，就是不同领域、不同地区的主力行为，帮派在散户心里又爱又恨，既敬仰又恐惧。股市里的帮派很早就有，一波倒下一波又起，或是若隐若现，打游击式的战术，当管理层风声紧的时候，市场上的帮派很快销声匿迹，过一阵子之后又风生水起。

近年来，有关“股市帮派”传闻较多，相传在股市中江湖帮派丛生，随着时局的变化轮流出现和隐没。资本市场因操作风格、地域分布的不同，一些知名游资被划分成不同帮派，股市里的帮派，多是以地区命名的，什么“北京帮”“上海帮”“宁波帮”“东北帮”等，其中宁波就是早先的“涨停敢死队”，徐翔就是从这里发家的，其他的比如“深圳帮”“山东帮”“天津帮”等，都是以券商和大学系为基础建立的。

如今，“温州帮”重现江湖，“涨停敢死队”再出新套路，“游资”再出撒手锏……市场“妖股”出没，股市江湖掀起了一场血雨腥风的大浩劫。

一、派系林立

在近30年的股市发展中，沪深股市已是门户成堆、派系林立，如国资委系、地方国资委系、高校系、民营系等，这些派系参控多家上市公司，在资本市场中占有重要的分量，当然也经历了盛衰恩怨。根据二级市场业务来说，股市帮派大致可分为以下几种类型（相关个股，见附件）。

（1）国资委派系。包括：中国石油系、中国石化系、中国化工系、国家电力系、国家电网系、电子信息系、电子科技系、航天科技系、航空工业系、兵器工业系、兵器装备系、中国船舶系、中国核工业系、东方电气系、中国医药系、三九系、中粮系、华源系、蓝星系、宝钢系、中铝系、一汽系、东风系、大唐系、华电系、中远系、普天系、长城系、中信系、华润系和招商系31大派系。

（2）地方国资委派系。包括：首创系、上海电气系、光明食品系、深圳中航系、赛格系、太极系、特变电工系和斯威特系8大派系。

（3）高等院校派系。包括：北大系、清华系、青鸟系、中科院系、浙大系和哈工大系6大派系。

（4）民营企业派系。包括明天系、复星系、万向系、中植系、华立系、新湖系、泰跃系、涌金系和德隆系9大派系。

（5）地域派系。包括：北京帮、湖南帮、宁波帮、东北帮、温州帮、青岛帮、上海帮、佛山帮和福建帮等较为突出。

（6）私募派系。根据规模大小包括：固利系、优素系、莲华系、韦航系、紫熙系、奇获系、鸿凯系、原点系、凯纳系和柯林系10大私募派系。

在资本市场中，旧的派系消失，新的派系诞生。证券市场就像一个舞台，上演着一幕幕派系盛衰恩怨的大戏。

二、游资帮派

游资在多年的市场运行中，已经形成自己独特的思维方式和操盘技巧，或单打独斗、精准出击，或联手作战、相互照应，其操作手法独具特色，各显绝技，并以地域或专长为重点渐渐形成了各种帮派。这里对那些市场影响较大的帮派进行探究，提炼这些游资的镇帮手法，以窥探其背后的运作思路。

1. 短线主力——深圳超短帮

深圳著名游资，资金实力雄厚。喜欢热点题材股，手法是盘中追热点和追涨停板结合。他们主导的四川双马（000935）第三波拉升和名家汇（300506）的填权炒作，引导市场资金合力拉升，使个股涨幅巨大，该帮派行踪值得关注。共5家营业部：

平安证券深圳深南东路罗湖商务中心营业部

华泰证券深圳益田路荣超商务中心营业部

国信证券深圳泰然九路营业部

申万宏源深圳金田路营业部

光大证券深圳金田路营业部

2. 短线主力——上海超短帮

以超短暴利打法为主，近期操作的个股涨幅较大，操作时间一般均在1～3个交易日内，操作成功率高。主要有6家营业部：

国金证券上海奉贤区金碧路营业部

国金证券上海互联网证券分公司

华泰证券上海武定路营业部

东方证券上海浦东新区银成中路营业部

申万宏源上海闵行区东川路营业部

东方证券浙江义乌宾王路营业部

3. 短线超级主力——深圳帮

深圳帮喜欢联合作战，他们操盘手法高超，盘面技术发挥到了极致，不能用惯常的技术手段来分析，从吸筹、拉升到出货，让人无所适从，跟踪难度较大。共有6家营业部，联合做庄、拉升，利润稳定，不可多得的营业部组合。它们是：

华龙证券深圳深南大道营业部

恒泰证券深圳梅林路营业部

华鑫证券深圳益田路营业部

恒泰证券武汉西北湖路营业部

华泰证券福州六一中路营业部

财通证券绍兴柯桥区钱清门大道营业部

4. 短线超级主力——宁波帮

宁波帮是“涨停敢死队”的发源地，其操作手法并不稀奇，用八个字概括：“追求强势，追逐涨停”，但是要能完全成功，既有运气和天赋成分，也有个人的坚持与努力。早年的银河证券宁波解放南路营业部是“涨停敢死队”的大本营，后来操盘手陆续转移到了上海。

宁波帮有着传奇色彩的4家营业部：

银河证券宁波解放南路营业部

国泰君安上海江苏路营业部

中信证券上海溧阳路营业部

中信证券上海古北路营业部。

5. 短线主力——广东帮

广东帮游资主力使用的营业部地区较为分散，资金量较大，操作手法习惯以“大阳线—调整数日—再大阳线”，反复拉升操作，短期幅度大概为30%，只有17家营业部。可以关注前7家营业部的动向：

财通证券浙江温岭东辉北路营业部

爱建证券长沙中山路营业部

华福证券厦门湖滨南路营业部

万联证券广州番禺清河东路营业部

东方证券上海黄浦区中华路营业部

申万宏源杭州密渡桥路营业部

财富证券深圳彩田路营业部

6. 短线主力——山东帮

山东帮操作比较大气，一度赢得“善庄”的称号，特别是喜欢反复做T，不断高抛低吸，肯给散户介入机会。经常多个营业部配合拉升炒作，操作成绩理想，均以操作次新股为主，且短线利润稳定，不可多得的营业部组合。

山东帮大规模炒作次新股，其手法凶悍，风格高调，实属罕见。比如华自科技（300490）、可立克（002782）区间涨幅超过100%。他们操盘风格固定，在某段时间内集中入驻一只股票，以周为单位对次新股进行洗盘做T。在2016年4月至9月份，联手炒作次新股，白云电器（603861）、鹭燕药业（002788）、司太立（603520）、川金诺（300506）和建艺集团（002789）都不约而同出现了两个营业部的身影。

2017年2月至3月份，一批前期受利空影响的次新股开始进入强势的反弹时期，这段时间里山东帮的资金更是主导了这波浪潮。数据港（603881）、张家港行（002839）、和胜股份（002824）等，就是这段时期山东帮的代表作。

从张家港行中就可以看出山东帮的操盘手法。这是2017年最抢眼不过的一只牛股，各路游资不停疯狂炒作，从2月6日至4月5日，最高涨幅达200%，从而创下了银行板块有史以来最高的63倍市盈率。

2月10日，在经过两天的回调之后，在早盘就显示出强劲的势头，股价迅速抬拉，在10点前封死涨停榜，当天成交8.22亿元，换手率高达41.72%。当天龙虎榜数据显示，山东帮席位华林证券拉萨察古大道当天买入3800万元，从此张家港行开始了波澜壮阔的拉升之路。

次日，受次新板块整体利好的影响，该股全天封死涨停，成交4881万股，成交额达6亿多元，察古大道锁仓没有卖出。在锁仓两天后，2月16日，股价再次一字涨停。盘后龙虎榜显示，山东帮的另外两家营业部中信证券杭州四季路和国海证券济南历山路分别为买三和买四，而锁仓了三个交易日的察古大道成了卖二，全部出货，获利30%。

随后几个交易日，该股成了龙虎榜上的常客，山东帮这三个营业部在这只股票里面进进出出，不停做T，其股价从最低的9元多，涨到了最高的30多元，边拉边出，最终在4月11日完成出货，粗略估计这三个营业部获利超50%。

在2017年初，国海证券济南历山路营业部曾频繁操作太阳电缆（002300）等“妖股”，以及张家港行（002839）、嘉澳环保（603822）等次新股，以及7个交易日大涨74.78%的牛股顺丰控股（002352）。但从2017年10月12日现身于华意压缩（000404）的龙虎榜之后，便踪迹渺茫。

山东帮共有51家营业部，较常见的前7家营业部为：

国海证券山东济南历山路营业部

国海证券山东济宁邹城市兴石街营业部

华林证券拉萨察古大道营业部

光大证券福建泉州田安路营业部

恒泰证券浙江瑞安拱瑞山路营业部

国金证券上海浦东新区芳甸路营业部

中泰证券山东荣成石岛黄海中路营业部

7. 短线超级主力——浙江帮

短线凶残，疯狂拉升，多个营业部联合操作，介入单只股票金额可达2个亿以上，操作时间较短，启动股票突然，常在下午2点过后，直接拉升至涨停。共有122家营业部，前8家营业部为：

浙商证券绍兴解放北路营业部

大同证券上海长寿路营业部

联储证券苏州花池街时代广场营业部

财通证券浙江青田前路街营业部

浙商证券浙江路桥南官大道营业部

华安证券重庆龙头寺营业部

中信建投江西吉安井冈山大道营业部

申万宏源江西上饶五三大道营业部

8. 短线超级主力——杭州帮

短线活跃，所在营业部是一线游资，一般持股1~5个交易日居多，短线成功率高，利润较稳定。常见有6家营业部或3家营业部同时操作一股时，成功率较高。2家营业部同时操作时，可重点关注，也可参考，1家营业部单独行动时，一般不是合力行业，不应该参与。杭州帮营业部有7家：

中信证券上海淮海中路营业部

西南证券杭州庆春东路营业部

光大证券杭州庆春路营业部

银河证券杭州新塘路营业部

银河证券杭州庆春路营业部

中信建投杭州庆春路营业部

中信证券杭州庆春路营业部

9. 短线超级主力——温州帮

温州帮是A股市场上名声最大、最为活跃的游资之一。据业界人士透露，随着泽熙投资的覆灭，温州帮遭到了重创，一些温州帮游资分散到其他地方，形成新的帮派，其中最引人关注的就是山东帮，与温州帮一南一北、遥相呼应，均是龙虎榜中的重要角色。

温州帮的游资其实不局限于温州，是多股资金的统称，手法相差较大，营业部资金经常重叠，有一定的区分难度。不同分组之间有着明显的操作差异，可从手法区分，自温州帮被挖掘以来，操作手法不断变化，跟踪难度加大。

温州帮操作手法凶猛诡异，要么暴涨，要么暴跌，所光顾的个股走势飘忽，时常伴随着巨量对敲，股价忽上忽下，盘中红绿变化剧烈，振幅巨大。在每天的涨跌停排行榜中，总有相当比例的股票是温州帮操盘的，是名副其实的“涨停板制造者”。

据了解，以往温州帮的操作风格是：所选股票盘子非常小，流通市值在30亿元以下；多为沪市股票，偏爱冷门股等，不过2017年以来风格似乎有所不同。以中信证券杭州四季路营业部为例，其近期还操作了中兴通讯（000063）、京东方A（000725）、国元证券（000728）等盘子较大的股票。该营业部非常活跃，2017年成交64亿元，上榜177次。

温州帮共有239家营业部，前10家营业部是：

中信证券杭州四季路营业部

银河证券温州锦绣路营业部

上海证券温州月乐西路营业部

华鑫证券乐清双雁路营业部

招商证券杭州文三路营业部

华泰证券郑州经三路营业部

华泰证券上海共和新路营业部

长江证券上海福州路营业部

财富证券上海大连路营业部

海通证券杭州文化路营业部

10. 短线超级主力——福建帮

继火爆的温州帮之后，又有一支更为凶狠的力量——福建帮，横空出世。福建帮最经典的案例当属前期大涨的宏盛股份（603090），这是福建帮首次联合出击坐庄的个股。复盘该股走势可以看到，短短数个交易日出现惊人四连板，盘中有时振幅达18%。相比温州帮，其吸筹——洗盘——拉升的暴力手法，有过之而无不及。

从分时图上来看，福建帮游资在拉升过程中，分时图上出现的顶级大单只挂不撤，手法与温州帮相似，但又有些不同。虽然个股偶尔在盘中会有小幅跳水，但整体走势较为平顺，而不像温州帮游资，分时图上蹿下跳，整体给人感觉生硬。

这些福建游资从2016年10月底开始联合操作，除了宏盛股份外，还包括11月参与的奇正藏药（002287），都是在短时间内连续拉板，然后高位出货。其手法一气呵成，不达目的誓不休，操盘技术比温州帮更加犀利。由于目前市场对于该帮派并不了解，个股短期内涨幅远超温州帮，平均达到3个涨停左右，想象空间十足。

福建帮主要有4个营业部：

华泰证券厦门厦禾路营业部

中信建投福州市东街营业部

国海证券福州五四路营业部

信达证券福州远洋路营业部

11. 短线主力——南京帮

短线强庄，南京系营业部联合做庄，喜欢小盘股，常常暴力拉升，多营业部配合。南京帮共9家营业部，比较活跃的有6家营业部：

海通证券南京广州路营业部

上海证券南京胜太路营业部

国泰君安南京太平南路营业部

华泰证券南京户部街营业部

华泰证券盐城分公司营业部

国泰君安南京中央路营业部

12. 短线主力——成都帮

成都帮也是游资界实力帮派，当中知名营业部很多，最突出的代表就是国泰君安成都北一环路营业部、华泰证券成都南一环路第二营业部，被称为“成都帮双雄”。2017年北一环成交78亿元，上榜351次；南一环成交50亿元，上榜246次。

成都帮大多以趋势型个股为主，喜好操作震荡上升的个股，以短线为主，而且多数喜欢抱团作战，共同进退，颇具“上阵亲兄弟”特色，多数以上述双雄为主导。以2017年11月30日操作盈方微（000670）为例，除了光大证券佛山绿景路营业部外，该股的买方榜其余四席均为成都游资，北一环作为主力买入2090万元，其余三家分别为国联证券成都锦城大道营业部、中信建投证券成都马家花园营业部及国信证券成都二环路营业部。

2017年12月8日，盛路通信（002446）急剧放量涨停，成交额达到2.91亿元，为上一交易日9413万元的3倍多。公开信息显示，其买方榜上同样汇聚了4家成都营业部。四兄弟齐心协力，分工明确：国联证券成都锦城大道营业部和国泰君安成都北一环路营业部主攻，买入额均超过1000万元；华泰证券成都南一环路第二营业部和银河证券成都科华北路营业部助攻，分别买入790万元和604万元。

成都帮主要有6家营业部：

国泰君安成都北一环路营业部

华泰证券成都南一环路第二营业部

国联证券成都锦城大道营业部

中信建投成都马家花园营业部

国信证券成都二环路营业部

银河证券成都科华北路营业部

13. 短线主力——佛山帮

佛山帮的操作手法是投入资金大，出手快，擅长低位吸筹，多为短线操作，喜欢暴力打板，然后在次日冲高跑路，即来无影去无踪，有“佛山无影脚”之称，不过也有对一只股票连续打板的记录。最主要的两大席位是光大证券佛山季华六路营业部和光大证券佛山绿景路营业部。

从2017年的表现来看，上述两大营业部的上榜率不低。季华六路成交112亿元，为“百亿俱乐部”成员，上榜268次；绿景路成交66亿元，上榜221次。从进出记录分析，两个席位的操作套路很相似，应该是同一拨操盘手在控制，比如更喜欢拉升相对位置较低的股票。由于资金实力雄厚，通常以大单封死，且绝大多数情况下单兵出击，极少协同作战。

2017年12月8日，季华六路现身于吉林化纤（000420）的龙虎榜，作为买一吸纳了1296.15万元，当天该股基本一开盘便被封于涨停板，该营业部无疑是打板主力。2017年该营业部买入额最大的是厦门港务（000905），同样作为买一于3月16日大手笔买入1.19亿元，当天不到10点即封死涨停，次日该股冲高回落收跌2.36%。绿景路在11月30日作为盈方微（000670）的买一投入了3068.27万元，当天股价涨停，次日同样冲高回落仅3.42%。值得一提的是，吉林化纤、盈方微均在两家营业部介入之前创下一轮调整的新低，符合业界关于“佛山帮”擅长低位吸筹的说法。从统计来看，两家营业部极少连续交易一只股票，多为短线操作。

佛山帮主要有2家营业部：

光大证券佛山季华六路营业部

光大证券佛山绿景路营业部

14. 短线超级主力——上海短线暴力组

上海短线暴力组是最凶的游资主力之一，以凶猛的一致性行为操作个股，操作个股均为个股绝对主力，股价上涨幅度惊人，常连续疯狂拉升数十根阳线，或连续涨停。有6家营业部：

华鑫证券上海宛平南路营业部

华鑫证券上海茅台路营业部

华鑫证券上海淞滨路营业部

华鑫证券上海松江路营业部

华鑫证券宁波沧海路营业部

华鑫证券西安西大街营业部

15. 短线主力——苏州帮

苏州帮以做短线为主，经常连续3～5天大阳线，利润较稳定，实力较好，2家营业部联动较为有效，单营业部不建议参考。主要有7家营业部：

中投证券无锡清扬路营业部

东吴证券苏州西北街营业部

东吴证券常州通江中路营业部

广发证券吴江仲英大道营业部

华泰证券苏州人民路营业部

海通证券杭州文化路营业部

兴业证券上海金陵东路营业部

此外，还有短线主力——短庄13号：单一营业部做短庄，简单、暴利，营业部是海通证券上海建国西路。短线主力——招商1号：主要炒作对象为次新股，成功率较高，实力较好，相对较活跃，是招商证券的2家营业部联合炒作，即济南泉城路营业部和北京建国路营业部。短线主力——重庆1号：单日介入个股金额均为1亿左右，经常连续对一只股票炒作，连续几日持续拉涨停，手法极为凶猛，营业部为中信建投重庆涪陵广场。短线主力——新能源汽车炒作帮：游资短线主力，多波段操作，反复做T，主庄，介入后暴力拉升，常拉涨停，介入时低位较多，以银河证券台州营业部为主。

股市帮派林立，操作手法各具特色，都有自己的撒手锏。北京帮，在天子脚下，占了天时地利，常常第一时间得到各类消息，可以先发制人；上海帮，海纳百川，熟悉世界经济学，精于技术分析，作战时谨慎警惕；宁波帮，所谓的“涨停敢死队”，专挑某刻关注度少的股票下手拉涨停，有人发现跟风之时，即是他们出货之时，在动物界里这种属于土狼，等到狮子和老虎都吃饱喝足累了歇了，它们上来抢点残食腐肉；东北帮，多数时候偏向北京帮，豪气霸气，只是偶感勇猛有余，智力稍逊；以新疆为主的西部帮，凶狠贪婪，不计后果的不达目的誓不罢休；广东帮，作为最早接触股市的一批人，经验丰富，脑子里储满了历史，随便的一些风吹草动都逃不过他们的法眼；四川帮，深谙猎庄之道，惯于抬轿乘车……还有很多帮派，由于代表性不是很强，这里就不一一列举了，大家自己体会吧！

散户就是因为不能成为一致行为人，没有帮派，所以才被称为散户。散户在买股票时，除了对当前国内外的经济趋势、政策趋势有所了解，还要熟悉欲买股票的经济前景和题材前景，另外，还要知晓大股东，推敲是哪个帮派在运作，并熟悉其操盘手法和操作意图。

第三节　活跃游资席位

一、成交金额前十大营业部

2017年A股市场又是一个不寻常之年，二八效应明显，大多数股票赚钱效应不佳，主力机构、基金扎堆大蓝筹及白马股，游资也出现了同一帮派抱团狙击某一只或某一类股票的特征。沪深游资仍然最为活跃，各占半壁江山。

据龙虎榜统计，2017年度有6683家券商营业部共100472次登上龙虎榜，成交金额为1.49万亿元。从成交金额来看，有310家营业部成交金额在10亿元以上，有9家营业部成交金额在100亿元以上。中信证券上海淮海中路营业部是唯一一家成交金额超过200亿元的营业部，以250亿元的成交金额傲视群雄，华泰证券深圳益田路荣超商务中心营业部以182亿元的成交金额排名第二，排名第三的是国泰君安上海江苏路营业部，成交金额128亿元。

近一年来成交金额前十大营业部：

排名	营业部	上榜次数	成交金额（亿元）
1	中信证券上海淮海中路	438	250
2	华泰证券深圳益田路荣超商务中心	793	182
3	国泰君安上海江苏路	394	128
4	浙商证券绍兴解放北路	255	125
5	中信证券上海溧阳路	386	121
6	银河证券北京阜成路	235	119
7	中信证券上海古北路	297	113
8	光大证券佛山季华六路	297	106
9	华泰证券厦门厦禾路	543	103
10	中投证券无锡清扬路	436	98

注：2017.1.3—12.29龙虎榜统计数据。

1. 中信证券上海淮海中路营业部

从2017年操作来看，中信淮海中路营业部算是少有的兼具气魄与号召力的营业部了。

近5年来，该营业部活跃度递增，2013年、2014年只有一股比较小的资金在活动，而到了2015年、2016年，则有一股规模更大、活跃度更高的资金进驻了该营业部。特别是在2017年龙虎榜中，中信淮海中路营业部是唯一一家成交金额超过200亿元的游资席位，以成交金额250亿元而傲视群雄，名列榜首；上榜438次，排名第10。该营业部主要风格以追涨停为主，也可能是其买入行为更容易上龙虎榜，更容易被列入统计数据。

该营业部在2016年的第一创业（002797）和科恒股份（300340）成功战役中，足以奠定其江湖地位，两只股票一共赚了6000万元左右，并且持仓时间都不短，不是一日游，平均持仓时间都在一周左右，最关键的是淮海中路非常有责任心、很大气，绝不在股价虚弱的时候出货，并且盘中适时引导股价，在淮海的精心呵护下，两只股票表现都很抢眼。

在2017年行情中，淮海中路交易一直很密集，股指上下震荡，没有大的涨幅，但淮海中路却赚得盆满钵满。典型的个股有年初的太阳电缆（002300），年中的首创股份（600008）、冀东装备（000856）、博天环境（603603），到年末的建科院（300675）均大幅获利。最成功的一笔是在方大炭素（600516）中大胆出手，7月7日一下买入4亿元，然后从7月25日开始在高位分批获利出货。

2. 华泰证券深圳益田路荣超商务中心营业部

该营业部历史悠久，业绩辉煌，曾多次获得证券业协会颁发的“优秀营业部”称号，“中国十佳营业部”“深圳十佳营业部”荣誉，市场份额名列深圳地区乃至全国前茅。在2017年龙虎榜中，成交金额182亿元，排名第2；上榜793次，排名第4。

营业部乔迁新居后，老客户一路相伴，新客户群贤毕至。随着各路资本市场投资英豪集结，真正成为交名友、学投资、近高人的绝佳平台，已然成为藏龙卧虎之地。而且，他们的VIP通道很快，其通道速度一度引发争议。

核心人物是深圳“赤子之心”资产管理有限公司赵丹阳，著名的私募经理人，有“中国私募教父”之称。他具有12年的证券市场投资经验，以果断闻名于私募江湖。他以211万美元的高价拍下2008年巴菲特午餐的机会，并且在2009年6月24日兑现。

2017年成功狙击了嘉泽新能（601619）、华大基因（300676）、澄天伟业（300689）等一批次新牛股，特别是在8月10日大胆出击“妖股”中科信息（300678），满获丰收，在市场中广为流传。

3. 国泰君安上海江苏路营业部

该营业部前身是“老君安”常德路营业部，现在是国泰君安所有分支机构中规模最大、综合实力最强、交易设施最完备的旗舰营业部，也是老牌游资聚集地之一，多年来游资上榜席位排名前列。在2017年龙虎榜中，成交金额128亿元，位居第3；上榜394次，排名第13。

该营业部实力非凡，声名远播，目前客户资产规模超过1000亿，聚集了大量包括企业年金、保险、信托、公募、私募在内的机构客户和一大批在市场上具有影响力的个人高端投资者。该营业部被号称为“亿万富翁创造基地”，坊间对它敬畏有加。

2017年成功狙击了西部建设（002302）、渤海股份（000605）、冀东装备（000856）、华北高速（000916）、神火股份（000933）等一批年内大牛股。

在资本市场上，具有个性化的特点：

（1）在选股方面，偏重于消息面，对热点题材把握得准确及时，拿捏到位，而对流通市值的偏好不是十分明显。

（2）在操作方面，比较讲究技术，操盘手法屡屡出现教科书似的经典图形。操作手法上，相对沉稳、老到，操作周期比较长。

（3）在盈利预期方面，一般可以通过技术手段加以预测，从盘面上可以窥见端倪。

（4）在风控方面，历来比较沉稳，据说算是目前最稳健的游资驻扎地之一。

4. 浙商证券绍兴解放北路营业部

该营业部是游资大佬——赵老哥（又称为“赵一万”）驻扎地之一，据传赵老哥“八年一万倍”的股市收益，将20万炒成20亿。但自从2016年以来，其昔日传统席位鲜有表现，而根据他操盘手法及风格，目前市场上与之有传闻的席位包括中信证券上海淮海中路营业部、银河证券北京阜成路营业部、湘财证券上海陆家嘴营业部和浙商证券绍兴解放北路营业部共4个协同席位。

他们操作风格是专注短线，打板为主，波段操作，多在二板以上做接力。2017年参与过很多牛股的拉升，同力水泥（000885）、天山股份（000877）、江阴银行（002807）、张家港行（002839）、西部建设（002302）等股票的主升段都有该营业部的身影。

该营业部仅在2017年5月一个月时间里，买入的总金额是61376万元，卖出的总金额是42422万元，净额是18953万元。由于比较看好后市行情，所以买入金额的比卖出金额多。在2017年龙虎榜中，成交金额125亿元，位居第4；上榜255次，排名第32。

在2017年操作的经典个股冀东装备（000856）中，既不像古北路买入龙头调整加仓，也不像南北环纯粹的一日游，不断在该股来回买卖，看起来非常凌乱，但基本上是第一天买入，第二天出局，很少长期持有。快进快出，之后再涨再买，反复操作。做得比较成功的当属天山股份（000877），在2月份这一波行情中操作得很流利，利用两个营业部优势，高位加仓不断做T，最后分批出局，可以说从底部到顶部，吃完整段主升浪。还有南国置业（002305）也做得非常漂亮，6月1日介入4765万元，2日锁仓，5日出局

5498 万元（相对于之前仓位盈利出局），同时再介入 9574 万元，6 月 7 日新席位再介入 4472 万元。

总结其操作过的个股，有以下特点：

（1）跟随趋势时多数是在高位介入，很少第一板买入，多数在二板以后，甚至三板、四板，之前赵老哥自己也说过二板定龙头。

（2）介入后个股如果第二天继续涨停，一般并不出局，第二天调整则选择出局。

（3）善于做 T，在大波段来临时反复做 T 增加利润。

（4）介入个股股性活跃，且多数前期有较大涨幅，如白银有色（601212）、寿仙谷（603896）等。

（5）善于挖掘活跃个股的第二波行情。

（6）选择的股票都是市场内短期强势票，重点也是跟随趋势，趋势不变，则继续持有。

5. 中信证券上海溧阳路营业部

根据多方了解，原先徐翔的一个分仓也在该营业部，该营业部目前有数位牛人入驻。游资大佬——孙国栋（江湖人称“孙哥”）也栖身在此，号称游资界金城武，职业的灵敏嗅觉非同一般，江湖人称第一游资，其资金量据称逼近 50 亿，实力由此可见，操作手法早已出神入化。2016 年股灾期间也遭到停牌补跌黑天鹅事件，但目前依旧是最活跃的席位之一。在 2017 年龙虎榜中，成交金额 121 亿元，位居第 5；上榜 386 次，排名第 16。

消息称，孙哥和赵老哥都是普通散户起家，成长轨迹类似于涨停敢死队“总舵主”——徐翔，是很多股民的榜样，当然这种奇才出现的概率也是极低的。

从操作风格上看，该营业部以“短、平、快”的短线操作为主，当日买入，次日卖出。2017 年抓住雄安龙头股——汉中精机（002158），猛烈加仓，买入资金近 2 亿，大幅获利。4 月 28 日，该股凭借之前的股性和市场认知度，开盘后快速封涨停，当日龙虎榜显示该营业部买入 5059 万元，接近其余四大买家席位的总和。5 月 2 日高开 7%，秒封涨停，该营业部为买一，加仓 5546 万元。5 月 3 日高开至 9%，经历短暂的波动又再度封死涨停，该营业部买入 7182 万元，卖出 5479 万元，至此累计获利 1500 多万元，手上还持有将近 1.4 亿筹码。从龙虎榜来看，盘中所持筹码将近 2 个亿，接近该股流通盘的 2%。

5 月 4 日放出历史天量，高位震荡，但当日没有龙虎榜数据，该营业部是走是留，留下无尽的想象。若按最高最低卖出推测，至少获利 1000 万～2300 万元。

2017 年成功经典还有北京科税（002350）、韩建河山（603616）等波段牛股。当然也有过失手操作，比如在保变电气（600550）中高位接单，大亏 23% 离场；先河环保（300137）中盈利不走反被套，一笔割在最低点，亏损 1000 多万元。其操作风格：

（1）个股选择上，在连续涨停后买入，大胆参与主升浪的个股。

（2）操作手法上，连续涨停加仓，这种连板加仓无比凶悍的手法，在超短游资中是非常罕见的，其中多数是隔日或者连板锁仓。

（3）买入逻辑上，在没有大题材持续性的情况下寻找小方面的机会，也就是在存量资金博弈下小题材容易受到青睐。借壳可以说是既小又没什么板块性的一个概念。

（4）再牛的游资也是跟随市场，溧阳路善于反思自己为什么没有抓住这样的机会，一旦抓住机会就大胆加仓，反败为胜。

6. 银河证券北京阜成路营业部

这是游资大佬——赵老哥（又称为“赵一万”）的 4 个协同席位之一，营业部成立于 1990 年 8 月 27 日，是北京市首批设立的证券经营机构。目前客户数、交易量、客户资产（市值 + 保证金）等多项指标位居同行业前列，在北京地区享有较高的声誉。在 2017 年龙虎榜中，该营业部成交金额 119 亿元，位居第 6；上榜 235 次，排名第 38。

2017 年成功操作过北新路桥（002307）、首创股份（600008）、白银有色（601212）、创业环保（600874）等波段牛股。最得意的莫过于方大炭素（600516），几乎卖在最高价，大获全胜。7 月 7 日，该营业部买入 6544 万元，一直锁仓不动，8 月 4 日卖出 14732 万元，全部出货，资金翻了一倍多。

该营业部的个性化操作特点：

（1）选股方面，偏重于热门题材中的一般题材，不是很追赶最热点潮流。比较偏好中小市值的个股，绝少选择大盘权重股。

（2）操作方面，往往出手很重，经常出现在上榜数据的前列位置。经常采用盘中滚动，拉高出货与滚动套利结合，迷惑性很大。一般会在打板之后的一两个交易日内选择出货，甚至不断 T + 0；如果个股股性活跃，会反复操作，不断进出场。

(3) 盈利预期难预计，诡异的操盘手法往往让人捉摸不透。

7. 中信证券上海古北路营业部

该营业部在2016年11月份前还默默无闻，进入2017年后却异军突起，上榜的成交金额迅速攀升，成为龙虎榜上的常客。年轻一代稚气的脸庞，隐隐显露出少年侠客气息，其势头极为迅猛，直逼以往老牌领跑者。在2017年龙虎榜中，该营业部成交金额113亿元，位居第7；上榜297次，排名第24。

除成为龙虎榜常客外，该营业部还多次在关键时刻提振大盘，典型案例发生在2017年1月17日，这天在创业板大跌之时，古北路大量买入乐视网(300104)，随后带领创业板企稳反弹。同一天，古北路耗资6261万元买入新亚制程（002388），形成“天地板”（股价从跌停到涨停），成为引领大盘反弹功臣之一。如此重大变化，说明该营业部在客户营销方面取得重大成功，引进了某个或某群知名实力游资的强势入驻的概率相当大。据传，游资大佬——孙氏父子、赵老哥的分仓席位隐藏于身后，江湖故事屡见不鲜。

2017年，古北路可谓惊心动魄，场面壮观，上演了从巨亏到暴赚的曲折经历。在雄安第一波炒作中小赢大亏。只有宝硕股份（600155）、津滨发展(000897)、青龙管业（002457）共小赚2000万元外，其余均亏损。尤其重仓介入的华夏幸福，亏损达6000万元以上。而在4月下旬之后的第二阶段操作中，古北路实现华丽转身，出现许多成功的经典之作，比如，创业环保(600874)、渤海股份（000605）、先河环保（300137）、冀东装备（000856）等个股中满载而归，成功扭亏为赚。

古北路主要专注于两类个股：

(1) 利用资金优势提前布局次新股，如年初布局的皖天然气（603689）、道恩股份（002838）等。

(2) 强势股的弄潮儿，热点题材板块里表现强势的个股，往往会在短期内备受游资轮番炒作。比如，太阳电缆（002300）这只“妖股”的龙虎榜中，很能体现古北路的特色。

在操作手法上，古北路有两大必杀技：

一是擅长做热门股的加速冲刺阶段，且多半为加速后半程，很多时候如果股票这段时间涨停板数量较少，涨幅不大，也就意味着这是高潮阶段。

二是梳理古北路营业部的操作记录，还可以发现其有时候也做一些“妖股”的反包形态。比如1月9日的宝色股份（300402）和1月10日的宝塔实业（000595）。

8. 光大证券佛山季华六路营业部

季华六路是最活跃的著名游资之一，其一举一动都有标杆性的效应，龙虎榜爱好者无法忽视的重要力量。在2017年龙虎榜中，该营业部成交金额106亿元，为“百亿俱乐部”成员，位居第8；上榜297次，排名第23。该营业部被誉为“熊市生存之王，硬板缔造者”。

季华路的操作手法是投入资金大，出手快，擅长低位吸筹，多为短线操作，喜欢那种暴力打板，分时直线拉升，大单封板，然后在次日冲高跑路，即来无影去无踪，有“佛山无影脚”之称，不过也有对一只股票连续打板的记录。

2017年12月8日，季华六路现身于吉林化纤（000420）的龙虎榜，作为买一吸纳了1296.15万元，当天该股基本一开盘便被封于涨停板，该营业部无疑是打板主力。2017年该营业部买入额最大的是厦门港务（000905），同样作为买一于3月16日大手笔买入1.19亿元，当天不到10点即封死涨停，次日该股冲高回落收跌2.36%，显然属于短线操作。

季华六路最喜欢做受消息刺激的低位首板和涨停“双响炮”两种模式，其出手迅速，基本上属于1~2分钟就封板，加上佛山资金雄厚，往往巨单封死。当然，如果想跟上他的节奏，只看图形是不够的，大家需要用市场情绪（赚钱效应情况、资金情绪）去引导板块逻辑（分歧还是高潮），然后根据个股图形操作买卖点。

9. 华泰证券厦门厦禾路营业部

福建是游资聚集地之一，著名实力游资黄长富根据地。据了解，华泰厦门厦禾路的主力资金平时为人比较低调，很少和圈内人来往，操作手法还是以打涨停为主。

龙虎榜显示，厦禾路2015年对特力A（000025）的穷追猛打，使其声名鹊起，在游资中独领风骚，期间反复不断出现在买入卖出席位中，持股周期常常只有一个交易日，该股也是厦禾路年度买入额最多的股票之一。此后，厦禾路频频出手，屡战屡胜，曾出现在多只大比例涨幅的“妖股”中，如中毅达（600610）、暴风科技（300431）、协鑫集成（002506）等，以及表现十分强势的梅雁吉祥（600868）中。从此，营业部活跃度大增，按上榜成交金额计算，已跻身一线游资之列。

在2017年龙虎榜中，该营业部成交金额103亿元，位居第九；上榜543次，排名第7。就资金成交额而言，厦禾路已经超过老牌游资聚集地光大宁波解放南路。有意思的是，厦禾路的崛起与银河厦门美湖路的消失在时间上非常巧合。一前一后风靡龙虎榜的厦门两家营业部是否有所关联？据了解，该营业部有部分资金确实来自于银河厦门美湖路。

10. 中投证券无锡清扬路营业部

无锡著名游资，该营业部托管资产总规模在万亿元以上，近年来频频显身龙虎榜。在2017年龙虎榜中，该营业部成交金额98亿元，位居第十；上榜436次，排名第11。

清扬路属于打板族，其打板成功率非常高，这里所说的成功率是指当日买入的股票成功封板到收盘的概率，根据龙虎榜数据粗略统计，清扬路买入的股票90%可以封板到收盘，这样可以掌握次日冲高出局的主动性。在操作风格上，主要体现在他对市场热点超强的引导能力和在不同市场环境下超强的适应能力。

2017年他们主战了张家港行（002839）、游久游戏（600652）、八一钢铁（600581）、中国武夷（000797）、元隆雅图（002878）、中通国脉（603559）等。从这些实例中可以发现，清扬路的买卖点位，不是特别固定，介入的点位有高有低，比较灵活，而且全年的主流热点基本上都参与其中，赚得钵满盆满。让人敬佩的是在监管趋严、频繁特停的背景下，很多打板游资用以前的模式赚钱难度大大增加或者其他一些原因已经暂时离开市场，但清扬路一直活跃在市场上，并且介入的股票基本上当天都能涨停，赚多亏少，可见其功力非常深厚，适应能力、调整能力极强。

二、上榜次数前十大营业部

从上榜次数来看，2017年上榜次数超过100次的有164家，其中上榜次数超过500次的有7家。这7家营业部主要来自传统的游资活跃地：上海和深圳，且多数为老牌劲旅。

近一年来上榜次数前十大营业部：

排名	营业部	成交金额（亿元）	上榜次数
1	国金证券上海奉贤区金碧路	95	1299
2	平安证券深圳深南东路罗湖商务中心	60	891
3	国金证券上海互联网证券分公司	52	800
4	华泰证券深圳益田路荣超商务中心	182	793
5	华泰证券上海武定路	97	599
6	国信证券深圳泰然九路	41	569
7	华泰证券厦门厦禾路	103	543
8	西藏东方财富拉萨金珠西路第二营业部	41	483
9	财通证券浙江温岭东辉北路	82	461
10	中信证券上海淮海中路	250	438

注：2017.1.3—12.29 龙虎榜统计数据。

在活跃营业部当中，华泰证券深圳益田路荣超商务中心、华泰证券厦门厦禾路、中信证券上海淮海中路这3家营业部，既是成交金额前十大营业部，又是上榜次数前十大营业部，可见其实力非凡。此外，在成交金额排行榜前十大营业部中，中信证券上海淮海中路、华泰证券深圳益田路荣超商务中心、中信证券上海溧阳路、华泰证券厦门厦禾路这4家营业部，2016年也排名前十，这说明一些老牌游资强悍的实力依旧不可撼动。

据龙虎榜数据显示，淡出前十的有国泰君安证券上海福山路营业部、中信证券杭州四季路营业部、光大证券佛山绿景路营业部、华泰证券浙江分公司、中投证券无锡清扬路营业部、申万宏源证券上海闵行区东川路营业部。虽然个别“老牌”依旧强势，但是，不少龙虎榜“新贵”正奋起直追，力压“老牌”。其中，浙商证券绍兴解放北路证券营业部与中信证券上海古北路证券营业部，排名较2016年大幅攀升，前者2016年排在300名，后者排在90名之后。

2017年，A股市场风格骤变，市场出现了重新的变化，超级大盘股和白马股不断创新高，以创业板为首的成长股还创股灾后的新低。在龙虎榜实力前20名的游资营业部中，江湖地位新变化，敢死队换了新主人，新营业部横空出世，老牌游资营业部衰落。如新进入的新秀赵老哥御用中信上海古北路、浙商绍兴解放北路、银河北京阜成路和佛山帮的光大佛山绿景路等，一跃而起，成为“新贵”，力压“老牌”。前期老牌很活跃的著名游资国信泰然九路、国信上海北京东路、国信广州东风中路、光大宁波解放南路和国泰君安深圳益田路等排名大幅滑落，这显示出部分老牌游资淡出的实情。

为了避开监管，游资打一枪换一个地方，如赵老哥2017年主要用中信上海古北路、浙商绍兴解放北路、银河北京阜成路，而2016年赵老哥的主要席位的是浙江绍兴营业部、华泰证券浙江分公司，分别是第7名和第12名，而2017年的龙虎榜实力排名前20的游资营业部里，已经没有其身影。

而且，市场出现了“多强并存”现象，如两个超级涨停敢死队游资的赵老哥中信上海古北路、浙商绍兴解放北路、银河北京阜成路和孙哥的中信溧阳路、淮海中路将独霸江湖。

但李奥和“佛山无影脚”光大佛山绿景路、佛山季华六路和乔帮主招商深圳蛇口工业七路，“炒股养家”御用的宁波沧海路和上海宛平南路等华鑫证券营业部，黄飞鸿御用的华泰厦门厦禾路，“葵花宝典”御用的国泰君安成都北一环路等，二线游资实力也不容忽视。

在前20名实力游资营业部中，出现了券商系游资敢死队，其中，中信系6家、华泰系5家、国泰系5家、国泰君安系5家、银河系3家、光大系3家、浙商系2家，其中最强势的无疑是中信系券商。

当然，更重要的是这些龙虎榜席位，不单单只显示资金流动，更深刻的是表现出他们数年或数十年在市场中摸爬滚打的看家本领，独门秘籍。

第四节　游资实力揭底

一、游资大佬

为了投资者跟踪方便，根据近年来龙虎榜经常出现的游资席位，对比较活跃或知名席位进行梳理。这些成名游资大佬，多是以1万~10万元左右小资金起步，经过高频短线交易成为一方游资，身价以10亿计，大部分操盘手法是打板模式，成就股市神话，对于职业的散户来说非常有参考意义。

龙虎榜活跃游资

游资大佬	资金规模	营业部	操盘风格
赵强（赵老哥）	50亿~80亿	中信淮海中路、银河阜成路、湘财陆家嘴和浙商绍兴解放北路	营业部藏龙卧虎，QFII、游资云集，短线和波段操作兼宜，多在二板以上做接力。且喜欢大盘蓝筹股或基金重仓股，多通过大宗交易平台进行买卖。

续表

游资大佬	资金规模	营业部	操盘风格
孙哥（孙国栋）	70 亿	中信上海溧阳路、中信淮海中路、光大杭州庆春路	QFII 扎堆，操作风格“短、平、快”，专注短线，快进快出，大胆参与主升浪，连续涨停加仓，手法凶悍。
章建平	40 亿以上	中信金通杭州延安路、义乌化工路	在新股、强势股上反复操作。除热点题材外，炒作大盘蓝筹股，出手大气。
李奥——号称“佛山无影脚”	10 亿～20 亿	光大佛山绿景路、光大佛山季华六路	多从概念、题材股着手，参考资金突破方向，快速建仓，顺势拉抬，快速出货。
乔帮主	数亿	招商蛇口工业七路	专注短线，打板为主，多为一日游。
炒股养家	20 亿～30 亿	华鑫宛平南路、沧海路、上海茅台路	偏好炒作新股及重组题材，多是以自买自卖的形式出现在龙虎榜上。
黄长富（黄飞鸿）	数亿	华泰厦门厦禾路	营业部是敢死队大本营，传闻、主流热点，以及题材均是其炒作的目标。
陈新宇——号称“葵花宝典”	20 亿	国泰君安北一环路	一般一周只介入一到两只个股，而且都是千万买单。炒作概念股为主，对短炒节奏把握精到，目光犀利，视角独特。
落升——号称“江南神鹰”	数亿	光大金华宾虹路	投资风格：静若处子，动若脱兔；擒贼擒王，波段操作。要听到大盘的呼吸。
王涛——号称“职业炒手”		西藏证券成都东大街、北京陶然亭、中投深圳创业一路	QFII、游资聚集之地，以炒作题材为主，善于发动个股行情，一日游和波段相结合，手法快捷，市场反应敏感。
马信琪		光大宁波解放南路	江浙游资，敢死队成员之一，偏好炒作新股，捕捉主流热点，紧跟庄家步伐。
赵庚禹——号称“东北猛男”		广发辽阳民主路	该营业部曾因爆炒过多只牛股而获“私募猎人”的称号，操作风格激进、果断，介入的多是风险较大的股票。
邱宝裕		兴业福州湖东路	曾一年翻 12 倍，称“第一代股神”，短线高频交易，据传已退隐江湖。
隐形的翅膀	数亿	中投广州体育东路	以短炒为主，赚上一两个点便跑。
王海祥师徒	2 亿以上	财通绍兴人民中路	以炒作题材为主，值得注意的是，该营业部介入的一般是持续上涨股票等。
徐柏良——号称“带头大哥”	3 亿以上	东方上海肇嘉浜路	有“短炒专家”称号，将权证操作风格带入股票交易中。操作风格异常高调，要么观望，要么重仓，手法强悍。

续表

游资大佬	资金规模	营业部	操盘风格
新股高手	5 亿以上	国信南京洪武路	善于制造市场次新“妖股”。
徐晓		国元上海虹桥路、光大宁波解放南路	他与徐翔、张建斌一起被称为敢死队“三巨头”，短线打板为主。
深南哥	10 亿以上	光大深圳金田路	喜欢追击升势中的趋势板，常在 3 板以后追击，股价虽高但有实力维持升势。

二、游资类型

1. 一线游资

中信证券股份有限公司上海淮海中路营业部

国金证券股份有限公司上海奉贤区金碧路营业部

华泰证券股份有限公司深圳益田路荣超商务中心营业部

平安证券有限责任公司深圳深南东路罗湖商务中心营业部

国泰君安证券股份有限公司上海江苏路营业部

中信证券股份有限公司上海溧阳路营业部

浙商证券股份有限公司绍兴解放北路营业部

国金证券股份有限公司上海互联网证券分公司

华泰证券股份有限公司上海武定路营业部

银河证券股份有限公司北京阜成路营业部

中信证券股份有限公司上海古北路营业部

光大证券股份有限公司佛山季华六路营业部

华泰证券股份有限公司厦门厦禾路营业部

中国中投证券有限责任公司无锡清扬路营业部

国信证券股份有限公司深圳泰然九路营业部

西藏东方财富证券股份有限公司拉萨金珠西路第二营业部

财通证券股份有限公司温岭东辉北路营业部

2. 二线游资

东方证券股份有限公司上海浦东新区银城中路营业部

国泰君安证券股份有限公司成都北一环路营业部

国泰君安证券股份有限公司上海福山路营业部

中泰证券股份有限公司上海建国中路营业部
光大证券股份有限公司深圳金田路营业部
浙商证券股份有限公司临安万马路营业部
光大证券股份有限公司佛山绿景路营业部
中信证券（山东）有限责任公司淄博分公司
中信证券股份有限公司杭州四季路营业部
银河证券股份有限公司绍兴营业部
华泰证券股份有限公司成都南一环路第二营业部
平安证券有限责任公司上海分公司
国信证券股份有限公司上海北京东路营业部
财富证券有限责任公司杭州庆春路营业部
银河证券股份有限公司宁波解放南路营业部
光大证券股份有限公司宁波解放南路营业部

3. 三线游资

国泰君安证券股份有限公司宁波彩虹北路营业部
华福证券有限责任公司厦门湖滨南路营业部
招商证券股份有限公司深圳蛇口工业七路营业部
中国国际金融股份有限公司北京建国门外大街营业部
华鑫证券有限责任公司宁波沧海路营业部
华泰证券股份有限公司上海澳门路营业部
银河证券股份有限公司北京朝阳门北大街营业部
方正证券股份有限公司上海保定路营业部
海通证券股份有限公司许昌建设路营业部
中国中投证券有限责任公司杭州环球中心营业部
国泰君安证券股份有限公司上海天山路营业部
长江证券股份有限公司惠州下埔路营业部
中信证券股份有限公司湖北分公司
海通证券股份有限公司天津霞光道营业部
平安证券有限责任公司北京东花市营业部
湘财证券股份有限公司上海陆家嘴营业部
中信证券股份有限公司上海漕溪北路营业部

华泰证券股份有限公司湖南分公司
海通证券股份有限公司杭州文化路营业部
中信证券股份有限公司杭州市心南路营业部
西藏东方财富证券股份有限公司拉萨金珠西路第一营业部
东方证券股份有限公司上海肇嘉浜路营业部
国泰君安股份有限公司杭州庆春路营业部
东吴证券股份有限公司杭州文晖路营业部
金元证券股份有限公司成都二环路营业部
广发证券股份有限公司辽阳民主路营业部
财通证券股份有限公司绍兴人民中路营业部
安信证券上海世纪大道中建大厦营业部
银河证券股份有限公司宁波大庆南路营业部
海通证券股份有限公司杭州环城西路营业部
中信建投有限责任公司上海市华灵路营业部
兴业证券股份有限公司福州湖东路营业部
东方证券股份有限公司杭州龙井路营业部
中信建投有限责任公司成都市马家花园营业部

第五节 龙虎榜信息解读

一、什么股票上龙虎榜

龙虎榜是股票市场对“交易公开信息”的昵称。由于能够强烈反映个股气势强弱信息，所以将交易公开信息称为龙虎榜。龙虎榜具有强烈个体操盘风格和有参考意义的营业部席位。它是研究短期个股走势的重要信息，因而被投资者广泛使用。那么什么样的股票会上龙虎榜？通常达到以下条件之一的，会被列入当日的龙虎榜，公示买入、卖出的机构席位名称及相关信息。

1. 日常交易

当日收盘价涨幅、跌幅偏离值达到 7%。

当日价格振幅达到 15%。

当日换手率达到 20%。

这里需要区别的是：深市分主板、中小板、创业板，每个条件各选前5只股票上榜；沪市每个条件各选前3股票上榜。如果条件相同，则按成交额和成交量选取。

2. 异常波动

连续3个交易日收盘价涨幅、跌幅偏离值累计达到20%（ST和＊ST为15%）。

连续3个交易日内的日均换手率与前5个交易日日均换手率的比值达到30倍，并且该股票封闭式基金连续3个交易日内累计换手率达到20%。

3. 其他现象

单只股票的当日融资买入、融券卖出数量达到当日该股票总交易量的50%以上。

风险警示股票盘中换手率达到或超过30%；

退市整理的股票和实施特别停牌的股票。

注意：偏离值，不同于涨跌值。偏离值意指涨幅、跌幅与大盘指数的偏离。

二、龙虎榜会公布什么

当日买入、卖出金额最大的5家营业部的名称及其买入、卖出金额。属于异常波动的，则公布异常波动期间，累计买入、卖出金额最大5家营业部的名称及其买入、卖出金额。

龙虎榜一般在每个交易日的下午4点半到5点半间公布。可以在沪深交易所官网站“交易公开信息”一栏及各大财经网站查阅，如东方财富、新浪财经、腾讯财经、搜狐财经、网易财经、凤凰财经、和讯财经、金融界、中国证券网等。

龙虎榜公布的有两种席位：一种是专用机构席位，一种是营业部席位。

机构席位是指基金专用席位、券商自营专用席位、券商理财专用席位、保险机构专用席位、QFII专用席位等机构投资者买卖证券的专用通道和席位。在榜上统一名称为“机构专用”。

营业部席位就是普通股民账户一样的自然人账户，但能上龙虎榜的多是股市里顶尖的游资。

三、如何看龙虎榜数据

（1）买入数量。买卖双方力量对比，买方总金额越大越好。机构买入金额占当日成交金额的百分比多少，买入越多、筹码越集中当然越好。买方席位前5名的总资金要远大于卖方席位前5名总资金，并且买一的资金要远大于卖一的资金，最好是1.5倍以上。买一和买二的金额最好不要相差太大，若单个游资买入量过大，容易造成一家独大，则后市意味着抛售概率也大。

（2）买入性质。留意游资的身份和操盘风格，是一线知名游资还是名不见经传的游资？最近是否经常上榜？操盘风格是怎么样的？这个游资上榜之后历次的走势是怎么样的？一日游为主还是波段为主或者是喜欢与机构共舞等，通常一日游口碑不太好，上榜了也不会对行情有多少推动作用，反而打击做多的积极性。波段游资则比较受欢迎，可跟踪关注。

（3）买入户数。一家机构，还是多家机构，或者游资混杂。买方中机构专用席位的数量当然是越多越好，机构当日买入金额占总成交金额比例越大越好，一次性锁定筹码集中度越高越好。机构进驻往往中期行情较大，一日游较少；而游资和机构混杂说明游资和主流资金达成共识，继续上涨概率较高。

（4）游资对决。买方5个席位均为游资，而卖方席位大多为机构，说明机构有撤退的想法，有可能是该股基本面发生了转变，或者有其他的不确定性因素让机构调仓换股。这种情况也经常发生在股价炒作末期的高位，机构认为风险较大时就会组团出货。

（5）专用机构。买方均为专用机构，而卖方全部为游资席位，如果股价已经在炒作高位，发生这样的交易数据则机构有利益输送嫌疑，利用机构效应吸引散户高位接盘来帮助游资顺利出货。

（6）买方中机构出现的数量越多越好，机构当日买入金额占总成交金额比例越大越好。一次性锁定筹码集中度越高越好。因为多家机构进驻的个股基本面都比较不错，符合市场调研评判的标准，通常引发中级行情。当游资和机构达成共识合力推升股价，短线往往爆发力比较强，后市继续上涨概率也很大。

（7）买方中的买一席位是机构最好，并且卖方的5个席位中不出现机构更好。

（8）如果买方席位和卖方席位均有机构出现，卖方的5个席位中机构出现的数量越少越好，金额越小越好。如果卖方的机构席位比买方机构席位旗鼓相当甚至还要多，说明机构之间分歧非常之大，短期方向具有不确定性，对于交易数据当中的游资席位来说也会打退堂鼓，应该观望等待明朗。

（9）留意龙虎榜数据买方席位知名度，越知名越好，数量越多越好。比如中信上海淮海中路、华泰深圳益田路荣超商务中心、国泰君安上海江苏路、浙商绍兴解放北路、中信证券上海溧阳路等，这些著名游资出现 3 个以上，代表着一线游资对这个题材个股的高度认可，后市持续力强。

（10）在龙虎榜交易数据当中，买方数据为纯买入最好，表示有新进资金入场，后市还将走高。

在实盘操作中，个股首次出现上述身影，结合实际的题材与位置，就可以适当提高自己的盈利预期，不要轻易放手。熟悉游资是大家做短线、炒题材的必修课，因为游资才是深知市场之道的犀利主力。

四、如何分析游资行为

（1）实力游资：有实力游资介入说明该板块有可能活跃，若有明显的板块启动，则成功率更大。个股所在板块涨停数量越多，则板块效应越强，越是有板块效益，越是持续性强。

（2）游资锁仓：推升涨停的游资主力没有出货动作，说明行情可持续，等待别的资金接力拉高，但随着股价的进一步上涨，锁仓的这部分筹码就是一个大的抛售力量，对后市股价上涨构成威胁。

（3）游资加仓：表明非常看好后市，可以跟进。在盘面上表现的是连续大涨或者涨停。

（4）游资接力：股价上涨有没有游资接力，有接力的持续性强，锁仓后的抛压大。

（5）游资对倒：对倒拉升说明游资不肯投入过多筹码，调整压力较大，一般上升空间有限，除非有新的利好出来，有新增实力游资入场。对倒出现后，一般就是出货。在盘面上表现的是标准的对倒出货图形。

（6）一家独大：抛压可能较大，需要资金接力才行。在盘面上表现的快速涨停。

（7）游资出货：一般来看最大的主力出局后，股价基本也到头了，后面基本都是散户行情了。在盘面上表现是高位十字星、乌云盖顶、黄昏之星等 K 线形态。

在分析涨停性质时，注意是首次涨停，还是连续涨停，如果是首次涨停的，后市空间更大。是游资接力，还是机构推升，实力强大游资介入的个股走牛的概率更大些。是加仓涨停，还是对倒涨停，加仓涨停无疑更看好。

在第一次涨停后留意买一席位是直接出局、锁仓、继续加码买进还是做差价？通常直接出局说明行情一日游，锁仓说明行情可持续，等待别的资金接力拉高，继续加码买进表示强烈看好，做差价说明买一实力不够强。

个股的大行情都是游资接力完成的，不会是某一个游资来推动整轮行情的发展。因此通常2~3个涨停之后，如果买一继续锁仓，别的游资只会选择观望，因为持仓量太大造成的抛压也大。只有当买一出局后，别的游资才考虑进场接力拉升。所以说行情的初中期换手率是一个非常重要的参考指标。一个游资的离去会吸引另外游资的进驻。另外还有一种情况就是边拉升边对倒的游资，对倒涨停是为了投入少量的资金来达到涨停效应，持续力不会太强。

五、看龙虎榜注意什么

从理论上讲可以的，但前提是对游资席位已经研究非常透彻，否则，分分钟跌得不成样子。因为：

（1）一般散户无法得到实时消息，首先在时间点上就输了，大家所看到龙虎榜交易记录已经是收盘了，如果第二天高开，是跟还是不跟？在什么点位跟？都是很难取舍的。当看到龙虎榜进去的时候，其实距离游资出货不远了。

（2）股票上龙虎榜是有条件的，所看到的只是冰山一角，游资进了多少？出了多少？采用什么手法？一般散户是不知道的。

（3）强悍的游资主力虽然有影响股价的实力，但是他们也是趋势交易，因此还是个股的趋势重要，而不要因为某个实力游资进入而盲目追入，因为游资行为并非定性，强大的游资主力也会一日游，也会止损砸盘，而且每个游资都有自己的性格，被套后有的砸盘止损，有的对倒自救。因此，买卖股票要综合分析，仍然要遵循“大势第一，仓位第二，个股第三”的原则，仍然要遵循交易计划。

（4）查看龙虎榜时，知名游资首次介入之后，股价处于拉升初期或中期的，后市仍有走高可能。在出货末期也会出现游资介入，那是利用障眼法借该营业部的名气，吸引跟风而已。这点也是要注意的，市场上的主力资金之间确实有着千丝万缕的背后联系。

（5）游资也有经常失手之时，这时龙虎榜暗藏着这样的信息：一是游资在龙虎榜中暂时消失，忍耐、等待机会再次启动来自救；二是止损，龙虎榜出现的是卖出金额比买入金额少；三是T+0自救，龙虎榜体现的是同时出现在买、卖栏；四是等待其他协同席位前来搭救，龙虎榜在暂时消失。

第二章 游资操盘手法揭秘

第一节 游资建仓手法

一、拉高建仓

这种建仓手法的优点是：牺牲价位，赢得时间。一些实力雄厚的游资喜欢采用这种手法建仓，给散户一份“心灵鸡汤”，就很容易交出低廉筹码。游资讲的时间而不是价位，一般不计较几个价位。拉高建仓可分为快速拉高建仓和缓慢推高建仓两种情况。

1. 快速拉高建仓

股价拔地而起拉出大阳线或涨停，给散户一个反弹离场机会，这样游资短期内就能拿到较多的筹码。

图2－1，科大国创（300520）：该股经过长时间的下跌调整后，股价到了底部区域，但游资很难在这一区域吸纳低价筹码，于是采用拉高手法建仓。2017 年 8 月 28 日股价放量涨停，股价回升到前期盘区附近。这时主力停止拉升行动，造成股价上涨遇阻的假象，让股价出现震荡。散户看到股价遇阻而不能突破时，纷纷选择高抛离场，而主力在暗中大量收集筹码。经过快速的洗盘和加仓后，9 月 4 日股价向上突破，形成一波主升浪行情。

2. 缓慢推高建仓

游资主力边拉升、边吸筹，在缓慢的推升过程中完成建仓计划，图表上出现进二退一或进三退一态势，先拉出两三根小阳线，再拉出一根小阴线。主要盘面特征：

（1）成交量总体不大，但能够维持活跃的市场人气。

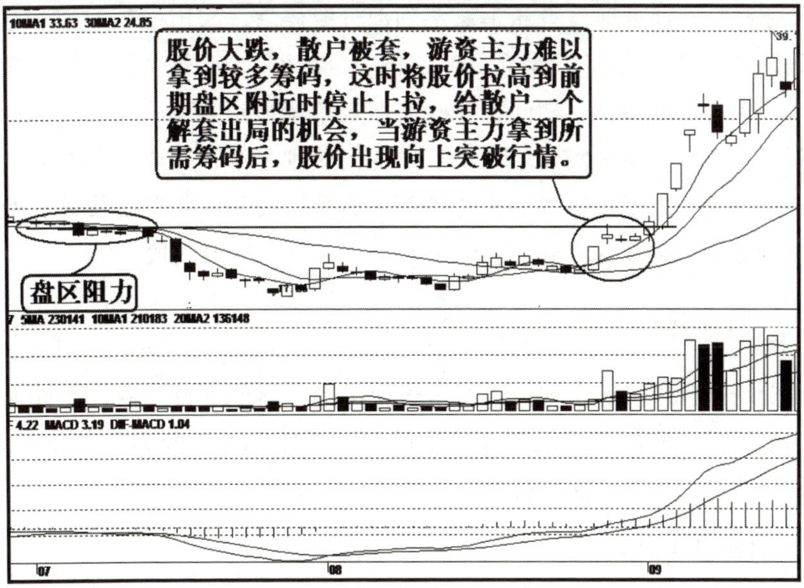

图 2－1

(2) 单日涨跌幅度都不是很大，在日 K 线上呈小阴小阳形态。

(3) 小浪推升，30 日均线稳健有力，很少形成大型的技术形态。

图 2－2，方大炭素（600516）：该股游资主力非常狡猾，采用了打压和推

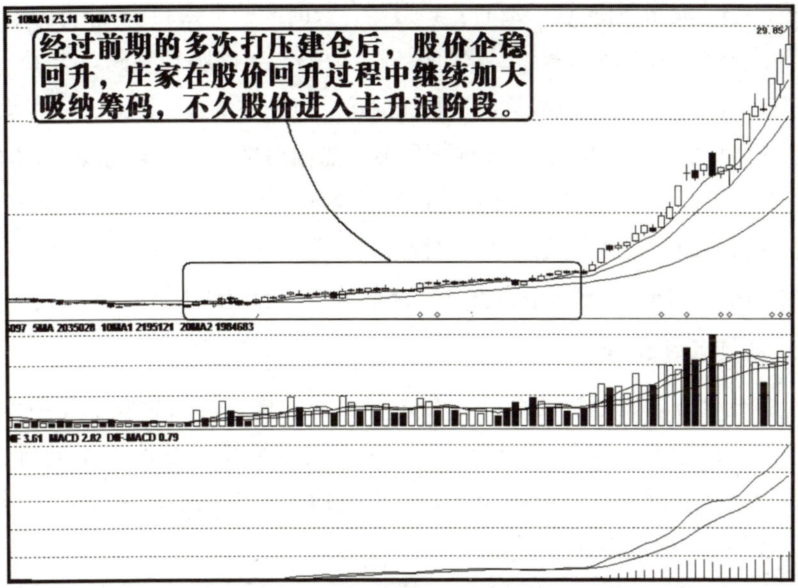

图 2－2

升建仓手法，在前期通过打压手法拿到部分筹码后，改用推升的方法继续吸纳筹码，2017 年 4 月 17 日至 6 月 22 日这段时间里，股价缓慢上行，盘面不温不火，重心不断上移。期间，一些前期套牢者得到解套或少亏时，便在中途选择退出观望，而一些低位入场者也选择获利了结，这样游资主力就完成整个建仓计划。由于庄家采用了边拉升、边洗盘的手法将股价推高，所以主力也没有必要再次进行洗盘，从 6 月 23 日直接进入拉升阶段。

二、打压建仓

游资的操盘风格非常凶悍，经常运用手中已有的部分筹码，不计成本地大幅向下打压，使股价出现断崖式下跌。打压建仓可以分为两种盘面现象：快速打压建仓和持续盘跌建仓两种方式。

1. 快速打压建仓

这种建仓手法的意图就是通过快速向下打压股价，特别是深幅打压或造成技术破位，比如股价跌破均线、颈线、密集区等，引发市场恐慌，加重散户心理负担直至崩溃，从而夺取散户手中的低价筹码。其盘面特点：一是下跌速度快；二是瞬间跌幅大。根据表现形式可以分为：日 K 线打压和分时走势打压两种情况。

图 2－3，濮耐股份（002225）：该股经过长时间的下跌调整后，股价渐渐止跌企稳，成交量出现持续萎缩，这时游资主力悄然入驻吸纳筹码。为了加快建仓效果，2017 年 7 月 17 日故意向下打压股价，制造空头技术陷阱，一根大阴线击穿了 30 日均线，短期均线呈现向下发散，盘面恐慌气氛开始出现。此时，有的散户持股信心开始动摇了，继而抛售筹码离场。可是，股价向下击穿 30 日均线后，并没有出现持续下跌走势，很快股价企稳回升。7 月 21 日，一根涨停大阳线拔地而起，向上突破了底部盘区，从此股价出现快速上涨。

2. 持续盘跌建仓

这种建仓方式比起快速杀跌走势来得温柔一些，但建仓效果并不差。通常出现在冷门股或长期盘跌类个股里，因为这类股票已基本为市场所遗忘，游资主力在缓跌过程中完成建仓计划。在盘面走势上阴气沉沉，呈小阴小阳下行，疲弱态势不见终日。

图 2－4，西水股份（600291）：该股向下突破后出现持续阴跌走势，不少散户感到上涨无望而选择离场观望，而游资主力悄然吸纳低价筹码。2017 年

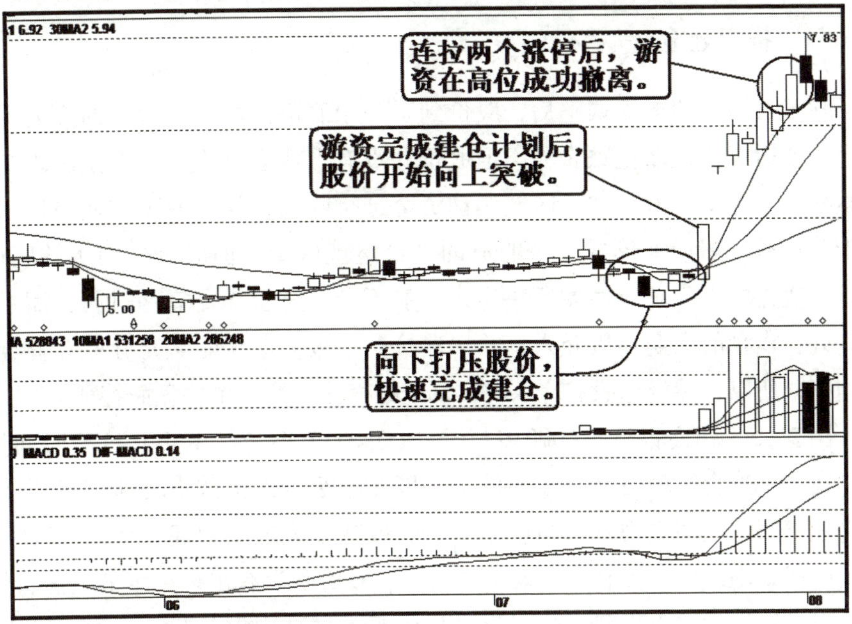

图 2－3

5 月 2 日，股价高开高走封于涨停，说明前期埋伏其中的游资开始行动。

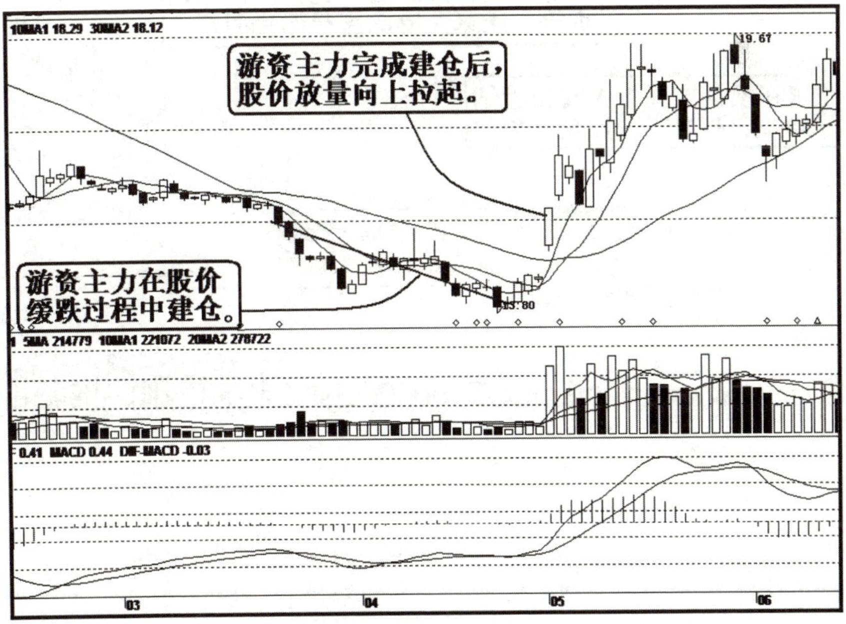

图 2－4

三、横盘建仓

在经过漫长的下跌调整后，股价到了一个底部区域，主力开始介入悄然建仓，使得股价逐渐止跌企稳，但股价并没有形成上升走势，而是出现横向盘整格局。由于主力在这一区域调动资金进行收集，强大的买盘使股价表现得十分抗跌，图形上形成一个明显的平台整理区域，但股价方向不够明确。但是，实盘中由于游资性质所决定，一般不参与全程横盘震荡过程，而是恰到好处在横盘的末期择机介入，并快速拉高突破，这样能够充分发挥资金的利用率，所以，游资选股和介入时机都把握得比较好。主要盘面特征：

图2－5，招商银行（600036）：该股在2017年2月至4月这段时间里，股价在一个平台区域运行，盘面波动幅度非常小，许多散户对这样盘面并不感兴趣，而这期间主力却大量吸纳筹码，成功地完成主力建仓计划。5月12日，一根大阳线向上突破长期盘整区域，但股价并没有出现持续的上涨行情，而是进入短暂的洗盘走势，也是突破后的正常回抽现象，此时主力继续完成了加仓计划。然后，股价逐波向上盘高，走出一轮盘升牛市行情。

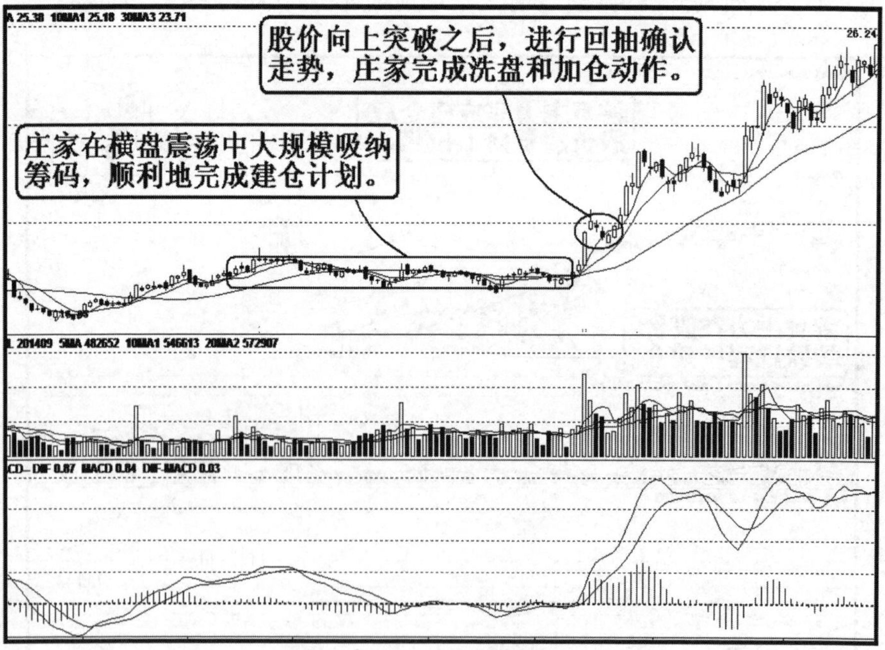

图2－5

图2－6，远望谷（002161）：该股见顶后出现长时间的下跌调整，累计跌幅超过77%，2017年6月股价企稳后进入横向震荡整理走势，由于股价已经下跌到低位，散户止损盘已经不多，这时主力采用横盘加震荡的手法与散户捉迷藏，让散户失去持股信心，不少散户经不起折腾而将筹码抛给了庄家，经过一段时间的横向窄幅震荡后，股价在7月4日拔地而起，出现一波快速拉升行情。

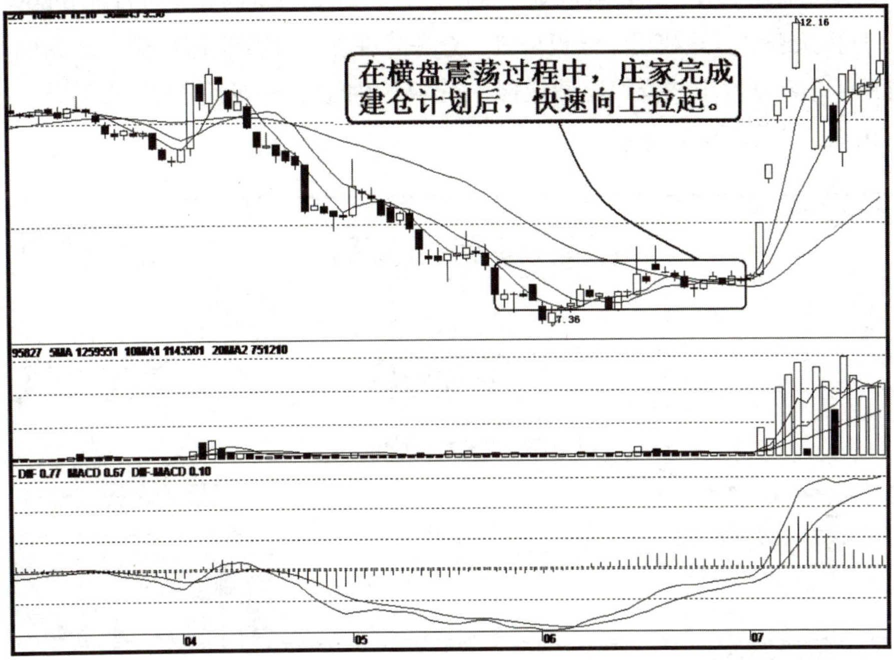

图2－6

第二节　游资洗盘手法

一、快速洗盘方式

不少游资操盘不需要经过洗盘这一阶段，往往拉升一步到位，然后高位快速派发，即使没有获利也会选择离场，特别是“一日游”游资根本就不存在洗盘这一说法。游资洗盘通常是指那些以波段操作为主的大资金，这些资金在拉升过程中可能需要一两次的洗盘换手，但由于游资性质所决定，其洗盘时间也不会太长，单日或几个交易日就结束洗盘，也正因为如此洗盘可能来得比较凶狠，所以，游资洗盘具有“快、狠”的特点。

图2-7，农尚环境（300536）：该股企稳后出现一段时间的横向震荡走势，2017年10月13日游资介入将股价拉到涨停，次日高开高走继续涨停。10月17日出现洗盘走势，洗盘只用了一天时间，但充分体现出游资洗盘“快、狠”的特点。这一天盘中震荡幅度较大，股价几乎将前一天的涨幅收回，尾盘有所回升，浮动筹码基本被洗出去。18日股价高开，游资加仓涨停，19日再拉涨停，并利用涨停板出货，仓底货在次日冲高全部出逃。从龙虎榜显示，华鑫证券宁波沧海路营业部，在17日加仓，洗盘后18日再加仓，19日出局，非常顺畅。

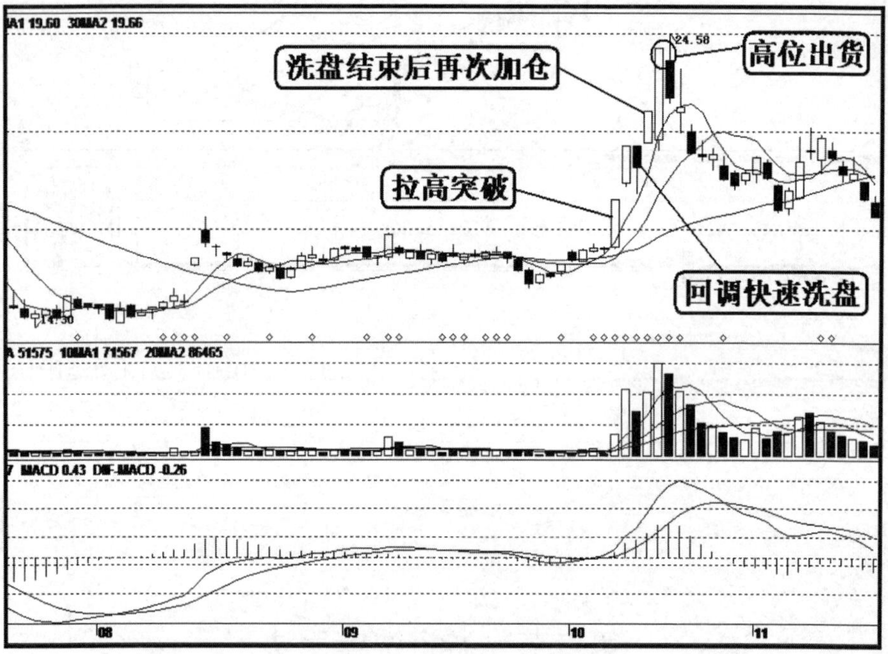

图2-7

图2-8，林海股份（600099）：该股经过2016年12月12日的打压建仓后，股价在12月20日向上突破，但突破后股价并没有持续上拉，而是出现洗盘换手走势。经过两天洗盘整理后，短线筹码基本被洗出局，12月23日开始股价连拉3个涨停，游资获利丰厚，在高位顺利离场。

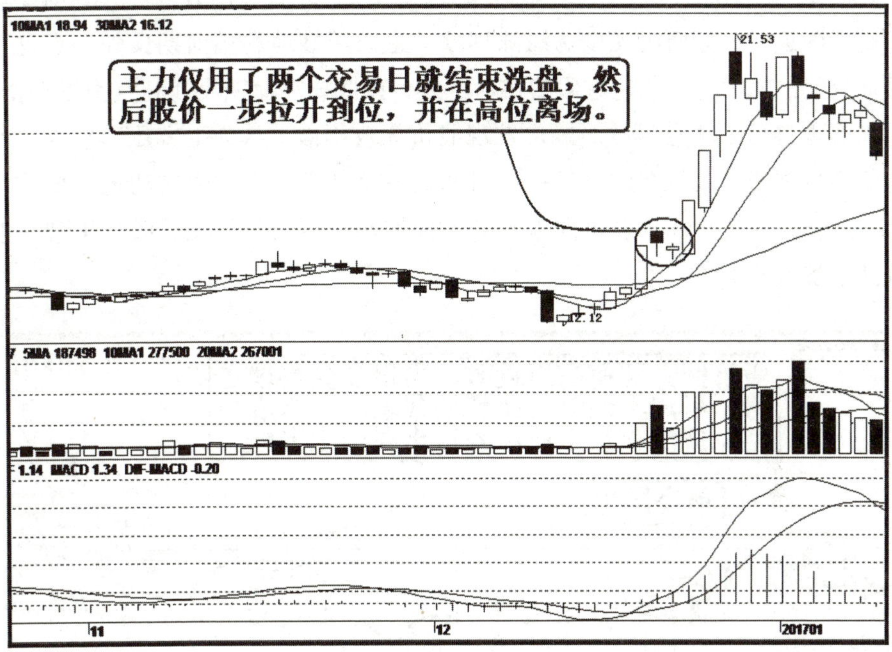

图 2－8

上面两个实例都是快速洗盘手法，讲的是“快、狠”，而有的游资洗盘时间可能会有所延长，但一般游资洗盘时间不超过 10 个交易日。

二、中继换筹区域

这是主力在股价上涨中期刻意洗盘的一段黄金区域，是股价展开新一波上涨的驿站，在这个区域投资者的筹码基本都是有利润的，为了保住利润，许多散户愿意抛出手中筹码。而对于主力来说，唯有通过洗盘才能吓退浮筹，洗盘虽有成本，但不洗盘成本更高。况且，主力一般都用高抛低吸的手法穿越整个中继换筹区，没有什么眼前亏可吃。

1. 利用前高压力洗盘

在股价运行过程中形成的阶段性高点，对后市股价上涨具有重要的压力作用，容易在此位置附近出现受阻回落走势，在投资者心理也产生重要的影响。当股价反弹到该位置附近时，大多散户往往不约而同地卖出筹码，加之主力刻意“放大”阻力效果，股价受阻会更加突出，从而产生较好的洗盘效果。

图 2-9，洛阳钼业（603993）：2017 年 6 月 16 日，当股价回升到前期震荡高点附近时，盘面出现震荡滞涨现象。主力巧妙地利用前期反弹高点这个显而易见的压力位，制造虚假的技术压力，让散户在前期反弹高点附近抛出，从而实现自己的洗盘目的。散户发现股价久攻不破，认为上方压力较大，便纷纷离场观望。股价在此经过一段时间的震荡调整后，主力成功地完成洗盘换手工作，在 7 月 6 日股价向上突破了前期高点压力位，此后股价出现一波快速上涨行情。

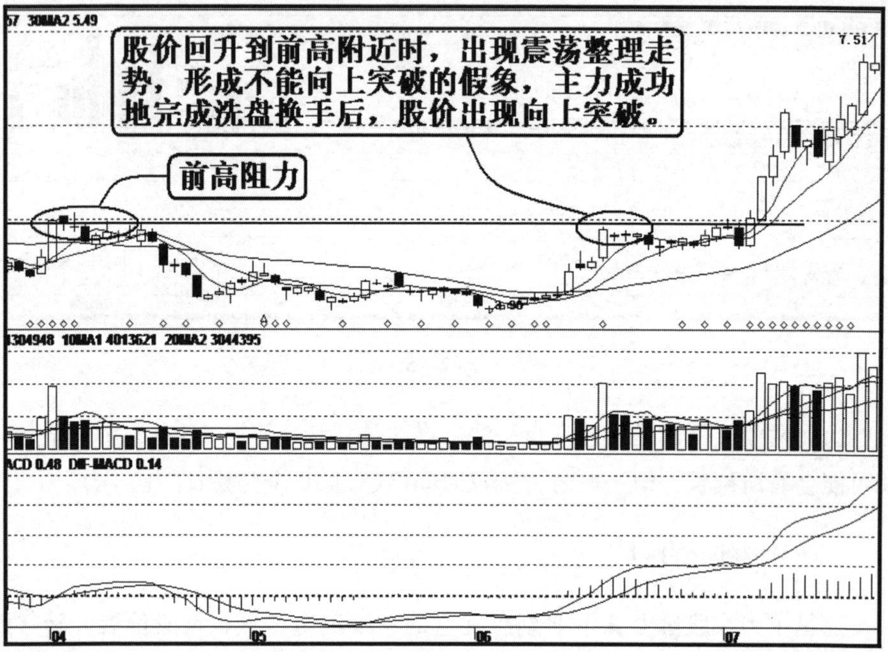

图 2-9

2. 利用盘区压力洗盘

股价在长时间的震荡过程中，经常形成一个盘整区域。当股价回升到盘整区域时，通常会遇到较大的压力而出现继续下跌走势，因而盘区附近是一个较好的卖出位置。但是在实盘中，主力经常将盘整区域演变成虚假的压力区，让散户产生突破无望的感觉，从而引发散户抛盘出现。然后，主力在此大量吸纳筹码或进行成功的洗盘调整。

图 2-10，盐湖股份（000792）：股价见底后企稳回升，但当股价回升到前期盘区附近时，股价停止了向上拉升。这时主力就利用前期盘区的压力作

用进行洗盘整理，让散户产生股价无法向上突破的假象。经过一段时间的震荡整理后，浮动筹码基本已经抛售离场。当主力基本达到洗盘目的后，股价于 2017 年 9 月 8 日开始发起向上攻击，从此股价出现一波主升浪行情。

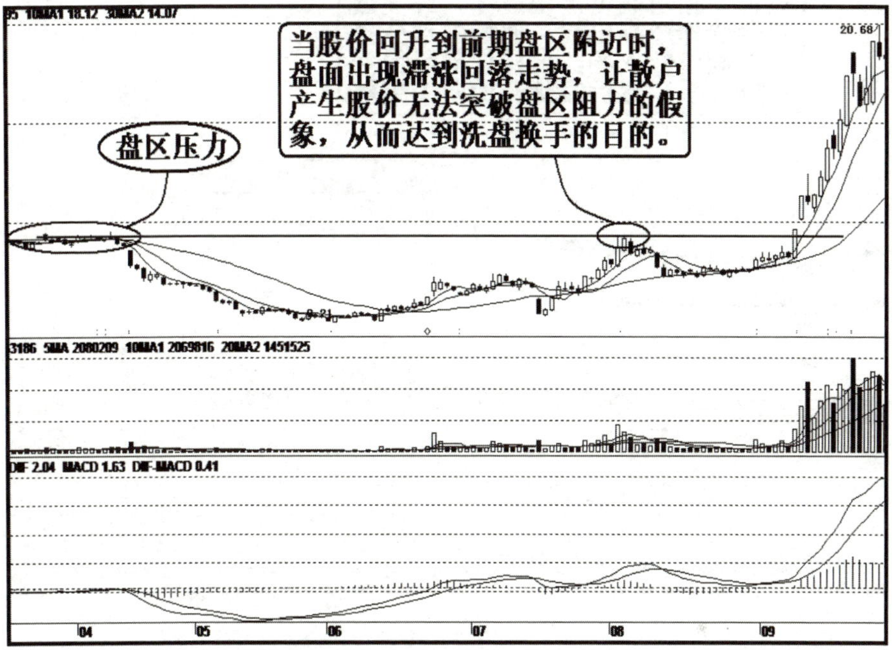

图 2 – 10

三、平台洗盘方式

当主力成功完成建仓计划后，股价开始渐渐向上走高，然后形成短期的平台整理走势，让股价随波逐流，由散户自由完成筹码换手，股价震荡幅度渐渐收窄，成交量出现明显的萎缩。这种洗盘方式看似非常温柔，但洗盘效果非常好，不少散户看到股价在相对高位出现震荡，就会及时逢高了结，另觅他股。而部分场外散户看到股价不跌，便会择机入场，从而实现筹码换手，提高市场平均持仓成本。

图 2 – 11，盛和资源（600392）：该股主力完成建仓计划后，开始缓缓向上推高，然后在相对高位维持横盘整理，股价波动幅度收窄，形成一个平台换手区域，成交量也略有萎缩，期间并不理会大盘的涨跌情况。这时许多缺乏耐性的散户以为股价已经见顶，而纷纷逢高抛售离场。主力成功地完成了

洗盘换手后，股价在2017年7月28日开始向上突破，从此展开一轮主升浪行情。

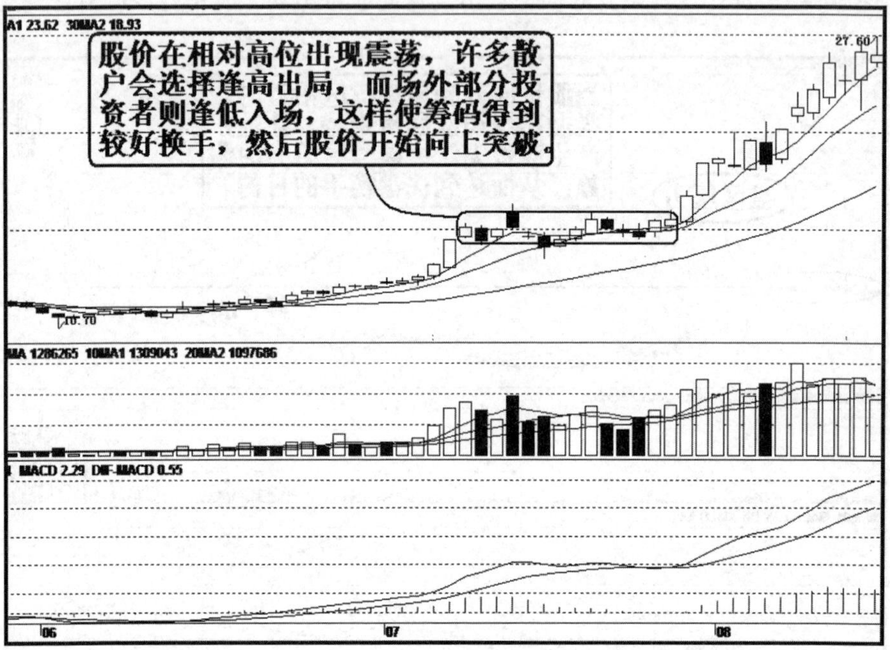

图2-11

这种洗盘方式的特征是，股价在某一区域形成时间较长的横盘格局，利用散户缺乏耐性的弱点，用时间去消磨散户的意志和信心。在横盘期间，成交量呈萎缩状态，偶尔有脉冲式放量出现。这种洗盘方式，侧重于用时间去消磨，以时间换空间，通常平台横行的时间越长，波幅越窄，洗盘越彻底，后市涨幅就越大。这种洗盘方式，较多地出现于大盘上升的时候，因为大盘上升，市场相对比较活跃，股票出现普涨。面对个股牛皮盘整的走势，很多跟庄者有强烈的换股欲望，往往会失去持股耐心，使主力达到洗盘震仓的目的。

四、打压洗盘方式

当股价有了小幅上涨后，盘中出现了一定的获利盘，这时主力开始向下打压股价，形成一个阶段性头部，让低位获利盘出局，场外散户进场，实现筹码成功换手，同时主力自己也进行高抛低吸。

图2－12，天茂集团（000627）：该股主力成功完成建仓计划后，2017年6月23日出现放量向上突破前高，但突破后主力并不急于向上持续拉高，而是向下打压股价，使股价出现向下滑落走势，此时释放了大量的短期筹码。当股价回落到10日均线附近，看好后市的资金开始介入，股价获得支撑而再次拉起，市场出现新一轮上涨行情。

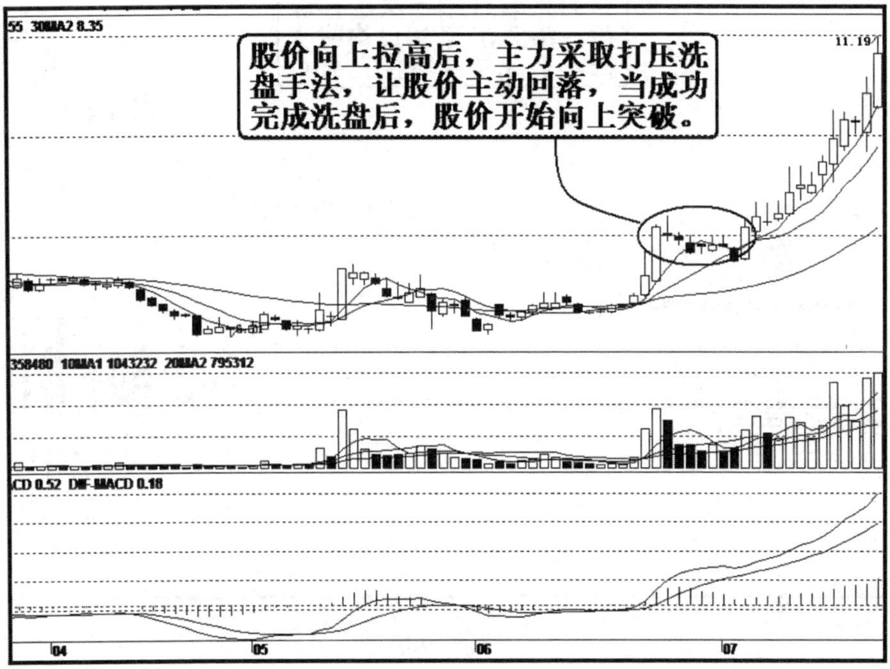

图2－12

打压式洗盘的特点是“快”和“狠”，其速度非常迅速，而且打压手法非常凶狠。这样既节省了洗盘的时间，又达到了洗盘的效果。主力在大幅拉升股价之后，盘中积累了大量的获利盘，利用投资者较强的获利回吐欲望，以凶狠快速的方式向下突然砸盘，使股价大幅回落。通常股价向下砸破一些重要的技术支撑位，造成极度恐慌的盘面，连技术派人士也看空后市，游资主力喜欢用这种方式洗盘。

图2－13，亿帆医药（002019）：该股成功探明底部后，股价出现见底回升走势，30日均线由下行状态渐渐转为上行状态，均线系统呈现多头排列。当股价回升到前期盘区附近时，为了进一步夯实底部基础，主力停止了向上推升步伐，展开向下打压洗盘走势。2017年7月17日，一根下跌大阴线故意

将股价打压到30日均线之下，造成技术破位之势。这时散户形成一定的恐慌气氛，低位获利盘和前期套牢盘相继抛出。主力顺利完成了洗盘换手，并在下跌过程中实施加仓计划，第二天股价就企稳走强，从此走出一轮震荡上涨行情。

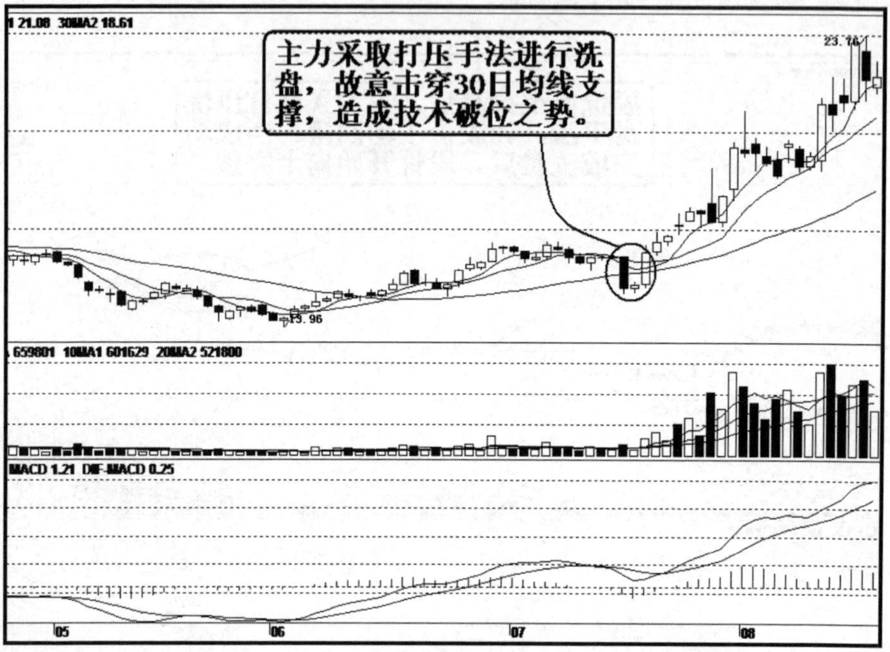

图2－13

五、跌停洗盘方式

跌停式洗盘是最恐怖也是最有效的一种洗盘方式。这种方式有两种盘面现象：

（1）股价以正常方式开盘后，在盘中股价逐波下跌直奔跌停板，封盘几分钟后再打开，多次跌停，多次开板，尾市稍向上拉动。散户看到股价跌停，心理十分悲观，唯恐第二天继续跌停，于是也抢先在跌停板价位挂卖单杀出。

图2－14，鄂尔多斯（600295）：该股主力吸纳了大量的低价筹码后，在2017年7月出现一波拉高走势，这时主力展开洗盘整理走势，同时主力也在做抛高低吸。在洗盘过程中，分别在8月1日和8月11日出现跌停，在这个

位置出现这种走势非常恐怖。这时有的散户担心股价继续下跌而做出离场操作，因而大量的恐慌盘得到了释放，洗盘效果非常好。当浮动筹码得到充分的换手后，股价出现了新一轮快速上涨行情。

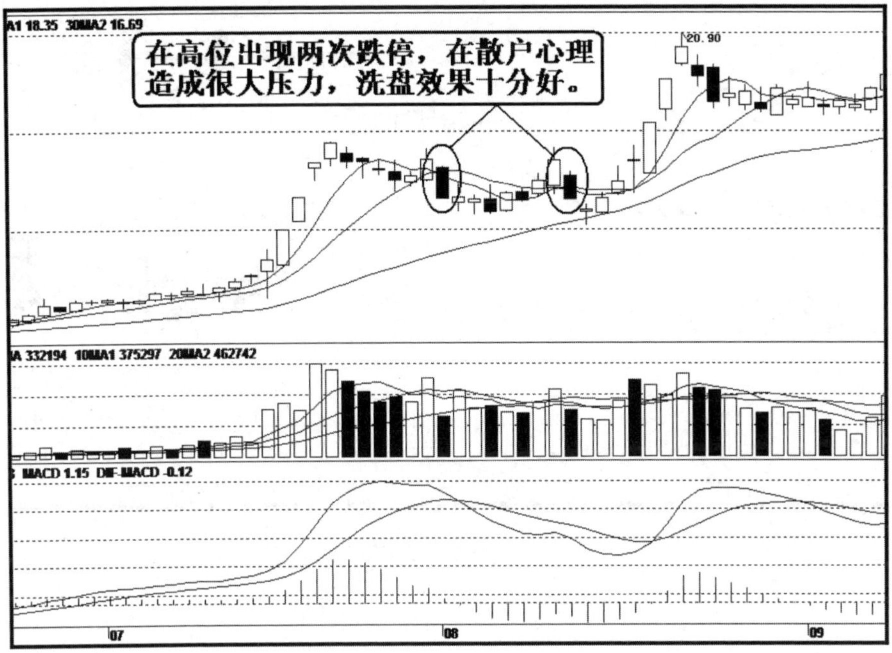

图 2-14

（2）股价直接从跌停板价位开盘，大部分时间处于封盘状态，突然在盘中放出巨量，打开跌停板上的封盘量，让散户一个退出的机会。或者，出现一两个跌停板后，股价不再继续封于跌停，而是打开跌停板让恐慌盘得到充分释放，以此达到洗盘目的。

图 2-15，英维克（002837）：该股见底企稳后出现回升走势，但股价没有上升多少就出现大幅震荡。2017 年 6 月 1 日，股价小幅高开后快速打压至跌停，当天封盘不动，第二天直接从跌停价位开盘，封盘 28 分钟后，主力用巨量打开跌停板时，此时有的散户担心股价继续走弱而做出离场操作，因而大量的恐慌盘得到了释放，洗盘效果非常好。当浮动筹码得到充分的换手后，股价从 6 月 5 日开始连拉 4 个涨停。

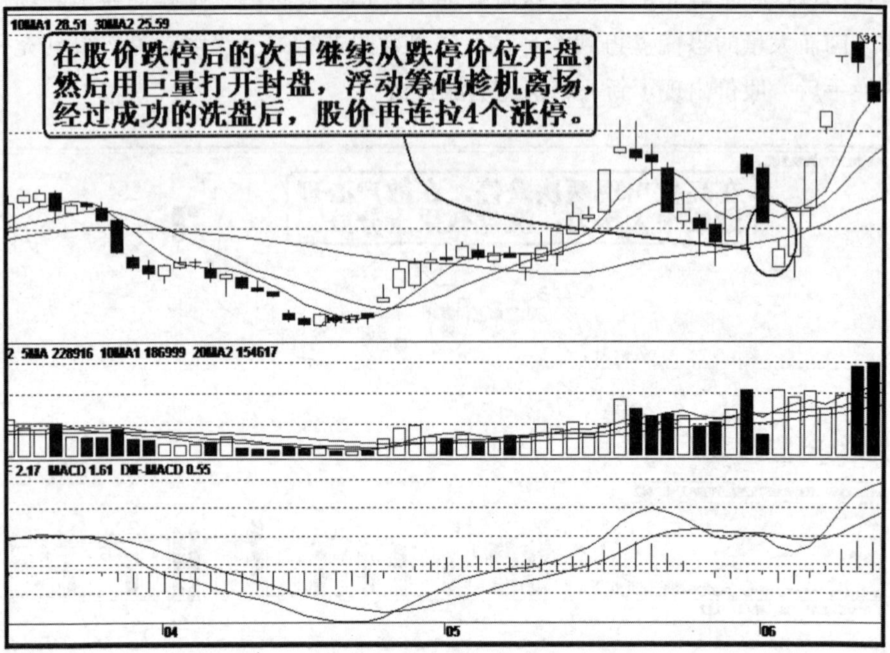

图 2－15

第三节　游资拉升手法

游资拉升是个复杂的问题，从大的方面讲游资仅是市场的跟风者角色，见风使舵，趁机捞一把而已，还不是真正意义的市场主力（庄家）。多数情况下，股价不是游资自己拉上去的，而是市场大家一致努力下“哄抬”上去的，他们赚的是后来跟风者的钱，比如，“一日游”游资，靠的是第二天市场高开或惯性上冲获利，不存在主动拉升的可能。我们这里所指的游资拉升主要是以波段操作为主的短线游资，根据近几年游资运行情况，游资拉升手法主要有以下几种方式。

一、一步到位

这种拉升方式的游资主力，一般资金实力比较雄厚。在低位大举介入后，一旦开始向上拉高，往往一气呵成，中间不停顿不调整，其操作手法极其凶狠。盘面上攻势头极其凌厉，量能充沛，气势磅礴，不可阻挡，任何压力位都无法阻止股价的上涨势头。这样既可以节省资金，缩短拉升时间，又可以向上打开上涨空间。在日 K 线图上，常常连续拉出涨停大阳线，或连续出现“一字形”和“T 字形”K 线，且连续跳空高开留下短期不被回补的缺口，形成一波“井喷”式飙升行情。其优点是短期内就能产生盈利，缺点是风险较大，操作不慎容易亏损。

图 2-16，韶钢松山（000717）：该股游资主力完成建仓计划后，2017 年 8 月 25 日股价放量涨停，从而形成一波“井喷”式飙升行情。主力拉升手法极其凶悍，一气呵成，势如破竹，突破一切阻力，成交量快速放大，市场跟风积极。股价一步到位后，在高位不断派发获利筹码。

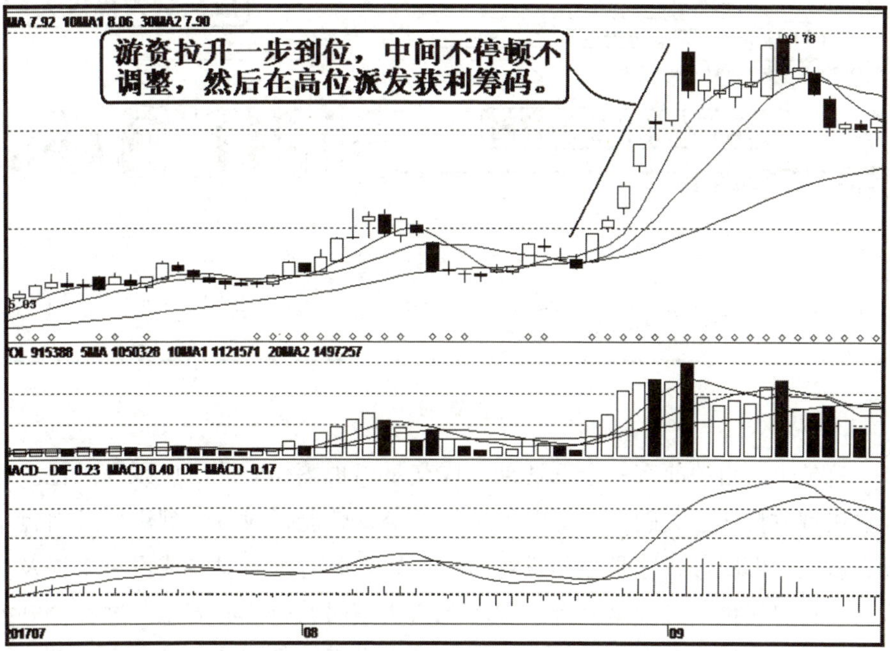

图 2-16

这种游资主力的拉升意图非常明显：一是急速拉高，一气呵成，短期产生利润，在高位实施出货；二是引发市场关注，诱导跟风盘介入，帮助抬轿拉高；三是若有重大利好支持，可防止消息泄露或来不及拉升而影响坐庄利润。

图 2-17，富煌钢构（002743）：股价经过 2017 年 7 月 17 日的大幅打压后，在低位呈现横向弱势震荡走势，游资悄然介入低吸筹码。8 月 10 日，股价突然

放量启动，连拉3个涨停，然后在高位悄然出货。这是典型的游资行为，拉升一步到位，盘面气势如虹，中间不留空隙。成交量的大幅放大，股价的快速上涨，吸引了不少跟风盘，这样游资主力在高位派发获利筹码也就不难了。

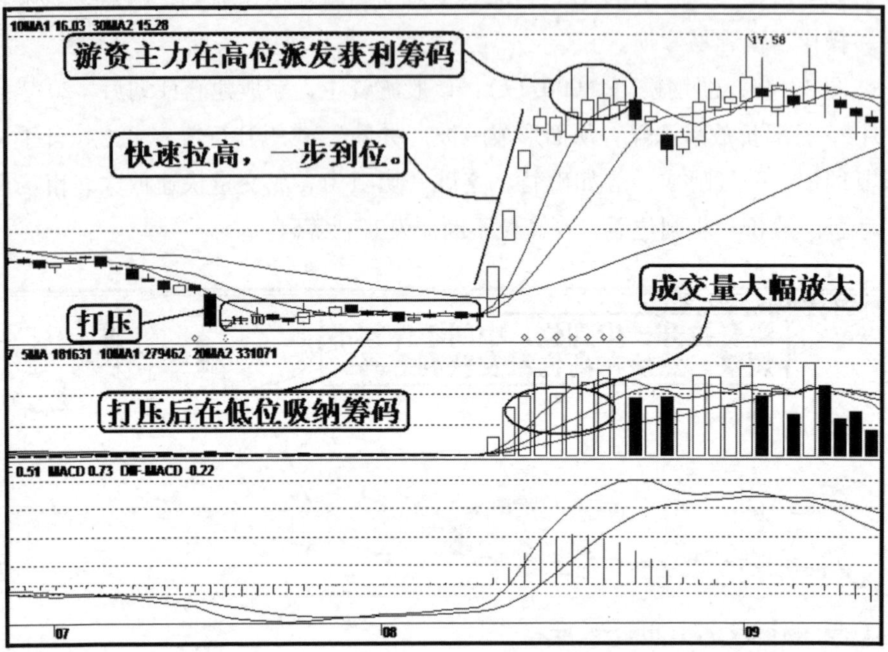

图2-17

这类个股启动前有一个低迷期，成交量出现萎缩，此时应跟踪关注。当股价出现放量向上突破，或者以很小的成交量就能把股价拉到涨停且封盘不动，就应立即跟进，这是最佳进场时机。如果此时没有发现或没有来得及介入，而接着股价一开盘就涨停，根本无法买进时，也不必着急。这种拉升方式，由于速度快、涨幅大，主力大多在盘中出现回落现象，或者在次日出现低开时介入，通常后面会出现回升行情。

图2-18，武汉凡谷（002194）：2017年9月13日，股价跳空低开于30日均线下方，并留下不回补的向下跳空缺口，在技术上造成破位之势，以此恐吓散户离场。然后出现短期的弱势震荡，游资在此位置悄然吸纳低价筹码。9月21日，股价突然放量拉起，引发一波“井喷”式飙升行情，7个交易日中拉出6个涨停。游资气势汹汹，有备而来，不可阻挡。其实，这类个股低开就是一个较好的买入机会，因为游资动用了大量的资金，多数低开后会再

次被拉起，直到不能上拉时往往也是一个阶段性顶部，该股在 10 月 31 日低开后不能拉起，就是一个见顶卖出信号。

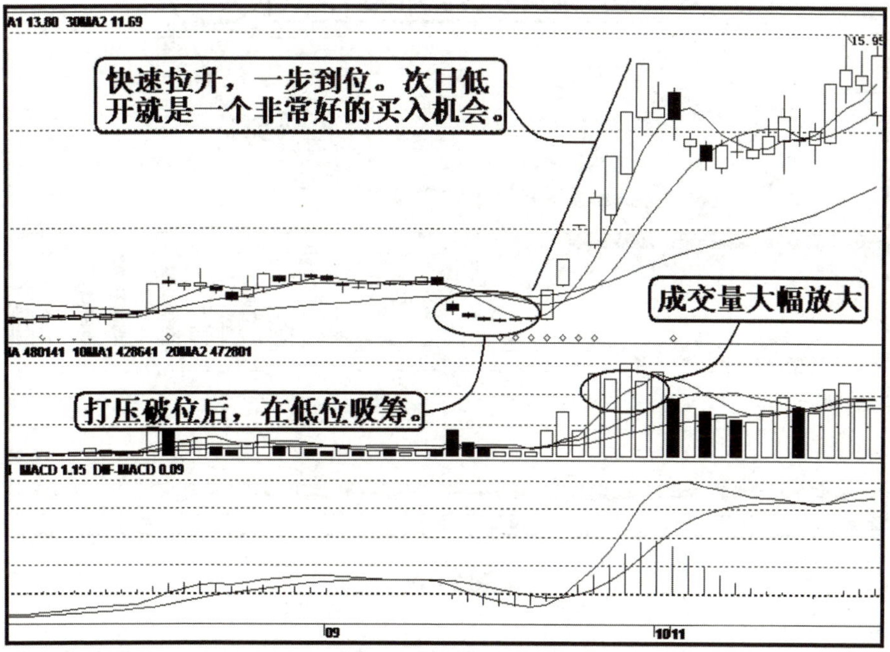

图 2－18

二、分段拉升

这种拉升方式没有“一步到位”那样凶猛，中间会有一两次短暂的休整，通过洗盘换手积累新的上涨能量，目的是让股价涨得更高，或者通过边拉边洗的方式将股价拉高。波段游资喜欢这种拉升手法，优点是风险大大降低，缺点是时间相对要长一些。

图 2－19，汉王科技（002362）：主力完成建仓计划后，股价开始向上拉高，成功脱离底部区域，这时主力并不急于求成，而是采用蓄势调整走势。经过短暂的洗盘换手后，2017 年 8 月 28 日股价向上突破，形成一波快速上涨行情。

图 2－20，江阴银行（002807）：游资在低位吸纳了大量的低价筹码后，于 2017 年 2 月 10 日放量向上突破，连拉 5 个涨停后开板调整。经过 4 个交易日的整理后，展开新一波拉升，在第二波行情中也达到 30% 的涨幅。这里有朋友不免要问，如何判断是否会有第二波拉升行情产生？

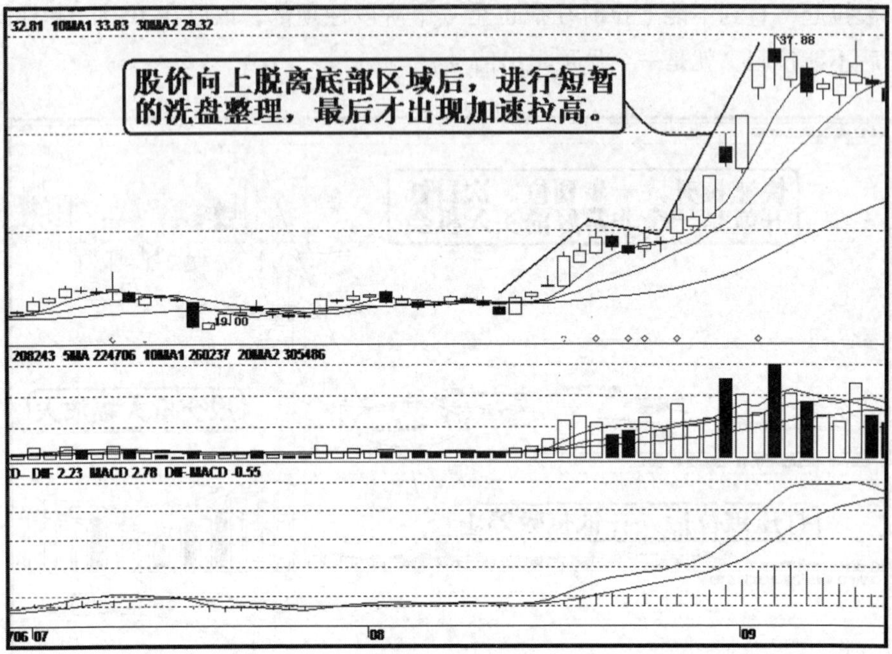
32.81 10MA1 33.83 30MA2 29.32
股价向上脱离底部区域后，进行短暂的洗盘整理，最后才出现加速拉高。
37.88
19.00
208243 5MA 224706 10MA1 260237 20MA2 305486
DIF 2.23 MACD 2.78 DIF-MACD -0.55
706 07
08
09

图 2－19

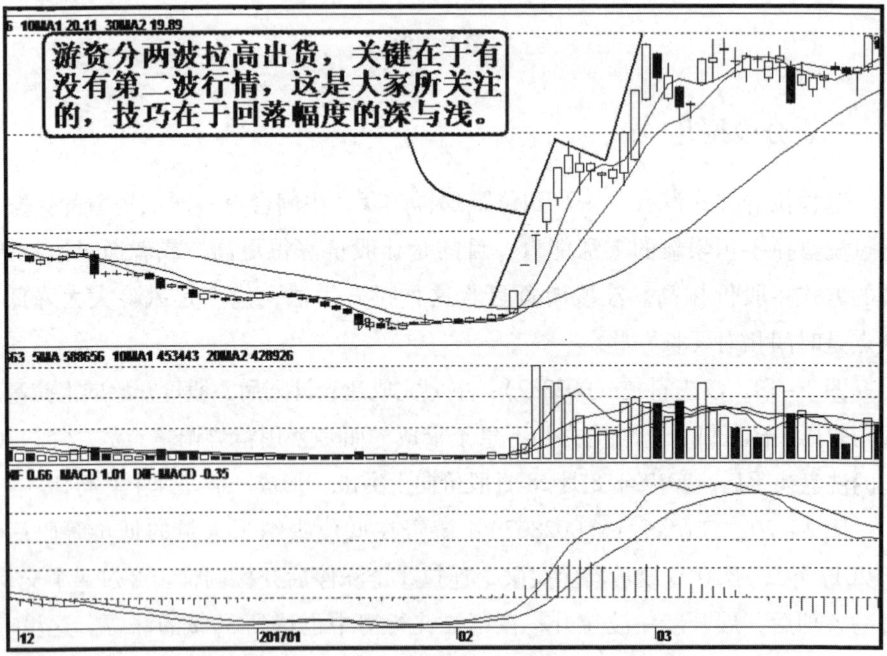
10MA1 20.11 30MA2 19.89
游资分两波拉高出货，关键在于有没有第二波行情，这是大家所关注的，技巧在于回落幅度的深与浅。
5MA 588656 10MA1 453443 20MA2 428926
MACD 1.01 DIF-MACD -0.35
12
201701
02
03

图 2－20

这里分析重点在于将以何种方式展开调整，若是单日快速调整，那么回落幅度深一点，也不会影响第二次上攻，如2017年4月21日的冀东装备（000856）；若是多日调整，那么回落幅度就不能太深了，否则上涨气势会受到挫伤。“会涨的股票不会跌，会跌的股票不会涨”就是这个道理。从该股盘面可以看出，回落幅度并不深，一旦开始上攻，往往就是第二波行情的开始，也是一个非常好的买入机会。

许多游资喜欢将拉升与洗盘结合起来，形成边拉边洗的“妖股”模式，盘中游资接龙踊跃，换了一批又一批，不断推动股价上涨，直到没有接力为止。

图2－21，比亚迪（002594）：该股在2017年9月的行情中，股价脱离底部区域后，逐波上涨，调整而气势不减，回档而涨势不变，股价涨跌有序，盘面走势稳健，K线错落有致，量价配合默契，游资接力一棒接一棒，大量的游资进进出出，形成“妖股”模式上涨。这类个股一般贴近10日均线上涨，当股价回落到10日均线附近得到有效支撑时，就是一个好的买点。

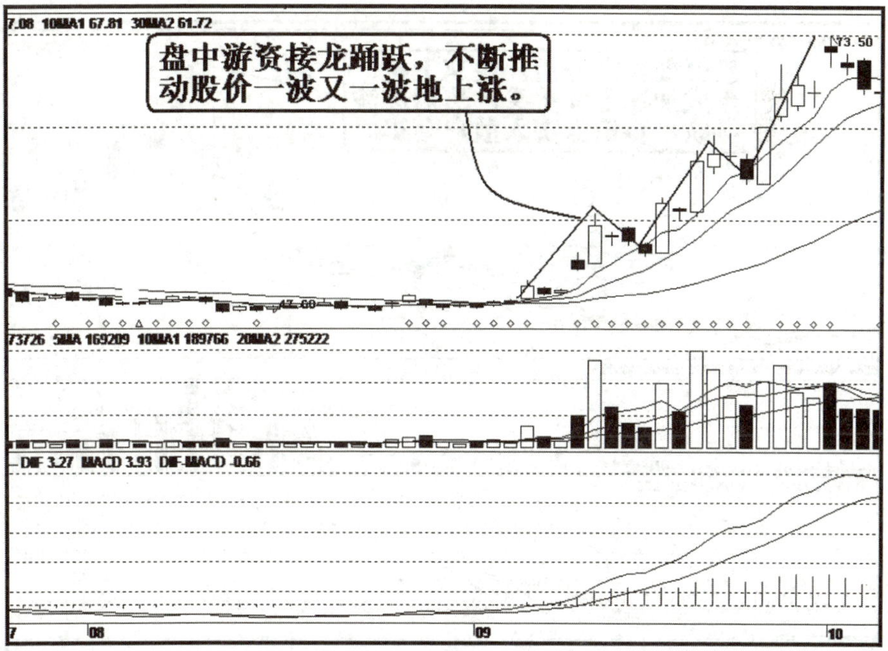

图2－21

第四节　游资出货手法

一、冲高回落出货

这种出货方法是主力借助前面的强劲上涨势头而跳空高开，然后在盘中放量快速大幅上拉，甚至有可能触及涨停板，造成一种加速上涨的氛围，让散户一路追涨买入。当盘中跟风稀少时，股价出现逐波盘跌走势，将追涨买入的散户全部套牢。

图2－22，广和通（300638）：该股在游资的参与下，盘面被激活，大量热钱涌入，股价连续拔高，上涨势头非常强劲。2017年10月9日，跳空高开5.19%后，股价向上拉高，成交量大幅放大，股价快速触及涨停。不少散户以为股价再次封盘，预期形成加速上涨，因而纷纷追涨买入。而主力却在暗中悄然派发筹码，股价很快反转震荡走低，当天以微涨3.22%收盘，将追高买入的散户套牢。

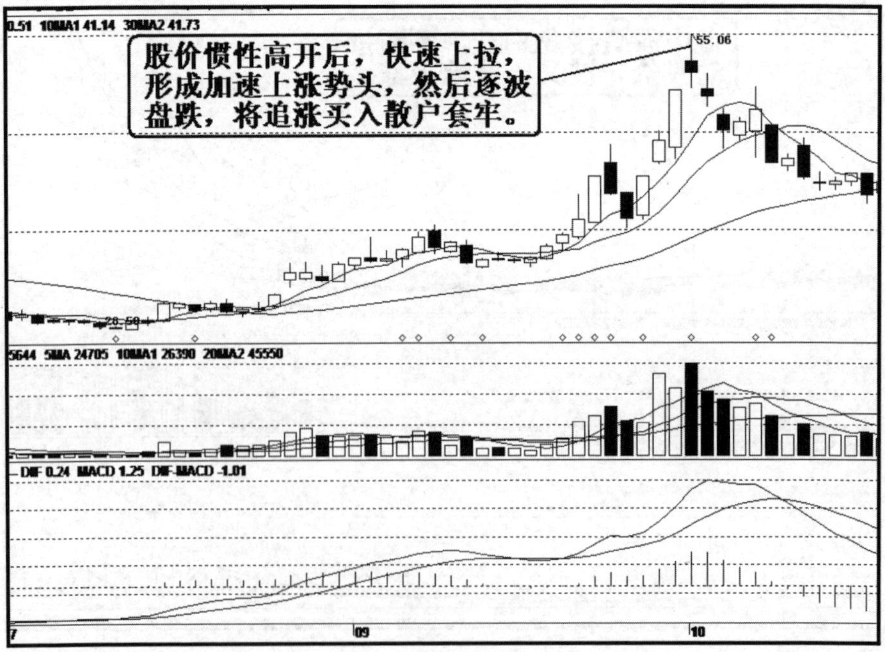

图2－22

图2－23，太辰光（300570）：该股经过洗盘整理后，连拉两个涨停，2017年10月10日跳空高开1.97%，盘中先抑后扬，冲高到6个多点后出现小幅回落，形成蓄势待发走势，让散户入场接盘，主力暗中撤退，尾盘向下回落，收出“纺锤线”。次日低开低走，K线组合出现“黄昏之星”形态。

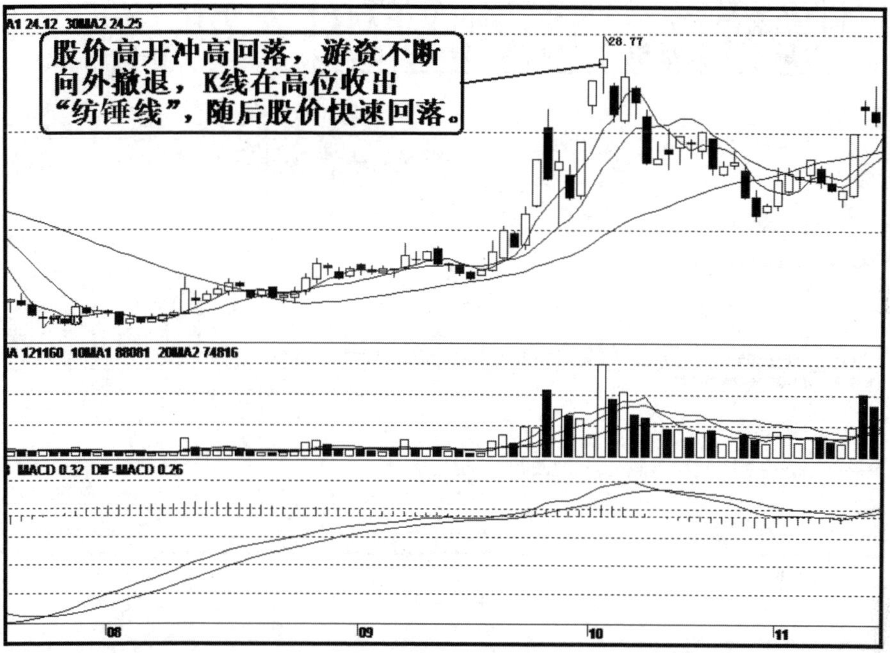

图2－23

二、低开冲高出货

在原本强势的盘面中，股价出现低开，然后快速拉起，刺激散户追进，主力迅速撤出。多数游资在出货时，都喜欢低开三五个点上，此时一些散户会“逢低”介入，后面拉起时还会吸引更多的人参与进来，这样游资自己则全身而退。

图2－24，奥联电子（300585）：该股回探到30日均线附近时获得强大的支撑，从2017年9月29日开始连拉5个涨停，在第5个涨停时就可以看出主力在暗中，这一天股价低开1.98%后震荡上拉至涨停，其意图有二：一是低开给散户一个低进的机会；二是涨停是吸引“敢死队”介入。其实，主力在暗中不断出货。次日，股价低开5.44%，首先将前一天追涨停买入的筹码全

部锁定在高位，然后又吸引新的资金进场。经过连续两天的低开冲高震荡后，游资全身而退，紧随其后就来一个跌停。

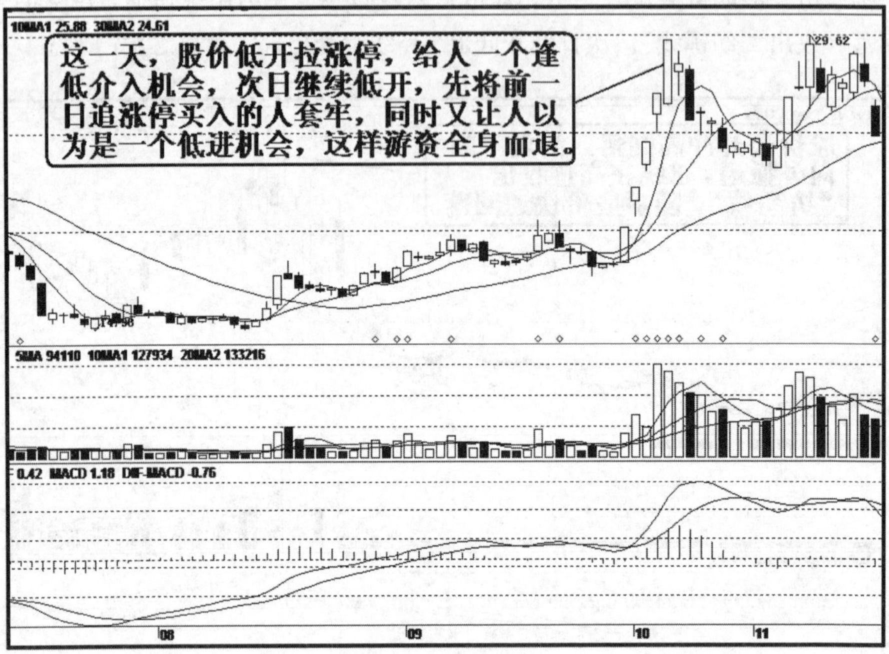

图 2 – 24

在通常情况下，股价经过连续拉高后，高位第一次出现低开现象时，多数都会被拉起来甚至封于涨停，但如果连续两个以上交易日都出现低开现象，那么第二次以后的拉高力度会大大减弱，如果出现低开不能封涨停的话，就是主力出货的一个明显信号。散户见此图形时，应在低开冲高回落时迅速离场，具体操作就是除再封涨停可以持有外，其他情况都应该退出。

图 2 – 25，农尚环境（300536）：该股连拉两个涨停后，仅用一天时间快速完成洗盘整理，股价再现两个涨停。从盘中可以看出，2017 年 10 月 19 日股价低开 4.70% 后，全天几乎处于震荡态势，在尾盘半小时内股价迅速被拉至涨停，主力利用尾盘拉高出货意图显现。次日，又是低开 1.87%，略作冲高后回落震荡，午后持续盘跌。这种情况说明游资已经完成操作，散户应当在第二天冲高时及时离场。

这类股票看起来比较难把握，但只要掌握一个法则就可以应用自如，该法则就是：“高位低开高走，持有；低开不高走，见顶。”所以，当股价在高

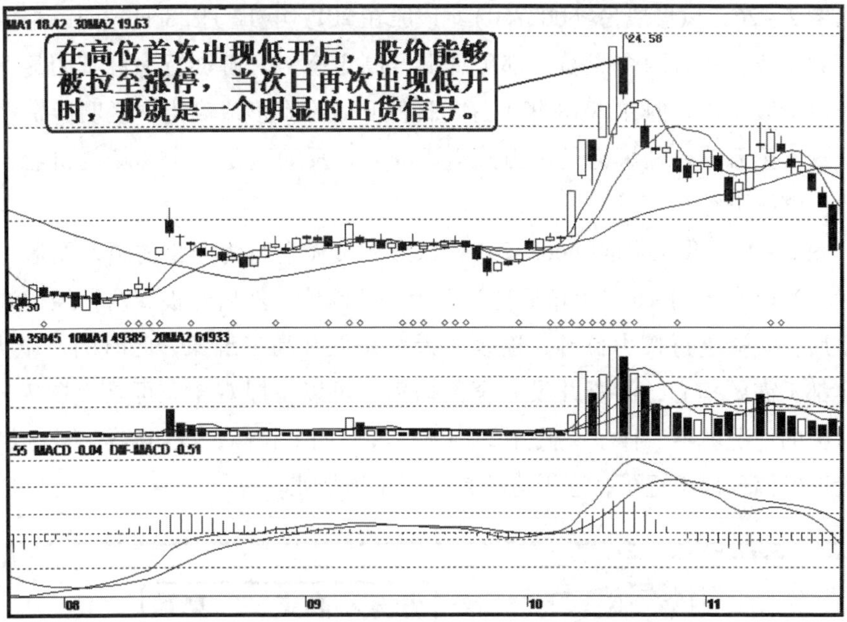

图 2－25

位出现“低开不高走”时，应在当天收盘退出。

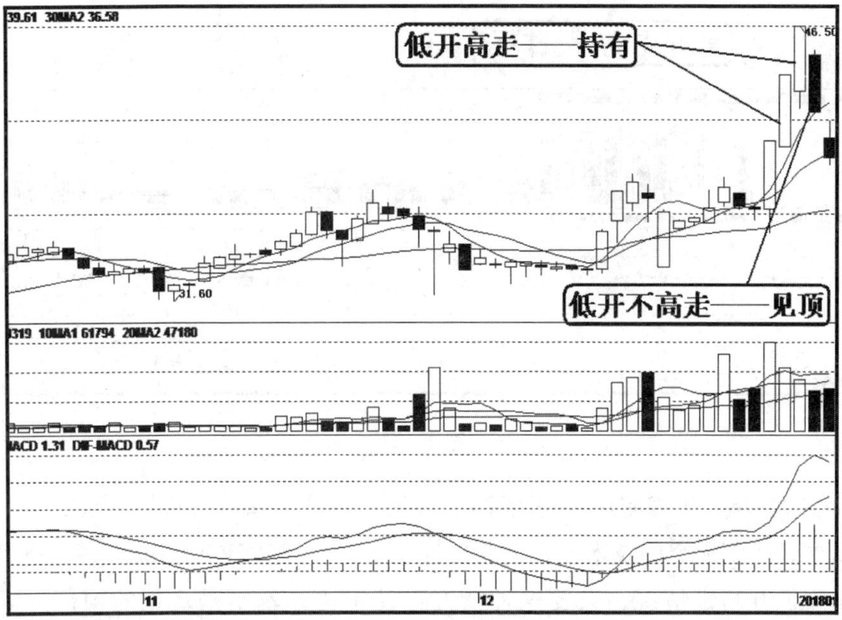

图 2－26

图 2－26，凤形股份（002760）：该股在 2017 年 12 月 28 日拉出一根放量涨停大阳线，此后两个交易日都出现低开高走态势，游资行为极其明显，这时可以持股观望。但在 2018 年 1 月 3 日低开后没有形成高走，说明游资在撤退。这天千万不要理解为是主力洗盘而介入，反而这是一个离场的机会，次日股价继续下跌 5.85%。

图 2－27，我乐家居（603326）：该股游资做盘行为非常清晰，图形一目了然。2017 年 6 月 16 日上市后连拉 5 个一字涨停，然后开板震荡，经过洗盘换手后，游资进行接力拉升，连续 3 天都是低开高走现象，此时的“低开”其实都不需要担心，游资并没有全部撤离，可以持股观望。可是，在 7 月 4 日这天的情况就不一样了，低开 2.17% 后没有向上拉高，说明游资萌发退意，股价已经离顶部不远了，这天应该是一个见顶征兆。

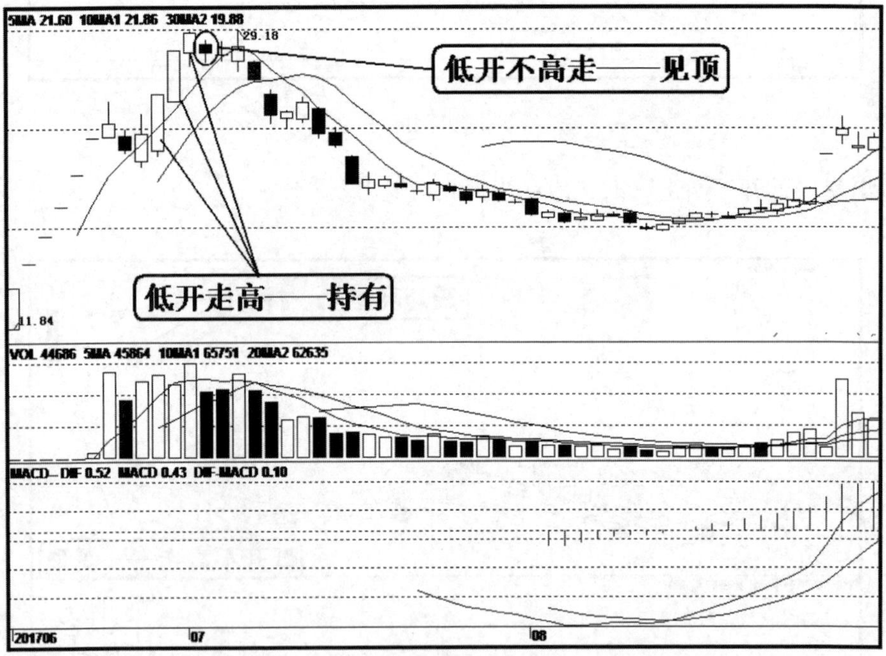

图 2－27

图 2－28，华森制药（002907）：该股图形让大家看得更加一清二楚，并能从中领悟到无穷的技术奥秘。股价连拉 14 个一字涨停后开板震荡，连续 3 天出现低开高走情况，只要这种情况保持下去，就不是真正的顶部。可是 2017 年 11 月 20 日盘面风云突变，股价低开后略作冲高，然后逐波下跌，直

至跌停。"低开不高走"就是见顶信号，此后的走势可以证明一切。

股市千变万化，形态千奇百态，只要掌握一种有效的方法，手中的筹码就能在高位兑现资金。比较典型的还有武汉凡谷（002194）在2017年9月底的走势，认真研究分析，一定会发现其中的妙趣所在。

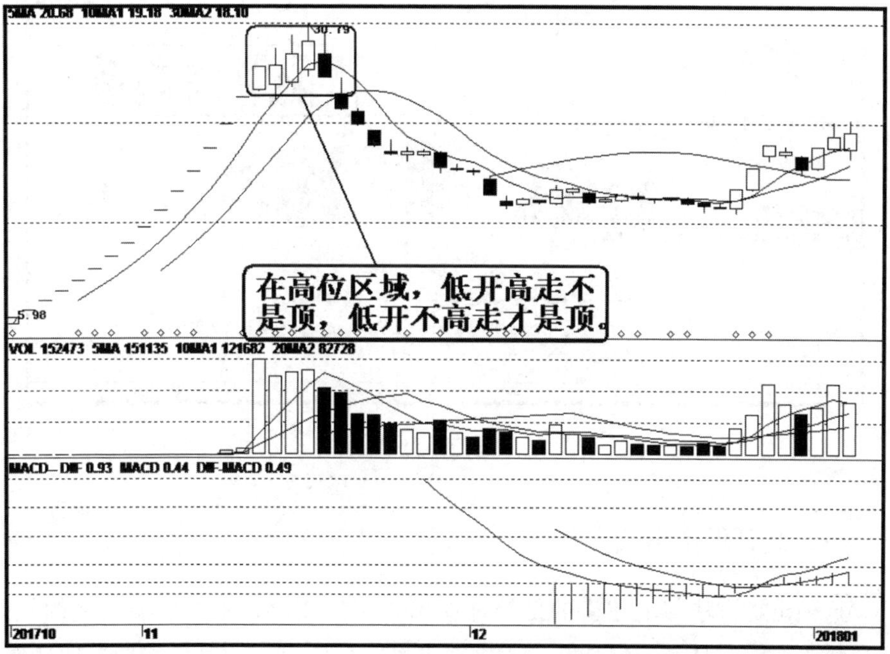

图2-28

在实盘操作中，当股价出现一段连续拉高行情后，突然在高位出现一字或T字涨停，其后如果出现低开冲高回落走势，也是一个明确的见顶信号，表明主力已经结束最后的冲刺动作，股价将进入调整。

图2-29，英维克（002837）：该股连拉3个涨停后，2017年6月8日在高位出现T字涨停，其后两个出现震荡走势，特别是6月12日低开3.35%后形成冲高回落走势，主力分明已经告诉你后面要调整了。许多时候，不是市场没有给你离场机会，而是因为自己太执着，结果被套牢在顶部。

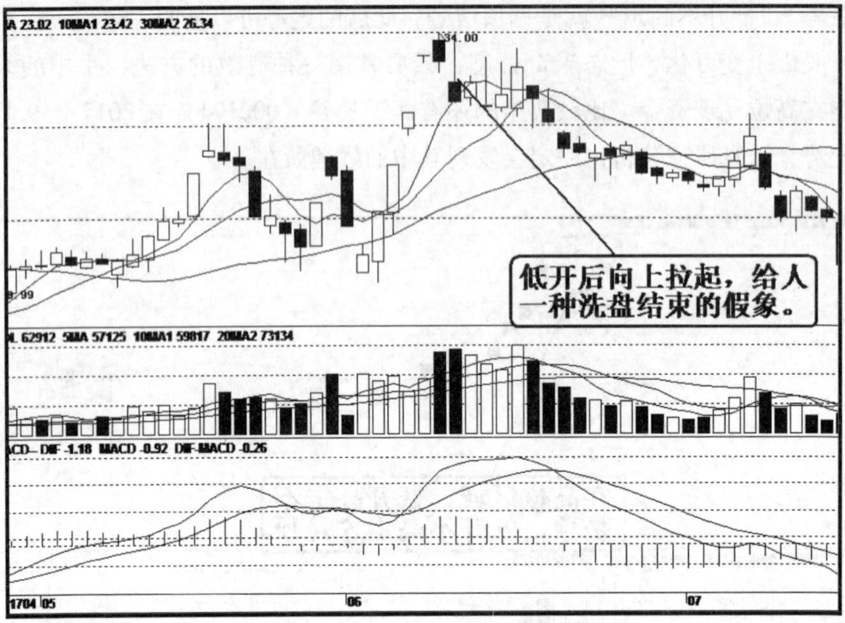

图 2－29

三、高开低走出货

这种出货方法与上述讲的低开冲高出货正好相反，主力借助前面的强劲上涨势头而跳空高开，但高开后股价并没有守住高点，而是慢慢回落收阴线，在 K 线形态上出现高位“盖帽”形态，类似于“倾盆大雨”和“乌云盖顶”K 线组合形态，说明股价上涨动力衰竭，有见顶之虞，也反映游资开始撤退，因此是一个卖出信号。主要技术要点：

（1）股价前期涨幅已大，或者短期出现快速上涨。

（2）K 线高位收阴线，实体越长则看跌意义越大。

（3）伴有大的成交量出现。

图 2－30，盛弘股份（300693）：该股涉及两个技术性问题，一是在连续一字涨停打开后的震荡走势中，出现低开高走现象，根据上述法则：“高位低开高走，持有；低开不高走，见顶。”盘中并没有出现“低开不高走”现象，所以这一阶段可以继续持有。二是在 2017 年 9 月 13 日高位出现高开低走的“盖帽”形态，此时出现见顶信号，说明股价涨势已经结束，主力开始在暗中出货，散户应及时获利了结。

图 2－31，科林电气（603050）：该股开板后在高位出现大幅震荡走势，

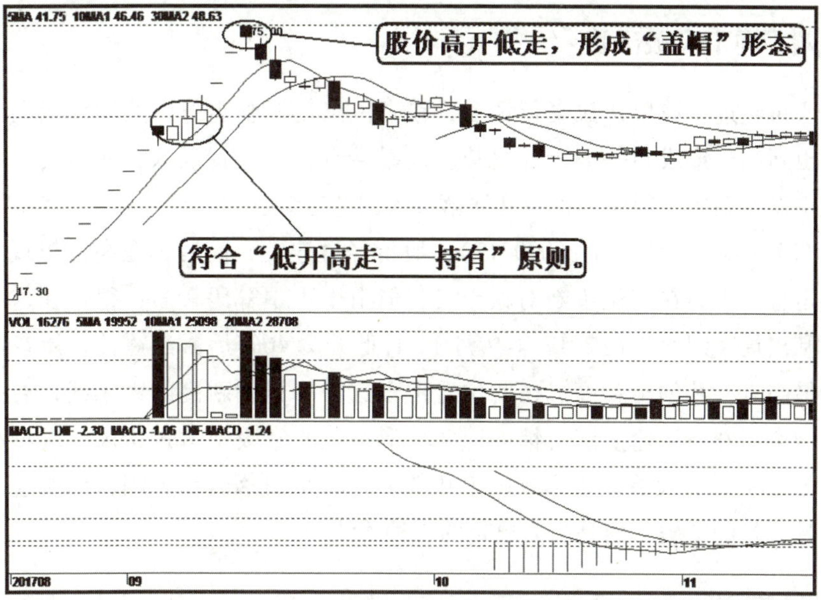

图 2－30

在 2017 年 5 月 8 日和 5 月 17 日两次在高位形成“盖帽”形态，而且股价涨幅较大，成交量大幅放大，阴线实体较长，符合高开低走出货模式，此后股价进入中期调整走势。

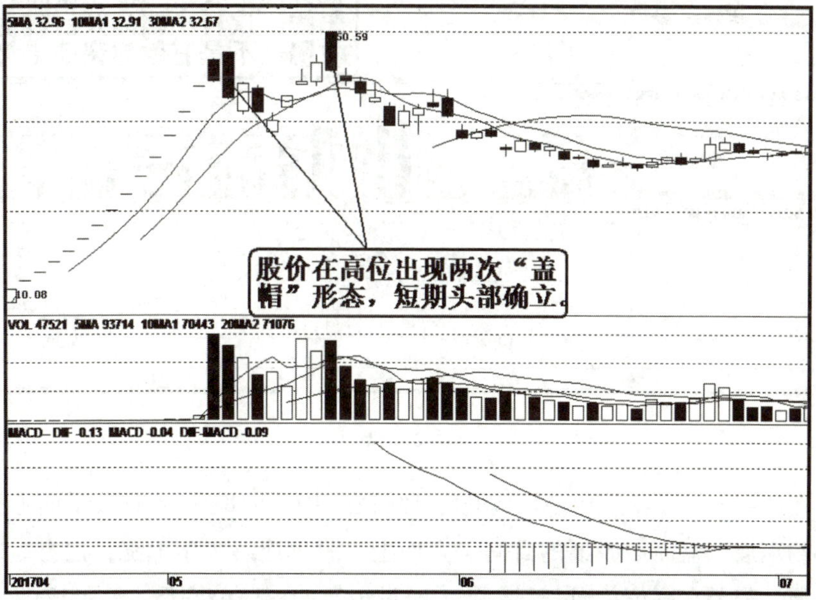

图 2－31

四、向上突破出货

股价经过一波快速拉高行情后，在高位出现调整走势，然后放量向上突破创出新高，形成新一波上涨之势，此时会有大批热钱涌入，而游资主力则在暗中派发筹码，很快股价滞涨回落进入调整走势。

图2－32，韶钢松山（000717）：股价经过连续拉高后，在高位出现震荡整理走势，主力在高位不断对敲出货，但由于手中筹码较多，很难在这一区域顺利出局。因此，在2017年9月11日低开2.46%后翻红震荡，尾盘收在当天最高点，并创出新高。在此位置出现这样一根创新高的大阳线，有一种洗盘结束展开新一轮上涨行情的感觉，形态上非常吸引散户跟风。次日小幅高开1.25%后，没有出现强劲的上攻势头，而是回落震荡收阴，说明这个新高不是有效的突破，而是主力出货的一种手法。

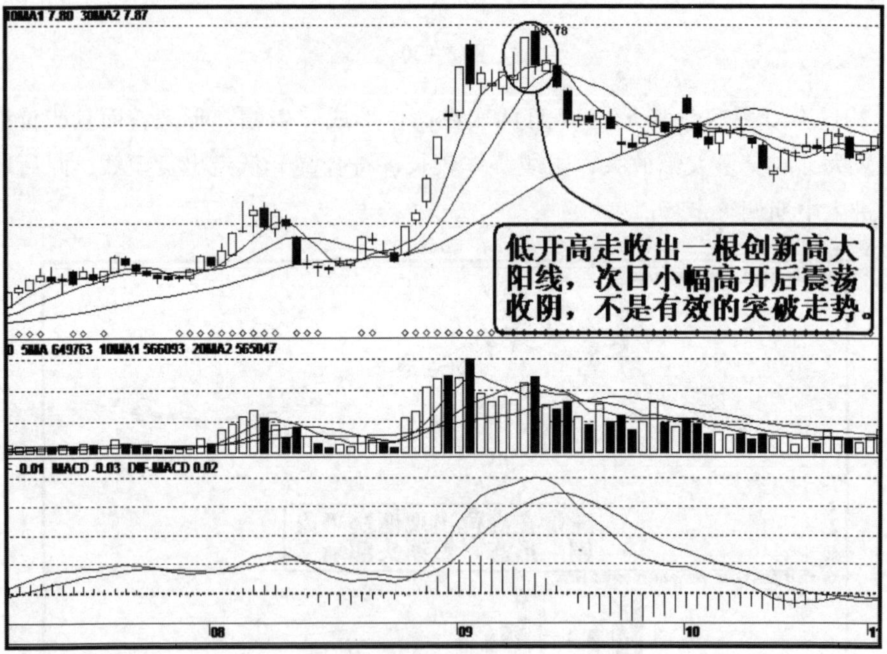

图2－32

图2－33，国盛金控（002670）：股价在2017年8月28日放量向上摆脱底部约束后，盘面如脱缰的野马飞奔而上，股价连续大阳上涨，主力短期获利丰厚，需要在高位兑现获利筹码。经过短暂的震荡整理后，9月12日盘中

放量上拉创出新高，看起来主力洗盘结束展开新一波上涨行情，这时跟风盘不断涌进，而主力在暗中不断出货，尾盘股价回落，当天收出长长的上影线。说明上方压力重重，创新高是一种欺骗散户的假动作。

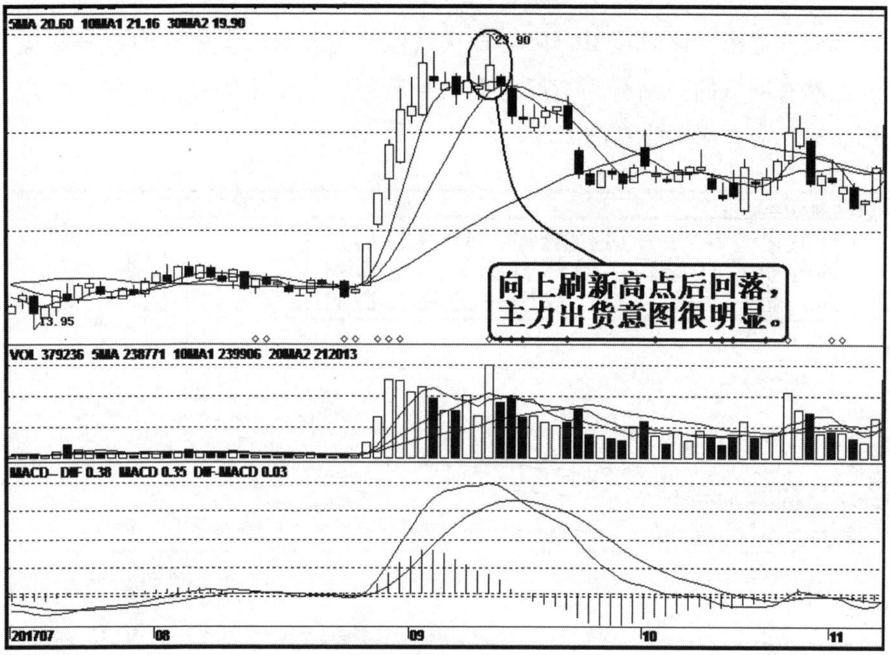

图 2－33

五、跌停开板出货

股价跌停是投资者不希望发生的，它反映后市前景黯淡，很难从市场上获得回报，对投资者起到警示作用。那么主力是如何利用跌停板进行出货的呢？

在实盘操作中，有的股票开盘后逐波下行至跌停板，且瞬间堆放大单封盘，接着被巨量买单打开封盘。这时有的人一看股价即将打开跌停板，认为是主力洗盘动作，生怕买不到低价筹码而纷纷跟进。有的股票早上直接从跌停板价位开盘，把所有的集合竞价买单都打掉，这时有的人一看到股价大幅低开，就会产生抄底的冲动，结果买入后被套。而且，主力在跌停板位置打开又封盘，封盘又打开，反复进行着，以此吸引买盘接单。

图 2－34，武汉凡谷（002194）：游资主力完成打压建仓后，2017 年 9 月 21 日股价突然放量拔地而起，开启一波“井喷”式飙升行情，7 个交易日中拉出 6 个涨停。有意思的是，该股后面的 3 个涨停中都是低开拉高封盘，前面已经介绍过连续两个以上交易日出现低开时，除封涨停可以持股外，其他情况都应该退出。该股在 10 月 31 日从跌停价位开盘，盘中立即打开封盘震荡，虽然有明显的拉高行为，但已无力封涨停，显示主力撤退心切。散户见此形态时，应在当天收盘前离场。

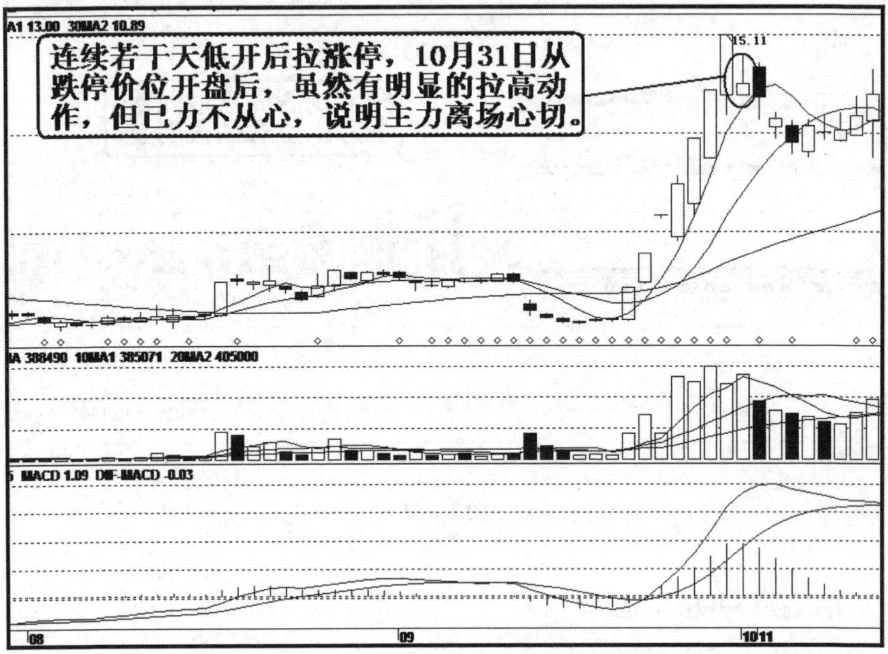

图 2－34

图 2－35，掌阅科技（603533）：2017 年 9 月 21 日上市后，股价连拉 25 个涨停，主力高位出货理所当然，先是在 11 月 14 日利用涨停出货，然后在 15 日利用跌停出货。两个交易日里，一天涨停，一天跌停，本身就意味着震荡加剧，特别是 11 月 15 日这一天盘面更为异常，股价低开 3.81% 后，逐波向下走低至跌停，在跌停板位置多数开板吸引买盘介入，这种盘面现象分明已经告诉大家主力在暗中出货。

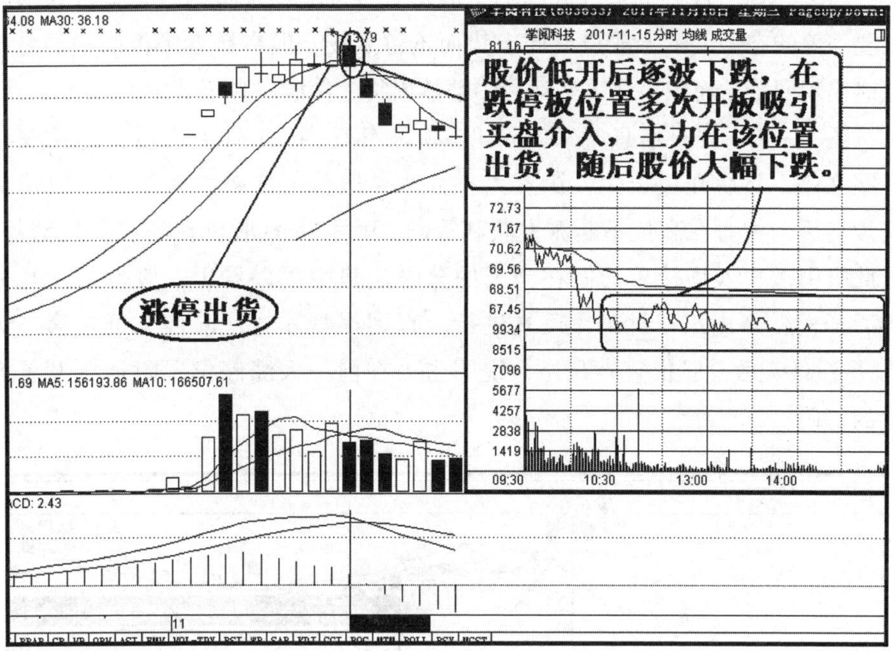

图2-35

六、涨停开板出货

散户买入的股票出现涨停，是一件最喜人不过的事。但在实盘中，有时候涨停不见得是好事，反而是庄家出货的伎俩。主力封盘后，待散户买单逐步增加时，迅速将自己的买盘封单撤掉，并在同一时间里，又在散户后面挂出数量与撤单相近的买单，这样盘面上看封盘数量没有变化，不会引起散户的注意。然后，主力将散户的买单打掉，封盘被巨大卖单打开。股价出现下跌，但跌幅不大，不久股价又被拉到涨停板。主力如此反复多次进行，在涨停位置悄悄出货。如果当天出货量不多，则第二天可能还会重演；如果当天出货量较多，第二天就低开低走，将这天买入的散户全部套牢，无形之中将套牢盘锁住。这种方式有三种盘面现象：

（1）股价以涨停板开盘，大部分时间处于封盘状态，造成强势上涨的假象。

（2）以正常形式开盘后，股价直奔涨停板，封盘几分钟后再打开，多次涨停，多次开板，主力暗中出货，尾市稍向下回落。

（3）以跳空高开的形式开盘后，股价直接冲向涨停板附近，造成该股当天要涨停的态势，不少散户见此走势而抢筹入场，但在接近停板的一两分价位时出现回落，而主力在震荡运行中悄然出货，使散户套牢其中。

图 2－36，中科信息（300678）：2017 年 7 月 28 日上市后，连拉 9 个一字涨停，然后开板震荡，游资大举介入，股价再次被大幅炒高。股价大幅炒高后，主力在高位不断派发获利筹码，9 月 25 日股价在高位再拉涨停，以此吸引散户入场接单。但在当天的分时走势中可以看出，股价封盘几分钟后开板震荡，开开封封，反复进行，直到尾盘才封住涨停。可是第二天低开 3.81% 后，股价直奔跌停，说明主力在前一天涨停位置附近派发了大量的筹码。

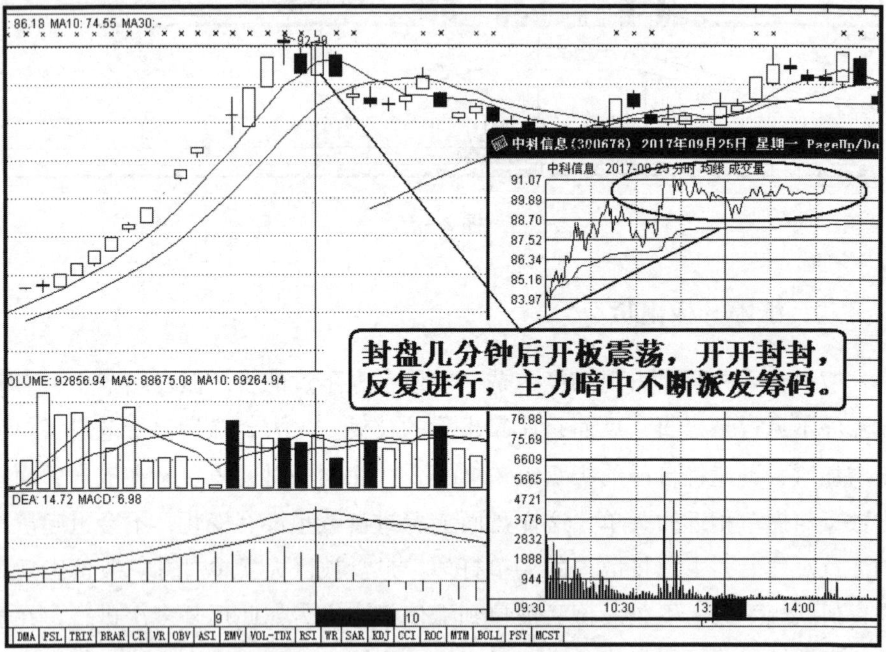

图 2－36

图 2－37，林海股份（600099）：股价短期快速上涨后，主力有了丰厚的利润，在高位采用各种手法出货，2017 年 1 月 3 日股价放量涨停，K 线上收出一根光头光脚的大阳线，股价似乎展开强势上攻，此时不少散户被这根涨停大阳线所诱，在涨停开板时纷纷介入。可是，第二天上涨势头立即湮灭，股价不断向下走低，一度击穿大阳线最低点，午后跌幅有所收窄，盘面气势

渐渐转弱。

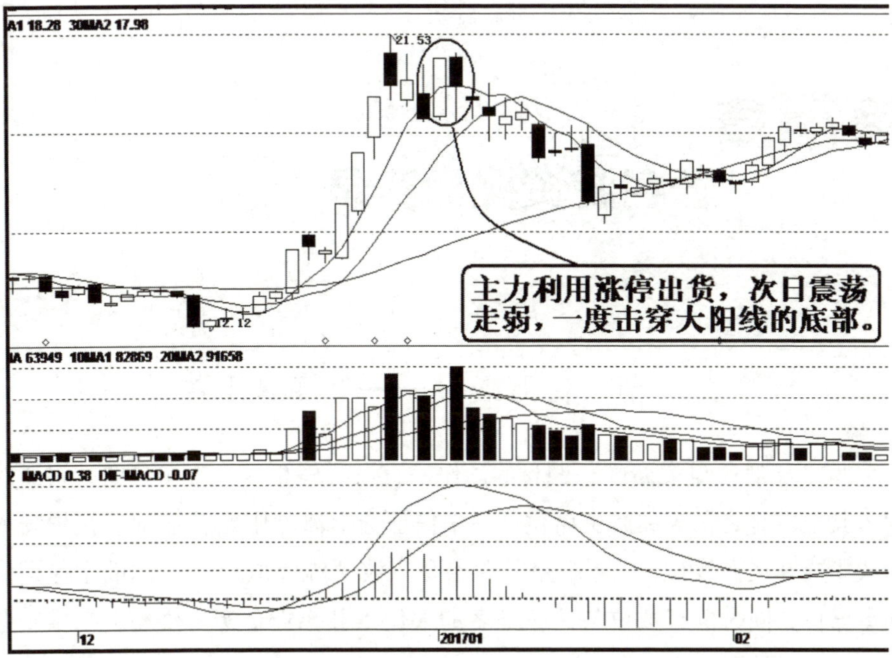
A1 18.28 30MA2 17.98
21.53
12.12
主力利用涨停出货，次日震荡走弱，一度击穿大阳线的底部。
A 63949 10MA1 82869 20MA2 91658
2 MACD 0.38 DIF-MACD -0.07
12
201701
02

图 2－37

第三章

>>> 著名游资操盘实录

第一节　亿万战役——上海溧阳路

2017年对“雄安新区”题材的炒作一直没有停止过，市场各路游资纷纷卷入其中。著名私募和游资席位——中信证券上海溧阳路营业部，在雄安概念股中展开亿万战役。“溧阳路”曾经是宁波“涨停敢死队”总舵主徐翔的明星席位，同时也有数位与徐翔齐名的大佬入驻，资金实力雄厚。在雄安题材炒作中，游资厮杀，颇为激烈。

战报一：高位接手烫山芋

图3-1，保变电气（600550）：2017年4月12日，该股以涨停价开盘，冲击六连板。由于前一日国家队尾盘砸盘调控，当天雄安新区个股大幅分化，收盘多只跌停，而该股全天封盘不动。龙虎榜显示，溧阳路三日主多买入12476万元（连续三个交易日内，涨幅偏离值累计达20%）。当晚公告信息，雄安新区9只个股遭遇特停，该股名列其中，且该股由于股权转让事宜多停牌两天。19日复牌一字跌停，之后两天虽有资金翘板，但仍然连收三个跌停板。而期间溧阳路果断止损，20日出货5490万元，21日出货4095万元，合计卖出9585万元。短短5个交易日，九位数进，八位数出，直接亏损2800多万元（约亏23%）。从亏损比例来分析，溧阳路筹码至少是两笔买入，在12日之前就有资金进场，在12日继续加仓。

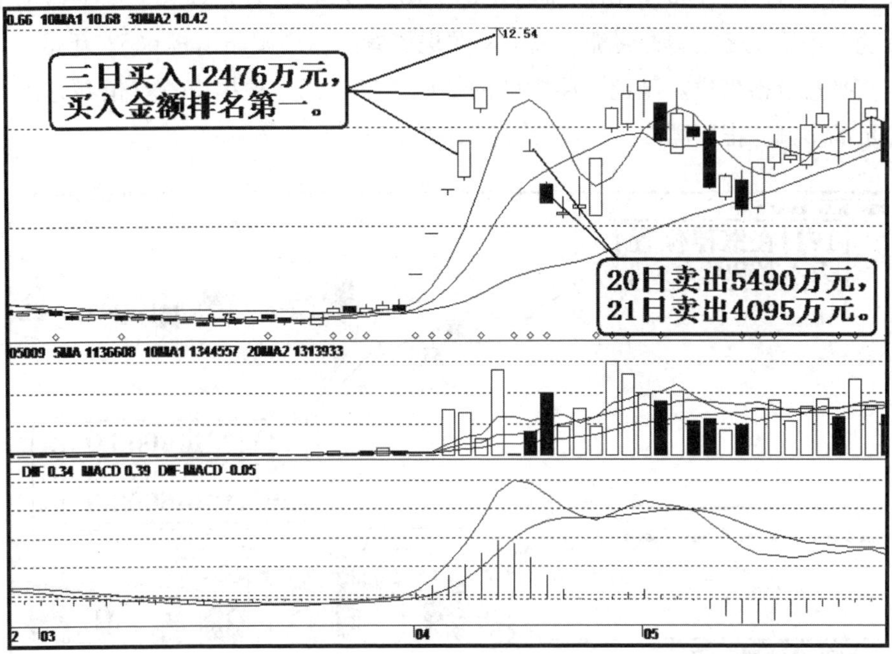

图 3－1

战报二：盈利不走反被套

图 3－2，先河环保（300137）：2017 年 4 月 17 日，该股出现第 7 个一字涨停，但当天在涨停位置放出巨量，溧阳路买入成交 16991 万元。18 日该股高开 1.93%，盘中一度封涨停，但没能成功封板而回落，收盘涨 2.93%，冲击 8 板失败。19 日午后再次冲高，但未能创出新高，尾盘再次回落，当天微涨 0.94%，上涨势头开始转弱迹象。在 18 日、19 日、20 日连续三天的龙虎榜都未见溧阳路的身影，而这三天该股都给盈利出局的机会，但溧阳路选择按兵不动。

4 月 21 日，股价低开 2.38% 后，盘中反抽五日均线，然后一路震荡向下，尾盘跌近 9%，最后有所回复以下跌 6.83% 收盘。当天龙虎榜显示，溧阳路为卖一，出货 9065 万元。24 日股价高开 4.52% 后，盘中一度摸板，后续股价企稳向上，溧阳路这笔大单割在最低价，亏损 1000 多万元。

4 月 25 日，低开 1.92% 后稳步向上，受到冀东装备（000856）两连板刺激，该股再度攻击涨停，但尾盘还是未能封住涨停。据龙虎榜显示，溧阳路买入 6643 万元，同时卖出之前的底仓 5481 万元。26 日，该股上午平盘上下震荡，午后震荡走高并封涨停板。从龙虎榜看到，溧阳路出货 6652 万元，相当于平盘价格出逃。至此，溧阳路的筹码全部出局，根据出货点位和龙虎榜显示的金额，推测溧阳路在该股亏损 1000 多万元（-6%）。

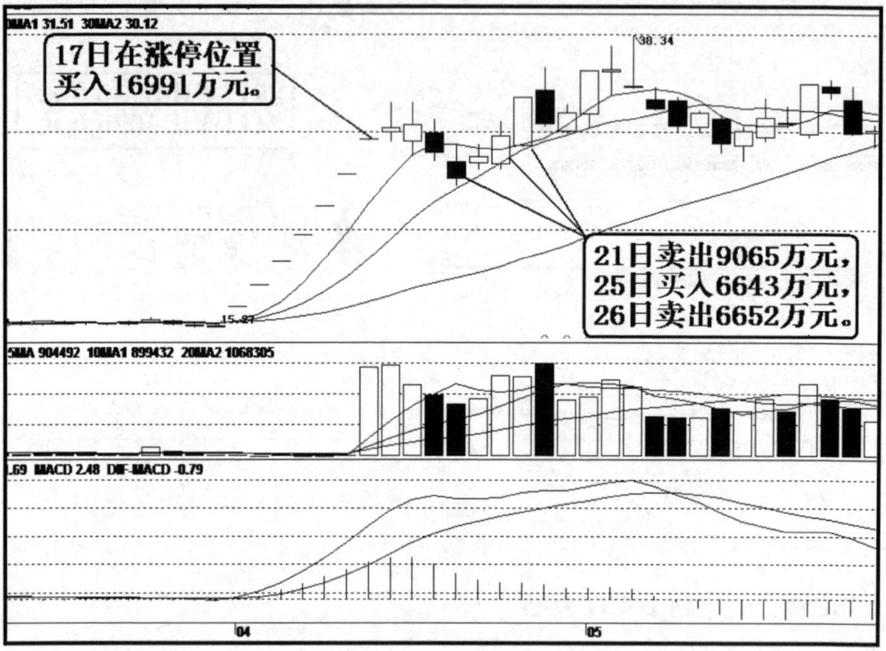

图 3-2

战报三：抓住龙头猛加仓

图 3-3，汉中精机（002158）：2017 年 4 月 28 日，该股凭借之前的股性和市场认知度，超越了前一个交易日以一字缩量涨停的地热龙头股恒泰艾普（300157），而率先封死涨停，恒泰艾普当天未能回封，而汉钟精机龙头抢位成功。当日龙虎榜显示，溧阳路买入 5059 万元，席位排名买一，总量接近其余四个席位的总和。5 月 2 日，高开 7.12% 后，秒封涨停，当天龙虎榜显示，溧阳路为买一席位，加仓 5546 万元。

5 月 3 日，股价高开至 8.98%，经历短暂的波动再度封死涨停。当天早盘雄安概念分化严重，午后雄安概念出现跌停潮，多只封于涨停板的雄安概念股开板回落较深，该股午后放量，尾盘涨停被砸开。从龙虎榜显示，溧阳路买入 7182 万元，同时卖出 5479 万元，操作大概是早盘主封涨停，午后见势头不妙，出现小幅减仓，至此溧阳路累计获利 1500 多万元，手中还持有将近 1.4 亿的筹码。而从这几天龙虎榜来看，盘中溧阳路所持有的筹码将近 2 个亿，接近该股 2% 的流通盘。在 5 月 4 日放出历史天量，5 月 5 日低开 5.10% 后低走，收盘接近跌停。但当天没有龙虎榜显示，此时溧阳路是走是留，给市场留下无尽的想象。若按最高最低卖出推测，最多可赚 2300 万元，至少也能赚 1000 万元。

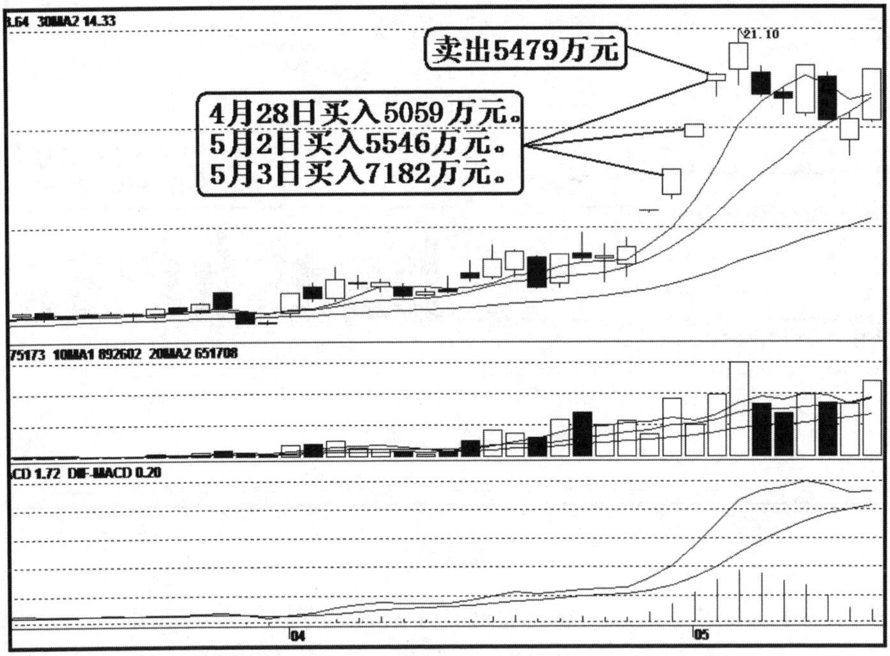

图 3－3

战报四：激战猛烈仍迷离

图 3－4，韩建河山（603616）：2017 年 5 月 2 日，该股 10 点后快速拉高，缩量涨停。次日高开 5.76% 后震荡走高，封住二连板，但由于受到其余雄安股整体回调大跌影响，午后该股涨停被砸开，收盘涨 7.8%。5 月 3 日的龙虎榜显示，当天溧阳路买入 6152 万元，连续三日龙虎榜显示溧阳路共买入 9016 万元，故反推 5 月 2 日溧阳路买入 2864 多万元。

5 月 4 日，该股高开 6.54% 后，秒封涨停。5 月 5 日，再度高开 6.13%，在10点左右封涨停板被砸开，之后被资金一路砸落，当天下跌4.9%收盘。追涨停者当天浮亏10多个点，在龙虎榜显示，溧阳路买入4712万元，同时卖出3855万元。由于没有5月4日龙虎榜数据，溧阳路后续持仓和盈利情况较难推测。

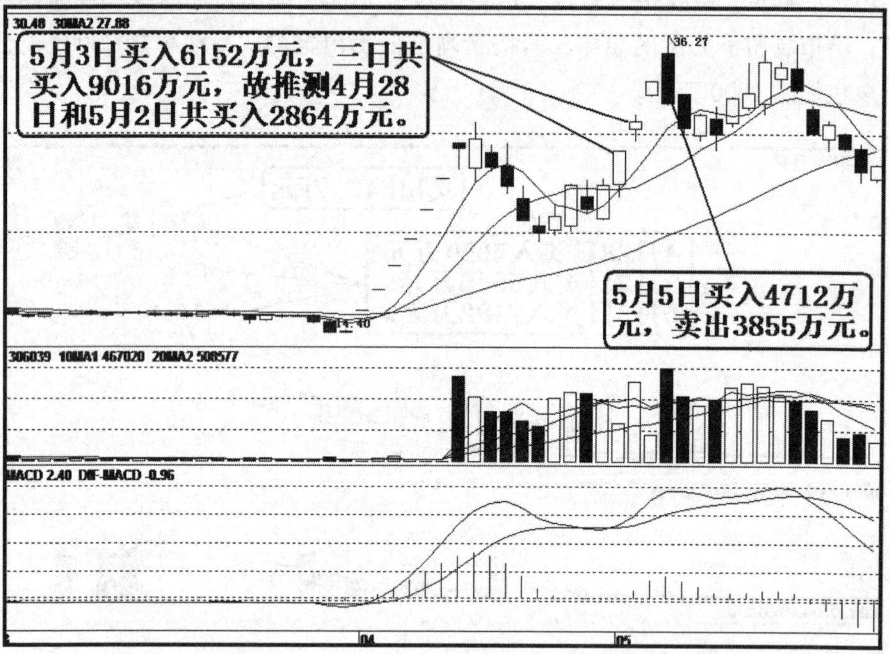

图3-4

上述中信证券上海溧阳路营业部在这四场雄安战役中，动用资金数额超过亿元，可谓波澜壮阔，大刀阔斧。他们操作方式留下很多值得思考的问题：

（1）个股选择上，都是远离五日均线，连续涨停后买入，也就是参与主升浪的个股。保变电气（4、5、6板）、先河环保（7板）、汉钟精机（2、3、4板）、韩建河山（1、2、4板），韩建河山的首板之前3天内有2次封板动作。

（2）在操作手法上，除先河环保排板买入过亿筹码，其余3股均为连续涨停加仓，累计资金过亿。这种连板加仓是无比凶悍的操作手法，在超短线游资中是非常罕见的，其中多数是隔日或者连板锁仓。这些龙虎榜席位，不仅仅只显示资金流动，更深刻的是表现出他们数年或数十年在市场上摸爬滚打的看家本领，独门秘籍。

第二节 艰难历险——深圳金田路

2017 年 4 月的雄安，成为各路游资狂欢的乐园——古北路大杀四方、淮海中路来去自如、季华六路缔造硬板等。可是千年大计，几家欢喜几家愁。这里，给大家透露一下曾经有过强者风范的光大证券深圳金田路营业部，他们在雄安板块个股上到底经历了什么？

历险一：五板接手被砸盘

图 3－5，数字政通（300075）：2017 年 4 月 11 日，该股冲击五连板，金田路出手买入 2985 万元。当天下午河钢股份（000709）冲击六板失败，对市场情绪有一定影响，从而导致该股尾盘未能封回涨停。次日以低开 5.29% 开盘，同日华夏幸福（600340）跳空 8.12% 高开后直冲涨停，但遗憾的是不到 2 分钟炸板，从而使数字政通盘中触及跌停，之后盘中有所反弹，但尾盘仍封死跌停。这天金田路卖出 2781 万元，大概亏损 200 多万元（－7%）。

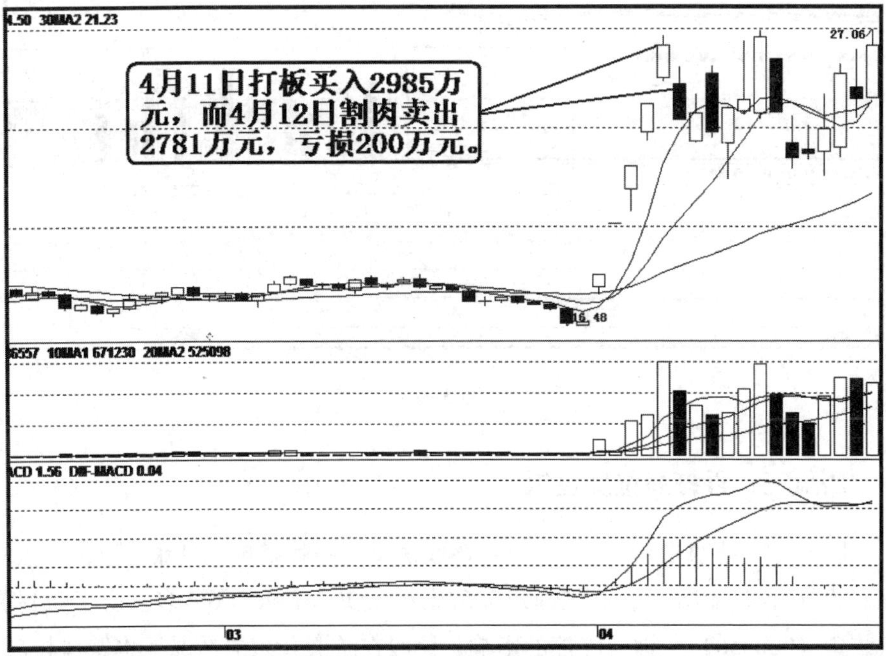

图 3－5

历险二：高位反包赌龙头

图3－6，青龙管业（002457）：2017年4月13日，在雄安板块一线品种集体特停的情况下，该股低开4.56%后迅速翻红，10点30分回踩当日均价线后加速上涨，直接封至涨停，这天金田路果断出手买入4083万元。此时，该股7天6个涨停板（1次封板后被砸开）。当天下午雄安金融崛起，吸引大量资金。次日，该股高开4.54%，冲高至6个点后，迅速回落并翻绿盘，全天窄幅震荡，金田路卖出4088万元，扣除手续费后基本上没有赚钱，属于平盘退出的。

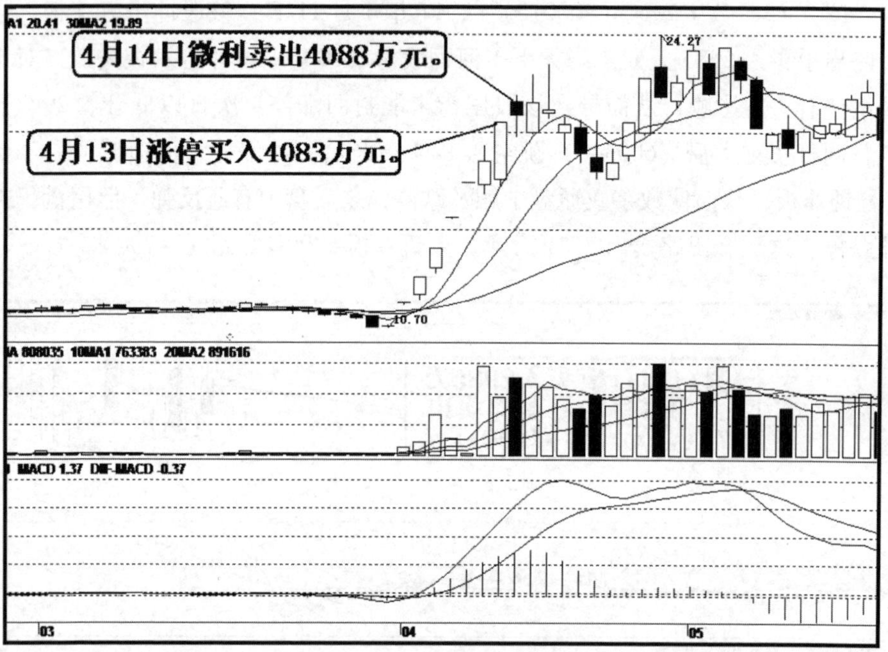

图3－6

历险三：再打高位反包板

图3－7，嘉寓股份（300117）：该股由于受停牌影响，只涨三板，涨幅较小。2017年4月18日，该股低开3.57%后，快速下杀至6%多，由于受到冀东装备（000856）一波拉涨停的影响，该股在游资介入的情况下也跟风拉起，并成功跟随封板，这天金田路打板买入4909万元。但雄安板块分化明显，很

多雄安概念股在水下徘徊，接近跌停。该股也是反复开板，尾盘未能再次封住涨停，当日收涨 7.14%。次日低开 4.84% 后，弱势震荡，盘中一度触及跌停。从龙虎榜来看，金田路卖出 4467 万元，合计亏损 9%，大概亏损 400 多万元。

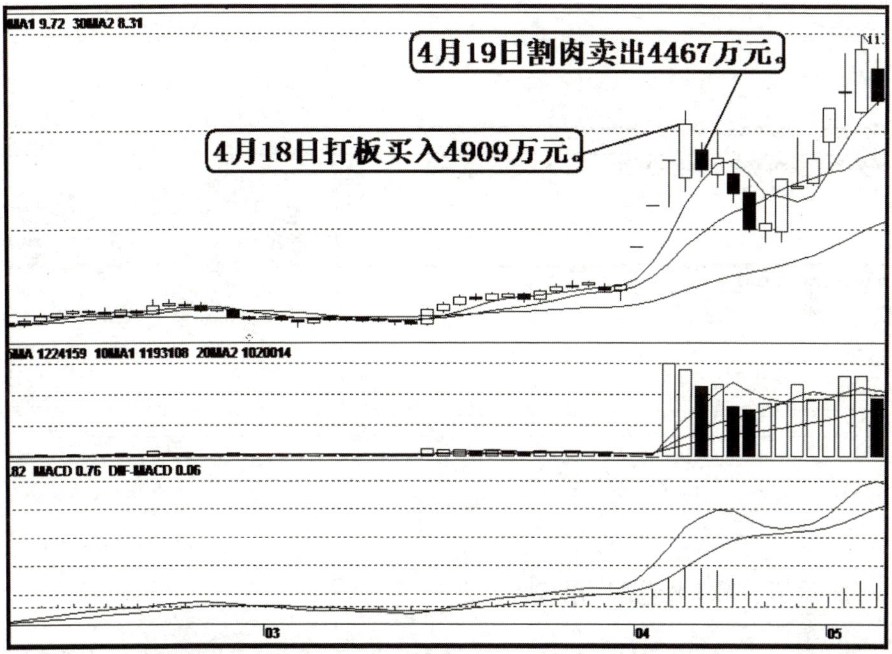

图 3-7

历险四：八板之上流星线

图 3-8，先河环保（300137）：2017 年 4 月 18 日，该股经历了连续 7 个一字涨停后，开板放量震荡，小幅高开后逐波上涨。受到冀东装备（000856）、嘉寓股份（300117）快速封板的影响，该股也冲击 8 连板，金田路打板买入 5002 万元。但随后涨停被砸开，当天仅小涨 2.9% 收盘，打板当天浮亏 7%。次日，该股低开 3.24% 后弱势震荡，午后被资金拉起翻红。从龙虎榜来看，金田路严格执行止损纪律，最终卖出 4484 万元，合计亏损 10%，大概亏损 500 多万元。

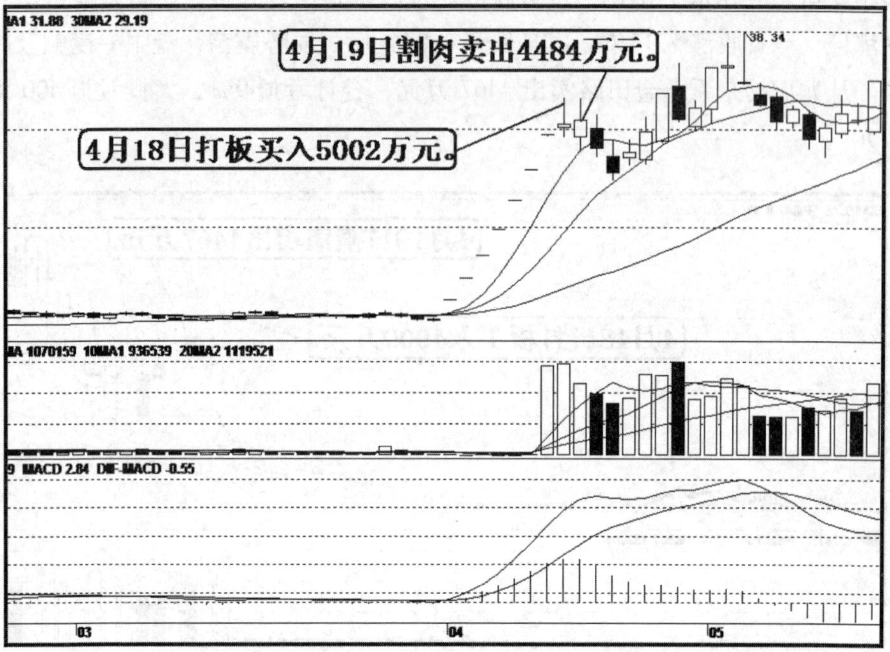

图 3－8

历险五：跌停跑路现酸楚

图 3－9，保变电气（600550）：2017 年 4 月 12 日，该股遭集体特停，19 日复盘后一字无量跌停，20 日早盘秒开放量，随后再度封死跌停。从龙虎榜显示，金田路在 20 日卖出 4078 万元，再结合该股之前龙虎榜数据推测，金田路进场时机在 10 日、11 日、12 日均有可能，但卖出位置比这 3 天的涨停价位还低，所以判断为亏损出局。

历险六：逮住雄安总龙头

图 3－10，冀东装备（000856）：2017 年 4 月 28 日，金田路再度杀回雄安概念，而且这次直接追击总龙头冀东装备，打板买入 3668 万元。五一节过后，该股公告不停牌，让短炒得以延续。5 月 2 日，该股高开 7.04% 后震荡走高，午后缩量封死涨停，金田路当天买入 1607 万元，同时卖出 3829 万元（昨日底仓出局），获利 4% 左右，大约 160 多万元。

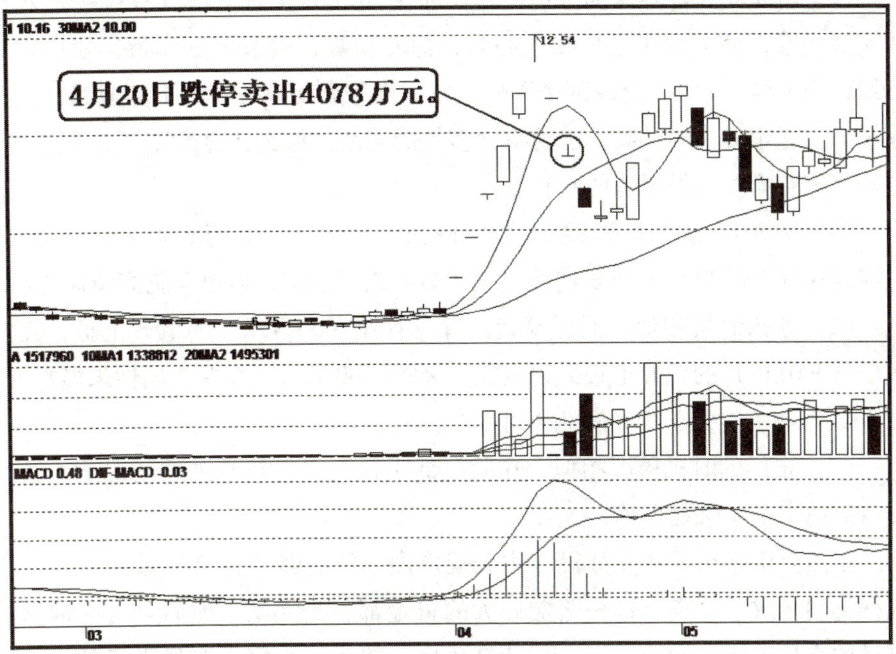
1 10.16 30MA2 10.00
12.54
4月20日跌停卖出4078万元。
6.75
A 1517960 10MA1 1338812 20MA2 1495301
MACD 0.48 DIF-MACD -0.03
03
04
05

图 3－9

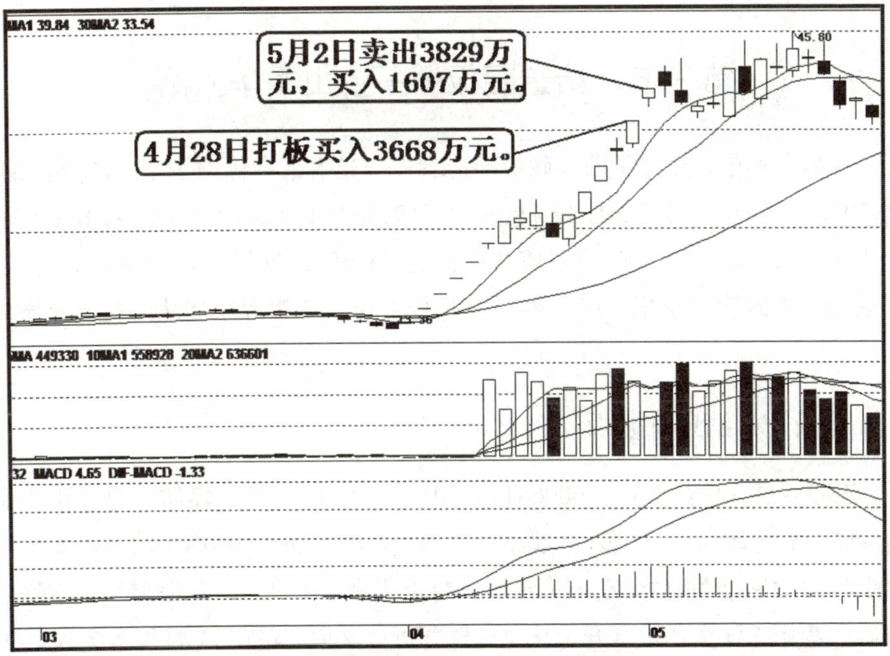
MA1 39.84 30MA2 33.54
5月2日卖出3829万元，买入1607万元。
4月28日打板买入3668万元。
45.80
MA 449330 10MA1 558928 20MA2 636601
32 MACD 4.65 DIF-MACD -1.33
03
04
05

图 3－10

以上就是光大证券深圳金田路营业部在2017年4月“雄安战役”所经历的实战场景，整个战斗过程扣人心弦，惊心动魄，遭遇尾盘炸板、硬板次日秒绿、当天浮亏7%、复牌两个跌停、割完肉午后暴拉等各种不测遭遇，连连失手，引起很多人的共鸣，也博得很多人的笑话。那么，金田路“雄安战役”留给大家有哪些值得思考的呢？

（1）敢于出击，速战速决。数字政通（300075）上博5板之后的加速、先河环保（300137）上博8连板，表明短线敢于出击，但也面临高位风险。

（2）杀入时机相似，低开高走。青龙管业（002457）的低开上板，嘉寓股份（300117）的低开上板，以及冀东装备（000856）总龙头属性未能低开，在K线形态上类似于青龙管业4月13日的情形。

（3）出局的时机极度相似，在股票低于预期或者是亏损的情况下，会在开盘后前半个小时处理掉。

虽然金田路在“雄安战役”中表现惨烈，但能够“把交易做到极致”诠释得淋漓尽致。其实，每一路能做大的资金都不是无脑，他们只是更加坚持自己的交易策略。无论盈亏，从这个角度更体现了大家平时经常说的：单次交易无论盈亏，没有任何意义。

第三节　缔造硬板——佛山季华六路

A股市场中，奇迹不断，硬板缔造者——光大证券佛山季华六路营业部，在2017年4月12日至5月12日，一个月时间共上龙虎榜20次，操作涨停板个股15只，次日高开13只，成功率高达86.6%，这样的成功率让人惊叹。通过龙虎榜解读“季华六路”的个股打板诀窍，希望大家能从中找到灵感和启发。

造板一：消息刺激板

图3-11，珠江实业（600684）：2017年4月11日，媒体报道称中央研究制定粤港澳大湾区发展规划，该股在珠海港（000507）、塔牌集团（002233）快速封板的带动下，也快速封于涨停。次日这三只股票均一字涨停开盘，盘中珠江实业被砸开。从龙虎榜分析，季华六路在11日打板买入2998万元，12日破板后卖出3198万元，合计盈利200万元（约6.67%）。

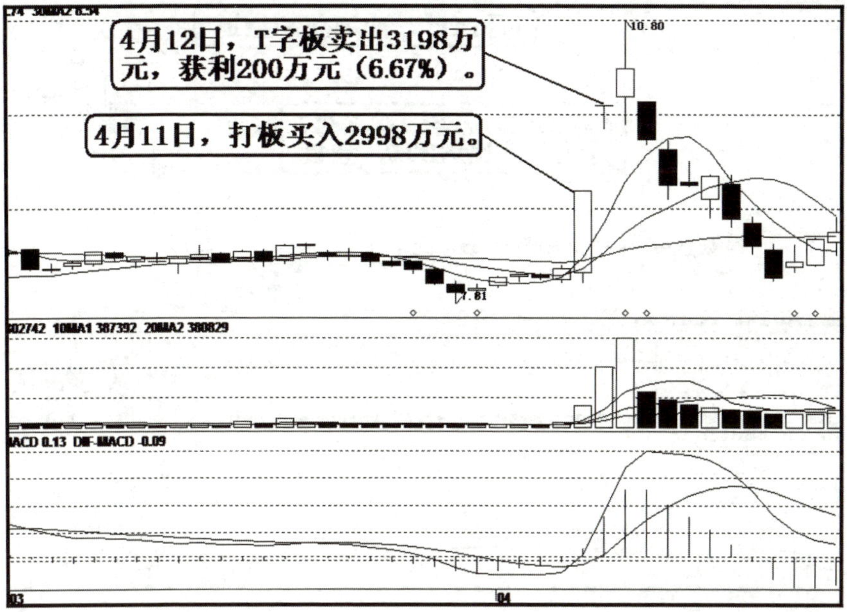

图 3-11

造板二：强势反包板

图 3-12，华斯股份（002494）：2017 年 4 月 12 日，“雄安新区概念股”遭遇集体特停潮，次日多股低开后快速反包封板。该股和庞大集团（601258）最快封于涨停，同时环保分支板块中的清新环境（002573）、雪迪龙（002658）、万邦达（300055）等多股也封板。当天龙虎榜显示，季华六路兵分三路，华斯股份买入 7347 万元，几乎独食，占比 20%；清新环境买入 5187 万元；万邦达买入 3349 万元。而这三只股票在 14 日没有连板，也无龙虎榜。根据季华六路一日游的操作习惯，这三只个股均能获利出逃，华斯股份最高获利 8%、清新环境最高获利 7%、万邦达最高获利 3%。

造板三：超跌反弹板

图 3-13，新宏泽（002836）：该股前期长时间处于调整走势，股价严重超跌，2017 年 4 月 26 日开盘后快速拉高封板，在当日龙虎榜中，季华六路买入 3242 万元，次日卖出 3399 万元，隔日获利 157 万元（4.8%）。

此外，还有新华都（002264），股价下跌严重，2017 年 4 月 20 日受云南

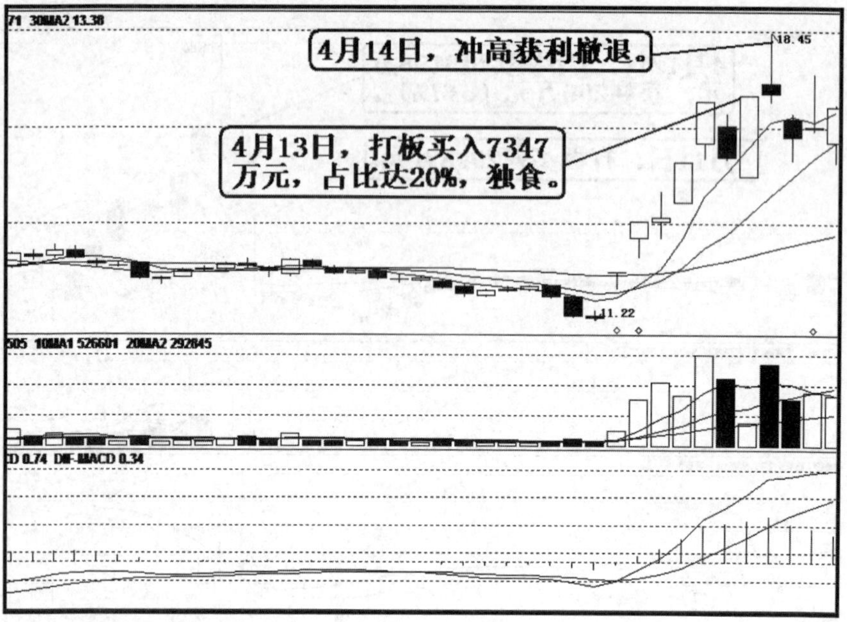

图3－12

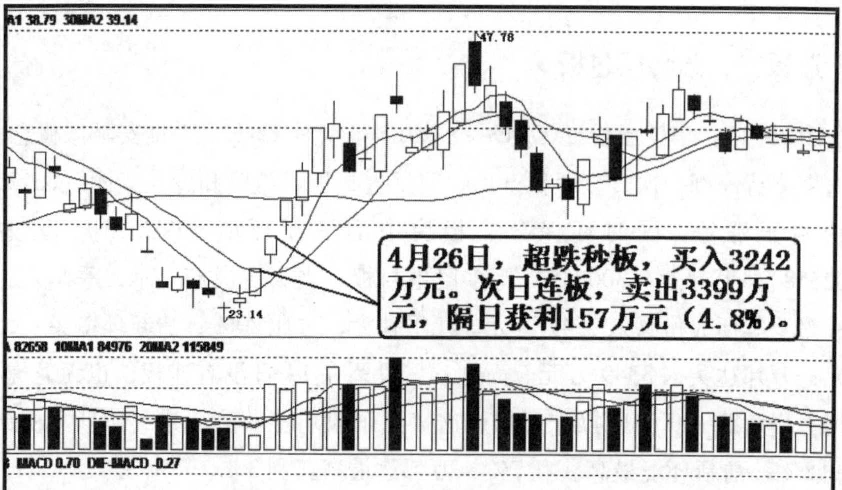

图3－13

白药（000538）混改消息刺激，开盘后快速拉高封板。当天龙虎榜显示，季华六路主买1203万元，几乎独食，占比30%。次日股价高开8.20%，季华六路获利走人。

造板四：失利一字板

图3－14，科林电气（603050）：该股2017年4月14日上市后，连拉13个一字涨停，然后开板震荡。5月8日，该股集合竞价被资金封住涨停板，但在连续交易开始后不到5分钟涨停板被砸开，尾盘继续走低，当日下跌5.6%，打板者浮亏14个点。当天龙虎榜显示，季华六路买入2086万元。该股次日低开4.90%后向上走高，盘中最高冲至5%多，当日龙虎榜中，季华六路卖出1801万元，这次交易亏损285万元（－13.6%）。

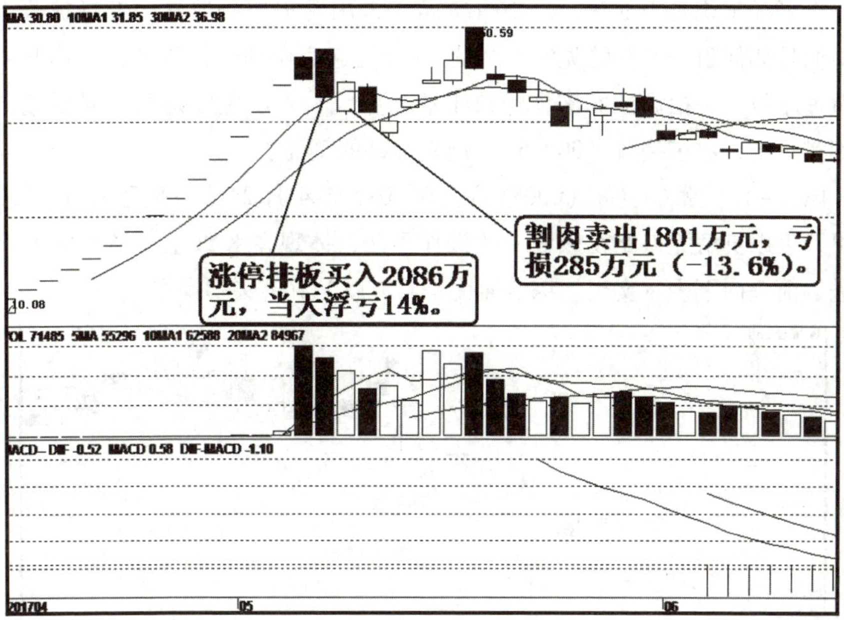

图3－14

以上是光大证券佛山季华六路营业部在实战中的一些片段。总体而言，该营业部向来是巨资造硬板，第二天稳妥吃肉，其成功率超过85%，操作了一笔模式之外的个股，在科林电气堵一字涨停失利。若能跟上季华六路同时买入的，盈利稳拿，当然也要跑得快，而且龙虎榜是迟来的信息，次日再接，有可能就是高点。季华六路留给大家的思考：

（1）操盘手法，典型的“一日游”操作风格，只做隔日，做对吃肉，做错止损。

（2）个股选择，季华六路大多在早盘或盘中突发消息下迅速出击，基本上属于几分钟就封板，很多打板者来不及反应。加上佛山游资雄厚，往往巨单封死，再无上车机会，多以独食为主。

（3）在科林电气操作中，相对之前大多数个股来说，这笔有点另类，早盘集合缩量堵一字涨停，后被巨单砸开，算是模式之外的操作，让季华六路亏了十多个点。

第四节　狙击龙头——深圳蛇口路

大家经常说龙头战法，多数游资席位采用龙头战法追涨或者打板等，那么他们是如何狙击龙头的呢？一个从 10 万元起家做到上亿资产，自称非主流的游资席位——招商证券深圳蛇口工业七路，其手法主要是龙头股低吸，具体到实盘中，冀东装备（000856）便是最好的例证。

图 3－15，冀东装备（000856）：在 2017 年 4 月 24 日—5 月 12 日这段时间里，可以拆解蛇口路在该股中的操作手法，体现在 K 线上，箭头向上表示买进，箭头向下表示卖出。综合简化来看，就是五笔买卖操作。

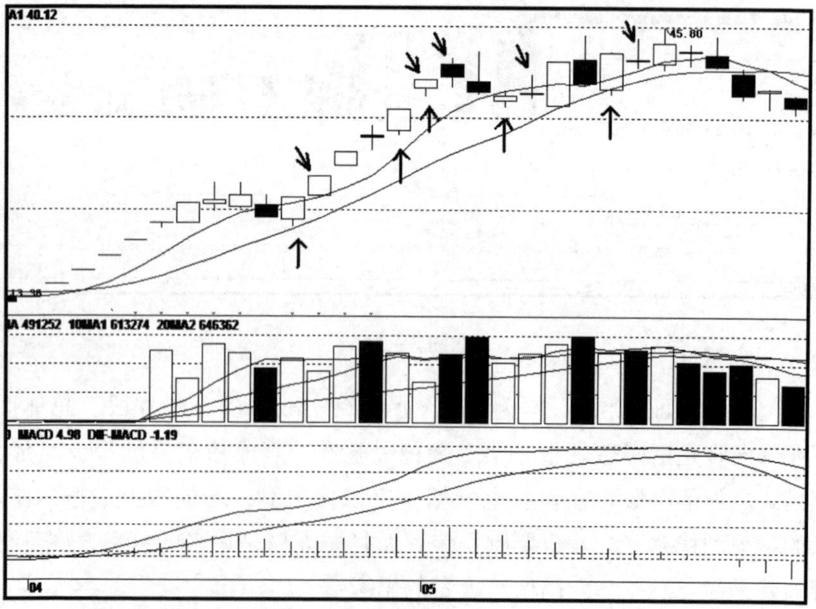

图 3－15

狙击一：上首板　二板卖

4 月 24 日，该股尾盘上板封盘。据龙虎榜显示，蛇口路为买三，买入 2405 万元。当天有一笔 550 万股的大宗交易，1.37 亿。25 日，该股封二板。蛇口路卖出 2636 万元，可见该笔交易获利 231 万元（9.6%）。反推 24 日的交易，其极大概率为打板买入，次日涨停卖出。

狙击二：上四板　五板出

4 月 28 日，该股在经历 27 日尾盘开板后，依旧高开，午后封板。据龙虎榜显示，蛇口路为买二，买入 4715 万元。五一节过后，该股延续强势，高开 7.04%，午后封死涨停。这天蛇口路买入 3719 万元，同时卖出 4870 万元。反推这两天交易，该笔明面上只赚取了 155 万元，但根据盘面走势，打板买入最低也能赚 4%，盈利近 200 万元，推测该席位留了部分筹码。

狙击三：五板买　次日卖

5 月 3 日，该股出现高位震荡，盘中最高摸至 6%，振幅超过 9%。当天龙虎榜显示，蛇口路出现在卖二，卖出 3814 万元，同时买入 1131 万元。结合 5 月 2 日买入 3719 万元，该笔操作获利 95 万元（2.5%）。

5 月 5 日，该股高位调整第三天，收小阳线。据龙虎榜显示，买三席位为蛇口路，买入 2517 万元。第二个交易日（8 日），该股早盘快速冲高至 7%，盘中震荡走低，以星线收盘。这天蛇口路卖出 2694 万元，合计该笔交易获利 177 万元（7%）。

狙击四：封尾盘　难如愿

5 月 11 日，该股午后发力，尾盘冲击涨停，但最后未能封死涨停。当日龙虎榜显示，蛇口路为买一，买入 4328 万元。次日，股价低开 1.89% 后震荡，午后冲高回落，当日蛇口路卖出 4434 万元。该笔交易合计获利 106 万元（2.4%）。

以上是招商证券深圳蛇口路营业部在冀东装备上的公开操作记录，5 次出击，全部盈利，累计盈利 760 多万元（实际应该更多）。从这几笔操作上，给大家提出几个思考方向：

（1）敢于参与龙头股。第一波“雄安概念股”炒作时，蛇口路没有参与，第二波直接做总龙头——冀东装备。上首板，二板卖；四板上，五板出；五板买，次日卖；首次破五日均线买入，次日冲高卖出；尾盘封板失败，次日冲高卖。可能很多人会说，这样的操作不完美，不够精彩。但在5次买卖中，其胜率是100%，这点来看只要敢于参与龙头股，不想赚钱都难。

（2）仓位管理与心态。从最开始的2000多万元，到后来的4000多万元，是逐步加大的过程，也是信心不断增强的过程。细看龙虎榜记录，在该股上一直保持着200万元左右的底仓。保留盈利的底仓，对信心也会强化，同时也保留自己对该股的持续关注。

第五节　生死沉浮——上海古北路

前面对典型的游资席位就个股买卖交易风格和盈利情况进行解析，这里再给大家透露一下当下市场顶级游资——中信证券上海古北路营业部的操作历程。古北路是最活跃的著名游资之一，其一举一动都有标杆性的效应，是龙虎榜爱好者无法忽视的重要力量。这里筛选古北路操作过的几个重要个股，分几个阶段来探讨其选股思路，希望给天天看盘的朋友一些启发。

第一阶段：首战巨亏

2017年4月5日—4月21日，回顾这个时间段的“雄安概念股”的炒作，从板块指数走势来看，就是暴涨暴跌。古北路先后进出过6只个股，小赢大亏，尤其重仓介入的华夏幸福，亏损达6000万元以上。那么，这一阶段中古北路是怎样操作的呢？

4月7日，买入宝硕股份（600155）4324万元，隔日卖出4691万元，获利367万元（8.4%）。

4月10日，买入津滨发展（000897）3165万元，隔日卖出3427万元，获利262万元（8.2%）。

4月14日，买入金洲管道（002443）6889万元，次日开始股价连续大跌，卖出情况没有龙虎榜数据，大概率亏损。

4月18日，买入栖霞建设（600533）7530万元，次日开始股价进入中期调整，卖出情况不详，大概率亏损。

4月20日，买入冀东装备（000856）1736万元，次日低开跌停，割肉卖出 1633 万元，亏损 103 万元（-5.9%）。

图 3-16，华夏幸福（600340）：4 月 12 日，动用大资金买入 2.14 亿元，当天股价回落，仅微涨 1.11% 收盘，次日开始股价连续大跌，并进入中期弱势调整，卖出情况没有龙虎榜数据，大概率亏损在 6000 万元以上。

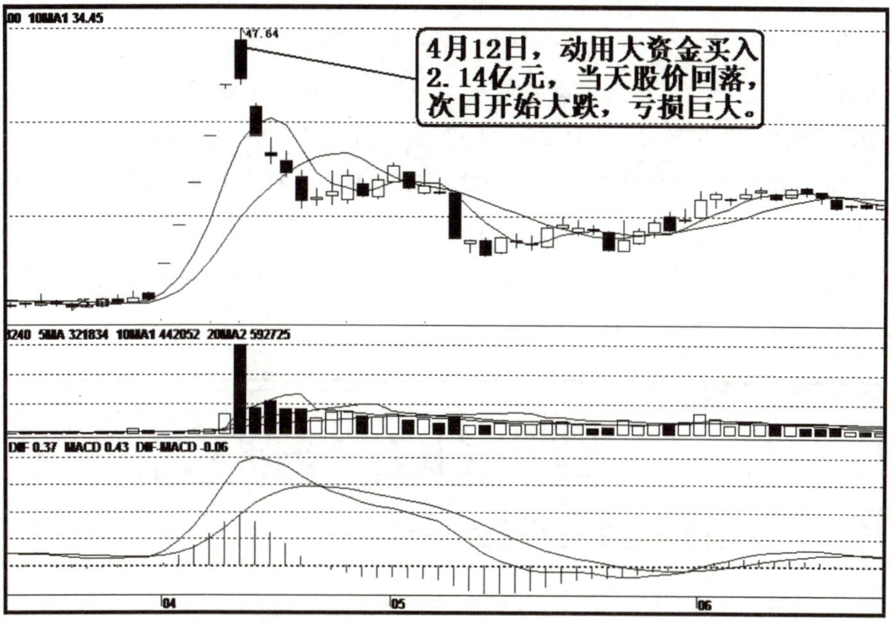

图 3-16

看完古北路的这些操作，用一句话总结就是：前几笔小赚，之后加大仓位，大亏！这一阶段的选股思路：主要是 10 点半之前的封板个股，而冀东装备这笔和之前的模式不一样，所以动用的资金较小。在雄安第一波炒作中小赢大亏的原因也有以下几方面：

（1）当时他们和散户一样，也无法买到当时最看好的股票（可能不想排一字板）。

（2）未能控制局面。

（3）没有抓住潜在的后来最强环保热点。

（4）最重要的是仓位管理不当：在宝硕股份、津滨发展、青龙管业这几个赚钱的股票，投入只有 4000 万元左右，而在华夏幸福投入达 2.1 亿多，这样就亏大了。所以，必须紧盯热点，控制仓位，及时纠错。

第二阶段：翻盘暴赚

2017 年 4 月 24 日—5 月 4 日，这个阶段主要是根据古北路卖出总龙头冀东装备（000856）来划分的。经过第一阶段大亏之后的古北路，在这一阶段快速翻身，出现许多成功的经典之作。

图 3－17，创业环保（600874）：第一波行情结束后，经过 3 个交易日的回调整理，4 月 19 日再次启动并封板，当日古北路买入 4922 万元，次日冲高没出，锁仓 3 个交易日。4 月 25 日再次启动并封板，古北路加仓 5116 万元，4 月 26 日再次买入 5200 万元，锁仓 2 个交易日。5 月 2 日再次涨停，此时股价从 12 元左右涨到 19 元，当天古北路卖出 8205 万元，仍有部分仓位后续在高位分批卖出，5 月 16 日卖出 1994 万元，5 月 17 日卖出 1891 万元，资金分步撤离，盈利在 50% 左右。

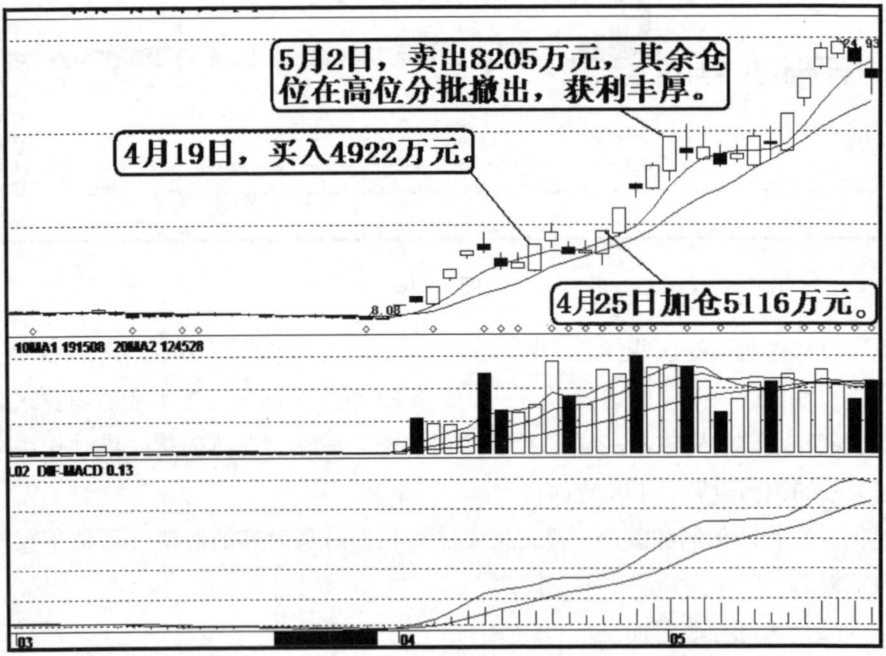

图 3－17

图 3－18，冀东装备（000856）：古北路在该股第二波行情中表现也相当出色，4 月 26 日出现三连板，古北路买入 4189 万元。次日盘中封板，尾市砸开，古北路这天加仓 4131 万元。锁仓 3 个交易日后，在 5 月 4 日股价冲高回

落时卖出 1.13 亿元，大赚 3000 万元（30%）。

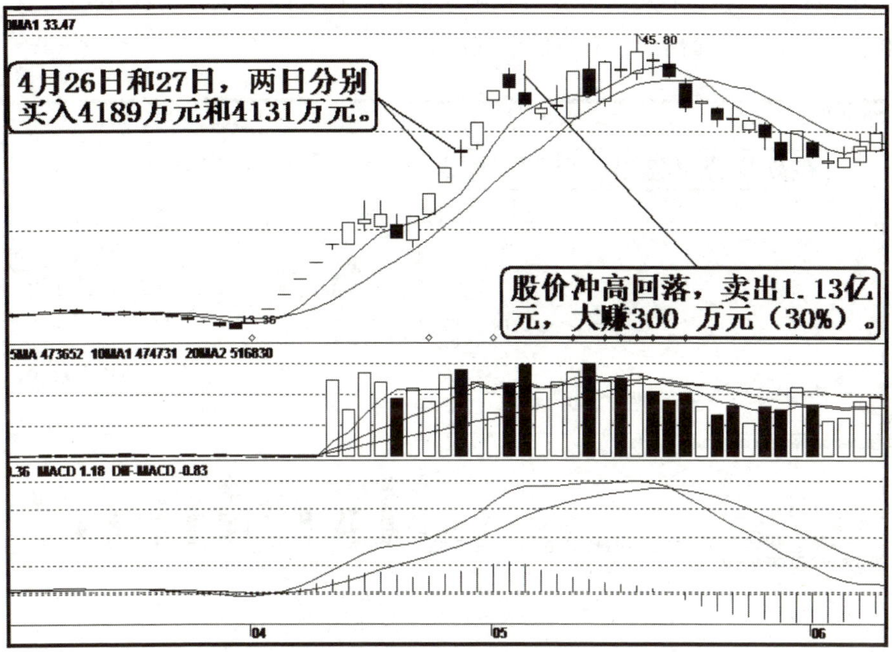

图 3-18

此外，在渤海股份（000605）操作中收获也不错，4 月 26 日买入 4430 万元，27 日加仓 3473 万元，4 月 28 日和 5 月 2 日合计卖出 8707 万元，获利 804 万元（10% 左右）。

除了上述几笔连续出击并加仓锁仓的华丽操作外，古北路先后还操作过韩建河山、汉钟精机、巨力索具、河北宣工、博深工具等。这段时间大赚小亏，其中创业环保、先河环保、冀东装备、博深工具共大赚一个亿以上，已成功扭亏为大赚。这波行情中选股的思路主要是雄安最热的环保分支板块中的龙头股，以及雄安总龙头冀东装备，操作风格还是以一日游为主，出手节点不再局限于早盘，所以盈利非常可观。

第三阶段：边打边撤

2017 年 5 月 5 日—6 月初，经历前两波行情后，“雄安概念股”的炒作变成了局部个股，没有了主线分支的联动，时不时爆出沾边雄安个股消息刺激，古北路有点修心养息的意味，资金投入也有所收敛。

图3－19，博深工具（002282）：在5月11日买入3671万元后，股价连封两个涨停，第三个交易日股价在高位震荡，古北路在高位分批撤出，获利颇丰，由于分批卖出而没有具体数据可查。

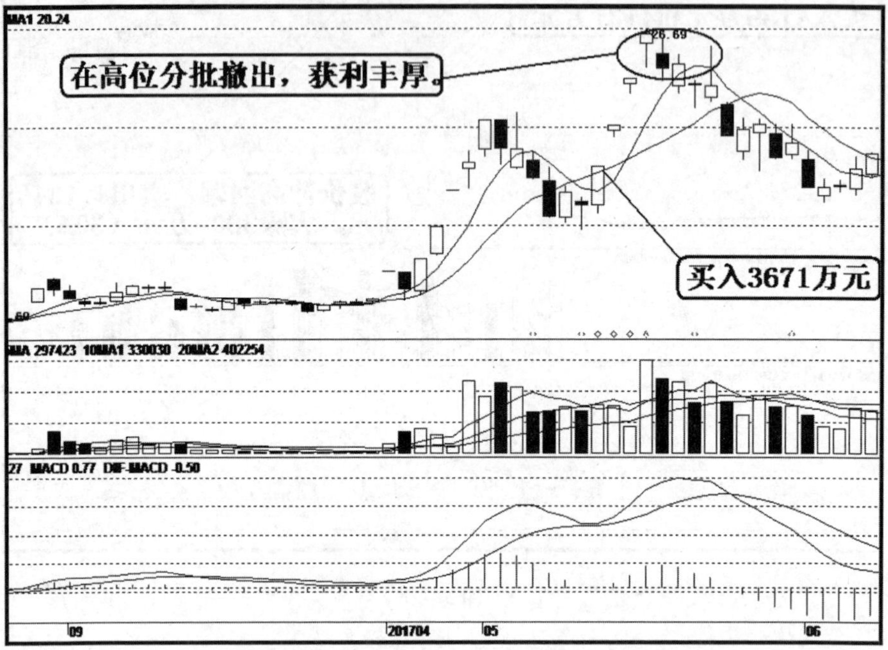

图3－19

在冀东装备（000856）中打平手退出，而在中环装备（300140）中则微亏离场。这一阶段明显感觉到古北路在“雄安概念股”上有休整迹象，开始渐渐减少仓位，利润明显没有第二阶段那么大，同时有转移到次新股的动作。

在复原古北路的操作历程时，人们会发现大盘在调整，雄安也在调整，而古北路为什么会大赚呢？总体而言，这一阶段的选股思路，依旧出击最强势的雄安龙头股。在雄安第二波炒作中大赢小亏的原因有以下几方面：

（1）弱市中抓最强热点。古北路等多家游资联合打造了冀东装备、韩建河山、博深工具等龙头股。这些股票的特点：流通盘小、业绩不太好、大多数人不看好（潜伏的人少），受政策利好驱动，成为弱势市场中的强势龙头股。

（2）抓最佳介入时点。在4月15日以后，古北路抓住“一带一路高峰会”机会，在高峰会之前，抓住国家队维稳的机会，炒作环保等题材。深度重仓介入的创业环保、先河环保、博天环境、渤海股份等，共大幅赢利8000万元以上。

（3）突破时买入。寻找最小阻力介入，比如，4 月 26 日、5 月 9 日两次大买冀东装备就是敢于在突破时重仓买入。

（4）一夜超短向来是古北路的强项，但在雄安第二波炒作中，几只股票持股时间明显变长。比如，创业环保 4 月 19 日买入 4900 万元，4 月 25 日买入 5100 万元，4 月 26 日再买入 5200 万元，5 月 2 日卖出 8200 万元，5 月 16 日卖出 1994 万元，5 月 17 日卖出 1891 万元，资金分步撤离。

（5）低吸而不是追板。从龙虎榜来看，古北路在这一阶段所有买入的股票都不是一字板（在雄安第一波炒作中，也没有介入一字板的个股，说明他们没有用通道和资金优势追板）。

第六节　旗舰游资——济南历山路

近一年来市场出现了非常凶悍的短庄、帮派资金，其席位屡屡出现在龙虎榜上。对于超短线者来说，这些帮派资金和席位也是重点关注的。尤其是山东帮旗舰游资席位——国海证券济南历山路营业部，其套路颇为独特，这里选取了五笔典型的交易，让大家窥探其操盘手法。

第一笔：顺丰控股——盈利

图 3 -20，顺丰控股（002352）：借壳上市的顺丰控股正式在 2017 年 2 月 24 日由鼎泰新材更名为顺丰控股，由此资金疯狂涌入，并打造出首富争夺噱头。当天历山路主封顺丰控股，买入金额 5521 万元。27 日再度主导，买入 7894 万元，卖出部分底仓 4976 万元。28 日开始减仓，买入 2672 万元，卖出 7307 万元。3 月 1 日股价一字涨停开盘，午后开板回落，历山路卖出 5366 万元，买入 4320 万元。

通过这几笔操作，历山路已经在该股累计盈利 1562 万元，手上持有 4320 万元仓位。3 月 2 日股价低开低走，综合 3 月 3 日龙虎榜，推测历山路在 2 日当天已经把手上的筹码全部兑现。至此，历山路在该股至少盈利 1000 多万元。

第二笔：特一药业——盈利

图 3 -21，特一药业（002728）：2017 年 3 月 15 日，拉出大长阳涨停，龙虎榜比较平均，市场关注度一般。16 日再度涨停，且无龙虎榜。17 日三连

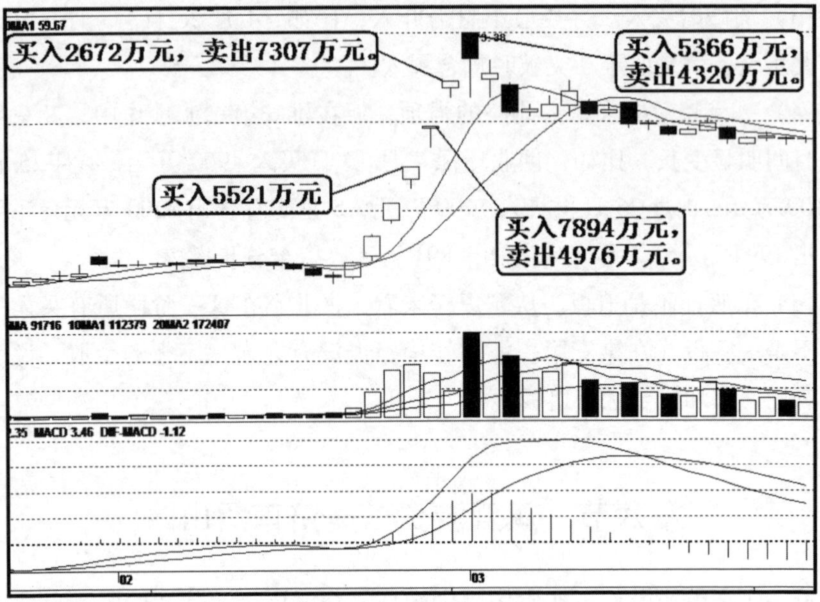

图 3－20

板，此时龙虎榜出现一些端倪。而历山路并没有出现其中，而是他们协同的两大席位名列其中，且金额不小，东方厦门仙岳路主买 5123 万元，华林拉萨察古大道买入 4477 万元。

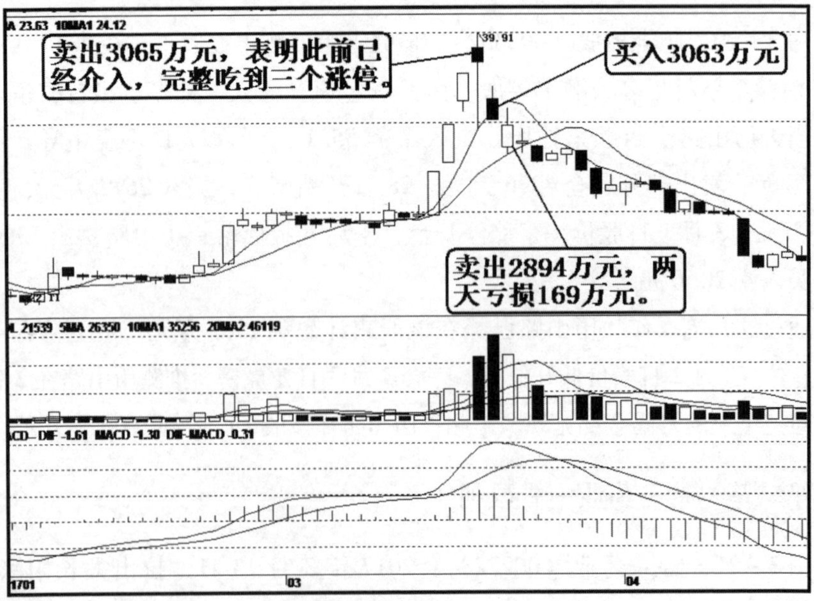

图 3－21

3 月 20 日，股价高开 4.40% 后，盘中出现大幅震荡，一度股价触及跌停，当天振幅高达 17%。据龙虎榜显示，历山路卖出 3065 万元。结合之前的龙虎榜情况，历山路完整吃到了之前三个板。21 日股价低开跌停，盘中多次打开。从龙虎榜显示，历山路买入 3063 万元。22 日低开巨震，振幅 8%，当天历山路卖出 2894 万元，合计亏损 169 万元（-5.5%）。综合一系列数据分析，历山路在该股至少盈利 300 万~500 万元。

第三笔：嘉澳环保——亏损

图 3-22，嘉澳环保（603822）：4 月 6 日，该股出现两连板，据龙虎榜显示，历山路主封，买入 5078 万元。7 日股价三连板，两个交易日历山路共买入 6324 万元，也就是说 7 日当天历山路加仓 1246 万元。12 日股价探底回升，再封涨停，历山路锁仓未动。13 日该股低开跌停，在龙虎榜中历山路买入 6097 万元，卖出 6105 万元。之后，再次出现两个跌停。在 17 日的三日龙虎榜中，历山路卖出 6286 万元。

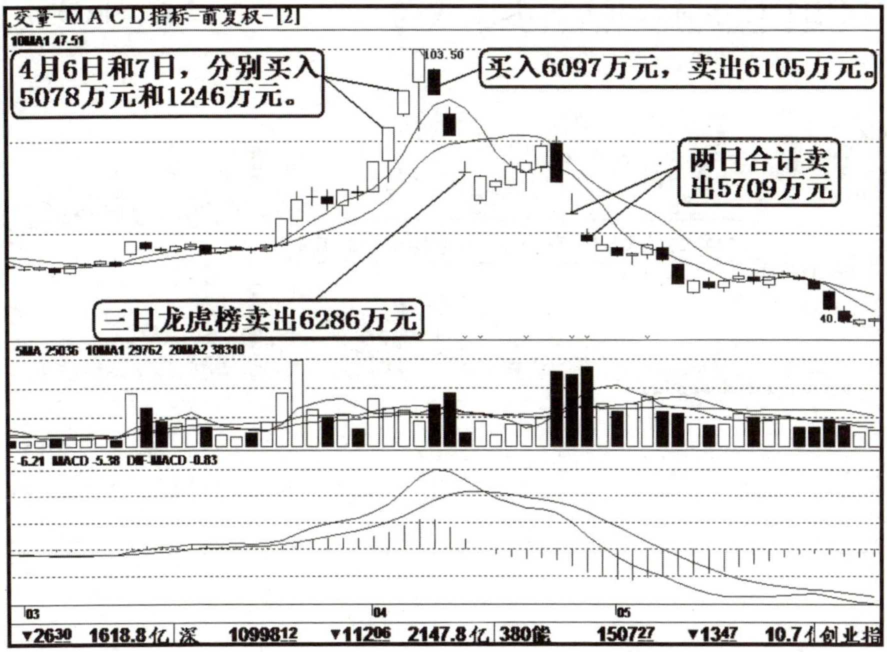

图 3-22

4 月 25 日，股价又是跌停，26 日再度跌停，在二日的龙虎榜显示中，历山路卖出 3096 万元。27 日低开低走，历山路再度卖出 2613 万元。至此，历山路完成了在该股的操作。综合以上分析，历山路买卖金额合计亏损 426 万元。

第四笔：时代万恒——亏损

图 3－23，时代万恒（600241）：5 月 18 日，该股拉出大阳线涨停，全天振幅 15%。当天龙虎榜中历山路和察古大道携手主攻，历山路买入 7136 万元，占当天买入量的 21.9%，察古大道买入 5872 万元，占比 18%，山东帮的两个席位合计将近 40%，属于主导性游资。19 日股价高开涨停，22 日股价出现巨震，盘中触及跌停，从龙虎榜显示分析两个席位锁仓。23 日、24 日连续出现两个跌停。在三日的龙虎榜显示，历山路卖出 6544 万元，亏损 592 万元（负 8%）。

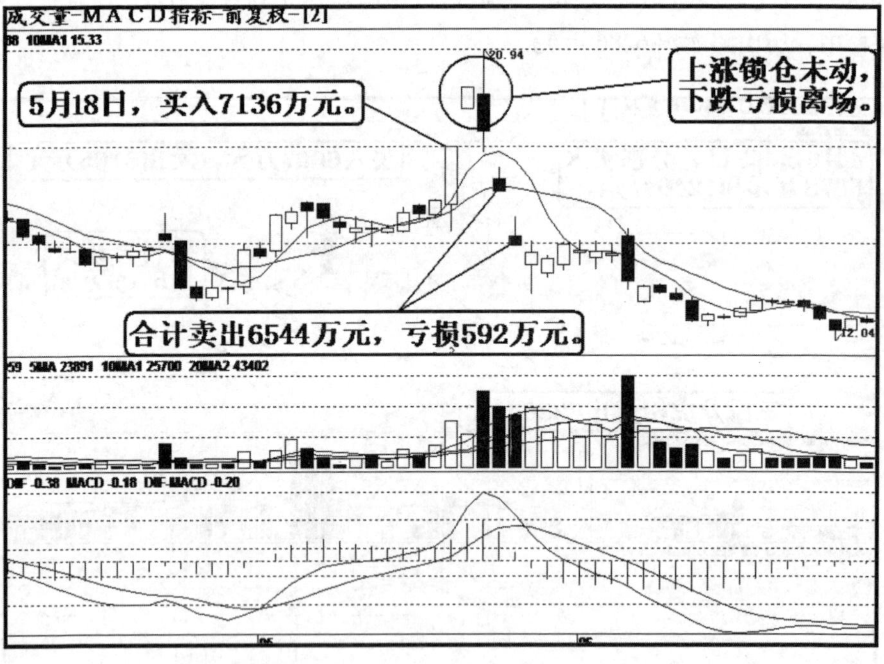

图 3－23

第五笔：中交地产——持平

图 3－24，中交地产（000736）：2017 年 4 月 27 日，该股尾盘封板，在

龙虎榜中历山路买入5841万元，协同席位华林拉萨察古大道携手买入5504万元。28日，股价高开，再度涨停。5月2日，股价高开4.97%后，出现大幅震荡，振幅达到15%，盘中触及涨停，此时察古大道出货520万元，历山路锁仓。而在5月5日股价出现跌停，已经跌到27日涨停的起涨位置附近。从龙虎榜显示，历山路出货6933万元，察古大道出货5537万元。说明历山路在该股之前就有底仓，但在高位没有选择获利走人，而是在回落跌破后清仓，所以推测为是平盘走。

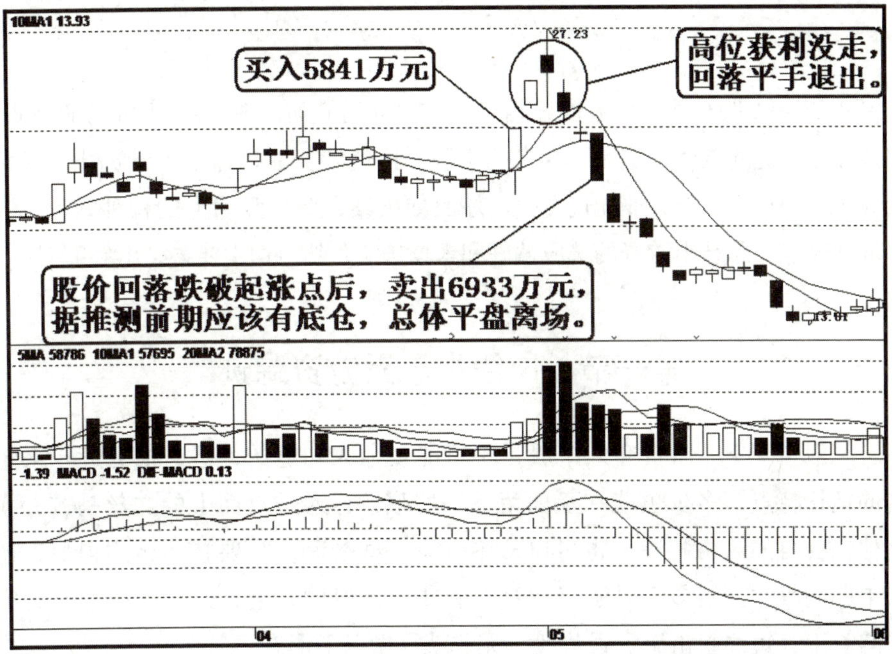

图3－24

这些是国海证券济南历山路操作的五笔交易，也给大家带来不少启示：

（1）个股偏冷门，用连续拉涨停板的手法，快速吸引市场关注；出货时连续跌停，不计成本，意志坚决，非常凌厉。

（2）集体作战，除了国海证券济南历山路为旗舰游资席位外，还有众多关联协同席位，策应拉升封板，也会在跌停位置反复打开，吸引抄底资金。

（3）席位从张家港行（002839）后逐渐兴起，首次出现在龙虎榜上有溢价，但后来即使山东帮锁仓，市场接力意愿也变得越来越弱。

第四章 >>> 实盘游资跟踪技巧

近年来A股行情，主流资金相对稳定，而游资则发挥了灵活机动的特点，兴风作浪，此起彼伏，炮制了众多的牛股。虽然游资在操盘上不动如山，动则疾如风、掠如火，但并非无迹可寻。炒股如破案，要从盘面上的种种蛛丝马迹中寻找疑点，总结出游资的选股偏好和入场迹象，然后切中要害，出剑下刀。

第一节 K线中暴露游资踪迹

一般情况下，游资介入个股是不可能被他人知道的，但是根据近年来游资的运作特点，多少也能在盘面留下一些痕迹，通过盘面上的蛛丝马迹，找到他们各自的风格特点，也可以从中分享一些盈利，只要技巧运用得好，还有丰厚的收益。很多人对游资行踪有着非常浓厚的兴趣，这里系统地给大家透露一下，短线狙击游资强势股，无非就是做以下形态。

一、连板加速

从分歧到一致、由弱转强的分时加速形态，是游资最常见的盘面运作方式。比如，2017年7月的远望谷（002161）和新开普（300248），三连板的开立医疗（300633）。龙头是需要去追涨的，而不是低吸，游资喜欢做这种分时加速形态。

图4-1，远望谷（002161）：游资主力完成建仓计划后，伺机展开拉升。2017年7月4日午后，盘面开始出现从分歧到一致、由弱转强的分时加速形态，预示游资将展开拉升动作，是一个比较好的买入信号（见图4-2）。次日，股价高开7.57%后，出现秒拉涨停，攻势不可阻挡。第三日实现三连板，

第四日高位震荡，第五日触及涨停。游资拉升手法极为凶猛，获利也极为可观。

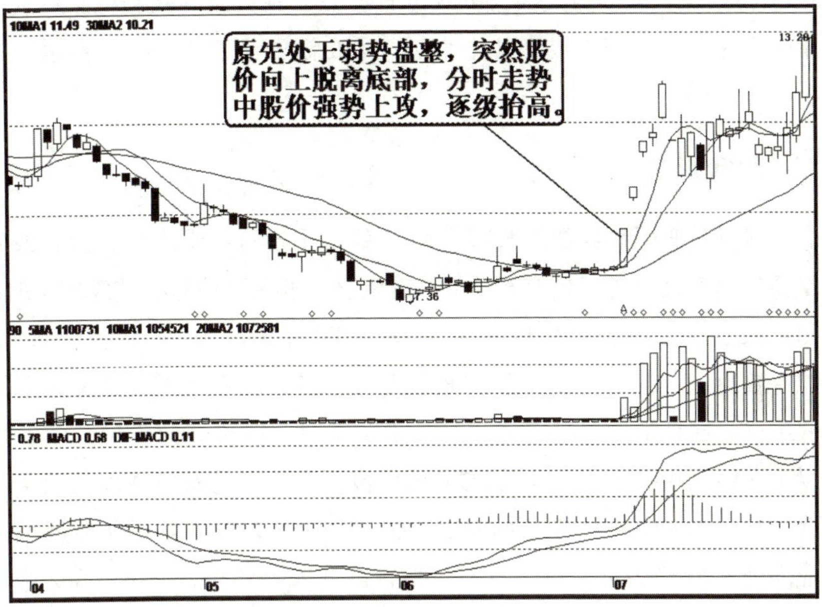

图 4－1

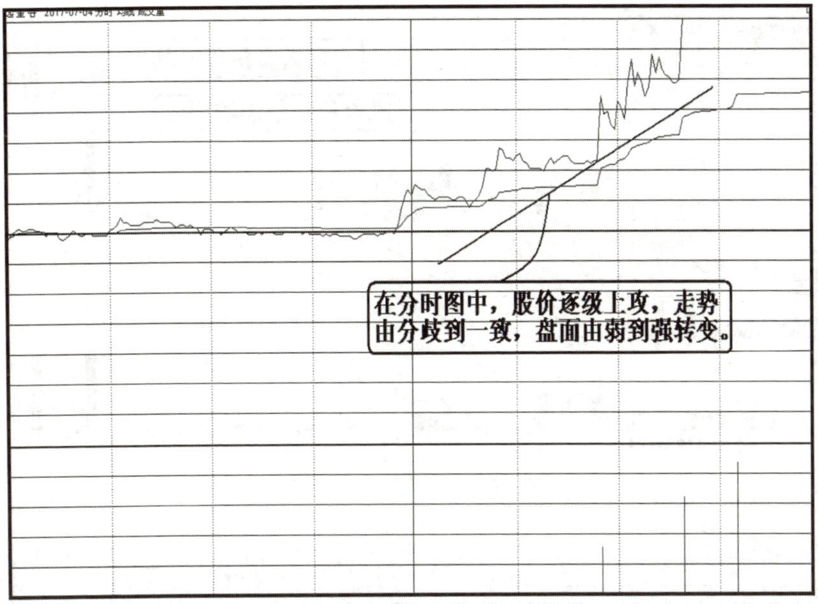

图 4－2

至于是否敢追，就要看你是否接受这个逻辑，做龙头股不是天天追涨，而是要做市场的“领导者”，“势”来了（“势”包括趋势和气势两方面内容），去把握“机”。多数人因为不敢追而失去了龙头股的获利机会，或者认为根本进不去，其实当天成交几十个亿，大户游资都能进去，为何散户进不去呢？

二、反包形态

做阳线反包假阴线或跌停K线。当K线上出现这些形态后，次日或随后几个交易日出现大阳线反包形态，就是游资介入的重要信号，其成功率较高。

图4－3，中信国安（000839）：2017年11月3日，股价以涨停价开盘，但没能有效封盘，打开封盘后股价渐渐走低，当天仅涨2.32%，K线形态中出现假阴线。次日维持弱势震荡一天。11月7日，股价高开3.61%后，震荡走高封于涨停，在技术形态上形成阳线反包假阴线，是游资强攻的信号。从龙虎榜看到，当天中信证券上海分公司主买17428万元，方正证券金华光南路营业部助攻6157万元。11月8日，股价高开2.24%后，一路走高，强势封板，“中信上海”卖出18984万元，获利1556万元，而“金华光南”卖出6278万元，获利121万元。

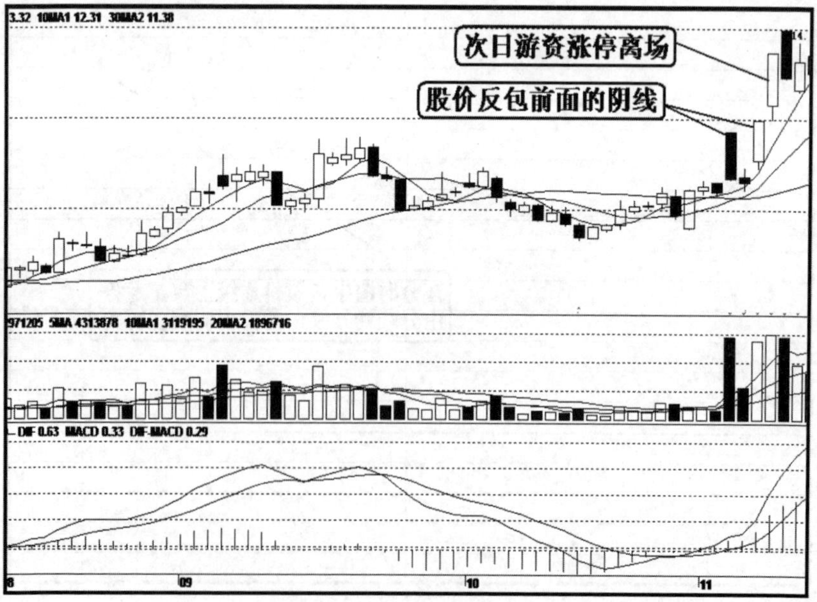

图4－3

图4－4，庞大集团（601258）：该股在2017年清明节过后，出现一字涨停，次日高开低走收假阴线。经过一天的洗盘换手后，4月10日股价小幅高开0.63%，盘中二波拉至涨停，全天封盘不动。在技术形态上形成阳线反包假阴线，这是游资强攻的一个重要信号。散户遇到这种盘面走势时，在当天股价即将封于涨停时挂单跟进。

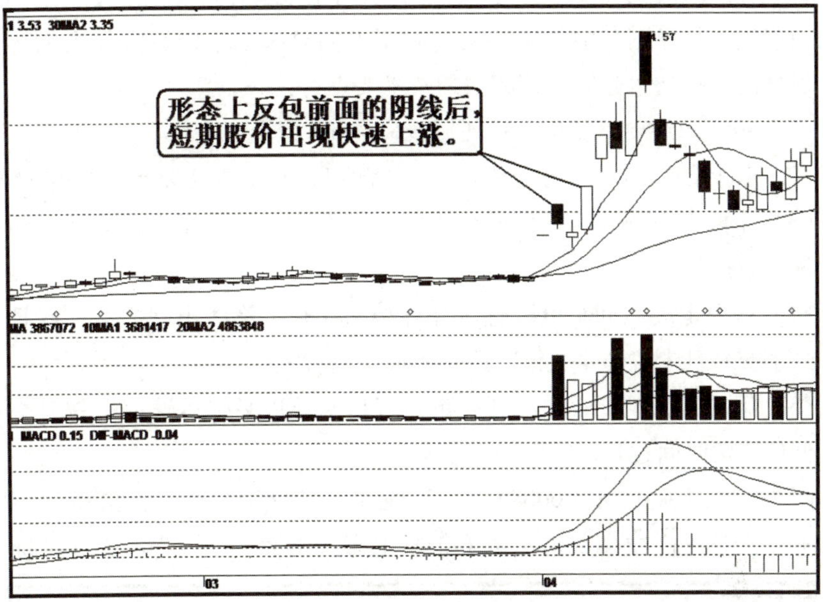

图4－4

反包形态基本上都是出现涨停板后，有大量资金进去，次日出现阴线被套，而这部分资金在阴线这一天可能被消化掉了，也有一部分利用资金优势强行扭转势头，从而实现自救。反包形态操作要点：

（1）个股一定要有市场认可的题材，以前没有炒作过的题材更好。

（2）股性一定要活跃，盘面走势流畅。

（3）前面的筹码不能太集中，若有大资金被套，谁敢去解放，谁就会被砸死。

（4）封单要比平时大，这样能稳住抛压盘，用气吞山河的涨停板来告诉大家：主力要拉升，持筹别跑！

（5）反包形态多数出现在市场不太好的时候，这样迅速拉升吸引眼球。

（6）很多时候市场也喜欢炒一种图形，如果近期有反包形态先例时，出现类似的反包形态的可能性较大。

三、杀回马枪

两骑交锋，一骑佯败，另一骑追，败者回头刺，追者猝不及防。在股市上，主力开始洗盘，涨停后拉出长上影K线，让散户纷纷出局，次日或一二个交易日后再度猛拉，让出局者猝不及防。

长上影线的形成，多数人会认为是上方巨大抛压所致。其实这不同于一般的上影线，是盘踞其中的主力资金利用人们对长上影线巨大压力的固有思维，做出的一种技术骗线。该战法的技术要点有：

（1）长上影线要够长度，一般影线应在3%以上。

（2）长上影应出现在股价上涨初级至中级阶段，前面至少要有一两个涨停板。

（3）个股有引领同类板块或者题材个股大幅上涨的能力，甚至推动指数上行的功效。

（4）能否走成“回马枪”连续涨停板，在长上影线出现之后，次日或随后一二个交易日走势非常关键，股价不应该出现大跌。

（5）第二天，股价必须高开高走，若是低开也必须迅速向上拉升，不可以在低位滞留时间过长。

图4－5，天业股份（600807）：该股在2017年11月3日出现“一字回封”后，次日股价冲高回落，留下带长上影线K线，而11月7日股价高开

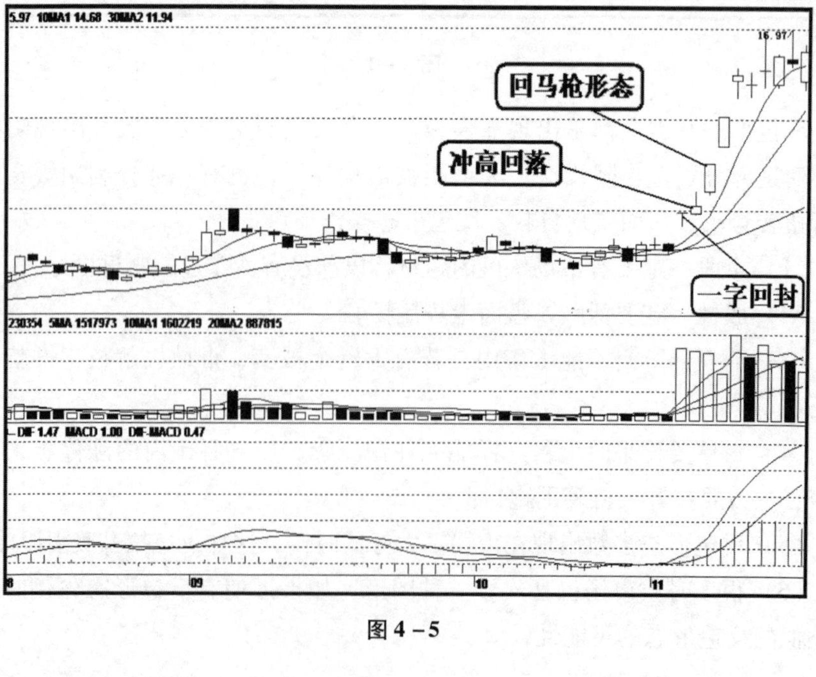

图4－5

3.35%后，快速封涨停，反包了前一日的长上影线，形成“仙人指路”反包形态（并非标准的“仙人指路”形态，要求覆盖长上影线即可），说明这天新的游资大举介入，在此后股价快速拉高时顺利撤退。

与该股走势相似的还有星帅尔（002860）2017年11月13日的走势，至纯科技（603690）2017年11月9日的走势，皮阿诺（002853）2017年9月5日的走势。

图4－6，至纯科技（603690）：该股在2017年11月8日冲高回落，形成长上影线K线，次日股价小幅高开0.95%后，股价震荡走高，午后封死涨停，一根涨停大阳线反包了前一日的长上影线。而且，这根大阳线还吃掉了先前在9月22日形成的长上影线，K线形态非常漂亮，有强烈的看涨意义，说明这天新的游资大举介入。如果看懂这种盘面形态，那么第二天的涨停就轻松地收于囊中。

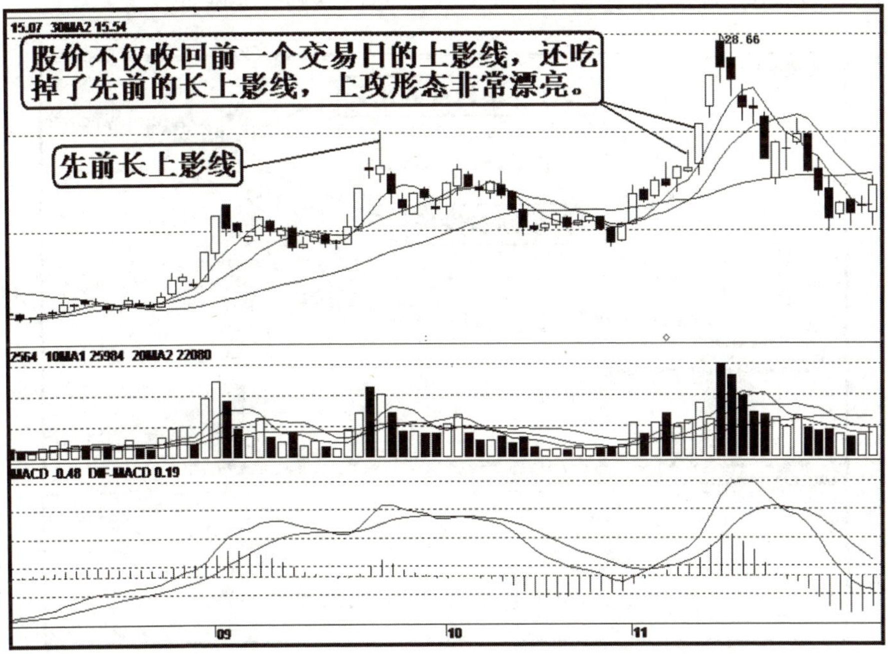

图4－6

同样具有“回马枪”形态的还有星帅尔（002860）2017年11月13日的走势，皮阿诺（002853）2017年9月5日的走势。

四、一字回封

这种形态就是股价以一字涨停开盘后，在盘中突然开板“放水”，或者遇到大盘或板块跳水而打开封盘，然后快速封回涨停，就形成一字回封板。这种涨停多数在次日会有一个冲高过程，隔日游资在次日股价拉高时撤离。不少游资大佬喜爱这种形态，如“佛山帮”就经常做这种形态。

图4－7，江粉磁材（002600）：该股主力完成建仓计划后，借助利好消息从2017年8月9日开始连拉3个一字涨停。8月14日，继续在涨停价位开盘后，盘中出现开板“放水”，股价一度回落到前一个交易日的收盘价位置，然后再度拉起，强势封回涨停板。次日，股价平开拉涨停，游资在涨停位置全部撤离，快进快出，顺利地玩一把走人。从龙虎榜显示，8月14日，申万宏源上海东川路买入3747万元，次日卖出4080万元，获利333万元（8.9%）。两天震荡幅度达到20%，短线截获8、9个点的盈利并非困难。

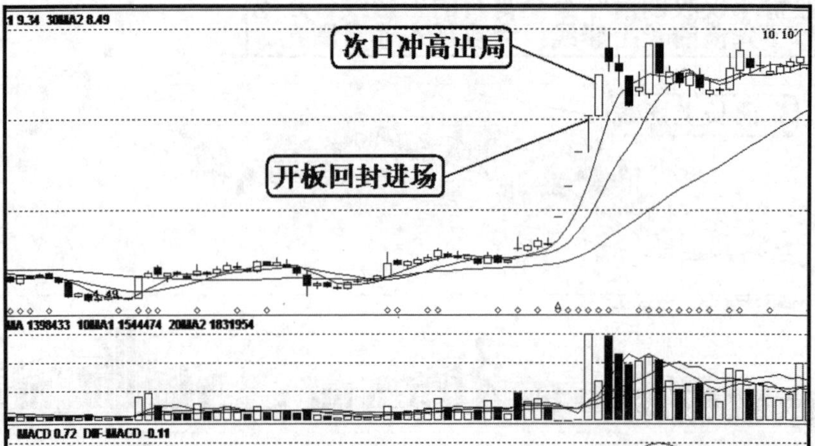

图4－7

图4－8，首创股份（600008）：该股主力完成建仓计划后，借助“雄安新区”利好消息于2017年4月5日出现一字涨停。次日，继续从涨停价位开盘，但在盘中没有封死，出现开板震荡，释放了大量的低位获利盘和前期套

牢盘后，午后再度拉起，重新封回涨停板，形成一字回封板形态。4 月 7 日，股价低开 3.35% 后，继续进行一个多小时的横向整理走势，浮动筹码得到较好的换手，10 点 50 分开始股价直线拉起，直奔涨停板。上涨势头强劲，此后又拉出 4 个涨停。

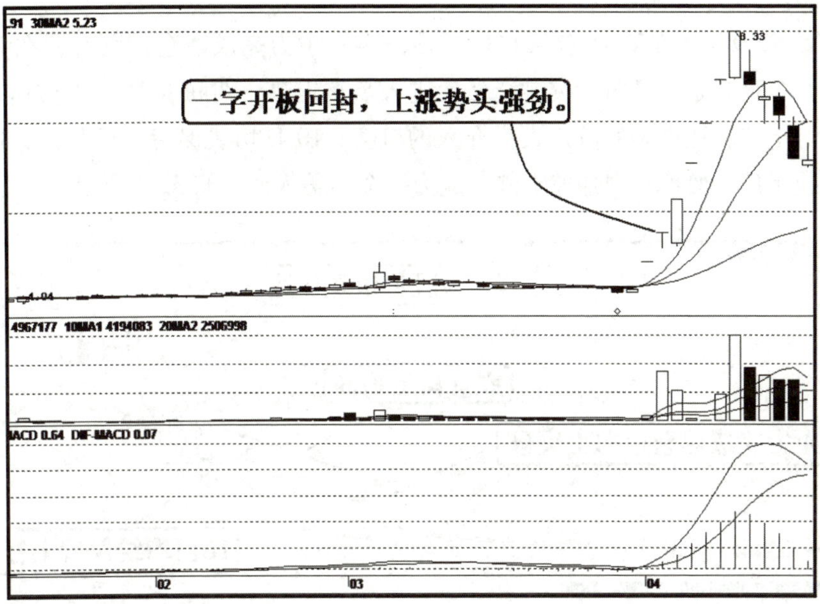

图 4－8

同样具有“一字回封”形态的还有京能置业（600791）2017 年 5 月 16 日的走势，天业股份（600807）2017 年 11 月 3 日的走势。

第二节　形态中暴露游资踪迹

一、美人肩战法

美人肩，信手拈来一身香；肩美，形才美；形美，在圆润、在顺畅。美人肩形态为强庄股所特有，其昭示主力怜香惜玉，不忍股价回落、不忍他人染指，让股价高位震荡，洗出获利盘，然后放量拉升，不给他人进场机会，这就是美人肩的内涵。该战法要点有：

（1）股价已启动，进入盘整阶段；启动时，最好有涨停板。

（2）在盘整时，K 线阴阳交错，重心上移，左肩部不得高于颈部。

（3）5 日均线与 10 均线在股价启动时已金叉，盘整时不能出现死叉，保持通风透气。

（4）股价启动时出现堆量，盘整时缩量，再度突破时需要放量，呈现“大—小—大”态势。

图 4－9，北方稀土（600111）：该股游资主力完成建仓计划后，在 2017 年 7 月 7 日开始放量向上突破，然后进入盘整走势，期间 K 线阴阳交错，股价重心上移，让更多的散户失去介入的机会，10 日均线保持上行状态，成功完成换手后，股价出现加速上涨，成为一个“美人肩”形态。

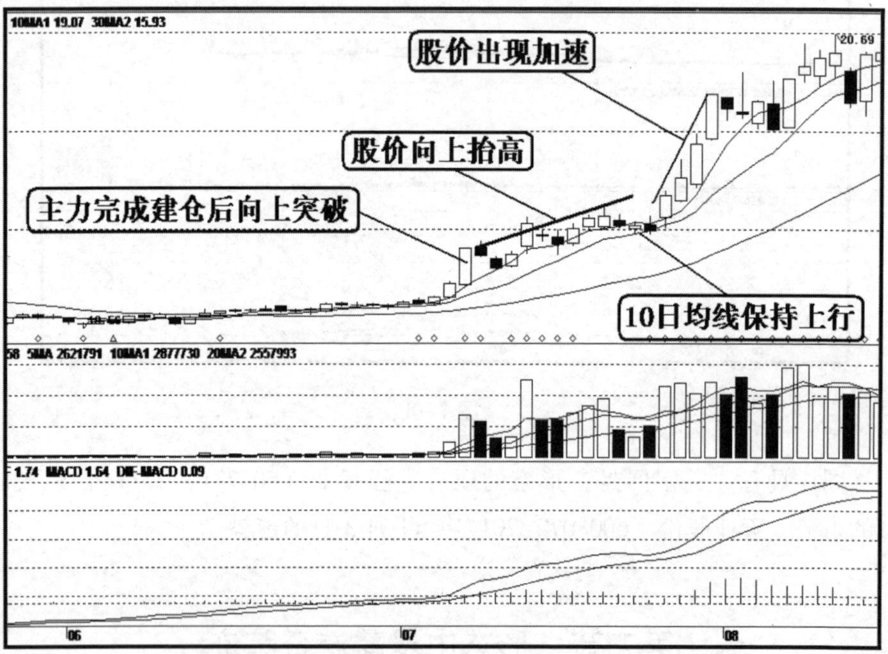

图 4－9

图 4－10，万东医疗（600055）：该股在向上攀高过程中，没有出现明显的回调走势，股价重心不断上移，短期均线保持多头排列，顺利完成换手后，2017 年 9 月 5 日股价发起新的攻击，成交量呈现“大—小—大”态势。散户遇到这种盘面走势时，在股价出现新的向上突破构筑“美人肩”形态时及时跟进。

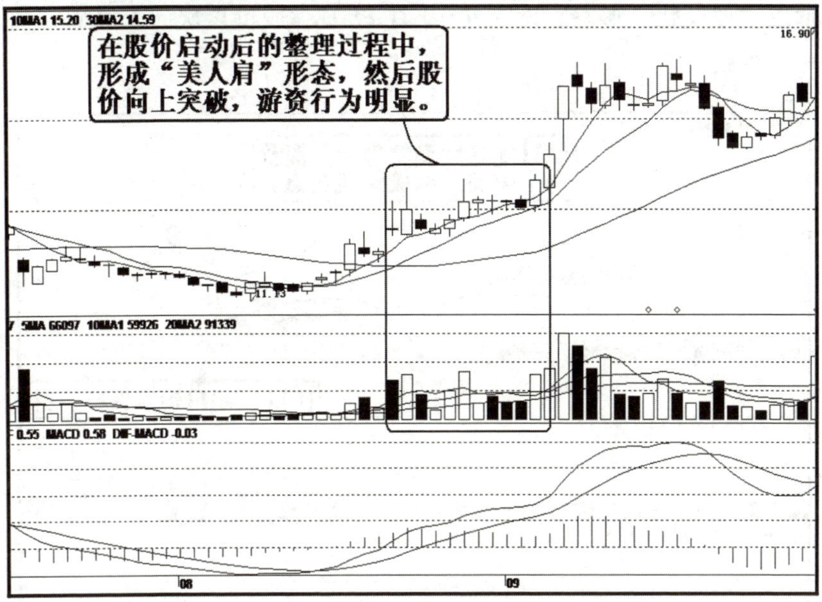

图 4-10

二、罗汉肚战法

股价陡然攀升，然后小幅回落，呈缩量整理，30 日均线保持上行（若 10 日均线也保持上行更佳），形成“罗汉肚”不久股价再次向上突破，构成买点。这是一种短线操作的重要技巧，它有以下几个操作要点：

（1）股价已启动，急速拉升报收中阳或涨停板，换手超过 3%。如该股历来不活跃，换手较近期翻倍也行。

（2）30 日均线已经上翘，均线系统呈多头排列，股价站于 20 日均线之上。

（3）当股价站上 20 日均线后，会出现一个缩量回调整理，这是该形态的核心要点之一。

（4）股价呈现缩量整理，回踩 10 日均线，且在此企稳，股价翻红或留有下影线，多空达到新的平衡。

（5）随后股价再度放量拉起，并吃掉前面若干小阴小阳，这是最好的短线介入时机。

图 4-11，浙江鼎力（603338）：主力经过打压完成建仓计划后，股价向上突破均线系统的压制，成功站于均线系统之上。然后股价出现缩量回调整

理，形成“罗汉肚”形态。2017年10月27日，股价再次向上突破，构成理想的短线买点。

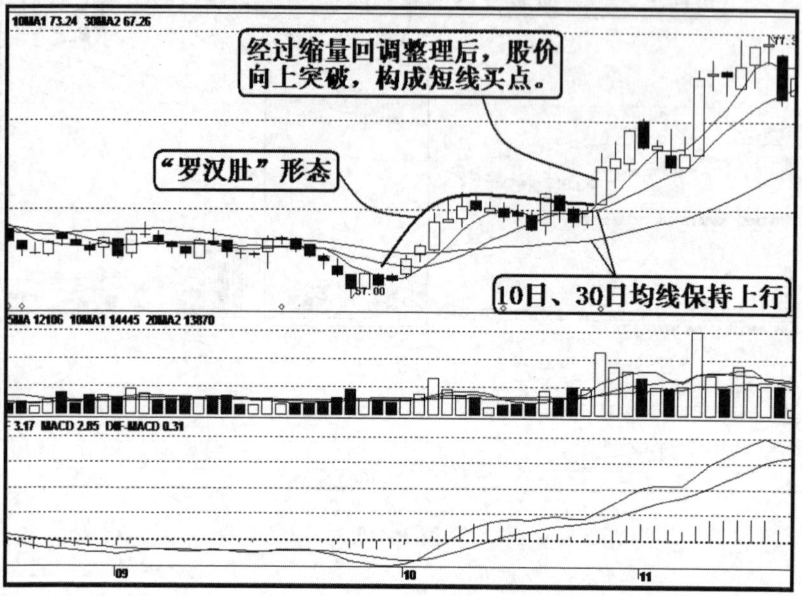

图4－11

图4－12，浙江鼎力（603338）：股价成功见底后，向上逐级抬高。2017

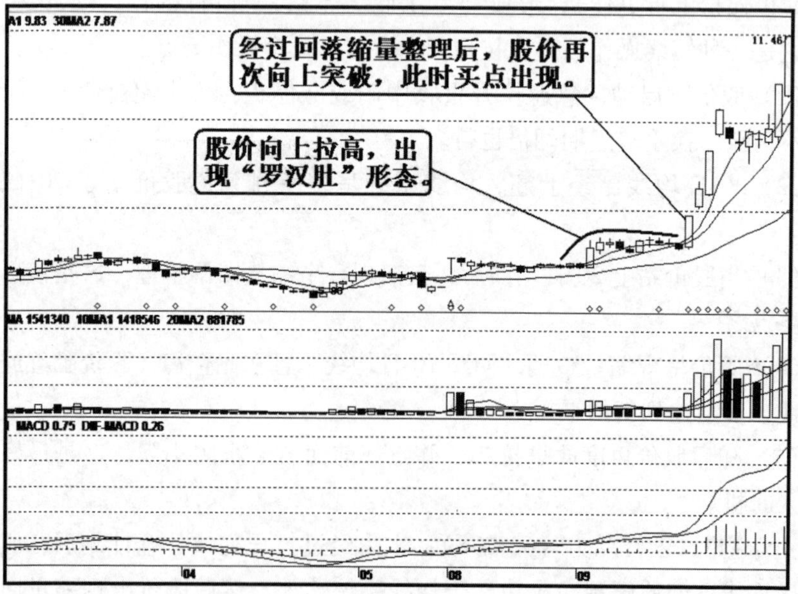

图4－12

年9月4日，向上拉高后，进入短期缩量整理，而10日均线和30日均线保持多头趋势。9月18日，股价形成新的突破，构成一个完整的“罗汉肚”形态，此时散户应积极跟进做多。

三、擎天柱战法

欲擎远，必先回档；人有九浅一深，拳有收回再打。运用到股市上，就是涨停之前有洗盘、涨停时缩量。众所周知，股票的四大元素“量、价、时、空”都是可以操控的，但“缩量”主力是操控不了的。主力可以通过对倒拉高成交量，制造交投活跃的假象，但他无法压缩成交量，缩量是市场的本色。

单根的K线缩量并无重大的意义，但是当缩量和涨停板联系起来，意义就非凡了。涨停缩量，说明该涨停拉升的单子都打在空盘上，主力控盘较高，后面还会有连续的涨停出现。

缩量涨停板是我们要重点关注的，尤其是配合题材，基本上是必胜的机会，要好好把握。该战法主要是用“量价”关系，结合“集合竞价”进行分析，次日上涨概率极大，但该模型出现的次数不多，一旦出现成功率极高。该战法的技术要点有：

（1）股价已启动，曾经拉出过涨停板，或近期上过龙虎榜。

（2）股价涨停前一天为阴线，或者假阳线。

（3）涨停当日应该缩量，成交量明显小于前一个交易日。

（4）一字涨停不算，因为一字涨停因封板无人能进，其缩量是变异的。

图4-13，贝瑞基因（000710）：在拉升过程中股价节节拔升，盘中堆积了大量的获利筹码，这时主力主动展开洗盘调整。2017年3月14日，股价直接从涨停价位开盘后，盘中一路震荡走低，仅微涨0.98%收盘，高位收出一根假阴线，当天成交量大幅放大。这根带量的假阴线，对散户来说具有一定的恐慌性，因而较好地释放了底部获利盘和前期套牢盘。次日，股价高开2.80%后直奔涨停，形成缩量上涨态势。从K线形态上构成“擎天柱”形态，此后股价再次拉出3个涨停。

图4-14，四川双马（000935）：2016年10月19日股价向上突破前高，次日高开7.03%后震荡回落，成交量大幅放大，释放了大量的获利筹码。10月21日低开2.95%后，股价逐波上涨拉至涨停，当天成交量明显小于前一交易日，形成缩量上涨态势。“擎天柱”形态出现后，股价出现大幅上涨。

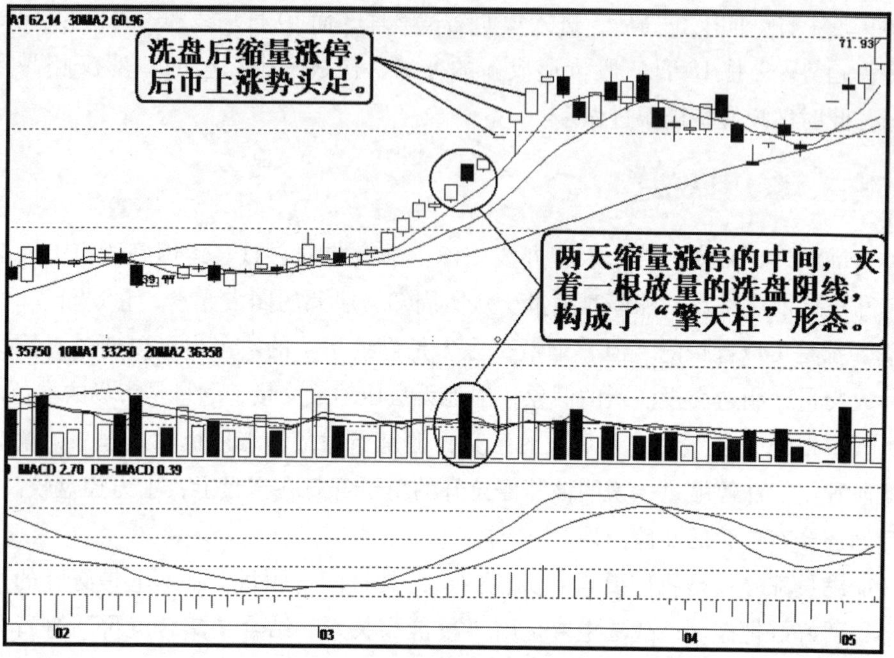
A1 62.14 30MA2 60.96
洗盘后缩量涨停，后市上涨势头足。
71.93
两天缩量涨停的中间，夹着一根放量的洗盘阴线，构成了“擎天柱”形态。
A 35750 10MA1 33250 20MA2 36358
MACD 2.70 DIF-MACD 0.39
02
03
04
05

图 4－13

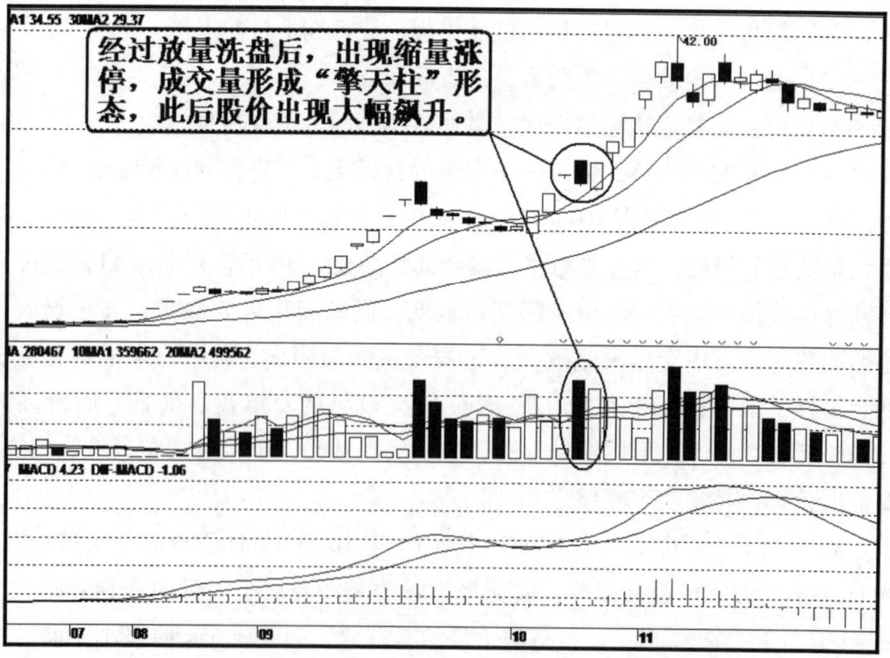
A1 34.55 30MA2 29.37
经过放量洗盘后，出现缩量涨停，成交量形成“擎天柱”形态，此后股价出现大幅飙升。
42.00
A 280467 10MA1 359662 20MA2 499562
MACD 4.23 DIF-MACD -1.06
07
08
09
10
11

图 4－14

四、水上漂战法

石头之所以能在水上漂，是因为有速度、有水的支撑；股价上涨乏力，怎么能一飞冲天呢？这就要靠横盘蓄势了。

“水上漂”是实战中经常用到的一种战法，要求股价有三次回踩60日均线，“三起三落”实际上是反复在此构筑坚实的阶段性底部，如果此时正好遇到上升趋势线的支撑，那么出现连续涨停就是一触即发的事了。该战法的技术要点有：

（1）前期股价带量上涨，出现过涨停板，有龙头之相。

（2）股价拉升后获利回吐，进入较长时间的整理，时间约为40个交易日。

（3）股价整理时一路缩量，且在60日均线上方整理，每次回踩60日均线时，都会受到支撑上涨，然后再回落。

（4）如此重复三次，第三次反弹力度最强，容易引发连续涨停。

图4－15，天业股份（600807）：股价返回到60日均线之上后，进入长时

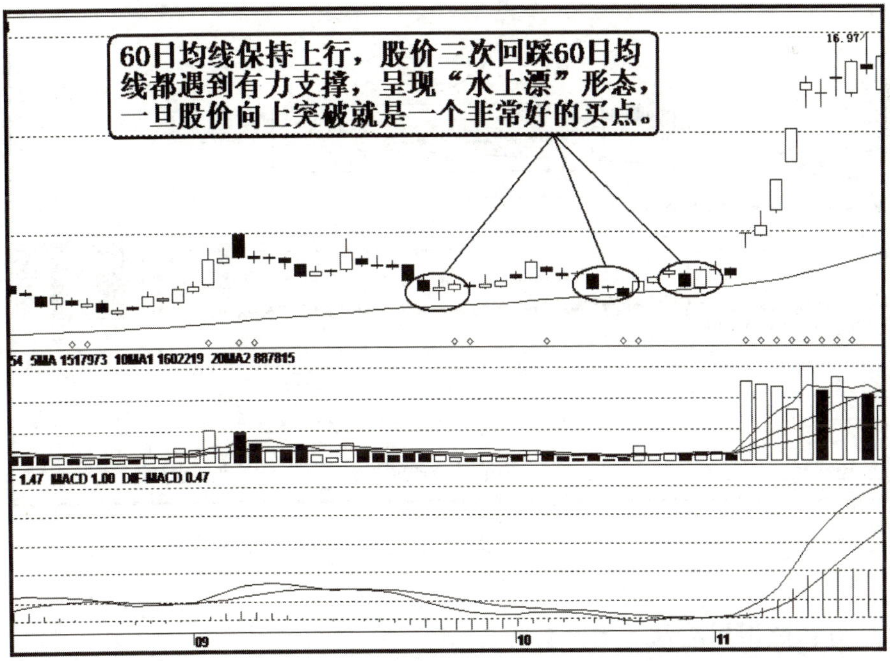

图4－15

间的盘整走势，60 日均线出现拐头向上走势，股价先后三次回落到 60 日均线附近时，均遇到强有力的技术支撑而被弹起，水上漂流之物，按下葫芦浮起瓢。2017 年 11 月 3 日，股价直接从涨停价开盘，盘中一度开板，然后快速封盘，形成“一字回封”板，说明这天有短线游资冒进了。次日，股价高开冲高回落，留下长上影线 K 线，第三天股价高开后快速封涨停，构成“回马枪”形态，也说明有游资介入。发现游资行踪后，跟着游资走一程，一定有丰厚回报。

图 4－16，盐湖股份（000792）：庄家完成建仓计划后，股价返回到 60 日均线之上，然后进入缩量盘整走势，上行的 60 日均线对股价构成强大的支撑。游资看到这种盘面形态后，在 2017 年 9 月 8 日大举介入拉升，收出突破性放量涨停大阳线，从而开启了一波上涨行情。该股中游资行为非常明显，只要你认真分析盘面，神秘的游资也会露出破绽。

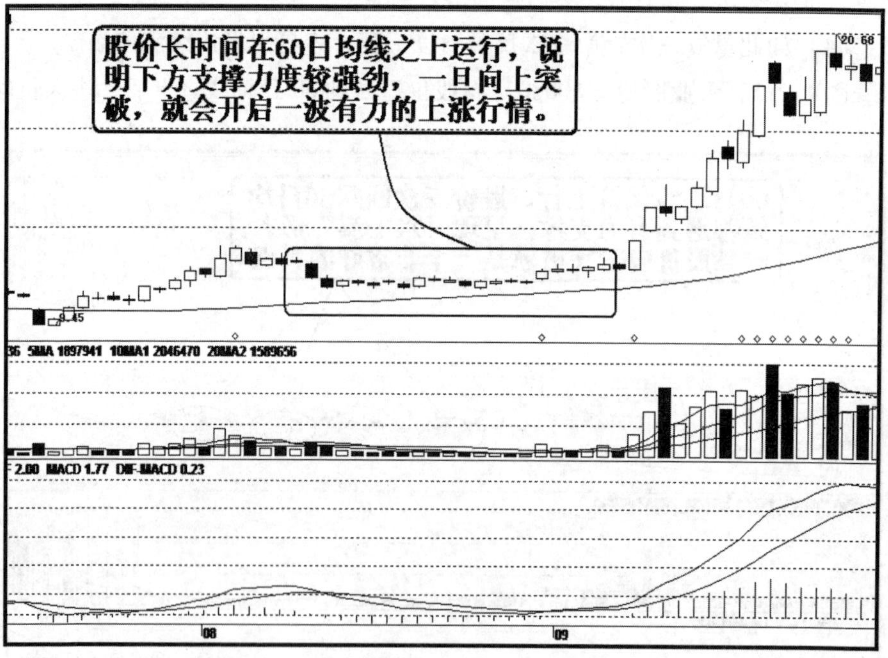

图 4－16

五、黑星星战法

顾名思义就是黑色的星星，阴星线高悬于头颅，恐怖、瘆人但又暗藏暴利机会。该形态常见于上龙虎榜的股票，给人一种出货的感觉，但只要这种“黑星星”一旦点亮，后面就有收获利润的曙光。

该战法的核心关键词是：涨停板——跳空高开——恐怖阴星线——放出巨量——洗盘整理——再创新高。该战法的技术要点有：

（1）股价在上涨过程中，某天突然跳空高开，高开幅度在5%以上。

（2）高开后股价大幅震荡，报收阴星线，且放出巨量。

（3）股价启动之前，有涨停为佳，涨停带缺口不回补更好。

（4）有时出现高开低走的“锤头线”，具有同样的实战意义。

图4－17，林海股份（600099）：游资主力完成建仓计划后，在2016年12月20日一根涨停大阳线突破底部盘区，形态如芙蓉出水，亭亭玉立，次日小幅高开后震荡走低，收出一根小的“锤头线”。经过一天的蓄势整理后，12月23日股价涨停，“黑星星”形态被点亮。这种形态说明短线游资介入，发现游资行踪后，与游资同进出，短线有不错的收益。

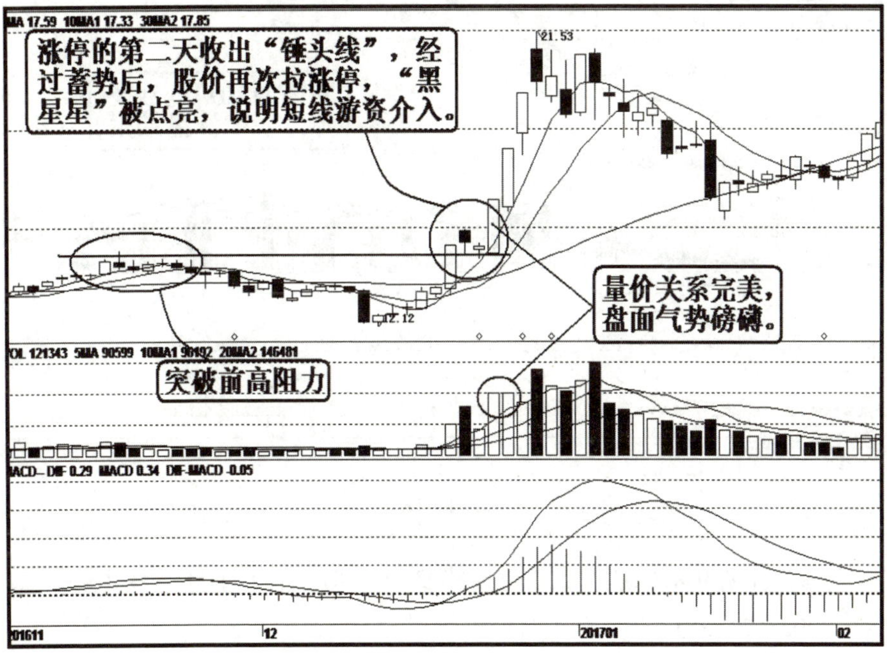

图4－17

与该股走势相似的还有康德莱（603987）2017年10月12日的走势，宏创控股（002379）2017年6月16日的走势，华通热力（002893）2017年10

月 12 日的走势。

图4－18，鄂尔多斯（600295）：该股完成第一波上涨后，进入洗盘整理，股价得到30 日均线的有效支撑。2017 年 8 月 17 日，股价高开 5. 90% 后，盘中出现大幅震荡，成交量大幅放大。次日，股价低开 3. 05% 后，震荡走高突破第一波上涨高点，触及涨停后先不坚决封盘，稍作回落在突破价位之上强势整理。午后一举封住涨停，从而将前一天的这颗“黑星星”点亮，说明当天有游资积极介入。投资者遇到这种情况时，应在股价快速封涨停时挂单买入，次日大多会有良好表现。该股第二天再封涨停，第三天上摸涨停价后回落，短线落袋为安。

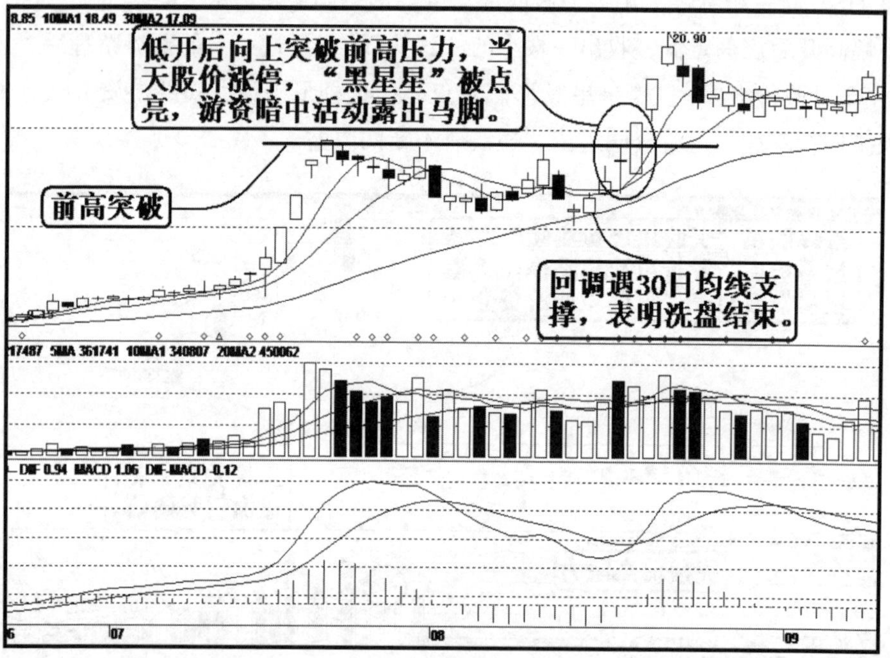

图 4－18

与该股走势相似的还有武昌鱼（600275）2017 年 9 月 11 日的走势，汉王科技（002362）2017 年 9 月 1 日的走势。

第三节　分时中暴露游资踪迹

每天的分时走势是反映游资行踪最直接的细节，能够从中观察到游资进场的动向，并能判断出是哪种类型的游资所为。那么，这里有哪些方法呢？

一、开盘方式

（1）高开不回调，直奔涨停。这种涨停方式其分时走势图中运行的轨迹相对而言比较简单，股价在昨日收盘价之上高开几个点开盘后，没有出现下探过程，而是直接上涨至涨停，大体上是一条斜线上涨。跳空高开高走，显示多头攻击力量强大，说明投资者对该股前景看好，愿意以高于昨日收盘价格买入。不回档，则反映多头气势旺盛，能量巨大，空方没有丝毫反击能力，市场完全由多方控制局面。这种情况大多是承接上一个交易日的强势表现，有强势上涨的盘面基础。

图 4－19，江丰电子（300666）：该股上市后不断向上攀高，2017 年 9 月 29 日股价跳空高开 7.81% 后，不到 1 分钟，一口气秒停，中间没有回调，盘面气势磅礴，势不可挡。

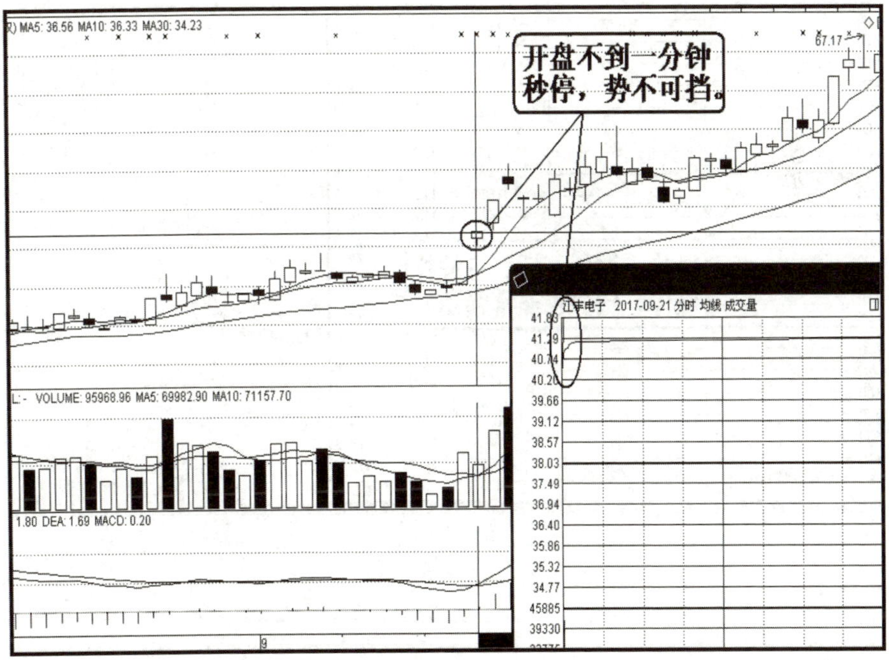

图 4－19

操盘技巧：根据昨日（或几日）盘面和今日开盘情况，快速捕捉强势股，以高出开盘价 3~5 个价位挂单买入，如果不能成交则放弃，尽量不要追高。若中盘开板时，视大盘强弱选择合适点位介入，一般在均价线附近选择买点。

（2）在昨日收盘价附近开盘，一波或几波式拉至涨停。股价在上一个交易日收盘价附近开盘，然后迅速拉至涨停。这种方式涨停的股票，在分时走势图中的运行轨迹也是比较简单的，大体上也是一条陡峭的直线。

在昨日收盘价附近开盘，表明股价在开盘时供求双方大体平衡，多空双方力量对比基本相一致，只是随着行情的展开，多空双方的力量才发生变化，多头力量在运动中得到了增强，而空方力量受到削弱。多方成功地阻击了空方的力量。

图 4-20，荣盛石化（002493）：2017 年 11 月 16 日，股价低开 1.08%后，出现三波式快速涨停，然后涨停附近展开震荡，午后再次封板。为什么有如此强势的表面呢？因为该股前期调整非常充分，主力已经成功地完成建仓计划，多方上攻欲望十分强烈，所以投资者可以在高出开盘几个价位挂单买入。选择这类股关键要分析前几个交易日的盘面表现，然后决定买卖计划。

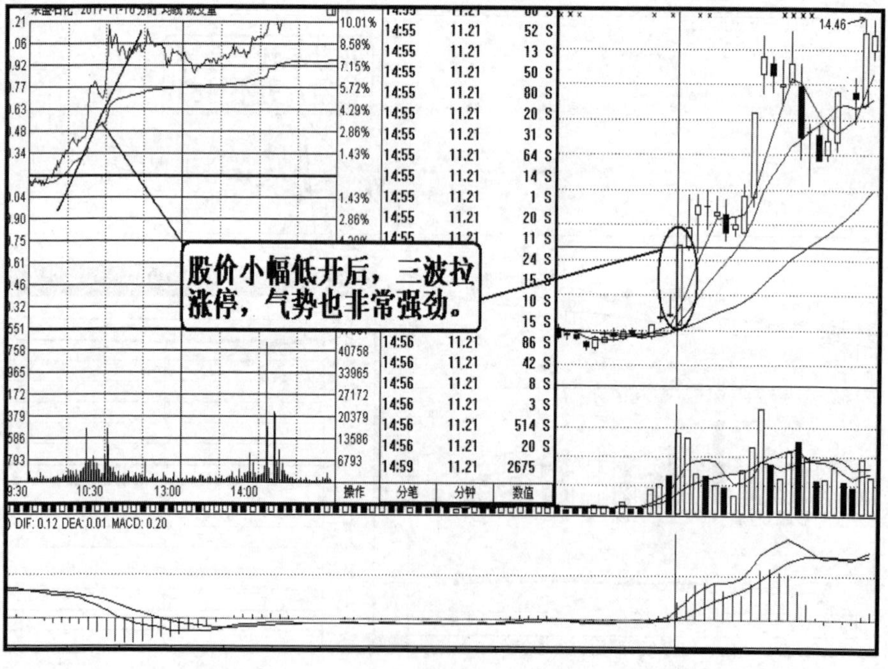

图 4-20

操盘技巧：根据昨日（或几日）盘面表现情况，确定今日目标个股，以高出开盘价 3 ~ 5 个价位挂单买入，尽量不要追高。

（3）开盘后先回档，再一波式或几波拉涨停。股价开盘后先是来一个快速下探动作，有时下探速度非常快，只是一个瞬间的颤抖动作一闪而过，在分时图上没有留下任何迹象，只是在成交明细上有打压记录，在 K 线形成一条下影线，然后快速拉起直奔涨停。这种涨停方式在分时图中一般有两种情形：一种是斜线直拉式上涨（分时图中看不出下探痕迹）；另一种是呈“√”形上涨，在拉升时也是直线式上涨。这两种情形的盘面含义基本相当，都说明空方先是来一个下马威，但维持不了多久即被多方制伏，最后市场向多方一边倒上涨直至涨停。另一方面，也表示多方仍在加紧收集筹码，兼有洗盘性质，当然这种情况如果出现在大幅上涨后的高位，也可能是“出货型涨停”走势。

图 4 - 21，金出开发（600679）：2015 年 6 月 8 日，股价开盘后先是出现小幅下探动作，然后反转向上一波式直拉涨停，全天封盘不动，呈“√”形态。这种盘面表明庄家通过下探动作释放了短线获利盘，然后轻松拉向涨停。投资者可以在下探过程中轻仓介入，或者在股价冲破均价线（黄线）、昨日收盘价和今日开盘价时买入。在实盘中，大多数强势股都有这种走势（尽管后面走势各异），投资者应多加研判。

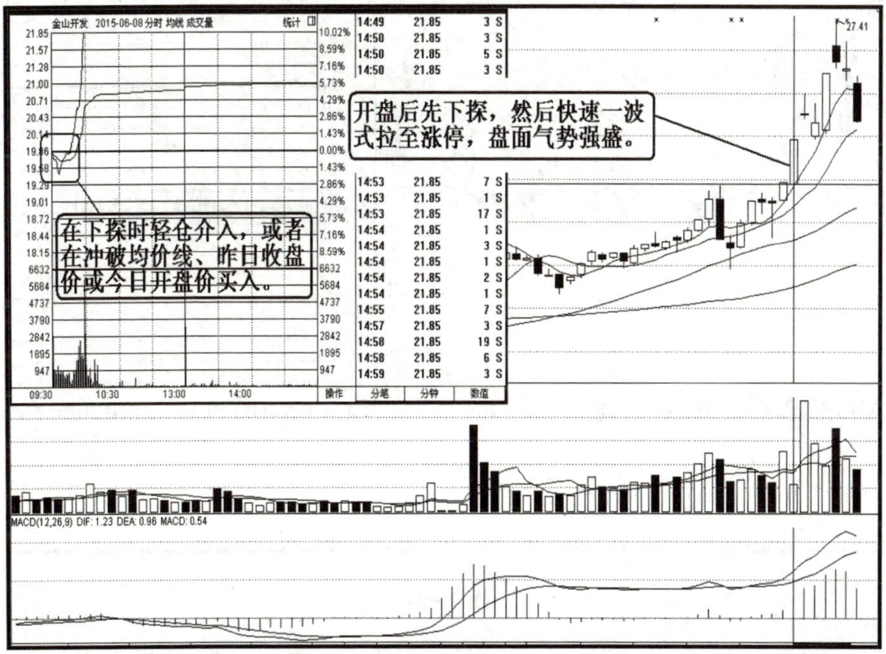

图 4 - 21

操盘技巧：在快速下探过程中轻仓介入，突破昨日收盘价或今日开盘价时，可以适当加仓，也可在均价线附近买入。

二、直线拉涨停

开盘之后或在盘中某一时段，股价几乎以90度角上升，中间没有回档，直至拉涨停。这种涨停的盘面气势，仅次于一字涨停的个股，说明多方明显占优，盘面气势磅礴，势如破竹。在游资大军里，华泰证券成都南一环路第二营业部就喜欢这种拉升模式——90度直线封板。关联席位还有国泰君安成都北一环路、国联证券成都锦城大道等。那么，他们是如何在市场中套利的呢？

（1）小儿游戏：参与金额不超过300万元。

图4－22，宏达新材（002211）：2017年6月5日，下午2点56分启动，90度直线封板。“南一环”参与买入214万元。次日小幅低开后冲高，最高8%，收盘涨3.15%。

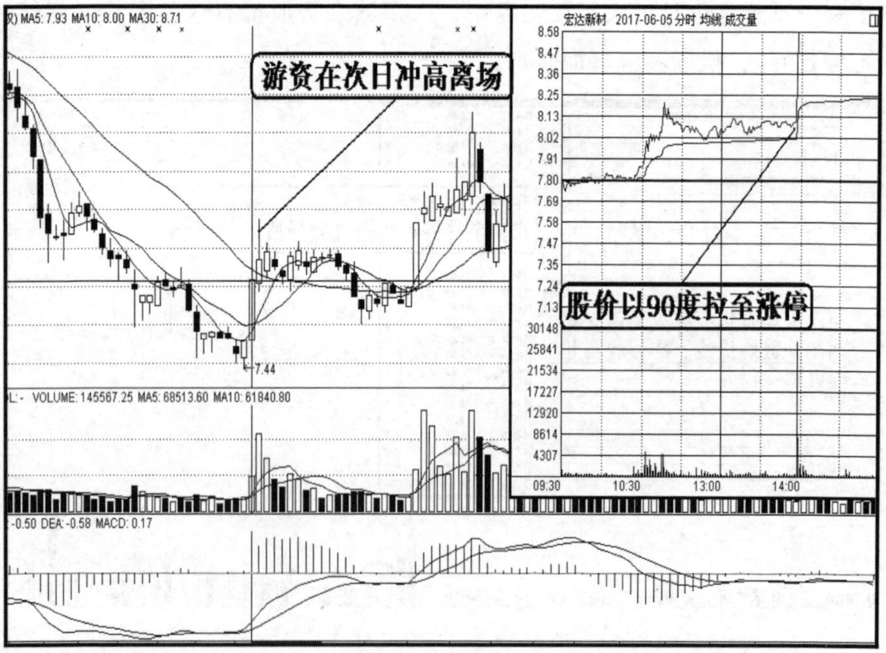

图4－22

此外，盈方微（000670）在2017年6月6日下午1点22分启动，90度直线封板。“南一环”参与买入 280 万元。次日小幅低开后冲高，最高 6%，收盘涨 3. 48%。

2017 年 6 月 9 日，光力科技（300480）下午 2 点 22 分启动，90 度直线封板。“南一环”参与买入 210 万元。次日小幅低开，最高 1%，收盘跌 3. 21%。

由于上面几只个股第二天都没有上龙虎榜，无法得出盈亏情况。但从第二天的表现来看，个股都是小幅低开后，冲高回落，有盈利出货的机会。

（2）大动干戈：动用资金上千万元。

图 4－23，盛天网络（300494）：2017 年 6 月 19 日，上午 10 点启动，90 度直线拉板。“南一环”参与买入 1433 万元，当天出现买五位置。次日高开 0. 97%，上午震荡翻绿，午后冲高翻红，最高涨至 5%，收盘涨 3. 59%。

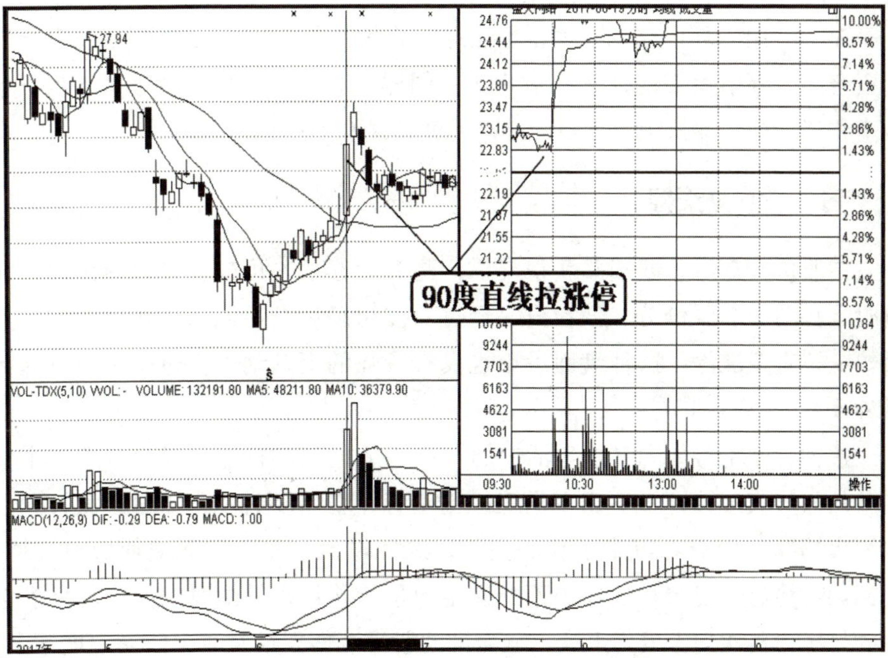

图 4－23

此外，2017 年 6 月 15 日，香溢融通（600830）上午 10 点 46 分启动，90 度直线封板。“南一环”参与买入 2655 万元，占当天成交量的 20%。佛山季华六路助攻 1957 万元，占比 15%。次日小幅高开后，震荡回落，以下跌 2. 43% 收盘。

2017 年 6 月 20 日，动力源（600405）上午 10 点 53 分启动，90 度直线拉

板。“南一环”参与买入1293万元，当天出现买一位置。次日高开3%，全天震荡，收盘微涨0.72%。

以上几个实例，足以让大家明白“南一环”最常用的套利模式，就是90度直线封板。他们的操作方法也给大家带来一些启示：

（1）封板个股第二天都没有连板，且走势多为窄幅震荡，说明资金接力意愿较差。

（2）选择个股上，交投不活跃的个股首板（如盈方微、光力科技、香溢融通）或者有热点概念龙头封板，挖掘的个股有（盛天网络、动力源）。抛压轻，行动快，以90度封板后，震慑场内资金。

（3）跟随“南一环”的散户，盈利概率一般，因为次日多为震荡，而且在第二天准备再去接力的，更需要三思。

对于“南一环”来说，熊市里还经常活跃在市场上，无外乎是保持手感，而资金的大幅增值靠的还是一波牛市。同样，对于中小投资者来说，当下应该多积累经验，保持谦虚学习的心态，就是最好的选择。

三、二波拉涨停

指股价开盘后，回档并获得支撑，调头沿着某一角度上升直至涨停。在分时走势图中，股价分二波拉升，经过一波拉高后开始回落洗盘蓄势，然后大幅上拉直至涨停。这种盘面后市也具有较强的上升动力，也是中短线介入品种。

这种盘面走势如同日常生活中的“小心触电”的标志，股价继上一个交易日的强势表现，开盘后出现向上拉高走势，表明多头攻击力量强大，同时也给市场部分投资者带来了获利空间，致使抛盘加重，从而迫使股价回调。经回调蓄势后，多头在退却中不断储备力量，并且在较短时间内成功阻击空头的打压，再次向上发力上攻，从而推动股价涨停。通常盘中回调幅度不大，说明庄家不愿让市场跟风盘获得更多的廉价筹码，一般均价线是向上的有力支撑。

这种盘面在启动点开始的上升，第一波通常涨到比较高的位置附近，一般在4%~6%之间（太低不行，如果第一波上升只涨到2%左右，那么回调之后再涨就要8%以上才能冲到涨停，这样操盘的难度比较大），第一波的上涨幅度不能太低，就是为了将来能够经历二浪调整之后，第三浪上涨即封于涨停。这种涨停的气势，其强度又次于“一波涨停”的个股，但上涨气势也不可阻挡，实际涨幅也不见得小于“一波涨停”个股的幅度。

图4－24，三钢闽光（002110）：该股经过蓄势整理后，在2017年7月10日股价放量强势涨停，收出一根具有看涨意义的突破性大阳线。从分时图中可以看出，股价开盘后就出现向上拉高，第一波就拉升到了5个多点，显示庄家做多决心，然后进行快速调理，第二波庄家轻而易举地将股价拉向涨停，上涨势头非常强劲。

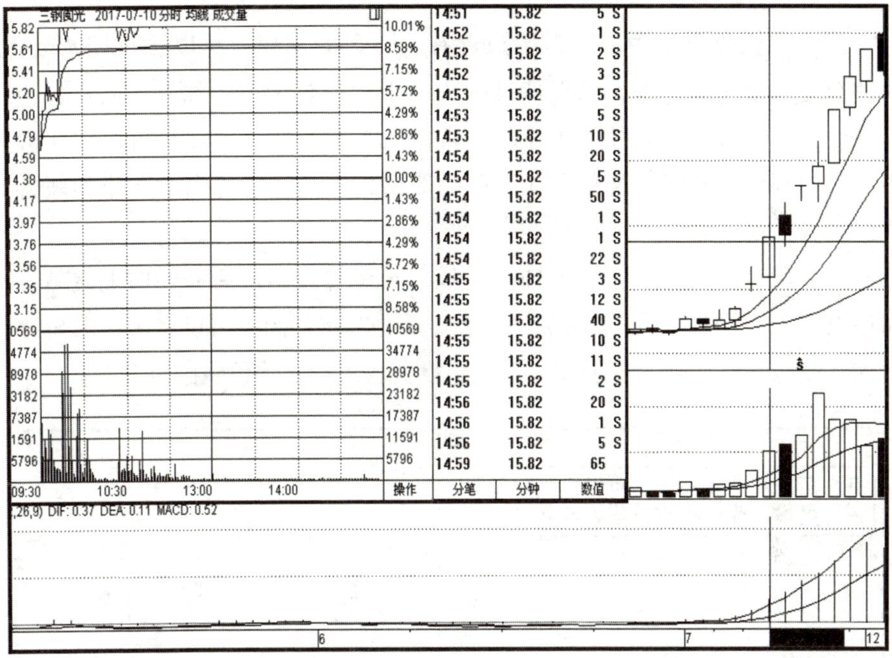

图4－24

操盘技巧：市场悟性好的投资者可在开盘价时立即介入，一般投资者可以等待第一波拉升结束后，当股价回落到均价线附近并获得支撑时，是比较理想的买入点位。

四、三波拉涨停

指股价开盘后，冲高回落，在获得支撑后，调头沿着某一角度上升直至涨停。在分时走势图中，股价分三波拉升，中间出现两次回调蓄势走势，然后大幅上拉直至涨停。这种走势的盘面气势也是非常强劲的，但弱于前面两种形态。这种盘面后市仍有上升动力或冲高动作，是短线介入品种。通常有以下几种表现形式：

（1）股价经过一波冲高后遇阻回落，在开盘价或均价线附近获支撑后拉至涨停。股价开盘之后出现拉升走势，当达到一定涨幅后，由于短线获利盘的出现股价出现回落，在股价回调至当日开盘价或均价线附近时获得支撑，市场企稳后股价再度走强。当第二波上涨达到一定幅度后，新的获利盘再次出现，股价第二次回落，当股价再次遇到技术支撑而企稳时，出现第三波上涨，股价直拉涨停。

（2）在强势市场中，开盘价附近有着强大的支撑，所以股价回落到此，往往会受到很大的支撑，而促使其掉头向上，甚至于拉出涨停。同样，当日均价线在弱势时是压力线，在强势时常常又是引力线，它往往可以阻止股价下挫，使其掉头上涨。这种方式涨停的股票，在分时走势图上形成的轨迹是逐浪推升，拾级而上。

图4－25，福达股份（603166）：该股蓄势整理结束后开始向上突破，在2015年5月18日出现三波式涨停形态。从分时走势图中可以看出，股价逐波上涨，波峰浪谷清晰，量价配合理想。投资者可以在均价线附近介入。

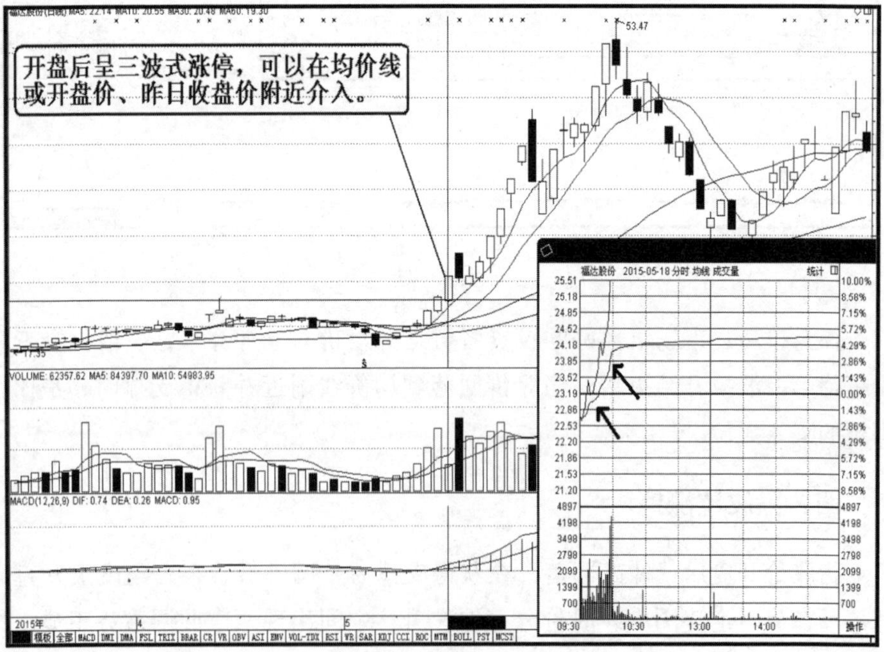

图4－25

图 4－26，奥联电子（300585）：该股企稳小幅反弹后，进入蓄势整理，2017 年 9 月 29 日股价放量涨停。在分时走势图中可以看出，股价开盘后进行短暂的整理，然后出现三波向上拉至涨停，成交量明显放大，量价配合颇具韵律。投资者可以在均价线附近介入。

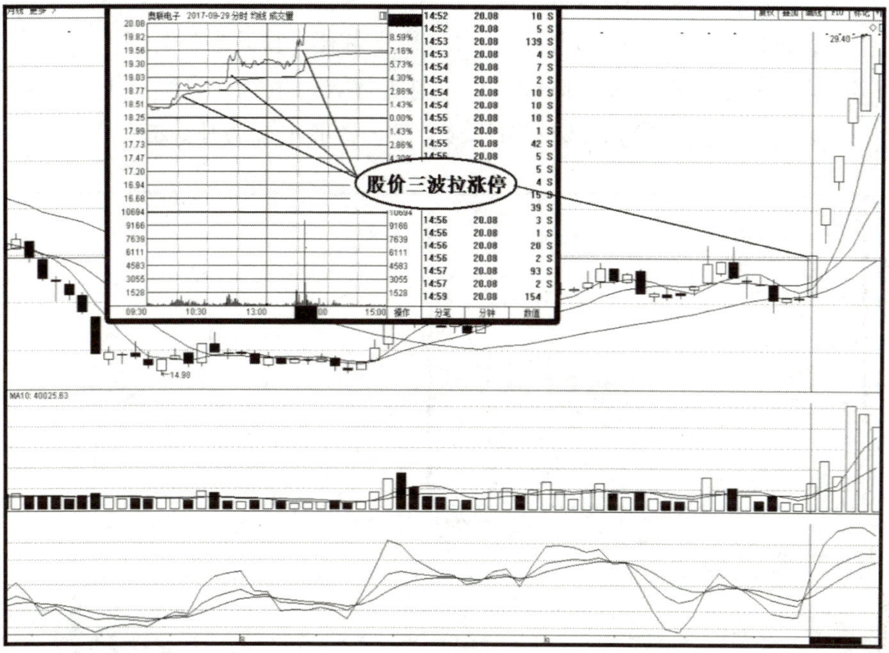

图 4－26

操盘技巧：昨日或前几日盘面表现良好的，可以在开盘附近买入，也可以在均价线或开盘价、昨日收盘价附近买入。如果第二次回落较深，可在第一波的顶点附近或低点稍上位置买入。

在三波式涨停中，第一次回落与第二次回落在时间上和幅度上都具有一定的互换性。具体地说，就是如果第一波回落幅度较深，那么第二次回落时往往幅度不会很大；如果第一波回落幅度不大，那么第二次回落时往往幅度较深。在时间上，如果第一波回调时间较短，通常第二次回调时间往往较长；如果第一波回调时间较长，通常第二次回调时间往往较短。这种现象因篇幅所限，不作图例分析，投资者在实盘中加以验证。

五、多波拉涨停

多波涨停比较多见，震荡式涨停大多属于这种形态。在分时图中，一波三折，多次回调，分不出明显的浪形，但总体上低点越来越高，高点不断被打破，低点和高点逐级而上，直到冲击涨停。在涨停个股里，这种盘口气势也算是最弱的了，但主升浪一旦形成，其上涨力度也非常强劲，而且往往持续较长时间。

图4－27，方大炭素（600516）：该股主力完成建仓计划后，底部不断向上抬高，2017年6月26日开盘后，股价稳步走高，盘面张弛有序，量价配合得当，当天收出一根涨停大阳线。从分时走势看，虽然该股没有上述几种盘面形式强劲，但上涨气势依然不可小觑，随后该股出现飙升行情。

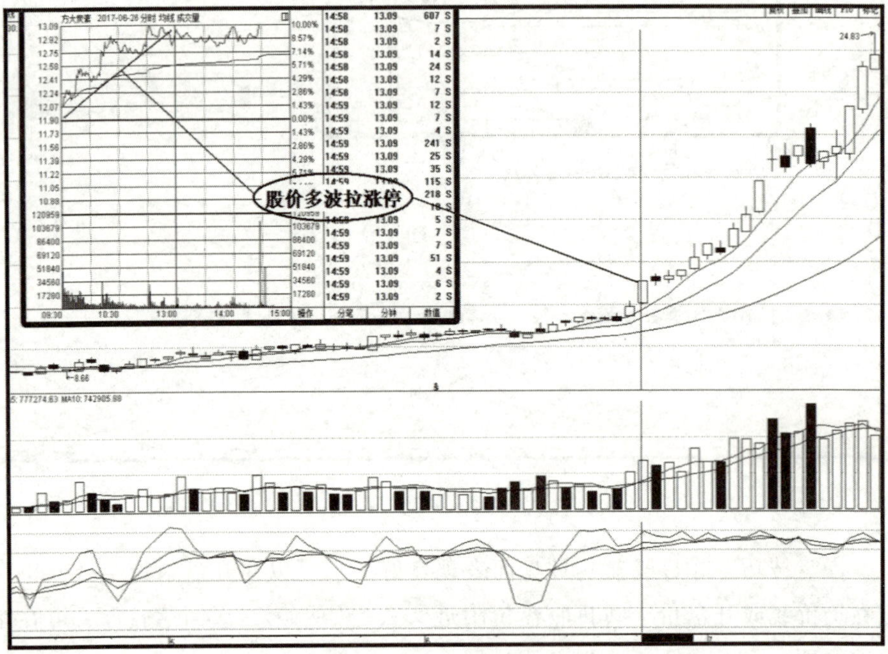

图4－27

图4－28，永艺股份（603600）：2015年5月11日股价小幅低开，成功释放了浮动筹码后，开始企稳向上走高，盘中低点越来越高，而高点不断被突破，股价稳步向上推高，均价线向上运行，投资者可以在均价线附近选择介入。

操盘技巧：在当日均价线附近介入，要求均价线处于上行状态，起码均价线也要保持水平运行，绝对禁止在均价线转为下行状态时介入，因为下行的均价线说明股价已经开始走弱，甚至出现尾市跳水现象。

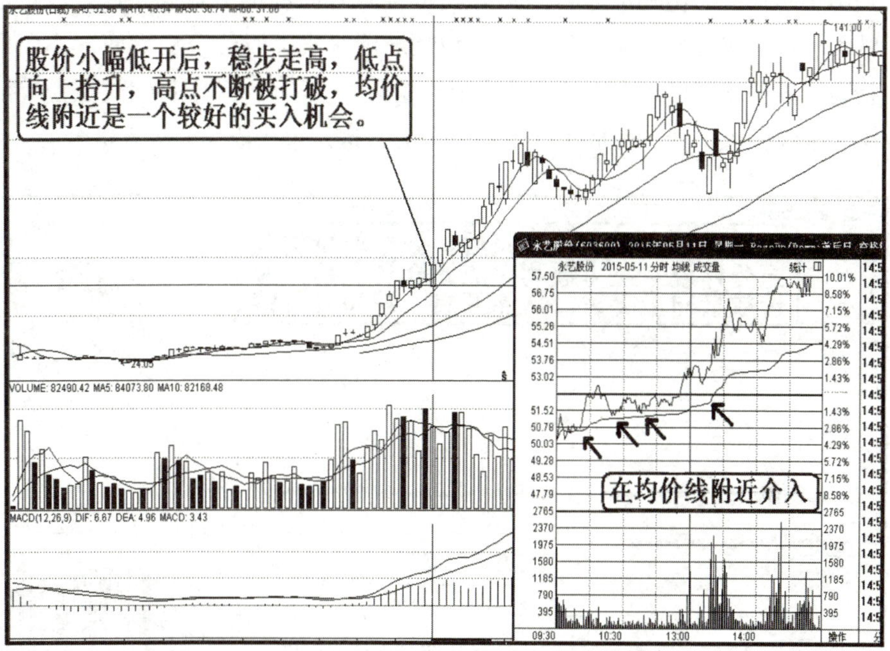

图 4-28

第四节 量价中暴露游资踪迹

一、跟随游资入场

1. 底部放量启动，买入。

经过长期调整后，空头能量得到足够的消耗，股价渐渐止跌企稳，多空能量获得暂时平衡。完成多空交替后，多头最终打破这种平衡格局，开始放量上攻，开启一波上涨行情。在技术上应注意以下几点：

（1）放量启动的位置，必须出现在相对低位（从个股历史走势中确认），买入信号才可靠。

（2）放量启动之前，股价应在一个时间段内获得支撑，有跌不下去之感，股价呈平台整理形态，此区域成交量呈均匀缩量状态，这时放量启动才有效。

（3）注意低位放量区域与前一轮行情高点的距离。通常与前期高点距离越远，空头力量消耗得越充分，多头力量确认的可靠性越强。

图4-29，天山股份（000877）：该股经过长时间的下跌调整后，股价已经跌无可跌，成交量大幅萎缩，做空动能渐渐衰竭，股价企稳后底部不断向上抬高，表明庄家已经在低位成功完成建仓计划。2017年2月7日放量上涨，收出一根涨停大阳线，完成了向上突破走势，这是短线极佳的买入机会。

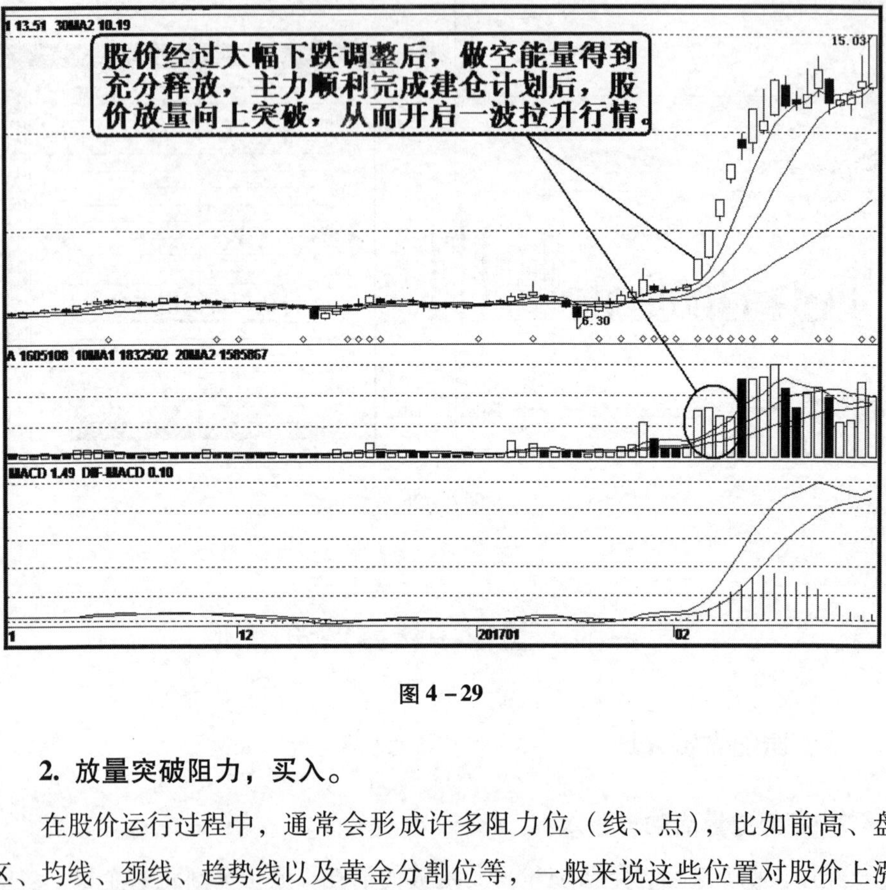

图4-29

2. 放量突破阻力，买入。

在股价运行过程中，通常会形成许多阻力位（线、点），比如前高、盘区、均线、颈线、趋势线以及黄金分割位等，一般来说这些位置对股价上涨构成一定的心理或技术障碍，使股价难以顺利越过，一旦当股价放量穿越这些重要位置，就构成有效的突破，这是一个好的买入时机。

这里要注意放量与突破两者的协调关系，放量必须是突破的，突破必须是放量的，这才是理想的量价关系。突破不放量容易出现假突破，放量不突破可能遇到真正的压力，股价都难以持续上涨。从盘面上，真正的突破是一气呵成的，不拖泥带水，磨磨蹭蹭的冲高难以形成有效的突破。所以，当股价出现放量突破时，说明主力资金在活动，市场游资开始发力，此时散户可以跟随游资入场做多。

图 4－30，荣盛石化（002493）：该股主力资金活动迹象十分明显，在底部收出两根星线后，2017 年 11 月 16 日股价放量涨停，一根涨停大阳线一举向上脱离底部盘区的制约，以及前期高点的压力，将原先的阻力位变换成现在的支撑位，均线系统也呈多头发散，MACD 指标在 0 轴上方扩散，从此股价展开一波上涨行情。该股盘中量价配合默契，突破气势强盛，是一个非常好的买入信号，散户遇到这种形态时，应立即跟进做多。

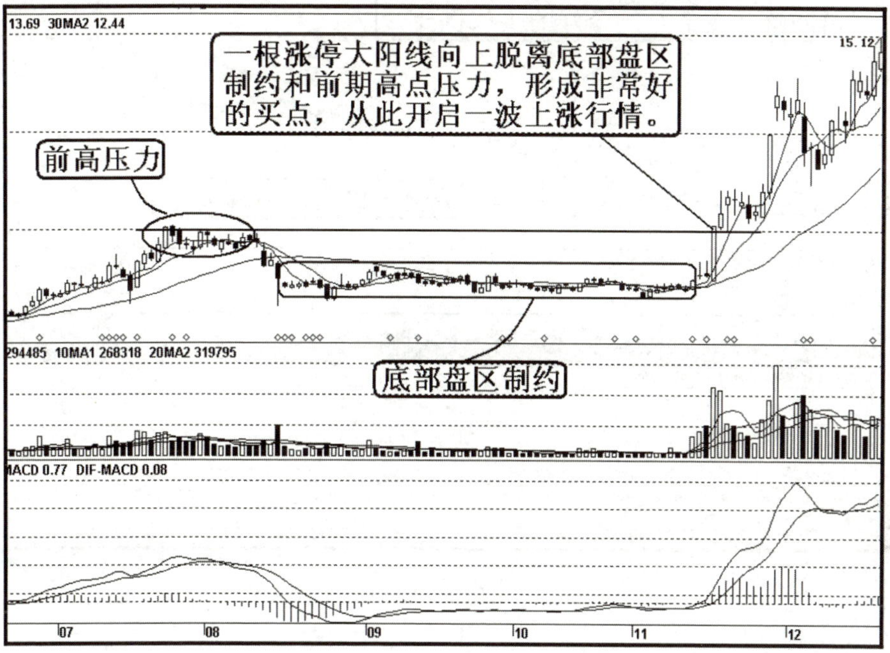

图 4－30

3. 持续恒量上涨，持有。

持续温和放量是健康的上涨盘面形态，可以一路持有到放量见顶时出局，这种量价关系说明主力资金没有离场，后市继续看好，回调就是一个好的买入机会。技术上应注意以下几点：

（1）股价上升趋势确立，均线系统呈多头排列。

（2）股价成功向上突破重要阻力位，成交量持续放大。

（3）不宜出现连续性的巨量，单根巨量并不影响趋势的延续。

图 4－31，贵州茅台（600519）：说起该股，人人皆知，家喻户晓。那么大家能不能从股价走势中总结一点经验呢？股价步入上升通道后，虽然出现

阶段性调整，但不改变总体震荡上涨趋势，成交量始终保持温和放量态势。这种盘面走势可以持股不动，而且每一次回落都是一个好的买入机会，直到2017年11月下旬出现放量时，才形成阶段性高点，这时可以逢高离场观望。在近几年的结构性行情中，这类股票非常多见，可以认真地挖掘。

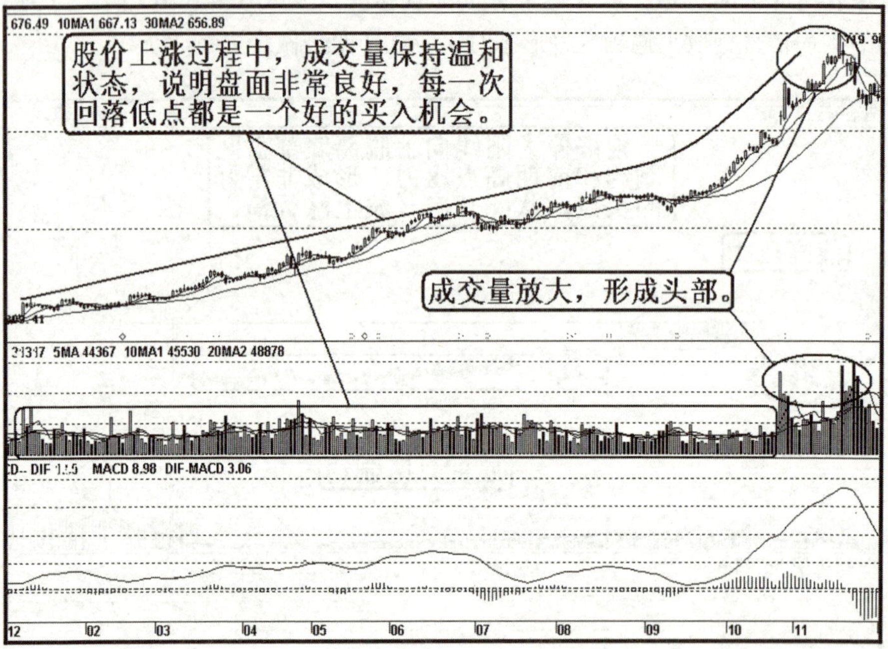

图4-31

4. 缩量调整，放量突破，买入。

当股价经过一轮涨升后，前期套牢盘和底部获利盘出现，使股价继续上升受阻，需要经过洗盘调整后才能继续上升，此时成交量出现逐步萎缩态势，股价也小幅回落。当完成洗盘换手后，成交量重新开始放大，股价将展开第二波升势行情。在技术上应注意以下几点：

（1）上涨趋势已经形成，也就是说第一波上涨不是反弹行情，而是见底上涨走势。反弹之后的回落与上涨之后的回调是有区别的。

（2）注意缩量整理的方式。通常有两种：一是回调缩量整理；二是小平台强势缩量整理。

（3）成交量必须呈现“放量——缩量——放量”的韵律，而且量价配合要默契，如果放量不涨、上涨无量、下跌有量或看似调整但成交量却无明显萎缩，就要小心主力出货的嫌疑或多空双方的较量出现向空方倾斜。

（4）对第二波之后的回落应谨慎操作，谨防主力出货。

图 4－32，西部建设（002302）：该股在 2017 年 1 月 10 日向上脱离底部区域后，股价出现小幅回落整理走势，成交量出现萎缩状态。当盘中浮动筹码清洗所剩不多时，3 月 17 日股价再次放量拉起，表明洗盘整理结束。盘面走势符合“放量——缩量——放量”的韵律，这是一个理想的买入点。此后股价奔腾而上，产生第二波主升浪行情。

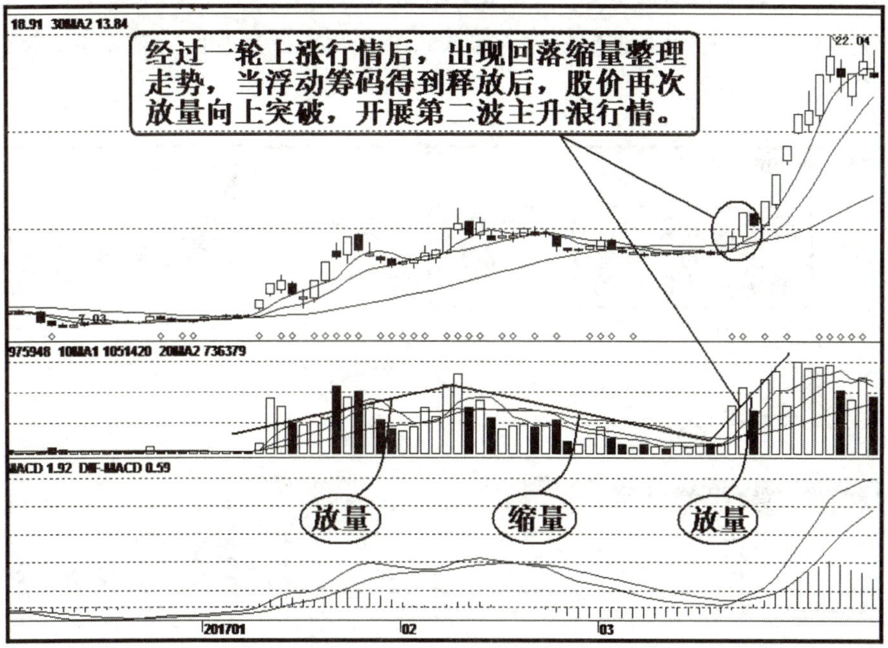

图 4－32

二、跟随游资离场

1. 高位天量卖出

股谚说“天量天价”。“天量”是指在某一个时段（如日、周）内的成交量为近期最大量。“天价”是指在某一个时段（如日、周）内的价格是近期最高价。这种情况大多是主力大量派发筹码所致，股价下跌就在眼前，如果不及时清仓离场，有可能将前一段的胜利果实化为乌有。在技术上应注意以下几点：

（1）出现天量时股价的位置必须处于相对高位。确认方法可以根据该股的历史走势来判断。

（2）必须是近期一段时间内最大的成交量。

（3）有的个股放巨量之后，股价仍然快速上涨，但成交量有所减小，呈“价涨量缩”走势，这类个股的最佳卖点不是放量当天，而是在放量之后出现“价涨量缩”背离时离场，即“先放量后背离”卖出原则。

图4－33，顺丰控股（002352）：主力完成建仓计划后，出现一波井喷式飙升行情，短线盘中堆积了大量的获利筹码。2017 年 3 月 1 日股价从涨停板开盘后，出现大幅震荡走势，成交量大幅放大，当天换手率高达 29.71%，短期涨幅巨大，属于该股近期的“天量天价”现象，此后盘面急转直下，呈倒 V 形快速下跌走势。

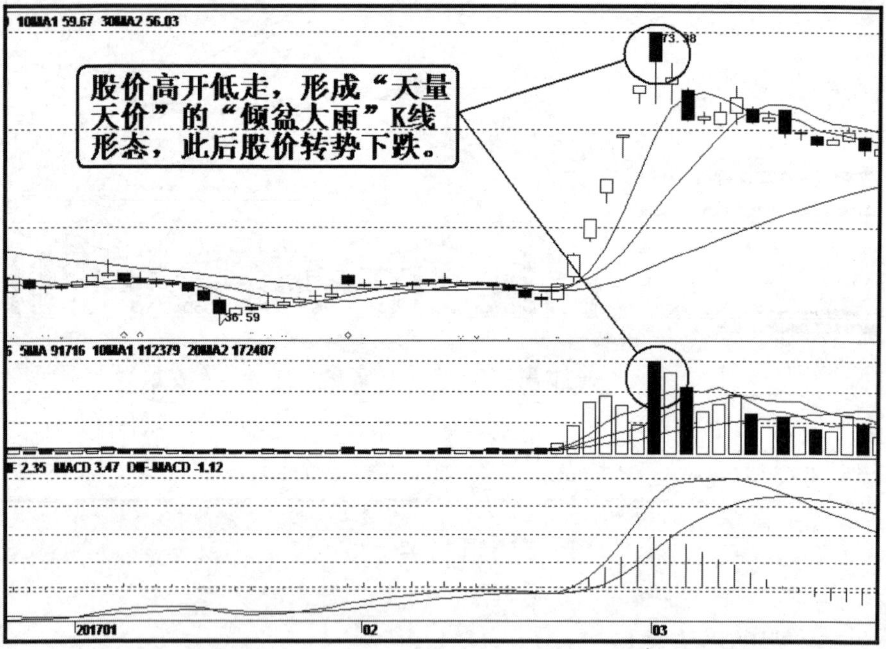

图 4－33

2. 巨量收阴卖出

股价经过短期连续上涨或大幅上涨后，高位出现巨量或放量大阴线时，为短线卖出信号。表明主力资金出逃，是量价背离的表现，应该加倍小心。在技术上应注意以下几点：

（1）必须是涨势行情持续较长时间的高位，或者短期出现快速拉升走势。

股价距反弹行情启动点30%以上，距波段行情启动点80%以上，大级别行情超过一二倍涨幅的，该信号才为有效。

（2）注意两种行情的高位概念：一是上攻行情的高位是从本轮行情的启动点计算；二是反弹行情的高位从反弹点计算，其前期高点附近往往是反弹行情的高位。

（3）高位成交量巨大时K线形态：一是K线长阴，股价大跌，主力出货意愿坚决；二是K线长阳，股价大涨，庄家强势拉高出货；三是K线大阴大阳相吞，是较强烈的顶部信号。

图4－34，雅百特（002323）：该股短期快速上涨后，2017年2月24日出现一根放量跌停大阴线，给出了明确的短线出局信号。当天换手率高达38.84%，股价吃掉了前一天的涨幅，K线形成孕育阴线，说明盘中游资在大举撤出，上涨行情结束。次日股价一字跌停，中期调整确立。

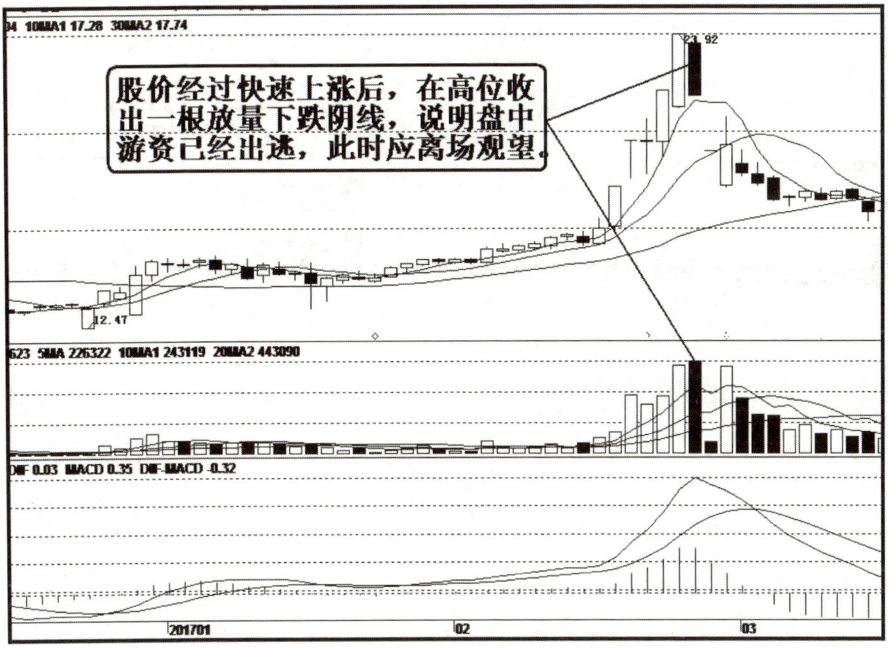

图4－34

3. 量价失衡卖出

成交量持续放大（形成“堆量”），而股价没有相应上涨或者只有小涨，产生量价失衡现象，这也是量价背离的一种表现形式，是一个潜在的卖出信号。常见的顶部标志性信号：背离后收出大阴线、冲高回落收长上影线、乌云盖顶形态、十字星线等。

图 4-35，北京科锐（002350）：该股在 2017 年 5 月出现一波快速上涨行情，股价经过持续拉高后在高位出现滞涨走势（股价只是小幅上涨），而同期的成交量保持放大状态，连续 10 多个交易日日均换手率超过 28%，形成“堆量”状态，两者出现明显的失衡现象，预示股价将要展开调整。6 月 14 日，股价放量冲高回落，在高位收出一根长上影线 K 线，说明游资在撤离市场，是一个顶部卖出信号。

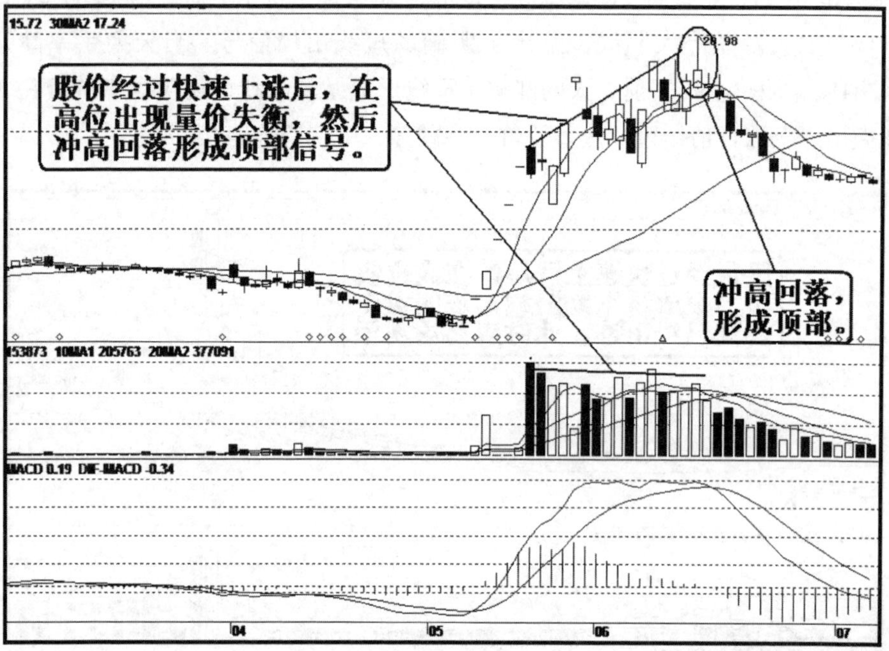

图 4-35

4. 巨量开板卖出

在涨跌停板制度下，量与价关系是：涨停量小，继续涨；跌停量小，继续跌。如果个股在涨停时没有成交量，那是因为卖方惜售，不愿以此价抛出，所以才没有成交量。第二天，饥渴的买方会追买，股价继续上涨。如果当日出现涨停，而成交量放大，说明卖方抛出意愿强烈，买方无力坚守阵地，买卖双方力量发生变化，股价有可能下跌。短线投资者应在成交量放大使涨停不能维持封盘时，第一时间卖出。在技术上应注意以下几点：

（1）涨停位置应处于相对高位，特别是一些历史阻力位。

（2）涨停后开板次数越多、时间越久、成交量越大，反转下跌的可能性越大。

（3）注意主力假买真卖。游资为了达到撤退目的，经常先以大买单挂在涨停位，造成买方追买假象，而当众多投资者以涨停价追买，此时游资便撤掉买单，反手打出卖单，自然成交。当买盘消耗差不多时，游资故技重演，进一步诱使散户追入，如此反复操作，以达到高位顺利撤退目的。判断涨停板的真假，应观察是否存在频繁挂单、撤单行为，涨停是否经常被打开，当日成交量是否很大，这几点进行判断。

图4-36，智动力（300686）：该股上市后被大幅炒高，短期游资获利丰厚，拉高出货是必然选择。2017年8月29日，小幅高开1.55%后，盘中一度下探4个多点，然后逐波震荡走高，午后封于涨停，但下午2点37分开始巨量抛单出现，砸开涨停封单，股价跳水翻绿，尾盘微涨1.96%，K线以十字星报收，当日成交量大幅放大，换手率高达60.07%。这种盘面现象说明游资已无恋战，暗生撤退念头，利用尾市偷袭出货，将当日追涨停买入者全部拴住。次日低开收阴，顶部形态确立，股价进入中期调整。

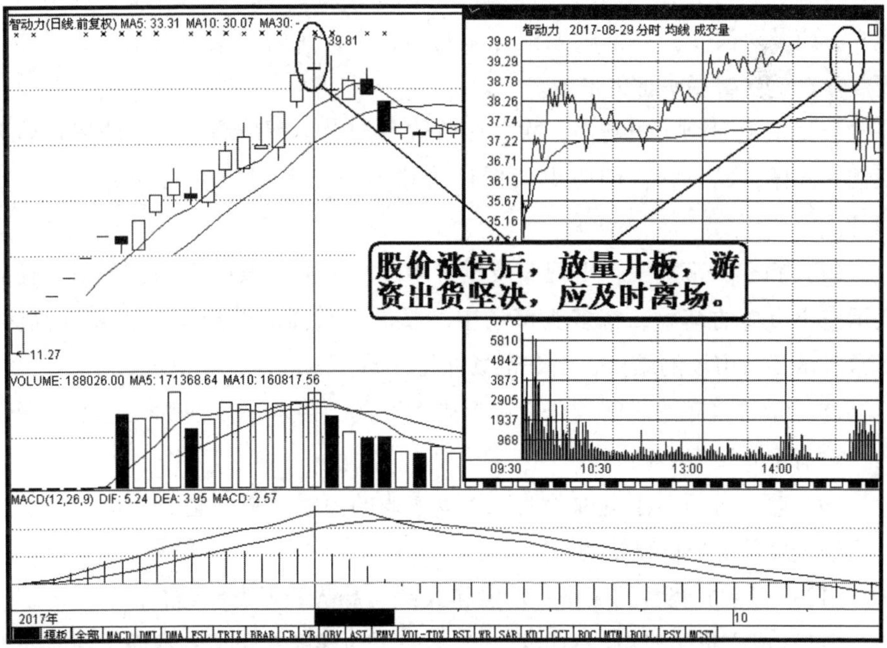

图4-36

三、量价经验法则

（1）在涨跌停板制度下，第一个无量跌停，后势仍将继续跌停，直到有大量出现才能回档或反转；同理，第一个无量涨停，后势仍将继续涨停，直到有大量出现才能反弹或反转。

（2）放量总是有原因的，在高价区有些主力往往对敲放量，常在一些价位上堆放大卖单，然后将其吃掉，以显示其实力，吸引市场跟风，或是在某些关键点位打出大手笔买盘，以显示护盘决心，凡此种种现象皆为假象，真实的升降即可辨别。若是在低位出现的对敲放量，说明游资准备发动拉高行情，可以择机跟进。

（3）在股价长期下跌后成交量形成谷底，股价出现反弹，但随后成交量却没有随价格的上涨而递增，说明股价上涨乏力。股价将会再度跌至前期谷底附近，但出现第二谷底时，成交量明显低于第一谷底，说明没有下跌的动力，新的一波上涨行情又要起来，可以考虑买进。

（4）在股价下跌时，无论有量无量，只要形态（均线、趋势线、颈线、箱体）破位，均要及时止赢停损出局。

（5）高价区一根大阴线，若其后两根大阳线也无法收回失地，表示天价成立，应及时清仓；高价区无论有无利多利空，在出现大阴大阳时，只要出现巨量，就要警惕头部的形成。

（6）成交量创历史新高，次日股价收盘却无法创新高时，说明股价将要回档；同样，成交量若创历史新低而价格不再下跌时，说明股价将要止跌回升。

（7）在空头市场中，出现一波量价均能突破前一波高点的反弹时，往往表示空头市场的结束；在多头市场中，股价创新高后若成交量再创新高时，常常表示多头市场的结束，空头市场即将开始。

（8）量价筑底的时间越久，则反弹上升的力度、高度越大，这就是所谓的“横有多长竖有多高”。

（9）量价分析对小盘袖珍股、控盘庄股的短线分析不适宜，但中长线还是无法脱离量价分析系统的。

（10）观察成交量的变化一定要和 K 线、趋势和形态相结合。

（11）成交量是股市的温度计，许多股票的狂涨并非是基本面出现实质的变化，而是短期筹码市场供求关系造成的。

（12）上升趋势中出现的相对地量，股价回落至重要均线（5 日、10 日、30 日）附近，往往是极佳的短线买点。

（13）成交量的大小决定个股除权前是否抢权，除权后是否填权、贴权。除权后若成交量放大拉阳线有填权行情，无量或减量往往出现贴权走势。

（14）黑马股的成交量变化在底部时一般有两种特征：一种是成交量在低位区域从某天起突然放大，然后保持一定的幅度，几乎每天都维持在这个水平，在日线图上股价小幅上涨，下跌时常常出现十字星或小阴小阳；另一种是成交量从某一天起逐步放大，并维持这种放大趋势，股价常常表现为小幅持续上涨，说明庄家已没有耐心或时间来慢慢进货，不得不将股价一路推高边拉边吸。

（15）在股价底部盘整的末端，股价波动幅度逐渐缩小，成交量萎缩到极点后出现量增，股价以中阳突破盘局，并站在 10 日均线之上。成交量持续放大，股价收阳线，以离开底价 3 天为有效原则。突破之后黏合的均线转为多头排列，此为最佳的短中线买入点，也是量价均线配合的完美样本。

第五节 追涨停实盘技巧

一、涨停股买入技巧

1. 追涨停方法

在 A 股市场中，不少投资者或私募机构专挑涨停个股进行短期快速套利，俨然形成一支庞大的追涨停队伍。多数情况下，个股涨停后，次日具有惯性冲高动力，这是深入人心的大众意识。利用次日的惯性冲高卖出获利，是广大追涨停和参与封涨停资金操作的直接原因。而且，市场不乏一些具有特别好的个股出现连续多个涨停而产生暴利效应，这也是诱惑短线资金追涨停的另一个原因。追涨停股应掌握以下方法：

（1）快速拉升阶段，最好是开盘后 30 分钟内涨停。在大盘走势不佳时，可以延长至 45 分钟。

（2）以一字涨停开盘的股票，可以积极关注。这类股票通常有三种走势：一是直接一字涨停开盘，直至收盘封单不动，这类个股即使挂单，也很难买上，因为在集合竞价时，主力已在涨停价上堆积了大量的买单，所以抛出的筹码都被庄家接走。二是一字涨停开盘后，又快速被打开，下跌至7%～8%时又迅速上升至涨停。这种股票符合第一条的情况可以考虑买入，由于庄家手法非常凶悍，要注意有一定的风险性。三是一字涨停开盘后被打开，并一路下跌不止，这种股票坚决不碰。

（3）股价放量突破一个重要阻力位的，如均线、趋势线、颈线等。

（4）股价脱离一个重要区域的，如成交密集区、平台整理区、底部盘整区等。

（5）洗盘结束或突破后回抽确认成功的。

2. 涨停股买入时机

对于很多散户来说，股价盘中上涨6、7个点后就不敢追，原因就是觉得当天上涨幅度太大了，担心追涨被套，其实追涨并非都有风险。强者恒强，越是强势的股票，后期越是涨得凶猛。

事实上，不少刚进入主升浪的股票，开始启动时就是拉出一根涨停大阳线。主力拉出涨停大阳线的目的很明确，就是引起市场的关注，引诱散户入场一起抬轿子，这样主力后续拉升的压力就大大减轻。追涨停股的买入时机，可以参考以下几点：

（1）开盘立即挂单买入已经封于涨停的个股。为什么要买开盘即涨停的个股？通常有三个原因：一是出现个股重大利好，主力在前一日收盘后得到确切信息，当日开盘后立即以涨停价抢盘。二是个股主力经过吸纳、试盘、震仓后进入急速抬拉阶段。由于主力操盘手法特别凶悍，直接以涨停价开盘，以免散户抢到廉价筹码。三是有些主力希望自己控盘的个股充当大盘或板块领头羊，也会以某个涨停价开始连续拉抬多个涨停，创造赚钱效应，吸引散户跟风。

不管是什么原因，开盘后即涨停的个股，大多在开盘时立即挂单买入，才有可能成交，此时必须争分夺秒，机会是以秒来计算的。

（2）开盘30分钟内有可能出现涨停的个股。每日9点26分左右，在大盘开盘时，立即翻看有没有开盘即封涨停的个股。若有此类个股，立即查看买一位置上是否有大量买单。然后快速切换到日K线图中，查看有没有上涨的基础，是否为近期第一个涨停。如果确认值得参与，应立即以涨停价挂单买入。

（3）开盘30分钟内涨停的个股，一般都是高开5%以上，然后很快冲至涨停。刚涨停时成交量巨大，封盘数量也越来越大，随后成交量萎缩。有些个股上午有一次打开涨停的机会，然后再次回封，下午成交小得可怜。至尾市时，几分钟才有几手、几十手的成交出现。

（4）上午开盘30分钟后到午市收盘前涨停的个股，短线盈利机会小于前者。由于当日成交量已经很大，封盘较少，后市打开涨停的次数一般来说相对较多。有些个股打开封盘后就再也不封住涨停了，因此这段时间内涨停的个股追买风险较大。对于这类涨停个股，短线也不是绝对不可以追，只是买入的仓位要严格限制。

（5）午后乃至尾盘才涨停的个股，一般是跟风而动的主力行为。由于主力封盘不坚决，封盘数量很小，所以这类涨停股追买风险较大，建议尽量不要追买。其理由：这类个股多数在次日还有比现价低2%～3%的价位出现，若形态较佳，可以在次日股价下探时买入，这样买入的成本会更低一些。

（6）开盘30分钟内涨停并符合上述条件的，出现第一个涨停的个股可以大胆追进。据统计，此类个股盈利的可能性达80%，短期盈利的可能性达60%。

（7）开板买入。涨停个股在什么时候买入最合适呢？在开板后再次拉封停、剩下小单被消灭的一刹那买入。为什么要等开板后的再次封停买入呢？

第一，开板是一次清洗不坚定筹码的机会，一旦开板，当天获利的不坚定筹码就会担心煮熟的鸭子飞了，会争先恐后地夺路而逃，这样次日的拉升就不会有阻力了，毕竟换进的新多头成本要高得多，次日没有立即卖出的冲动，只要次日继续拉高就会安抚这批新多头，继续持股为庄家坚守在高位。

第二，再次封盘表明主力确实是洗掉不坚定筹码，也反映主力做多决心。从日K线上看，这是强势攻击后快速下跌末端的涨停，可以追击入场。

（8）如果没有及时发现并追入涨停个股，盘中可重点关注接下来最先涨停的前三只个股。最好使用软件的报警装置，将选择的涨停个股选入自选股中，以各自涨停价低一分钱的价位设置低位报警。然后可以去关注其他的个股，当大盘出现急速下调时，关注的涨停个股有可能打开涨停，此时系统报警，可以查看并决定是否买入。涨停被打开之后，大多会下调1.5%～2%，个别的能下调3%左右，可以此为参考价买入。绝大多数这类个股下探后，在大企稳后会迅速拉起，重新封于涨停。

3. 快速抓涨停股

如何快速抓涨停股？什么样的股票容易出现涨停？这是每一个投资者所

关注的。短线投资者在追击涨停时，应该按照“不封不追”的原则，只有到达涨停价位才追。介入点一定要在待涨停个股最后一个价位上的筹码快要被消化殆尽（只剩少量卖单）时，一般都有希望成交，而且这个点位最安全，或者在刚刚封涨停的瞬间快速挂单排队。

千万别在还没摸涨停的时候提早买入，特别是在股价只差2~3个价位涨停时就急不可待地追进，结果往往当天高位被套，损伤惨重。有的庄家很狡猾，将股价直接拉到8、9个点或瞬间触及涨停价位，在吸引跟风盘后掉头向下，这是典型的诱多行为，切勿跟进。

还有一点必须提醒的是，行情数据传送到电脑终端的时候，往往比实际交易时间要晚一些，刚封涨停的时候几秒钟就意味着排在大量买单的前面还是后面。如果没买到，还有一种就是封得比较死的涨停被突然的大单逐渐打破，开板后只有小幅下跌，在几分钟内又迅速封停的股票。

当然，并不是说一定要在涨停价才买，如果看盘经验丰富，在感到当天涨停有可能封死的话，可以提前买进，好处是可以避免排队，买入成本也较低，扩大获利空间。如果看盘经验不足，那么最好是在大盘处于波段强势的时候，按照上面介绍的方法买入。这样操作虽然买入的机会会减少，但是比较可靠。

快速抓涨停股票时，需要注意以下几点：

（1）观察市场的强弱。在大盘强势市场中，尤其是每日都有5只以上个股涨停的情况下，可以大胆追涨停。在大盘弱势市场中，切不可盲目追涨停。

（2）选择攻击性强的个股。这一点可以从庄家资金性质上进行判断，实盘中注意寻找攻击性极强的主力。主力操盘手法一定要狠毒，且控盘能力突出。尽量不要选择那些公募基金控盘的个股，应选择由游资操作的个股，这些庄股的风格以及资金实力，盘中交易双方的力量对比能力，会很清晰地体现在盘面走势之中。

（3）盘面总体走势良好。这种良好态势可以是一种稳健的多头走势，也可能是一些严重超跌之后的反弹走势。如果近期成交量以及日线级别的K线显示该股明显走弱，并且有头部特征，此时突然出现的放量大涨，则不属于良好状态，更大的可能是诱多出货。这样的股票即使出现涨停，多半会在涨停的当天出现巨量，第二天低开下跌，甚至在当天尾盘就打开涨停。

（4）从介入的时机看。个股涨停时间离开盘越早，则次日走势越佳。如果某只股票在收盘前涨停，其次日走势大多不理想。大部分个股涨停后，在盘中总是有打开涨停的现象，最佳介入时间应为再次封涨停的瞬间。

每日早盘第一只冲涨停的股票，在次日继续冲高的概率最大，而且第一只涨停股票，也会将股价全天封死在涨停价上。

(5) 涨停前的形态较佳。如选择股价长期在底部盘整，未出现大幅上涨的底部股；或是整理结束而涨停的强势股；或是上市数日小幅整理、某一日忽然跳空高开并涨停的次新股。

(6) 盘中及时搜索涨幅排行榜，对接近涨停的股票，翻看其当前价格、前期走势及盘子大小，以确定是否可以作为介入对象进行追踪。当涨幅达9%以上时应做好买进准备，以防大单封涨停而买不进去。

(7) 有一种股票涨停前可以放心地追，那就是高开3%以上，开盘后迅速直线拉升至涨停的个股。这类个股开盘时可以允许略有回调，但一旦开始拉升，主力拉涨停的决心不可动摇。

4. 抓强势涨停股

追涨停是一项高风险高收益的投机活动，选择介入点非常重要。参与涨停股，应以短线强势股为主，而且应选择低价小盘股。这些个股一旦强势涨停，往往出现持续的上涨行情。在当前市场中，流通盘在5个亿以下的个股最适宜游资炒作。

如果一只股票在盘中一度涨停，但是始终无法牢牢封住涨停，而是封住又打开，打开又封住，从盘面上看总是出现大量抛盘，短线散户可能会担心庄家在涨停价上出货，于是选择观望或者卖出股票。主力往往会反过来利用散户的这种心态，借助涨停打开的机会进行洗盘，目的是抬高散户的平均持股成本，准备后期继续拉升股价。所以此时投资者也不必惊慌，只要股价不跌破均价线，就可以继续持有。如果股价跌破均价线，则应该卖出部分筹码以回避风险。

图4-37，三钢闽光（002110）：2017年7月10日，该股开盘后股价向上拉高，二波封于涨停。虽然之后涨停被多次打开，但股价始终没有跌破当日均价线（黄线）。这时已经入场的投资者不必惊恐，可以稳定持股。没有介入的短线投资者，可以在股价再次封涨停前追涨买入。经过短暂的“开闸放水”后，股价重新封于涨停，此后股价出现了较大幅度的上涨。

图4-38，共达电声（002655）：2018年1月2日，股价高开6.25%后盘中秒停，但随后多次打开封盘，并多次跌破均价线（黄线），且每一次回升时

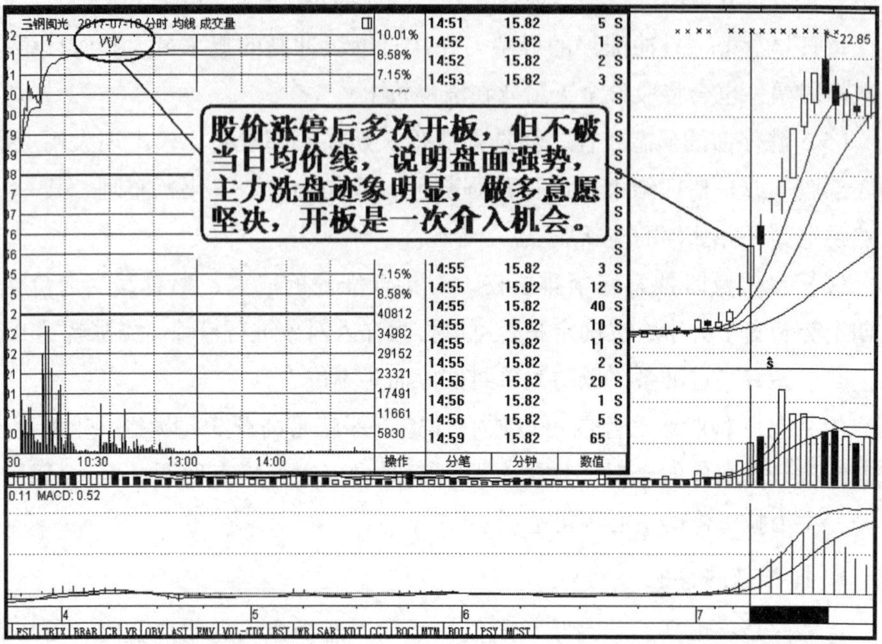

图 4－37

均遇到均价线的反压。虽然最终离涨停只差一分收盘，但盘中的震荡足以说明上涨势头已经不足，短期调整渐趋加大。这种盘势短线投资者不要追涨买入，即使持有该股的投资者，也要在尾盘卖出。

5. 抓龙头涨停股

当某个板块受到市场热炒时，第一个涨停的股票往往就是该板块的龙头品种。短线投资者如果炒作龙头股，就要密切注意板块中所有个股的分时走势。对于第一个冲击涨停的个股，投资者要尽量在第一时间追击。

龙头股有号召力，能够带领并启动整个板块上涨，因此要敢于追买率先涨停的领头羊，在大牛市中更是如此。行情低迷时期，市场中很少能见到涨停个股。一旦强烈反弹或反转，要追买第一个涨停的个股，后市该股极可能就是领头羊。即使市场只是出现了一次反弹，领涨龙头股的上涨空间也较其他个股大很多。比如 2018 年 1 月 3 日启动的“雄安新区”反弹个股，就可以作为借鉴。

图 4－39，冀东装备（000856）：2018 年 1 月 3 日，开盘后经过半个小时的横盘整理，从 10 点 2 分开始一口气将股价拉至涨停。雄安板块调整非常充分，股价存在反弹机会，所以在股价刚刚触及涨停时，投资者就可以以涨停价挂单追买。

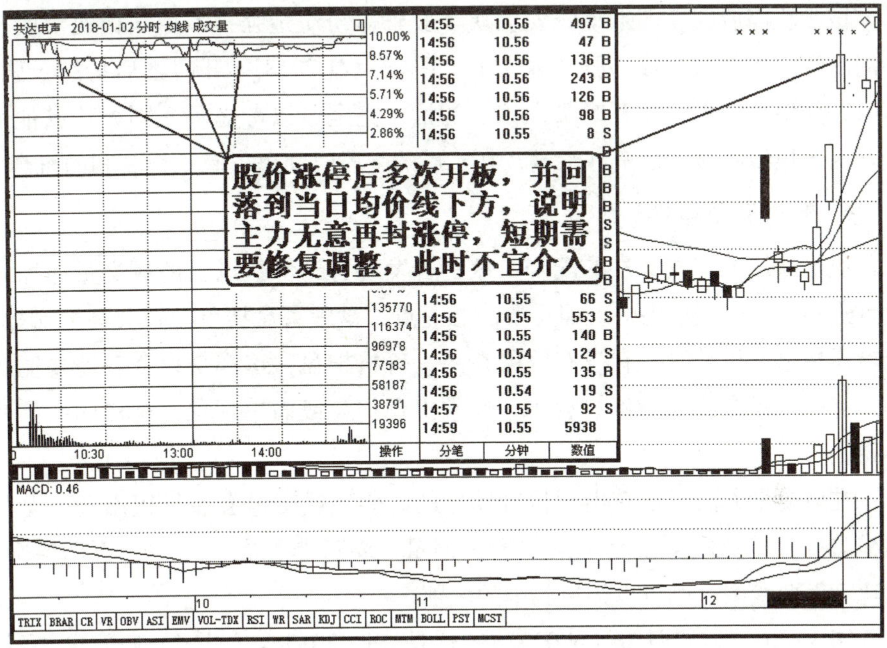
共达电声 2018-01-02 分时 均线 成交量
股价涨停后多次开板，并回落到当日均价线下方，说明主力无意再封涨停，短期需要修复调整，此时不宜介入。

图 4－38

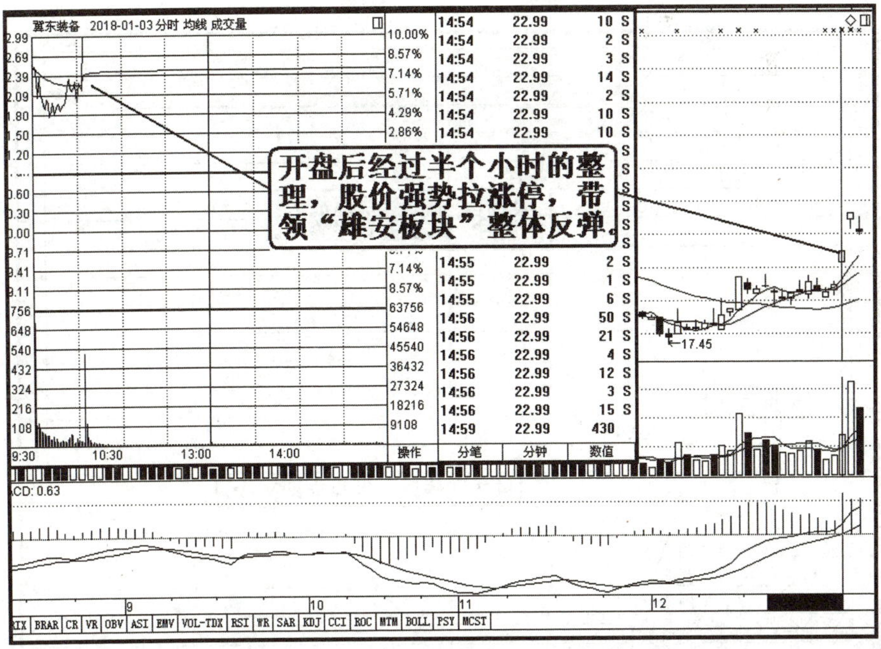
冀东装备 2018-01-03 分时 均线 成交量
开盘后经过半个小时的整理，股价强势拉涨停，带领“雄安板块”整体反弹。

图 4－39

该股涨停后，立即带动雄安板块个股整体纷纷走强，不少同板块个股也冲向涨停，从而该股成为强势龙头股，引领大盘 2018 年开门红后持续走强。此时，如果投资者没能及时买入该股的话，完全可以考虑买入同板块其他个股。因为短线明显有游资在活动，在之后的一段时间里，有走强获利的机会。

6. 抓放量涨停股

股价涨停要有成交量的配合，盘中若发现有三位数以上的成交量向涨停价推进的，可以立即追进。但也要注意一点，盘中买盘挂单是否会马上撤掉，或者说在急速拉升时，有没有筹码在买一价格护盘，这都是投资者需要注意的。有的个股在冲击涨停过程中，经常出现护盘或撤单现象，这样的涨停就显得很可疑。

在成交量方面，没有出现拉升动作的时候，成交量会显得很温和，尤其在横盘过程中，成交量呈现阶梯形的缩量，缩量非常有序，一点也不凌乱。对比下面两幅图，就可以知道其中的区别。

图 4－40，彩虹股份（600707）：这是该股 2015 年 7 月 31 日的走势图。在分时走势中，股价上攻时成交量快速放大，回调时成交量有序萎缩，量价变化有序，配合得当。封盘后立即缩量，显示庄家对盘面把控得非常好。

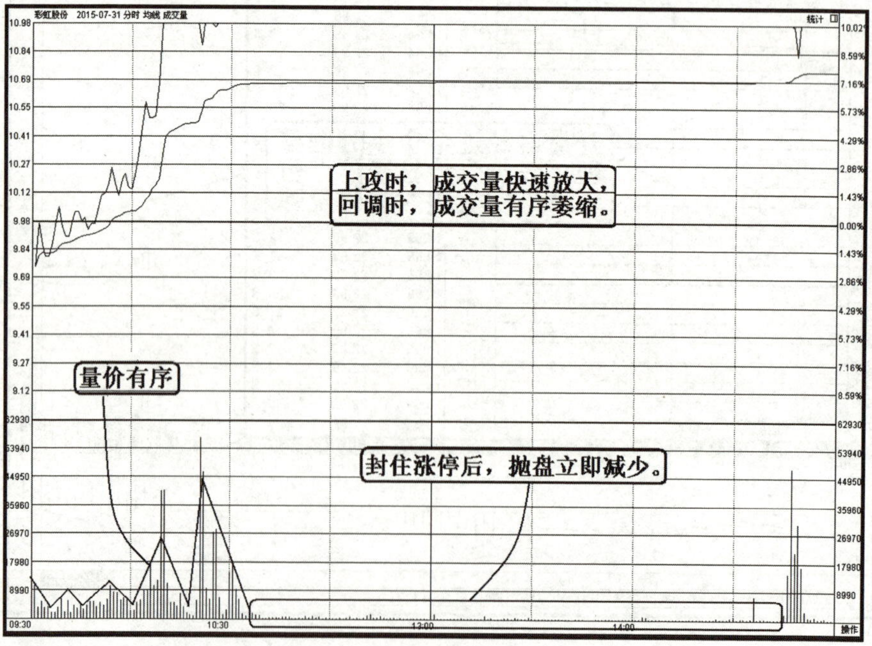

图 4－40

图4－41，中粮屯河（600737）：这是该股2015年8月17日的走势图。在拉高过程中，股价和成交量没有节奏，上攻形态不明显，量价失衡，盘面凌乱，涨停显得十分勉强。涨停后封盘不彻底，抛压较大，尾盘又打开涨停，而且当天大盘并无大幅波动，因此这种走势疑似主力在拉高出货。

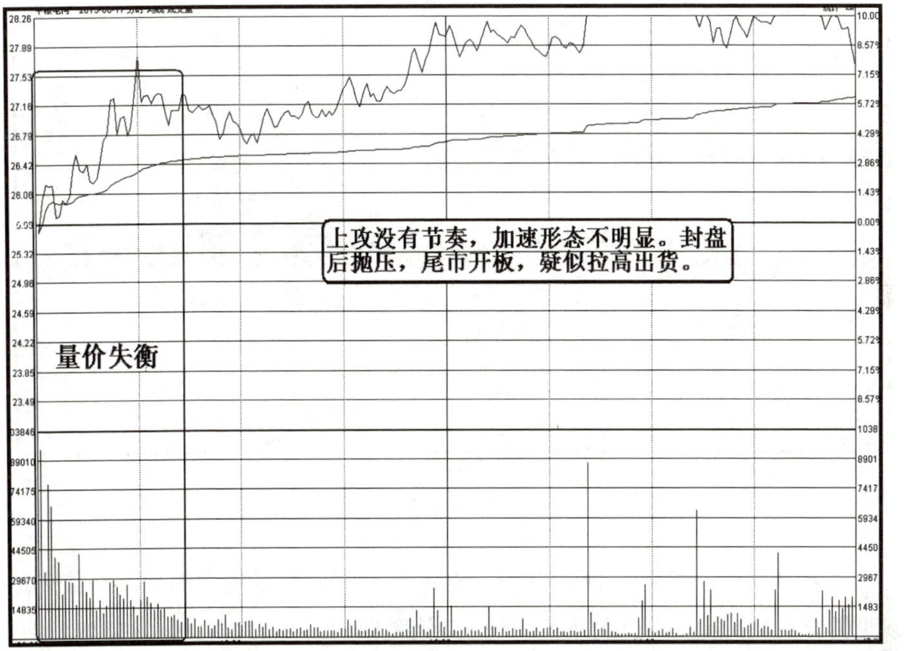

图4－41

当然，个股涨停后，当日成交量不应太大，尤其是巨量涨停的个股，应谨慎参与。成交量大小，可以在当日开盘半小时之后简单算出。是否属于巨量，应与该股一段时间以来的放量情况进行对比。

个股出现巨量涨停，通常有两种情况：一种是在大幅上涨的高位；另一种是下跌过程中反弹行情。这两种走势都属于主力对敲出货行为，不宜追高操作。

图4－42，冠豪高新（600433）：2015年6月5日，该股在高位出现放大量涨停，当天换手率接近8%，这与前期的低换手率形成了鲜明的对比，明显属于异动放量。从成交量上不难看出有主力对倒出货的嫌疑，因此这类涨停股还是不追为好。

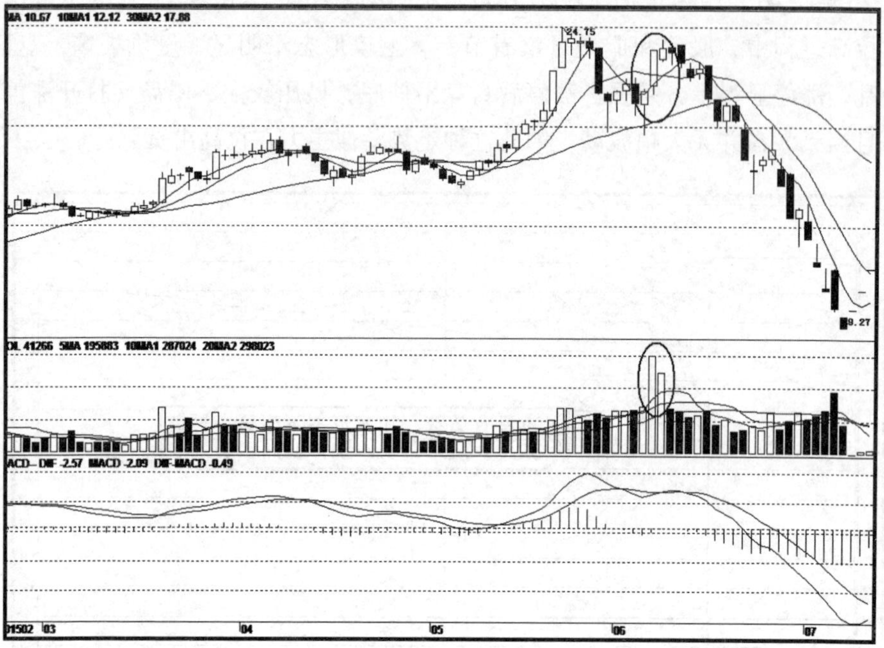

图 4 - 42

图4 - 43，天润乳业（600419）：这是出现在反弹过程中的暴量涨停现象。该股股价见顶后回落，2015 年 7 月 9 日从跌停价开盘，然后震荡拉高。到尾盘收于涨停，全天震荡幅度达到 20%，换手率为 26.75%。这一天成交量十分可疑，超过前一天成交量的 3 倍以上，疑似庄家在对倒出货，短线不应追涨，反而是离场的良机。第二天再次放出巨量，但股价未能涨停，此时可以确定为主力减仓出货，没有离场的散户此时应当果断清仓观望。

在实盘中，有三种巨量涨停现象可以例外：一种是前面连续多个一字涨停，在打开涨停后出现的巨量涨停，后面可能还会震荡上涨，当然短线还是不追涨为好，如 2017 年 12 月 1 日的江南嘉捷（601313）等。另一种是股价大幅下跌或暴跌后，由于庄家资金介入而出现的巨量涨停，后市仍有一定的上涨潜力，如 2017 年 12 月 27 日的雷鸣科化（600985）等。还有一种情况是刚刚送配除权的个股（如 10 送 10、10 送 20 的个股），也会出现巨量现象，但性质与上述两种情况不同，如 2015 年 3 月 23 日的永大集团（002622）等。

在实盘中，对于放量涨停好还是缩量涨停好，要具体问题具体分析。缩量涨停，有时说明市场抛压较轻，或者庄家已经高度控盘，拉抬比较轻松。

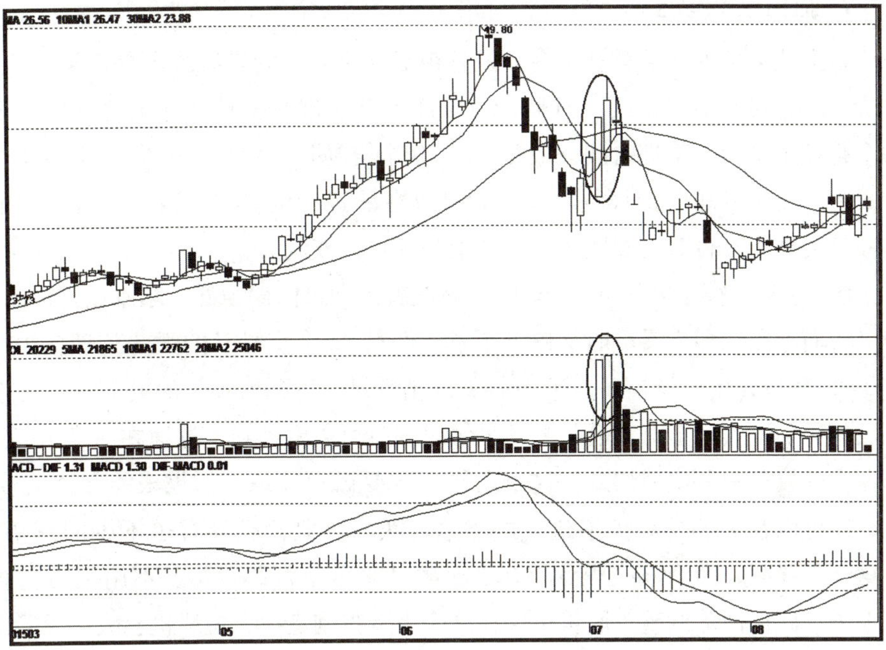

图 4－43

有时也有投资者看好后市而惜售的因素，因而往往容易形成连续涨停。

关于涨停当天的成交量，实盘中关键要看以下三点：

（1）涨停前量与涨停后量大于 3∶1，涨停后量越小越好。

（2）封单越大越好，最好大于 5 位数（根据股本大小有所不同）。

（3）无论是缩量涨停还是放量涨停，在涨停后不出现大抛单就是好品种。

如果是被暴炒过的大牛股，一旦进入下降通道，远离上方套牢密集区，下方远离庄家成本密集区，这时缩量涨停多为出货的中继形态，第二天大多低开低走。

放量涨停，尤其在前期小头部处的放量涨停，一方面说明庄家做多意愿坚决，并且不惜解放所有的套牢盘，显示其志在高远；另一方面也显示了庄家强大的资金实力。只要放量涨停未远离庄家成本密集区，之后往往会形成一波大幅上涨行情。

突破成交密集区和前期头部回抽（洗盘兼测试支撑强度）确认时出现涨停走势，一定要求成交量萎缩。尤其是创新高后缩量，说明满盘获利无抛压，庄家已经高度控盘。

7. 抓突破涨停股

在上涨途中形成的整理平台，一旦被成功突破，则具有强烈的看涨意义。股价见底企稳并出现小幅回升后，由于庄家开始洗盘整理，在走势图中形成一个整理小平台，整理时间一般在 10～20 个交易日。然后放量向上突破这个小平台，股价以涨停价报收。投资者可以在涨停价位追进，激进者可以提前到股价突破小平台时立即跟进，基本上当天可以获利。

图 4－44，德尔家居（002631）：该股就是冲过前期顶部，刚刚做好形态，但又含而不露，即将突破时又停下来了。经过 12 个交易日的强势整理，2015 年 3 月 20 日开始放量拉高，30 分钟就放出巨量，达到前一天的成交量。对于该股的异动，实际上开盘后只要几分钟时间就可以发现它，迅速在 A 点切入。开盘——放量——快速切入，这个动作一定要做得熟练。如果未能在 A 点买入，还可以在 B 点、C 点追进。虽然这时买入，股价已经有了不少的涨幅，但这并不要紧，因为该股毕竟是在一个整理平台上发起攻击，不用担心它会跌下来。即使回落调整，股价也会在这个平台得到支撑，短线机会大于风险。

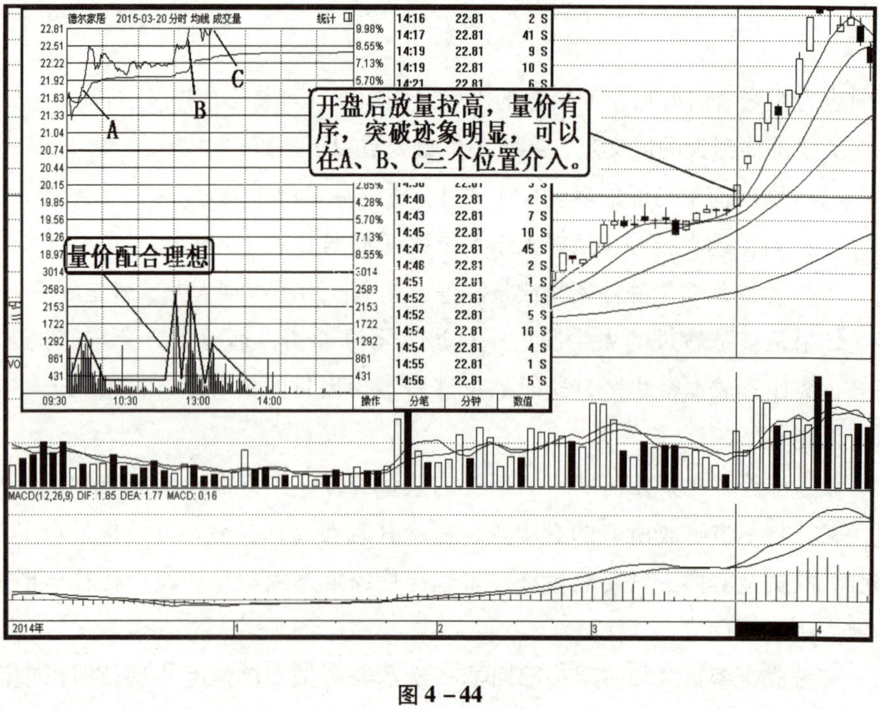

图 4－44

整理平台向上突破的最大优点，就是跌下来也跌不深，而且也不太可能跌下来。像这只股票，开盘后放出巨大的成交量，买入后如果运气好，当天就可以涨停，因为它向上攻击的空间是很大的，而向下回档的空间则很小。

快速买进当天涨停股票的诀窍就是：巨量跳空过平台，回档不补缺口，再度放量拉起超过前量、越过前高就可以买进。简单地说就是“放量跳空，回档买进”。

二、涨停股后市研判

1. 涨停次日操作原则

通过对近几年市场出现涨停的个股进行分析，涨停次日最高点平均涨幅为5.92%，按次日收盘价计算平均收益为2.86%。短线介入涨停个股，次日平均收益大大高于其他个股的收益率。所以研究涨停个股的次日走势尤为必要。

（1）次日如果该股开盘继续涨停，则不必急于抛售，但要死盯着上面的买盘数量。一旦买盘迅速减少，则有打开涨停的可能，此时须立即抛售，获利了结。如果一直涨停至收盘，则不必抛，继续观察第三天的走势。

（2）次日高开高走，要密切盯住盘面变化。一旦出现回升涨势疲软现象，比如股价回调下跌1个点，则立即报单卖出。

（3）次日平开高走，要盯紧盘面。一旦出现涨势疲软，则立即报单卖出。

（4）次日高开低走（涨幅在3%以上），则要立即抛售，并以低于买盘的价格报单，按照优先原则（委卖价低的申报优先于委卖价高的申报成交），可以迅速成交，并且成交价一般都会高于自己的申报价。如果在第一天涨停的过程中，出现一笔大单迅速使股价上涨3%以上的手法，则要以低于价位1%以上的价格报单卖出。这样做既能保证成交，又能保证最大利润。

（5）次日低开高走，要盯紧盘面。一旦出现涨势无力，则立即报单卖出。

（6）次日平开后迅速下跌，则趁反弹时择高点卖出。

（7）次日低开低走，要选择反弹高点立即卖出。

（8）次日开盘5分钟内，股价回落到涨停前一日的收盘价，无论赢亏都要出局。参照分时K线系统，15分钟或30分钟的MACD一旦出现小红柱，则立即出局。

（9）次日大盘走势不佳时，先行退出观望。

（10）次日成交量大幅放大，而股价小涨或不涨，说明量价失衡，应逢高出局。

2. 涨停次日强弱分析

在涨停次日看盘时，要盯紧分时图、成交量、买卖五档的变化，尤其要仔细观察分笔成交图。对于买盘上挂出的大买单要特别小心，此多为主力出货的征兆。出现经典的拉高诱多形态，应果断出局，不能留恋。当然，还要结合大盘走势和个股K线及均线形态来进行判断，这样才能更有效地降低操作风险。

涨停当日走势达到以下标准的，可以认定为强势股，第二天有望获利5%以上。

（1）涨停之后，封盘不动，没有被打开过。

（2）早盘跳空开盘，小幅回档后直接快速封涨停。

（3）涨停之后，未出现过四位数以上的抛盘。

（4）股价低位放量涨停，封单为五位数以上。

（5）股价处于庄家拉升初期或中期。

（6）股价刚创新高，且还没有远离低位成交密集区。

（7）个股属于资金流向中的主流热点板块品种。

3. 涨停次日力度研判

（1）涨停个股第二天上冲能力大小和卖出点的选择，主要看当日成交量和封盘量，在此仅提供一些参考值：

①封盘量是日成交量的80%以上，次日高开6%以上，能上摸涨停价，也很有可能涨停并封死第二个涨停。

②封盘量是日成交量的50%～80%，次日高开5%以上，能上摸8%～10%的涨幅，也有可能涨停并封住第二个涨停。

③封盘量是日成交量的30%～50%，次日高开3%以上，能上摸6%左右的涨幅。

④封盘量是日成交量的10%以下，次日能达到2%～3%的涨幅，则计算好大概价位，次日集合竞价卖出，不赔先走人。

给出的封盘量和上涨概率只是一个参考值，重要的是在盘中观察个股在封盘过程中的表现。如个股上午10点以前封停，全日无打开涨停的现象，本来封盘量较高，但收盘时减少至10%～30%。这个现象表示该股今日惜售特征已经很明显，收盘前主力已无大量封盘的必要，排队等待成交的人也大部分撤掉买单去做别的股票了，那么这只股票次日开盘不久仍将有可能出现第二个封停。再比如，一只股票昨日封盘量很大，今日封盘量并不大，明日能否继续涨停？这时要看今日成交量是不是比昨日明显减少，也许昨日成交100000手，今日成交20000手，表明主力已经控盘，明日开盘不久即会出现第三个涨停。

（2）涨停个股的次日开盘情况，也是研判盘面强势的重要参考依据。

①平开。次日平开说明主力有可能借昨日股价涨停压低出货，当股价下破昨日涨幅一半时，可借反弹出货。

②低开。若次日出现低开，但并没有出现单边下跌，反而快速被拉起或再一次涨停，应视为洗盘。若低开后不能快速拉起，可视为出货。一般来说，今天封在涨停，第二天低开，大多是庄家出货，因为今天进去的，明日低开没获利，不情愿出来，主力要出在你前头，而今天没追进的，第二天以为捡了便宜，跟风盘较多。不光是涨停，有些尾盘打高的，也是为第二天低开便于出货。

③高开。次日高开后一般会有上冲动作，若两波不能涨停时，可以短线卖出。一旦形成长上影K线，收盘前也应了结。若高开后立即回调，可能是主力出逃或洗盘，关键要看下调后能否在半小时之内再一次把股价拉回到开盘点位之上，否则应出局观望。

（3）涨停次日走势与价位高低、股本大小、大盘强弱等因素有很大的关系。

①涨停股次日走势与其股价高低之间有着密切关系，可以发现10元以下涨停股的次日收盘平均涨幅在4%以上，远高于整体平均收益率。介入10～20元的涨停股收益率也相对较高。低价涨停股的收益比高价涨停股的收益要高。

②涨停股次日走势与其流通盘大小之间的关系。在涨停个股中，股本在5亿股以下的个股，次日走势一般都较好，其平均涨幅远高于平均值。

③涨停股次日高点与大盘强弱的关系。如果大盘巨量长阳强势上攻，次日就有安全的高点；如果大盘处于弱势反弹之中，则对涨停股次日高点就不要期望太高。而且，个股如果追捧不热烈、尾盘有大量筹码出逃，一般情况下次日不会出现5%以上的高点。

三、涨停后卖出技巧

1. 涨停股的卖出原则

股价大涨之后往往也会大跌。参与涨停股操作，是追逐高收益高风险。抛出股票时，一定要选择在上涨时，千万不要等到下跌了才想到抛售。一般来说，一只股票连拉三根中阳线后，就要考虑短线抛出了。那么，涨停股怎么抛呢？

（1）“涨停不出货，出货不涨停”，这是追涨停的最高指导原则。意思是说，只要第二天还能封住涨停，就不要急于出货，直到封不住了，再根据具体情况采取应对措施。

（2）如果第二天开盘 30 分钟左右又拉至涨停，则可以大胆持有。如果第二天不能涨停，可以在上升一段时间后，在股价平台调整数日时抛出，也可以在第二天冲高时抛出。

（3）涨停封得很死，这时候要看涨停后的成交量变化情况。涨停后成交量萎缩很快，有时连续几分钟没有成交，这种情况就更好了。另外，还要看收盘前几分钟封单大小，当然封单量越大越好。如果昨天的涨停封得很死，今天就可以看得高一些。可以根据昨天的封盘情况，估计今天开盘的大概位置。如果大大低于估计的开盘位置，应做好退出的准备。

（4）已经出现三个涨停，短线可以考虑出局。如果量能未有效放大，可以继续持股。

（5）虽然股价涨停，但封盘显得有些勉强，盘中涨停多次被打开。遇到这种情况，建议还是早出为妙，亏损 3% 是可以接受的最大的损失额。

（6）股价高位放量涨停，次日开盘冲高卖出。股价低位放量涨停，可以继续持股。无量涨停，也可以继续持股。

（7）如果昨天追了涨停，但尾盘没有封住涨停，那么当天开盘后要马上出掉。特别是当股价上冲到昨日涨停价附近时，应坚决抛出，不要盼望有更高的点位出现。

（8）盘中涨停被打开多次，且量能放大，尾盘涨停无力，股价位于高位，则果断出局。股价位于低位，可能是庄家吸筹，视后期走势择机出局。

（9）对于弱势品种，即涨停后被打开过的和涨停后放大量的，可以采取“三点一赚”的原则，即有 3% 左右的涨幅，就可以见好就收，保持利润为主。

在买进之后，什么时候可以看高一点？什么时候估计要保守一些？这里说一下特别情况：

一是消息影响。不利的消息出来以后，一般先看开盘价。如果开盘价比预期低很多，说明在消息打击下，主力和追涨盘信心不足，应该立即出掉。

二是股价比预期高开很多。这时候不妨稍微等一下，可能会有更好的获利。但是一旦出现下跌走势，接近预期价格时，要立刻出掉，锁定利润。当然如果比较保守，高开后也可以立即出掉。

三是如果股票昨天涨停的换手率不大，低于3%，今天开盘价格比预期低，但是开盘成交非常小，估计以现在的成交量持续下去，全天成交量比昨天涨停还小时，这时候可以持股等待。待股价开始放量上冲，全天成交量估计比昨天涨停放大许多时，可以择高卖出。

需要提醒的是，在追涨停时，及时出局锁定利润是非常必要的。出局之后，即使后面涨得再多，也不要后悔，否则会因过于贪婪而丧失及时出局的机会，导致最终被套和亏损。

2. 涨停股的卖出技巧

（1）涨停次日收流星线

在涨停次日，如果股价跳空高开或大幅冲高，同时成交量急剧放大，这时投资者一定不要追高。特别是经过一段时间的波动后，如果K线形态变成十字星或长上影线的流星线，表明上升动力严重不足，上方抛盘十分强大。此前的涨停很可能就是最后的冲高动作，或者是庄家的诱多行为，这时投资者应该尽快卖出手中的筹码。

这种形态出现后，第二个交易日大多收出下跌阴线。将前后三根K线组合在一起，就构成一个完整的“黄昏之星”看跌形态。如果前一天收流星线时，散户还心存疑虑，或者没有来得及出局的话，那么这时就不要再犹豫了，果断卖出才是上策。

图4－45，恒力股份（600346）：该股向上突破整理平台后，股价连拉3个涨停，创出反弹新高。2017年3月16日高开4.03%后，盘中放量拉高，当股价接近涨停位置时，开始逐波向下回落，当天股价小幅收涨1.81%，在顶部形成一个放量的十字流星线。这个形态说明上方的抛盘压力十分巨大，股

价上涨的动力并不充足，股价冲高很可能是主力的诱多出货。这种情况下，投资者应该尽快将手中的筹码卖出。次日，股价低开低走，三根 K 线形成“黄昏之星”组合形态，从此股价出现较大幅度的调整走势。

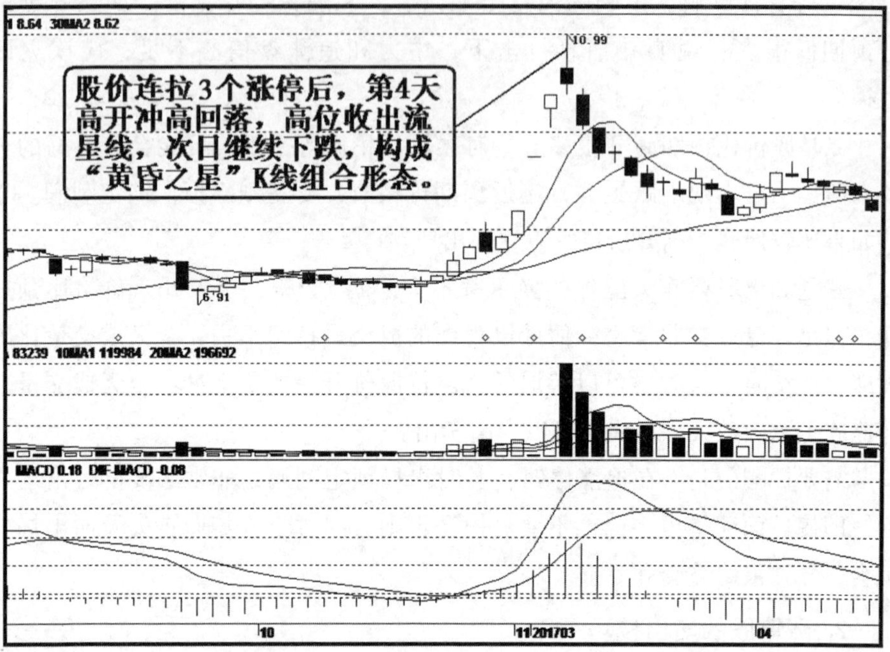

图 4 -45

（2）次日大幅低开收阴

涨停是最强势的盘面表现形式。如果第二天出乎意料地大幅低开后，不能有效地收涨，则反映主力做多意愿开始动摇，或突现利空消息。尤其是次日股价以跌停收盘，更是一种强烈的反转信号。所以，遇到次日大幅低开而不能收涨的个股，投资者应尽快卖出观望。

图 4 -46，武汉凡谷（002194）：该股在 2017 年 9 月的反弹行情中很有意思，连续 4 天出现低开高走或涨停走势，成交量大幅放大，上涨势头十分猛烈。这时的操作原则就是只要低开收涨，就可继续持股观望，一旦出现低开不能收涨时，就是一个短期见顶信号。10 月 31 日，股价从跌停板开盘，盘中一度出现冲高走势，当天下跌 8. 14% 收盘，这就形成“低开不收涨”形态，就是一个短期见顶信号。

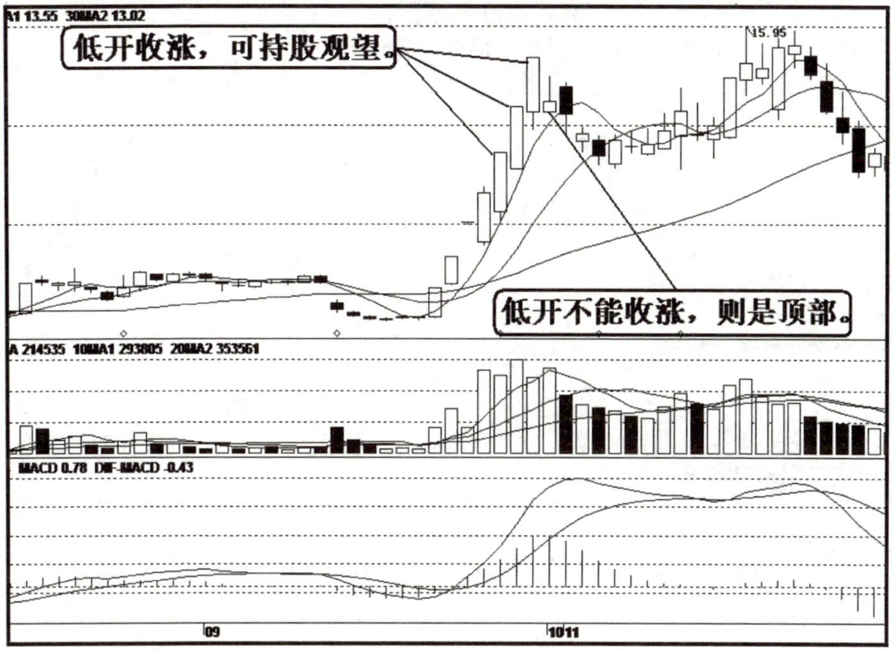

图 4 –46

（3）次日大幅高开后走低

在涨停后的第二天大幅跳空高开，本是一种强势盘面的体现。但是，如果大幅高开后，未能在高位挺住，而是缓缓向下回落，当天收出一根大阴线，在 K 线上呈现“乌云盖顶”或“阴包容”形态，这是一个明显的见顶信号。

图 4 –47，宜安科技（300328）：股价在高位连续收出两个涨停，2015 年 6 月 2 日受上涨惯性影响，股价跳高 8.07% 开盘。盘中略作冲高后开始逐波下跌，最终收出一根下影线很短的大阴线，形成一个“乌云盖顶”看跌 K 线组合形态，从此股价出现快速下跌走势。投资者遇到这种形态时，应及时退出观望。

图 4 –48，普丽盛（300442）：该股上市后就被实力强大的庄家相中，股价被疯狂炒作，从 25.07 元开始，短短 23 个交易日，股价突破了 161.21 元。2015 年 5 月 28 日，以涨停价 177.33 元开盘，并保持封盘状态。可是临近收盘时，游资大举杀出，几手大卖单把封单砸开，股价出现大幅跳水，直接从涨停价打到跌停价收盘，收出一根振幅达到 20% 的光头光脚大阴线，此后股价进入中期调整。

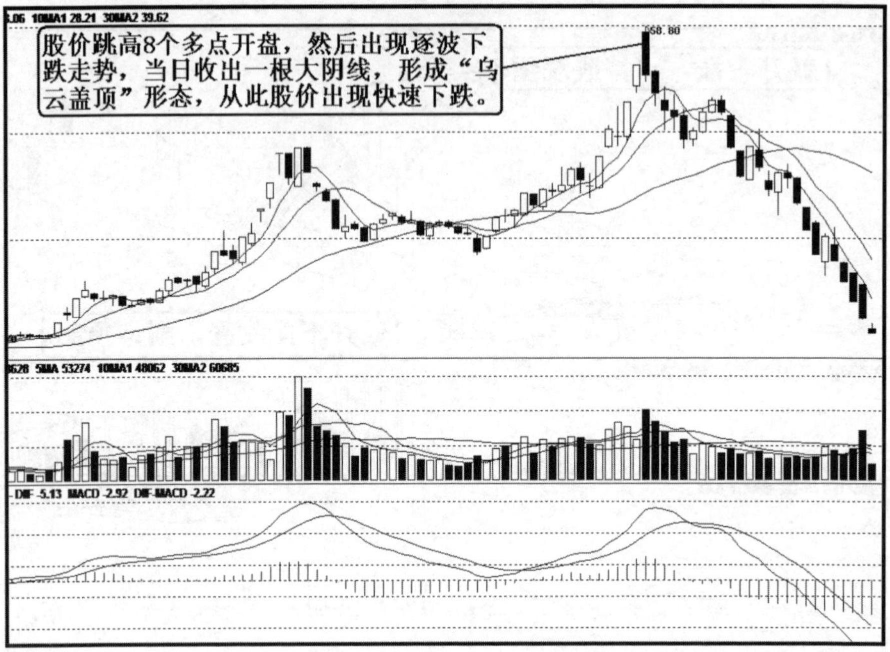
股价跳高8个多点开盘，然后出现逐波下跌走势，当日收出一根大阴线，形成“乌云盖顶”形态，从此股价出现快速下跌。
DIF -5.13 MACD -2.92 DIF-MACD -2.22

图 4 - 47

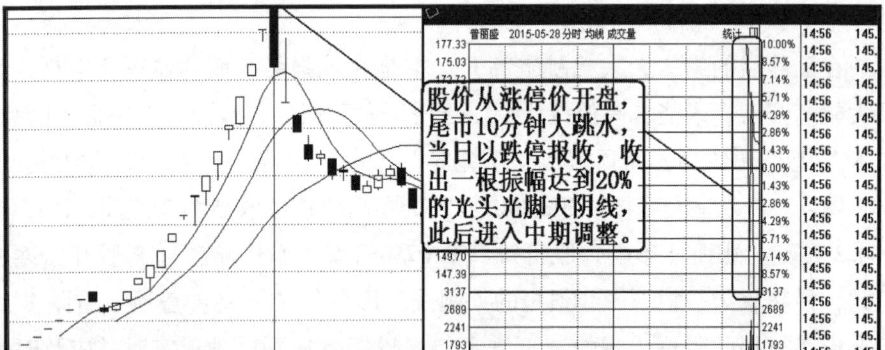
普丽盛 2015-05-28分时 均线 成交量
股价从涨停价开盘，尾市10分钟大跳水，当日以跌停报收，收出一根振幅达到20%的光头光脚大阴线，此后进入中期调整。
VOLUME: 21074.01 MA5: 30308.89 MA10: 38301.91
MACD(12,26,9) DIF: 28.99 DEA: 21.15 MACD: 15.68

图 4 - 48

四、涨停板上的陷阱

1. 常见涨停陷阱

游资的操盘模式，为不少机构和个人所模仿。现在不少游资在出货时，会展开有计划地刻意拉涨停，或者制造出符合“涨停敢死队”所喜欢的走势图，引诱这些资金入场接货封涨停。其实，每一种市场所熟悉的方法，都有可能被主力反向利用，涨停也是如此。所以，追涨停的操作风险比其他一般操作方法要大得多。大资金去追涨停，很多时候会遭遇场内主力的猎杀。

下面通过几个实例，剖析一下主力利用拉涨停引诱猎杀跟风盘的例子：

图 4－49，柳工（000528）：该股 2015 年 8 月 5 日涨停后，主力挂出 174560 手巨大封单，这本是一件好事，但封盘后连续的大抛单密集出现就不是一件好事。健康的涨停封盘后，一般抛单很快会减少，通常只是几手或几十手间断性的抛单，不会出现高密度的大抛单。随后盘面变化观察证明，这是主力为了吸引投资者跟进而挂出的虚假单子，目的是吸引场外散户进场挂单买入，同时稳定盘中散户抛压意愿，主力则可以利用涨停手法大量减仓，所以涨停是为了派发。那么，该股当天走势如何呢？请看下一幅走势图。

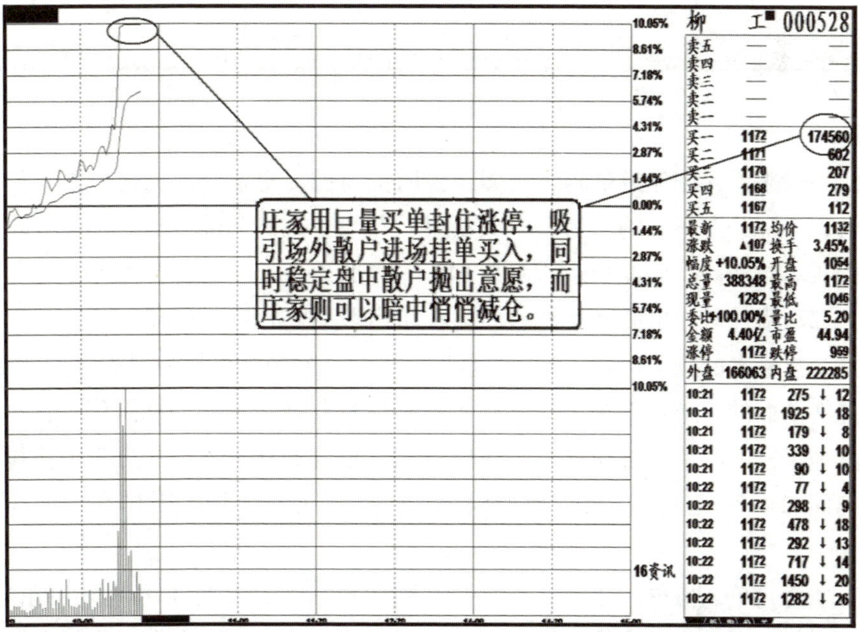

图 4－49

图4－50，柳工（000528）：从后市走势中可以看出，该股封盘后仍有几百手甚至上千手的大抛单。打开涨停后，股价围绕均价线上下震荡，全天出现大量的对敲盘，直到收盘未能重新封住涨停，显示主力减仓意图明显。遇到这类个股时，投资者应当在收盘前几分钟清仓离场。

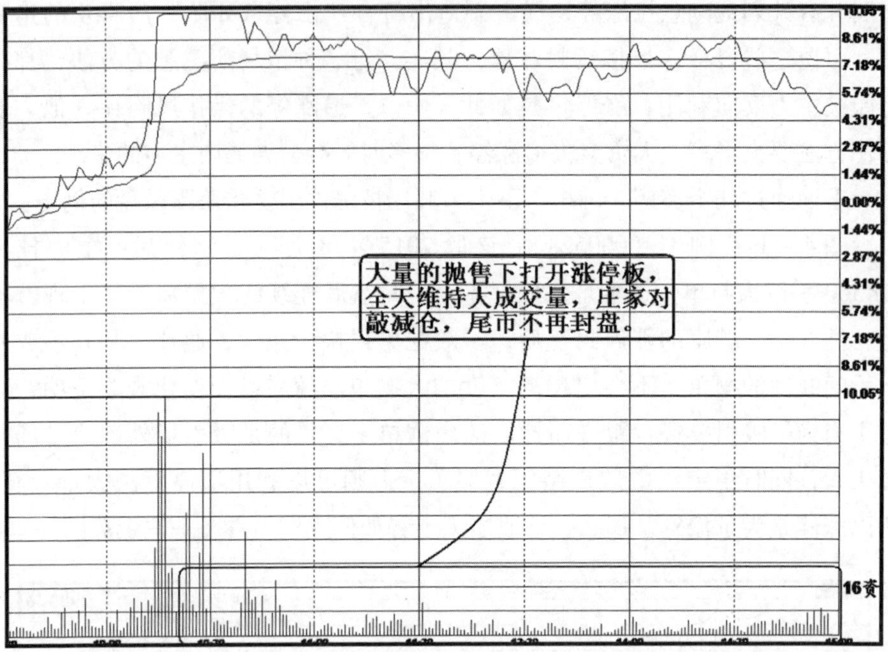

图4－50

一般来说，涨停封单越来越多，说明主力做多意愿坚决，这也是投资者的共识。部分有实力的主力就投其所好，在股价推高到涨停后，迅速挂出巨大的买单封涨停，以此吸引市场眼球。一只股票，如果主力拉涨停是为了出货，那么涨停后挂出的巨大封单，就是为了吸引投资者的挂单跟进。

当投资者的挂单达到一定的数量后，主力就撤销自己率先封涨停的买单，把挂在前面的买单逐笔撤下，然后再在最后重新挂出来。如此操作，就会导致其他买家的买单慢慢往前靠。在封单数量不变的情况下，主力实现由排在最前面的买单变为排在最后面的买单，而其他买家的买单则排在最前面的位置。

主力封单、撤单、挂单，完成一系列的操作后，此时主力就开始出货，按照同价时间优先成交的原则，将其他买家的买单吃掉。主力出货的手法一般是先用小卖单不断派发，最后每笔几千或上万手集中抛出，主力抛出的筹码全都被其他买家的资金接走。当其他买家的挂单被砸完后，主力也会撤去自己的所有封单，此时涨停就会打开。主力把属于自己的所有封单撤去后，有时还会砸盘出货。

图4－51，铜峰电子（600237）：该股前期主力反复进行短线套利操作，这天开盘后不久，股价以接近90度角直线拉涨停。涨停之后，买盘封单最大时超过40万手。看盘时，盘口细节非常重要，有时主力一个小动作，就能暴露出其操纵目的。该股早盘拉高过程中，买盘瞬间曾经挂出一笔48000多手的买单。这从表面上看，主力实力强大，封盘态度坚决。实际是否真实呢？往后面观察就知道了。当市场盘面挂单达到一定数量后，主力快速撤下自己的封单，然后大力出货。撤单与大量出货砸掉涨停价位其他买家的挂单，这个动作仅在一两分钟内就完成了。动作慢了，就会引发场内其他筹码的涌出。打开涨停后，股价全天震荡走低，说明主力出货坚决。

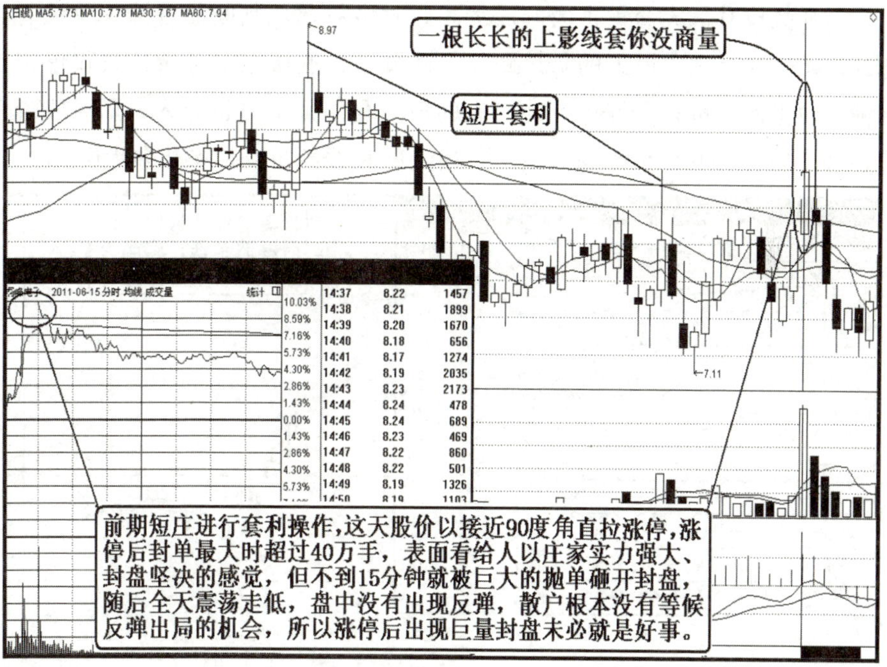

图4－51

这种盘面走势，在分时图走势中叫“打压出货”。主力实施打压出货手法时，一个价位一个价位地向下卖出。在这个过程中，股价是不会有什么明显反弹的，投资者根本没有反弹卖出的机会，只会是越等越低。主力引诱其他资金在涨停价上挂买单，这不是一件容易的事，所以主力不会创造反弹机会让散户退出。

由此可见，早盘拉高和巨量挂单都是做给投资者和其他机构看的，目的是吸引资金进场接货。如此控盘操作的结果是，涨停大阳线变成长上影线 K 线。下一个交易日，股价跳空低开杀跌应在预料之中。从这里也可以看出，短线资金套利拉出的涨停很危险，一般人“伤不起”。

主力猎杀跟风盘的手法很多，有的是将股价拉到涨停价位后，仅仅封单几秒钟，然后打开涨停快速回落，使股价步步走低；有的则快速拉高股价，在离涨停价位差一两分钱时迅速回落走低，此后渐渐走弱。这些手法都是主力猎杀跟风盘设置的圈套，目的是将追涨买入的散户套在其中，由此可见主力的狡猾和险恶。

图 4－52，万年青（000789）：2015 年 8 月 18 日开盘后，该股股价逐波上行，强势拉升，成交量也大幅放大。此时多数散户判断股价涨停是没有悬念的，谁知这是主力设下的猎杀跟风者的圈套，股价在涨停价位仅仅停留几秒钟，便迅速巨量打开涨停，此时有的散户利用开板时机介入。随后股价逐波走低，当天以下跌 5.54% 收盘，一根流星 K 线给市场带来几多忧伤。

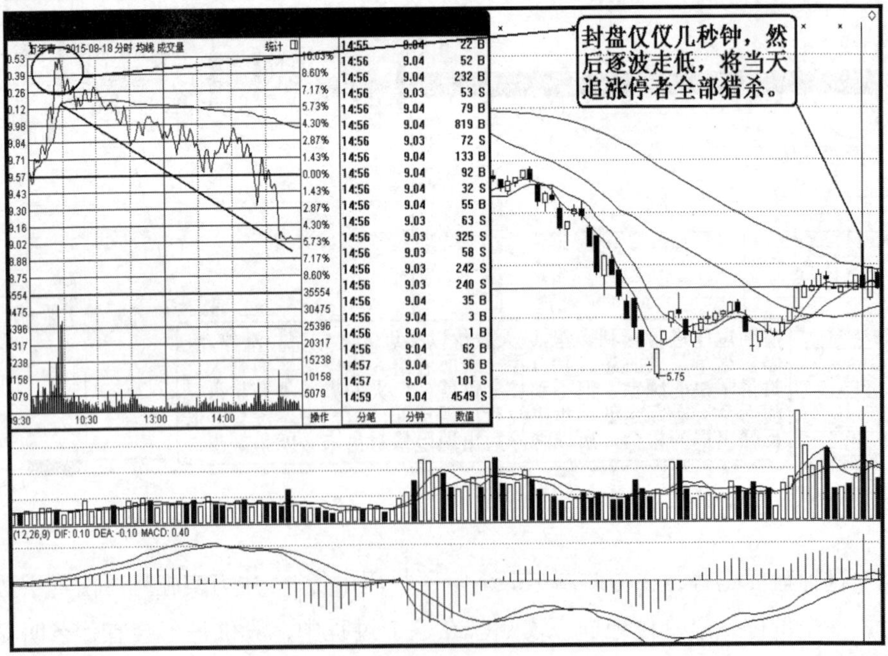

图 4－52

图 4－53，营口港（600317）：2015 年 8 月 10 日，该股开盘后先是横向震荡，从 10 点 40 分开始，股价迅速放量拉高，盘面势不可挡，主力似乎要大干一场，于是涨停敢死队纷纷追涨买入。可是，当接近涨停价只差两分钱时，股价出现快速回落。之后全天横盘震荡，将追高者全线套牢。

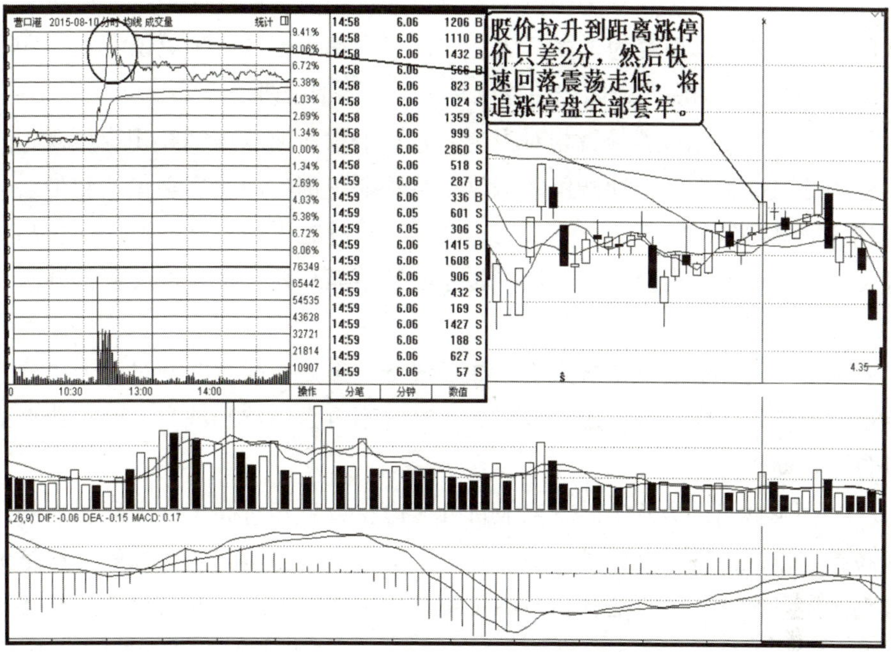

图 4－53

对于短庄操作的股票，主力充分利用市场追涨队伍的操作喜好，设置技术陷阱对其进行猎杀。所以，喜欢追涨停的投资者一定要注意短庄反向利用涨停这个陷阱。这些短庄设下圈套的个股，一般在涨停前几日就已经有资金悄悄介入的痕迹，技术上表现为日 K 线出现温和上涨，有两三根放量小阳线。

2. 避免涨停陷阱

涨停是最极端的操盘方式，也是短期快速获利的机会。每一只股票涨停都有其内在因素，包括主力资金、技术形态、盈利能力和宏观利好等，这些内在因素构成了股价持续涨停甚至翻倍的基础条件，因此大多数个股在低位出现涨停时，是很值得短线参与的。虽然股价涨停叫人神往，但当一只股票处于高位的时候，涨停就不再是铺满鲜花的金光大道，而是诱人入局的美丽陷阱。那么如何避免掉入主力设置的涨停陷阱呢？以下方法可供参考：

（1）从全局的高度和整体的角度审视股价所处的位置，看看它是处于高位、中位还是低位。处于高位的涨停是很危险的，需要特别小心。即使要参与，也要控制好仓位，千万不要重仓介入。空间位置的高低可以用量度涨幅来计算，也可以用黄金分割比率来计算。

（2）凡是股价已经处于高位或者相对高位，出现低开高走拉出巨量大阳线的涨停，都可以理解为诱多行为。如果当天换手率巨大，更说明主力积极诱多出货。这样的涨停大阳线往往就是一个美丽的陷阱。

（3）要看形态位置是否相对安全。有些个股前期涨幅已经相当可观，若再受利好因素刺激而上冲涨停，这时尽量不要追涨。即使启动位置较低，但若连续涨停过多，如 5 个涨停以上，也暂时不考虑买入。形态不好（包括其他因素均不支持）的个股，勉强拉涨停但又不能封死，在高位反复打开涨停的，也要谨慎对待。

（4）从盘中分时图走势来看，如果股价已经处于高位，分时图上出现典型的涨停反复多次打开，成交量很大，这就不再是诱空和洗盘，而是典型的涨停出货动作。

（5）从收盘的方式来看，当股价处于高位或者相对高位，出现明显的尾盘拉抬动作，拉高收盘，或者最后几分钟对敲做高股价，拉至涨停，这是最典型的尾盘作秀，目的是蒙骗不明真相的投资者，为随后的出货制造机会和空间，实际上是一个多头陷阱。

（6）要看推动股价涨停的题材或利好是否足够大。比如 2017 年的“雄安新区”，就是重大题材。这类题材的品种，就算第一个涨停追不上，第二个、第三个也可以考虑追买，如冀东装备（000856）、创业环保（600874）等。

（7）要看资金介入是否坚决。在涨停之前数日，若无明显的资金介入迹象，涨停当日最好有大幅放量行为，且量比要达到 10 倍甚至更高为好。

（8）看委托盘。真正要涨停的个股，一般显示出来的买盘并不会比卖盘大，因为真正的买盘是即时成交的，在显示屏上是看不见的。那种用很大的买盘托着股价慢慢上升的个股，如果多留一个心眼，则不难发现其实是主力在出货。

（9）怎样来判断主力出货还是建仓？首先要对比股票前期底部与现在涨停后放量时的距离，若前期底部与涨停放量处有 30% 以上，就必须注意主力有出货的可能。第二看放量前股价的走势，如果是较强上升至涨停位置放量，一般主力很难出货或者很难全身而退，这类个股还会有第二次放量的机会。

在放量的个股中，当天的走势和未来几日的走势也能大体判断主力动向。若放量当天仍以涨停报收，那么未来仍有一定上升空间；若当天放量拉出带有上影线的阴线，那么短期调整不可避免；若当天放量拉出阴线，后期几日不破 10 日均线，并且放量再次攻破前期放量高点，未来仍有上升空间。

（10）自身操作经验是否丰富。追涨停对技术要求比较高，最好先以少量资金尝试，并随时总结经验，积累盘感，然后再加重仓位。另外，非常重要的一点是，一旦失手，要及时止损。因此，投资者先要问一问自己，这种相对刺激、技术要求较高的操作方法究竟适合不适合自己。若真要当“敢死队”，就要掌握一套过硬的本领，否则恐怕就凶多吉少了。

3. 追涨停注意事项

追涨停不可碰运气，而是要训练有素，操作有方，这样才能提高成功的概率。在追涨停时，应注意以下几个方面：

（1）不要多处出击，重点关注最先涨停的股票，观察量价是否配合。开盘 30 分钟就涨停的个股，要算一算当日的成交量会达到多少，一般不超过 10% 换手率，短线都是比较安全的个股。

（2）买入前看看它前期是否有止跌企稳迹象，成交量是否出现萎缩。

（3）图形好的才能买入，30 日均线向上的个股，买入比较安全。在本身技术形态不好的情况下，勉强拉涨停，又封不死，即使收盘以涨停报收，第二天也走不了多高。

（4）不是说晚涨停的股票就绝对不能追买，只不过它们第二天继续涨停的概率比较小。

（5）看清大盘趋势，再确定是否追入。大盘走势如果不强，个股封住涨停也会被抛盘打开，买入之后就会有被套的可能。

（6）判断个股是否有强庄入驻的理由。最近几个月内是否有过涨停，是判断强庄入驻的一个重要条件。另外，关键技术位和价位都应在低位或次低位。如果换手率达 5% 以上，这类涨停个股就更加可靠。如果主力连一个涨停都不敢拉，只能证明主力资金虚弱，胆识不够。追涨这类个股，风险常常是比较大的。

（7）不要为了涨停而追涨停。涨停只是测量一个主力的多头能量的温度计。至于那些在图形上莫名其妙突然间涨停的股票，还是不碰的好。

（8）在极强的市场中，尤其是每日都有 5 只以上个股涨停的情况下，要大胆追涨停。极弱市场中切不可追涨停，因为获利概率相对偏小一些。

(9) 一定要等涨停再挂单，未达到涨停时（差一分也不行）不要追买。一旦发现主力有三位数以上的成交量向涨停进攻时，应该立即追进，动作要快。

(10) 坚持自己的操作风格，不可见异思迁，以免当市场无涨停时手痒，盲目介入其他个股被套而失去出击涨停的机会。

第五章 游资鼻祖——骁勇的“敢死队”

第一节 “敢死队”的出现

所谓的“敢死队”，原本是指军队为完成极度危险的战斗任务而敢于去冒死的先锋队伍。在股市里所说的“敢死队”就有所不同了，通常意义是指敢于尝试高风险投资的人或机构，往往胆子比较大，以短线投机为主，实盘经验极为丰富，一旦趋势发生变化，就率先抛售离场，将其他中小散户套牢其中。

我们常说的“敢死队”或“涨停敢死队”，一般是指宁波涨停敢死队，以宁波为操作根据地。据了解，宁波解放南路一共有三家证券营业部（银河证券宁波解放南路和银河证券宁波和义路、光大证券宁波解放南路），聚集了一批做超短线的大户和牛人，其核心人物就是徐翔，“涨停敢死队”在此应运而生。早期他们拥有三四千万元的资金，当时市场正值熊市，成交量较低，营业部的大部分成交量主要来自这里。此后媒体对其披露之后，宁波涨停敢死队在市场广为流传。

涨停敢死队的操盘手法以其“短、快、狠”著称，从而惊动了管理层并对其是否涉嫌违规操纵进行专项调查，此后敢死队一度在股市上销声匿迹。直到后来被认定其行为没有违规时，其成员才敢再次在公开场合露面。

对于涨停敢死队，坊间有两种说法，一种说法是当年的宁波涨停敢死队主要由 4 号人物组成，并称为“超短 F4”。1 号人物就是徐翔，是敢死队中年纪最轻的一位。2 号人物姓吴，徐吴两人从其他营业部转到银河证券宁波解放南路时资金不过几十万元。3 号人物是徐海鸥，1975 年出生，上大学时就开始炒股，1997 年毕业于北京商学院后没找工作，就直接回宁波专职炒股。4 号人物马信琪，从临近的天一证券（现光大证券）解放南路过来。

第二种说法是，当年的宁波涨停敢死队成员大致有10个。其中，名气比较大的有银河证券和义路的舒逸民、银河证券解放南路的徐翔和胡彬、光大证券解放南路的马信琪和舒晨芳，另外还有后期崛起的短线炒家周建明。

宁波游资在奋战证券市场之余，也为当地的GDP做出了不小贡献。有关人士介绍："证券业因为有宁波涨停敢死队的存在，2015年一季度成交额增长145.2%，三月份更是增长了232.1%，它直接使金融业增加值增速达12%，比去年翻倍增长"。

2015年下半年以来，宁波游资依然是市场上最活跃的群体之一。据宁波证券期货市场最新的统计信息，目前宁波辖区共有109家证券公司分支机构，投资者资金账户数为137.57万户。每年证券成交总额在5000亿元以上，其中股票和封闭式基金成交额超过4000亿元。

这些游资偏爱"妖股"操作，之所以在股市中如此活跃，是因为：其一，宁波特有的商业底蕴，让他们对市场更为敏感，也更为热爱市场；其二，他们的家庭资金往往比较宽裕；其三，就是胆识，这些人胆子比较大。一句话，就是"对市场敏感、钱多、胆大"。这些人的资金来源也是多样的，稳健型的以自有资金为主，而激进型的则以对外融资为主。

虽然后来因为徐翔出事后，一度宁波游资的操作程度有所收敛，但其做盘手法一直延续至今，甚至被其他游资所效仿。

第二节　神秘的"敢死"队员

在风云变幻的资本市场里，造就了无数传奇，惊心动魄的故事也铸就成一个时代的标志。除了那些呼风唤雨的资本大鳄外，在股市中搏下亿万身家的"股神"更是为广大散户所推崇，但他们的情节往往有着神秘的色彩，真真假假，难以辨清。他们隐匿在龙虎榜游资席位之中，风格彪悍，手法诡异，善造妖股。操作纪律严明，一击不中，壮士断腕，胜率极高，缔造一个又一个的神话。广大散户对他们既爱又恨，既崇拜又唾弃。那么他们又是谁？为何被时代广泛流传至今？

1. 徐翔

提起徐翔这个名字，可能有好多股民都听说过，他就是原宁波涨停敢死队"总舵主"、上海泽熙投资管理有限公司总经理。

徐翔，男，1976年出生，浙江宁波人。他17岁带3万元入市，那时他还是个高中学生，18岁时放弃高考专心投资。徐翔对股市很有天赋，对热点的把握非常敏感，很快就成为操盘高手，在宁波地区小有名气。短短几年时间里他的个人资产已经达到40亿元，他自然而然地成为"敢死队"的核心成员。

名气渐响之后，徐翔的一举一动开始为外界所注意，特别其在营业部的仓位、持股，很容易被泄露，有人专门分析其持股以跟风投资。

2005年徐翔离开宁波前往上海，经历了A股的一波大牛市。2009年在上海成立泽熙投资公司。2010年3月5日，泽熙的第一只私募产品泽熙瑞金1号成立。就这样，曾为涨停敢死队总舵主的他，在上海滩开启一段叱咤风云的"私募一哥"的传奇。经过3年的发展，总管理规模在70亿元左右，当时规模仅次于阳光私募——管理资金规模排名第一的上海重阳投资。

徐翔之所以被称为"传奇"，是因为在2010—2015年之间，泽熙旗下产品收益率最高达3855.81%，增长近39倍，最低收益率有765.02%。据媒体报道，徐翔在2011年底抄底重庆啤酒（600132）、2012年底"醉倒"酒鬼酒（000799）、2013年底染指乐通股份（002319）造成股价异动等，虽然泽熙产品每年业绩名列前茅，但市场质疑声不断。

2012年底以来的两个月，乐通股份因沾上3D打印概念，股价一飞冲天，股价从最低时的7.77元涨到25.42元，涨幅超过两倍，大股东趁机先后套现超过2亿元，而高位接盘的居然是一直喜欢抄底的泽熙席位。"唯一的解释是大股东私下已与徐翔谈妥接盘的条件。"当时，有人怀疑控股股东联手徐翔做局。

2014年9月，已经以收益率和管理规模荣膺中国"私募一哥"的徐翔，开始介入上市公司的重组、定增计划。泽熙投资也不再局限于上海，当月在北京设立自己的分公司。

此时的徐翔名利双收，他在上海买入15万元/平方米的顶级豪宅汤臣一品。2014年他又斥资7000万元在宁波高档小区新海景花园买入四套联排别墅。

他旗下的泽熙投资的资金规模接近200亿元，在"2015年前三季度中国阳光私募基金巅峰榜"中，泽熙投资以平均217.54%的收益率位居股票型阳光私募之首，远超第二名神州牧投资的94.43%。

泽熙投资的业绩到底来源于徐翔投资手段高明，还是有内幕交易、操纵市场之嫌，都没有足够证据支持。

这位中国证券市场的天才交易员，从游资结伙，到商界结盟，再到权贵绑定，其盟友不断升级，直至2015年6月的那场股灾。

2015年11月10日，徐翔在宁波杭州湾大桥被青岛市公安局特警大队某支队抓获。时隔400天后，2016年12月5日，徐翔在青岛中院走上审判席，他被指控使用400亿元左右的资金操纵证券市场，个人获利十多亿元。

据了解，徐翔有“私募一哥”之称，20世纪90年代以3万多元的资金人市炒股，后来掌管的资金规模越来越大，一度达到数十亿元之多。而且，其旗下的私募基金年化收益率往往高达200%以上，即便是在股市下跌时也能维持高收益。特别是2015年股市大幅波动期间，徐翔能够精准出货，一度让人惊叹。如今，其“超人”盈利背后的黑幕浮出水面。

据检方指控，在2009—2015年期间，徐翔在妻子应某配合下以亲友、泽熙公司员工、员工亲友等人名义开设大量证券账户并控制、使用，徐翔实际控制了近百人的证券账户。另外，在此期间徐翔单独或同他人与13家上市公司董事长、实际控制人合谋后，按照徐翔等人要求，由上市公司董事长或实际控制人，控制上市公司发布“高送转”方案、释放公司业绩、引入热点题材等利好信息的披露时机和内容，由徐翔、王巍、竺勇利用合谋形成的信息优势，通过实际控制的泽熙产品证券账户、个人证券账户择机进行相关股票的连续买卖，双方共同操纵上市公司股票交易价格和交易量，在股价高位时，徐翔等人将通过大宗交易接盘的公司高管减持的股票、提前建仓的股票或定向增发解禁股票抛售，从中获利。

2017年1月23日，青岛市中级人民法院正式对徐翔案一审宣判：被告人徐翔、王巍、竺勇犯操纵证券市场罪，分别被判处有期徒刑5年6个月、有期徒刑3年、有期徒刑2年缓刑3年，同时并处罚金（徐翔被处罚金为110亿元）。徐翔等被告对公诉方指控的犯罪事实不持异议，同时表示认罪认罚。

当一切尘埃落定，关于这场庭审以及徐翔的沉浮往事，在中国证券市场监管日趋严格的今天，都值得再三审视，这不仅是一个人的故事，更是资本市场的倒影。

主要席位：国泰君安上海打浦路营业部、国泰君安上海江苏路营业部、国信证券上海北京东路营业部。

2. 章建平

1967年出生，天津商学院毕业。1996年一个偶然的机会，章建平将当时仅有的5万元资金投入股市，就此成就了一段惊心动魄的传奇。

1999年达到500万元，一年后又到了3000万元。2007年高峰的时候，章建平个人的资产，据说已经达到近20亿元。2000年已经颇有实力的章建平到了国信证券杭州保俶路营业部，两三年后，又去了新疆证券杭州庆春路营业部。2005年全国8大敢死队栖身营业部——新疆证券杭州营业部排名第五。2005年7月，章建平转移到东吴证券杭州文晖路营业部。

据说，章建平只有自己和妻子方文艳两个股票账号，没有任何助手和智囊团，更没有带徒弟，也不做委托理财。他习惯的是独立思考，独立操作。一周一般只做1～2只个股，炒作概念股为主，对短炒节奏把握精确。

主要席位：东吴证券杭州文晖路营业部、中信金通证券杭州延安路营业部。

3. 邱宝裕

他和徐翔是同一个时代的传奇人物，号称A神。一个不可复制的传奇人物，炒股生涯破产二次，第一次股票，第二次期货。最穷时，一份报纸也不舍得买，母亲相信他的能力，高利贷款10万元，作为炒股的原始资金。

他对股市和期货的看法：期货坏就坏在一点，你做得再好，也绝不能犯一次大错误，一次就能要你的命，你说跟这样的老板还怎么混。而股市，只要你足够优秀，即使犯了好多次大错误，只要勇于及时认错。股市老板还是会原谅你的，职位还给留着，薪水照发，加薪还有机会。“我买的股要么上天堂，要么下地狱，当然多数都是上天堂的了。”邱宝裕这样说。

主要席位：兴业证券福州湖东路营业部（这个席位现在不是很活跃，或更换营业部和转换风格）。

4. 落升

落升（江南神鹰）：1968年8月23日生，大学文化，2000年入市。

投资格言：热点，就是股市里的提款机；炒股，要听到大盘的呼吸。

投资风格：静若处子，动若脱兔；擒贼擒王，波段操作。

早在2003年的熊市中，落升就是一个当红“明星”。那时，只要他的股评在网上一出，一夜间点击量过万。2005年底，在大牛行情来临前，他消失在公众视野中：电台里没有声，电视上没有影，网站论坛里也看不到他的文章。他隐居到江南一个无人关注的滨江小城，选择远离喧嚣，与寂寞相伴。隐居3年，他狂赚112倍。

相关证券营业部提供的数百页的交割单，详细记录着他从2006年至2009

年2月的每一笔交易。那幅资产与大盘走势背道而驰的“喇叭口”曲线图，令人震撼。2008年和2009年初，虽是一轮前所未有的熊市行情，但这一年多来，市场上涌现出的主流热点板块，如农业、创投、迪士尼、奥运、基建、新能源等，几乎都被他做过，并且都是在启动之初介入。

主要席位：光大证券金华宾虹路营业部、光大证券金华双溪西路营业部（这两个席位现在不是很活跃，或已经更换营业部和转换风格）。

5. 马信琪

这个名字听起来或许有些陌生，也许你会认为这是资本市场上的一个无名小卒，但是这个名字如果与宁波涨停敢死队联系在一起的话就不陌生了，他就是当年的宁波涨停敢死队成员之一，人称“小马哥”。

据了解，马信琪是徐翔的表哥，他们和一个吴姓大户、许海鸥并称宁波敢死队“超短F4”。后来徐翔与马信琪分道扬镳，徐翔去上海成立泽熙投资，最终被抓。马信琪则继续做他的牛散，至今仍活跃在一些上市公司十大流通股股东之中。

马信琪曾举牌深振业A（000006），令宝能系旗下公司宝诚股份（600892，现更名为“大晟文化”）涨停，曾进入珠江实业（600684）、宏昌电子（603002）、武钢股份（600005）等上市公司大股东，均获利丰厚。

据报道，2014年底至今，马信琪进入十大流通股股东的有：深振业A（000006）、广汽集团（601238）、太平洋（601099）、紫江企业（600210）、雪峰科技（603227）、用友网络（600588）、九阳股份（002242）等，

通过对马信琪进入上市公司前十大流通股股东情况进行梳理，基本可以看出马信琪的一些持股风格，短、平、快是其主要特色，洞悉庄家动向，果断吃进，火速撤离，持股周期基本不超过一个季度，除非股票被套，他才会延长持股时间。而且，马信琪一直以牛散的面貌存在，他买股票主要是为了高抛低吸，赚钱走人，对于深度参与上市公司运营兴趣不大。而且这么多年来，他也只举牌过深振业A一只股票，且举牌后也没有资料显示他参与了宝能和深圳国资委的股权大战。此外，马信琪对于大盘把握也比较好，牛市时比较活跃，重仓进入多家上市公司前十大流通股股东，熊市时操作相对较少。

主要席位：光大证券宁波解放南路营业部。

6. 王涛

1967年生，网名叫王元杰。著名的淘股吧百万实盘赛就是他发起的，并

获得了首届比赛的冠军，并且以后的比赛也都冠名“职业炒手杯”。个人账户从10万元到100万元折腾了近10年的时间，突破百万元后一发不可收拾，直接冲上4000万元以上。最让人佩服的是2009年3478点以来的震荡盘跌中，他给自己的千万账户定的盈利目标每月10%，实盘战绩辉煌，短线手法多样，目前以隔日超短为主，随着资金的增多一直在探索大资金的操盘思路。2011年成立银帆私募，任基金经理。银帆的战绩目前一般，资金的突然增多和资金在操作中不断增多应该不是一个概念，对操作是一个考验。他的席位现在很活跃，关注龙虎榜的朋友应该会注意到。

主要席位：西藏证券成都东大街营业部。

7. 李奥

近年来，股市上活跃着一支来自佛山的游资，江湖传说这支游资主力只有一人，他以10多万元入市赚得数亿身家。他“来无影”——一出手就携巨量资金集中于某只个股，突然出现在上市公司十大流通股股东之列；他“去无踪”——有上市公司通知他参加股东大会时方才得知，他已经拍拍手潇洒离去“没有投票权了”，遂被称作股市“佛山无影脚”。

被称为“佛山无影脚”的李奥，佛山禅城人，1998年从广东工业大学毕业。他擅长短线，乃从小资金做起的典范。以10多万元本钱入市，职业炒股16年，至今身家数亿元。他被全国很多股票投资者争相研究却从未现身，在资本市场上的活跃程度鲜有人企及。他曾十余次相亲未果，妻子直到婚后才知道所嫁之人是富翁。

据业内人士透露，李奥堪称佛山游资第一人，他常年盘踞在佛山龙虎榜榜首，以资金量巨大和选股准确率高而闻名业界，每月的股票成交金额逾十亿元，广深两地都很难找到体量如此巨大的游资。

他的操作手法很奇特，看准一只股票后通常斥资几千万元，持股几日后就抛出，准确率极高。其炒股盈利能力惊人，单只股票的持股时间一般为一到十个交易日，盈利幅度最高可超过50%。也就是说，即便他只有1亿元的资产，按照持股十天平均盈利幅度10%来算，他两周就可能盈利1000万元。

据业内人士称，他曾多次登上上市公司季报、年报的前十大流通股股东。在出现李奥的企业报表中，其持股均以百万股计。非常明显的是，他是短线操作，在某企业的一份季度报表中，李奥的姓名位居十大股东第四位，持股比例近0.5%，但是在之后以及之前该企业的季度报表中，都没有出现他的身影。其他多家有李奥上榜的企业报表均与此情况一致。

李奥经过入市初期的“黑夜中摸索”后，深深迷恋于股市，又具冒险精神，所以越战越勇。至2005年4月份，李奥投入到股票中的资产已经接近60万元，而这些钱大部分转借于亲戚朋友。在近7年的投资中，他的投资之路并不顺，就在这一年遭遇了记忆中最惨痛的亏损。当年4月21日，他以60万元全仓买入一只股票，谁知上午收盘就亏损了接近5%，第二天该股票又几近跌停……他借来的60万元一天就损失了9万元，亏损额度达15%。

李奥说，那是他压力最大的一年，他给自己定了最后期限，如果2005年年底不能翻盘，他就退出股市。

转机就在2005年下半年出现，从那时到2007年，大盘从最低谷的998点扶摇直上到6124点。在那两年，李奥积攒了人生的第一桶金，并创下了单只股票盈利90%多的佳绩。

李奥的成功是因为追求完美的个性。不得不提的是，李奥炒股并不是稳赢不输，他近期就有一只股票三天损失了近700万元。这个事情被李奥一笑置之，“这个事情对我的影响远不及2005年损失的9万元”。

就业界传说的他神乎其神的炒股盈利能力，李奥予以否认。他表示炒股有输有赢，按照总资产来算，他目前炒股的月盈利大约为4%，而其过去9年平均每年盈利为140%。

李奥说，追求完美的个性是他炒股成功的主要因素。李奥坦承对自己的个性很头疼：“我一打开电脑就会全身心投入，不做到极致不收手，很耗损精力，这么多年来我怎么都吃不胖，现在我更想多陪陪家人，希望和其他炒股者一样早上喝个茶，有空时看看股票就行，但我做不到。”

轻轻松松像玩游戏一样的心态去做股票，最大的乐趣是反复验证这个操作方法好不好。让“投机”成为一门艺术，一幅幅经典作品的K线图犹如一件件艺术品。

入市16年，什么秘诀使李奥炒股风生水起积累了数亿元的资产？李奥的操盘秘诀：追涨停股，盯K线图。

通常，他每天收市后都会把当天所有的股票都研究一遍，挑选出比较有潜力的股票进行进一步观察，十几年来都是如此，在众多炒股者中算是非常勤奋的。

大家最关心的就是李奥的操作手法。据李奥自己透露，最初的时候他尝试了各种炒股办法，“我试过研究企业报表，也试过盯K线图，但现在已经变为了精准操作，只追涨停股，只看K线图，每天都会把涨停股选出来观察走势。”李奥说。

每天一开市，李奥会紧盯着所买股票的分时图。“很多股票的走势都有很细微的先兆，前一小时和后一小时的走势可能会大相径庭。我每天都会盯着分时图，并设定了几个点，以确定加仓还是减仓，抛售还是持有。”某券商营业部负责人对李奥的操作手法非常了解。他说，李奥对于涨停股的买进经过了严格的技术分析，成功率也达到90%以上。同时，他不贪心，懂得及时止损，也是李奥的优点之一。

作为短线游资，李奥并不遵循“鸡蛋不放在一个篮子里”的规律。他很少分散持股，他的数亿元资产只分散在几只股票当中，“我也曾经同时持有十几只股票，后来发现精力同时也会分散，还不如看准一两只股票全仓持有。”李奥说。

主要席位：光大证券佛山绿景路营业部。

8. 赵老哥

赵老哥真名叫赵强，出生于1987年，毕业于杭州某财经大学。2007年赵强以来自父母的10万元资金入市，到2015年4月翻了1万倍，达到10亿元级别，创造了“八年一万倍”的神话。

他与其他低调的敢死队成员不同，年轻气盛，在网络上十分高调。2015年4月16日收盘后，赵强以《八年一万倍》为题，在论坛上写下一段话：“今天是值得纪念的一天，资金终于上了一个大台阶，感谢中国神车!”

券商人士表示，游资跟营业部的关系都很好，基本都会有融资操作。如果他们有要求，券商基本会破例给他们更高的融资比例。赵强能在熊市里实现翻倍收益，那么在2015年半年多牛市里，一个月翻倍并不困难，如果碰到中国中铁（601390）、暴风科技（300431）这样的强势股，十来天就可以翻倍。因此，八年翻一万倍，基本不是吹牛，而是实打实的业绩。

赵强在论坛上寥寥数文中，曾谈到“切记别做自己模式外的操作，由于去年因为这个损失不少。”由此可见，赵强有着自己独特的交易模式，其操作是有迹可循的。

于是，许多涨停板“迷者”便潜心研究了其在龙虎榜上的动作，总结了其涨停板经典战法。

“超短线打板里面有一条比较出名的规则‘有三必有五’，即三连板的个股之后逢低进，后面大概率能有高点出来。三连板之后的第4日都不是一个卖出点，第 5 天是一个最好的卖点。赵强的做法是低点建仓，三连板后第 4 天高开依然不做卖出，反而继续加仓，然后在第 5、6 个涨停板出现的鼎盛时期毫不犹豫地清仓。”一位熟悉赵强手法的投资者这样说。

他进一步总结道：涨停板有三必有五，有五必有七。当一只强势股从阶段底部启动后，如果连续收出三个涨停板时，由于惯性冲力，一般还有 1 ~ 2 个涨停板或者连续接近 10% ~ 20% 的涨幅，就像核反应裂变一般，会有连锁反应。这是许多强势飙涨股在牛市行情的一种强势特征。但绝大多数人做不到这一点，人性弱点的恐高，加上爱看成本价来决定卖出的思维，使绝大多数人很难做到重仓持有并且加仓。

另一位投资者复盘赵强手法模式后表示，赵老哥基本都是板上买，都是买一板的比较多。其出手就是全仓，大多数时间都在市场参与，只有大盘极端恶劣的情况下休息。大多数是买 3 ~ 4 只股票，第二天有利就跑，被套也跑，只有连续封板的留下。

“赵老哥讲究 K 线和分时的气势，买入被套就割肉，做 T、救援一般很少扳回亏损，不如亏损后一刀砍下。其心态极其顽强，坚持自己的模式，很少模式外的操作，如低吸、波段都没有。整体上，其盈利符合二八定律，就是二成个股贡献八成利润，八成个股小亏小赢。”这是投资者对他操作风格的总结。

赵强共参加了 3 届淘股吧百万实盘赛，第五届第 1 名，第六届第 2 名，第七届第 5 名，可谓战绩辉煌。他与“只做涨停板”的风格类似，而且因为操作手法原因都是重点监控对象，都收到过深交所拟限制交易账户首选名单的函。

主要席位：银河证券绍兴人民中路营业部、华泰证券浙江分公司。

9. 孙哥

孙哥真名孙国栋，是江湖上闻名已久的“游资一哥”，也是“赵老哥”的黄金搭档。相对“赵老哥”而言，其长相更为帅气，气质更为低调、隐秘，操作手法讲究“唯快不破”。

2015 年 9 月 11 日，证监会通报孙国栋因涉嫌操纵全通教育（300359）等 13 只股票价格，被证监会没收违法所得 1129. 89 万元，并处 3389. 67 万元罚款。这是其首次曝光在公众视野，孙国栋由此出现在大众投资者面前。

据媒体报道，孙国栋在游资圈崭露头角，是在光大证券杭州庆春路营业部。因为他的到来，光大庆春路成为游资圈的一大黑马，几乎每天都有数千万资金在龙虎榜上出现。“孙哥”的大名开始在杭州游资圈流传。因为庆春路引发各界关注，2014 年下半年孙国栋将账户转至实力更强的中信证券上海溧阳路营业部。

2014—2015 年，溧阳路在龙虎榜上榜 1358 次，龙虎榜买入金额近 800 亿元。上榜次数和资金，都是排名第二位的银河证券绍兴营业部的两倍多。有关人士认为，以孙国栋在溧阳路的一哥地位，基本可以确立其在中国“游资一哥”的地位。

按证监会通报，孙国栋在 2014 年 12 月至 2015 年 5 月期间，在开盘集合竞价阶段、连续竞价阶段、尾市阶段通过虚假申报、连续申报抬高股价等方式影响全通教育等 13 只股票价格，并于当日或次日反向卖出获利。孙国栋参与的 13 只股票，几乎都为疯牛行情中的“妖股”，其中以全通教育和暴风科技最具代表性。

监管层的处罚，揭开了孙国栋的神秘面纱，将其推上风口浪尖。祸不单行的是，2015 年国投电力（600886）、河北钢铁（000709）、新能泰山（000720）等几只停牌重仓股复牌后暴跌，让孙国栋体会了“割肉”的剧痛。

据媒体报道，“按照 4 个跌停的平均出货价估算，孙国栋在河北钢铁一只股票上的亏损，就在 1.5 亿元之上。加上国投电力、新能泰山，孙国栋在 3 只停牌股票上的亏损，估计在 3 亿元左右。3 只股票都在 6 月牛熊交替之时买入，是当时各个题材的龙头股。神奇的是，3 只股票几乎都在孙国栋买入当晚便宣布停牌。按照宁波涨停敢死队的操作手法，如果不是遇到连续一字跌停的极端行情，崇尚快进快出的孙国栋，在一只股票上的亏损几乎不可能超过 10%。”

对于短线快进快出的孙国栋，买中停牌股无疑等于踩上地雷，买上多只停牌股无异于踩中地雷阵。一位熟悉敢死队操作手法的人士表示，跟市场上博重组的资金不同，如果知道股票会停牌，游资反而会在停牌前退出。因为停牌有不确定性，占用资金的周期又长。游资宁愿赚取有把握的短线涨幅，也不愿去赌停牌股。

主要席位：中信证券上海溧阳路营业部、光大证券杭州庆春路营业部。

10. 陈赟

他出生于 1982 年，福建人，家庭炒股气氛浓厚。2003 年从医科大学毕业，在一家医疗事业单位工作一段时间后，选择辞职在家专心炒股票。目前已经是阳光化的旭诚资产总经理，是“福建帮”代表人物，他与赵老哥、孙哥称为 80 后的“三把神枪手”。

陈赟在股市中跌跌撞撞两年后，摸索出了涨停追击战法，在 2005 年、2006 年牛市期间，凭借追涨停股，每年投资收益高达数十倍。

陈赟在 2007 年上交所推出 Topview 数据（可以看到每一只股票在过去某一个交易日中的买、卖总量排名前 10 位的席位代码）后，陈赟几年间潜心研究 Topview 数据，对各路游资、机构行为全面梳理，逐渐形成了自己的涨停打板体系。总结出一套具有规律的体系后，几乎每天追击涨停板，成为当时福建最大的涨停敢死队。

“当年市场冷清时，一天就 6、7 个涨停的股票，每天基本都有 1 只自己参与其中。涨停战法给自己带来了很高的回报，但随之而来的风险也比较高，甚至可能会有操纵市场的嫌疑。”陈赟表示。

同时，陈赟觉得自己还年轻，过往的敢死队模式也存在监管风险。在朋友和伙伴的建议下，2013 年陈赟选择了阳光化，创办了旭诚资产发行公开产品运作，投资模式也更加多元化，不再是简单地做涨停敢死队，同时研发出事件驱动、并购重组等新的盈利策略。即使做涨停板的模式也从原来自己去拉涨停，转型为追涨停。

关于涨停战法，陈赟表示，每天市场 9 点 30 分开盘，等市场自然交易到 9 点 45 分，市场就基本走出了当天的强弱；9 点 45 分研究一下当天深沪两市涨跌停以及涨跌个股排行情况，以此判断市场是多头还是空头市场。如果是多头市场，就选一些强势个股追击，若是空头市场就少出击。依靠这个模式，也变相实现了牛市和熊市的仓位控制。

在陈赟看来，越早涨停的股票，当天越容易封死涨停，越容易成为市场的热点，第二天跳高的可能性越大。

不过，近期市场环境发生变化，监管趋严。陈赟表示，每周监管层包括证监会、深交所、上交所都会发对一些账户的监管函，而这些账户是市场最活跃资金，一直被抑制投机，因此市场非常微弱。还有经常特停，导致现在打板策略很难奏效。

第三节 “敢死队”操盘精髓

一、操盘风格

一般而言，敢死队并不是股票中的真正庄家，他们只是在不停地打短线。往往是从盘口看到某只股票短线势头较猛，有望形成向上突破后，这时果断介入。一旦介入，则十分迅猛狠辣，采用逼空手法将大小抛单通吃，一气呵成，封上涨停。因其所选股票此前形态和技术指标均已走好，往往会吸引市场跟风，因此所耗资金并不巨大，就能轻易封住涨停板。主要操盘风格：

（1）不停打短线。遵循了强势原则，专挑那些短期爆发力十足的个股做短线。平均三天打一只，要是持股超过一周，对他们就算长线了，这也是市场环境“逼”出来的。

（2）不论盈亏第二天坚决离场。小组成员有铁的纪律，即不论盈亏，第二天坚决离场，这样做即使失手，损失也不大。由于涨停个股第二天势头往往不减，仍能震荡上扬，因此他们出货并不困难。一年下来，如此操作总的成功率高达80%，偶尔的几次失误也是因为所参与个股庄家控盘程度较高，怕如此短线操作打乱自己的计划，因此在封涨停后的第二天，故意与其为难，大幅低开所致。当游资退出后，庄家马上自拉一个涨停板。

（3）运作非核心资产股。他们的手法是“来如电、去如风”，决不在某只股票身上持久逗留，这使得涨停敢死队在运作非核心资产股上取得了成功。即使在恶劣的市场环境下，敢死队在非核心资产股上取得了佳绩，当市道好转的情况下，敢死队大肆在这些股票上疯狂运作。

（4）对大盘走势准确把握。涨停敢死队艺高胆也大，其成功的基础在于他们技艺高超，包括对大盘走势准确地把握，均能提前建仓，一定意义上说，他们是善于借大盘东风的诸葛亮。

（5）相反理论的实际应用。涨停敢死队实际上是相反理论的实际应用。多数人认为，应该买安全的股票，不应追高。但实际上，看似安全的股票越是不安全，看似危险的股票越安全，由于涨停的个股还常常会顺势上冲，第二天冲高即卖出，快枪手可赚取隔夜的钱，在大盘走弱的情况，短线持股的方式反而降低了风险。

（6）应者云集。抓捕龙头股、超跌股的选择，均有很高的准确度。由于选择了合适的时机：大盘刚刚见底面临反弹之际；选择了合适的股票：具有领涨性质的龙头股。敢死队振臂一呼，市场便应者云集。

涨停敢死队的作用就是时势造英雄，而英雄又进一步扩大了声势，从而获得了庞大的拥护者，这使他们屡屡得手。

涨停敢死队是短线技术高手，其操作技巧、选股方法、思维方式等，大家可以适当学习和借鉴。同时，也要提醒大家，他们已到了用自己资金影响的程度，这一点大家在学习时必须注意的，所以不可以不加区分地乱学乱用。

二、操盘法则

涨停敢死队最主要的投资理念就是："借势"。借大盘之势，借庄家之势，借一切心理、技术、形态共鸣之势。"势"不可挡，顺势而为，短线出击那些非常态、高速运行中的股票就是短线的绝招。

涨停敢死队的操作手法，概括起来就是三个字："快、准、狠"。所谓快，是指其运作周期短，一般为三五个交易日，若是持股时间超过一周，就算是中长线了。所谓准，就是选股准，选择即将突破的个股。所谓狠，是指其出手坚决果断、气势不凡，一旦介入，即采用逼空手法将大小抛单通吃，一气呵成，封上涨停。

1. 短线买入操盘法则

（1）越不容易追上的涨停，就一定要努力追上。

（2）高开跳空缺口不回补，上午 10 点前封涨停（包括一浪板、二浪板、三浪板），可追涨停。

（3）震荡盘势而上，上午 10 点 30 分前封涨停，第二次开板时不创新低，不破均价线、缩量，可追涨停。

（4）股价封涨停后，第二次开板时高于第一次，并不破均价线、无量，且大盘强势，在拐头向上时跟进。

（5）标准突破图形，下午 2 点以后封涨停又开板的，可追涨停。

（6）涨停板向上穿越前期平台，第一个涨停安全性极高，可追涨停。

（7）前期已有一波拉升，然后平台整理，用巨量向上穿越整理平台后封涨停，且均线不凌乱的，可追涨停。

（8）有板块启动时，同一板块中谁最先涨停的，可以追谁。

（9）前面有缺口，周期天数，有底部形态反转之势的涨停，可追。

（10）股价封涨停前成交量巨大，封涨停后成交量萎缩，开板可追涨停。

（11）第一个无量涨停，仍将涨停，直到有大量才可能回调。

（12）连续无量涨停，通常是主力迅速拉高阶段，应果断追涨。连续无量涨停，出现第一个"T"或"T"字不补前日收盘价格，涨停那瞬间可追。

2. 短线卖出操盘法则

（1）标准突破形态，只要不涨停，可先出货（挑顶卖货）。

（2）标准突破形态，突破后回跌，应先出货（回档确认）。

（3）连续涨停后，出现不涨停时，应先退出（见好就收）。

（4）连续涨停后，盘中股价一旦跌破昨日的涨停价，当日不封涨停时，应坚决离场（乌云盖顶）。

（5）盘中曾经涨停，收盘不封涨停时，应先卖出（拉高出货）。

（6）盘中（第一笔除外）跌停板打开即卖，尤其股价在高位（卖跌停、追涨停）。

（7）第一个无量跌停，仍将跌停，直到大量才可能反弹（能量释放）。

（8）ST 股不涨停就卖（卖不涨停之板）。

（9）量小的涨停不是顶，量小的跌停不是底，成交量巨增是一轮反弹或者下跌开始的信号，也就是转势的先兆信号。

（10）只做上升通道的股票，只做涨停黑马。股价跌破 30 日均线后，不能重新站上，立即卖。大盘跌破 60 日均线立即空仓。日线、周线、月线指标“死叉”时，立即停止操作，空仓休息。日线、周线、月线指标“金叉”方可重仓操作。

三、操盘理念

（1）涨停敢死队就是“追必涨之势，杀必跌之势”，追涨杀跌特别是短线操作要判断准确，操作果断不能拖泥带水。

（2）股市中最大的悲哀，就是股价刚刚下跌时，舍不得卖出股票；股市中最大的忌讳，就是股价刚刚起动时，就立刻卖出股票。所以，先看大方向，再定操作策略。股价运行在下降通道中绝对不做长线，股价运行在上涨趋势中最好不要做短线。

（3）对投资者来说，最危险的事情莫过于企盼狂跌中的股票不会再下跌了（事实还跌），最愚蠢的事情莫过于企盼狂升中的股票不会再上升了（事实还升）。

（4）只做自己最了解的股票，只用自己认为最有用的技巧，耐心等待最完美的图形、技术和成交量出现的时候才出手。

（5）控制自己，战胜自己。把一件简单的事情，重复做上千百万次了，就是不简单。股票没有国际标准的操作方法，达到最终适合自己赢利目标的策略就是成功。

（6）赢家的主要策略：强势中敢于抓住机会，快速换股，敢于重仓；弱势中善于避险，要耐住寂寞，空仓或者轻仓。空仓最简单，但却最难做到。炒股，时机是最关键的，侥幸是风险的罪魁，犹豫是错失良机的祸根。

（7）在股市中，机会常有，但对于投资者来说，手中没有资金，机会再好、再大也没有意义，要想留住机会，首先要留住资金，只要有资金，在股市中赚钱的机会是无限的。股市就是一个永远向你开放的“聚宝盆”。所以，做到生存第一、赚钱第二的操作原则。

（8）最好的操作战略就是保持自己的主动权，时刻注意自己处于什么样的状态，独立思考大盘目前的走势，自己的操作是否处于最有利的状态。相信经过不断地反问自己，你对自己的操作会更加清晰。总之，有资金就有主动权，最好的股票、最好的黑马就是你手中可以控制的钱，想买谁就买谁，你说了算。

（9）一出手就抓住板块龙头，真正的龙头股上涨的时候非常猛烈，大盘跌的时候还能在“生命线”之上横盘，当大盘企稳走好时，股价马上就上涨，甚至冲击涨停。研究每一个阶段的龙头黑马，以及这些少数的黑马共同的特点，这是抓黑马的最好捷径。

（10）精选个股，谨慎操作。只做最完美的图形，最完美的均线形态，最完美的技术指标配合，最完美的成交量图形。一年就抓几次大上涨的波段，平时空仓不操作，有足够的耐心、等待。

第四节 “敢死队”选股思路

如果以传统理念定位，宁波涨停敢死队显然不属于基本分析派，甚至不太看消息。而且所选个股也五花八门，从基本面上简直无迹可循，业绩好中差都有，盘子大中小通吃，既有小盘袖珍股，也有超级航母大盘股。但也很难将其归为技术派，因为他们看盘论市都有自己独特的思维，通常不是传统的技术分析方法。

一、三大主线

宁波涨停敢死队主要围绕三大选股主线而展开，亦即：强者恒强的强势股、物极必反的超跌股、物以稀为贵的题材股。

1. 强者恒强的强势股

涨停敢死队在技术上喜欢寻找处于上升趋势加速阶段的极端强势股，此类个股的核心灵魂：强势。由于大环境是涨势，按照强者恒强的思路选股，买卖事半功倍，也叫顺势而为！

图5－1，中科信息（300678）：该股2017年7月28日上市后，连续拉出10个涨停，经过一天的震荡整理后，8月14日开始再次形成加速上涨势头，成为短期超级强势股，吸引大批市场游资参与。从龙虎榜显示，中泰证券深圳欢乐海岸营业部（“深南哥”所在席位）在8月21日买入1889万元，22日锁仓，23日加仓1465万元，24日再次加仓265万元，25日开始被特停4个交易日，9月1日复牌后一字涨停，“欢乐海岸”继续锁仓，9月4日开始在高位分批撤出，获利非常丰厚。

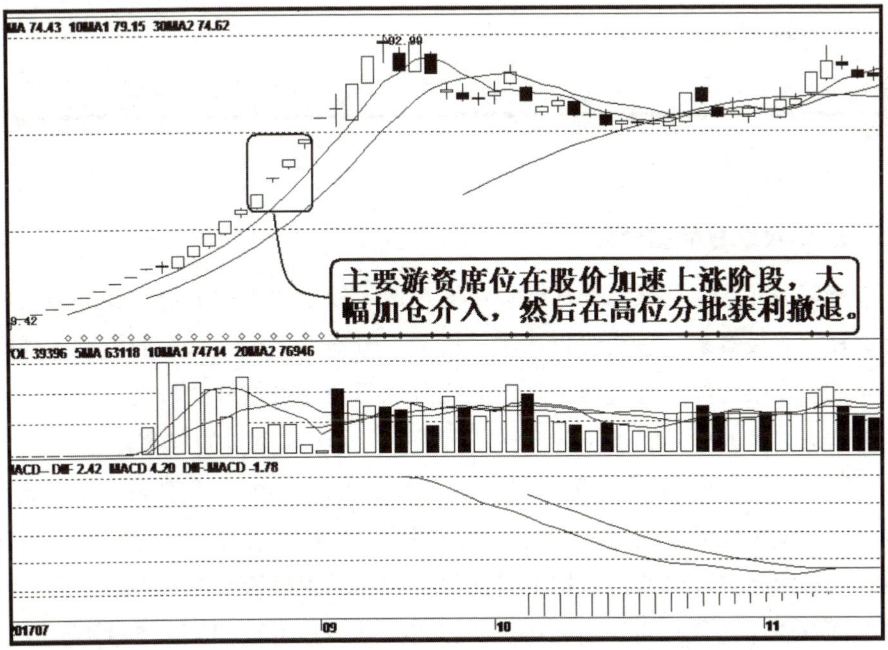

图5－1

图5-2，江丰电子（300666）：这是上市时间不长的次新股，作为5G概念而被市场广泛关注，股价持续向上走高，从而演变为极端强势股。从龙虎榜看到，华泰证券厦门厦禾路营业部（黄飞鸿所在席位）在2017年10月31日买入933万元，但此后没有现身龙虎榜，说明已经在高位顺利撤退。

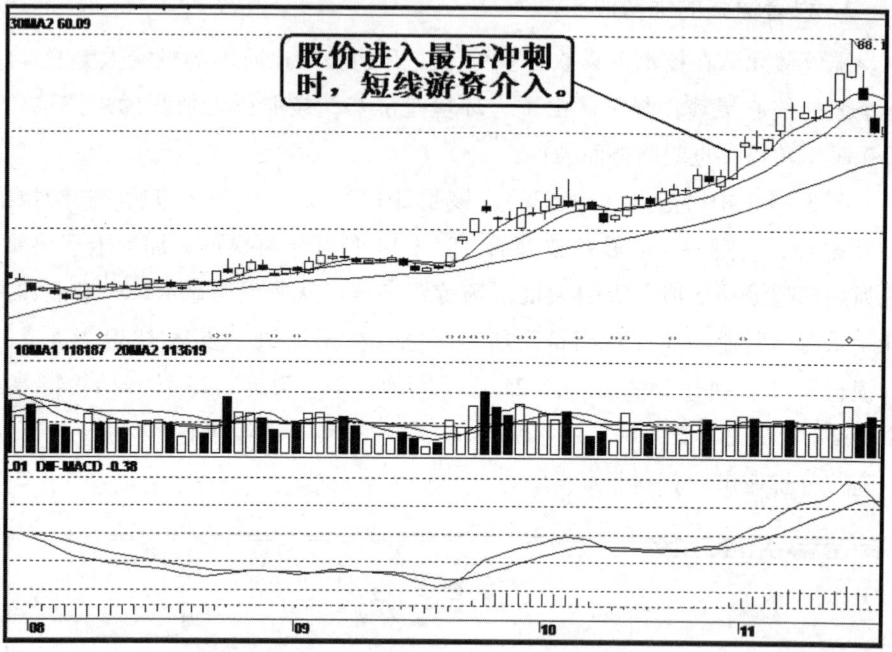

图5-2

2. 物极必反的超跌股

涨停敢死队也喜欢选择那些远离套牢区、处于超跌中的极端弱势股。物极必反，否极泰来，超跌股也蕴藏着机会，包括大盘超跌和个股超跌，随时有可能引发报复性反弹行情出现，敢死队也不会放过这样的机会。超跌股不需要考虑太多的外界因素，属于“月满则亏、水满则溢”的自然法则。

图5-3，大立科技（002214）：该股调整以来不断向下创新低，盘面极其弱势，短线出现了一波急跌行情，空头能量得到较好释放，反弹行情一触即发，这是短线游资快速拉一把就走的好品种。从龙虎榜看到，中信证券上海溧阳路营业部（“孙哥”所在席位）在2017年11月22日买入599万元，23日加仓493万元。24日没有龙虎榜，根据该营业部的操作风格，应当在24日的震荡中全身获利退出。

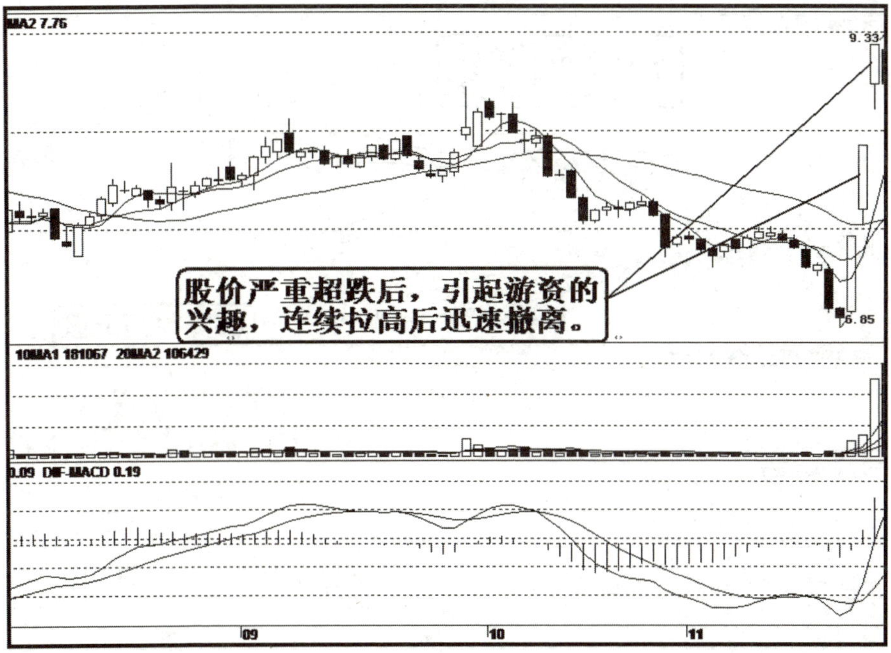

图 5－3

超跌股的量化标准：短线急跌 15% 视为短线超跌，波段下跌 40% 视为波段超跌（重视题材），累计下跌 70% 视为长线超跌（遍地黄金）。所以，对以上文字仔细思考，从此你再也不怕下跌。

图 5－4，富煌钢构（002743）：在持续的调整中，该股渐渐成为极端弱势股，波段跌幅达到 44%，市场几乎无人问津，游资介入吸纳了大量的低价筹码后，在 2017 年 8 月 10 日发动一波快速反弹行情。从龙虎榜看到，华鑫证券宁波沧海路营业部（"炒股养家" 所在席位）在 8 月 10 日买入 2478 万元，连续锁仓 3 个交易日，16 日卖出 768 万元，17 日卖出 1390 万元，两个交易日共出货 2158 万元，大部分本金已经回笼，剩下至少有 800 万元盈利和 320 万元本金在高位分批卖出。

此外，超跌股行情往往伴随着次新股行情，跌势里的反弹阻力是原套牢盘，而次新股的原套牢盘是最轻的，所以超跌行情中，资金通常青睐超跌股（物极必反自然反弹）和次新股（原套牢盘轻），在此不作实例分析。

3. 物以稀为贵的题材股

题材是市场永恒的话题，游资喜欢寻找基本面变化对股价构成重大影响

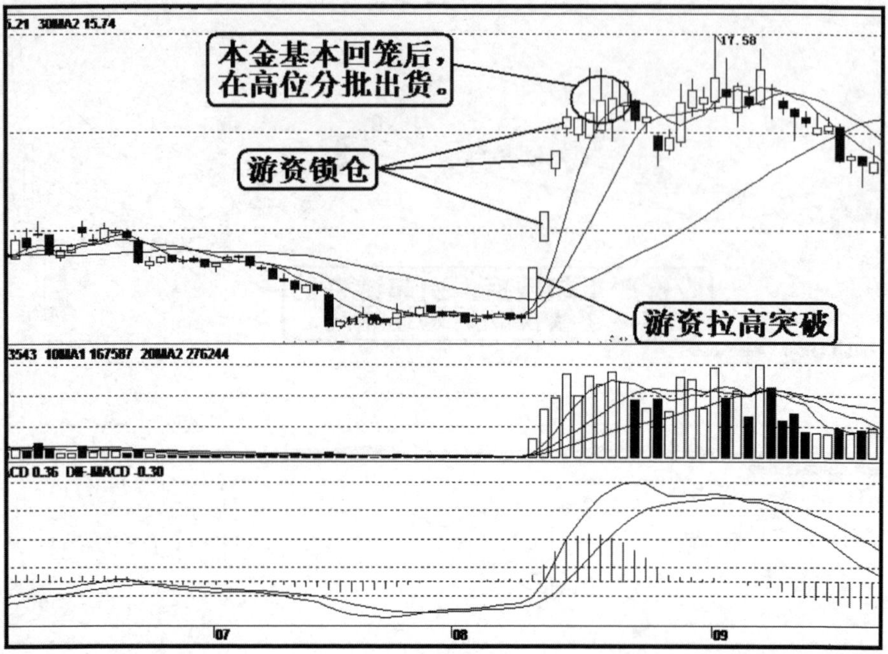

图 5－4

的股票，而且总是提前研究当天或近期出现的各种重大题材，然后根据其题材可操作性进行排序后确定攻击对象。

题材股中稀缺的品种，是技术派和价值投资者都很青睐的个股，比如有色里的小金属（稀有）、军工里的民营军工（特别）、超级材料里的石墨烯（稀有）以及通讯领域里的芯片、5G（特别）等。

图 5－5，科大国创（300520）：该股具有“智慧城市＋大数据＋云计算”等多重题材，而受到市场的关注，在 2017 年 8 月 28 日股价向上脱离底部后，银河证券杭州庆春路营业部（“孙哥”所在席位）、华泰证券厦门厦禾路营业部（黄飞鸿所在席位）等游资席位在龙虎榜中显过身，说明游资非常钟情各种题材背景。

图 5－6，中通国脉（603559）：该股具有“大数据＋重组＋次新”等多重利好，特别是 5G 概念推出后，引起了市场游资的积极关注，股价从 2017 年 9 月 19 日向上突破后，出现一波快速拉高行情。从龙虎榜看到，国泰君安成都北一环路营业部（“葵花宝典”所在席位）、财富证券杭州庆春路营业部（宁波敢死队所在席位）、国泰君安上海江苏路营业部（宁波敢死队所在席

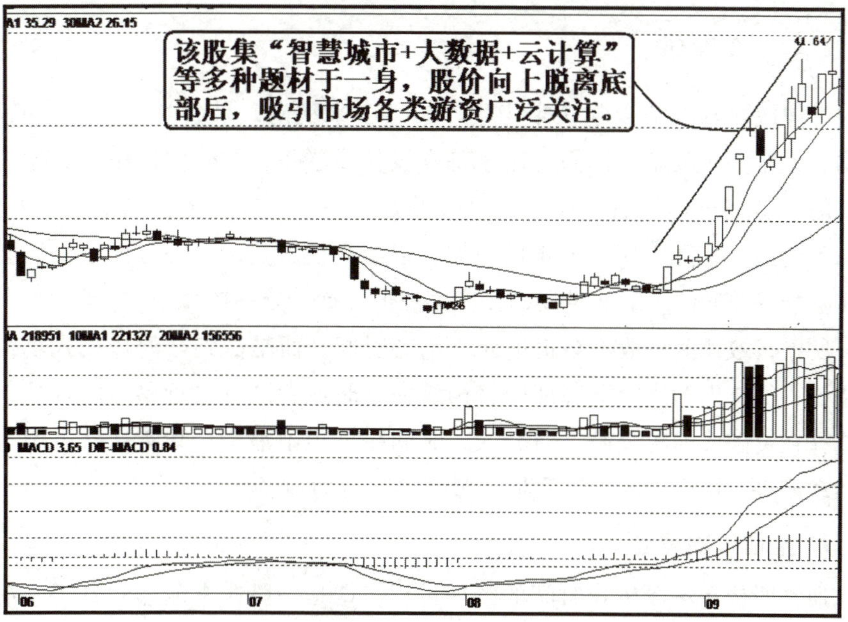

图 5－5

位)、光大证券深圳金田路营业部（"深南哥"所在席位）等多家著名游资席位多次显身龙虎榜。

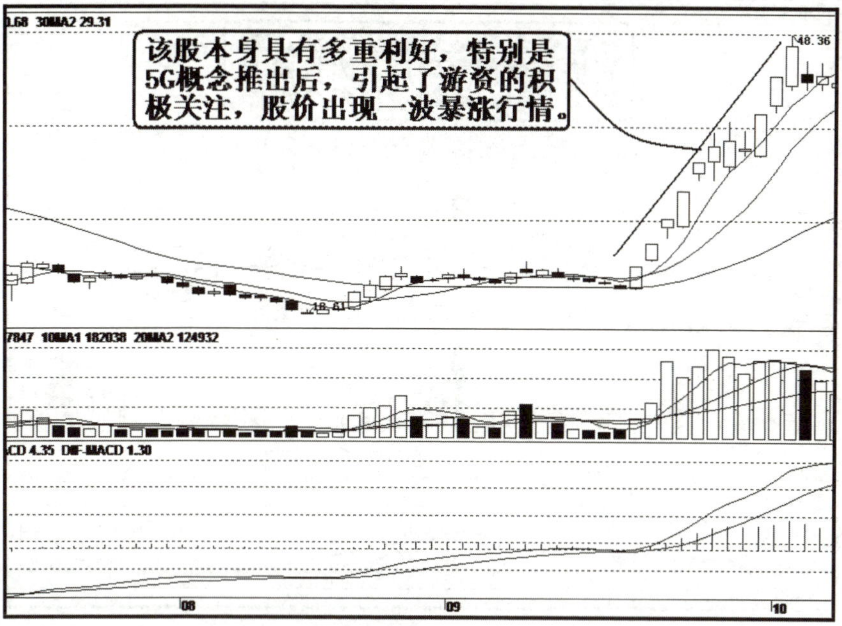

图 5－6

二、三个时机

涨停敢死队战法以吃庄家为生，洞悉庄家动向，果断吃进，火速撤离，平均三天打一只股票。他们与庄家基本没什么联系，但确实以跟庄为生。以他们的水平完全可以看出庄家性格、偏好、手法、资金量、成本。一方面，他们不会选择远高于庄家成本的股票，以免高位接货；另一方面，他们会选择庄家准备拉升的一瞬间进场，让庄家被迫拉抬，分一杯羹。

所以，敢死队一般不会提前介入消磨时间，而是恰到好处择机入场，也就是说，等待别的庄家把底部即将构筑完毕时或者洗盘接近尾声时入场，或者选择在突破或即将突破之时介入，时间一点也不浪费，其实这是占用别人的劳动成果，用行内的话讲就是“黑吃黑”行为。

1. 整理末期建仓

通常股价有一段较长时间的整理过程，这是一段非常煎熬的日子，浪费时间还要有耐性，慢慢地忍受庄家的折磨。所以，敢死队不会过早地参与到这段黑暗的日子，而波段游资选择在股价整理进入末期时悄悄潜伏其中，等待股价上涨，分享获利。

图5－7，南京港（002040）：股价出现两次冲高回落走势，盘面整理比较

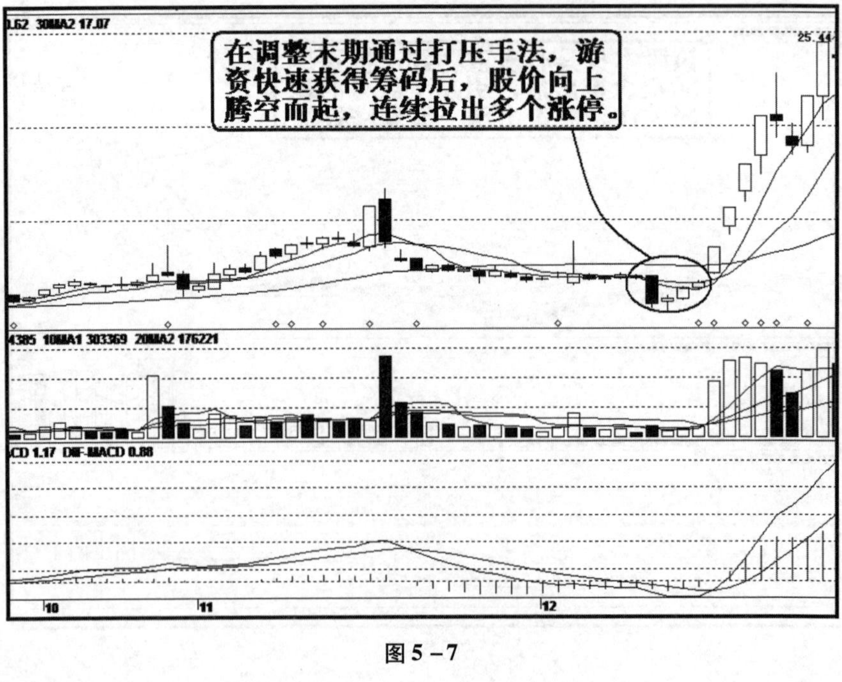

图5－7

充分，游资开始关注该股，利用手中少量筹码，在 2016 年 12 月 12 日向下打压股价，制造技术破位形态，引发部分恐慌盘出现。游资在低位悉数接纳筹码，快速拿到低价筹码后，股价在 12 月 16 日喷薄而出，出现一波快速上拉行情。

图5－8，华资实业（600191）：该股在长时间的下跌调整中，累计跌幅超过65%以上，股价严重超跌。从 2017 年 4 月开始股价渐渐企稳，庄家悄然介入建仓，并构筑底部形态。6 月 21 日开始发力上攻。可是，该股的庄家非常狡猾，股价回升到前高附近时，再次停止了拉升步伐，造成股价上涨遇阻的假象。在洗盘过程中，连续收出调整阴线，造成股价无法突破前期小高点的假象，让不坚定的散户离场，而这时正是波段游资介入之时，几个交易日后股价开始放量向上突破，从此走出一波上涨行情。

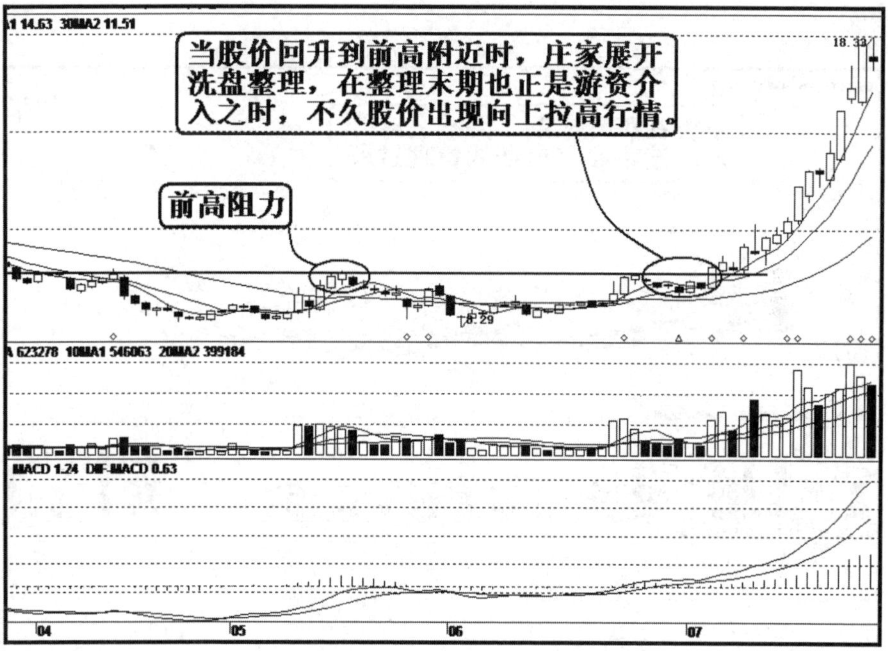

图5－8

这类个股在技术上出现以下特征时，可以作为买入条件：

（1）个股整理时间较长，处于盘整或调整阶段末期。

（2）盘中出现健康的攻击性量峰结构。

（3）股价突破某一重要技术阻力位。

(4) 均线已从黏合状态渐渐转变为多头排列。

(5) 个股质地优良，或有突发性重组、资产注入、中标大单等突发利好。

2. 突破之时杀入

过早地介入到股价整理阶段是不经济的，也是不科学的；过晚地介入股价上涨的末期是不可取的，也是不明智的。敢死队就选择在股价即将突破或已经突破时才开始介入，偷袭别人的劳动果实，立在别人的肩膀上爬高，站在搭好的舞台上高歌。

图5－9，寒锐钴业（300618）：该股创出新高后进入调整，经过一个多月的横向整理，调整接近尾声。作为一只稀有金属龙头股，上市后就受到市场游资的青睐，在调整末期游资更是虎视眈眈，盯着股价的突破。2017年8月28日，股价开始放量向上突破，收出一根涨停阳线，市场游资开始涌入。

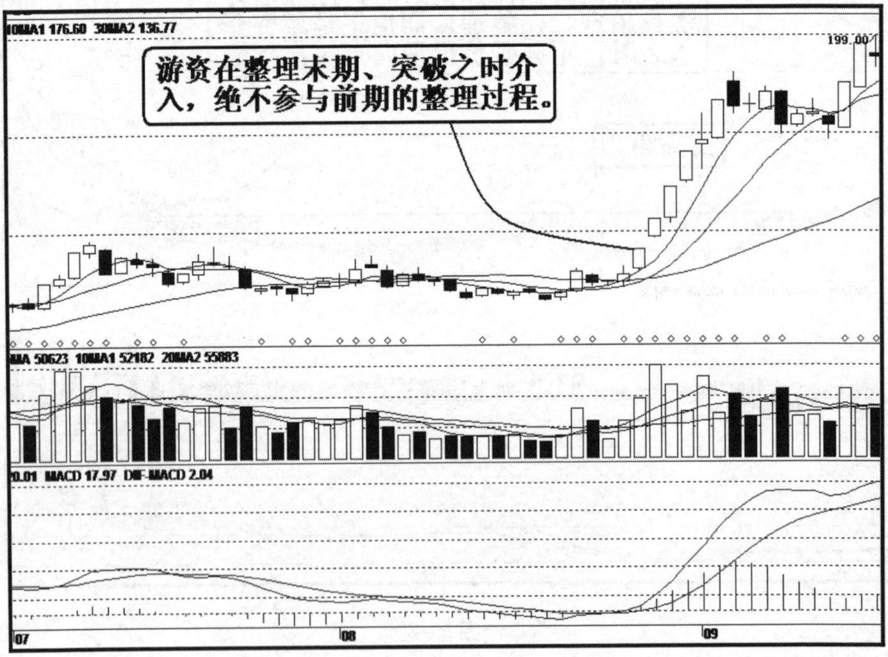

图5－9

当天买入前5大游资席位分别是：东方证券上海浦东新区银城中路营业部，买入7770万元；浙商证券绍兴解放北路营业部，买入5021万元；华泰证券上海澳门路营业部，买入4197万元；东方证券义乌工人西路营业部，买入 1564 万元；国泰君安上海江苏路营业部，买入 1393 万元。可惜的是次日除“银城中路”和“工人西路”锁仓外，其余 3 家游资席位均选择出货或减仓。在当日拉高时追进，次日涨停价附近出货，典型的涨停板敢死队操作风格。“银城中路”在 9 月 18 日还大幅加仓 14873 万元，11 月 27 日出货 3989 万元，而“工人西路”一直锁仓，获利极为丰厚。

追逐市场热点，该出手才出手，这是敢死队乃至所有游资的优点和作风，而我们许多散户没有这方面的思想意识，往往介入一只股票后需要忍受庄家长时间的调整折磨，在即将迎来突破行情时，却作出割舍之举。所以，作为散户应当借鉴游资那种雷厉风行操作作风，忍得住寂寞，在关键时刻出手。

图 5－10，北京君正（300223）：该股在 2017 年 8 月 31 日之前的调整过程中，游资是不感兴趣的，只有散户忍受着庄家的折磨，可是到了股价真正突破之时，不少散户已经离场了，而这时正是游资追逐的目标。这是游资选股最突出一招，作为散户有什么启发呢？

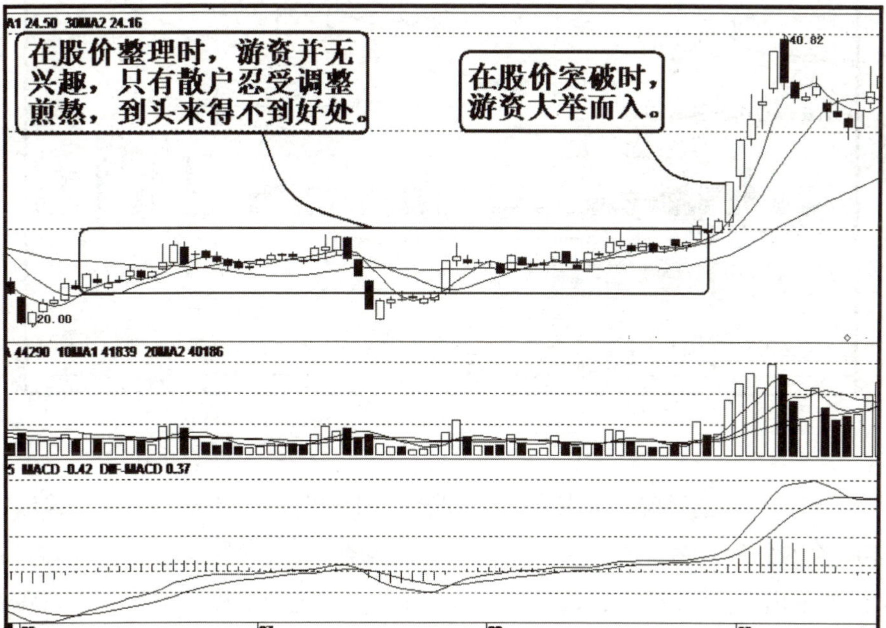

图 5－10

3. 洗盘结束进场

洗盘是中长线庄家不可缺少的一个环节，敢死队具有速战速决的风格，一般不会奉陪庄家到底的。敢死队偷袭庄家一把后，在相对高位出掉筹码，并不参与庄家洗盘过程。当庄家洗盘即将结束时，敢死队又来凑热闹，煮好的锅里蹭一碗走。游资见风使舵，喜欢搭顺风车、坐顺风舟，这一点比散户敏感。

图5－11，皮阿诺（002853）：股价向上脱离底部后，庄家主动展开洗盘整理，此时游资并不参与其中，当股价回落得到10日均线有效支撑后，2017年8月28日开始向上突破，此时国泰君安上海江苏路营业部等知名游资席位第一时间介入其中。那么作为散户是否也应该在这一位置介入呢？

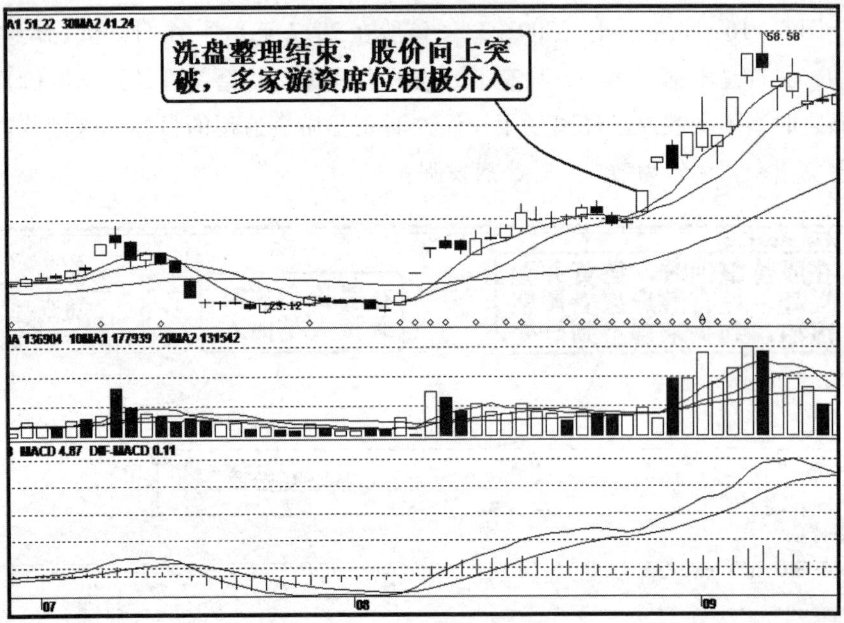

图5－11

图5－12，建科院（300675）：该股在2017年7月19日上市后，连续拉出13个涨停板，然后展开3个交易日的洗盘整理，这时中签散户基本离场。散户的退出也说明洗盘结束，8月11日股价再次出现涨停，意味着主力将展开新一波拉升行情。从龙虎榜显示，多家知名游资席位介入该股。游资判断如此精确，值得散户借鉴。

图5－13，士兰微（600460）：该股向上突破前期盘区阻力后，出现横向震荡洗盘整理，当浮动筹码被清洗出局后，股价于2017年9月19日向上突

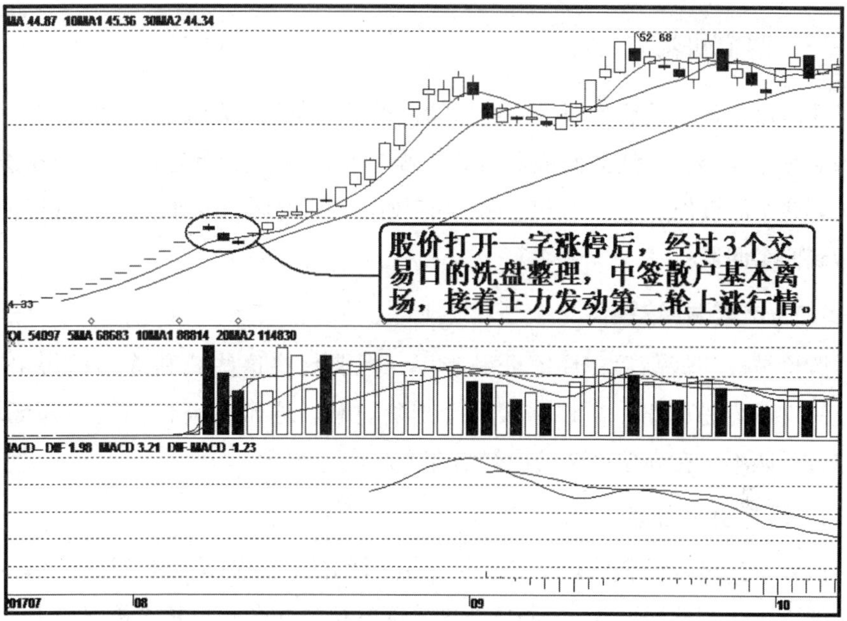

图 5－12

破，当天大批市场游资跟风而入，短期股价出现快速上涨。

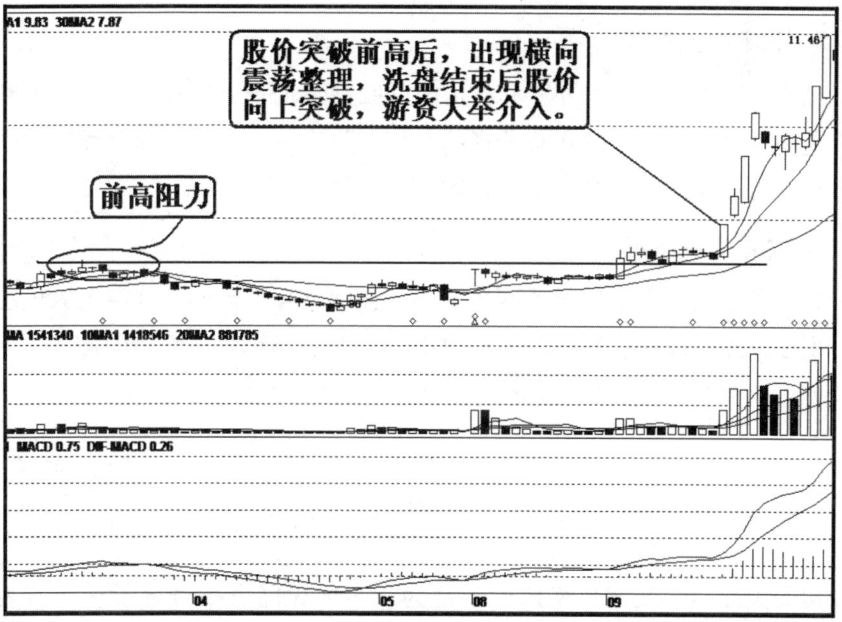

图 5－13

三、四个回避

涨停敢死队不是眉毛胡子一把抓的，也不是对所有的涨停个股都有兴趣，他们对涨停案例有独到的研究和分析，哪些个股涨停后市有机会以及机会大小，哪些个股涨停后市没有机会甚至有风险，都把握得非常好。在选股时至少做到四个回避：

1. 高位震荡回避

股价被成功炒高后，庄家获利丰厚，但要想将这些获利筹码抛售出去，也是一件不容易的事，所以需要一个出货过程，通常在高位构筑头部区域，涨停敢死队不会在高位震荡阶段轻易介入。

2. 调整初期回避

股价一旦进入调整阶段，是需要一定时间的，特别是中长线调整时间更长。通常中线调整需要 3～6 个月，长线调整超过 6 个月，长者能延续几年的调整，而短期调整一般不超过 3 个月，短者一二个交易日就结束调整。涨停敢死队不会选择在调整初期介入，他们会等待调整末期信号出现时快速入场，时间观念非常强，入场时机也恰到好处。

3. 下降趋势回避

当庄家完成一轮炒作并顺利而退时，股价会步入下降趋势，重心不断下移。这类个股不是涨停敢死队选择的目标，除非短期出现快速杀跌时，快进快出搏一波反弹行情走人，否则不会轻易介入。

4. 问题个股回避

在 A 股市场中各类问题股很多，有潜在的、有已知的，这类个股风险很大。所以，涨停敢死队不愿意做 ST 类股票，因为 ST 股一天限制涨幅在 5%，这个幅度对他们来说没有太多的吸引力。

第五节　“敢死队”操盘手法

以光大证券宁波解放南路营业部为代表的民间资本开辟了赫赫有名的“追板模式”。其精髓是：盘中寻找表现强势股，以快速连续买入冲击涨停并封涨停板，第二天股价开盘冲高时卖出获利。其“追板模式”成型后，曾红极一时，几乎成为股民的偶像，其操作手法亦被越来越多的投资者所效仿，也曾被监管查处过，市场一度销声匿迹。但几年来，涨停敢死队有重振旗鼓、卷土重来之势，只不过转移了营业部、更新操盘手法而已。这种新的短线运作手法，其大体操作过程是这样的："选择好目标后，试探性建仓一两日后，采用边拉高边拿货，尾盘快速拔高股价，然后就是盘中快速拔高股价，最后大卖单砸盘，盘中反复对敲进行出货"。

一、操作程序

股价为什么会涨停？涨停是主力资金运作的结果，缘于主力资金的大举介入。涨停显示主力资金的意图：

（1）引起投资者的注意，显示自身的实力，展露操作意向。

（2）加大吸筹或拔高建仓，大幅震荡吸货。

（3）别具一格的洗筹。先拉涨停再连续打压洗筹，边拉涨停边洗筹，在涨停板上变化成交量进行洗筹，连续拉涨停再反手连续跌停洗筹。

（4）快速脱离成本区，拉涨停后一路扬升；连拉涨停脱离成本区；拉涨停后台阶式攀升脱离成本区。

（5）涨停诱多出货。

作为涨停敢死队，具有自己的一套操作程序，一般可分为以下四步：

第一步：首先打开"61""63"的涨跌幅，搜索前两板，大盘向好时，要求个股涨幅大于2%，大盘调整时目标个股要强于大盘。如果目标个股是板块热点群体，则更好。

第二步：再调出量比排行榜。搜索量比放大超1倍以上的个股，越大越好。然后确定第一步选出的个股是否也在量比排名之中。如果没有，则剔除。

第三步：打开所选个股的日K线图，断定其是否处于盘底末期，或上涨阶段初中期。如果处于上涨阶段末期，或已经处于三个波段上升后的盘头阶段，则立即剔除；如果还在下跌阶段，则更要剔除。

第四步：在满足前面三道程序后，则立即打开周线图。如果该股周线也在盘底完成末期，或上涨初期，可立即以较大仓位（≥60%）在第一时间坚决买进。如果大盘在阴跌过程中，则通常只能以小于20%的仓位快进快出。

二、拉升方式

稍有操盘经验的人都会有个疑问，一只股票如果一天进个几百万资金，通常庄家都会洗盘，像他们这样明目张胆地大举进场，不怕庄家洗盘吗？或者庄家干脆在涨板上出货怎么办？难道他们和庄家有默契？

一般情况下，短线投机者会在涨停板价位上排队进货，关键在于涨停敢死队能分辨真、假涨停板。比如，这就像请客吃饭，本来要请10个贵客，突然又进来一位，让他走肯定破坏气氛，因此虽不情愿，也只能让他坐下一块吃，吃饱了让他走。而且，毕竟敢死队只是打把短线，第二天就出。要是进去趴下守中长线，等着庄家大幅拉高再走，那庄家不干了，会展开洗盘的。这样的事也经常出现，敢死队进去后的第二天股价大幅低开，游资不出庄家就不拉，游资一出庄家反倒马上来个涨停，被庄家狠狠地耍了一下，但这种情况极少。

1. 制造盘口气势

（1）当大盘较强时，某只股票以不回档的方式涨了5%～6%之后，他们趁股价短暂回落时杀入，用很大的买盘向上扫单，一口气拉上涨停。

（2）早市攻击，他们看好的题材股，以超出昨天收盘价1%～2%价格集合竞价，开盘后继续向上扫单直至涨停，这个过程用时一般不超过5分钟，由于是早市攻击，所以抛盘并不大，完全借助“短平快”的手法制造强势的感觉。

（3）下午2点之后拉抬强势股，一些早市走强的热门股，在下午2点之后如果还在均价附近缩量整理，他们就会以很大的买盘扫单，股价几乎呈90度角上涨，在跟风盘的帮助之下封上涨停。通常当股价冲上涨停后，往往挂出巨量的买盘稳定人气，降低持股者的卖出欲望，这是炒作成功的关键环节，但如果遇到大盘走软，他们也会毫不犹豫地撤单，借势始终是他们操盘理念中的重点。

2. 大量、频繁申报

涨停敢死队与其他许多游资操盘手法相似，在涨停板价格大量、频繁申报的异常交易行为。当股价封住涨停后，通过“申报买入—撤销申报—再次申报买入”的循环，在自身证券账户不实际成交的情况下，人为制造涨停价档位有大量买单的盘面信息，诱导其他投资者跟风买入，从而达到维持并强化股价上涨气势，并实现后续卖出获利的目的。当然，其行为扭曲了相关证券价格的形成机制，也扰乱了市场交易秩序，太过于招眼也容易被监管层盯上，所以操作手法上也有所隐蔽和收敛，但也难免会失手。

图5-14，和邦生物（603077）：这是被监管层盯住的实例，2016年1月

20 日协同账户以涨停价申报买入该股 388.8 万股，形成股价拉升假象并引发大量散户跟风。尔后，该账户再次以涨停板价申报买入 500 万股、180 万股，制造涨停板有大量买单，股票供不应求的假象，人为维持并强化股价涨停的气势。当其申报委托即将成交时，该账户就撤销申报，随后再次以涨停价申报买入。当天该账户以涨停价申报买入共计 3309 万股，撤销申报共计 2770 万股，撤销申报量占其申报买入量的 83.71%。不久，上交所对该账户的虚假申报行为作出限制交易 1 个月的处罚决定。

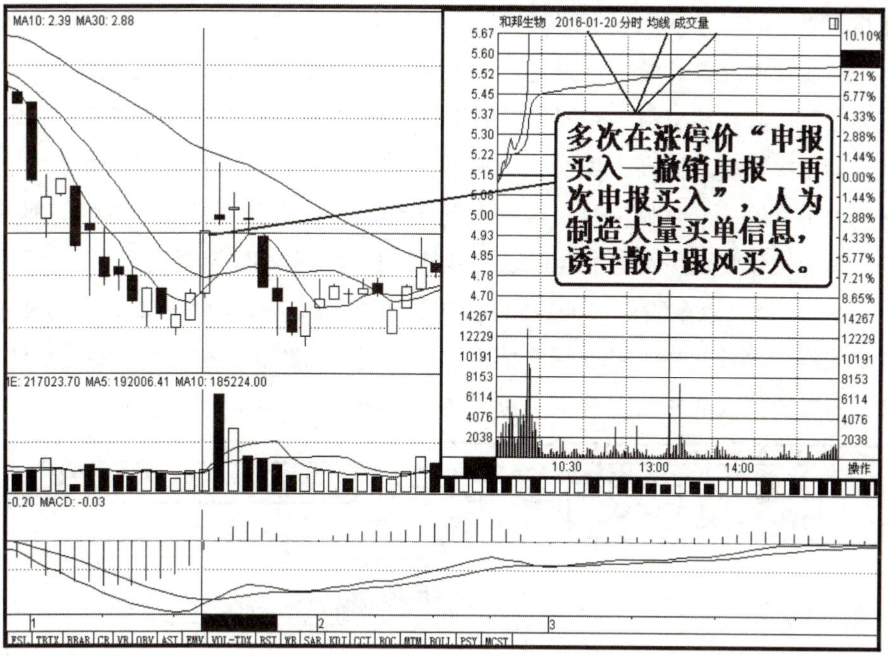

图 5 - 14

3. 突破箱体涨停

股价在某一箱体中运行一段时间，然后突破箱体上沿，沿某一角度上升至涨停。这里又有以下三种情况：

（1）突破单一箱体拉涨停。这种方式拉涨停的分时走势较规范，它往往出现在股价发生转折的初期，出现在明显的止跌企稳之后。

（2）突破复合箱体拉涨停。以这种方式涨停的股票，其分时走势图中，股价运行的轨迹，搭成了向上攀登的双层台阶，股价先后运动在两个明显不同的箱体之中。

（3）突破多重箱体拉涨停。这种方式涨停的股票，其分时走势图中的轨迹画出了层层梯田，股价随梯田拾级而上，到达一个新的境界，这种方式拉出的涨停板，往往突出地暴露出主力运作的痕迹，是主力向上发力的具体表现。

4. 低开后拉涨停

它是指股价以低于昨天收盘的价格开盘，而后拉至涨停。这种方式拉出的涨停板，常常是主力资金为了避开空头抛压而采取的一种运作手法，同时也有吸引新资金进场的目的。它可以较好地隐蔽主力的操作意向，使其在一种并不明了的背景下实现意图。

在通常情况下，股价经过连续拉高后，高位第一次出现低开现象时，多数都会被拉起来甚至封于涨停，但如果连续两个以上交易日都出现低开现象，那么第二次以后的拉高力度会大大减弱，如果出现低开不能封涨停的话，就是主力出货的一个明显信号。散户见此图形时，应在低开冲高回落时迅速离场，具体操作就是除再封涨停可以持有外，其他情况都应该退出。

图 5－15，永东股份（002753）：2017 年 7 月 28 日，低开 2.14% 后逐波拉至涨停，次日低开 4.12% 后未能涨停，力度开始减弱，有见顶征兆。8 月 1 日，当股价再次低开 1.55% 时，就没有上拉能力了，短期顶部形成。

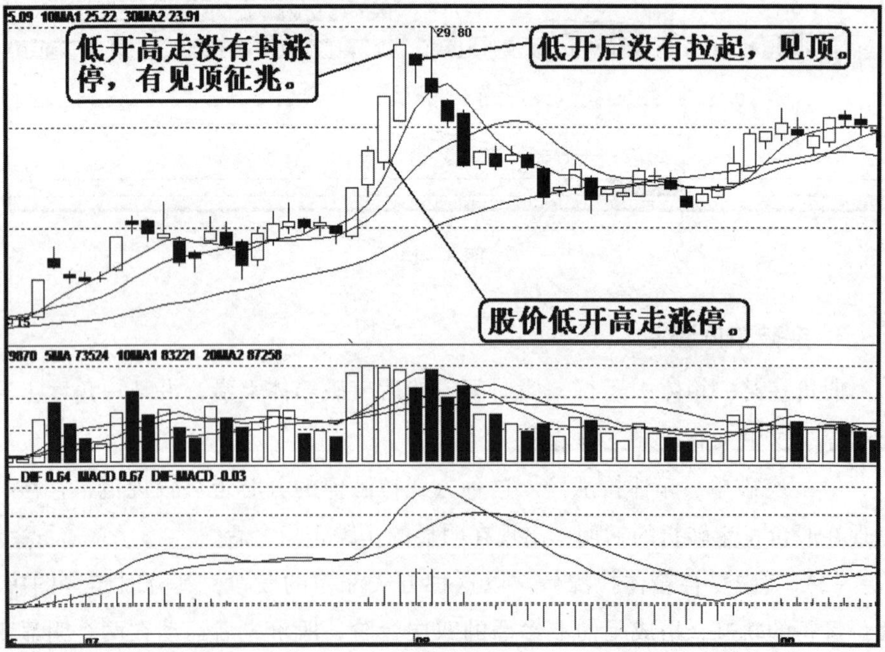

图 5－15

在分析研究集合竞价情况的时候，一定要结合该股票在前一交易日收盘的时候所滞留的买单量，特别是第一买单所聚集的量的分析。这种分析对于当天的操作及其捕捉涨停的效果有着十分重要的意义。一般地讲，如果一只股票在前一交易日是上涨走势，收盘时未成交的买单量很大，当天集合竞价时又跳空高走并且买单量也很大，那么这只股票承接昨日上升走势并发展为涨停的可能性极大。

另一种情况是受前一天跌停或大跌惯性影响，股价出现低开高走至涨停，第一次出现这种现象时，可以追进，随后力度依次减弱。

图 5－16，中毅达（600610）：股价快速杀跌后，出现报复性反弹，连续收出 6 个涨停板，然后出现震荡走势。2016 年 1 月 25 日高位震荡，26 日股价跌停，K 线组合构成“黄昏之星”形态。1 月 27 日，股价低开 3.92% 后，一度跌幅达到 8%，随后股价震荡拉高，午后封于涨停。2 月 2 日出现相似的走势，次日股价继续封涨停。而 2 月 5 日之后出现的低开情况，其性质就不一样了，股价上拉力度明显减弱，渐渐形成短期头部。

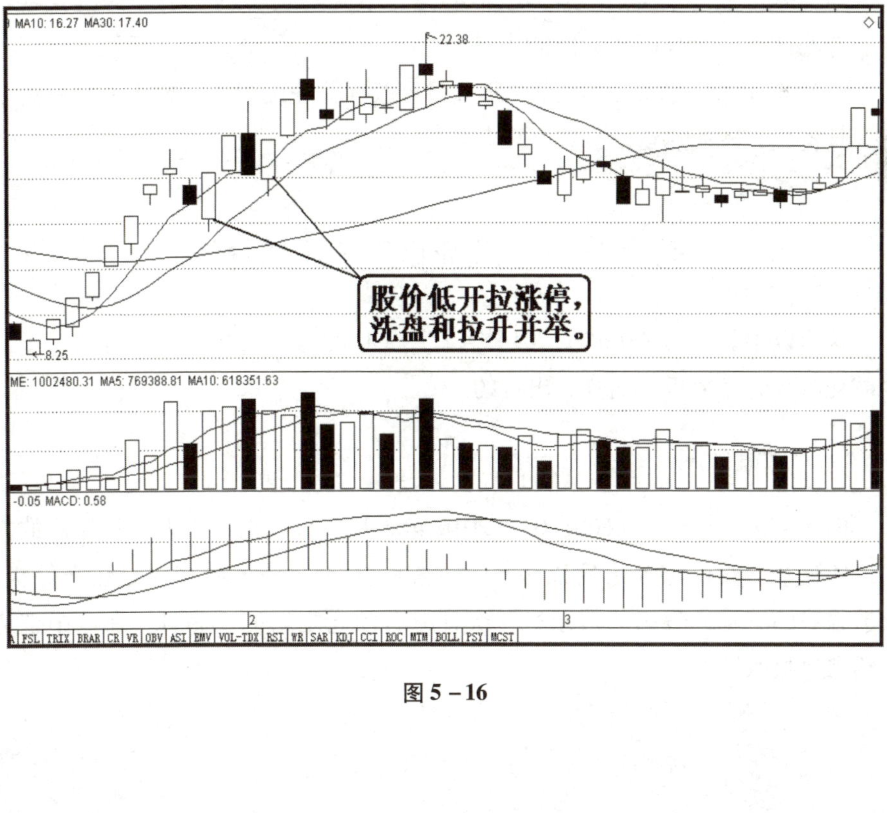

图 5－16

三、实战法则

涨停敢死队的实战法则，可以将其总结为五条：

（1）选形态较好个股。这些个股底部构筑较为扎实，且都在温和放量、小阳线向上推升过程中。如果没有他们参与，就算不能放量封涨停，向上突破也是迟早的事。他们在此阶段介入有如推波助澜，时机把握得恰到火候，成功率自然大大增加。

（2）控制持股成本。虽然是在进行短线操作，但成本控制仍是控制风险中非常重要的环节。他们买入成本往往远低于市场平均成本，因此在拉出涨停板后，也不至于马上引来大量解套盘，可以保证第二天安全脱身。

（3）不碰高度控盘庄股，尤其是前期经过大幅炒作的庄股。因为这类庄股难以吸引广大散户跟风炒作，自己进出也十分不便，涨停敢死队仅有的几次失误，都是折在此类庄股上。

（4）重“价”更重“势”。绝不参与在下降通道中的个股，因为这些股票上行能量太弱，难以成为短期热点。

（5）绝不做问题股及 ST 股。所选择个股往往业绩尚可，或有一定题材支持，具备成为短期热点的一些必要条件。

第六节　“敢死队”实例剖析

这里以中毅达（600610）2016 年 2 月 2 日的盘口信息为例，解剖一下涨停敢死队是怎么封板、加仓、出货的。

一、操盘套路

图 5－17，中毅达（600610）：2016 年 2 月 2 日，当日以大单封涨停的方式迅速建仓，股价涨停之后以堵单、中途加单等各种大单方式封住涨停板，营造强势的感觉，吸引热钱跟风，次日或者锁仓之后的交易日，在盘中把货倒给涨停板跟风的人。

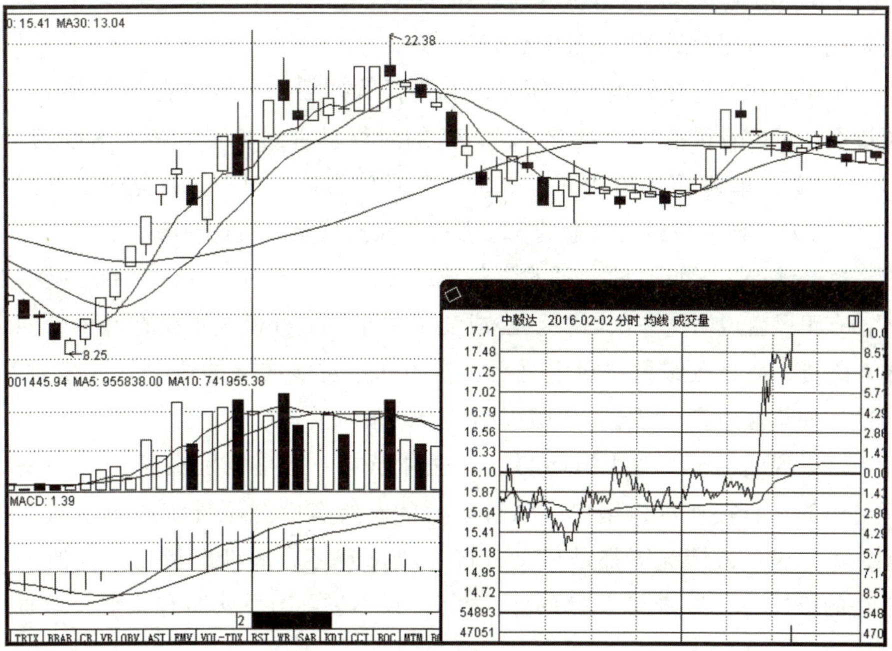

图 5 - 17

二、运作过程

（1）最后一笔拉升股价至涨停。该股在 2 月 2 日的交易过程中，在 14:13:40至 14:13:41，以涨停价申报买入 13 笔 586.17 万股，即时成交 400.78 万股，占当时成交量的 98.01%，大概成交额为 1 亿，将股价由 17.60 拉升至涨停。从当时的分时成交上，很轻松就能看出来，瞬间成交的几笔大单将股价拉升到涨停价，这个大资金就是华泰证券的一家游资席位。

这里注意一下，该游资席位是做最后一笔封单的，前面的点火以及拉升是与他无关的，这也说明，他是做打板的，而不是造板的，动用大资金临门一脚，顺势将该股推向涨停板而已。这是该席位的操作风格。

在敢死队这个链条上，有些人是专门点火的，有些人是专门做拉升的，而有些人是专门封板的。当然了，他们并不是事前合谋的，也没有那么多事先商议的时间，这就是所谓的市场合力，资金的一致预期，大家不约而同都觉得这只股票可以做。

（2）加单营造强势感。14:25:33 的时候，该账户在盘中涨停申报已经有

800 万股的情况下，再次以涨停价申报买入 5 笔 325.16 万股，截至收盘，申报未成交，占尾盘封单总量的 51.37%。

由于现在不是交易当天，所以没有委托队列数据，但是从当日的分时委买单同样可以看得清楚，在 14:25:33 的时候盘中封单量大概约 800 万股，14:25:37 封单到了 1040 万手，增加的就是该席位的封单，收盘时一共封单 600 多万元，该账户最后封上的 325 万股都没有成交，占比 50% 多。

这是涨停板封板时的一种非常经典的模式，股价封上涨停之后，吸引跟风，有跟风就说明这一次封板已经成功了一半。这种模式不是在涨停瞬间堵单、吃货，而是在跟风单封上之后，在明知不可能成交的情况下继续加单，营造一种非常强势的感觉，以吸引第二天的跟风盘。

这里说明一下，假机构玩的也是这种模式，但是区别在于假机构是强行封单的，直接在盘口堵单，强行吃货的，所有的抛压统统照单全收。而且，第二天一般情况下都是早盘直接一波拉升之后砸盘出货的。其他类似手法的机构有“绿景路”“解放南”等，只不过细节手法略有差别，本质基本一致。

（3）筹码抛给跟风资金。从当日龙虎榜看到，华泰证券浙江分公司买入约 1.2 亿，占比 7.41%。见下图 5－18。

证券代码：600610　　证券简称：中毅达

买入营业部名称：	累计买入金额(元)：
(1) 华泰证券股份有限公司浙江分公司	120136726.01
(2) 东吴证券股份有限公司苏州西北街证券营业部	37866515.19
(3) 兴业证券股份有限公司厦门兴隆路证券营业部	15870396.57
(4) 招商证券股份有限公司深圳蛇口工业七路证券营业部	14528084.60
(5) 国元证券股份有限公司宣城叠嶂西路证券营业部	13894620.00

图 5－18

接下来，可以看看这个席位是怎么通过涨停板封单赚钱的。在 2 月 3 日的龙虎榜中，华泰证券厦门厦禾路营业部封板 3523 万元，中信证券保定东风中路营业部助攻 3107 万元，而华泰证券浙江分公司锁仓没动。见下图 5－19。

在 2 月 4 日的龙虎榜中，华泰证券浙江分公司、华泰证券厦门厦禾路营

证券代码：600610　　证券简称：中毅达

	买入营业部名称：	累计买入金额(元)：
(1)	华泰证券股份有限公司厦门厦禾路证券营业部	35231455.00
(2)	中信证券股份有限公司保定东风中路证券营业部	31070376.00
(3)	国海证券股份有限公司桂林中山中路证券营业部	17787857.00
(4)	国泰君安证券股份有限公司深圳深南东路证券营业部	16198781.16
(5)	华福证券有限责任公司安溪民主路证券营业部	15711274.00

图 5－19

业部、中信证券保定东风中路营业部为卖方前三名，从成交金额分析大部分筹码已经抛出，买方接盘的是一些零散资金。华泰证券浙江分公司在这一笔交易中，两个交易日一进一出至少赚了 1.5 个涨停板，“厦禾路”和“东风中路”也吃了大肉。见图 5－20。

	卖出营业部名称：	累计卖出金额(元)：
(1)	华泰证券股份有限公司浙江分公司	104228055.28
(2)	华泰证券股份有限公司厦门厦禾路证券营业部	36609336.92
(3)	中信证券股份有限公司保定东风中路证券营业部	31632468.52
(4)	国海证券股份有限公司桂林中山中路证券营业部	20056459.38
(5)	国金证券股份有限公司上海奉贤区金碧路证券营业部	17587378.53

图 5－20

剖析到这里，应该对涨停敢死队的赚钱模式有一个大体的了解。在该股中，亏钱也亏得明白，赚钱也赚得清爽。

三、模式弊端

这里不竟有人会说：大资金赚钱怎么这么容易。但是，每一份收益背后都伴随着风险，这就是零和游戏。

（1）没人接力。游资最大的风险就是第二天没人为他接力拉高，就算自己有雄厚的资金继续封板，若是吸引不了跟风资金照样出不了货，那么封的所有板都是没有意义的。

所以，这就涉及游资的选股选时，以及如何恰当地影响股价吸引资金跟风，这就是资金的付出和难处。这是一方面的风险，另一方面就是监管风险。

（2）被监管层盯上。近年来市场监管力度越来越大，经常会有因为股价异常波动而被停牌的股票，也就是常说的特停。特停的对象就是那些涨幅惊人的、走势怪异独特的“妖股”，如此张扬的股票很容易被发现，一旦被监管盯上，好的就是复牌出来不跌停已经不错了，弄不好要来一两个跌停，倒霉的就是几年之后，监管说他操纵这只股票，没收非法盈利并同等罚款。

第六章 游资大佬——神秘的“温州帮”

第一节 “温州帮”的建仓模式

近年来，市场上所说的短线游资，多以“温州帮”为著称。

所谓“温州帮”，不一定就是温州人操盘，而是一些私募机构借用温州民间资金优势，通过股票配资的方式，进行短期炒作股票的一种行为。

据了解，温州帮实际上是江湖老庄刘大力留下的一群人。他们承习出一种新打法——底部吸筹 3 ~5 天迅速拉起，找机会一笔倒掉，比徐翔“一字断魂刀”还狠，且屡试不爽。这说明所谓的温州帮游资，其实就是城市的民间资金，私募机构通过配资形式，进而操作股票的过程。市场上除温州之外，杭州、青岛等城市也是股票配资较大的城市。

从市场观察分析，温州帮股票短期涨幅一般在 30% 左右，有的甚至达到 50%，操作时间多则一月，少则三五天。如此短的时间，如此大的涨幅，能不让市场投资者喜爱吗？所以，在市场中就有越来越多的人关注温州帮的行踪了。在此专门就温州帮运作过程做全面深入的剖析，旨在帮助大家在认识短线游资时有所启示。

温州帮的吸筹方式颇有特色。多数情况下，温州帮吸筹时分时图走得很生硬、很粗暴、不流畅，拉升、打压幅度都比较大，有明显的断层，分时图是跳跃式的，直上直下，还有很多在十几分钟内分时图处于横盘。整体建仓阶段，在 K 线上表现为小级别的小阳缓缓推升，阳缓阴急，阳多阴少。

温州帮的建仓方式大致有三种：一是缓慢推升式建仓；二是大起大落式建仓；三是快速拉高式建仓。

模式1：缓慢推升式建仓

股价企稳后，温州帮悄悄介入，底部缓缓向上移动，但盘面走势十分沉寂，根本不会被场外人士看好，而场内人士看到不温不火的盘面也会做出解套离场的操作，这样经过一段时间的运行后，基本完成了建仓计划，时机一到股价就开始快速上涨。

图6-1，北方稀土（600111）：该股经过长时间的下跌调整后，下跌空间基本封杀，股价跌无可跌，这时短线游资选中了这只超跌低价股，当股价企稳后游资悄然介入。从图中可以看出，从2017年6月初以来，股价重心开始缓缓上移，K线小阴小阳，交错上行，一切在悄然中进行。从盘面中并没有察觉到游资的行踪，在分时走势图中毫无规律，走势松散、不流畅，上蹿下跳，让散户没有兴趣介入。当游资成功完成建仓计划后，在7月6日开始加速上涨，股价出现连续上涨，带动整个有色板块出现走强。

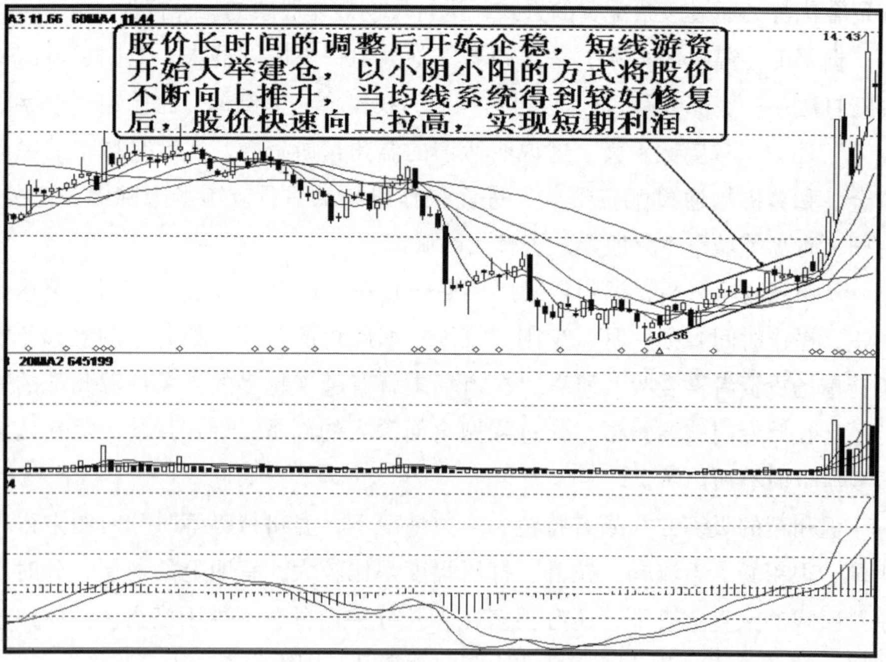

图6-1

图6-2，厦门钨业（600549）：该股从2017年5月26日开始连续向下打压，股价创出调整新低，造成技术破位之势，不少散户恐慌离场，此时短线

游资大举介入，股价出现探底回升。随后，股价缓慢向上推升，返回到均线系统之上，K线小阴小阳组合，盘面走势凌乱，这期间游资继续吸纳筹码。当游资完成建仓计划后，在形态上又具备拉升条件，这时短线主力抓住时机，于7月5日开始放量向上突破小平台，此后股价出现快速上涨，短期涨幅接近30%，达到游资的短期盈利目标。

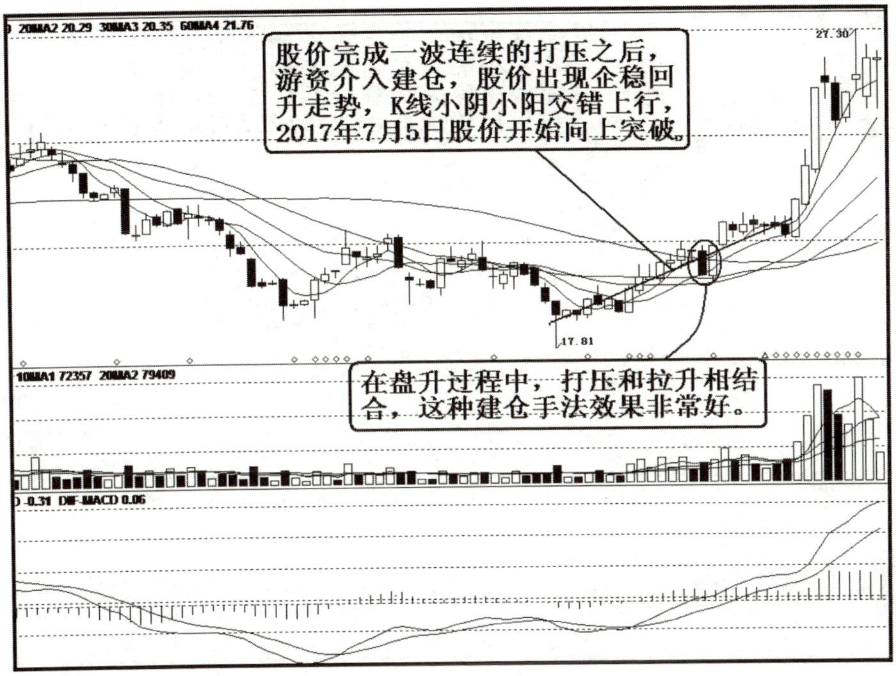

图6－2

模式2：大起大落式建仓

在股价大起大落的震荡中，就有不少散户选择高抛低吸操作，而高抛低吸对多数散户来说操作难度较大，往往造成低位丢失低价筹码，这样温州帮就很容易拿到散户手中的筹码。

图6－3，远望谷（002161）：该股见顶后出现长时间的下跌调整，累计跌幅超过77%，投资价值显现，这时短线游资看中了该股，当股价下探到8元下方后，股价渐渐企稳，游资开始悄然建仓，但由于股价已经下跌到低位，散户止损盘已经不多，这时短线游资庄家采用大起大落的手法与散户捉迷藏，在2017年6月15日和6月19日的两个交易日里，股价大起大落，不少散户

经不起折腾而将筹码抛给了庄家，然后经过短暂的横向窄幅震荡后，股价在7月4日拔地而起，出现一波快速拉升行情。

通常大起大落式建仓手法有两种盘面表现方式：一种是在分时走势中，盘中出现大走大落现象；另一种是在日K线组合中出现大起大落，收出大阴大阳K线形态。该股就是在分时走势中出现大起大落的这种情况。

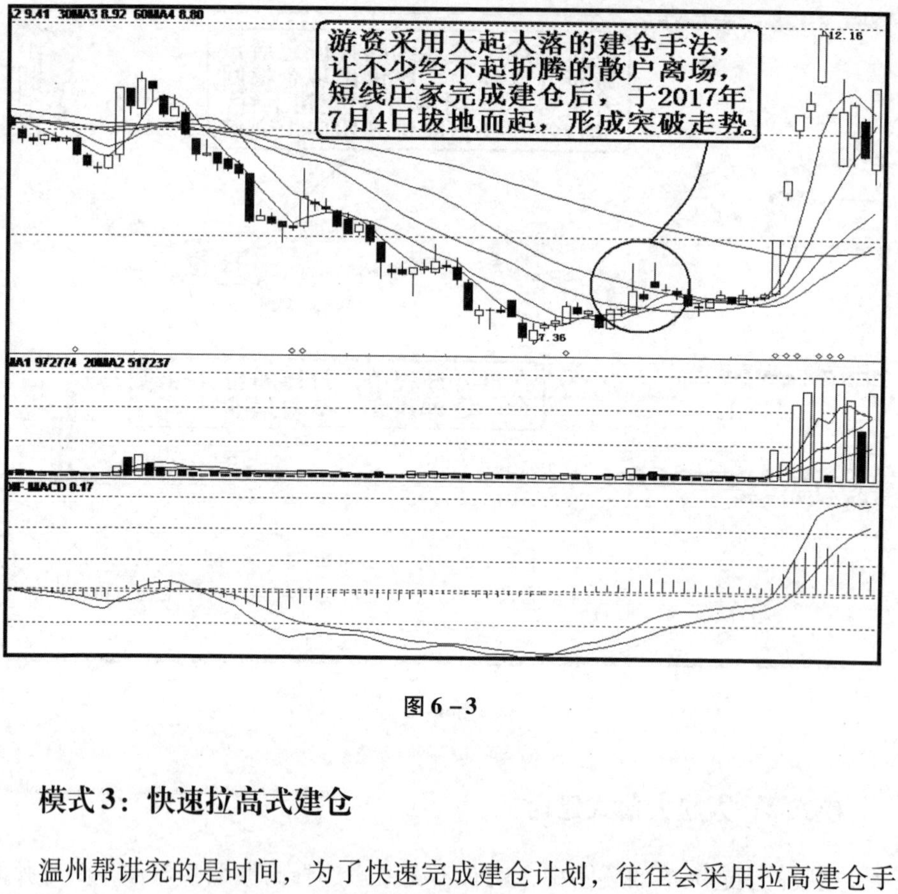

图6-3

模式3：快速拉高式建仓

温州帮讲究的是时间，为了快速完成建仓计划，往往会采用拉高建仓手法，让短线散户获利离场，尽量减少时间成本。

图6-4，亿纬锂能（300014）：2017年6月初，股价再次回落到前期低点附近，这时该止损离场的散户早已离场观望，而没有止损的散户也在等待反弹机会离场，于是短线游资投散户所好，开始安抚散户，在6月13日小幅低开后，股价逐波上涨最后封于涨停板位置。这时，前期没有止损的散户担心股价再次下跌而选择逢高离场操作，可是随后股价并没有出现明显的下跌走势，经过短暂的横向震荡整理后，6月30日发力向上拉升，走出一波短线

亮丽行情。

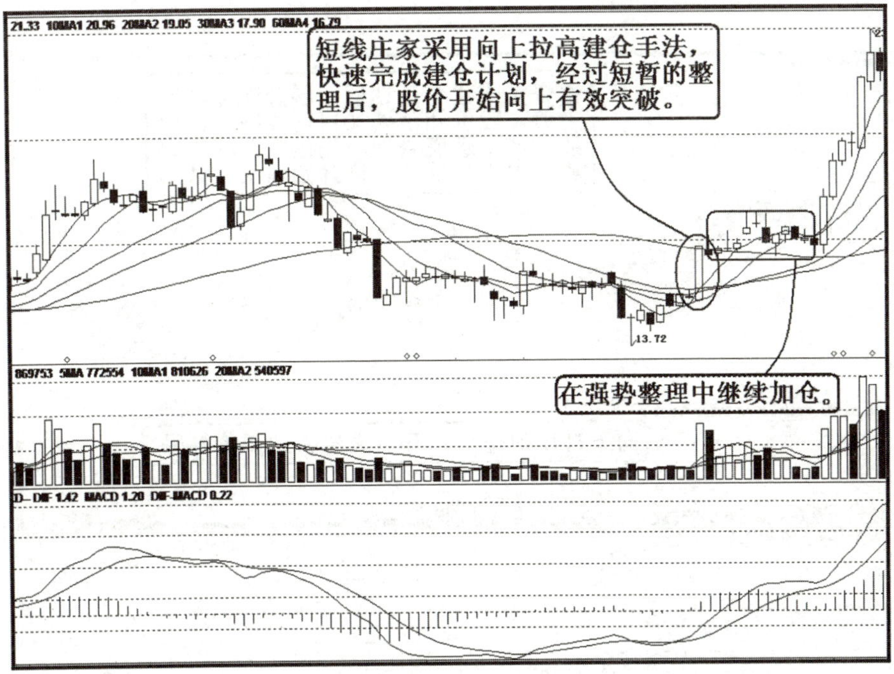

图 6－4

第二节　“温州帮”的洗盘模式

温州帮所选个股大多是一些不被投资者所关注的冷门股，最重要的是洗盘出现在小幅拉升之后，由于市场跟风盘多，大多采用低开低走和缩量收大阴线的方式进行洗盘，洗乱了散户的操作思路。主要特征：

（1）洗盘时间较短，大多在一二个交易日就结束。

（2）缩量收大阴线或连续收阴，几乎吞没了前面一根或数根阳线。

（3）跌幅也不会很深，一般在 10 日或 30 日均线附近。

（4）震荡幅度较大。

下面通过实例做进一步深入分析。

图 6－5，上海临港（600848）：这是一个洗盘时间较短的实例。该股在 2017 年 5 月 23 日和 24 日收出两根阴线，击穿了前期低点支撑，造成加速下跌之势，这时不少散户担心股价大幅下跌而做出止损举动，而短线游资却大

量吃进散户抛出的筹码。随后，股价渐渐企稳回升到30日均线上方，短线庄家边推升股价边吸纳筹码。

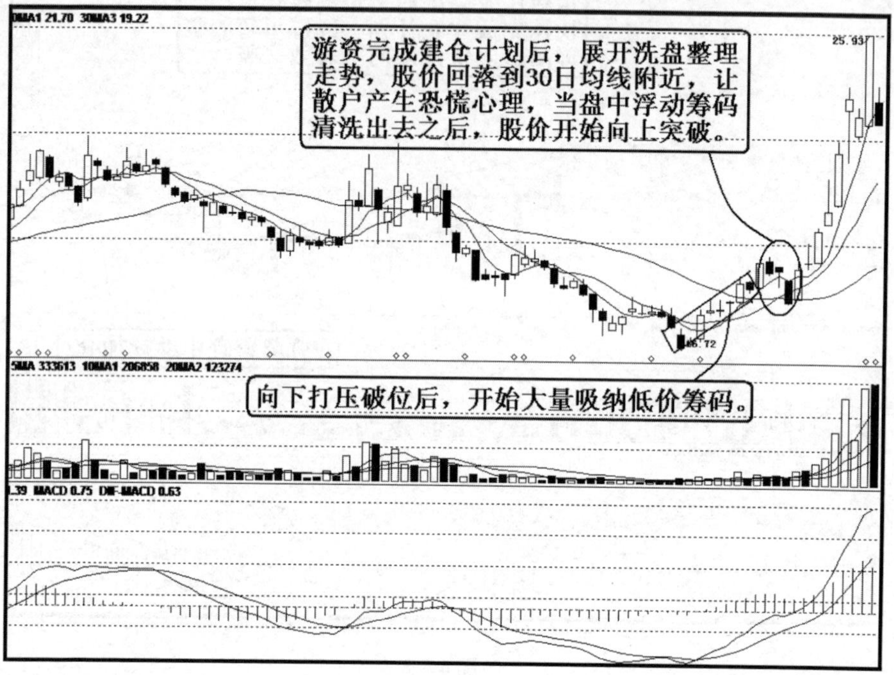

图6-5

当主力完成建仓计划后，展开一次洗盘走势，整个洗盘过程基本符合上面的几个特征，6月8日开始连收三根阴线，股价回落到30日均线附近，吞没了前期涨幅的一半，而且盘中震荡幅度比较大。

由于此时的整个形态，并没有形成强势走势，所以这时会有不少散户随着下跌而做止损离场举动。当盘中浮动筹码基本被清洗出去之后，从6月13日开始出现一轮上攻走势。

图6-6，洛阳钼业（603993）：该股洗盘时间相对较长，第一波上行之后，进行了12个交易日的洗盘整理过程，然后才展开新的拉升行情。

该股庄家采用了压力位洗盘方式，即“上涨受阻”洗盘方式，就是庄家将股价拉升到一个显而易见的阻力位附近时，故意停止拉升、不突破，而是在阻力位附近制造震荡走势，造成难以突破的假象，从而“放大”了上方的阻力效果，散户见到股价攻而不破时，以为后市股价上涨无望而放弃持股，庄家以此达到洗盘目的。

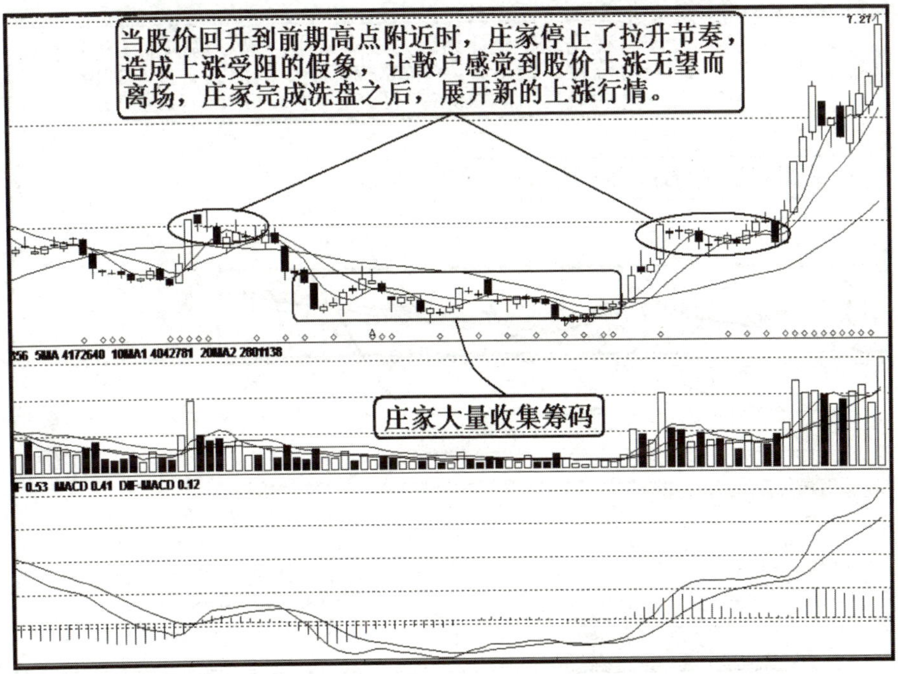

图 6－6

从该股盘面中可以看出，该股在 2017 年 2 月反弹结束后，进入下跌调整走势，当股价回落到前低附近时，短线庄家开始大规模逢低悄然吸纳筹码，顺利地完成了建仓计划。从 6 月初开始股价企稳上行，6 月 16 日当股价推升到前期高点附近时，遇到了前期高点附近的压力，此时庄家并不急于向上突破，而是在前期高点附近作洗盘整理走势，盘面出现滞涨现象。这时，不少散户发现股价久攻不破，认为上方压力较大，担心股价再次出现下跌，于是纷纷抛出筹码观望。可是，股价在这里经过 12 个交易日的洗盘调整后，7 月 5 日股价发力向上，一举突破了前期高点压力位，此后股价连续走高。

图6－7，汉钟精机（002158）：这是一种大幅震荡式的洗盘方式。该股在下跌过程中，庄家采用打压和推升手法建仓。2016 年 12 月 12 日和 2017 年 1 月中旬出现了两次明显的打压动作。

为什么说这是打压建仓而不是下跌行情的开始呢？因为，该股基本面稳定，股价累计下跌幅度比较大，已经回落到前期低点附近，盘中长时间出现持续缩量状态，说明获利盘已经不多，这种情况下继续下跌空间不大，所以这不是下跌行情的开始，既然不是新的下跌走势，那么就是庄家故意打压动

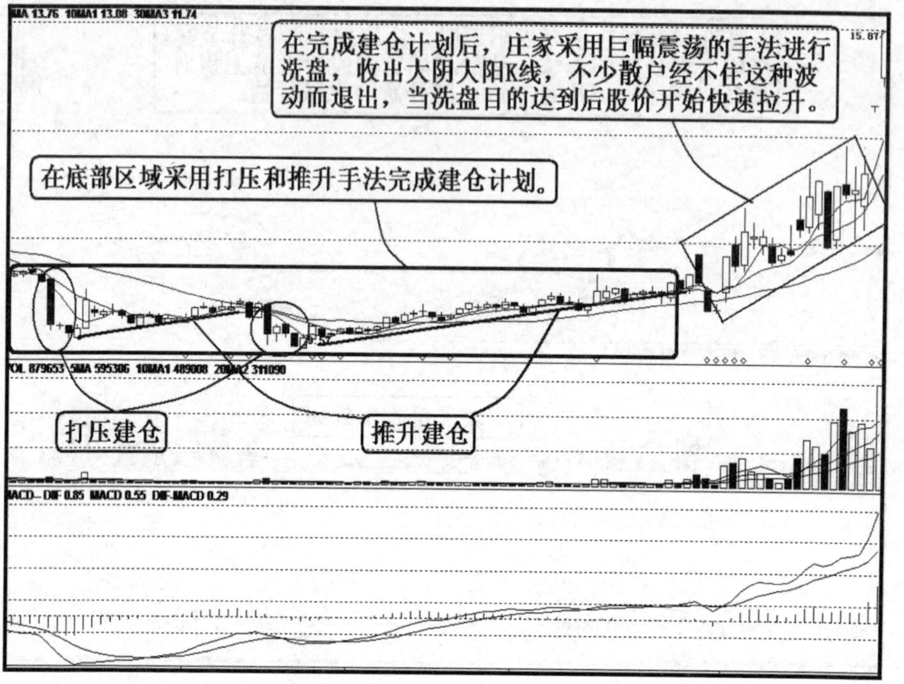

图 6-7

作，而庄家打压的目的就是为了后面更好地上涨，所以这是一种建仓行为。

但是，庄家建仓光靠打压也是不行的，所以打压一阵子后，股价开始缓慢的回升走势。那么，这时庄家为什么采用缓慢的推升走势呢？因为，在前期暴跌过程中，仍有一部分散户没有来得及退出，而庄家采用推升手法主要是再次给这些散户一个离场的机会。所以，庄家边推升边建仓，将股价慢慢抬高，当庄家建仓基本完成之后，就展开大幅震荡式洗盘走势。

在洗盘过程中，庄家采用了两种盘面走势：一是在分时走势中，盘中出现大起大落现象。分别在 4 月 14 日和 17 日以及 4 月 24 日和 25 日盘中出现大幅波动走势，多数散户经不住这种盘面波动而选择退出；二是在日 K 线组合中出现大起大落，收出大阴大阳 K 线形态。在 3 月 29 日至 4 月 26 日的走势中可以看出，K 线大阴大阳，这种大幅波动的盘面是比较少见的，多数会被震荡出局。

图6-8，华资实业（600191）：这是一个连续缩量收阴的实例。该股在长时间的下跌调整中，累计跌幅超过 65% 以上，股价严重超跌。这时主力资金开始逢低吸纳低价筹码，2017 年 4 月股价渐渐企稳，在 5 月中旬出现见底回

升走势，但这时庄家由于手中筹码并不多，所以不急于拉升股价，在股价小幅反弹后再次回落，并采用打压的手法将股价压低，6月2日出现向下破位，击穿前期低点支撑，造成反弹结束股价再陷跌势的假象，这时不少散户以为股价会出现新一波下跌走势，而纷纷抛售手中的筹码。

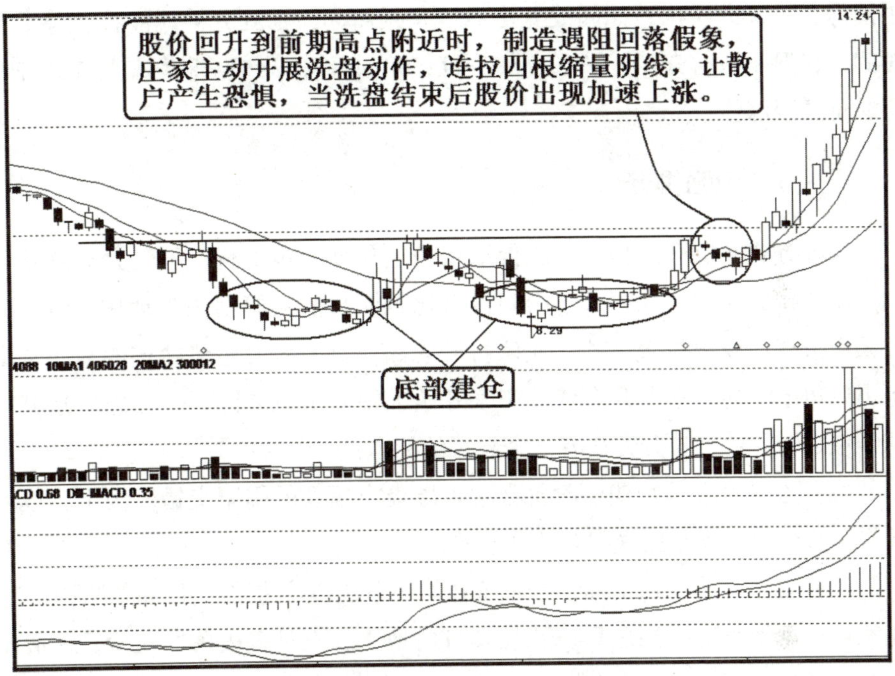

图6－8

但是，6月2日股价在盘中创出新低之后，并没有出现持续的下跌走势，很快企稳并进入横向震荡走势，这时又有一批散户感到股价回升无望而退出。至此，庄家建仓计划基本完成，于6月21日开始发力上攻。可是，该股的庄家非常狡猾，当股价回升到10元上方时，再次停止了拉升步伐，造成股价上涨遇阻的假象，将短线跟风盘清洗出局，从而导致股价再次回落。

在洗盘过程中，从6月27日开始连续收出四根缩量调整阴线，虽然阴线实体不大，下跌幅度不深，但给散户造成很大的心理压力，以为股价无法突破前期高点，担心股价再次回落遭套，从而做出离场举动。庄家这种洗盘手法效果十分明显，当股价回调到30日均线附近时，洗盘适可而止，洗盘调整结束，股价于7月5日开始放量向上突破，从此走出一波上涨行情。

第三节 “温州帮”的拉升模式

一般情况下，温州帮多数是平开后急拉为多，在拉升之前不动声色，风平浪静，一旦进入拉升如同蛟龙出海，一跃而起，三五分钟就能拉涨停。在时间上，温州帮通常在上午10：30~11：00或下午2：00前后，人气最旺时将股价拉至涨停。

模式1：顽强推升

这种方式在拉升过程中，股价沿着一定角度稳步上行，不受大盘涨跌影响。庄家拉升往往一气呵成，中间没有比较明显的大幅度洗盘动作。绝大多数采用依托均线边拉边洗式。庄家拉升思路明确，股价走势轨迹明显。常常走出单边上涨的独立上升态势。庄家开始大幅度洗盘之际，也标志着拉升行情结束之时。这种拉升方法有三个显著的标志：

（1）在拉升行情初期，股价常常走出极小幅度的阴阳交错，慢牛爬坡的缓慢走势，此阶段是庄家建仓或加仓阶段。

（2）拉升速度有所加速，经常依托均线系统边拉边洗，拉升前期和中期，庄家在早盘将股价推高之后，就任其自由换手，不过多去关照股价，使股价常常出现自由落体之势，在回落至下轨线处或者必要的技术图形时，庄家再度护盘，重新吸引多头买盘。走出极为规律的走势，以吸引多头资金积极买进股票，起到助庄的作用，可谓四两拨千斤。

（3）单边上涨式拉升，后期往往以快速拉升、疯狂刺激多头买盘，人气而达到高潮，一般会采用各种转换角色的“示形”方式，诱导、促使场外的散户失去正常的投资理智、控制能力，产生一种过量、过度的放大和虚化的投资激情，这也是行情见顶的信号。

这种拉升方法在大多情况下都是受客观条件制约的，驻庄期相对长一些。绝大多数庄家控盘要占到流通盘的30%~40%，涨幅多以50%~100%不等，很少有超过100%以上的涨幅。

图6-9，华资实业（600191）：该股在上涨初期，K线阴阳交错，股价缓慢上涨。随着股价的上涨，其拉升速度有所加快，边拉边洗依托5日均线上行。在拉升后期，股价出现加速上涨，以刺激多头买盘，使不少失去理智的

散户追涨买入。当庄家停止拉升时，就是短期见顶信号。

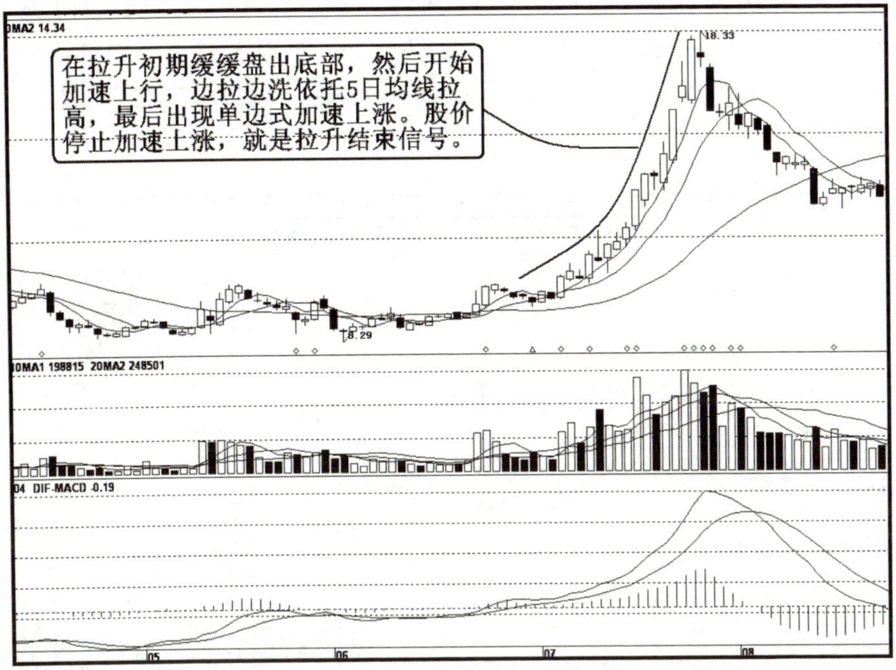

图 6-9

模式 2：直线拉升

这种拉升方式犹如火箭发射，升势一旦启动，行情锐不可当。特别是第一个涨停，一般都来得非常突然，一步到位，一口气拉涨停，飚升行情可谓惊天动地。

但纵观此类个股，在行情飚升之前，往往要经过较长时间的吸货过程。在这整个建仓过程中，股价犹如一潭死水，波澜不惊，臭不可闻。然而，当庄家悄悄掌握了流通盘 50% ~60% 的筹码后，行情一旦启动，往往升势如虹，气冲霄汉。这种庄家干起活来，驾轻就熟，清清爽爽。而且实力绝非一般，运作个股一般后市有强大的题材配合，准备工作异常充分。选择的个股多为中等偏下的流通盘较多。也有的庄家炒作起来常常得意忘形，直到把股价玩到令人难以置信的地步，成为真正的空中楼阁，最终导致玩火自焚。

图 6-10，超讯通信（603322）：游资介入该股完成建仓后，在 2017

年2月21日快速拉高脱离底部区域，然后回落洗盘整理，等待30日均线上行。3月20日洗盘结束，股价放量涨停，随后股价持续拉高，7个交易日股价达到66%的涨幅。从走势中可以看出，股价上涨气势如虹，势不可挡，庄家思路清晰，有恃无恐，股价一步到位，拉升一旦结束就是阶段性顶部。

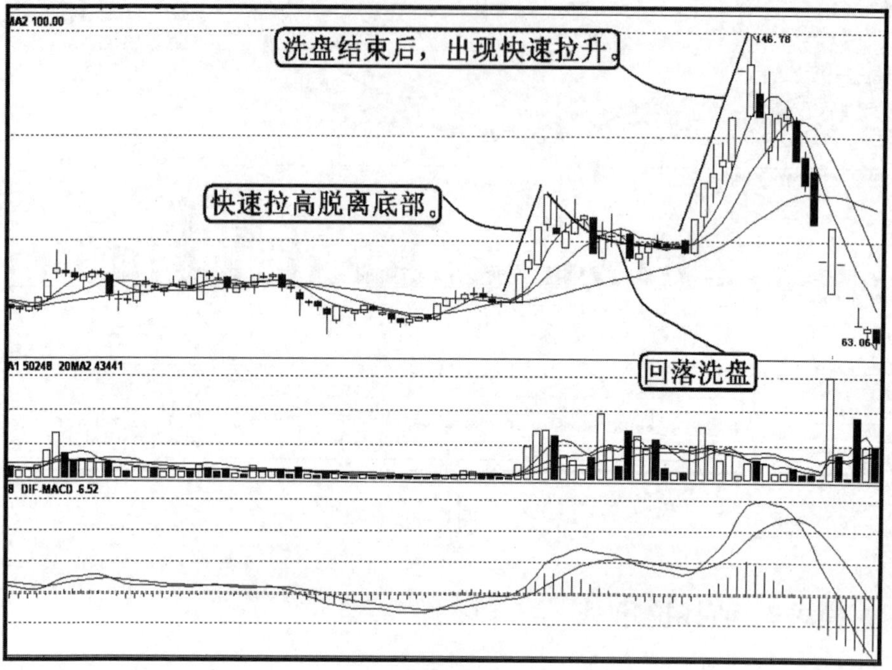

图6－10

图6－11，利君股份（002651）：该股短线游资完成建仓后，坐庄手法十分诡异，先是来一个下砸动作，充分吓退部分散户后，在2017年1月16日快速拉涨停，次日继续封板，然后进行短暂的洗盘。经过一天的快速洗盘后，再次连续拉出三个涨停板，第四天冲高回落，股价形成顶部。在整个拉升过程中，动作紧凑，手法凌厉，来势凶悍，当散户反应过来时，股价已经站在高位，不得不打高买入，而此时正是风险来临之时。

模式3：拉升手法进化

以前已经有不少人将温州帮与徐翔相比，但操盘方式进化后的温州帮，其恐怖和凶狠显然已经远远超过了徐翔，不少人已经跟不上温州帮的操盘步伐。

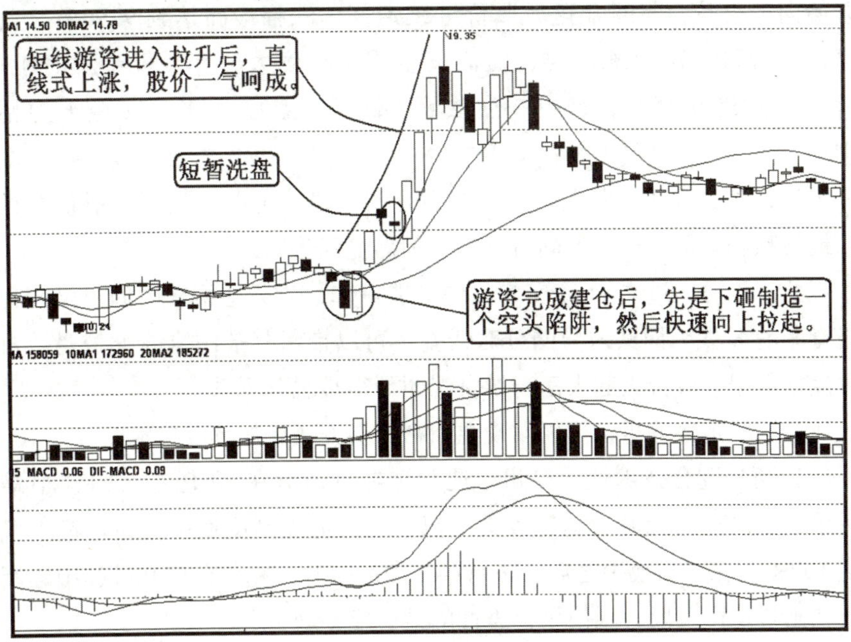

图 6－11

图 6－12，三夫户外（002780）：2016 年 10 月 19 日，该股在午间收盘

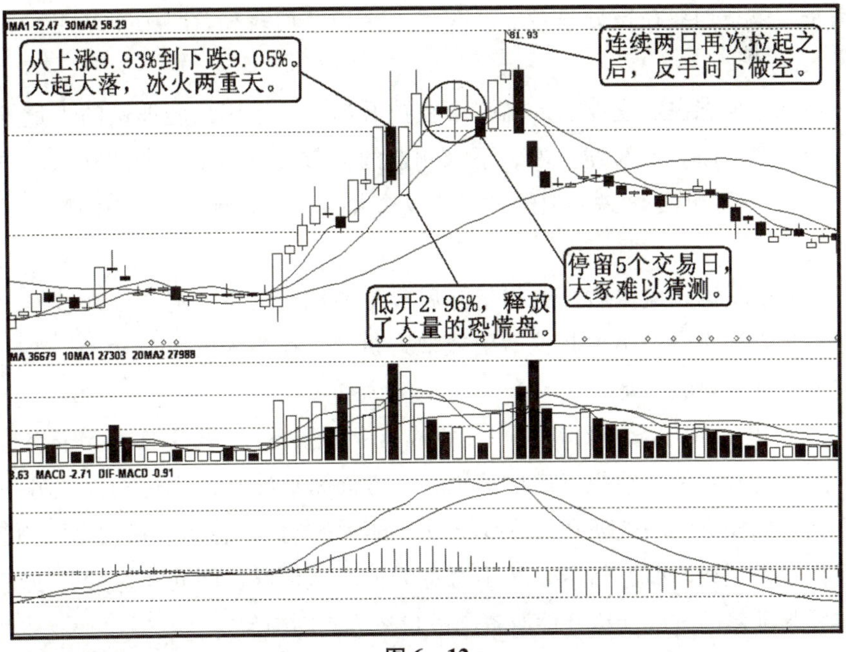

图 6－12

前开始向上突破，午间开盘后股价继续走高，涨幅最高达到9.93%。就在大家都期待再一次封涨停时，盘面发生了180度大转变。仅半小时工夫，股价就下挫超过15%，盘中一度跌停，截至收盘跌9.05%，全天振幅高达19%。

次日，该股低开后向上翻红，之后开始横盘。午间开盘后，股价开始拉升，最终顺利封板。虽然期间有开板，但尾盘强势回封。

至此，该股在过去11个交易日中上涨60%，在短短两天时间里又走出了一组奇葩的K线。而其诡异的分时线基本可以推断其被庄家高度控盘，再结合龙虎榜数据，股价大起大落与游资温州帮很难脱开干系。

通过该股走势分析，可以发现温州帮操盘方式更加具有技术性。

（1）更加配合技术性。温州帮通常选择流通盘在10亿左右的“小票”，然后采取不讲理的拉升，迅速收集筹码。之后追求高度换手，通常换手可以达到100%。完成高换手之后，进行第二波的拉升，并且在拉升过程中逐渐出货。在出货尾声阶段，则使用标志性的“一字断魂刀”。

但在该股中，其操盘方式并没有太多不讲理的地方。在9月29日，温州帮拉升第一天。公司公告拟定增募资6亿元复牌，而之前的7个交易日，股价走势接近水平线。成交量也极为清淡，每日约在6000万元。如此走势的好处在于，多条均线在该处黏合。从技术上来说，均线黏合将为未来走势提供爆发力。

在技术形态提供支撑后，温州帮在拉升当天，运用预先埋伏的少量筹码将股价小幅下压。从K线上看，下杀制造的下影线成为了当期的新低。早盘下跌5%，不能说是大跌，但给散户造成较大的心理影响，使手中的筹码更容易被洗出。

在制造适当恐慌之后，温州帮开启股价的拉升之旅。整个拉升过程中用大单尽量吃光卖盘，不给其他游资或散户机会。在当天的龙虎榜上，买一到买三席位都来自温州帮。

（2）以T+0代替连续涨停。在完成第一个涨停后，接下来的5个交易日内，不曾再有涨停。猜想背后的原因，一方面是连续涨停太过招摇，另一方面则是前期操盘手法被曝光后，有相当多的游资与散户想要“搭便车”，借温州帮拉升做短线，而温州帮显然不愿意为他人做嫁衣，因此在操盘时改变原先连续封涨停的方式，给其他游资与散户造成判断障碍。

通过每天冲高回落的操作，温州帮可以对手头上的筹码进行T+0买卖。这样做可以降低筹码成本，也能够迷惑其他投资者，客观上套牢一部分人。

在 T+0 的操作中，温州帮也不那么追求超高换手率。之前操作其他个股时，40%以上的超高换手率在该股中并没有见到。可以说，温州帮正在试图掩藏自己标志性的连续涨停和超高换手。尽管温州帮席位还会出现在龙虎榜上，但操盘痕迹已经不像之前那么明显了。

（3）未来走势更难捉摸。以往出现"一字断魂斩"之后，温州帮将会继续砸盘式出货。但在该股中经历了狂砸 19% 后，温州帮 10 月 20 日再次强势买入拉起，出乎所有人意料。当日龙虎榜买一是温州帮最常用的席位之一，一共买入了近 1.27 亿。

不知道有多少人在 10 月 20 日低开后，害怕温州帮进一步砸盘，而采取了抛售操作？温州帮近来的操作方式，让那些试图跟着温州帮一起吃肉的散户已经跟不上节奏。当大家都在猜测温州帮要拉涨停的时候，却连续 5 个交易日让股价停留在窄幅区间内。当大家又去猜测温州帮将要进一步砸盘的时候，却又让股价迅速涨停，让抛盘者懊恼不已。

第四节 "温州帮"的出货模式

模式 1：涨停出货

这种出货法，同为拉高出货，但此方法是股价以涨停板的方式将拉高出货的行为演绎至高级阶段，并带有主动抛盘的性质。庄家将股价拉高后进入加速上涨阶段，并且上涨速度越来越快，出现飙升行情，使观望的跟风盘忍受不住股价快速上涨的诱惑，原来获利的跟风盘也由于利润的快速增值而产生虚妄的放大状态，而产生惜售的心理。庄家往往抓住战机，以巨量的买单，将股价封至涨停，从而使多头买气达到高潮，此时后进的跟风买单纷至沓来。股价已牢牢地封住涨停，由于 A 股交易规则采取"时间优先和价格优先"原则。那么在涨停价格的挂单是一致的，无法比出高低，而时间上却仍有先后之分。首先时间上处在前列的是庄家的巨量买单，排在后面的是中小散户的跟风盘。这样，庄家采用明修栈道，暗度陈仓的方法悄悄撤出挂在前列的买单，然后再将这些买单挂在跟风盘的后面。如此看来，涨停板上的巨量买单数量并无变化，甚至还会增多。庄家可以以小批量的卖单，逐步将手中的筹码过渡给排列在前面的散户。这种涨停出货的手段既能卖上一个好的价格，又不会引起一般投资者的警觉，可谓一箭双雕。

图6-13，浙江世宝（002703）：短线游资完成建仓计划后，2016年8月10日开始连续向上拉高，短线产生较大利润。这时短线庄家需要兑现获利筹码，8月16日股价再拉涨停，以此吸引散户跟风，然后数次开板出货，成交量放大，尾盘再封涨停。第二天，股价低开后冲高回落收阴，将在涨停板位置买入的跟风者一网打尽。

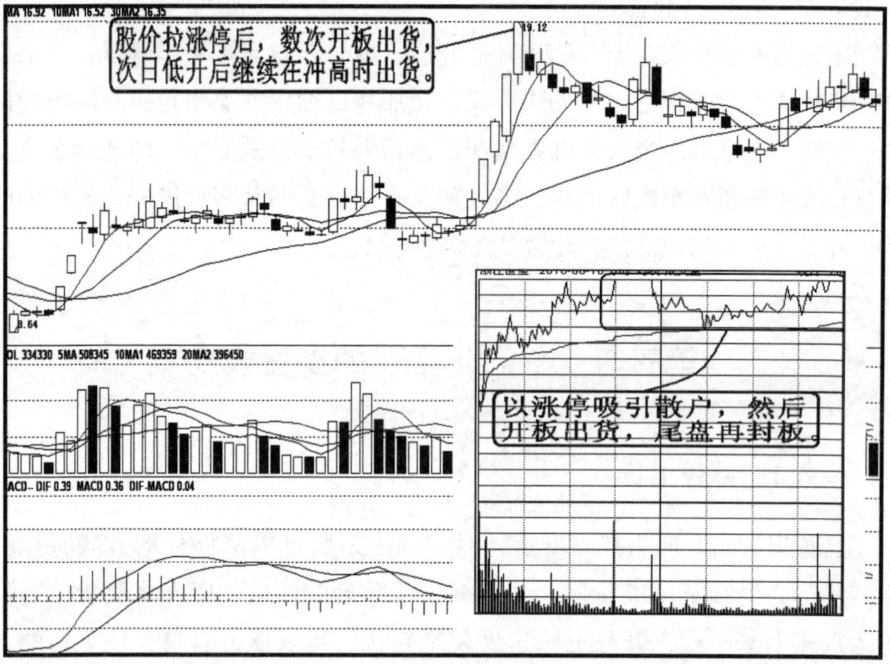

图6-13

图6-14，通合科技（300491）：股价快速拉高后，短线游资获利较大，庄家需要离场出货。2016年11月24日和25日连续拉涨停，但封盘并不坚决，盘中频频打开封盘，说明庄家暗中出货，而尾盘均封于涨停，保持完美的涨停板形态。当短线庄家基本完成出货后，股价出现跌停，并在跌停板位置完成清仓离场。

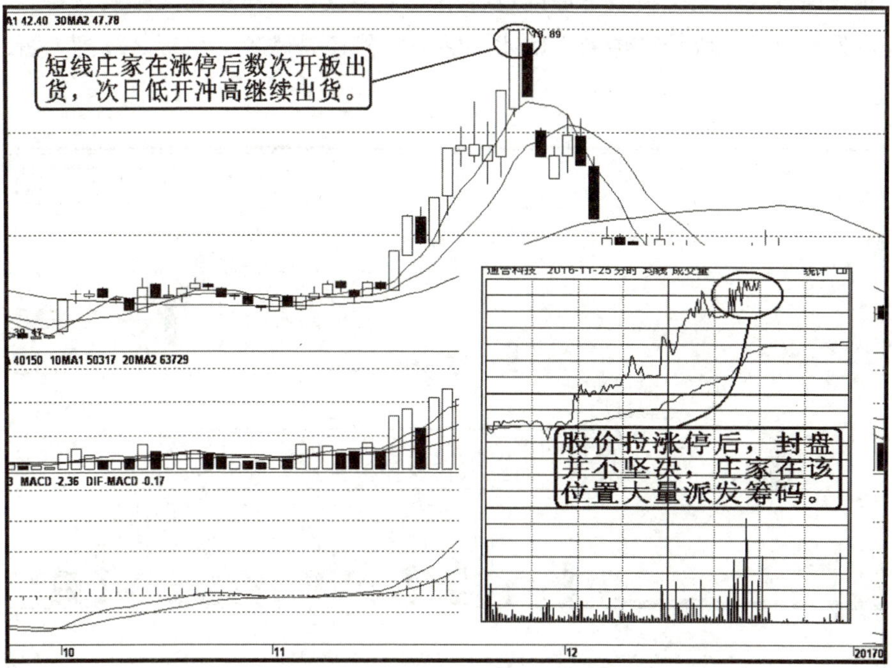

图 6 –14

模式 2：跌停出货

短线游资一旦开始大批量出货，就会采用“断头刀”收尾，或者出现“一字断魂刀”形态，这就是所谓的跌停板出货。在股价快速上涨过程中，由于人类与生俱来的贪婪心理，都奢望卖个更高的价钱，所以在涨升过程中极少有人出手，所以庄家采用快人一步，趁散户好梦未醒时，抢先抛售筹码，首先套住上当后买进的跟风盘，然后一路抛售直至跌停，将敢于抢反弹者一网打尽。这种手法讲究的是心狠手辣，利用大盘或者个股人气极为火爆的时候，使用回马枪的手法，反手做空，往往令众多散户防不胜防，这种手法也叫跳水出货。

图 6 –15，超迅通信（603322）：游资介入该股完成建仓后，出现一波快速拉高行情，庄家获利十分丰厚。2017 年 3 月 29 日，大幅低开 8.7% 后，盘中冲高翻红，最高上冲到上涨 7.2%，许多散户看到如此强势上涨，忍不住也买盘介入。可是，第二天继续低开 5.6%，小幅冲高后股价回落走低，直奔跌停。庄家在跌停板位置大量派发获利筹码。次日，又是大幅跳空低开，盘中

大幅拉高翻红，庄家在股价冲高过程中大量出货。当庄家在大幅震荡中，成功派发筹码后，股价开始向下跳水，除了跌停还是跌停，出货之惨烈，看之不忍。

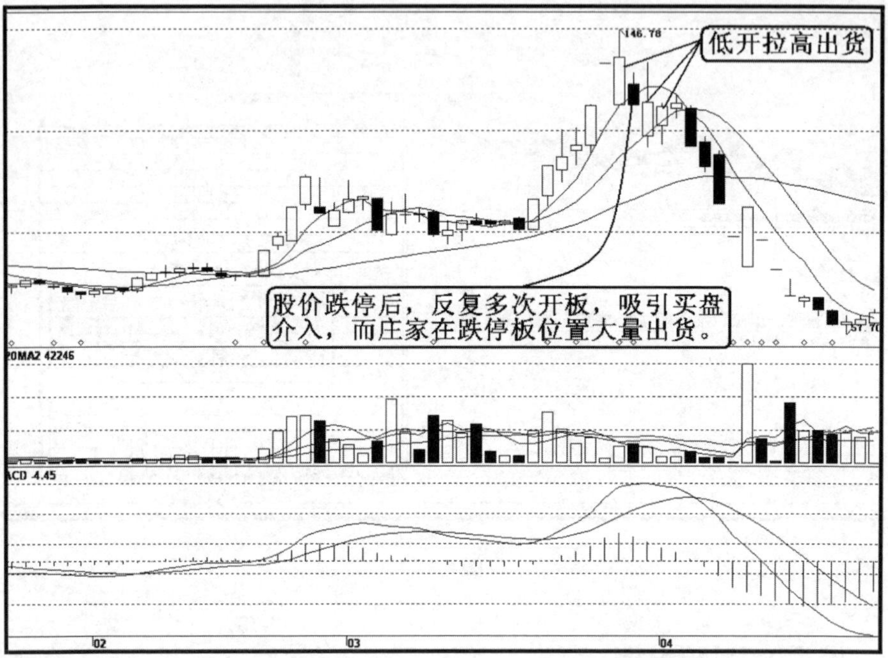

图6－15

图6－16，利君股份（002651）：该股短线游资完成建仓后，一气呵成，快速将股价拉到预定目标，然后在高位悄悄兑现获利筹码。庄家在拉高出货的同时，也采用了跌停出货手法，因为此时的筹码已经不多，即使跌停出货也不影响总体盈利。2017年2月3日和2月10日两次出现跌停，第一次跌停后股价再次拉起，庄家继续在高位出货，第二次跌停后有的散户以为股价也会有反弹，因此纷纷介入做多，这时由于庄家筹码已不多，很顺利就将手中筹码派发出去，所以股价再也没有拉起，此时介入的散户全部被套。

模式3：推升出货

短线游资庄家无心恋战，心理压力也颇大，在持筹极重的情况下，又想全身而退，不得不采取一边做高股价吸引跟风盘一边借机出货的策略。在股价拉升途中，往往出现下跌时成交量抛单比较集中而且持续。从盘面成交量

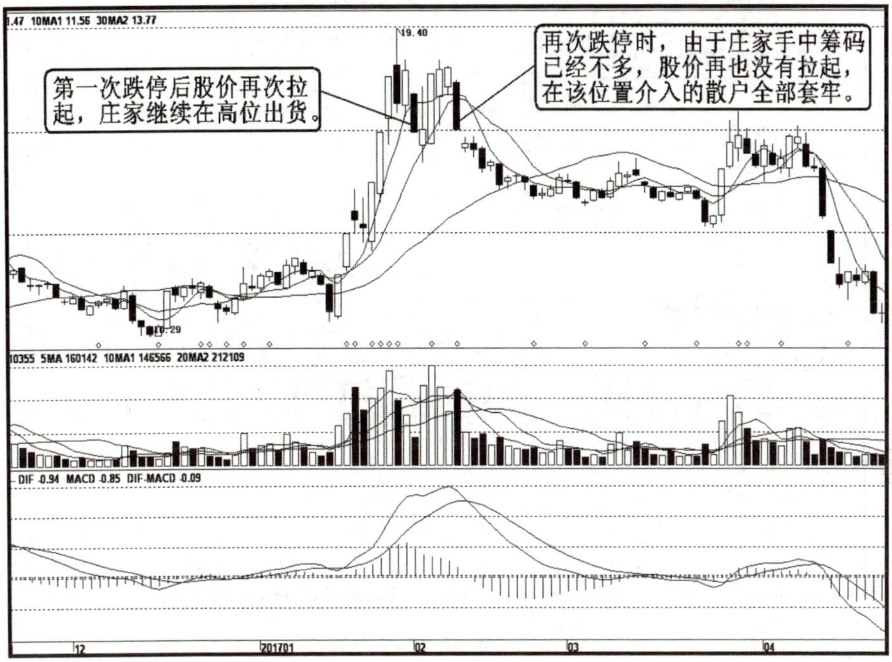

图 6 – 16

来看，下跌时成交量能相对逐步放大。随后突然出现买单，买单更加集中，也很持续，股价迅速走高，成交量也放大。总体给人的感觉好像是两个旗鼓相当的多空主力在进行对抗赛。其实操作机理是庄家在跟风盘旺盛的时候抛出一批筹码，再趁上档抛压较轻的时候抓紧时机做高股价，以稳定长期投资者的持股信心，且继续吸引后继跟风盘。周而复始，循环拉升，在股价拉升到剩余筹码有足够的派发空间时，做多动能突然消失，荡然无存，股价进入横盘或下跌阶段，成交量也开始萎缩得很小，使很多散户误以为庄家仍在其中，并没有出局，从而产生麻痹大意的心理。庄家手中筹码此时所剩无几，慢慢震荡派发足矣。

图 6 – 17，浙江世宝（002703）：2016 年 8 月，短线游资大幅拉高股价后，先在涨停板位置派发一部分获利筹码。然后在反弹中再次派发，但由于市场环境欠佳，庄家出货并不顺利。不久，股价回落，受盘区支撑而回升，此时庄家且拉且出，而且不是急速拉升，老牛拖破车慢慢拉。让散户跟进，自己慢慢抛，因为货多不会急砸，有时候借涨停出货。所以“温州帮”的票频开涨停时不可以追，否则会套得很惨。

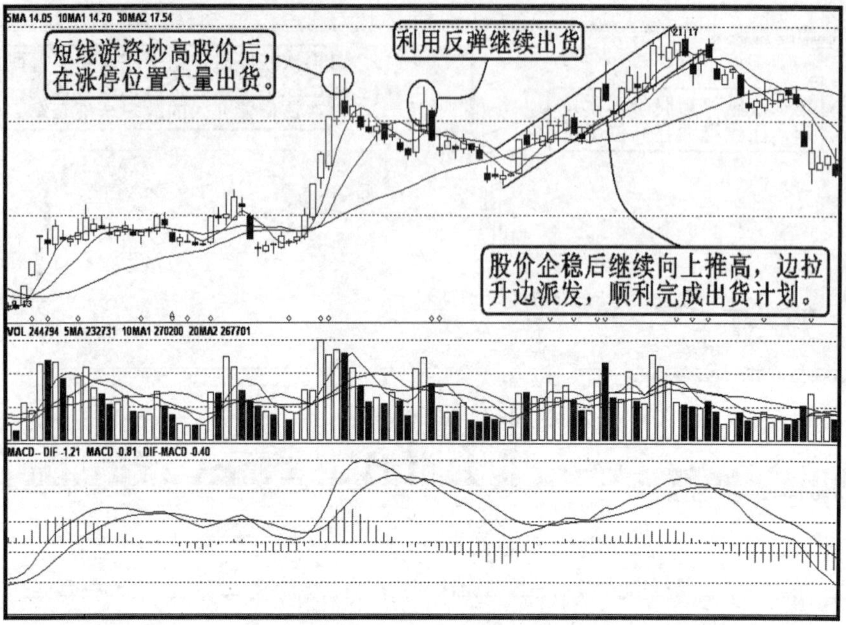

图 6－17

图6－18，江阴银行（002807）：这是一只温州帮介入程度较深的次新股，

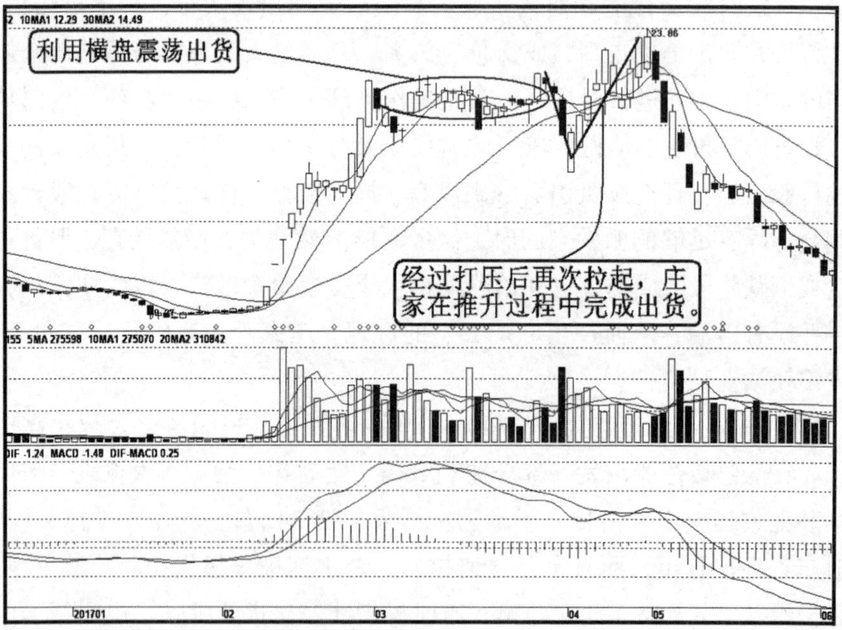

图 6－18

据统计显示，温州帮席位在龙虎榜中成交超过千万元。股价大幅拉高后，庄家先是利用横盘震荡出货，在出货后期采用向下打压后再拉起，然后在股价推高过程中继续慢慢出货，当庄家顺利完成出货计划后，股价从 2017 年 5 月 2 日开始大幅向下跳水。

模式 4：低开出货

股价经前面的拉高后，采用低开出货，将前一天买入的跟风者全线套牢，然后再采用边打边撤的出货方案。在这一过程中，散户贪婪的心理被庄家所充分了解，庄家利用各种形态的心理诱导，促使散户不能摆脱对后市发展趋势的盲目幻想，沉迷在对后市反弹企稳甚至反转的单相思般的恶性循环心理状态。当这种情况持续一段时间后，股价已缓慢下跌一定的幅度，庄家为了使持股者坚定信心，让持币者加入进来，往往会转换多空角色，采用“示形”的方式，反手做多，施展心理诱导的战术，在整个战略做空的基础上战术性做多，重新套牢一批后继的跟风盘。

图 6－19，福达股份（603166）：短线游资连续拉高股价后，获利非常巨大。2016 年 7 月 12 日，庄家先是在涨停板位置悄悄出货，第二天出其意外地直接从跌停板价位开盘，这样将前一天买入的散户全线套牢。第二天从跌停板价位开盘后，庄家用巨量打开封盘，股价出现上冲，此时一些缺乏风险意识的散户贸然跟风而入，然后股价又回落到跌停板位置，这样又套牢新一批散户。第三天，股价继续低开低走，将前两天介入的散户全线套牢，且当天又套牢一批捡便宜的散户，几番折腾，庄家顺利派发了手中的筹码。整个出货过程干净利索，流畅自如，不留痕迹。

图 6－20，通合科技（300491）：该股短线游资出货手法与福达股份（603166）如出一辙，庄家出货手法发挥得淋漓尽致。2016 年 11 月 25 日庄家采用涨停手法出货，第二天低开后两度上冲翻红，但最大涨幅仅为 0.06 元，在第一天涨停价买入的散户还不够手续费，散户基本不会出局，然后股价又封于跌停板，这样又套牢新一批散户。第三天，大幅跳空低开低走，股价再次跌停，将前两天介入的散户全线套牢，特别是在涨停板位置买入的散户套牢幅度已经超过 20%。随后几天反弹到缺口附近时受阻回落，股价越跌越深。

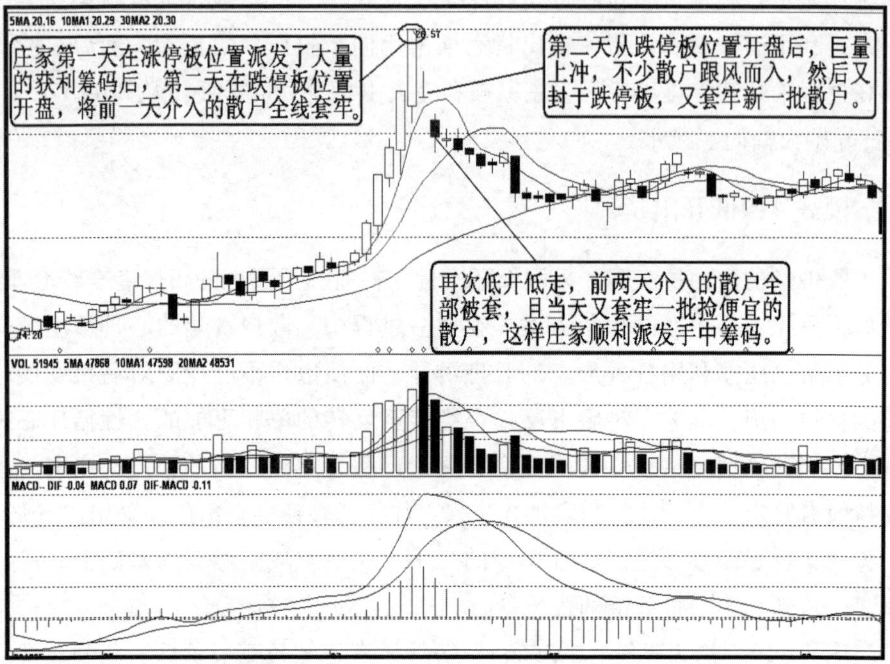
5MA 20.16 10MA1 20.29 30MA2 20.30
26.57
庄家第一天在涨停板位置派发了大量的获利筹码后，第二天在跌停板位置开盘，将前一天介入的散户全线套牢。
第二天从跌停板位置开盘后，巨量上冲，不少散户跟风而入，然后又封于跌停板，又套牢新一批散户。
再次低开低走，前两天介入的散户全部被套，且当天又套牢一批捡便宜的散户，这样庄家顺利派发手中筹码。
14.20
VOL 51945 5MA 47868 10MA1 47598 20MA2 48531
MACD- DIF -0.04 MACD 0.07 DIF-MACD -0.11

图 6－19

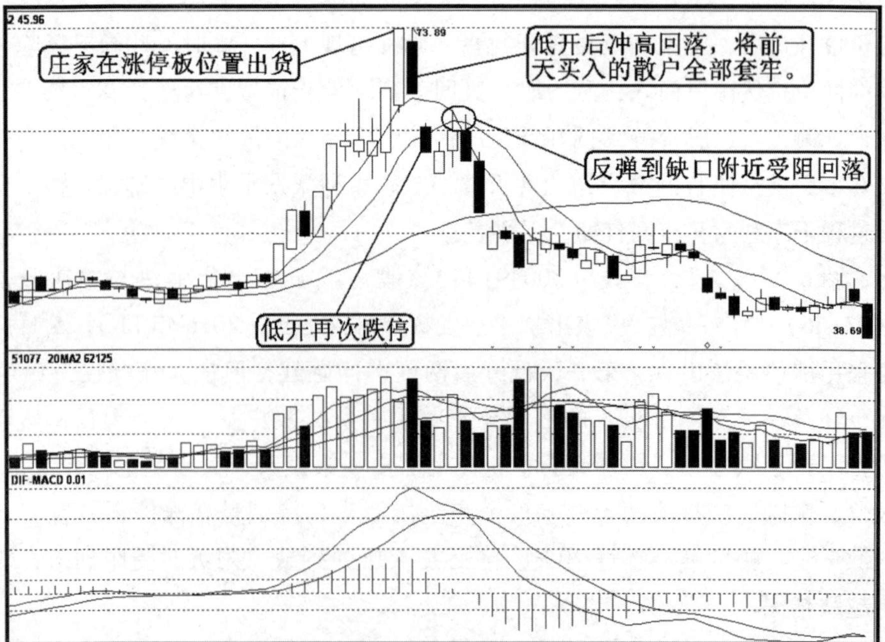
2 45.96
73.89
庄家在涨停板位置出货
低开后冲高回落，将前一天买入的散户全部套牢。
反弹到缺口附近受阻回落
低开再次跌停
38.69
51077 20MA2 62125
DIF-MACD 0.01
11
12
201701

图 6－20

可见，温州帮出起货来，不讲章法，不顾人情，手法极为蛮横、毒辣。有道是，跟对温州帮让你高兴一阵子，跟错温州帮让你痛苦一辈子。

温州帮介入的多数个股，出货方式就是短时间大单砸死跌停，接下来便是直接一字跌停，众多散户完全来不及反应。以朗源股份（300175）为例，2017 年 4 月 11 日从跌幅 2% 左右到跌停，只用了十多分钟。接下来 4 月 12 日、13 日均是跌停板开盘，并且只有 13 日打开了跌停板。从成交龙虎榜上看，“温州帮”席位中信证券杭州四季路 4 月 10 日至 12 日净卖出超过 1200 万元，4 月 13 日至 17 日净卖出 5400 多万元。

2017 年以来，如此血腥的出货手段在金发拉比（002762）、健盛集团（603558）、印纪传媒（002143）等个股中也得到了展现。比如，金发拉比 4 月 13 日至 17 日的龙虎榜显示，中信证券杭州四季路卖出超过 5400 万元；健盛集团 4 月 11 日的龙虎榜显示，中信证券杭州四季路卖出超过 1458 万元；印纪传媒 4 月 13 日的龙虎榜显示，信达证券杭州莫干山路营业部卖出 1305 万元。

2017 年 4 月 14 日，证监会表态严厉打击次新股炒作后，市场的调整态势更趋明显，个股闪崩现象也更加突出。清源股份（603628）、亚振家居（603389）等多只次新股连续三天跌停价开盘，并最终连续三天收盘跌停。

有意思的是，这些闪崩个股都有温州帮常见席位曾经出入过。比如，清源股份（603628）在 3 月 28 日的成交龙虎榜中，买一买二席位分别是信达证券温州新城大道和中信证券杭州四季路证券营业部；卖一卖二席位分别是信达证券杭州莫干山路和浙商证券温州西山东路证券营业部。上述营业部中，买一和卖二席位均是温州当地营业部，买二和卖一则是温州帮常见席位。

如果把温州帮常见席位出入过的股票统称为“温州帮概念股”，那么在这次调整中“温州帮概念股”算是遭到最大打击的板块之一。据统计显示，2017 年初以来，温州帮常见席位合计现身逾百股交易龙虎榜。这些股票自 4 月 10 日以来出现了普遍性的暴跌，剔除部分最近上市次新股后，平均跌幅接近 12%。朗源股份（300175）、超讯通信（603322）、金发拉比（002762）等 5 股跌超过 30%，皮阿诺（002853）、印纪传媒（002143）、秀强股份（300160）等 24 股跌超过 20%，翔鹭钨业（002842）、和胜股份（002824）、福建金森（002679）等 55 股跌超过 10%。

值得一提的是，有些温州帮介入程度较深的次新股，表现较为抗跌且仍处于相对高位。据统计显示，温州帮席位在龙虎榜中成交超过千万元的次新股中，无锡银行（600908）、江阴银行（002807）等个股先期抗跌，4 月 10 日以来累计涨幅均超过 10%，但后期也出现大幅下跌走势。只有海量数据（603138）、平治信息（300571）、德新交运（603032）等个股能够坚挺在高位，且略有上涨。

第五节 “温州帮”主要席位

据媒体报道，温州帮游资的活跃账户主要集中于上海证券温州月乐西街营业部、银河证券温州锦绣路营业部和长江证券温州车站大道营业部等营业部。

上海证券温州月乐西街营业部，2016 年下半年在不同时间段共登上成交龙虎榜 38 次，其中 36 次上榜集中在 7 月到 9 月之间，10 月和 11 月仅各有 1 次。如此频繁的上榜仅体现在 20 只个股上（见下表），短时间内进行大额资金买入和卖出。7 月以来该营业部披露的龙虎榜合计买入 13. 51 亿，卖出 15. 79 亿，若考虑个股未披露的交易日，期间成交将远远大于统计。交易中所涉及的个股绝大多数为中小盘股，大笔买卖容易引发股价暴涨暴跌。

表 6 - 1　2016 年下半年上海证券温州月乐西街营业部龙虎榜上榜个股

股票简称	买入金额（万元）	买出金额（万元）	总股本（亿）	期间股价表现
安德利	35376. 62	33395. 50	0. 80	涨停—跌停—涨停—跌停
甘肃电投	21842. 48	33525. 71	9. 71	连续涨停、高位连续暴跌
东方新星	19847. 04	28938. 18	1. 01	连续涨停、连续跌停
利君股份	11560. 78	4544. 38	10. 03	连续涨停
福达股份	11240. 33	12475. 16	5. 92	连续涨停、高位连续暴跌
武汉中商	8841. 62	14016. 29	2. 51	连续大涨
中南建设	4604. 71	6039. 61	37. 10	大幅上涨
中房地产	4255. 69	2149. 1	2. 97	连续涨停
松发股份	3222. 20		0. 88	上涨
旭光股份	3123. 23		5. 44	高位大跌
佳隆股份	2727. 21	1. 78	9. 36	涨停
上峰水泥	2084. 84	7984. 01	8. 14	间断涨停、跌停
阳谷华泰	1764. 96		2. 89	涨停后连续重挫
电光科技	1704. 40	163. 03	3. 23	跌停
丰元股份	1188. 71	1261. 59	0. 97	涨停

续表

股票简称	买入金额（万元）	买出金额（万元）	总股本（亿）	期间股价表现
凯瑞德	939.36	248.34	1.76	跌停
安利股份	621.27	1656.72	2.17	间断涨停
渤海股份	155.53	8351.29	1.95	连续暴跌
红阳能源		1602.63	13.33	连续跌停
京城股份		1595.79	4.22	涨停

同样，银河证券温州锦绣路营业部和长江证券温州车站大道营业部上榜的个股也具有上述特征，而且三家营业部同时买卖相同个股十分频繁。2016年7月以来，银河证券温州锦绣路营业部上榜涉及16只个股，除了宏盛股份、拓中股份、中电电机、奇正藏药、上海亚虹、茂化实华、新农开发之外，其余9只个股和上海证券温州月乐西街营业部上榜时间基本一致。而长江证券温州车站大道营业部上榜次数相对较少，只涉及11只个股。

2017年上半年，温州帮席位现身部分次新股情况：无锡银行（600908）现身1次，江阴银行（002807）现身9次，海量数据（603138）现身1次，平治信息（300571）现身1次，德新交运（603032）现身3次，熙菱信息（300588）现身2次，荣晟环保（603165）现身1次，吉比特（603444）现身2次，视源股份（002841）现身2次，道恩股份（002838）现身1次，金海环境（603311）现身1次，杰克股份（603337）现身2次，绝味股份（603517）现身2次，正裕工业（603089）现身2次，名雕股份（002830）现身3次，皖天燃气（603689）现身1次，新坐标（603040）现身1次，兆易创新（603986）现身3次，道道全（002852）现身2次，牧高笛（603908）现身2次，捷捷微电（300623）现身2次等。

此外，温州帮经常出现的席位有：

中信证券杭州四季路营业部；

国金证券上海奉贤区金碧路营业部；

华鑫证券乐清双雁路营业部；

华林证券绍兴金河桥大道营业部；

国金证券上海互联网分公司营业部；

中天证券杭州庆春路营业部；

银河证券温州大南路营业部；

华泰证券上海黄和新路营业部等。

第六节 如何识别“温州帮”

从上述相关席位操作过的个股可以看出，温州帮的操盘模式概括起来讲，就是横盘—直线飙升—横盘—直线跳水，盘面走势屡见不鲜，大资金频繁出入迹象显著。

一、主要特点

自2016年以来，温州帮不断地活跃在A股，屡屡制造“惨案”。温州帮的操作具有以下特点：

（1）所选股票盘子非常小，流通市值在30亿元以下，方便拉升。

（2）通常选择沪市股票，因为沪市的龙虎榜规则一向苛刻，涨停当日不上龙虎榜，具有非常强的隐蔽性，主要是避免抢筹，也避免结仇，更可避免其他投资者过早发现他们的意图。

（3）选择冷门股票，尤其是长期不受市场关注的标的个股，这些个股方便建仓，由于不是热点股或者题材股，吸筹就不会提高成本，也相对成功。

（4）这些标的股票，出现第一个涨停板时，一般是以快速拉涨停的手法。

（5）喜欢业绩较差的个股，机构投资者少，最好没有。温州帮炒股“英雄不问出身”，做一把走人，更不看业绩如何。

二、识别技巧

（1）比较简单的方法就是看分时图。在股价上涨的时候，分时图走势非常生硬，直上直下，毫无规律。另外，一种情况就是横盘时候突然大额下杀，不计成本。

（2）这是比较土一点的办法，就是在收盘后去龙虎榜上看是不是有传说中的温州帮所在席位。但是，随着市场和媒体对温州帮的关注增多，很多资金开始换席位了，这给大家带来一些不便，不过，可以通过交叉对比或者是寻找营业部历史操作记录，找出持股共性，还是能够发现温州帮踪迹的。

（3）因有配资原因，很多温州帮股票容易暴涨暴跌，如果有股票出现了短期内大涨大跌，或前天涨停，后天跌停的股票，就需引起注意，可能后面还有一波快速拉高行情。

第七章 >>> “妖股”操作手法曝光

第一节 “妖股”横行

一、什么叫“妖股”

我们所说的“妖股”，通常是指市场中那些股价走势奇特、怪异的妖艳牛股。它们走势与大盘、多数个股走势相悖，完全不符合基本的技术分析规律。

妖股走势明显比其他个股走势异常，不按常规出牌，让人难以琢磨，经常出现暴涨暴跌现象。明知这家上市公司亏损，股价却连连拉出涨停；明知这家公司的股票达不到这么高的价位，股价却涨得让你不敢相信。伴随着股价的大幅震荡和高换手率，庄家成功出逃，股价火山式喷发戛然而止，而不少散户却遭到套牢之苦。

妖股之所以称之为“妖”，首先要有“气”，有上涨的“底气”。股市中的“气”包括题材、股价、量能及波动方式等。“妖股”往往脱离大势和其他个股，走出怪异的独立行情。要么在熊市中股价高高在上，要么在牛市中股价蹦极起跳，或是出现“钓鱼”走势。该类股票往往有庄家操控，正因为有不同的庄家背景，才有了妖股的不同走势表现。

近几年来，市场妖股出没，争相斗艳，横行于市，无论牛市还是熊市，从来都不缺表现妖艳的个股。随着系统性风险降低之后，A 股市场演绎着结构性行情，一些平时表现平平淡淡的个股，被染上“妖气”之后，渐渐修炼成妖股。比如，人们记忆犹新的 2015 年妖股“前三甲”特力 A（000025）涨幅 642%，洛阳玻璃（600876）上涨 453%，锦江投资（600650）上涨 397%。

2016 年妖股也精彩不断，反复被炒作的四川双马（000935）、三江购物（601116）、煌上煌（002695）等逆势大涨，而且涨势相当惊人。其中，四川双马从低点算起涨幅达到 6 倍，成为 2016 年度第一“妖王”。

弱势炒新股，弱势跟妖股，这条被不少投资者认可的定律，真的发挥了不少的作用。2017 年更是妖股辈出，从年度 10 大妖股涨幅排名来看，鸿特精密（300176），涨幅 331%，勇夺桂冠；其次为江南嘉捷（601313），涨幅 323%；第三妖股为亚翔集成（603929），涨幅 272%；其他妖股最低涨幅都在 160% 之上，有的个股“妖魂”未散，是不是还接着妖呢？

妖股出没必然有其氛围。早年之所以出现诸如新疆德隆“三驾马车”的庄股，是因为著名的“5·19”行情，当时市场定位为“为国企摆脱困境服务”，市场就理解为政府希望股市上涨，潜台词是“可以默许操纵市场的行为”。于是，市场中出现群魔乱舞的景象。同样如此，在 2015 年牛市中，被不少媒体渲染为“国家牛市”，让股价上涨是众望所归，至于促使股价上涨的方式，可以各显神通了。由于市场反应过激，所谓的“国家牛市”行情在 6 月中旬宣告结束，标志性事件就是监管部门开始清查场外配资。但因为市场下跌速度过快，才有了后来的救市行动，正是因为这次救市，又让很多人对政策牛市重新充满期待，这就是最近妖股辈出的环境和条件。

天下没有不散的筵席，也没有不熊的牛市。“5·19”行情结束后，监管部门开始打击市场操纵行为，曝光了一系列操纵市场及上市公司财务欺诈案件。银广夏 A、蓝田股份、中科创业等是早年最有代表性的股票，很快它们先后走下神坛，并被监管部门绳之以法。

近年来，管理层加大了对市场操纵股价行为的打击力度，2015 年 10 月监管部门对特力 A（000025）的庄家开出了 12 亿元的巨额罚单，对各路庄家形成了强大的心理冲击，一段时间妖股出现集体跌停。2017 年 3 月 30 日监管部门对操纵多伦股份（600696，现更名为“匹凸匹”）股价的庄家开出了 34.7 亿元罚单，这是监管部门开出的“史上最大罚单”。尽管监管部门的打击力度在进一步加强，但妖股依然不断出没，只不过庄家换一种坐庄手法而已。所以，作为普通散户在市场中应该不断地研究和发现妖股的盘面变化，才能准确地踏准妖股的运行节奏。

捕捉妖股可以在短时间赚钱，在目前市场中散户都喜欢追涨杀跌，当某只个股出现持续大涨时，更是挡不住诱惑，岂不知在此买入时，很可能就是庄家打压下跌之时。所以，散户要想不被妖股所伤，关键还是自己严守价值投资规律。因为，妖股有风险，跟妖须谨慎。

二、"妖股"的市场特性

从妖股定义中可以看出，妖股就是走势怪异的妖艳牛股，因此具有以下几个显著的特点：

1. 妖艳

"妖"，迷信的人是指异于常态而害人的东西，妖魔鬼怪、妖精。生活中比喻姿色迷人的女子，装束或神态不正派，妖里妖气。"艳"，色彩鲜明，艳丽，招引大众目光。妖艳组合，形容景色异常艳丽而不庄重。在股市中多指非常怪异的盘面走势，不按常规出牌，无规律可循，远远超出人们的想象，大体上包含这样几层内容。

（1）先前走势隐蔽性。这里可以看看西水股份（600291）和创业环保（600874），前者最初的上涨很容易让人以为是超跌反弹，不会引人注意，随后横盘小幅调整，大家是不是理解为所谓的庄家拉高出货？自救反弹？后者有一定的政策基础，最初的涨停很容易让人认为是跟随概念上涨。

图7－1，西水股份（600291）：在没有任何利空消息影响下，2017年2月3日股价向下击穿前期整理盘区，然后继续向下滑落，股价不断创出新低，而同期大盘处于强势上行过程中，同板块其他个股也不断向上攀升。5月2日，股价放量向上突破底部盘区，但突破后并没有出现持续上涨走势，给一种超跌反弹的感觉。经过一段时间的震荡整理后，股价渐渐进入上升趋势。在上涨过程中，股价稳步向上推高，充分展现出妖股先前走势的隐蔽性。

图7－2，创业环保（600874）：2017年4月5日，庄家借"雄安新区"利好消息向上突破，多数人认为这只是政策刺激下引发的一波上攻行情，股价难以持续走高，可是随后的走势大出意料之外，股价一波又一波，三波拉高行情，将股价从8元附近拉到24元上方。大家知道，该股前期走势十分平淡，庄家非常具有隐蔽性，直到演变为妖股才被大家所认可。

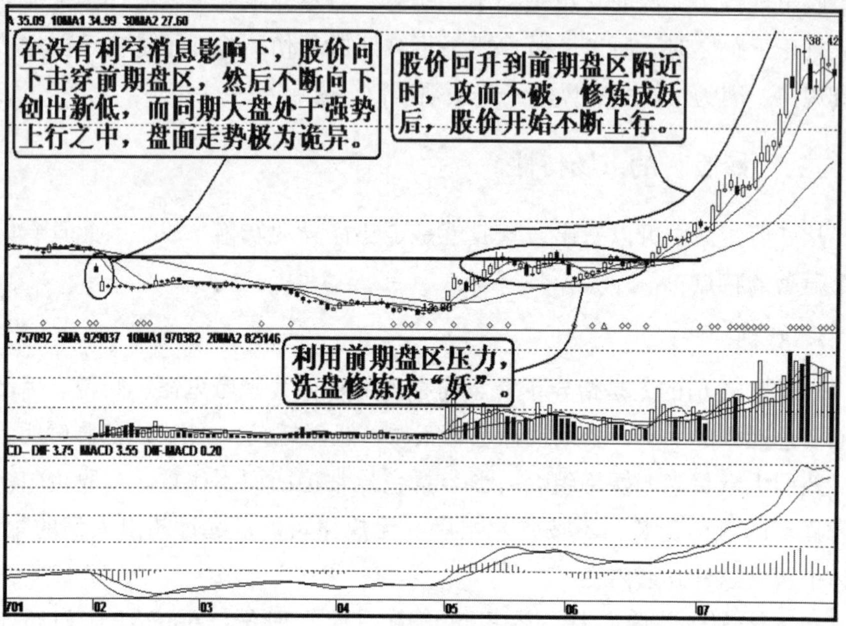
A 35.09 10MA1 34.99 30MA2 27.60
在没有利空消息影响下，股价向下击穿前期盘区，然后不断向下创出新低，而同期大盘处于强势上行之中，盘面走势极为诡异。
股价回升到前期盘区附近时，攻而不破，修炼成妖后，股价开始不断上行。
38.42
13.00
L 757092 5MA 929037 10MA1 970382 20MA2 825146
利用前期盘区压力，洗盘修炼成“妖”。
CD- DIF 3.75 MACD 3.55 DIF-MACD 0.20
701
02
03
04
05
06
07

图7－1

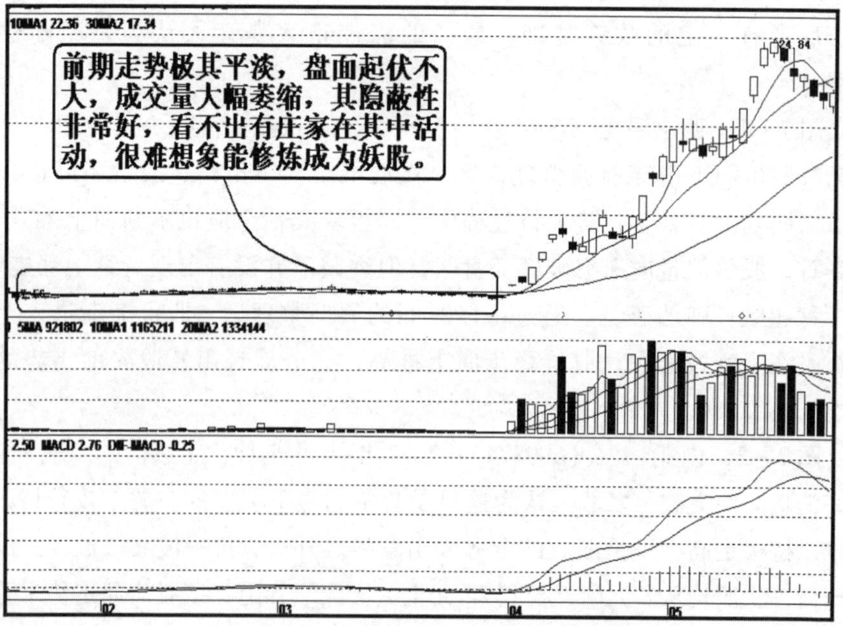
10MA1 22.36 30MA2 17.34
前期走势极其平淡，盘面起伏不大，成交量大幅萎缩，其隐蔽性非常好，看不出有庄家在其中活动，很难想象能修炼成为妖股。
24.84
5MA 921802 10MA1 1165211 20MA2 1334144
2.50 MACD 2.76 DIF-MACD -0.25
02
03
04
05

图7－2

（2）技术缺乏跟风性。当妖股初成雏形时，大家开始注意到它的不寻常，股价立即加速上涨，多数散户会认为它是不可持续的，唯恐避之不及。直到股价翻倍，散户哀叹悔恨，这就是所谓的无跟风性。

图7－3，中科信息（300678）：2017年7月28日上市后，股价连拉8个一字涨停，8月10日从涨停价附近开盘后，再次快速封于涨停，次日开板震荡，成交量大幅放大，当日换手率超过66%。在这个位置开板震荡，多数散户认为股价高了，短期面临调整风险，在此价位跟风介入显然不可取。可是，谁曾想到股价一涨再涨，涨得让人惊叹，尽管期间遭到管理层的特停，但股价仍然不停地上涨，从而成为次新妖股。

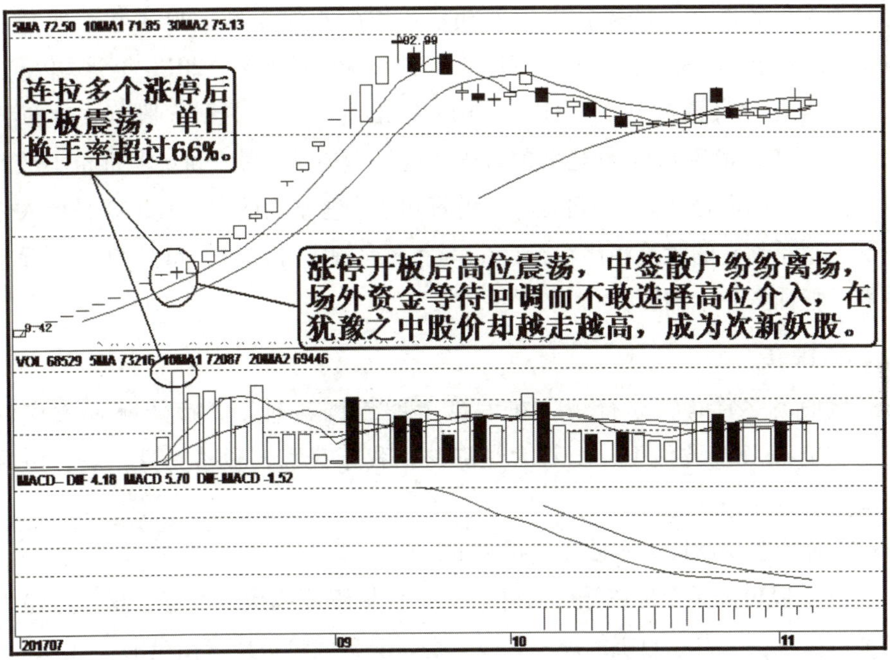

图7－3

（3）大阳或涨停起始。第一个点燃妖股热情的人是无法预测到后来的妖孽走势的，所以在最初时期，这类个股往往以大阳或涨停起始。也正是如此，使得未知的接力资金能够有机会在相对低的价位进货，不断接力，修炼成妖。

比如，西水股份（600291）2017年5月2日就是以放量大阳线向上突破底部盘区，然后开启妖股征途；创业环保（600874）2017年4月5日就是以涨停方式向上突破，之后演变为妖股走势。股价向上突破某一个重要的位置，仅是上涨的一个信号，后面是否成为妖股还要看市场游资的跟风情况。

2. 疯狂

盘面走势“妖艳”，股价大幅上涨，才能叫妖股。所以，“妖艳”不牛，不能算是妖股，“牛股”不妖艳，也不能算是妖股。不能看到股价涨价高了，就片面地认为是妖股。

在大家犹豫不决时，股价扶摇直上，涨得目瞪口呆，不敢相信，一时响彻市场的明星股，这是妖股的显著特点。

比如，贵州茅台（600519）：说起妖股，贵州茅台可谓“妖中妖”“王中王”。股价从2014年1月4日下探到76.98元后，扶摇直上，一路走高，后历经“股灾”而不倒，涨得让人不敢相信。连续4年走妖，2014年涨幅超过81%，2015年涨幅超过32%，2016年涨幅超过59%，2017年涨幅超过121%，4年累计涨幅达到665%。2017年最后一个交易日，股价再次创出726.50元、市值达到9000亿元的奇迹，这是不是就是最高价呢？谁也不敢断言，因为它已经是“妖”。可是，了解贵州茅台基本面的人，其现状是令人惊讶的，很难与它的股价相比较，这是一个永远解不开的谜，也是中国A股市场严重扭曲的一个缩影。

3. 独立

妖股大多具有独立行情，在大盘走熊或调整时期，市场赚钱效应低下，仅有妖股一枝独秀，不管大盘涨跌，我行我素，独善其身，享誉市场风骚。

总体而言，妖股的本质还包括以下几点：

（1）股价天天上涨或涨停且非天天一字板涨停或接近涨停，操作环境大家都可以参与，自拉自唱的那种妖股是伪妖股，股价被庄家操纵了。

（2）有自己的运行特点，要么就是带动板块的龙头，要么就是股价独立运行。

（3）有突出的炒作概念，而且这种概念是真实的、客观的，并且一旦发酵，整个板块就轮动起来了，妖股利用概念继续发力上涨。这三个特点缺一不可。像方大炭素（600516）、赣锋锂业（002460）都是这个逻辑。

图7-4，方大炭素（600516）：上证指数在2017年4月12日—5月10日处于下跌调整走势，而该股却不受大盘下跌影响，股价重心不继向上抬高。5月11日当大盘探底成功后，该股出现快速上涨行情，借助“涨价概念”，股

价涨了又涨，成为两市的妖股。

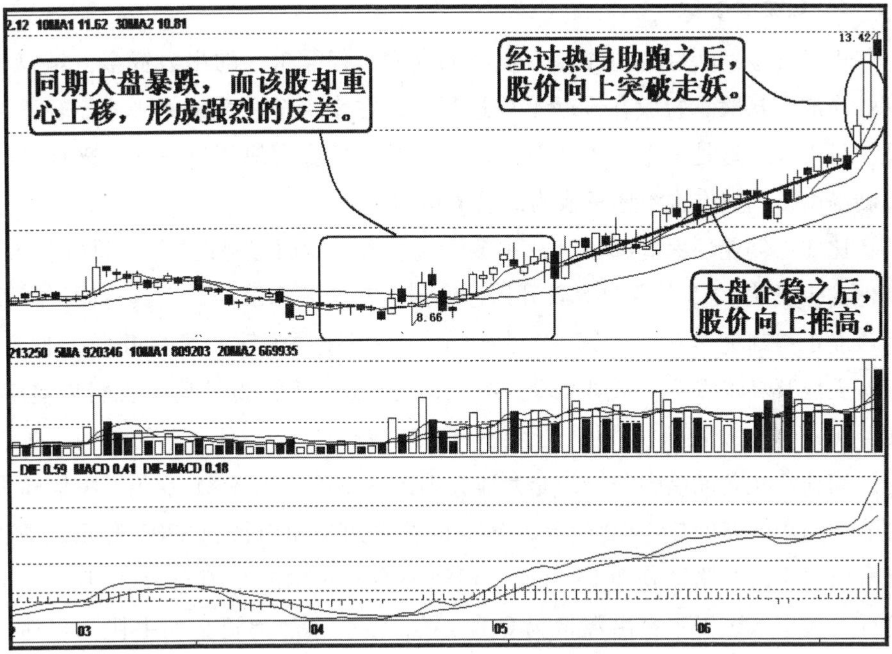

图 7-4

三、"妖股"的盘面特征

妖股的盘面走势与大盘、其他个股走势不同，有自己的特殊性：

1. 关注度较高

大部分的妖股为题材龙头股，在市场中龙头题材备受关注，这也是形成妖股的重要原因之一。一旦人气高涨，庄家资金、游资跟风和散户参与进出，将很容易达到高换手率，持续不断地接力造成短期股价连续上涨，甚至连续涨停，最终修炼成"妖"。

比如，2016 年"妖王"四川双马（000935），经过长时间的震荡筑底后，借助利好消息，股价一跃而起，连续 4 个月大涨。该股为股权转让概念股龙头，连续涨停后短期内火速成为业界关注度最高个股，导致资金接力不断，强者恒强，越涨越凶。

或者，以连续大跌聚集人气的个股，看戏的人越多，短期内也成为市场焦点，随后暴力反弹。比如，佳通轮胎（600182）被冠以"ST"后，股价连续大跌，一时间成了下跌明星股，股价企稳后出现持续走牛的“黑马”。

2. 资金换手快

市场资金不断接力，才能产生新的利润，仅靠单一的主力资金，难以将其炒作成为妖股。妖股在不断上攻过程中，往来资金交替接力，才能轻松兑现。可以说，这是一个击鼓传花的游戏，基金资金都愿意进入，来来往往玩出新高度，当然谁也不愿意成为最后的接力者。

比如，创业环保（600874）主多资金积极，盘面走势诡异，“雄安新区”其他龙头股从2017年4月5日开始连续封上6个一字涨停，而具有同一概念的该股走势却完全相反，第一天封盘似乎并不坚决，第二天高开低走收阴，第三天低开高走涨停。从盘面看，第三天（4月7日）低开后一直弱势震荡，10：50开始股价快速拉涨停，封单筹码锁定较好，前一日介入的买一至买五纷纷锁仓。从龙虎榜中分析，光大证券佛山绿景路主封3181万元，中信建设证券杭州庆春路助攻2970万元，华福证券泉州丰泽街锁仓2702万元，华西证券重庆中山三路锁仓2615万元，银河证券北京阜成路锁仓2560万元，上述前五大买入游资中卖出数量为0。可见，该股大涨前资金换手快，与其他“雄安新区”板块个股形成强烈的反差，启动之前给人以弱势的假象，而真正拉升后其涨幅远远超过同一板块的其他个股，从而成为走势怪异的妖股。

3. 盘面震荡大

盘面波动大起大落，股价走势暴涨暴跌，每日振幅在5%以上，这又是妖股主要盘面特征之一。震荡可以分为：日K线大幅震荡（也叫多日大幅震荡）和分时震荡（也叫单日大幅震荡）两种方式。

一般来说，股价大幅震荡都是短期内的，在几个交易日里，股价波幅很大，比如说昨天收大阴线（或大阳线），今天却反过来收大阳线（或大阴线），甚至经常出现反包形态。有时候，在一天的分时行情中，也是出现大幅震荡走势，比如说2015年8月18日的梅雁吉祥（600868）从涨停板开盘后，股价盘中快速下跌，当天收盘封于跌停板，次日走势则完全相反，股价从跌停板开盘，然后逐波上涨又被拉涨停，这是典型的既是日线大幅震荡，又是分时大幅震荡。当然，多数妖股的震荡幅度没有这么大。

其实，引起股价大起大落的根本原因，就是大量的资金流入或流出所致，这是市场供求关系变化或者庄家人为因素造成的价格波动，使股价上上落落不断重复，这就是所说的“炒股”，投资者就是要把握这些股价波动，顺势而为，踏准节奏，高抛低吸牟取差价。

4. 巨大成交量

妖股大多伴有较大的成交量，这与快速换手、盘面大幅震荡有关。成交量也分为单日放量和多日放量两种，多数妖股往往出现持续性放巨量现象，日均换手率在10%，尤其在高位成交量更大。通常，在高位出现量价背离时，往往是短期股价见顶的征兆，应当引起警觉。比如方大炭素（600516）在2017年8月—9月之间出现明显的高位放量滞涨现象，西水股份（600291）在2017年7月底也出现明显的高位放量滞涨现象，随后股价均见顶回落，形成中期头部。

当然，有不少庄家控盘的妖股，不一定会出现巨大的成交量，这一点要结合不同个股区别对待，但无论如何在股价真正见顶时，也会出现巨大的成交量。如何理解成交量的“巨大”问题？没有统一的量化标准，要结合该股一段时间以来的成交量大小进行比较，一般来说持续超过一年以内最大成交量时，就可以认定为“巨大”成交量。

5. 股价创新高

在“股灾”之后出现的妖股，多数创出了新高，当然也属于个股的历史新高。既然属于前景并不亮丽的公司，主流投资机构就不会对这类股票感兴趣，而事实上，它们在上市之后的20多年时间里几乎都是默默无名。但最近一年多来，这些无名之辈开始声名鹊起。洛阳玻璃（600876）从底部几元涨到40多元，是该公司港股价的7倍多；上海普天（600680）从15元涨到50多元；特力A（000025）在“股灾”之后一度跌到9.88元，而后涨到87.10元，上涨了近8倍，后来又创出108.00元，是“股灾”涨幅最大的妖股；海欣食品（002702）在底部后出现神奇大逆转，连续几个交易日换手率均超过80%，随后停牌自查，复牌后股价再创新高。

简单地说，这些公司都是不赚钱的上市公司，而它们的股价都创历史最高，而且是在“股灾”后创历史最高价。这些违背常识的现象放在一起，就可以做出一个简单的判断，这些股票应该都属于被操纵的股票，都是所谓的庄股，被当下市场称为“妖股”，从它们的离奇表现中似乎又看到了早年新疆德隆的“三驾马车”魅影。

四、“妖股”的运作手法

1. 讲故事

庄家在选择潜力妖股时，喜欢那些具有可以编新故事潜力的公司，主题、概念接连不断，新故事层出不穷讲不完，这样股价走起来也一波接一波地上涨。其实，A股从来不曾少过画大饼、讲故事，让股价噌噌飞涨的奇迹。说到讲故事，互联网+、物联网、5G、人工智能等都是好题材，不管是卖烟花的、做服装的、盖房子的，也无论是地上的、天上的、水里的，一搭上这些题材，故事讲得天花乱坠时，股价也节节冲高升上天。

在跌宕起伏的A股市场，只要故事颜值高，妖股就会频繁出没，如讲互联网金融故事的汉鼎宇佑（300300）和金证股份（600446）、讲新能源汽车故事的比亚迪（002594）和安凯客车（000868）、讲去产能故事的方大炭素（600516）和沧州大化（600230）等股价不断上涨，还有地上跑的四川双马（000935）、天上飞的银鸽投资（600069）、水里游的武昌鱼（600275）等股价火了又火。

比如，卖POS机的新国都（300130）绝对是A股中的讲故事高手，故事从网络游戏讲到互联网金融。公司自2014年2月披露拟收购王子游戏公司范特西后，股价连拉10个涨停板，但在10个月后公司最终宣布重组流产。公司2015年1月份表示开拓征信市场，4月份披露定增方案，募资6亿元加码互联网战略转型，布局“终端+互联网+金融+大数据分析”的自有商业生态圈，并表示可能将涉足互联网保险，股价一路高升，6月3日股价除权前最高收盘价155.60元。

需要注意的是，当故事在市面上已成为众人皆知的话题时，不要以为这是趋势确立、可以介入的信号，相反，这时候应该考虑获利离场，资金注入总是发生在故事成形之前，而在其公布后，则是资金即将撤离的前兆。

2. 挖题材

题材是股市炒作的核心。所谓题材说穿了就是炒作一只股票的借口，激发市场人气的工具。有些题材具有实质的内容，有些题材则纯粹是空穴来风，甚至是刻意散布的谣言。

在我国股市中，各类题材层出不穷，应有尽有，庄家经常借助题材的美丽光环，炮制各种题材发动行情，诱骗散户追涨杀跌，不少个股急涨急跌的背后，无不隐藏着庄家的身影。庄家充分利用大众投资者对某种题材的预期，把行情做足，然后在高位撤退，将散户套牢。在当前股市中，题材或概念的魅力远胜于绩优股，于是庄家在制造概念和题材方面，更是煞费心机。

常被利用的炒作题材大致有以下几类：①经营业绩好转、改善；②国家产业政策扶持，政府实行政策倾斜；③将要或正在合资合作、股权转让；④出现控股或收购等重大资产重组；⑤增资配股或高送股分红等。一切可以引起市场兴趣的话题，都可以作为炒作题材，所涉及的股票，也就成了题材股。

妖股前期一般是没有题材的，当走出上涨形态之后才有题材出现，在后期题材发酵时，吸引一批又一批的游资介入，促使股价进一步上涨。比如，方大炭素（600516）开始根本没有炒作题材，后来才有了“涨价概念”的题材，热钱介入将股价大幅炒高。

3. 造报表

通常，上市公司的利润与收入、成本、费用相关，按照“收入－成本－费用＝利润”的公式计算出来的，可是这三项内容都可以进行人为调节。从这个角度讲，利润是会计做账“造”出来的，投资者需要认真揣摩财务数字背后的真实含义。所以，不懂行的投资者，一定要向专业人士请教。

4. 改名字

名字改一改，股价涨起来，这是A股的奇葩。曾几何时，改名股价即上涨的游戏引得A股上市公司为之着迷，有的公司没有真正的故事可以讲，改一下名称也可以成为炒作的理由，这样也能引发一波行情。2010—2013年平均每年有50家上市公司更名，此后三年逐年增长，2014年98家，2015年140家，2016年144家。2016年10月10日起，管理层对上市公司更名作出了明确的限制，但2017年也达到104家公司变更名称。有的公司多次更名，来回更名（如600233，大杨创世——大连创世——大杨创世——圆通速递），更名次数超过3次以上的有53家。多数上市公司穿上新“马甲”后，股价一飞冲天。

2015年5月11日，多伦股份拟更名为“匹凸匹金融信息服务（上海）股份有限公司”，即现在的匹凸匹（600696），并同时变更经营范围。奇葩的“三无式”更名虽遭市场吐槽，但也挡不住公司股价连收2个涨停板；之后，虽遭监管严查，但依然再拉出4个涨停板，最高收盘价至23.4元。

多伦股份只是将A股上市公司更名的游戏推向了雷人的极致，玩过改名游戏的上市公司股价也都出现翻天覆地的变化。北生药业改名慧球科技（600556）、科冕木业更名天神娱乐（002354）、新世纪更名联络互动（002282）、熊猫烟花更名熊猫金控（600599）、三泰电子更名三泰控股（002312）、星辉车模改名互动娱乐（300043，现又改名为“星辉互动”）、开元投资改名国际医学（000516）等，股价都受益不菲。据统计数据显示，这些上市公司发布更名公告后，持股30天平均涨幅达10.07%，持股20天上涨概率达68.57%。

通常，上市公司如因主业变更、摘帽等改名无可厚非，但仅仅为炒作股价改个夺人眼球的名字，可能一时得意但终不能长久。部分股票虽然在更名初期快速上涨，但随后却出现了持续下跌。据不完全统计，在2016年144家更名的上市公司中，近三成股票呈上涨态势，另外七成股票冲高后纷纷下跌。

5. 做图形

庄家在选择好目标股作为妖股培养后，在技术方面也会制造各种各样或真或假的走势图形，引诱、恐吓等手段欺骗散户，比如，制造虚假的指标、K线、形态、趋势、波浪图形，以及假突破、假支撑等，每一幅图表背后，都隐藏着庄家的足迹，而散户如同雾里看花，摸不透庄家的意图。而且，妖股本身就不同于一般股票走势，当散户入场时可能面临短期调整风险，当散户离场时可能是股价疯涨之时，来回进出，不但没有赚钱，反遭套牢之虞。

五、“妖股”与“庄股”的区别

庄股是指股价涨跌或成交量被庄家人为控制的股票。庄家通过增减手中筹码，不断洗盘震仓，来达到吸筹目的，然后择机拉高股价，吸引散户追高，达到出货目的，并从中获利。有人认为，妖股就是庄股。其实，妖股与庄股是有区别的。

（1）庄股独霸一方，只能自己赚，大户和小散亏，怕对手盘抢庄；而妖股则不同，击鼓传花，轮流坐庄，这样大家都有钱赚。所以，妖股是主动让庄，庄股长期霸占“庄主”地位。

（2）庄股在于长计，当大股东持股比例不高时，庄股会不断上台阶、不断洗筹换手，如此反复折腾，直到某个点位才最后爆发；而妖股呢？多是游资，善打快速歼灭战，速战速退，急速大幅上升，而后鸦雀无声，一地鸡毛。

（3）庄股人为地“全程控制”，股价炒不炒、炒多高以及什么时候炒？

全部由庄家说了算；而妖股好进好出，开盘也能让你买进，也能让你卖出，只要你不贪婪，火中取栗，快进快出，小赚是可以做到的。

(4) 妖股很少一字涨停，只有少数启动时出现一字涨停，因为一字涨停没流动性，更没人气，是极少数人玩的；而庄股可能连续一字涨停，或持续上涨。

(5) 庄股容易形成单边行情，股价经常一步到位；而妖股大起大落，要么涨停，要么跌停，有时下跌几个点之后仍能轻松拉起，股性很活跃，任何人只要敢参与，都可以成功而退，游资及敢死队等热钱进出频繁。

(6) 庄股就是一头狮子，独守一头猎物，想咋吃就咋吃；妖股就是一群强壮的狼，蜂拥而上，把狮子赶跑，猛吃快吃，秃鹫也围上来，铺天盖地，狮子只能远远地看着，无奈地走开。

(7) 庄股换手相对较小（长时间不足1%），从筹码分布图看，常常是多峰密集，一旦涨停，往往是封死一字涨停而无法参与，一旦开板，往往是预示行情将要结束，开板之后再参与风险较大；而妖股盘子较小，非机构高控盘，每天换手高，有分歧才有换手，没有分歧也就没得炒作机会。

第二节 "妖股"的运作逻辑

一、妖股孕育——选股模式

1. 庄家如何选择妖股？

市场中从来不乏妖股出没，但有的股票不可能发展为妖股（如大盘蓝筹股），能够成为妖股的，有它得天独厚的优势。那么，庄家选择什么样的股票作为妖股的培育对象呢？一般来说，庄家喜欢选择符合以下几个市场特点的股票，作为妖股的修炼培育对象。

(1) 低价小盘股

庄家最喜欢选择盘小市值低的股票，这类股票的最大优点就是便于控盘、炒作空间大。盘子与市值的关系，许多人容易搞混淆，认为盘子小，市值就低，其实不是这样的，盘小而市值不一定就低（比如高价小盘股）。总市值=总股本×股价，流通市值=流通股本×股价。所以，庄家在选择妖股培育对象时，既要注重盘子小又要考虑股价低，这就是低价小盘股，如果是高价小盘股，那也不可能修炼成为妖股。在实盘中，盘小与价低两者往往产生矛盾，要么盘子小而股价高，要么股价低而盘子大，所以庄家在选择妖股时，尽量要两者兼顾。

所以，盘子的大小是妖股的必备要素之一，通常散户和游资越能接力，操作难度就越小。根据目前市场股本结构，妖股启动时的市值为 100 亿左右的个股比例最多，庄家便于控盘，所需资金也能轻易达到。

比如，2016 年 10 月至 12 月之间的妖股三江购物（601116），启动时市值在 50 亿左右，最后炒成 200 亿，资金翻 3 倍多而成妖；2017 年 4 月至 8 月之间的妖股方大炭素（600516），启动时市值在 100 亿左右，最后炒成 500 亿，资金接近 4 倍而成妖。因此要求股本结构不大，总股本大约在 10 亿左右，尽量不要超过 30 亿，其实最好的是 5 亿以内，流通盘不超过 3 亿的，股价在 10 元左右，最容易吸引各路资金关注。

（2）偏好垃圾股

牛股大都有业绩支撑，妖股不需要有太好的业绩，最好是没有人关注的垃圾股。从近年出现的妖股分析中，主力对垃圾股情有独钟，比如梅雁吉祥（600868）、洛阳玻璃（600876）、上海普天（600650）等，这些上市公司的主营业务均无任何值得称道的地方。梅雁吉祥的大股东早已把股票抛售干净，“股灾”期间证金公司买了不到一千万股便成为大股东。洛阳玻璃和上海普天都是 20 年前上市的股票，上市之后并无任何业务上的建树，最近几年更是每况日下，一直挣扎在亏损年度边缘，主营业务看不到什么希望。其他几个公司也大同小异。其他的科达洁能（600449）、华铁科技（603300）、特力 A（000025）、同力水泥（000885）等几大妖股也大同小异。

（3）当前冷门股

冷门股一般是那些交易量小、周转率低、流通性差、股价变动幅度小的股票，市场几乎无人问津，通常以横盘为主。这类股票的上市公司经营业绩往往不佳，投资有较大风险，通常不被市场所关注。冷门股的另一种情况是前期有过大幅炒作，庄家人去楼空，股价不断震荡下跌，长期没有起色。但是，冷门股也不是绝对冷，有时碰上机遇，遇上实力庄家，很容易“爆出冷门”成为妖股。多数妖股在启动之前，大都是被市场遗忘的“冷门股”，直到成妖后股票名称才家喻户晓。比如，2017 年妖股方大炭素（600516）、西水股份（600291）和 2016 年妖王四川双马（000935），在成妖之前就是冷门股，市场中没多少人知道，成妖后却人人皆知。

冷门股其实也是座难得的金矿，只要把握得当，操作冷门股的收益不一定比热门股差。这里顺便提示一下，散户在操作冷门股时要注意以下几点：一是宏观经济面刺激，相关行业有望迎来高成长；二是有庄家资金开始关注，技术强势显现，股价站上 5 日均线；三是有突发性题材和利好刺激，搭上市场热点。以上三点是冷门股走热必须具备的条件。

（4）未来热门股

当前冷门股未来有可能就成为热门股，庄家最喜欢未来有望成为热门股的上市公司。科技的飞速发展，给人们带来无限的想象空间，从而也引发出许多朦胧的想象股，这类个股一旦被市场认可，炒作时机成熟，股价会飞上天。

每一只妖股背后都有一个美丽动听的“故事”，或者是未来上市公司有重组合并的预期，或者公司有扩充经营业务范围及提高市场占有率的战略规划和实施能力，这些都让投资者有很好的想象空间，并憧憬公司的未来，往往成为未来希望股。比如方大炭素（600516）是从事一般性的非金属矿物制品业的上市公司，业绩连年亏损，股票曾被冠以 * ST，处于退市边缘，之后遇到国家“去产能”政策，使公司乌鸦变凤凰，2017 年 6 月—9 月成为“涨价概念股”的龙头妖股，股价被疯狂操作。

（5）持续利空股

在 A 股市场中，有的股票接连不断地出现利空消息，被市场投资者所抛弃，股票基本无人问津，导致股价一跌再跌。这类股票由于不被市场所看好，散户持筹不多，庄家容易吸筹建仓，一旦利空消息静止，公司基本面出现好转，股票也很容易成为市场妖股。

2. 散户如何选择妖股？

捉妖可以赚大钱，抓住一只妖股远远超过一年的股市辛勤耕作，所以在实盘中大家都喜欢妖股，可是，正因为是“妖”，就意味着有险恶的一面，稍不小心就会被“妖”所伤，因此作为散户应该有一套防身制胜的方略，拿起“照妖镜”让妖股现形，这就是如何选择妖股？但是，散户选择妖股与庄家选择妖股的思路是不一样的。庄家从培育妖股的角度去选择，而散户从跟随妖股的思路去考虑。一般来说，散户应从以下几个方面进行考虑：

（1）行业前景好

公司所属行业要具体分析，属于生产性企业的，应该考虑主营业务是否单一，而且产销是否对路，市场竞争优势如何，特别是带垄断色彩的为最佳；属于科技开发研究的，应该考虑其技术力量如何，是否具备高端人才优势，是否有自主知识产权等；属于其他公用事业的，应该考虑其是否存在地域局限、政策限制因素等。

（2）市场口碑佳

群众基础不错，市场口碑较好，股价定位合理的优先。前者好理解，后者可能很多人比较模糊，其实，识别这个不难，比如投资者可以找相同行业上市公司股票进行比较，同样的经济指标情况下，谁的定位更低，谁就有市场优势，那么就会吸引新的庄家，新的资金进场来运作，但这需要做好提前埋伏。如果一只股票，市场口碑不好，群众基础不行，通常庄家也忌讳这样的股票，它怕自己拉高了无人接盘。

（3）账目要清秀

必须找账目清秀、财务指标健康的股票，也许很多人会觉得，看看 K 线是不是破位，趋势线坏没坏，就能够掌握股票运行方向了，其实这个结论是片面的。任何一只股票必须将技术面和基本面情况结合起来，通常基本面是最重要的部分，谁都知道这一个事实，如果一只股票庄家把它炒得再高，假如没有基本面的业绩支撑，它迟早会完蛋，历史上有名的庄股亿安科技炒上百元，最终不是跌回原地了吗？

（4）公司无瓜葛

无利益输送、无关联交易的品种优先。这是上市公司隐藏利润，制造虚假业绩的重要手段，通常投资者能够从上市公司财务报表里发现问题，也许有的投资者看不懂这些，不妨实地看看企业生产情况，如果一个企业加班加点抢生产，库存又没有什么产品，客户预付资金充沛，那么，毫无疑问，这个公司的股票值得投资，反之，迟早会成为问题股。

（5）地域有优势

发达省份、地域经济不错的股票优先，通常这些上市公司能够利用自身地理位置，发挥产销贸易，同时，也享受到积极的国家政策扶植，通常这些股票，会有不少的资金关注，股性相对较活跃。

二、妖股出没——启动模式

纵观近年来各种各样的妖股走势，妖股启动主要有三种典型模式：

1. 井喷式快速启动

这类妖股的启动方式是连续拉出大阳线，或连续出现涨停板，甚至连续一字涨停，形成“一”字或“T”字上涨的“井喷”式行情，上升角度大于70度。这类妖股大致有三个原因：一是突发性利好消息刺激；二是纯粹庄家拉高行为；三是超跌后报复性反弹行情。

（1）突发性利好消息刺激引发的井喷式突破。这是妖股的内在条件——股票价值增长。包括投资价值和投机价值两方面，它是造就妖股、催生行情最主要的因素。

当前，能够成为投资价值增长因素的有两类：一是业绩增长，爆发增长、由大亏转大盈、持续高增长；二是资产增值，隐蔽资产增值、股权增值等。能够成为投机价值增长因素的也有两类：一是利好题材，包括高送配、产品价格大幅上涨、资产重组、收购或者注入热门资产、重大行业性利好等；二是比价效应，同板块或者同概念股票价格暴涨，有时大盘的大涨，也会带动某些冷门个股转牛或形成中级上涨行情。

图7－5，创业环保（600874）：该股经过长时间的下跌调整后，股价进入

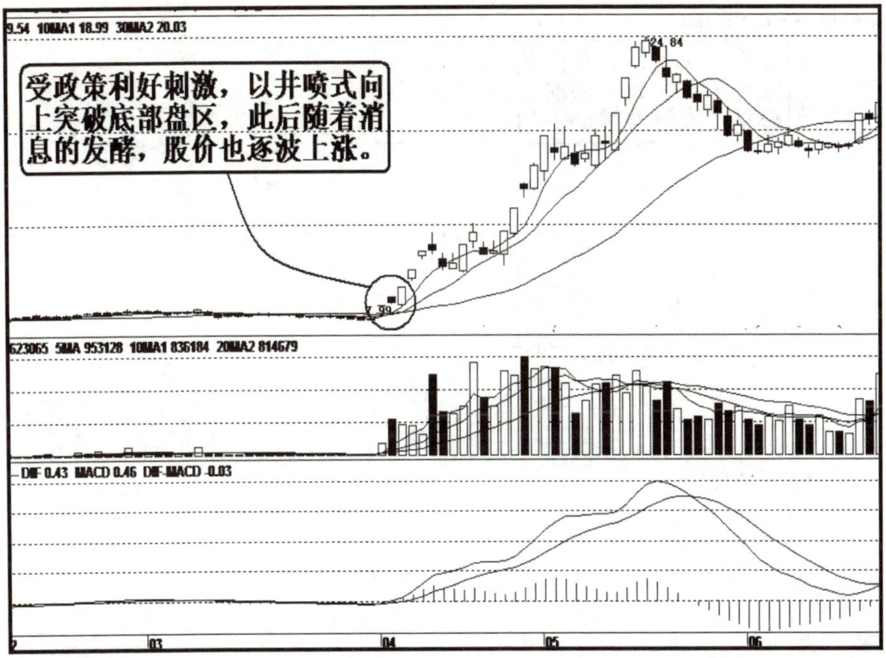

图7－5

筑底阶段，庄家在底部区域顺利完成建仓计划。2017 年 4 月 5 日，该股受“雄安新区”利好消息影响，股价出现井喷式突破走势。从 8 元附近启动后，股价分三波拉升，5 月 16 日股价创出了 24.84 元高点，累计涨幅超过 200%，这是受突发性利好消息刺激引发的井喷式突破。又如四川双马（000935）和冀东装备（000856）等也是同一类型的启动方式。

（2）纯粹庄家拉高行为引发的井喷式突破。有很多时候，股价涨不涨就看庄家拉不拉，只要庄家有兴趣、有实力，就可以把股价炒上天。其实，股价上涨的根本原因就是资金持续推动的结果，这只有庄家才能有这个能力。对于股价上涨来说，虽然“理由”很多，但根本动力还是资金推动。在同样价值和题材的情况下，不同的买入资金大小和势头，可以单方面决定股价上涨的力度（涨速）和高度（涨幅）。所以，不管是价值投资者还是价格投机者，都应该研究资金推动股价的问题。

图 7－6，特力 A（000025）：当市场还未从指数连续跌停的恐慌中回过神来，特力 A 却开始了疯魔般的妖股之旅。2015 年 7 月 9 日以后，在无重大利好的情况下，股价从 9.98 元一路上冲，并在 8 月 13 日达到了第一个反弹高

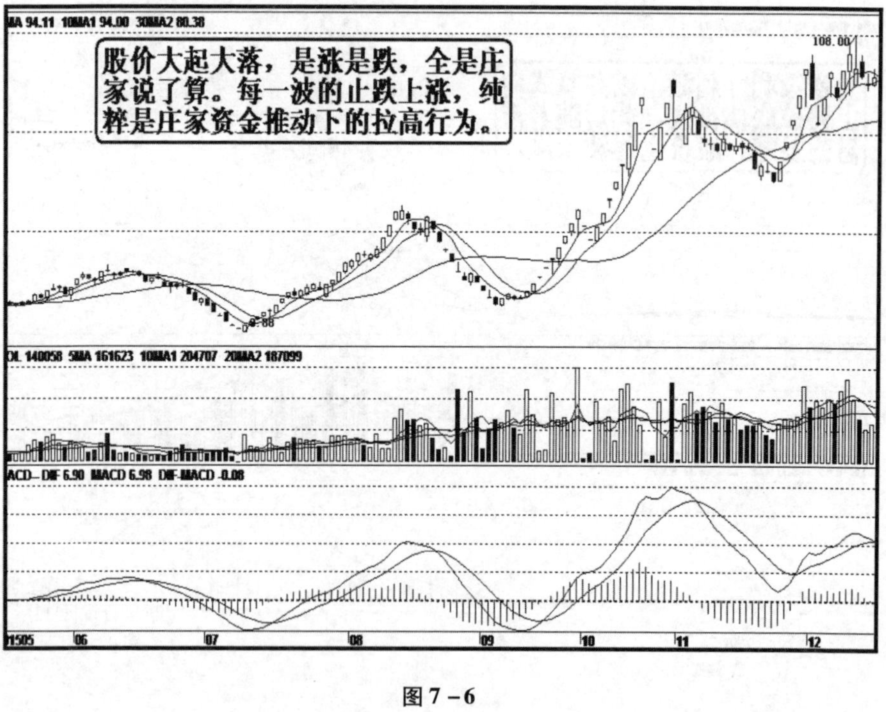

图 7－6

峰，最高价 51.99 元，区间涨幅 426%。随后股价一度掉头向下，从 8 月 14 日的最高价 49.99 元猛跌至 9 月 7 日的 19.26 元，区间跌幅为 61%。就在外界认为“妖气”散失时，9 月 8 日，股价再次启动上涨模式，并在 12 月 10 日报出 108.00 元的历史新高。

从走势可以看出，该股在短短半年时间里，股价“三起三落”，为什么出现这种走势呢？纯粹是庄家资金推动下的井喷式走势，在没有任何利好消息的配合，且大盘还处于调整的情况下，股价却出现一波又一波的暴涨势头。在熊市之中完成 10 倍涨幅和千倍市盈率，成为 2015 年妖股之王，特力 A 当之无愧。当然，之后管理层对操纵股价的庄家也做出了高达 13 亿元的天价罚单。

（3）超跌后报复性反弹引发的井喷式突破。资金推动除了庄家控盘外，就是超跌股的大反弹行情。超跌股特别是超跌低价股的大反弹行情的形成，与大盘走势有一定的关系。在多数情况下，与大盘走势有同向关系，当然，也有在大盘处于震荡或只是小反弹行情时，超跌低价股也会出现大反弹行情的情况，这种情况发生在超跌低价的次新股中比较多见。超跌低价股的反弹力度主要还是要看股价的投机性，投机性越强的股票，反弹的速度越快，力度越大，幅度也越大。

图 7－7，潜能恒信（300191）：2015 年 7 月 9 日停牌，庄家对停牌的时机把握似乎有些失策，没能赶上后续同期的指数反弹。可是，在 9 月 30 日携带着一则微型再融资方案复牌之后，股价却照亮了市场的双眼，从 13 元一线启动，一口气拉出了 13 个涨停，属于超跌后的报复性反弹走势。

颇有意思的是，股价暴涨引发了管理层的关注，深交所就此发出问询函。公司在随后的回复中将股价上涨归功于技术反弹需要。在这封 A 股历史上最牛的妖股“自白书”的刺激下，股价持续上涨，并在 12 月 21 日盘中创出了 53.58 元的历史新高。相比之下，该股业绩却差强人意。第三季度报表显示，报告期内公司净利润亏损 1735 万元，同比降幅高达 190.87%。

2. 助跑式加速启动

股价先是出现一段时间的小阴小阳爬升走势，然后出现加速拉升走势，开启主升浪行情，所以叫助跑型启动方式。这种形态要求加速上涨之前有一个缓慢的爬升过程，大部分交易日或全部交易日收小阳，中间收阴的交易日不超过四分之一。这种情况反映的内在因素为庄家缓慢吸货并推高股价，为

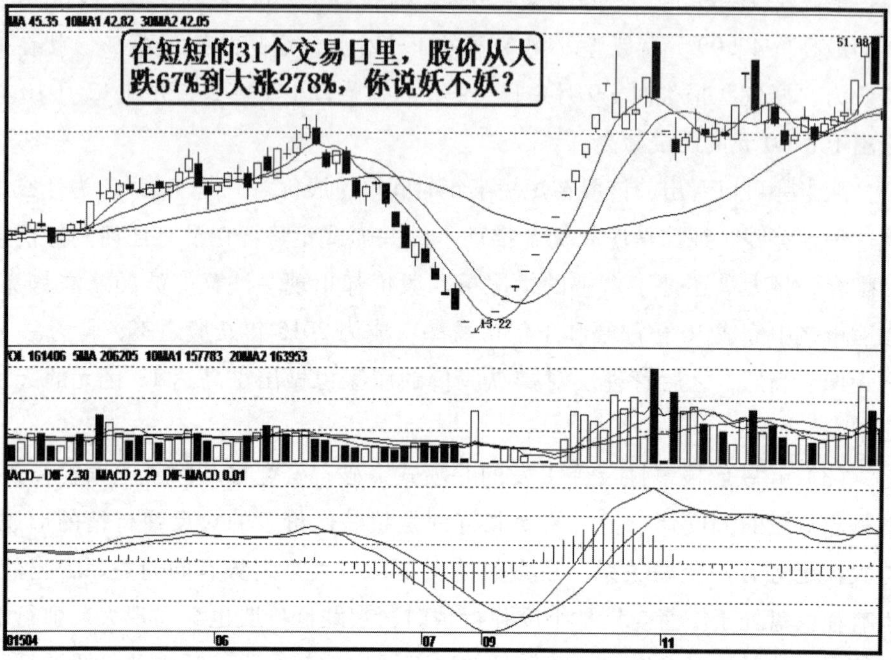

图 7－7

主升浪行情积蓄能量。可以将其比喻为飞机滑跑起飞，股价在跑道上经过一段时间滑行之后，开始拉高起飞，然后加速上涨，在众多热钱涌入后成为妖股。

在主升浪之前的爬升阶段，一般时间在 1～3 个月左右，缓涨幅度大约在 30%～50%，成交量呈现温和状态，震荡幅度非常小，总体保持角度在 45 度左右，30 日均线附近有较强的支撑，K 线以小阴小阳或十字星为主。当股价出现放量上涨，突破平缓的上升趋势线，上升角度出现陡峭，意味主升浪开始，此时可以大胆介入。战略性投资者可以在前期爬升中，以 30 日均线附近作为建仓价位。

图 7－8，方大炭素（600516）：该股经过 4 个月的筑底后，一路小跑爬高，为最后加速上涨做热身准备。经过 2 个月的热身小跑后，2017 年 6 月 26 日股价开始向上突破，进入主升浪加速上涨。

从该股走势可以看出，庄家坐庄思路非常明确，在此作一下剖析：

第一，建仓阶段。该股在 2016 年 10 月反弹结束后，就有实力强大庄家开始建仓，庄家非常狡猾，采用了多种建仓手法，其中最主要的手法就是打

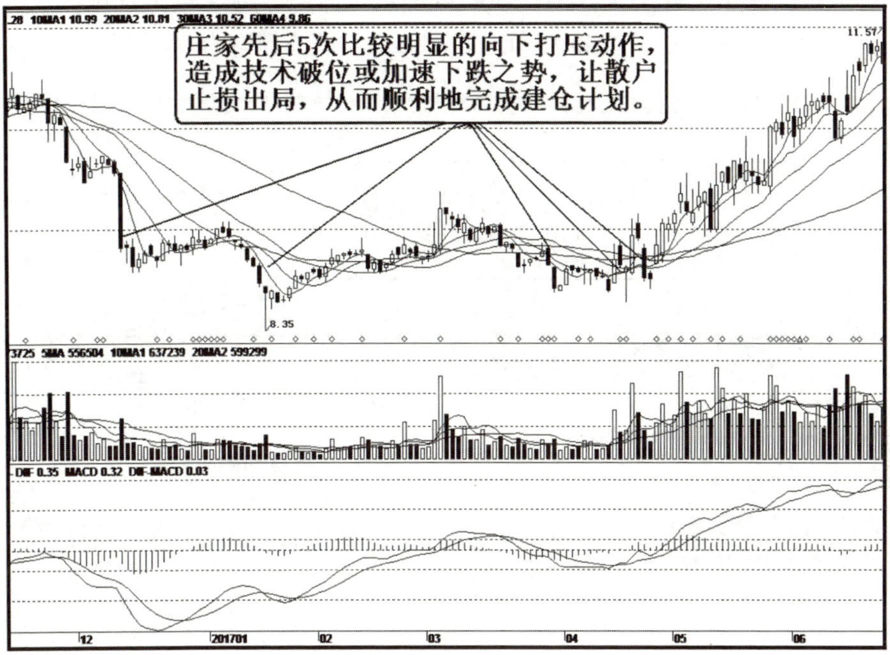

图 7－8

压手法。庄家先后采用了 5 次明显的打压动作：

2016 年 12 月 12 日，向下打压造成技术破位，让前期看好该股的散户离场。

2017 年 1 月中旬，经过一段时间的横向震荡后，再次向下打压，造成加速下跌之势，让止损盘出局。

3 月 29 日、30 日，连续两个交易日向下打压，造成再次下跌假象。

4 月 18 日、19 日，又是连续两个交易日的打压，创出反弹后的调整新低。

4 月 24 日、25 日，第五次打压，股价再次回落到平台区域，给散户造成股价上涨无望的假象。

经过这 5 次打压动作后，盘中浮动筹码基本消失殆尽，庄家顺利地完成建仓计划。很快，该股从 5 月初开始进入上升通道之中。当然，该股庄家运用打压手法建仓外，还运用了盘整、诱空手法等。

第二，助跑阶段（图 7－9），2017 年 4 月 5 日—6 月 22 日为助跑爬高阶段，庄家完成建仓计划后，股价开始向上缓缓推高，K 线小阴小阳交错上行，每天股价涨跌幅度都不大，但盘面趋势却坚挺有力，成交量出现温和放大，上涨幅度为30%左右，以45度角上行，30日均线支撑有力。

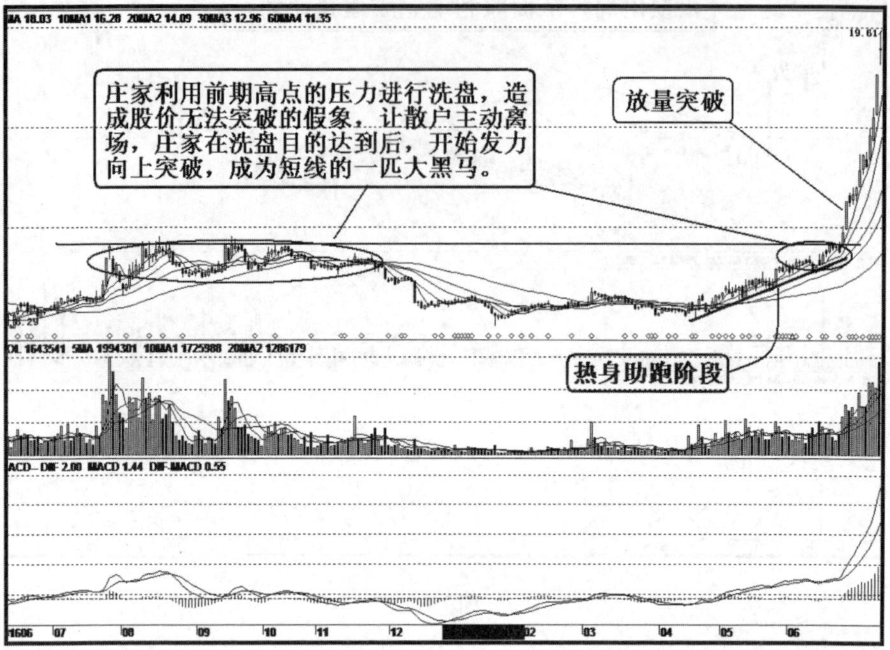

图7－9

其实，这也是一个洗盘整理阶段，当股价稳步向上推高到前高附近时，庄家并不急于向上突破，而是在前高附近作震荡整理走势，盘面出现滞涨现象。这时，不少散户发现股价久攻不破，认为上方压力较大，担心股价再次出现下跌，于是纷纷抛出筹码观望。可是，股价在此经过一段时间的震荡调整后，6月23日和26日股价连续两日发力向上，放量突破了前期高点压力位，表明洗盘结束，股价进入加速上涨。

从图中可以看出，庄家巧妙地利用前高这个显而易见的位置，巧妙地制造虚假的技术压力，让散户在前期反弹高点附近抛出，从而实现自己的洗盘目的。

其实，只要认真分析盘面细节，投资者就能发现庄家的坐庄意图。当股价上涨到前期反弹高点附近时，虽然没有直接出现突破，但股价并没有出现大幅回落，这从坐庄逻辑上讲就有问题了。大家不妨想一想，如果这是一个无法突破的真正压力位，那么股价就会很快回落，不会给散户逢高顺利出逃的机会，庄家也不会将股价拉到这个位置附近，而是在阻力位下面较远位置就已开始做好撤退计划。

假如这是一个真正压力位的话，奸诈的庄家肯定会设一个多头陷阱，可以一口气将股价冲到前期反弹高点之上，让散户感到股价突破压力而纷纷跟进之时，然后股价快速回落将散户全数套牢在顶上。通过这样的假设就可以轻松看破庄家意图，接下来的操作就顺手了。而且，从成交量方面分析，在前期出现持续温和的放量上涨走势，说明有明显的多头资金介入，而在股价回落时却明显缩量，表明前期介入的资金没有出逃，量价配合默契，属于正常的盘升走势。

第三，拉升阶段（图 7－10）。庄家在拉升过程中，不断地出现上下震荡走势。一般散户很难坚定持股信心，容易把获利筹码清理出局，同时又让持币者介入，这就是妖股的特征。这样使筹码得到充分交换，同时锁定长线筹码，为庄家日后大幅拉升股价减轻压力。散户在这种盘面中操作难度较大，特别是激进者机会更少，很难把握股价运行节奏，也很难预测股价的顶部。当你追高买入时，容易遭受短线回调套牢，当你等待低点出现时，却没有明显的回落低点形成，股价又重新上涨，买入机会稍纵即逝。

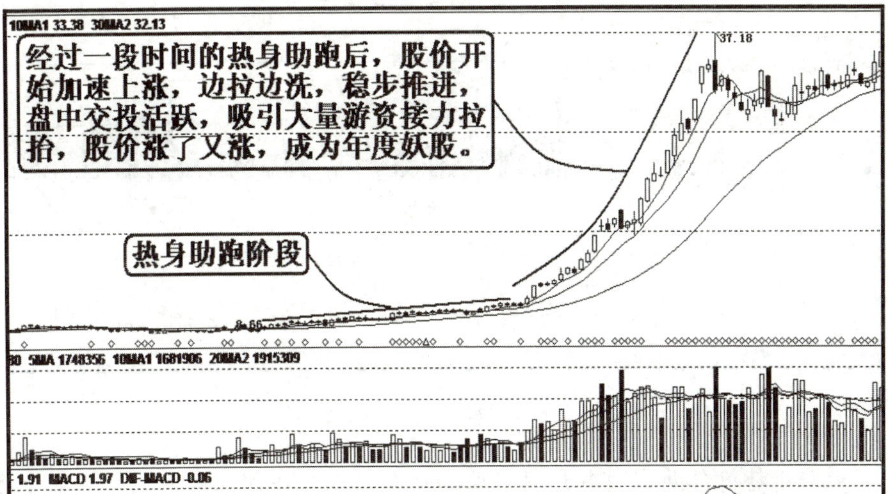

图 7－10

该股经过一段时间的热身助跑后，2017 年 6 月 23 日开始向上突破，股价进入拉升行情。在拉升过程中，庄家采用推进式震荡上涨的运作手法，稳步向上推高，股价涨跌有序，K 线阴阳交错，形态坚挺有力，量价配合默契。基本沿着一个固定的角度向上拉高，中间没有出现明显的大幅回调走势，但也不是一步到位的快速飙升走势，而是经过中间短暂的整理后，股价强势上行，走势十分稳健，上涨气势如虹，股价累计涨幅较大。

图 7 – 11，泰胜风能（300129）：该股走势与方大炭素（600516）有着许多相似之处，股价下探到前低附近时，企稳后一路爬高，依托 30 日均线向上盘升，时间持续 5 个多月。不久，股价开始向上突破进入主升浪加速行情。

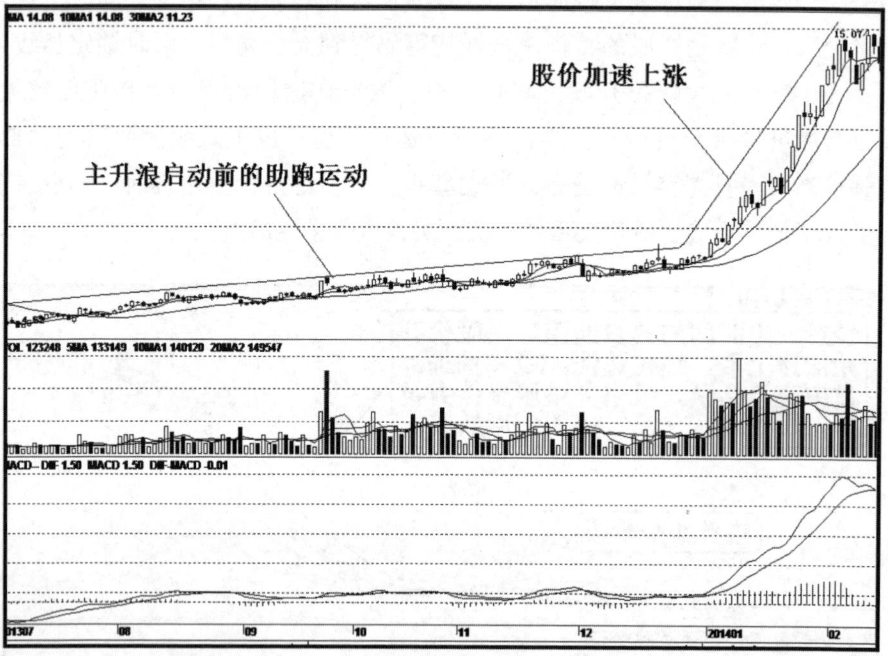

图 7 – 11

该股走势符合助跑型主升浪启动的基本要点，在此前有一段长达 5 个多月的助跑爬升过程，缓慢的上涨幅度超过 50%，成交量呈现温和放量现象，以 30 日均线为依托呈直线式爬高，K 线以小阴小阳或十字星为主，盘面走势非常稳健，说明庄家控盘较好，操盘手法老练。

投资者在实盘中遇到这种形态时，应作为重点关注对象进行跟踪。在进入主升浪之前可能会出现两种走势：一种是先向下打压挖坑洗盘，然后向上快速拉起，此时投资者应当根据挖坑要点，追涨买入；另一种是不经过挖坑动作，而直接向上突破，该股就属于这种类型的走势，当股价向上突破时也应积极跟进。战略性投资者可以在前期爬升中，以 30 日均线附近作为建仓价位。

图 7－12，神州泰岳（300002）：该股与上述两个实例的不同之处在于，在助跑过程中出现一定幅度的震荡走势，在爬高时伴随着大阴大阳的方式逐波向上推高。但基本遵循着助跑启动方式的特征，股价突破后进行回抽确认和洗盘整理，最后进入主升浪阶段。因此，投资者多分析多比较，就能发现共同的运行规律，这个共同规律就是妖股的主升浪规律。

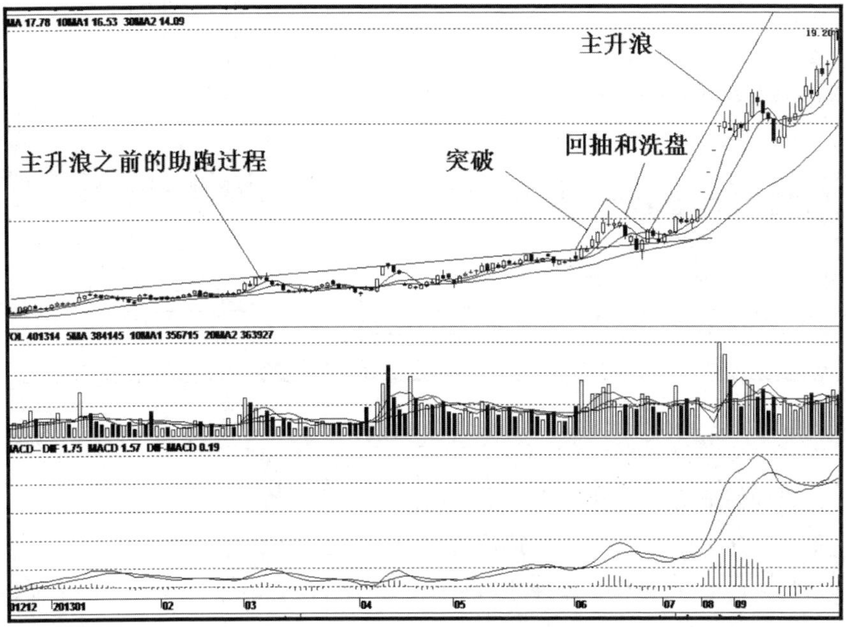

图 7－12

3. 稳健式推升启动

庄家完成建仓计划后，股价渐渐向上稳健推升，成功脱离底部区域，然后股价进入牛市上涨，随着后续题材的挖掘，慢慢修炼成妖股。

稳健推升启动方式的庄家阴谋就是不让盘中散户快速获利，而是通过震荡推升上涨让胆小的散户提早离场。一般散户没有坚强的毅力很难与庄家共舞到底，同时又给场外散户一个介入的机会，这是妖股的基本特性。散户遇到这种情形时，要保持良好的心态，不要频繁操作。上涨过程中出现的小幅震荡是正常的盘面现象，只要盘面没有出现异常波动，上涨行情就不会结束。

图7-13，西水股份（600291）：在该股中充分表现出庄家奸诈狡猾的特性，将建仓和洗盘手法运用得淋漓尽致，完成建仓计划后，2017年5月2日股价向上稳步推升，从而开启主升浪行情。

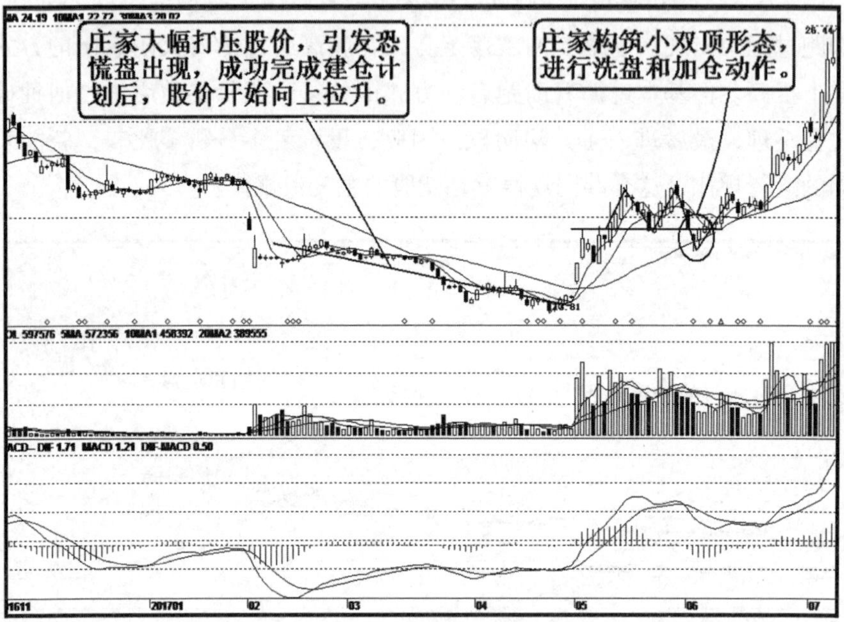

图7-13

该股如何成为妖股呢？接下来我们做进一步剖析：

第一，建仓阶段。股价见顶后逐波走低，然后出现一段较长时间的横向震荡走势，此时庄家手中筹码并不多，于是在2017年2月3日、6日连续两天大幅打压，造成股价向下击穿前期整个盘区，引发大量的散户抛盘出现。然后，呈现“L”型整理，持续时间超过一个月，在此期间庄家吸纳了大量的低价筹码。同时，庄家利用30日均线的压力作用进行建仓，3月中旬当股价接近30日均线时，由于受到下降的30日均线的下压，股价并没有形成向上突破走势，而是再次出现加速下跌，此时再次引发散户恐慌性抛盘。随后股价企稳回升，分别在4月12日和14日两次对30日均线发起攻击，但股价到达30日均线附近时，无法对30日均线形成突破，在股价回落过程中又有一批散户担心股价继续下跌而选择离场观望，这时庄家全部通吃散户抛盘，顺利完成建仓计划。当庄家成功完成建仓计划后，5月2日股价开始稳步向上推升，成功开启一轮牛市行情。

第二，洗盘阶段。当股价回升到前期盘区附近时，庄家停止了向上拉升动作。这时庄家利用前期盘区的压力作用进行洗盘整理，让散户产生股价无法向上突破的假象。经过一段时间震荡整理，形成一个双重顶形态，6 月 2 日向下跳空低开后，庄家顺水推舟，略施阴谋诡计，顺势轻松一击，股价向下击穿双重顶的颈线，同时也击穿了 30 日均线，从而形成技术破位之势。不少散户见此情形，心慌意乱，纷纷抛出筹码，而庄家如鱼得水，轻而易举地骗取散户的低廉筹码。当浮动筹码基本抛售离场后，股价又回升到整理形态之内，然后在 6 月 21 日开始向上发起攻击，从此股价走牛成妖。

图 7－14，赣锋锂业（002460）：该股经过成功炒作后见顶回落，股价出现阴跌走势，成交量大幅萎缩，在回落过程中庄家不断收集低价筹码。当庄家顺利完成建仓计划后，股价于 2017 年 2 月 23 日开始向上稳健推高，成交量出现同步放大。在股价启动阶段，庄家并没有采用快速向上拉高的方法突破，而是不慌不忙，碎步前进的方式，缓缓将股价推高。目的就是让底部散户不能久留盘中，看不到大涨的希望而将筹码抛出，同时又让新的投资者进场接力，从而推动股价一波接一波地上涨。此后，再伴随着“涨价题材”，使股价越走越“妖”，也为该股跨入 2017 年度妖股奠定基础。

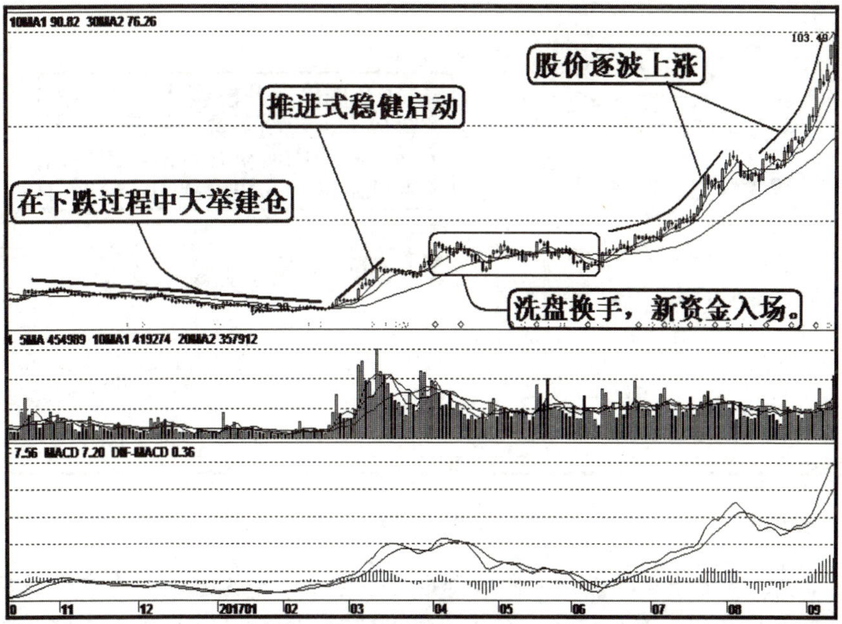

图 7－14

三、妖股发疯——拉升模式

1. 飙升式拉升

这种拉升方式在日K线图上，常常连续拉出涨停大阳线，或连续出现“一”字和“T”字K线，并伴有跳空高开不被回补的缺口，有时经过短暂的洗盘整理后，出现“梅开二度”行情，成交量也同步放大。这种方式大多出现在小盘股或中盘股，通常具备投资价值或有特大利好题材作为支持，市场基础良好，一般都是市场中的“黑马”，投资者的追涨意识十分强烈。

图7-15，中科信息（300678）：新股上市就染上了“妖气”，2017年7月28日上市后连拉9个涨停，然后在8月11日开板震荡，当天在高位收出一根十字星线，成交量出现巨幅放大，当日换手率达到66.84%，可以说，这天有大量的中签散户选择开板离场操作。

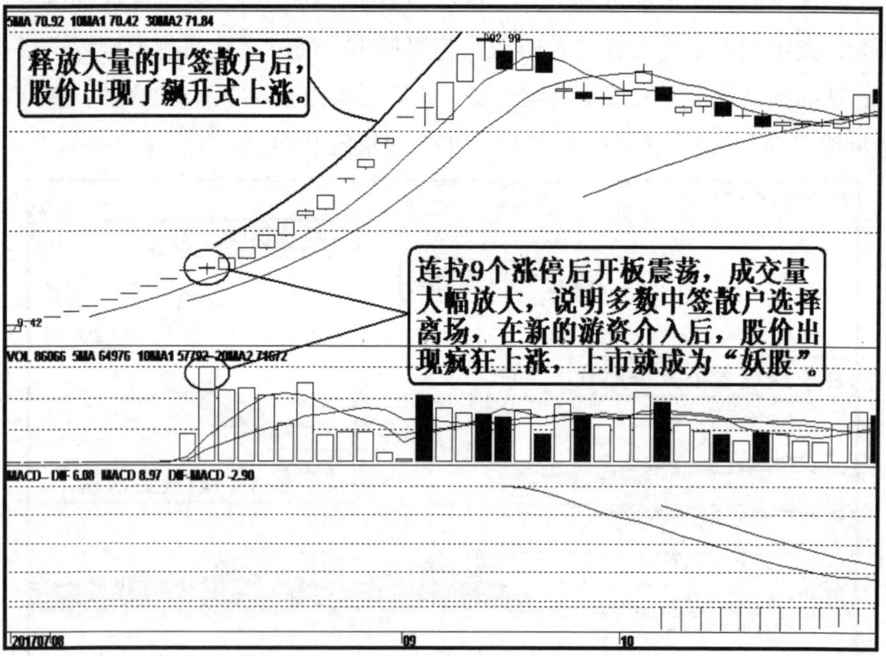

图7-15

那么，释放出来的散户筹码落到谁的手中呢？毫无疑问，落在市场短线游资主力手中。这些主力资金傻吗？竟然在如此高的价位接走中签散户的筹码，后市必有好戏。8月14日，开盘后经过半个小时的震荡，然后一波拉到涨停，直至收盘封单不动，说明有大量的资金涌入，足见主力的凶狠和狡猾，随后股价再次大幅上涨。

8 月 25 日，因股价走势异常而遭到管理层的临时停牌，但在 9 月 1 日复牌后，股价再次拉出多个涨停。累计涨幅仍然超过 240%，成为年度新股“妖王”。

图 7－16，梅雁吉祥（600868）：自从“证金公司成为公司第一大股东”的公告发出之日起，该股就摇身一变成了“证金概念股”的领头羊。在“股灾”期间，国家队护盘动作频频，或仅出于缓解流动性的需要，证金公司也出手买入了该股。2015 年 8 月 4 日公司公告显示，证金公司以 4000 余万元的投入，成为公司第一大股东。

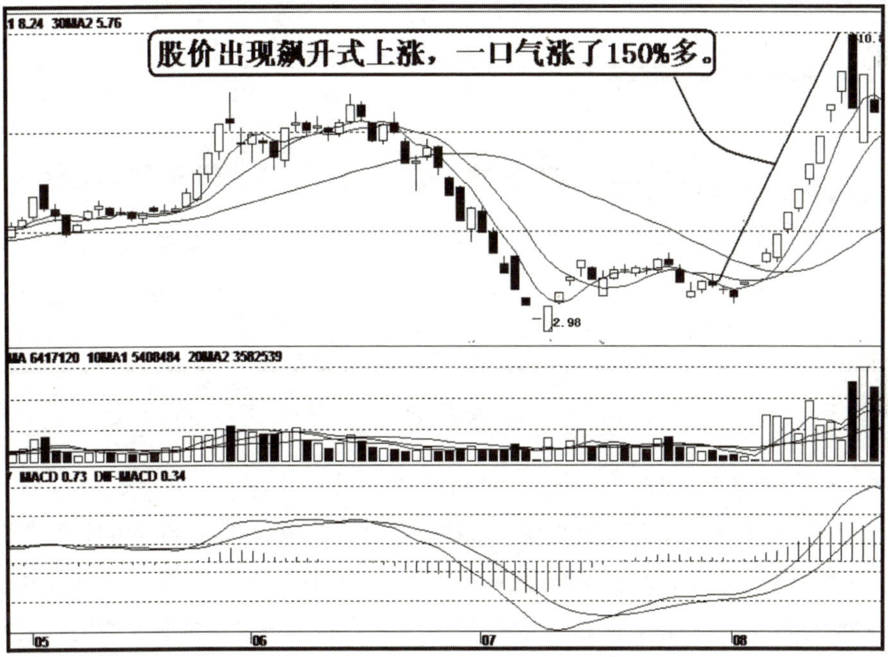

图 7－16

尽管投入资金不多，持股量也仅为 0.39%，但股价出现飙升式拉升，在 8 月 4 日至 8 月 14 日短短 9 个交易日中，连续收获了 8 个涨停板，区间累计涨幅 152.56%，而同期大盘的涨幅仅为 10.23%。由于短线走势强劲，也还带动了一批“证金概念股”，并引发了大量资金的追捧。而事实上，该股 2015 年前三季度亏损 447.02 万元，而公司在上一年已亏损 5452.82 万元，如果当年年底前不能扭亏，公司将在披露 2015 年年报后面临披星戴帽的命运。但是，尽管有这样的不利因素，股价走势依然很“妖”，盘面出现飙升式走势。

图7－17，迅游科技（300467）：该股盘面分两波飙升式拉升，第一波涨幅为570%，第二波涨幅为168%，它的“妖性”就在于敢于“任性折腾”。

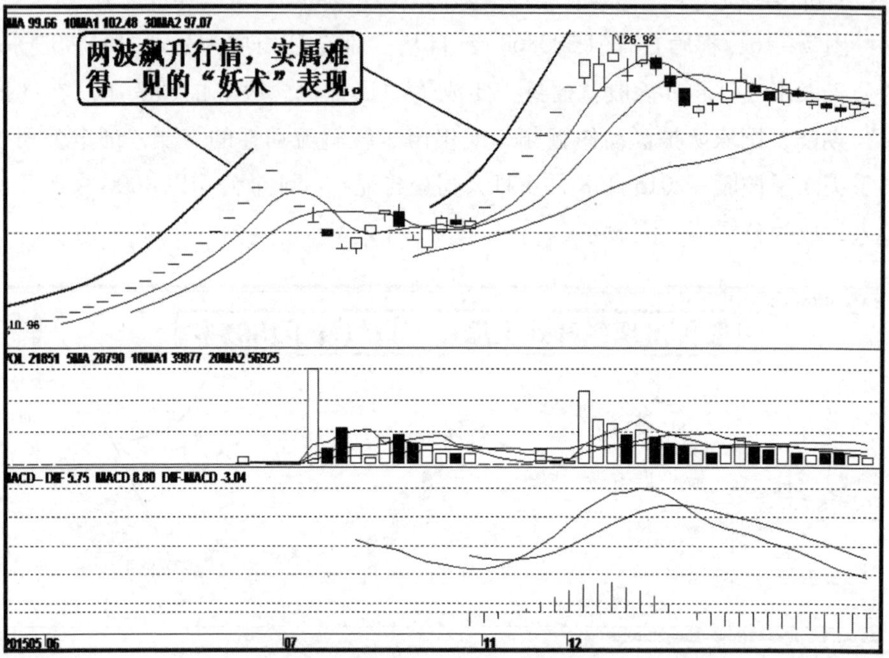

图7－17

在2015年5月27日上市后，股价连拉19个一字涨停，并在6月24日创出74.18元（后复权价）的新高。就在投资者期待股价迈入80元的时候，公司突然宣布因筹划重大事项而停牌，新股上市不到一个月而股价还没有开板交易就停牌了，这在A股史上当属少见。7月2日，该股带着股权激励方案复牌，由于受“股灾”影响，该股在5个交易日连续走出了4个跌停。可是，就在半个月后，公司再次宣布停牌，直到11月23日才再度复牌，公布不但推出了资产收购方案，更捧出了10转30派6的亮丽高送转方案，随之而来的就是连续8天的涨停行情。据统计，在两波上涨行情中共经历了59个交易日，其中居然包含了33个涨停板、5个跌停板，实在“妖术”高超，也是A股市场难得一见的“妖法”。

2. 推高式拉升

这种拉升方式是股价沿着一定的斜率向上稳步推高，不受大势干扰，不受压力影响，我行我素地突破一道道艰难险阻，直到最后无力上攻时才结束。这是将洗盘与拉升结合起来的一种盘面运行方式。

在日K线组合上，中间夹杂着小阴或十字星线，股价回落幅度并不深。目的是让一些短线获利筹码离场，同时又让新资金入场，使股价上涨有了新鲜血液，这样会使行情走得更高更远。在分时走势图上，表现为下方有大量买单出现，有大量资金等待买入，一分一秒地把股价一分一分地往上推高，有时在拉升过程中庄家故意打压一下，放下“鱼钩”式的走势，以吸引买盘去逢低吸纳，然后又将股价拉上去。采用此法拉升的庄家实力一般较强，出货时往往还会有上市公司题材配合。

图7－18，方大炭素（600516）：该股经过建仓阶段和助跑阶段后，在2017年6月23日开始向上突破，股价进入拉升行情。在拉升过程中，股价涨跌有序，K线阴阳交错，中间夹杂着小阴或十字星线，股价回落幅度并不深。盘面坚挺有力，量价配合默契。迈着坚定的步子，朝着预定的方向，勇往直前，突破重重阻力，股价稳步推高。中间没有出现明显的大幅回调走势，但也不是一步到位的快速飙升走势，而是经过中间短暂的整理后，股价强势上行，上涨气势如虹，股价累计涨幅较大。

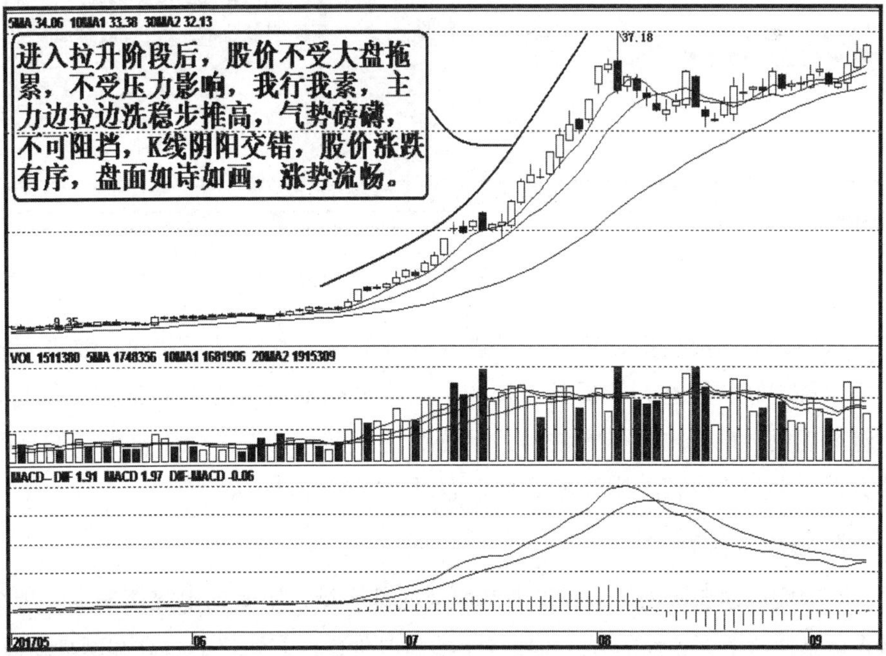

图7－18

图7－19，文峰股份（601010）：众人所知的“私募一哥”——徐翔概念股，其旗下的泽熙基金成功完成建仓计划后，在2015年2月以“稳健推升启动”方式，开启了妖股的征程。在拉升过程中，不受大势涨跌影响，坚定地向上拉高，经过第一波启动行情后，出现短暂的横向洗盘蓄势整理，然后再次形成突破走势。拉升时虽有短暂的休整，但回落幅度都不深，以小阴或十字星线代替调整。这样的目的是让前期底部获利散户离场，同时又让新散户入场，更换新鲜血液，增添上涨动力，使整个上涨如行云流水，流畅上涨。

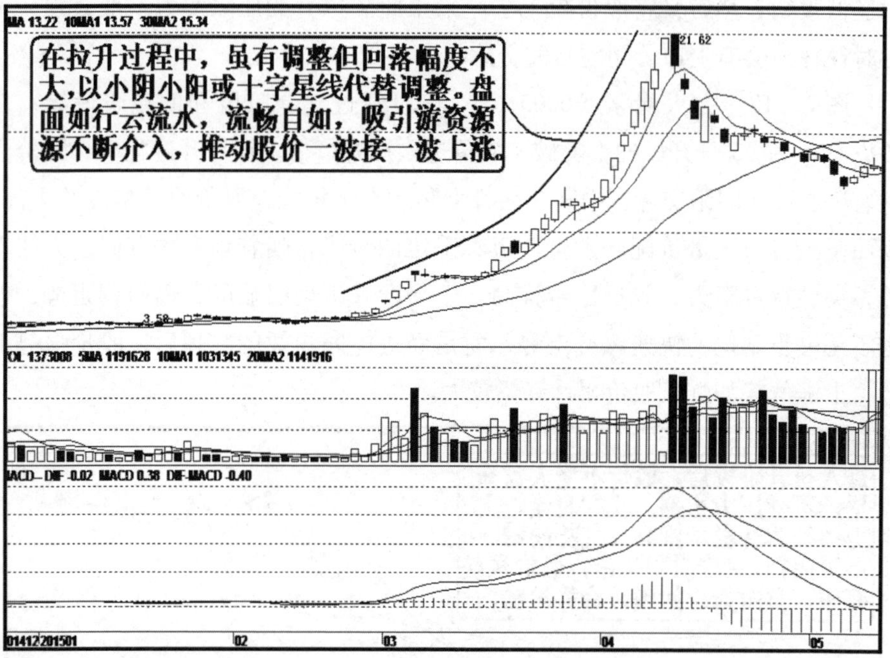

图7－19

这种盘面的散户操作策略：推进式拉升的累计涨幅是很大的，散户入场后要保持良好的心态，不要频繁操作。上涨过程中出现的小幅震荡，是正常的盘面现象，没有出现异常波动，上涨行情就没有结束。当股价出现冲高回落，形成大阴线或长上影线等K线形态时，应该引起注意。

3. 震荡式拉升

庄家完成建仓计划后，股价渐渐脱离底部区域，不断向上震荡攀高。盘面特点就是通过上下震荡的方式不断向上推高股价，没有明显的拉高和砸盘动作，波峰浪谷不清，也没有集中性的放量过程，一切在边拉高、边洗盘、边整理之中，盘面走势非常温柔，很少有惊心动魄的场面，股价在不知不觉中走高。

这种拉升手法，在当日分时走势图上，表现为下方有大量买单出现，以显示庄家实力强大，避免股价出现大跌。然后，庄家将股价不断向上推高，有时拉升一段时间后，还常常故意打压一下，凶猛的庄家还出现“跳水”式打压，以吸引买盘逢低接纳，然后又将股价拉上去。在日 K 线图上，小阴大阳，进二退一，股价震荡上行。采用此法拉升的庄家实力一般较强，控筹程度比较高，上涨行情往往持续较长时间，股价累计涨幅也比较大，出货时往往还会有上市公司题材配合。

图 7－20，贵州茅台（600519）：在 A 股 20 多年的市场中，绝前空后的历史超级“大妖股”当属贵州茅台，市场中其他“妖股”与贵州茅台相比，其“法术”只是小巫见大巫，说妖也只不过“小妖”而已。那么是谁在操纵茅台？一份重要调查暗示了茅台的未来！

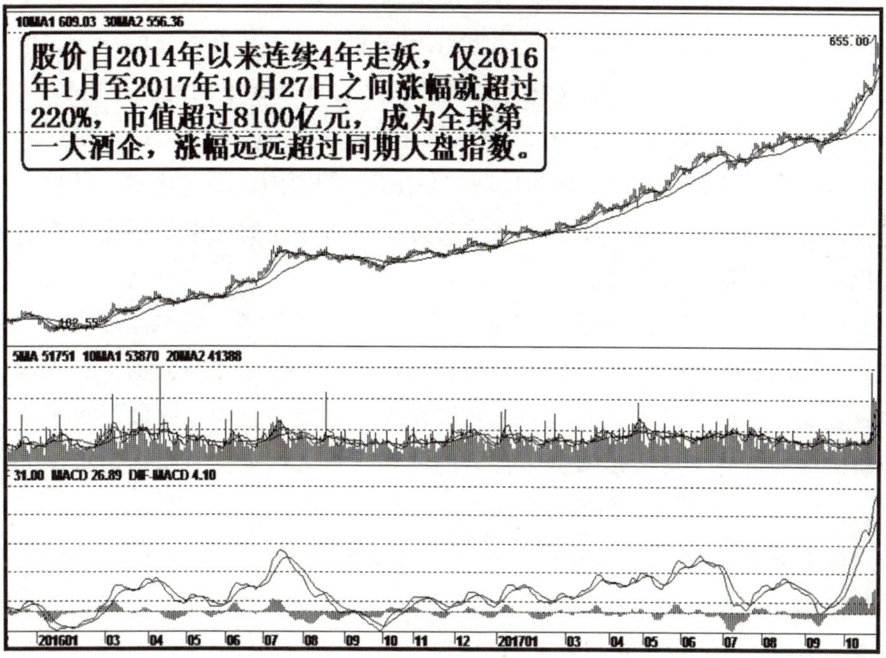

图 7－20

2017 年最后一个交易日，贵州茅台股价再创历史新高，达到 726.50 元，市值达到 9000 亿元，成为全球第一大酒企，市值是第二名英国帝亚吉欧的 1.25 倍，而在 2017 年初时，它仅有帝亚吉欧的 80% 左右。

从2016年1月4日到2017年12月29日的两年时间里，股价就累计上涨超过253%，而同期的上证指数下跌0.06%，深成指数下跌0.12%，这是不是很惊讶？其表现可谓是“妖中妖”，自2016年以来，除8月和9月外，每个月都在刷新股价和市值的新纪录。

在大家印象里，茅台是属于高端消费品，主要消费人群是政商人员。可早在2012年底，中央就颁布了“八项规定”，以往的公款吃喝遭到了遏制。自那时起，茅台股价也随即进入了长达两年半的“鸟笼行情”，直到“股灾”后，开始了这轮波澜壮阔的“妖魔”行情。

那么，这就有问题了！在公款吃喝被限制，日后也不可能再被放开的情况下，茅台股价大涨的逻辑在哪儿？

（1）茅台股价还能走多高？茅台在已经高居全球第一的情况下，还会继续涨么？在2017年9月，有券商认为：目标股价是650元、680元、700元等，而今已经突破700元，也就是说基本到达目标价位。有私募大佬对茅台的评价：“茅台就是液体黄金，但比金山更可贵！金山还有挖光的一天，但只要赤水河在流淌，中国白酒文化渊源流长，茅台就是永不枯竭的金山！”“茅台一万年不倒”。那么，支撑券商和私募看多茅台股价的理由是什么呢？

可见，私募的理由是茅台的长期“价值”，即中国白酒文化赋予其独一无二的竞争力，让其成为一座永不枯竭的金山。而券商的理由是销量大增、酒价提升，业绩超市场预期。

但是，“价值论”只能解释茅台有着核心的优势资源，抗风险能力强，但这并不足以支撑股价大涨；认为销量和价格上涨，带动业绩大涨，所以股价也该上涨，若这个逻辑成立，那么是谁在大肆消费茅台呢？所以，对于茅台股价的种种言论，要么是喝多茅台后的酒话，要么就是揣着明白装糊涂。因为，这些理由明显站不住脚。

（2）谁在消费茅台？2016年茅台产量为5.99万吨，但销量仅为3.69万吨，销量为62%，且同比增幅15.76%，供销比高达1.62。也就是说，茅台的产能是有充分保障的。但市场反应是什么样的呢？在前不久，当地的主流媒体上，更是赫然打着北京某白酒收藏馆的“高价大量收购茅台酒”的宣传广告。一位行内人士说：“随着茅台价格的上扬，包括生肖酒的炒作，收藏酒的势头又来了”。可见，茅台酒的供应和价格已经被人为地扭曲了，炒家们在炒茅台现货。也就是说，茅台并没有被消费，而是被囤积了起来。那么，在这种氛围之下，茅台也不再是供人喝的酒，而是成了黄金、石油一样的大宗商品。

(3) 茅台的上涨逻辑是什么？明白了上述内因后，对茅台股价上涨的原因或许有些心领神会了。茅台现货被热炒，而且这种气氛传染到了股价上，在一定程度上助推了这一波行情。当然，单方面助攻显然是不够的，重要的是资金有这方面的需求。

自2016年以来，市场结构性行情非常突出，机构扎堆抱团取暖，哪里有热点资金就流向哪里，个股涨指数不涨的行情，就充分说明了这一点。那么，这种现象是否可持续呢？如若从投资逻辑上来讲，是很脆弱的，原因有三：

一是白酒消费日薄西山，未来市场增量非常有限。随着人均收入的增长，烈性酒消费必定冲高回落。烈性白酒消费者后继乏人，已是不争的事实，年轻人更喜欢啤酒、红酒等，未来市场增量有限。

二是茅台自身也面临着很大的库存压力。茅台先后上马两个万吨茅台酒工程，2011年茅台酒及系列酒基酒产量接近4万吨，2016年达6万吨。按茅台酒工艺，当年生产的“基酒”至少存放5年后才能勾兑为成品酒。也就是说，2016年勾兑、灌装并销售的3.69万吨成品酒，来自2011年生产的基酒。截至2016年末，贵州茅台库存量达25.25万吨（较2015年末净增1.89万吨），按现有销量，差不多可以卖到2025年。

三是整体大环境也会有风险。前不久，中央刚出台的《关于营造企业家健康成长环境，弘扬优秀企业家精神，更好发挥企业家作用的意见》中明确指出，鼓励企业家保持艰苦奋斗精神风貌。激励企业家自强不息、勤俭节约，反对享乐主义，力戒奢靡之风，保持健康向上的生活情趣。所以，可以预见，继公务员之后，作为高端白酒消费主力的企业家，也会受到舆论和环境的制约，而这对主打高端的茅台来说，则并非好消息。

虽然现货炒家们（收藏家），看重的是茅台的文化价值和品牌价值。不过，茅台的品牌价值，未来会随着产能的增加、年轻一代需求的弱化、消费观的重塑，而被慢慢稀释。而且，从一些指标上看，茅台现在的股价，已经说不上便宜了。

4. 波段式拉升

这种拉升方式在盘面中表现出十分稳健的姿态，比较容易被投资者所接受，并达到推波助澜的目的，多数妖股庄家乐意采用这种方法。在拉升时，由于股价加速拉升速度太快，短期累计获利盘也多，于是当股价拉升到一定高度时，获利盘蜂拥而出。庄家不得不释放这部分获利盘，股价回落再次进行洗盘换手，然后让新资金介入，再展开下一波拉升行情。

大家知道，在一个大波浪之中由许多个小波浪组成，大浪套小浪，浪中有浪。这种手法通常在拉升过程中进行洗盘，尤其是在重要阻力区域，以小回或横盘震荡的整理走势来消化上方阻力，并完成散户由低成本向高成本换手的过程，尽量减轻上行时的压力。然后趁着利好消息或市场良好的氛围再将股价拉高一个波段，股价重心上了一个台阶。最后股价会打破这个规律，这时产生两种结果：一种结果是，形成向上突破，股价进入加速拉升阶段；另一种结果是，股价向下调整，结束波段式拉升行情。

图 7－21，四川双马（000935）：该股庄家完成建仓计划后，在 2016 年 8 月 22 日以突发性利好消息刺激引发井喷式突破走势，股价连续出现 4 个一字涨停后，开板洗盘整理，使盘中筹码得到很好交换。经过 5 个交易日震荡整理后，展开第二波拉升动作，将股价推向“妖魔化”，一口气股价翻了一倍多。这时，场内获利筹码纷纷选择落袋为安操作策略，也有不少人认为股价已经涨到了尽头。可是，当个股成为“妖股”之后，就不是大众的操作思维了，就会出现离奇的走势。经过 7 个交易日回落洗盘后，“妖孽”再现，股价又涨了一倍多，涨得让人不敢相信，目瞪口呆。

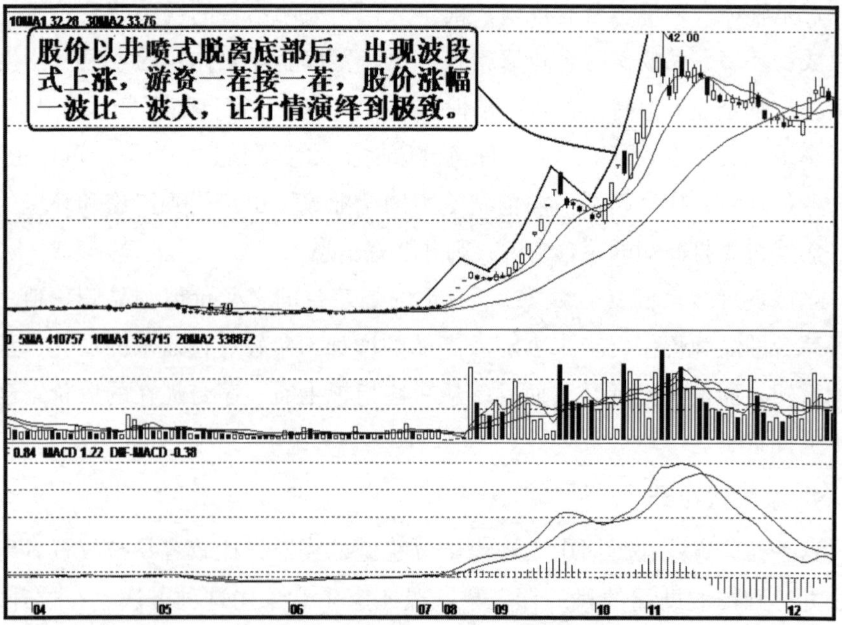

图 7－21

图 7 - 22，创业环保（600874）：该股庄家完成建仓计划后，也是以受突发性利好消息影响出现井喷式启动走势，2017 年 4 月 5 日向上脱离底部区域后，整个上涨过程中分三波进行，每一次的回落幅度都不大。在每一波拉升时，都是以推高式拉升手法，上涨势头十分凶猛，势不可挡。

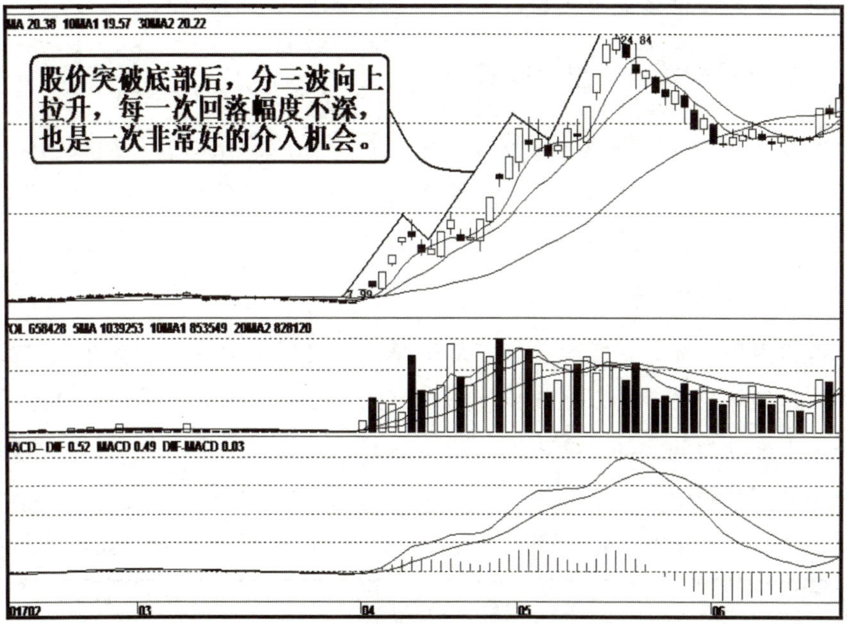

图 7 - 22

在波段式拉升行情中，一般有两种现象：一是股价拉升到阶段性高点后，放出巨大成交量，走势上形成阶段性顶部。由于庄家身在暗处，一般人很难分辨是最终顶部还是局部小顶，从而被洗盘出局。二是股价向下回落，跌破某一个被大众公认的技术位置（如中短期均线），造成出货假象，破位之后的股价即使再次被拉升，也会误认为是反弹，因此被骗出局。最终发现庄家锁仓不动，以较小的成交量就能创出新高时，此时再进也为时已晚。

从上述两个实例可以看出，股价逐波上涨，波峰浪谷分明，每一个谷底就是一次好的介入机会。波段式拉升呈盘旋形式上行，有一次盘旋、二次盘旋、三次盘旋，但很少见到有四次以上盘旋的例子，当完成三次盘旋之后，应做好择高离场准备。此外，从盘旋时间看有短盘旋、中盘旋、长盘旋，这一点投资者要多加注意。在日 K 线图上，有时也会出现“一”字或“T”字形涨停，股价回落时阴阳交替，常有大阴线出现。在成交量方面，拉升时放量，回落时缩量。

在当前监管严格的情况下，出现波段式拉升的个股很多，大家结合实盘多观察多总结，找出波段拉升的共同规律，有益于提升实盘操作能力。比如，国星光电（002449）2017 年 1 月以后的走势，晶盛机电（300316）2017 年 7 月以后的走势，雅化集团（002479）2017 年 7 月以后的走势。

四、妖股陨落——出货模式

妖股出货时有何特点？虚假性、突然性。妖股陨落时，与启动时一样，毫无征兆，不按常理出牌，根本不给你反应的时间，直接人去楼空，树倒猢狲散。大体上有以下几种出货模式：

1. 高位蓄势式出货

股价大幅上涨后，庄家获利非常丰厚，但要想手中筹码全部在高位派发出去，也绝非易事，所以在高位制造虚假的蓄势整理形态，给人一种股价还有新的上涨动力和空间，当人们纷纷跟进时，庄家反手向下做空，一举将新进资金套牢在高位。

图 7－23，西藏天路（600326）：该股在 2017 年 7 月出现一轮暴涨行情，

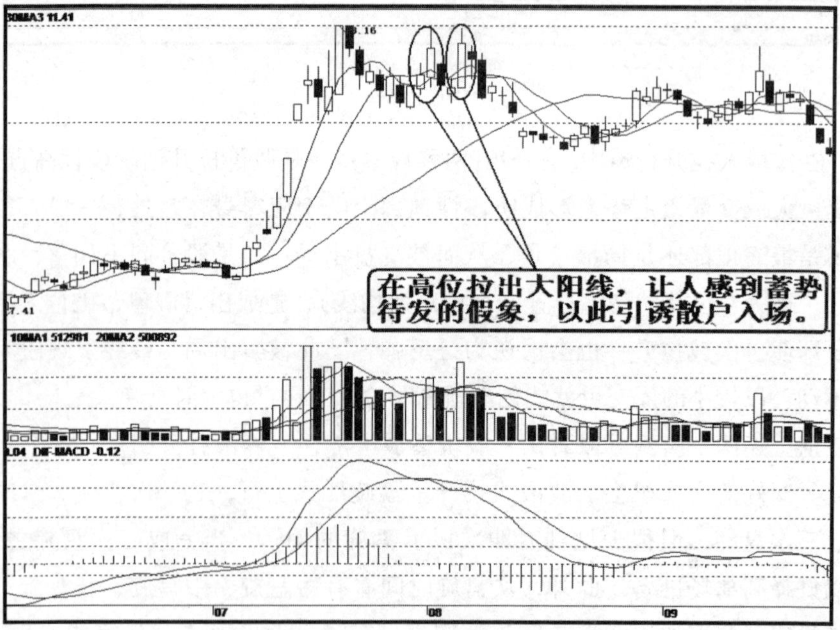

图 7－23

庄家短期获利较大。无论后市股价是否继续上涨，短期都需要兑现获利筹码，因此兑现筹码是庄家当务之急。所以，庄家竭力将股价维持在高位震荡，通过高位大阳线维持市场人气，达到尽可能在高位出货的目的。8 月 1 日和 8 月 4 日，在高位拉出大阳线，形成蓄势待发的假象，以此引诱散户跟风入场。而结果呢？并没有出现持续的上涨行情，股价继续陷入盘跌走势，在大阳线当天介入者，别说赚钱，不被套牢就已经是万幸了。

庄家将股价大幅炒高后，极力营造乐观气氛，激发市场人气，趁着散户买盘的积极涌入，庄家不断地在暗中出货，使股价出现一定回落。然后，庄家停止抛售，反手护盘做多，创造强势反弹行情，设计美丽的技术陷阱，市场仍维持十分乐观，诱导新的买盘介入，将股价继续维持在较高价位派发。这时成交量大增，庄家大部分筹码在这一区域集中套现，盘面交投十分活跃。当庄家基本完成派发后，股价步入下跌不归路，在日 K 线图上形成顶部形态。

由于股价的大幅上涨，散户沉浸在获利的喜悦之中，这时庄家悄然出货，使股价出现滞涨震荡，而散户却把这种震荡当作蓄势整理而介入，这样庄家的获利筹码就可以顺利地在高位得到兑现。

图 7－24，神火股份（000933）：该股经过庄家的充分炒作，人气完全被激活，股价出现快速上涨，庄家获利极为丰厚，基本到达集中出仓区域。2017 年 8 月初开始，股价进入盘头走势，大起大落，放量出货，多次出现破位迹象时，总被庄家成功拉起，护盘出货迹象非常明显。这种走势被好多人理解为蓄势整理，期待股价向上突破，从而麻痹风险意识而贸然介入，当庄家基本完成出货后，庄家就放弃护盘，股价在 9 月 25 日破位下行，此后股价进入中期整理走势。

2. 向上突破式出货

股价经过大幅上涨后，庄家为了能使筹码卖个好价钱，而刻意在高位拉升股价，向上突破前期的一个明显高点，形成强势的多头市场特征，以此引诱散户入场接单。这时，散户看到前期压力位被突破后，认为股价上涨空间再次被有效打开，于是纷纷买入做多。

这种做法在理论上讲没有错，关键是在实盘中经常出现“破高反跌”现象，股价创出新高后未能坚挺在高位，尤其是盘中瞬间冲高后快速回落，则更具有欺骗性。可见，在高位出现突破前高走势，不见得都是好事，操作不慎很容易中了“妖计”。

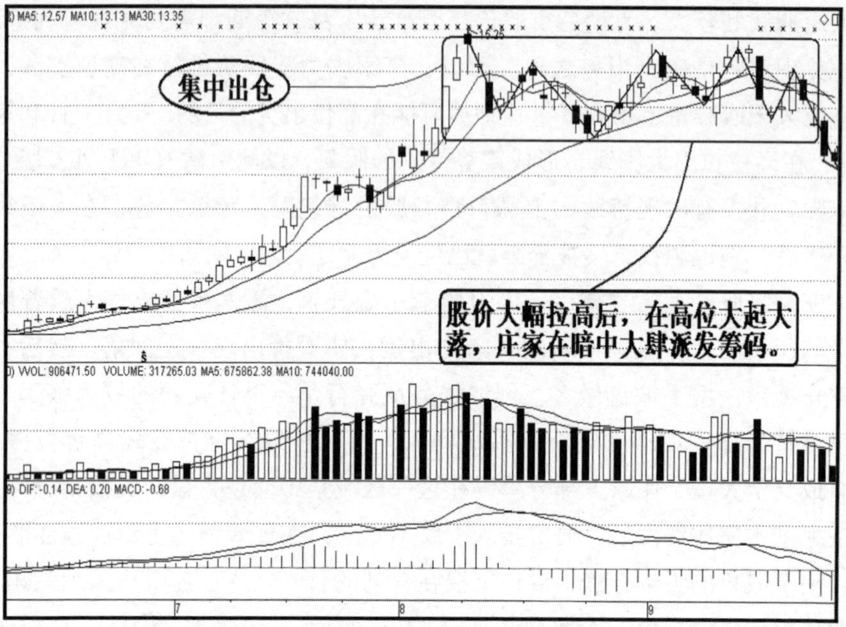

图 7－24

图 7－25，方大炭素（600516）：该股庄家在低位吸纳了大量的低价筹码

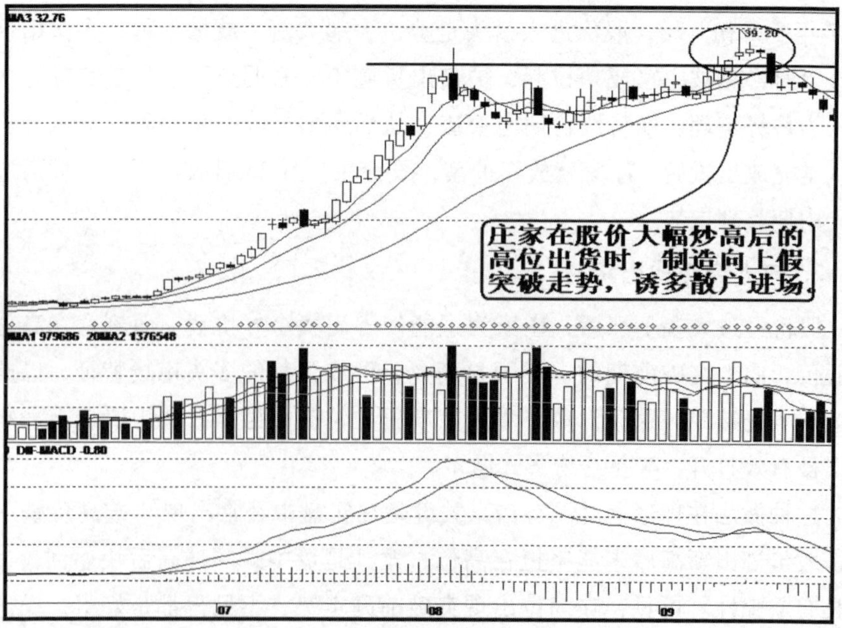

图 7－25

后，股价被大幅炒高，顺利完成主升浪上涨行情。这时庄家的首要任务就是出货，但对于大幅炒作后的个股，庄家出货绝非易事，因此就要讲究出货“妖术”。庄家常用的做盘手法之一，就是以突破的方式继续创出新高，形成股价上涨空间非常巨大的假象，来吸引散户踊跃参与。

该股在2017年9月中旬，股价在高位连续拉出放量大阳线，成功突破了前高压力，盘面上形成新一轮上涨的攻势。这时有的散户以为新一轮上涨行情又开始了，且受该股前期大涨的诱惑而纷纷跟风介入。谁知，这是庄家精心布局的一个多头陷阱，当散户不断介入后，随之而来的就是缓缓下跌，这种温柔的走势将高位买入的散户全线被套。

投资者在实盘操作中，遇到经过主升浪炒作之后的个股，无论出现多么诱人的看涨信号，也不要轻易介入，以免落入庄家设置的多头陷阱之中。夕阳余晖，虽然美丽，但已是落幕前的残波。

图7－26，上港集团（600018）：股价经过快速大幅拉升后，短期涨幅较大，庄家获利丰厚而急于兑现获利筹码，但出货就要讲究做盘手法了，于是就采用假突破方式，创出股价上涨新高。不久，在高价区域出现一根放量涨停的大阳线，表面上看起来多头非常强劲，大有再来一波快速拉升的意思，这时就有不

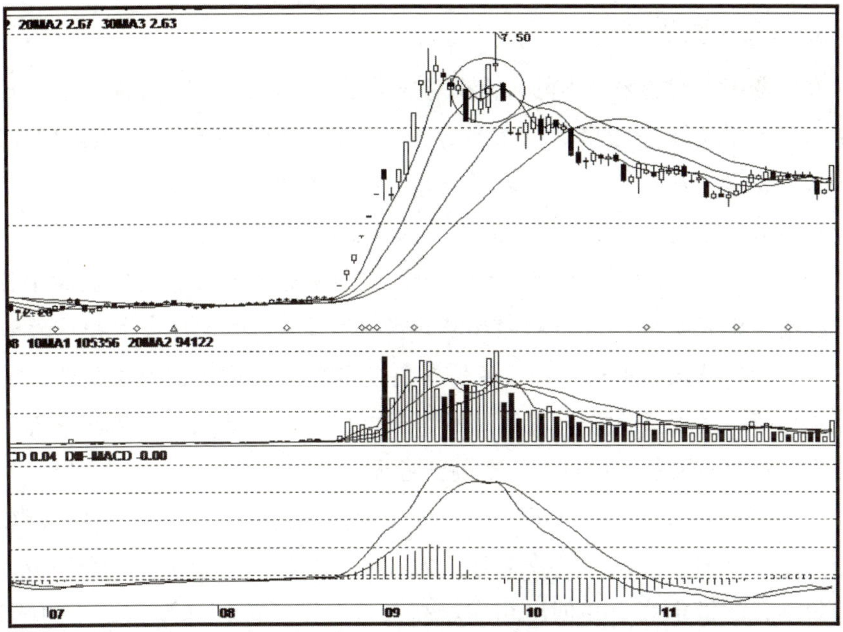

图7－26

少散户被骗了进去。第二天，股价开盘后继续大幅冲高，刷新了前期高点，在当日盘中不少散户纷纷追高买入。但到收盘时股价大幅回落，收出一根带长上影线的"流星线"，当天买入的散户全线被套。第三天股价跳空低开低走，报收跌停大阴线，并留下一个当日没有回补的向下跳空缺口，在高位构筑一个"黄昏之星"形态，而且股价向下击穿了10日均线的支撑，随后10日均线掉头向下，股价渐行渐弱。这时散户才明白，原来这是庄家拉高出货所为。

判断股价突破的关键，就在于股价所处的位置。当时该股股价处于快速上涨后的高位，市场本身累计了较大的风险，因此每一次上涨都可能是诱多行为，或是多头涨后余波所致。因此，分析股价突破的背景非常重要，以免掉进庄家设置的诱多陷阱之中。

从该股盘面分析，盘中有明显的对倒放量嫌疑，说明上涨动能渐渐衰弱。短期均线也从上升转为平走状态，爆发力渐渐消退，股价已处于摇摇欲坠之中。更为重要的是，该股在突破的当天出现冲高滑落走势，形成一根长长的上影线K线，显示庄家撤退迹象非常明显。第二天股价低开低走，最终报收跌停，从而进一步暴露出前一天突破的虚假性。因此，股价向上突破是庄家诱多行为的表现，投资者要谨慎看待。

3. 放量冲高式出货

在市场中，有越来越多的人重视对成交量的分析，"放量上涨"或"放量突破"已经成为不少投资者的操盘经典。但是，如果股价经过大幅炒作后，在高位成交量持续放大，未必就是好事，这往往是庄家运用对敲手法出货。因此高位放量更具有欺骗性，投资者应谨慎看待。

图7－27，冀东装备（000856）：该股经过大幅炒作后，庄家获利十分丰厚，在高位出现明显的放量对敲出货现象。在2017年5月中上旬这段时间里，成交量保持很高水平，每天换手率超过30%，但股价没有出现明显的同步上涨走势，呈现量价背离现象，表明庄家在暗中对敲出货。当庄家筹码基本派发成功后，股价开始进入中期调整走势。

图7－28，天出股份（000877）：该股经过长达半年之久的热身助跑后，2017年2月7日股价向上突破而走"妖"，6个交易日中拉出5个涨停板，随后股价继续放量走高，并创出相应新高，给人以股价远远没有见顶的感觉。可是，只要认真分析不难发现，股价在3月17日之后的6个交易日里，成交量巨幅放大，每天换手率超过25%，而股价出现明显的滞涨走势，量价配合

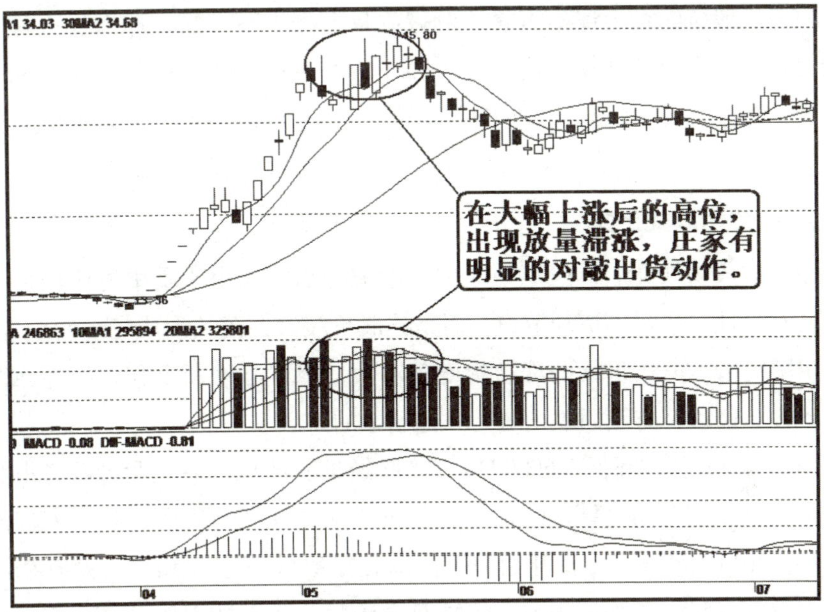

图 7－27

明显失衡。这种盘面现象，一方面说明上方压力较大，另一方面说明庄家在暗中对敲出货。当庄家减仓目的基本达到后，股价开始向下走低，市场进入中期调整走势。

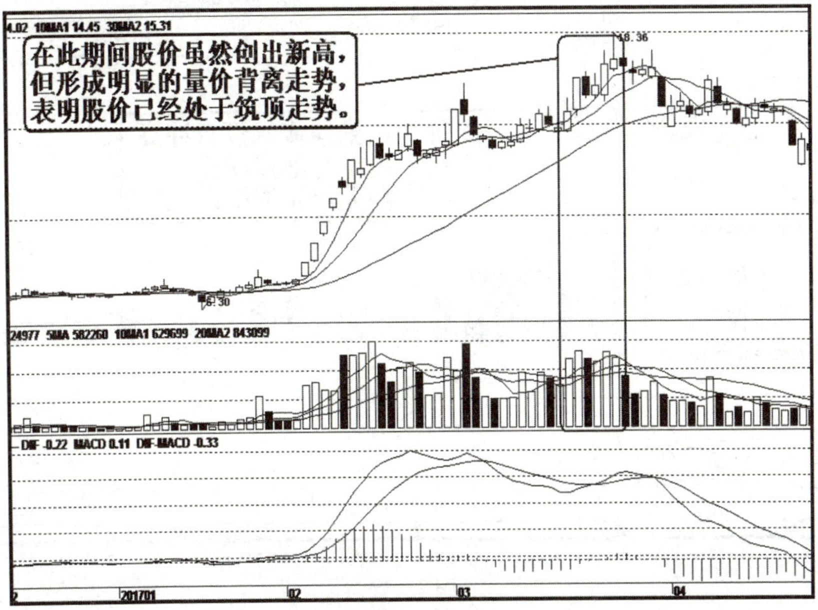

图 7－28

可见，股价缩量上涨不可靠，对敲放量上涨也不可靠。那么什么样的成交量最好呢？在分析成交量时，并不在于成交量的大小，而是在于量和价的配合上。量价配合默契，涨跌符合韵律，趋势就得以持续，这才是分析的重点。

4. 持续阴跌式出货

股价被成功炒高后，庄家在高位不断减仓出货，由于手中筹码较多，出货非常有耐性，尽量不惊动散户，而是让股价缓缓回落，形成持续阴跌走势，K 线阴阳交错，虽然每天的涨跌幅度都不大，但重心不断下移，累计回落幅度也不浅，所以，持续阴跌出货是一把温柔的刀。

图 7－29，创业环保（600874）：该股经过三波拉高后，股价已经由 8 元涨到了 24 元之上，涨幅超过 200%，此时庄家兑现获利筹码，是大家都能想得到的。2017 年 5 月 17 日开始向下阴跌，庄家性情温柔和气，没有持续大跌，也没有大阴线和跌停现象。这种盘面走势为大多数人所接受，甚至认为是正常的蓄势调整，后市仍然充满乐观情绪。可是，就在人们放松警惕的时候，股价重心已经下移，不知不觉中将散户套牢在高位。

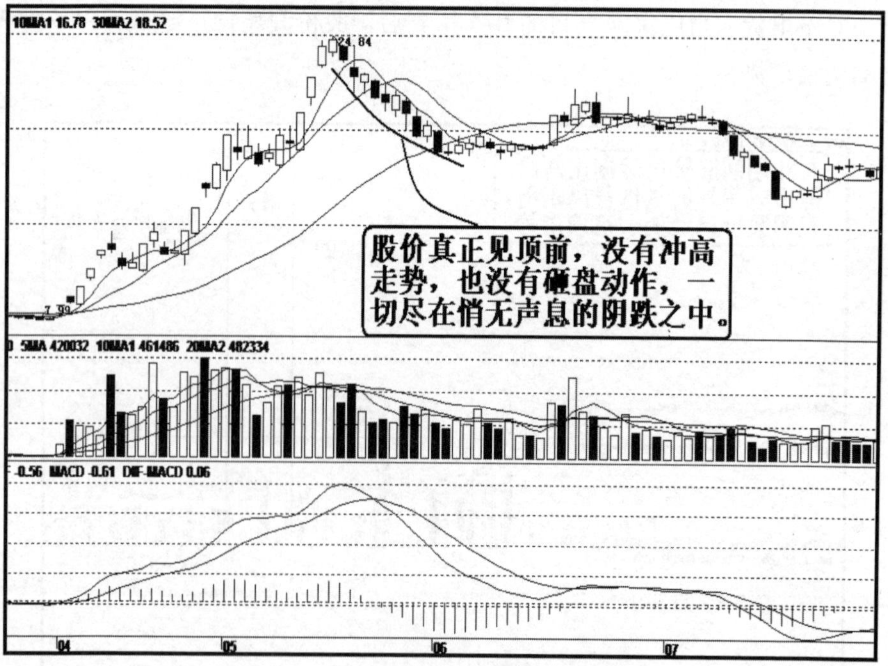

图 7－29

图 7－30，华丽家族（600503）：该股实力强大的庄家入驻其中，经过长时间的震荡筑底后，庄家吸纳了大量的低价筹码，2015 年 5 月 6 日股价一跃而起，出现一波“井喷”式行情，股价连续以“一”字形或“T”字形跳空涨停，短期涨幅非常惊人，一时间成为两市的妖股。

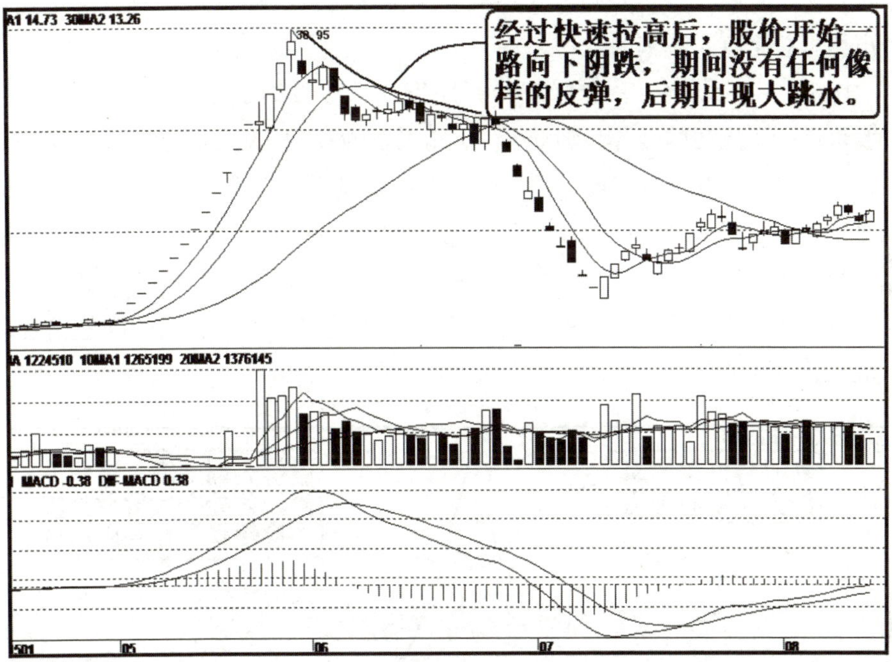

图 7－30

5 月 25 日，当股价打开一字涨停板后，盘中抛压迅速加大，但仍然有大量短线游资涌进，同时庄家顶住一切压力，使股价维持在高位震荡。随后又在高位继续拉出两根涨停大阳线（其实是拉高出货走势），5 月 28 日继续高开强势震荡，以此吸引更多热钱参与。这时，有的散户以为股价后市还会上涨，在暴富心理的驱使下，盲目跟风而入，可是接着股价出现震荡走低，且持续向下阴跌，看起来跌势并不凶猛，但已将散户牢牢地拴在高位。

5. 快速跌停式出货

股价跌停是投资者不希望发生的，它反映后市前景黯淡，很难从市场上获得回报，对投资者起到警示作用。那么，庄家是如何利用跌停板进行出货的呢？

在实盘操作中，有的股票开盘后股价直奔跌停板，或直接从跌停板开盘，且瞬间堆放大单封盘，接着庄家用巨量买单，打开跌停板。这时有的人一看股价即将打开跌停板，认为是庄家洗盘动作，生怕买不到低价筹码而纷纷跟进。有的股票早上直接从跌停板价位开盘，把所有的集合竞价买单都打掉，这时有的人一看到股价大幅低开，就会产生抄底的冲动，结果买入后被套。而且，庄家在跌停板位置打开又封盘，封盘又打开，反复进行着，反正在这个市场里总是有人被骗的。

图 7－31，无锡银行（600908）：庄家在低位吸纳了大量的低价筹码后，对股价进行了成功的炒作，股价从 10 元之下炒高到 23 元之上，短期累计涨幅较大，庄家获利十分丰厚。该股庄家在出货过程中，除了其他出货手法外，最典型的一招就是采用跌停出货法。有趣的是，在 2017 年 4 月 27 日出现跌停，随后股价连拉 4 个涨停。如果在跌停板买入，短线就轻松获取盈利，也就是说，给人的感觉就是跌停板是一个较好的买点，也为后面的跌停出货埋下伏笔。

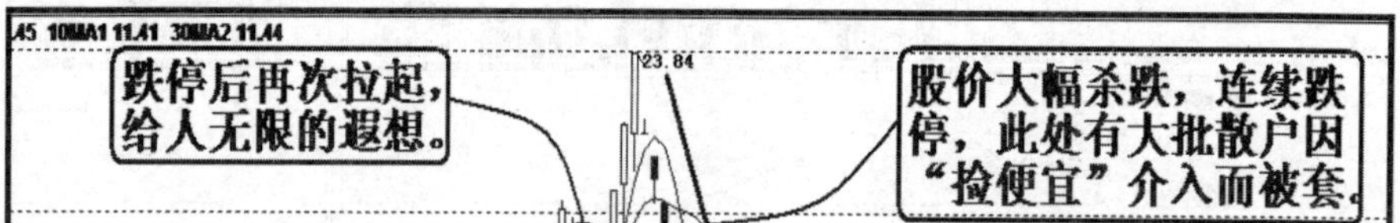

图 7－31

因此，庄家先将股价拉高后，然后采取跌停手法出货。5 月 15 日，也同样直接在跌停价位开盘后，用巨量买盘打开封单，引诱散户跟风介入。这时，有不少散户借鉴了前期跌停后股价再次出现大幅上涨的先例，选择在跌停价位买入。可是，当天收盘时股价仍然封于跌停板，次日继续下跌，随后出现连续跌停。这期间，有不少喜欢“捡便宜”的散户，纷纷“逢低”买入，而庄家就在跌停板位置巧用挂单和开板手法暗中进行派发，可是散户的希望一次次地破灭，成为实实在在的“套牢族”。

图7－32，长城影视（002071）：该股庄家利用跌停出货时，其手法发挥得更加自如。在股价被大幅炒高后回落，股价被打到跌停位置，庄家在跌停位置封盘后再打开。这时场内的散户见封盘有希望被打开而持股不动，而场外的散户见股价打开跌停而买入。这样庄家顺利地派发了大量的筹码，最后股价离跌停价位相差一个价位收盘。虽然是一根大阴线，但股价毕竟没封跌停位置，给散户带来几许幻想。在此后的两个交易日里，股价惯性下探后再次被拉起，基本收回了大阴线的失地，这样可以说给场内的散户吃了一颗定心丸，持股信心坚定了许多。可是，不久庄家采用同样的方法继续出货，这时有的散户受到前面股价跌停后能够再次被拉起的影响，也跟风介入做多，所以庄家出货效果也非常好。

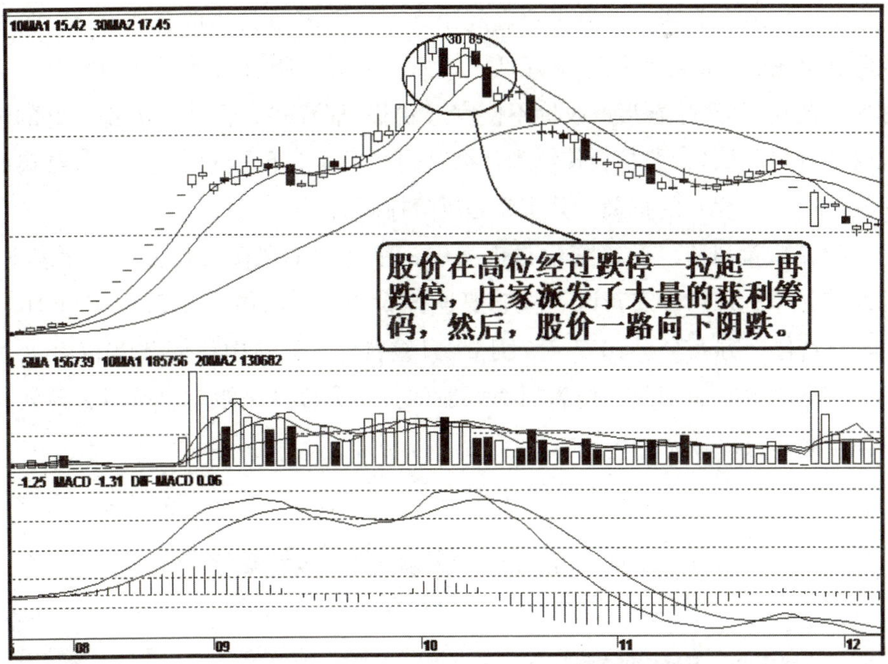

图7－32

投资者在遇到股价跌停时，要分析股价跌停的性质、所处的位置和庄家意图。辨别这种盘面的方法就是：如果不是庄家出货，属于洗盘性质的跌停，那么股价就会立刻复原，散户根本就不可能买进来。如果散户居然在跌停板附近从容买进许多，且股价弹升又乏力时，绝对证明庄家以跌停方式出货。

6. 妖股的风险控制

自古“妖魔”多险恶，“善妖”毕竟是少数。妖股能使大家短期内快速获利，但也容易遭受套牢损失，大多数妖股一旦去意已决，则无比绝情，人去楼空，高位追进者短期绝无生还希望，所以风险控制比其他股票更加重要。那么妖股有哪些风险呢?

概括地说，妖股的炒作风险主要有三个因素：价格因素、心理因素、政策因素，三个风险总体是一致的。

（1）价格风险。价格越高，成本越大，风险越高，这是实际上的投入。

（2）心理风险。就是你对于这只股票承受的预期风险。比如，方大炭素、创业环保、天山股份等，出现第一个涨停时低吸入场，价格风险比较低，但这时所承受的心理风险很高，因为它看起来并没有很强势，你也不太可能有重仓。之后继续上涨，强势走势已经出来了，大家对其热情高涨，这时价格风险就上去了，但心理风险就降低了。简单来说，所有人都看好的股票（心理风险低），却意味着当下股价不便宜（价格风险高），但所有人都看好的情况（心理风险低），股价会持续到什么时候?持续不下去的时候，就是结束的时候。这个“度”的把握，其实就是风险控制。

（3）政策风险。政策变化是市场中一个重要的风险，比如，中化岩土、河北宜工等9只“雄安新区”概念股连拉6个一字涨停后在2017年4月13日集体特停，方大炭素2017年7月31日被特停，然后中科信息2017年8月25日高位被特停，可见，监管层对妖股的打击力度从来没有手软过，炒妖疯狂情绪势必投鼠忌器。

第三节 新股、次新股“妖魔化”

一、新股、次新股的特点

新股是指上市不久的股票，次新股是指上市超过3个月而未满一个年度的品种。炒新是中国股市的一大特点，历来受到市场的广泛追捧和青睐。由于新股、次新股有诸多的市场特点，成为近几年来疯狂炒作的品种，连拉十几个涨停都很正常，甚至已经到了“妖魔化”。那么，新股、次新股够级别的妖股都有哪些市场特点呢？

（1）新股、次新股具有稀缺性。

（2）对新股的业绩预期往往比较高。

（3）新股往往代表产业的新方向和经济转型的行业属性。

（4）每股公积金较高，有高送转预期，壳资源价值较高，迎合市场热点。

（5）股本普遍较小，便于庄家控盘，且新股、次新股上方没有套牢盘，炒作空间大。

（6）盘面走势容易大起大落，波动幅度较大，适合激进投资者。

从2017年8月以后的市场表现来看，不少新股、次新股均有着明显的主题概念。如江丰电子（300666）涉及国产芯片替换、苹果概念，华大基因（300676）涉及基因测序主题，中科信息（300678）涉及人工智能，中通国脉（603813）涉及大数据以及5G概念。

在目前行情下，能够吸引市场资金的新股、次新股不仅仅只是具有刚开板以及市值小等因素，其本身叠加的主题概念更是目前资金选股的重要因素。特别是大势震荡行情中，市场存量的活跃资金倾向于选择受指数影响小的新股、次新股进行投机交易，一定程度造成了这一板块的活跃。“新股、次新股＋主题概念”成为目前游资的主要目标，相比之下，老股由于历史筹码较多，以及解禁冲击，相同题材下，市场活跃资金更倾向于新股、次新股进行交易，所以近几年来新股、次新股出现了不少妖股。

二、游资钟情新股、次新股

1. 新股、次新股争相斗艳

目前次新股将形成一个规模性板块，按照当前新股发行速度，到2018年上半年两市预计就有约350～400只个股的上市时间小于1年，如果以此作为次新股的定义，那么届时次新股板块占两市A股上市数量的比重将超过10%，成为仅次于创业板的第四大板块。

在新股、次新股行情“盛宴”中，作为市场最活跃的资金——一线游资频频出手，“次新股＋主题概念”越来越成为游资的选股对象。次新股叠加主题，往往能取得超额收益，在未来一段时期里对于主题叠加的次新股需要密切关注。当然，没有丰富经验的投资者一般不要参与这个板块的操作，但也要关注这一板块的动向，因为次新股某种程度而言就是市场的风向标。

从 2017 年 8 月以来，随着两市指数的纷纷走高，次新股板块也开始发力，两个月的时间里，其上涨幅度超过 20%。据统计数据显示，在剔除掉 2017 年 8 月以后上市的新股之后，次新股板块总共 384 只个股，而从 8 月中旬到 10 月底这段时间，仅有 34 只个股处于下跌状态，这意味着超过 90% 的次新股在上涨。在这些个股中，中科信息（300678）、建科院（300675）、中通国脉（603559）的涨幅超过 100%，而涨幅超过 50% 的个股更是多达 24 只。

在新股、次新股行情中，其背后的主要推手就是一线游资。据龙虎榜显示，在 2017 年 9 月以来的上榜次数最多的三只个股分别为中通国脉（603559）、原尚股份（603813）和华通热力（002893），上榜次数分别为 15 次、13 次、12 次，三只个股均叠加有明显的主题概念。

图 7 - 33，中通国脉（603559）：作为一只 2016 年 12 月 2 日上市的次新股，该股显然不怎么“新”了，但由于 9 月掀起的 5G 概念行情，其再次吸引

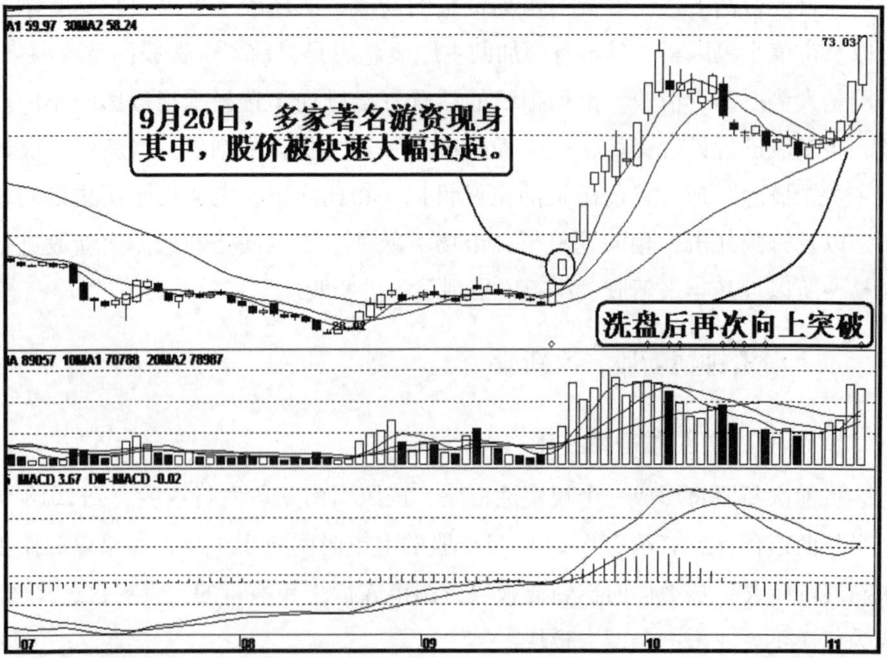

图 7 - 33

了游资的注意力，符合游资的选股范畴。据统计数据显示，该股 2017 年 9 月 20 日现身龙虎榜之后，国金证券上海金碧路营业部、国泰君安成都北一环路营业部等著名游资均有出现。

图 7－34，原尚股份（603813）：在该股龙虎榜中，游资之间的拼杀也极为凶猛，上市近一个多月来，上榜次数最多的国金证券上海金碧路营业部同样现身其中。2017 年 9 月 19 日上市，在创下 10 个一字涨停之后，于 10 月 10 日开板。接下来，该股又在 10 月 10 日—13 日连收 4 个涨停板，随后的 16 日和 17 日均涨停，18 日股价再度大跌 9.58%，而前述营业部则分别在 11 日和 18 日出现，不过其两次现身均以卖盘方式出现。从游资迹象来看，股价将步入一个修正期。

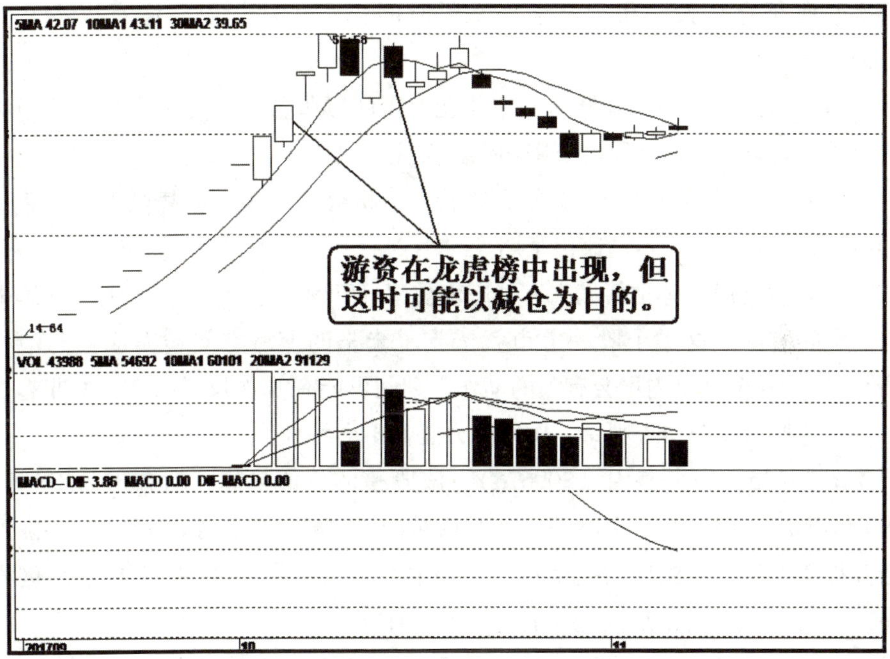

图 7－34

自 2017 年 9 月以来，据统计数据分析，国金证券上海金碧路营业部现身多只次新股，除上述三股外，还有掌阅科技（603533）、横店影视（603103）、英派斯（002899）等，而诸多一线游资也在这些个股中上演了一幕幕厮杀场景。

从游资进入的这些个股来看，几乎有较大涨幅的都是带有一定主题概念的股票，这跟游资本身就喜好追逐热点、吸引跟风盘的风格是息息相关的。2017 年 10 月 18 日，次新股板块遭遇整体回调，次新股指数下跌 1.43%，反映出次新股板块出现分化格局，要警惕遭到爆炒个股，特别是涨幅较大的诸如中科信息（300678）、国科微（300672）、华大基因（300676）、杭州园林（300649）等个股都有被游资炒作的迹象，虽然这些上市公司本身具有一定的看点和成长性，但游资行为主导下的行情，短期内暴涨往往使股价大幅偏离其实际价值，需警惕风险。

2. 结构性机会仍然存在

新开板股票其盘面转换较快，次新股盘中起伏较大，震荡频率高。在次新股没有出现趋势性估值下跌的情况下，基于次新股的高送转属性，部分次新股仍存在投资机会。未来一段时间仍可关注，但应注意以下几个方面：

（1）次新股叠加主题概念，往往能取得超额收益，因此在未来一段时期内对于主题叠加的次新股需要密切保持关注。

（2）上市时间较久的次新股会有较大的机会，半年以上甚至 1 年至 2 年的股票，正好处于股本迅速扩张期。

（3）次新股整体估值偏高，动态市盈率（TTM）达到 50 倍以上，继续上涨的空间有限。这类个股一上市就透支了未来的上涨空间（完成主升浪行情），至少 6 个月以内不会有大的动作，期间可能有 N 次反弹出现，除非有真正的主题概念配合，否则每一次反弹力度都不会特别大。

图 7－35，华大基因（300676）：该股整体估值偏高，动态市盈率达到 190 倍以上，2017 年 7 月 14 日上市后就被游资大幅炒作，连拉 17 个一字涨停后开板整理，经过成功的换手后，股价继续震荡走高，11 月 14 日最高创出 261.99 元，预计后市继续上涨的空间十分有限。

图 7－36，国科微（300672）：该股 2017 年 7 月 12 日上市后，连续拉了 7 个一字涨停，然后开板高位横盘整理。8 月份，因涉及国产芯片替换概念，股价展开新的盘升行情，11 月 14 日股价创出 78.48 元。其实，该股基本面并不理想，2017 年中报业绩每股亏损 0.31 元，说明股价已经透支了未来的上涨空间，一旦游资全面撤退，后市将进入中期调整走势。

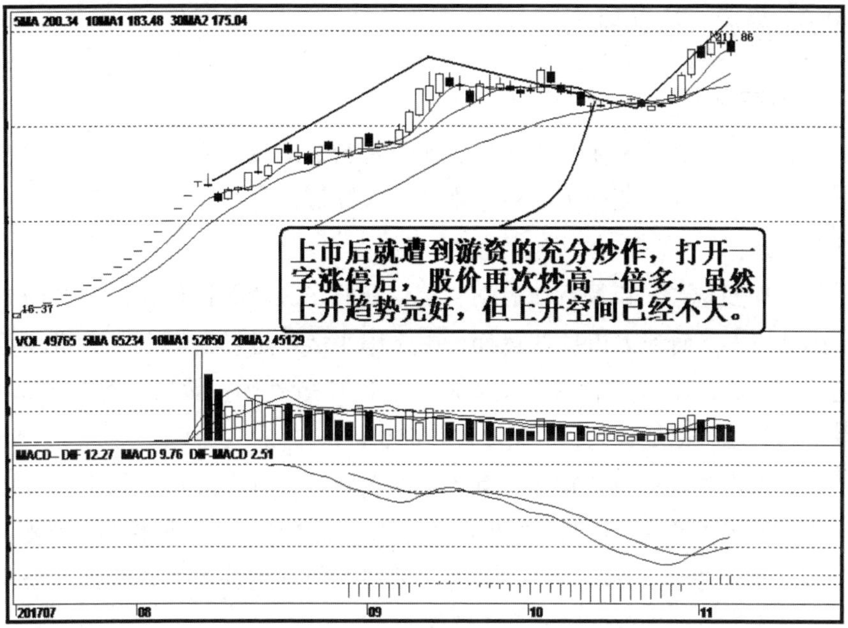
5MA 200.34 10MA1 183.48 30MA2 175.04
211.86
上市后就遭到游资的充分炒作，打开一字涨停后，股价再次炒高一倍多，虽然上升趋势完好，但上升空间已经不大。
16.37
VOL 49765 5MA 65234 10MA1 52850 20MA2 45129
MACD- DIF 12.27 MACD 9.76 DIF-MACD 2.51
201707
08
09
10
11

图 7－35

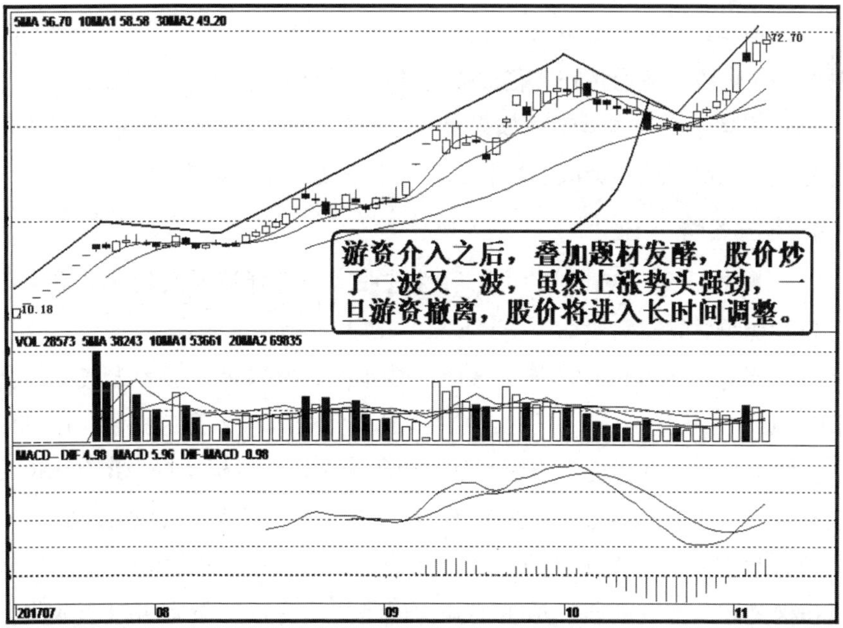
5MA 56.70 10MA1 58.58 30MA2 49.20
72.70
游资介入之后，叠加题材发酵，股价炒了一波又一波，虽然上涨势头强劲，一旦游资撤离，股价将进入长时间调整。
10.18
VOL 28573 5MA 38243 10MA1 53661 20MA2 69835
MACD- DIF 4.98 MACD 5.96 DIF-MACD -0.98
201707
08
09
10
11

图 7－36

三、新股、次新股分析方法

1. 内在质地

新股、次新股的内在质地、行业前景、竞争地位、公司经营管理状况等是决定市场定位的主要依据。对于新股、次新股的把握，可以从下列几个方面综合考虑：

（1）时机选择：市场行情启动初期，新股、次新股往往会出现井喷式狂炒，盈利惊人，而到了市场低迷期，由于中小散户进场意愿不强，市场筹码锁定程度不高，庄家很容易收集到新股、次新股筹码，然后强劲拉升股价，所以市场低迷时也是新股、次新股炒作时机。

（2）行业选择：行业特殊，有一定的垄断性，且在上市公司中的可比性小；或者公司属于朝阳行业，发展前景诱人，这类股票后市股性容易被激活。

（3）募资用途：新股发行后，上市公司如何利用募集的资金提高公司的业绩，将成为市场是否炒作的重要条件之一。

（4）大股东背景：公司前几名大股东直接影响到公司将来产业的发展方向，且直接影响到二级市场的定位和炒作空间。

（5）股本结构：这是新股、次新股后市表现的主要条件之一。一般来说，总股本在 3 亿股、流通量在 2 亿股以内的股本机构，便于庄家进出。

（6）主承销商：主承销商如果是实力较强的券商，或者开板后有机构席位参与，这些都是选择新股、次新股时需要考虑的重要因素。

2. 选股策略

（1）根据新股、次新股的可扩容性选股。要选择流通盘较小，具有高送转、高派现题材的次新股。

（2）根据次新股的技术指标选股。炒作次新股要重点参考人气意愿指标 ARBR，其中人气指标 AR 可以反映次新股买卖的人气，意愿指标 BR 可以反映次新股买卖意愿的强度，当次新股的 26 日 ARBR 指标中的 AR 和 BR 线均小于 100 时，如果 BR 线急速地有力上穿 AR 线，投资者可以积极逢低买入。

（3）根据新股、次新股的放量特征选股。在放量上涨过程中，投资者仍可以积极关注，把握时机，适度追涨。但是要注意成交量是否过于放大，如果成交放量过大，会极大地消耗股价上攻动力，容易使股价短期见顶，转入强势调整。

（4）注意次新股上市时间的长短。由于新股上市接连不断，该板块的容量不断扩大，有些上市时间稍长的次新股也将渐渐演变成老股，和次新股板块之间逐渐缺乏联动性，一般选择上市时间在一年以内的次新股。

（5）注意次新股前期是否曾经被疯狂炒作过，投资者要尽量选择还没有经历过疯炒的次新股，炒作潜力更大。

（6）注意次新股业绩是否稳定，目前一年绩优、两年绩平、三年绩差现象比比皆是，甚至上市不到一年就变脸的次新股也并不鲜见，投资者要注意选择经营运作良好的次新股。

（7）注意次新股上档是否有沉重的套牢筹码，部分次新股上市之初，做过大量的宣传工作和各种投资分析报告，上市后受到散户的大力追捧，结果造成上档沉重的套牢筹码，使股价很难有所表现。

3. 上市环境

新股上市时指数的相对位置，当指数在高位时，整个市场的价格体系重心较高，新股容易获得较高的市场定位，存在价值被高估的可能，短线机会不多；当指数处在低位时，价格体系重心下移，新股定位往往较低，此时新股常会得到大资金关注，相应地就会产生较好的中短线套利机会；当指数强势运行时，上市新股通常能得到即时炒作，短线机会非常丰富。

4. 盘面表现

在盘面上新股、次新股炒作还是有一定门道可循的，可参照以下几点：

（1）看上市时大盘强弱。新股、次新股和大盘走势之间存在非常明显的正相关关系，并且涨跌幅度往往会超过大盘。在熊市中，新股、次新股以短炒为主，做长庄的情况很少出现；而牛市中，庄家往往倾向于中长线操作。

（2）看新股、次新股的基本面。除了公司经营管理和资产情况外，还应从发行方式、发行价、发行市盈率、大股东情况、每股收益、每股公积金、每股净资产、募集资金投向、公司管理层情况、主承销商实力等方面综合研判，最重要的是要看它是否具有潜在的题材，是否具有想象空间等。

（3）比价效应。与同类个股的定位对比，发现新股、次新股价值被低估带来的炒作机会。

（4）观察盘口。量是根本，以往统计数据显示，新股开板日最初 5 分钟的换手率在 15% 以下，表明庄家资金介入还不明显，短线获利机会不大。如果换手率在 15% 以上，短线获利较高。若 5 分钟换手率达到 20% 以上，则短线获利机会更高。

通常5分钟换手率在20%以上，15分钟换手率在30%以上，30分钟换手率在40%以上，全天换手率在60% ~70%之间最为理想。

5. 游资动向

（1）判断新股是否有短线机会，最重要的一点就是换手是否充分。一般情况下，新股开板后换手接近60%时，庄家才有可能进行疯狂拉高脱离成本区的动作。根据实盘经验，新股开板后的前5 ~15分钟，买入的往往以游资为主。换句话说，游资若看好某只新股，会利用开盘后的5 ~15分钟，趁广大散户犹豫、观望之际，快速介入收集筹码。所以，前5 ~15分钟及前30分钟的换手率及其股价走势，往往能分析是否有大庄家介入。

（2）在主力成本区附近介入。判断主力成本区的方法很简单，单日成交量最为集中时的均价线，就可以看成是主力的成本区，在成本区上下浮动10%的区间，具有相当的介入价值。毕竟资金介入后最终目标就是获利，而这最终的利润，如果连10%以上的空间都没有的话，资金还有介入的兴趣吗？

（3）真正会大涨的新股，往往出乎市场大部分人的预期。换句话说，如果某只新股开盘后的走势高于市场大部分人的预期，那么，这只股票就值得重点关注。

总之，上市后的市场表现，开板后换手是否充分，当前价位是否接近主力成本区，这三点是投资者具体分析和把握时不可忽视的因素。

四、新股、次新股实战技巧

新股、次新股一直都炒得很热，人们对它时爱时恨，爱它是因为可以在短时间产生较大收益，股价无理由涨停，甚至全然不用关心基本面，拿到了就一路上涨，账户市值一飞冲天，每天睡觉都在笑。恨它是因为，可能一次的投机失误，会让你辛辛苦苦通过大半年积累起来的收益，在一两个交易日化为乌有，股价经常从涨停到跌停，若是在涨停价进入，一天损失就20%了，次日还有续跌可能，如此损失大也。

新股、次新股为什么涨得这么凶？造成这种现象的是：群体共识的疯狂，会造成群体非理性的发生，这在新股、次新股上体现得酣畅淋漓，在A股市场，新股是极度稀缺的资源，在新股、次新股大涨后，前期卖飞了的后面暴涨一两倍，此时给人们一种假象，就好比拿到新股、次新股就能大赚，以至于造成筹码极度稀缺，没开板的打死都不卖，开板新股、次新股稍有跌幅，很快会吸引大批的抄底资金抢筹，从而使股价一涨再涨。所以在股市中，估值只是市场炒作的一部分，情绪估值同样具有很多机会。在这种情况下，股票已经不代表一份公司所有权和股东权利，现在很多股票就是赌场的筹码，大家都知道这个东西没有实际价值，但看到别人赚钱了，就都想来"赌"一把。

1. 买入技巧

（1）买入策略：开盘前竞价换手率大约7%，且符合市场热点，可先买入1/3的仓位；如5分钟换手率达25%以上或者更高，且收出阳K线时，可加仓买入；如果前15分钟换手率达到40%以上，且股价一直在均价线上方运行时，可逢低加仓买入；如果新股全天换手率低于40%（特别是大盘股），并且以大阴线收盘时，可以在收盘前试探性买入，如果次日开盘平开或高开，可重仓介入。

（2）实战技巧：重点关注以下几类股票：

第一，刚开板的新股。一般不要去买重新封涨停的新股，如果持筹者预期一致，可能委托几天也买不到，一旦开板成交，反而遭受套牢。也许有人会说，不少新股涨停板追进，后面上涨也不少。其实，那是"上一次"，每次都不一样，如果新股已经涨了令人咋舌的地步，追涨停一旦失手，则短期很难翻身，赌博也要保证本金相对安全下进行。

通常涨了若干个涨停板打开后，股价已经高高在上，这时应结合大盘和该板块的强弱，如果大盘弱势，次新股表现整体弱势，所预计的那些涨幅巨大的新股可能会开板，这时可分批委托买入即将触及跌停但不封跌停板的新股。在跌停板上方几个点位作为买点，即使出现恐慌性跌停，那么当天损失也不大，这个可以很好地规避一日损失20%的风险。

需要注意的是，不要在已封跌停时挂单买入，因为当天股价封跌停后，次日往往出现低开惯性探底走势。通常在大跌后大盘回暖，这种急涨急跌的新股会有很大的反弹动能，或许还可以大赚一笔，此时就能以最小的风险，获得最大的收益。因为在大盘暴跌时，新股可能会以一种非常残暴方式开板下行，这里也蕴含了大量机会。这种方法同样适用于已经开板调整的新股、整理后短期快速上涨的新股，但不适用于走势偏弱的新股。

图7-37，弘信电子（300657）：2017年5月25日上市后，连拉12个一字涨停，第13个交易日开板后当天再次封涨停，次日开盘后股价逐波走低接

近跌停，这时就是一个比较好的买入机会，收盘时股价也没有封跌停。第二天，股价高开高走封涨停，随后股价继续震荡走高，所以在接近跌停时买入一般风险不大。

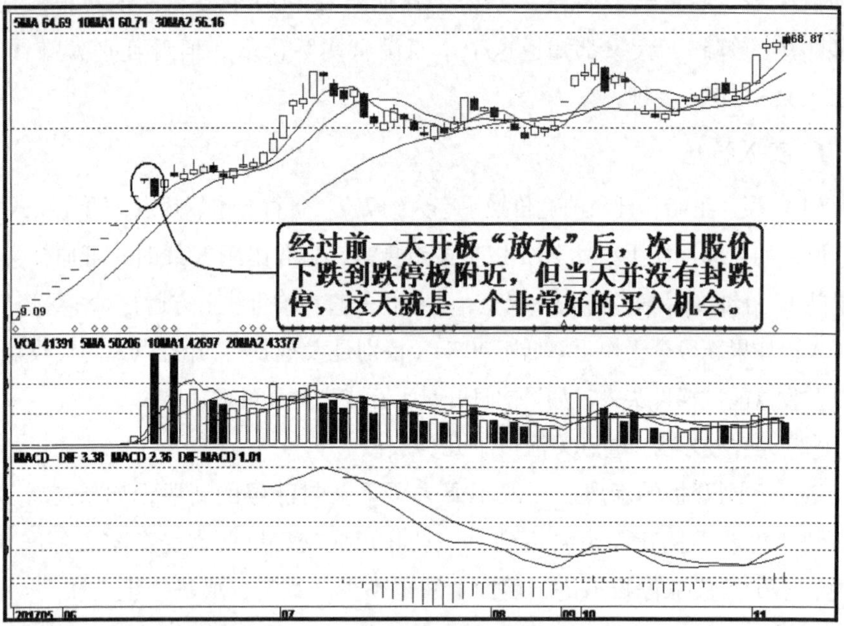

图 7－37

为什么说6月14日是一个买点呢？因为，该股在6月13日已经打开一字涨停，一般中签散户在这天会全部出局，次日股价打压到9个多点就是一次洗盘动作，所以只要当天不封跌停板，就是一次非常好的入场机会。

图7－38，华大基因（300676）：2017年7月14日上市后，连拉17个一字涨停后开板整理，次日继续高位震荡，经过两天的高位折腾之后，盘内中签散户所剩无几。8月11日，低开低走，接近跌停，但收盘时没有封跌停。这天收盘前几分钟就是一个好的买入机会，因为，盘内中签散户已经在前面两天的震荡中基本离场，庄家敢于在该位置接过散户的筹码，后面应有所动作，其随后的走势也证明了这一点。

下面再看看两个相反的实例。

图7－39，太龙照明（300650）：2017年5月3日上市后，连拉9个一字涨停，第10个交易日打开一字涨停，然后再次封涨停。可是，次日大幅低开后，股价逐波走低，直接封跌停，这就不能作为买点看待，后市仍有惯性下

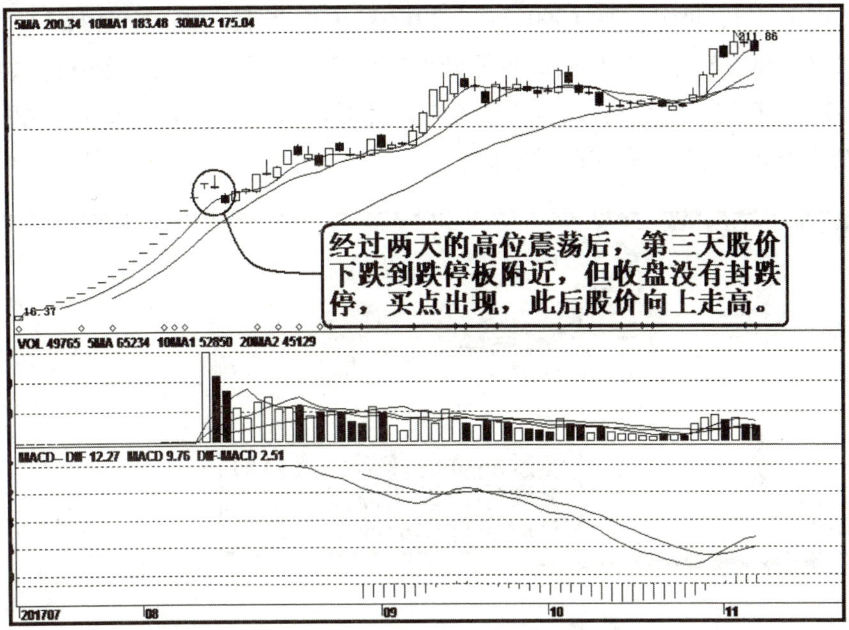

图 7－38

跌的可能。其后走势，尽在掌握之中。

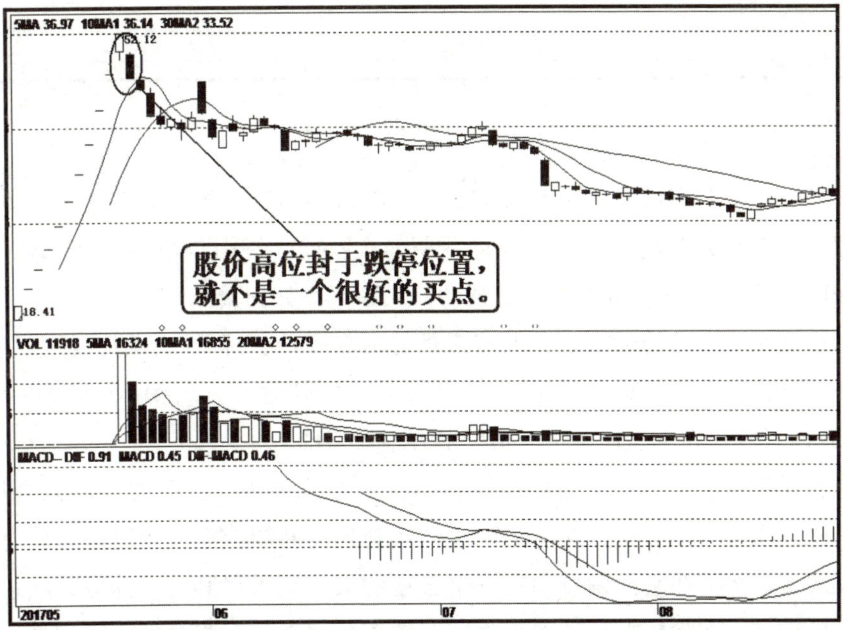

图 7－39

图 7－40，世纪天鸿（300654）：2017 年 9 月 26 日上市后，连拉 13 个一字涨停后开板整理，开板后次日低开低走封跌停，这也不是一个好的买点，此后股价继续向下跌落。所以，股价封跌停时多数个股是不能买的，说明跌势没有结束，至少还有惯性下探要求。

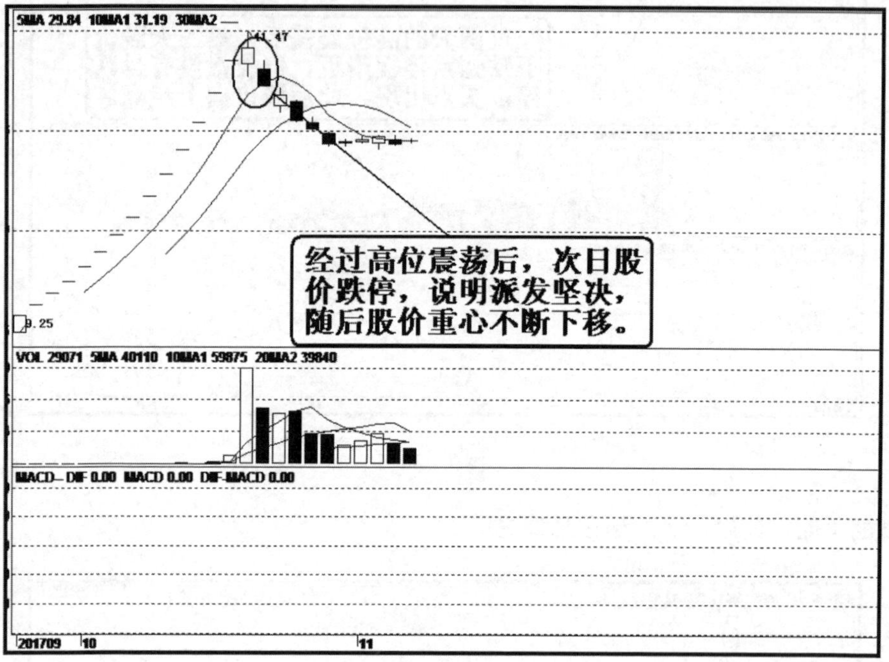

图 7－40

第二，新股高送转。在下跌调整中，次新股中有一类个股整体强于其他个股，这就是近期高送转除权派息预期的次新股，特别是那些 10 转 10、10 转 20 的个股，属于次新股走势最强的，无论大盘如何萧条，这类个股即使大跌也会迎来疯狂的抢筹买盘，股权被拆分后，股价被降低，会有一波强劲的填权行情。比如，安达股份（300635）、中富通（300560）、诺力股份（603611）等，在大盘回调中，短线都有不俗表现。

在操作方法上，先将近期高送转的次新股挑出来，在等待股东大会后，确定除权派息具体日期，这时距离具体实施还有几周或者几天时间，就可以根据股价走势，在它回调时确定一个合适的买卖点潜伏其中，等待其除权派息日的到来，在除权派息日到来之前多数个股会有一波强劲的上涨行情。如果后期能享受一段填权行情，那收益会有翻倍可能，盈利相当诱人，不过还要结合大盘和整体板块走势来决定卖出时间点。

图 7－41，杭州园林（300649）：2017 年 9 月 15 日为 10 转 10 除权派息日，在此前的 10 多个交易日里，股价涨幅超过 75%，而同期的上证指数处于横向震荡，该股盘面显然强于大盘走势，究其原因是该股属于新股高送转概念。

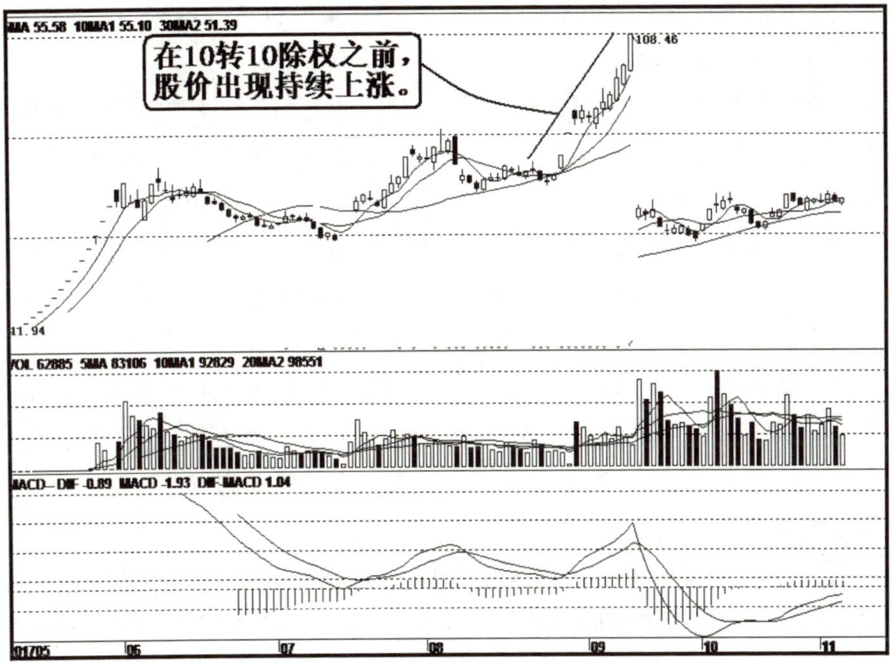

图 7－41

多数情况下，次新股送股后，会有一波强劲的填权行情，但通常情况下，在高送转除权出息日之前就会有一波高送转行情，股价有时已经反映了这种预期，如果在送股后介入，应该买最为强势的股票，此时强者恒强，而不是去买那些上涨动能减弱的填权预期股。

第三，早盘弱势低开次新股。如果大盘近期走势较为强劲，次新股板块也较为活跃，每日早盘会有一些强劲的次新股依旧封于涨停板，也有一些相对偏弱的次新股早盘会出现低开，如果整体板块表现强劲，就不会去赌涨停板个股了，通常情况下是买不到的，这时应该买入那些低开次新股，特别是早盘急跌幅度越大的越是买入的好机会，如果次新股板块表现强劲，这些低开次新股会有一波很好的补涨行情，甚至尾盘封为涨停，这样当日盈利可能达到“10% +”的机会。如果情况不是想象的那样，盘中板块整体出现回落，既然已经是买的低开股，向下的空间也有限。相比赌封涨停板，下跌风险其实要小很多。

2. 卖出技巧

（1）卖出策略：新股中签筹码卖出价分两种情况：一是继续以一字涨停开盘后，在盘中打开封盘时立即卖出；二是如果开盘没有继续一字涨停的，应在开盘价附近提前挂单卖出。

大多数新股开板后，经过调整仍有一波上攻行情，一般在5个交易日左右形成高点，这时及时卖出或止损很关键。如果当日收阳线，开板后涨幅达到20%以上，且出现长上影线或其他见顶K线形态时，是短期调整信号；若次日低开，则在开盘价第一时间卖出；当日收阴线的话，对于高开低走跌幅5%以上，换手率较大（一般在70%以上），次日跳空低开，应在第一时间先减仓后止损。

（2）实战技巧：不少新股打开一字涨停后，经过短暂的调整后（调整时间3个交易日左右，期间不能有跌停板出现），仍有一波上冲行情，但持续时间往往不长，一般在5个交易日左右会出现一个阶段性高点，这时应及时卖出或止损观望。

图7-42，科蓝软件（300663）：2017年6月8日上市后，连拉9个一字涨停，6月23日没有继续以一字涨停开盘，此时开盘后中签散户应快速在开盘价附近挂单卖出。然后股价回落，高位收阴K线。经过5个交易日的调整后（期间没有出现跌停），股价再次企稳回升，展开新一波上攻行情，经过5个交易日上涨后，股价出现一个阶段性高点，此时应及时卖出。

新股在一字涨停开板后，继续上涨超过20%以上，如果出现长上影线或其他见顶K线形态时，有可能是一个头部信号，可在当日收盘前卖出；若当日没有卖出，如果次日出现低开，则在第一时间在开盘价附近卖出。

图7-43，诚迈科技（300598）：2017年1月20日上市后，连拉15个一字涨停，2月20日继续以一字涨停开盘，但盘中快速开板，此时中签散户应立即卖出。然后经过短期调整后，股价再次出现向上走强，累计涨幅超过30%，3月16日在高位收出一根带长上影线K线，这时散户应在当天收盘前卖出。

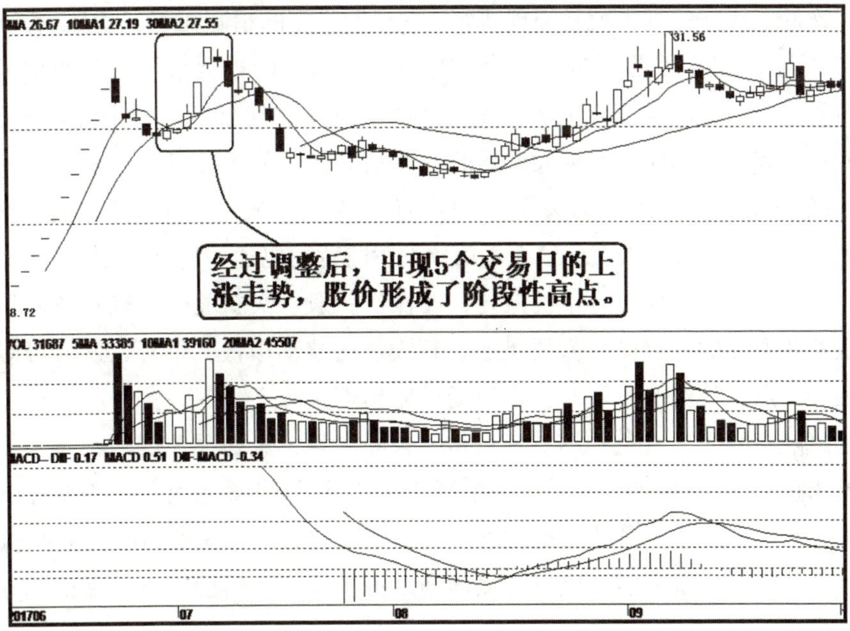
MA 26.67 10MA1 27.19 30MA2 27.55
31.56
经过调整后，出现5个交易日的上涨走势，股价形成了阶段性高点。
8.72
VOL 31687 5MA 33385 10MA1 39160 20MA2 45507
MACD- DIF 0.17 MACD 0.51 DIF-MACD -0.34
201706
07
08
09

图 7 – 42

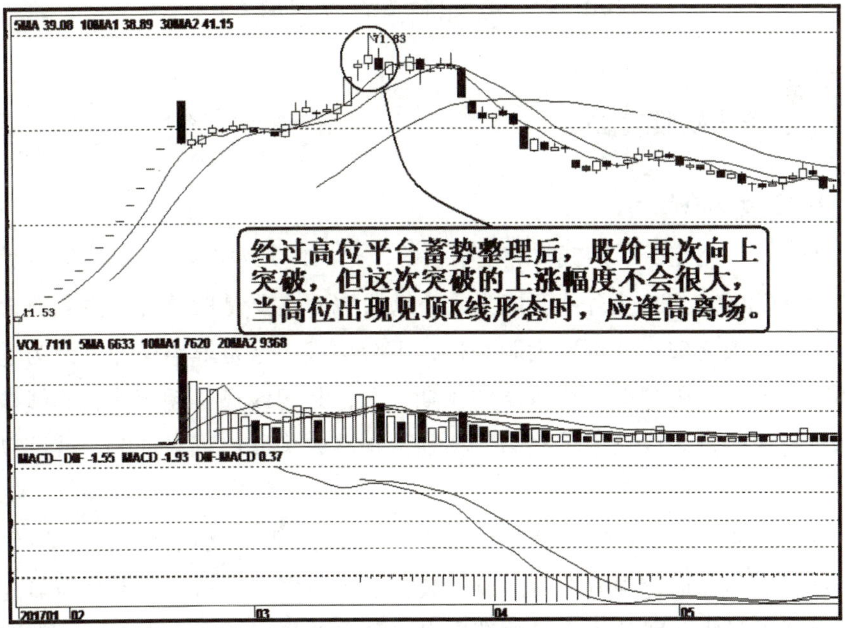
5MA 39.08 10MA1 38.89 30MA2 41.15
经过高位平台蓄势整理后，股价再次向上突破，但这次突破的上涨幅度不会很大，当高位出现见顶K线形态时，应逢高离场。
11.53
VOL 7111 5MA 6633 10MA1 7620 20MA2 9368
MACD- DIF -1.55 MACD -1.93 DIF-MACD 0.37
201701
02
03
04
05

图 7 – 43

次新股操作的逻辑就是心理博弈。次新股操作的精髓在于“卖”，而不在于“买”。次新股开板后的上涨靠的是通过“强烈的视觉信号”来吸引大量的游资来接力，一旦信号减弱，无论涨跌都应该立刻退出。大部分散户无法做到这一点，究其原因：买股票的时候面临的是“3000 选 1”的决策，卖的时候面临的是“1 选 1”的决策，人性弱点会被充分放大。开板后追进，有信号就持有，信号转弱就卖，这个最简单的策略背后包含了复杂的心理博弈。

对于散户尤其是新入市的散户，在操作新股、次新股时，有几条操作纪律是需要遵守的。首先介入要迅速，新股盘面波动极快，稍有迟疑就可能错过最佳买点。其次要有耐心，在市场尚未出现买入条件时，要耐心等待，切忌盲目随意介入，避免亏损。其三是要果断离场，这是最关键的一步，一般持股 3 ~5 天，盈利 20%，就可考虑第二天离场，不要贪心恋战。需要提醒的是，炒新股、次新股虽然短期收益大，但风险也较大，做好风险控制是重中之重。投资者炒新之前应该方方面面地掌握新股、次新股的具体情况，方可尝试进入。

第四节　拿起你的“照妖镜”

一、龙头妖股战法

1. 领涨妖股战法

龙头股一旦走妖，赚钱效应是很快的，比如，方大炭素（600516）、赣锋锂业（002460）等。为什么会成为龙头妖股呢？主要是股性好，主题概念突出，只要向上突破，就可以大胆去追，不会坑人，这是筹码博弈，因为它的股性在，盘中筹码都有一个较高的预期，无论是短线还是超短线，赚钱概率极大，这时追进去成功率就很高。特别是领涨龙头股出现异动时，就可以重点关注。

图 7 -44，方大炭素（600516）：2017 年 6 月 26 日小幅高开后，股价逐波拉涨停，盘面运行很有节奏。第一波拉了 3 个多点左右，向上突破前高压力，然后开始震荡释放了大量的套牢盘；第二波拉了 5 个多点，这时新资金涌进，并继续释放底部获利盘；第三波拉了 8 个多点，吸引市场眼球，给人无限的想象；第四波拉至涨停，但不封盘，目的是在启动前让盘中筹码进行

充分换手。经过封盘—开板—再封盘的反复折腾后，盘中筹码更加稳定，尾盘一举封死涨停。

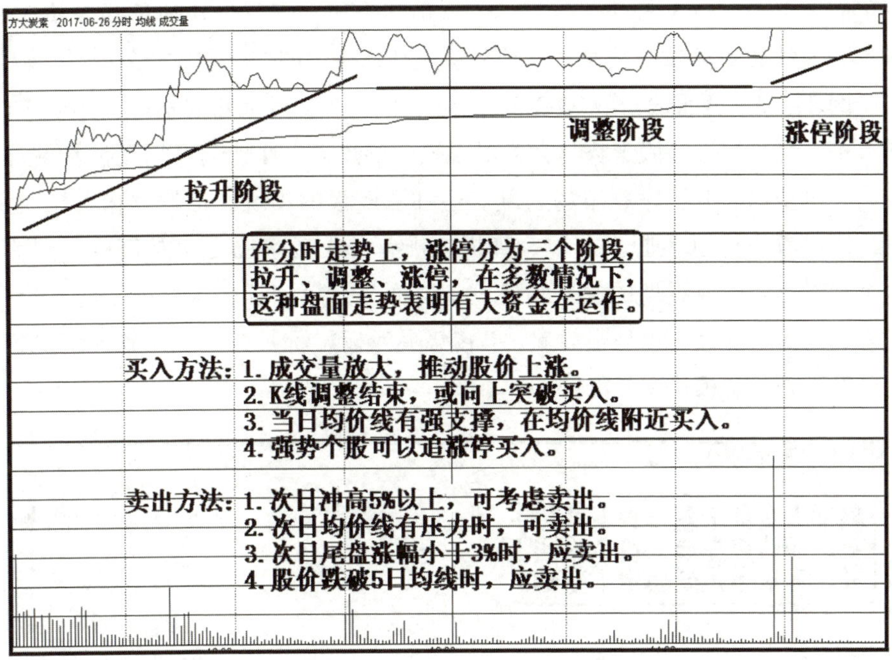

图 7－44

这种盘面情况，就可以直接大胆追进，虽然在当时市场情绪疲软的情况下有可能回落继续整理，但是还是被市场游资给扛起来了。在大势环境欠佳时，妖股多少也会受到影响，但正因为缺少市场热点时，妖股会引来市场资金关注，市场一线游资都盯着这些强势股，几十万、几百万，甚至上千万资金蠢蠢欲动，这种强势股有很多的资金来帮助拉抬，有很多的游资等着逢低介入，所以股价就是跌不下来，所以这种妖股是完全可以做的。

这种走势符合当下热门题材，盘面资金进攻又很强势，这肯定要参与的。这种类型的个股，由以下几类资金构成，这几种资金必须是连贯的：

（1）点火资金。点火资金是很关键的资金，能够引领游资跟风。

（2）进攻资金。上攻气势非常猛烈，毫不退缩，源源不断跟进。

（3）扫板资金。大手笔扫单，意志坚决，扫板速度快。

（4）封板资金。封盘不动摇，不撤单、不挂单，堵住市场抛压。

2. 转势妖股战法

做股票要严格遵守纪律，平常可以大部分时间空仓，在大盘不好的情况下更应该空仓，当大盘跌到位了，恐慌情绪有了，那就做快速反弹龙头，可以称之为“转势灵魂”战法，这种战法成功率也很高。

图7－45，西水股份（600291）：2017年5月2日大盘并不好，还处于跌势之中，可是当天该股走势与大势形成强烈的反差，小幅高开后两波拉涨停，提前大盘企稳回升，率领市场人气。这种涨停板的出现，也就意味着妖股出没，所以散户可以大胆去扫单、打板、排单，成功率也是非常高的。因为，这个绝对是当天或近期的快速转势龙头，而且是第一板，这种享受的溢价是非常高的。为什么？道理很简单，“转势灵魂板”都是在大盘疲软的情况下，它已经带领整个板块率先涨停。

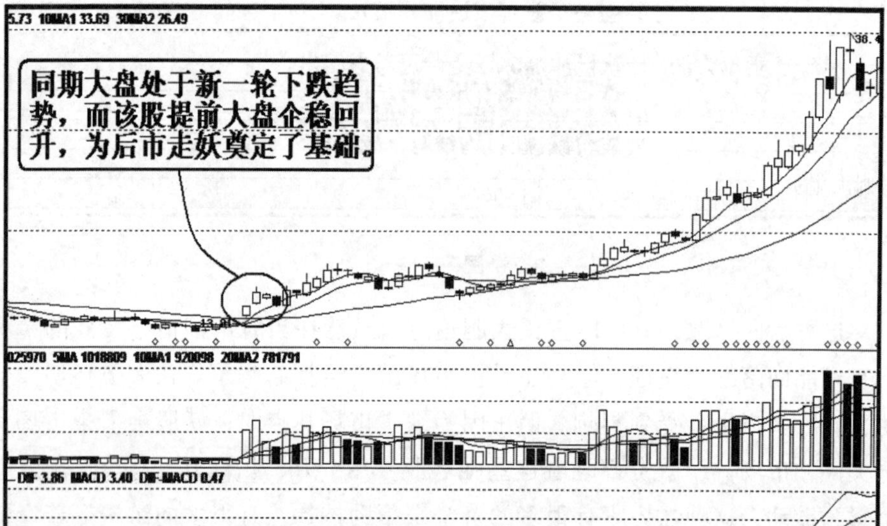

图7－45

这种盘面走势的跟进方法，可以在第一波7个点、8个点、甚至9个点的时候追进，一般次日会高开高走，就能快速见到盈利。做这种股票需要快速反应，心里要提前做出预判，也许就是一秒钟要做出实际行动，且预判能力要达到精准，如果预判能力达不到精准，干脆去做其他的个股。当然，这类个股也有失手的时候，甚至出现亏钱结局，为什么呢？因为大盘还是属于一个弱势的行情，不少个股演变为反弹行情。

3. 补涨妖股战法

龙头妖股出来以后，如果没有及时跟进也没关系，那就去做快速补涨龙头。什么叫作快速补涨龙头呢？就是在同一板块中龙头股抓不到的情况下，当天盘中或第二天早盘出现了一只非常快速的龙头，主力多头资金非常坚决，而且上拉速度很快，成交、量能、换手也大的情况下，这种走势也是非常值得追的。

2017 年 8 月 25 日，中科信息（300678）特停，此时不少“炒新一族”恐慌了，担心新股、次新股板块出现大跌，然而替补队员朗新科技（300682）、华大基因（300676）、国科微（300672）等成了后起之秀“新妖股”，表现抢眼。当时市场上是群龙无首，这种情况下如何去操作呢？由于次新板块的热度还在，市场情绪也很高，这种情况下就去作快速补涨龙头。比如，“雄安新区”板块中的龙头股冀东装备（000856）、创业环保（600874）、保变电气（600550）等 9 只股票连续 6 个交易日一字涨停后，2017 年 4 月 13 日遭到集体特停，一时间失去龙头股的时候，而新一批雄安概念股汉精钟机（002158）、西霞建设（600533）等随之而来，形成补涨行情。只要跟对妖股热点，市场不乏有妖股。

4. 智擒妖股首板

一般情况下，快速涨停或持续上涨的个股大多是龙头股。龙头股如何去鉴定？在当天盘面较好的情况下，比较强势的板块，率先出现涨停，当然率先涨停也许不是唯一评价，但是它的人气度这一点特别重要。

如何快速擒获第一板呢？这一点是非常重要的，关键是如何区分是不是龙头？那就是它的强度。比如说，盘面磨磨唧唧上去的涨停，就有点勉强，千万不能跟。如果跟的话，在不开板时可以排队等候，一旦排队成交，且尾盘封盘不动时，也许次日会有冲高获利机会；在封单不多时，要立马撤单，这时若不撤单，可能就立马砸到你，次日有下探可能。

如何区分它的强度？强度就是一笔带过，比如说，在涨停的五档中，最后一档就是涨停价位上，在该位置有大量的卖单（如 50 万手），这时就可以看出它的强弱了。如果这些卖单在几秒钟内抢完，那说明盘面气势非常强势，这时就可以去参与的（这时其实已经是在排队），这种龙头涨停会带动整个板块，次日大有可能享受溢价，不管是持股还是盈利抛出，则进退自如。反之，如果涨停位置上的卖单长时间吃不掉，或者吃完后又有新单挂出，说明抛压较重，当天收盘时能否封盘值得怀疑，此时不宜参与。

图 7－46，大吉通信（300597）：2017 年 9 月 22 日，小幅低开 0.91%，经过半小时盘整后，股价开始上攻，第二波拉高到 7 个多点后形成平台整理，11：14 开始股价一口气封至涨停，盘面气势强盛，封盘后立即缩量。散户看到这种盘面时，应迅速随大单跟进，享受短线溢价。

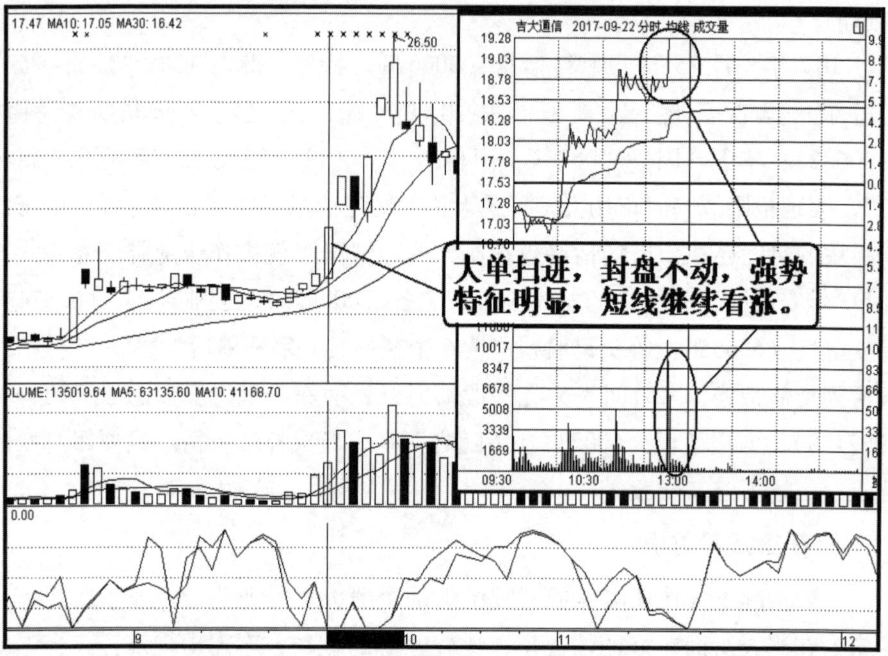

图 7－46

二、2017 年度十大牛股

2017 年 A 股市场，跌宕起伏，风云突变，脱颖而出的十大牛股独善其身，备受关注。十大牛股中，除了江南嘉捷暴涨源于重组外，其他股票都是由于业绩驱动所致。家喻户晓的贵州茅台年涨幅 121% 多，但却不在十大牛股之列，那么哪些股票名列其中呢？

1. 鸿特精密（300176）——涨幅 331%

牛股基因：特斯拉概念，受益新能源汽车产业链相关政策红利。站上互联网金融风口，旗下的互联网金融公司带来丰厚的利润和预期。业绩大幅增长，前三季度净利润同比增逾700%。但业绩增长的绝对值相对较小，前三季度净利润仅有2.8亿元，之所以获得大量资金的青睐，或源于其所属的特斯拉概念，同时其在上涨超3倍之后的总市值也仅有154亿，估值也只有51倍，这也是不少资金看中它的原因。

2. 江南嘉捷（601313）——涨幅323%

牛股基因：国内最大的网络安全公司360借壳江南嘉捷上市，360置入资产504.16亿元，对应估值超过3000亿元，成为2017年最成功借壳范例，给市场足够的想象空间，公司股价复牌连续18个一字板。

3. 亚翔集成（603929）——涨幅272%

牛股基因：公司是大陆IC与面板洁净室项目优良率第一的龙头企业之一。洁净室行业壁垒高，下游客户对洁净室的稳定性要求非常高。半导体和面板行业市场规模的持续扩大为洁净室行业领先企业提供了巨大的发展机遇和广阔的市场前景，公司主营业务洁净室工程作为半导体和面板行业的前期投资维持高景气度，次新股一上市就受到市场高度关注，而公司上市后股东人数由2016年年报的53970户下降至2017年一季报的21194户，筹码集中度大幅提升，主力期间吸筹迹象明显。

4. 弘亚数控（002833）——涨幅253%

牛股基因：公司是板式家具设备国内龙头，受益行业集中度提升和进口替代，而前期房地产销售火爆为公司业绩增长提供强力引擎。未来行业市场占有率提高+定制家具处于野蛮成长期+技术差距缩小进口替代，是拉动公司业绩增长的三驾马车。

5. 新宏泽（002836）——涨幅252%

牛股基因：烟标市场规模稳步发展，具备规模化生产能力的大型烟标印刷企业获得更大的市场份额。而股东人数在2016年年报到2017年一季报出现了大幅下降，从36796户下降至13487户，主力期间吸筹迹象明显。

6. 鲁西化工（000830）——涨幅187%

牛股基因：公司由传统煤化工转型精细化工生产企业，在先进的煤气化平台的基础上，产品不断多元化。同时公司具备环保优势，受益于以环保为抓手的供给侧改革，在环保趋严的背景下，所在产品链的许多产品出现供不应求，纷纷涨价，而公司在环保检查中开工受影响较小，充分受益于产品价格上涨，利润大幅提升。

7. 方大炭素（600516）——涨幅170%

牛股基因：2017年以来，受下游电炉炼钢逐步恢复、石墨电极供需格局变化等因素的影响，石墨电极需求增加，公司主导产品石墨电极价格上涨。前三季度净利润增长了3514.98%，其中净利润绝对值也十分可观，从6000多万元一路飙涨至超22亿元。二级市场机构争相抢筹推动股价进一步上行，2017年一季报，持股机构数量仅6家，而中报期间持股机构数量猛增至33家。一季度证金公司大幅增持也使得公司受到了市场资金的高度关注。

8. 赣锋锂业（002460）——涨幅168%

牛股基因：随着发展新能源汽车被列为国家产业规划，动力锂电池产业化为相关行业和公司带来重大历史机遇。公司从单纯的锂产品加工厂，逐步发展成全产业链布局的企业。上游掌控锂矿资源，中游将锂盐产业继续做大规模，下游进军锂电池和锂电池回收领域，打造全产业链的龙头企业。

9. 隆基股份（601012）——涨幅167%

牛股基因：世界最大的单晶硅企业，全球光伏行业从“补贴驱动”向“成本驱动”的发展模式转变过程中的最大受益者，公司始终保持较高的研发投入，将新技术和新工艺以最快速度应用在商业化生产中，在成本控制方面取得显著的效果，公司综合毛利率水平呈逐年上升的趋势。

10. 奥联电子（300585）——涨幅160%

牛股基因：具有核心竞争产品的汽车电子领跑者。受益于汽车电子行业的快速增长，进口替代的巨大空间，由于技术提升和成本优势仍然显著，汽车核心零部件国产化率持续提升，发动机、安全气囊等趋势已经非常明显。在技术壁垒高、盈利水平强、以往被外资巨头垄断的汽车电子领域，国产份额也在逐年提升；基于外资或合资企业在国内汽车电子市场份额仍超50%，未来进口替代的空间非常大。

在2017年涨幅前50的个股中，涨幅都在87%以上，其中有33只涨幅超过100%。而这些个股中，绝大多数都具备一个特征——业绩良好。2017年市场风格出现巨大变化，“大而美”的个股受到资金的追捧，这些个股的业绩有保证、确定性强、估值较低，同时中小创个股则面临着估值高企、业绩下滑等诸多风险因素，导致绝大多数资金都转向了蓝筹股和白马股，而绝大多数牛股也是在这中间产生。数据显示，在涨幅前50只个股中，有11只个股的总市值在1000亿元以上，有13只个股的总市值在500亿元到1000亿元之间，这两者的占比达到48%。

十大牛股不包括2017年以来上市的新股、次新股，也不包括ST股，统计区间是2017年1月3日—12月29日的自然交易年。2017年新股大放异彩，3月6日登陆创业板的寒锐钴业（300618）以1220%的年度区间涨幅位居冠军，排名紧跟其后的华大基因（300676）、康泰生物（300601）也都是今年上市的新股。

第五节　A股各派系相关个股

一、国资委派系

中国石油系：中国石油天然气集团公司，从事采掘及石油、化学、塑胶、塑料业。个股有东北证券（000686）、山煤国际（600546）、大连圣亚（600593）、中油资本（000617）、中国石油（6001857）。

中国石化系：中国石油化工集团公司，从事采掘及石油、化学、塑胶、塑料业。个股有泰山石油（000554）、荣丰控股（000668）、长江证券（000783）、岳阳兴长（000819）、石化机械（000852）、中国石化（600028）、永泰能源（600157）、上海石化（600688）、石化油服（600871）。

中国化工系：中国化工集团公司，从事石油、化学、塑胶、塑料业。个股有沙隆达A（000553）、兴蓉环境（000598）、沈阳化工（000698）、财信发展（000838）、河池化工（000953）、中泰化学（002092）、伊力特（600179）、沧州大化（600230）、安迪苏（600299）、天科股份（600378）、风神股份（600469）、天华院（600579）、广泽股份（600882）。

国家电力系：中国国电集团公司，从事电力、煤气及水的生产和供应业。个股有长源电力（000966）、国电电力（600795）。

国家电网系：国家电网公司，从事电力、煤气及水的生产和供应业。个股有明星电力（600101）、岷江水电（600131）、西昌电力（600505）、乐山电力（600644）。

电子信息系：中国电子信息产业集团公司，从事信息技术业。个股有深科技（000021）、深桑达A（000032）、中国长城（000066）、象屿股份（600057）、上海贝岭（600171）、中国软件（600536）、中电广通（600764）、南京熊猫（600775）、华东科技（000727）、长城信息（000748）、上海贝岭（600171）、振华科技（000733）、彩虹股份（600707）。

电子科技系：中国电子科技集团，从事电子科技业。杰赛科技（002544）、国睿科技（600562）、太极股份（002368）、卫士通（002268）、华东电脑（600850）、四创电子（600990）、海康威视（002415）、凤凰光学（600071）。

航天科技系：中国航天科技集团公司、中国航天科工集团公司，从事机械、设备、仪表业。个股有中兴通讯（000063）、航天科技（000901）、航天电器（002025）、中国卫星（600118）、航天机电（600151）、航天信息（600271）、航天动力（600343）、航天晨光（600501）、航天通信（600677）、航天长峰（600855）、航天电子（600879）、航天发展（000547）、航天工程（603698）、康拓红外（300455）、南洋科技（002389）、乐凯胶片（600135）、乐凯新材（300446）。

航空工业系：中国航空工业第一集团公司、中国航空工业第二集团公司、中国航空发动机集团，从事机械、设备、仪表业。个股有中航飞机（000768）、中航机电（002013）、贵航股份（600523）、中航重机（600765）、航发控制（000738）、航发科技（600391）、中直股份（600038）、东安动力（600178）、中航电子（600372）、洪都航空（600316）、中航资本（600705）、中航黑豹（600760）、中航高科（600862）、宝胜股份（600973）、飞亚达A（000026）、中航地产（000043）、深天马A（000050）、中航三鑫（002163）、中航光电（002179）、成飞集成（002190）、天虹商场（002419）、中航电测（300114）、中航动力（600893）、中航动控（000738）、成发科技（600391）。

兵器工业系：中国兵器工业集团公司，从事机械、设备、仪表业。个股有光电股份（600184）、北方股份（600262）、北方国际（000065）、内蒙一机（600967）、凌云股份（600480）、北方导航（600435）、长春一东（600148）、晋西车轴（600495）、中兵红箭（000519）、华锦股份（000059）、北化股份（002246）。

兵器装备系：中国兵器装备集团，从事机械、设备、仪表业。个股有长安汽车（000625）、保变电气（600550）、中国嘉陵（600877）、湖南天雁

(600698)、中源特钢（002423）、西仪股份（002265）、东安动力（600178）、利达光电（002189）。

中国船舶系：中国船舶重工集团、中国船舶工业集团，从事机械、设备、仪表业。个股有中国重工（601989）、中国动力（600482）、中国船舶(600150)、钢构工程（600072）、中船防务（600685）。

中国核工业系：中国核工业集团、中国核工业建设集团。个股有东方锆业（002167）、中国核电（601985）、中核科技（000777）、中国核建(601611)。

东方电气系：中国东方电气集团公司，从事机械、设备、仪表业。个股有刚泰控股（600786）和东方电机（600875）。

中国医药系：中国医药集团总公司，从事医药、生物制品业。个股有国药一致（000028）、国药股份（600511）、云南白药（000538）。

三九系：三九企业集团（深圳南方制药厂），从事医药、生物制品业。个股有三九生化（000403）、华润三九（000999）。

中粮系：中国粮油食品（集团）有限公司，从事食品、饮料业。个股有中粮地产（000031）、中粮糖业（600737）、中粮生化（000930）、航发动力(600893)。

华源系：中国华源集团有限公司，从事纺织业。个股有万东医疗(600055)、双鹤药业（600062）、景谷林业（600265）、长江传媒（600757）、大名城（600094）。

蓝星系：中国蓝星（集团）总公司，从事石油、化学、塑胶、塑料业。个股有兴蓉环境（000598）、沈阳化工（000698）、财信发展（000838）、安迪苏（600299）。

宝钢系：宝钢集团有限公司，从事金属、非金属业。个股有宝钢股份(600019)、八一钢铁（600581）、宝信软件（600845）、宝钢包装（601968）。

中铝系：中国铝业公司，从事金属、非金属业。个股有焦作万方（000612）和中国铝业（601600）。

一汽系：中国第一汽车集团公司，从事机械、设备、仪表业。一汽轿车（000800）、一汽夏利（000927）、一汽富维（600742）。

东风系：东风汽车公司，从事机械、设备、仪表业。个股有东风科技（600081）和东风汽车（600006）。

大唐系：中国大唐集团公司，从事电力、煤气及水的生产和供应业。个股有华银电力（600744）、桂冠电力（600236）、大唐发电（601991）。

华电系：中国华电集团公司，从事电力、煤气及水的生产和供应业。个股有华电国际（600027）、黔源电力（002039）、华电能源（600726）、国电南自（600268）。

中远系：中国远洋运输（集团）总公司，从事交通运输、仓储业。个股有中集集团（000039）、中远海特（600428）、中远海能（600026）、中远海发（601866）、中远海控（601919）、中远海运（600428）、览海投资（600896）。

普天系：中国普天信息产业集团公司，从事信息技术业。个股有东信和平（002017）、波导股份（600130）、上海普天（600680）、东方通信（600776）。

长城系：中国长城计算机集团公司，从事信息技术业。个股有深科技（000021）和中国长城（000066）。

中信系：中国中信集团公司，综合类。个股有中信海直（000099）、中兴商业（000715）、中信国安（000839）、中信证券（600030）、中信银行（601998）。

华润系：华润（集团）有限公司，综合类。个股有万科 A（000002）、东阿阿胶（000423）、东北制药（000597）、创维数字（000810）、华润三九（000999）、万东医疗（600055）、华润双鹤（600062）、大名城（600094）、景谷林业（600265）、长江传媒（600757）、航发动力（600893）。

招商系：招商局集团有限公司，综合类。个股有深赤湾 A（000022）、中集集团（000039）、华北高速（000916）、招商银行（600036）、招商轮船（601872）。

二、地方国资系

首创系：北京首都创业集团有限公司，北京，社会服务业。个股有首创股份（600008）和前锋股份（600733）。

上海电气系：上海电气（集团）总公司，上海，从事机械、设备、仪表业。个股有市北高新（600604）、中毅达（600610）、海立股份（600619）、上海机电（600835）、上柴股份（600841）、上海临港（600848）。

光明食品系：光明食品（集团）有限公司，上海，从事食品、饮料业。个股有上海梅林（600073）、光明乳业（600597）、金枫酒业（600616）、光明地产（600708）。

深圳中航系：第一大股东中国航空技术进出口深圳公司，深圳，综合类。个股有飞亚达A（000026）、中航地产（000043）、深天马A（000050）。

赛格系：深圳市赛格集团有限公司，深圳，从事电子业。个股有深赛格（000058）和华探赛格（000068）。

太极系：太极集团有限公司，重庆，从事医药、生物制品业。个股有太阳能（000591）、太极集团（600129）、奥瑞德（600666）。

特变电工系：特变电工股份有限公司，新疆，从事机械、设备、仪表业。个股有特变电工（600089）和新疆众和（600888）。

斯威特系：南京斯威特集团有限公司，江苏，综合类。个股有上海科技（600608）和中毅达（600610）。

三、高校派系

北大系：北京大学，北京。个股有华宜健康（000150）、北大医药（000788）、康新欣材（600076）、明天科技（600091）、方正科技（600601）、博闻科技（600883）。

清华系：清华大学，北京。个股有华金资本（000532）、启迪古汉（000590）、紫光股份（000938）、诚志股份（000990）、同方股份（600100）、泰豪科技（600590）、飞乐音响（600651）。

青鸟系：北大青鸟集团，北京。个股有华宜健康（000150）、康新欣材（600076）、信达地产（600657）。

中科院系：中国科学院，北京。个股有中科三环（000970）、鹏欣资源（600490）、时代出版（600551）。

浙大系：浙江大学，浙江。个股有众合科技（000925）和浙大网新（600797）。

哈工大系：哈尔滨工业大学，黑龙江。个股有工大高新（600701）和宁波中百（600857）。

四、民营派系

明天系：明天科技（600091）、西水股份（600291）、游久游戏（600652）、华资实业（600191）。参股上市公司有内蒙一机（600967）、农产品（000061）、鲁银投资（600784）、新黄浦（600638）、东陵粮油

(000893)、建新矿业（000688)、金地集团（600388)、哈尔滨银行(06138. HK)。

复星系：复星医药（600196)、南钢股份（600282)、豫园商城(600655)。参股上市公司有天药股份（600488)、百联股份（600827)、羚锐股份（600285)、联华超市（00980. HK)、众城能源（02337. HK)。

万向系：万向钱潮（000559)、承德露露（000848)、万向德农(600371)、顺发恒业（000631)。参股上市公司有中色建设（000758)、兔宝宝（002043)、航天动力（600343)、航民股份（600987)。

中植系：南洋股份（002212)、上海电气（601727)、江西长运(600561)、TCL集团（001000)、贵绳股份（600992)、吉恩镍业（600432)、福田汽车（600166)、三安光电（600703)、经纬纺机（000666)、新华联(000620)、沈阳机床（000410)、美丽生态（000010)、兴业矿业（000426)。

华立系：华媒控股（000607)、昆明制药（600422)、健生集团(600976)、华智控股（000607)、开创国际（600097)。

新湖系：新湖中宝（600208)、哈高科（600095)。参股上市公司有金河生物（002688)、贝因美（002570)、金洲管道（002443)、大智慧(601519)。

泰跃系：湖北金环（000615)、景谷林业（600265)、三峡水利(600116)、凯马B（900953)、茂化实华（000637)。

涌金系：中兵红箭（000519)、九芝堂（000989)、青岛软控（002073)、国金证券（600109)、中宝股份（600208)、千金药业（600479）等。

德隆系：新疆屯河（600737，现名为“中粮糖业”)、湘火炬（000549)、合金投资（000633)、中交地产（000736)、北京中燕（600763，现名为“通策医疗”)、天山股份（000877)。

后　记

从某种程度上讲，中国资本市场给大家提供了一个快速积累财富的机会，只要你有能力、有技术、有胆识，加上几分运气，在法律法规允许范围之内，不管是投资还是投机，不管是追板还是低吸，也不管是小散还是游资大佬，都有可能实现自己的财富人生。

中国股市诞生之初，最早利用技术分析的人士，或多或少走向了成功，尤其是那些最早顿悟中国股市独特的涨停板制度奥妙的人。时至今日，一切高超的短线技术都是围绕涨停板而展开，或低吸或追涨，由此衍生出无数的操作手法，但万变不离其宗，在股市快速积累财富的传奇人物无一例外地都利用了“涨停”这一中国特色的制度，在短短几年时间就成为第一批上亿、几十亿的股市大佬。进入21世纪后，一些在股市打拼了多年的后知后觉者顿悟，也借鉴了第一批大佬的手段和技巧，快速使资本从几万、十万积累到百万、千万甚至上亿，在股市江湖叱咤风云。特别是近几年来，一些年轻炒手，虽然其入市时间不长，但资金雄厚，胆识过人，肯于钻研，精于分析，或有大佬提携，或灵性十足，再次借鉴并改进、变换了第一批大佬的操盘手段，正在快速地发展壮大，成为股市的一大短线主力，也成为人们竞相仿效的“偶像”。

当然，游资手段已经被越来越多的人所掌握，游资足迹也被越来越多的人所跟踪，单纯的老手法或已不能再创造奇迹，股市江湖也正在发生微妙的变化，操盘手法不断翻新变化。所以，希望投资者将本书中的原理、技巧和方法，在即时行情中进行活学活用，切不可生搬硬套。在实盘操作中，不断积累经验，探索规律，感悟股性，逐步形成一套适合自己的操盘体系，运用自己独立的操盘模式和灵活的操盘策略，来应对瞬息万变的游资手法，这样才能笑傲股市江湖。

作为作者，要感谢太多给予帮助的人，有太多的人可以分享这本书出版的荣誉。没有广大读者朋友的普遍认可，就没有本书的生存市场，所以第一个要感谢的是得到广大读者朋友的支持。在此还要感谢中国经济出版社的大力支持，本书责任编辑、印刷师傅和发行人员等在编辑出版发行过程中付出了大量的心血，在此付梓之际，一并谨致最衷心的谢意！

股市变幻莫测，牵涉的内容也非常广。笔者尽管竭尽全力，努力减少书中的错误，但百密一疏，书中难免疏忽之处。敬请广大读者不吝斧正，并多提宝贵意见，以便在今后再版时进一步改进和提高。

愿本书为广大朋友在实盘操作中带来一点启示、创造一份财富。如是，笔者将深感欣慰。

麻道明

2018 年 6 月于中国 · 楠溪江畔